U0905109

珍藏本

纪念版

汉译世界学术名著丛书

风俗论

论各民族的精神与风俗以及自查理曼至路易十三的历史

上册

〔法〕伏尔泰 著

梁守锵 译

2017年·北京

Voltaire

ESSAI SUR LES MOEURS

ET

L'ESPRIT DES NATIONS

et sur les principaux faits de

L'histoire depuis Charlemagne

jusqu'a Louis XIII

Editions Garnier Frères, Paris

根据巴黎加尼埃兄弟出版社版本译出

伏 尔 泰

汉译世界学术名著丛书

（120年纪念版·珍藏本）

出版说明

2017年2月11日，商务印书馆迎来120岁的生日。120年前，商务印书馆前贤怀揣文化救国的理想，抱持“昌明教育，开启民智”的使命，立足本土，放眼寰宇，以出版为津梁，沟通中西，为中国、为世界提供最富智慧的思想文化成果。无论世事白云苍狗，潮流左右激荡，甚至战火硝烟弥漫，始终践行学术报国之志，无改初心。

迻译世界各国学术名著，即其一端。早在20世纪初年便出版《原富》《天演论》等影响至今的代表性著作，1950年代后更致力于外国哲学和社会科学经典的译介，及至1980年代，辑为“汉译世界学术名著丛书”，汇涓为流，蔚为大观。丛书自1981年开始出版，历时三十余年，迄今已推出七百种，是我国现代出版史上规模最大、最为重要的学术翻译工程。

丛书所选之书，立场观点不囿于一派，学科领域不限于一门，[illegible]为文明开启以来，各时代、各国家、各民族的思想与文化精粹，代[illegible]人类已经到达过的精神境界。丛书系统译介世界学术经典，引领时代思想，为本土原创学术的发展提供丰富的文化滋养，为推动中国现代学术和现代化进程做出了突出的贡献。

为纪念商务印书馆成立120周年，我们整体推出“汉译世界学术名著丛书”120年纪念版的珍藏本，寄望既利于文化积累，又便于研读查考，同时向长期支持丛书出版的译者、编者和读者致以敬意。

两甲子后的今天，商务印书馆又站在了一个新的历史时间节点上。我们不仅要铭记先辈的身影和足迹，更须让我们的步伐充满新的时代精神。这是商务人代代相传的事业，更是与国家和民族的命运始终紧密相连的事业。我们责无旁贷，必须做好我们这代人的传承与创造，让我们的努力和成果不仅凝聚成民族文化的记忆，还能成为后来人可以接续的事业。唯此，才能不负前贤，无愧来者。

商务印书馆编辑部

2017年10月

译者前言

中国读者对于法国启蒙思想家伏尔泰(1694—1778)并不陌生。他的哲理小说《查第格》、《老实人》、《天真汉》等,哲学著作《哲学通信》、《哲学辞典》和历史名著《路易十四时代》,早已先后译成中文。就历史学而言,《论各民族的精神与风俗》(简称《风俗论》)是《路易十四时代》的姊妹篇。该书是在他因秘密出版《哲学通信》遭巴黎高等法院下令逮捕而避居小城西雷他女友夏特莱夫人家时于 1740 年开始撰写的,直至 1756 年才完成,在日内瓦出版,历时 16 年。此后他仍不断审阅,加以修改充实,甚至在他去世那年,还对该书有所增补。1765 年他发表了《历史哲学》,后把它作为导论收入《风俗论》一书。

人们历来都把伏尔泰阐述人类文明的历史著作视为开世界文化史之先河。在他之前和与他同时代的历史学家只记述帝王将相的治政和军功。伏尔泰认为,阅读这些人的历史著作,“似乎世界只是为几个君主和效力于君主欲念的那些人而存在,其余的全都被略而不提。在这一点上,历史学家就像他们所谈到的某些暴君,把人类作为献给一个人的牺牲品了。”他明确指出:“我的主要想法是尽可能地了解各民族的风俗和研究人类的精神。我把历代国王继承的顺序视为撰写历史的指导线索而不是目的。”(《科尔玛公证文书》）欧洲的历史，尤其是中世纪欧洲的历史，从某种意义上说，是宗教思想统治人们精神生活的兴衰史，是教权与王权既相互利用又彼此斗争的历史。宗教问题渗透到政治、军事、财政、贸易、哲学、文艺、科学等各个领域，又是许多历史事件的重要起因。《风俗论》以此为重点旁及文化各个方面的深入阐述，指出了人类从愚昧进步到文明的艰辛历程，从而揭示出人类必然走向理性时代的美好前景。

过去的世界古代史主要谈希腊、罗马和犹太，其余民族很少提及。《风俗论》用相当大的篇幅，而且往往以称赞的口吻谈到除犹太人外的非西方的民族，尤其是在介绍中国时更表现出极大的热情，认为中国在政治、法律、文化、伦理、道德、宗教各方面均优于西方国家。伏尔泰是通过来华布道的传教士所写的书籍和信件来了解中国的，这些材料不免有失实或溢美之处。但伏尔泰以中国这一切为楷模来批判西方的封建制度，这是与启蒙运动的要求相一致的。路易十四当年出于殖民主义的需要，与葡萄牙人竞争，趁葡萄牙国力衰微之机，从私人金库出资让传教士前往中国。某些传教士为了说明他们在中国传教的意义和在中国传教的可能性而极力宣扬中国，这些材料居然成为伏尔泰掷向封建制度和天主教会这两只鸟的一块石头，这是路易十四和传教士们所始料不及的。

《风俗论》虽是伏尔泰为夏特莱夫人学习历史而写的，但更重要的是有所为而发。当时法国不少史书，特别是博絮埃的《世界史讲话》按教会和国王的利益编造历史，把一切历史事件归为神的意志的结果。伏尔泰把这种历史著作视为“撒谎的作品”。但他不屑于以笔战来驳斥这种著作，而是以撰写《风俗论》这部纪念碑式的鸿篇巨著来取而代之。果然，它初版便印刷了 6000 部，这在当时是空前的。《风俗论》用大量事实揭露教廷的黑暗和腐朽，反对宗教狂热、宗教迫害和教派斗争，并以犀利的文笔、磅礴的气势，上下数千年，纵横几大洲，向人们展示了世界各重要民族的精神和风俗的宏伟画卷。尽管其中某些史料不尽翔实，论点或有偏颇，但伏尔泰的治史态度是严肃认真的。《风俗论》叙述纷繁的历史事件，撮其要，取其精；描绘人物栩栩如生，而且善于以简洁的笔触勾勒世态人情，展现历史风貌。可以说，这不仅是历史学家而且是想了解世界历史的一般读者值得一读的一部学术名著。

《风俗论》原书分上下两册，中译本按篇幅分为上、中、下三册：上册包括原书的序言、导论、前言及正文的前 52 章；中册从 53 章至 140 章，共 88 章；下册从 141 章至 197 章，共 57 章。

《风俗论》中译本参加翻译的共有 6 人：梁守锵译序言、导论、前言及正文 1—90 章；吴模信译 91—121 章；谢戊申译 122—138 章，141—157 章；邱公南译 139—140 章，158—171 章；郑福熙译 172—173 章；汪家荣译 174—197 章。全部译稿曾请郑福熙先生进行初校，后因郑福熙先生作古，出版前又由梁守锵重新校订。

梁 守 锵

1993 年 3 月于中山大学

目　　录

序　言

我研究历史，是为我自己，而不是为公众；我的研究并非为了出版。有一个在她那个时代、甚至在任何时代都属罕见的各方面都卓具才识的人[①]，终于想跟我一道学习历史。她和马勒布朗士神父[②]一样在形而上学和几何学方面很有才华，而且她起初对历史的厌恶情绪也不亚于马勒布朗士。她说："知道埃伊尔[③]继承瑞典国王哈坎的王位、奥斯曼[④]是埃托格鲁尔的儿子，这对我这个住在自己领地上的法国女子有什么要紧呢？我曾经津津有味地阅读过希腊史和罗马史，这些历史在我脑海里展示了一幅幅宏伟的画卷使我流连忘返。但是对于近代国家的历史巨著，无论哪一本我都无法卒读，我在那里看到的几乎只是一片混乱，一大堆既无联系、又无下文的琐事，千百次没有解决任何问题的战争，就连在这些战争中人们使用什么武器来互相残杀，我也不清楚。我只好放弃了这种既枯燥乏味又空泛无边、只能压抑思想而不能给人启迪的学习。"

---

① 指夏特莱侯爵夫人(1706—1749)，法国女学者，伏尔泰为逃避政府迫害，曾在她家住了15年。——译者

② 马勒布朗士(1638—1715)，法国哲学家。——译者

③ 埃伊尔，挪威史诗《英灵加塔尔》中瑞典传说的第二位国王。——译者

④ 奥斯曼(1259—1324)亦称奥托曼，奥斯曼帝国的创建者，埃托格鲁尔之子。——译者

我对她说:可是,如果您在那么多未经加工的素材中,选用可供您建造大厦的材料,如果删掉那些令人生厌而又不真实的战争细节,那些无关紧要的、只是无聊的尔虞我诈的谈判,那些冲淡了重大事件的种种个人遭遇,而保留其中描写风俗习惯的材料,从而把杂乱无章的东西构成整幅连贯清晰的图画;如果您力图从这些事件中整理出人类精神的历史,那么,您会认为这是光阴虚掷吗?

这个意见使她下了决心;我也正是按照这个想法进行研究的。然而首先使我惊异的是,从卷帙浩繁的史籍中,我所得到的帮助微乎其微。

我记得,当我们打开普芬道夫[①]——他在斯德哥尔摩写作,可以阅读国家档案——的著作时,我们以为一定可以从中找到〔瑞典〕这个国家的兵力情况、它有多少人口、哥德兰省[②]的居民如何与蹂躏罗马帝国的民族融合、在以后的年代中艺术如何传入瑞典、它的主要法律、它的财富或者不如说它所匮乏的是什么,但是我们所要寻求的东西,书中一个字也没有提到。

当我们想了解〔神圣罗马帝国的〕皇帝如何觊觎罗马、〔罗马的〕教皇如何对皇帝抱有野心时,我们看到的只是扑朔迷离和暧昧不明,致使在我所写的全部材料中,总是加上旁注"vide,quoere,dulita"[③]。在我的1740年旧稿中,上百处用粗体字写的就是这些字。特别是有关丕平和查理曼的赠礼、有关罗马教会与希腊教会争执的历史等处,都是这样。

---

① 普芬道夫(1632—1694),德国历史学家、法学家和哲学家。——译者

② 哥德兰省,瑞典南部的一个省。——译者

③ 拉丁文,意为"空缺,待考,存疑"。——译者

西方人所写的关于几个世纪以前的东方民族的事情，在我们看来，几乎全都不像是真的；我们知道，在历史方面，凡是不像真事的东西，就几乎总是不真实的。

在这样劳而无功的研究中，唯一给我以支持的，是我们不时遇到的一些关于艺术和科学的史料，这一部分成了我们主要的研究对象。读者会很容易地发现：继罗马帝国衰落、分裂之后，在我们所处的野蛮无知时代里，我们的一切——天文学、化学、医学，特别是比从希腊人和罗马人那里得知的更为温和、更为有益身体的药物，几乎都是来自阿拉伯人。代数是阿拉伯人的发明，甚至我们的算术，也是由他们传来的。阿尔丰沙天文图[①]是两个阿拉伯人哈兰和本·赛义德绘制的。被称为努比亚[②]地理学家的地方官本·穆哈迈德被逐出本国后，把一个重800马克[③]的银质地球仪带到西西里，献给国王罗杰二世，地球仪上刻有已知世界的地图，并纠正了托勒密[④]的说法。

因此，尽管阿拉伯人是伊斯兰教徒，我们必须给他们以公正评价。同时必须承认，我们西方民族虽然对某些重要事物的真理有所领悟，但在艺术、科学和国家管理方面却很缺乏知识。如果有那么一些人对这种公正态度恶意指责，并企图加以丑化，那他们就与

① 卡斯蒂利亚与莱昂国王阿尔丰沙十世（1221—1284）下令绘制的天文图。——译者

② 努比亚，非洲东北部古国，相当今埃及阿斯旺与苏丹喀土穆之间的地区。——译者

③ 马克，古衡量单位，合244.5克。——译者

④ 托勒密（90—168），古希腊天文学家、数学家和地理学家。主张地心说，认为地球居中央不动，日、月、行星和其他星球都绕地球运行。——译者

他们生活的时代很不相称，实在太可悲了。

阿拉伯人的诗歌和演说的某些篇章在我看来是很高超的，我把它翻译出来了。后来当我们看到由于托斯卡纳[1]人的天才，各种艺术在欧洲复兴，我们读他们的作品，就像阅读弥尔顿、艾迪生[2]、德莱顿[3]、蒲柏[4]的优美诗篇那样入迷。我尽我所能，把那些博学多才的民族的诗人所写的最优秀的篇章，用诗体准确地翻译出来，力求保持原作精神。总之，与事实的历史相比，我更喜爱艺术的历史。

在这位十分可敬的人[5]去世之后，所有有关艺术的材料均已散佚。现在我年事已高，远离大图书馆，而且久病之后，才力衰退，实无法重新开始这一艰巨工作。所幸这一工作已由一些更为练达的人在《百科全书》[6]这部不朽著作中，探幽索微、条分缕析地加以完成了。我不后悔把但丁以来所有伟大诗人的最优秀作品译成诗文，因为如果译成散文，人们就会完全认不出它们来了。

大家知道，好几个人有我的历史著作稿的抄本，有几章甚至还曾在《法国信使》杂志上发表，以后，人们又把这些收在各种名称的

① 托斯卡纳，意大利中部地区，是文艺复兴时期的最大中心，托斯卡纳语后来成为意大利通用语，但丁的《神曲》、彼特拉克的抒情诗等都是用托斯卡纳语写的。——译者

② 艾迪生(1672—1719)，英国散文作家、诗人及剧作家。——译者

③ 德莱顿(1631—1700)，英国诗人及悲剧作家、文学批评家，曾被封为桂冠诗人。——译者

④ 蒲柏(1688—1744)，英国诗人及散文作家。——译者

⑤ 指夏特莱侯爵夫人。——译者

⑥ 《百科全书》，即狄德罗和达朗贝尔主编的《科学、艺术与工艺详解辞典》(共35卷)，伏尔泰也参与了此书的编写工作。——译者

文集中。最后，1753 年，海牙一家出版商打算买几章没有完成的初稿，一个办事不谨慎的人随随便便地就卖给了他。该出版商以为这些章节包含从查理曼到法国国王查理五世统治时期的完整而连贯的历史，便把这部被阉割的极不完善的文集，以《从查理曼至查理五世时期世界史简编》这个骗人的书名出版。当时我正在将《帝国编年史》第一卷付印，这是我从在哥达[①]找到的我的《世界史》部分初稿中摘出的，借助于它，我编写了《帝国编年史》。

我从杂志上惊讶地获悉有一本用我的名字发表的所谓《世界史》，可是还没有收到这本已在荷兰和巴黎公开出售的书，我只能把我前面所说的大致情况，在《帝国编年史》的序言中加以说明。

不久以后，这本在海牙印刷的《世界史》终于到了我的手中。我发现书中的错误比页数还多。日内瓦的阿梅代[②]误作阿梅代之子罗伯特；查理曼的长子路易误作查理曼家族的长房路易；一个在意大利的主教写成一个意大利主教；一个在巴勒斯坦的托勒密城[③]主教写成一个巴勒斯坦的主教；教皇英诺森四世误作教皇克莱门四世；艾卜·哲尔法尔[④]写成艾卜格拉法；大流士[⑤]是希斯塔斯普之子，误作希达斯普之子；岁差写成春分秋分的准确性；气候炎热写成气候价值；修士阿尔多布兰丁尼竟写成了 400 年后才建立

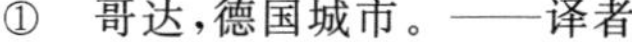

① 哥达，德国城市。——译者

② 阿梅代，中世纪萨伏依的一些公爵或伯爵之名。——译者

③ 古代亚洲和非洲有数个城市都以之命名，这里系指巴勒斯坦的托勒密，今称阿卡。——译者

④ 艾卜·哲尔法尔，阿拔斯王朝第二个哈里发，754—775 年在位。——译者

⑤ 大流士，指大流士一世（前 522—前 486 年在位），安息省长希斯塔斯普之子，波斯阿契美尼德王朝国王，曾征服印度、色雷斯、马其顿。——译者

的小兄弟会[①]修士阿尔多布兰丁尼。在巴黎此书又以让·努尔斯的名字再版，错误原封未动。在日内瓦和莱比锡，人们竞相翻印。我于是急忙尽可能地写了一份勘误表寄去，尽管原稿不在手边。

最后弄来了巴黎的原稿。我气愤地看到，印给读者的书跟我的书完全两样，它只不过是我的著作的残缺不全的摘录，连各章的标题也不一样。其中增添、漏略以及日期、姓名和数字的错误比比皆是，使我感到愤慨。我说过的话书上没有，而书上说的又与我的原意恰恰相反。

我根据法律的要求，把我的原稿跟出版的书加以对照。我证实了、同时谴责了这种滥用我的名义和我的著作的行为。就在前不久，还有人以科尔玛的假名，发行了这部书的新版本。如此接二连三不遗余力地欺骗公众，那么多人趋之若鹜地抢购一部被人改头换面的书，说明这本书的内容并非毫无用处，因此我更有责任有一天由我自己出版。但是伪版书已充斥欧洲各地，我怎能再给公众增加新版本的负担？只好等些时候再说，我要花些时间将全书的头两卷——其中某些片段已写进《帝国编年史》——加以修改。而且，这头两卷涉及的是人们所知甚少的时代，需要作艰苦的研究。这比从蛮荒时代的断垣残壁中寻找建造称意大厦的材料，更困难得不可想象。因此我现在只能把续编写到查理五世时代初期，其余部分将来续写出后，并入《路易十四时代》一书。

我不得不自己试图出版这部书的第三卷，我把它送交给德累

① 小兄弟会，天主教托钵修会的一派，圣方济各·德·保罗在1435年创立。——译者

斯顿的出版商康拉德·瓦尔特，据说他出版过前两卷，其中错误比其他版本少。我之所以要设法出版第三卷，是因为我获悉原稿已被纷纷传抄，有些出版商准备出版这卷续篇，那肯定也会跟开头两卷一样错误百出。

这不是一部编年史和世系录——此类书已有不少，而是对各个时代的描述。这是一位才华出众的女子跟我一道学习历史的方法，也是一切跟她同等身份的人想要学习历史的方法。

诚然，在我违反初衷予以付梓的这卷书中，我经常流露出我所考察的事物对我思想的影响；然而，我以纯真的态度——这种态度如果是为了公之于世而写作是绝对不会有的——而获得的读书心得，却正是可能有用的东西。每个读者也都可以从本书得出自己的判断，并匡正我的判断；用心思考的人，总是会启发别人思考的。

例如说，路易十一没有从在英国处境相当困难的爱德华四世手中夺回加来[①]，而是向他臣服纳贡以取得和平，这种行为在我看来似乎不太光荣，然而在一个认为勃艮第公爵[②]可能站到英国国王一边反对法国的人看来，则是十分策略的。也许有人会这样想：伟大的弗朗索瓦·德·吉斯[③]从英国玛丽女王[④]手中夺回加来，是在这个

① 加来，法国北部港口，1347年被英国占领，至1558年才由法将弗朗索瓦·德·吉斯收复。——译者

② 这里的勃艮第公爵指莽汉查理(1433—1477)，毕生与法王路易十一闹摩擦。——译者

③ 吉斯公爵(第二)(1519—1563)，法国政治阴谋家、军人，吉斯家族所产生的最伟大的人物。——译者

④ 英国玛丽女王：即玛丽·都铎一世(1516—1558)，其丈夫为西班牙的菲利普二世。她由于残酷镇压新教徒，被称为血腥的玛丽。——译者

女王的丈夫菲利普二世比勃艮第公爵可怕得多的时候。还有人会从路易十一的性格来寻找其行为的原因。历史就是这样有用;我的这部拙著,倘能使别人产生比我更好的见解,也可能是有用的。

知道弗朗索瓦一世于1525年为〔西班牙国王〕查理五世所俘虏,这只是多记一件史实而已,但是研究为什么查理五世没有充分利用他的时机,这却要靠有识的读者了。他不仅会看到,查理五世一帆风顺的机遇由于其他民族的嫉妒而被抵消,而且也会看到,查理五世的敌人苏里曼在欧洲的侵略由于对波斯人作战而中止;这样他就会发现,所有这些平衡力量可以阻止一个强国去消灭其他强国。

由于歪曲原文的行为非我始料所及,我只好违反初衷发表过去的研究成果,不过我引以自慰的是或可抛砖引玉。这种学习方式深受一些人的赞赏,他们无暇参考大量书籍去弄清细节,因此只要能对世界有个轮廓的认识也就心满意足了。

我正是本着这种精神来写《路易十四时代》的。法律、艺术、风尚是我的主要研究对象。细微的史实只有在它引起重大事件时才纳入叙述中。克勒茨纳克城是在1688年9月21日还是22日被占,曼特农夫人[①]的侄媳妇后来做了她的干侄女,这些都无关紧要,重要的是应该知道路易十四从西班牙国王查理二世的改变了欧洲面貌的遗嘱中从未得到丝毫好处[②],而里斯维克[③]和约的签

① 曼特农夫人,法王路易十四的第二个妻子。——译者

② 参阅《路易十四时代》,北京,商务印书馆1982年版,第17章。——译者

③ 里斯维克,荷兰地名,1697年在此签订和约,结束了法国与奥格斯堡反法联盟的战争,路易十四从此一蹶不振。——译者

订，并不像人们始终认为的那样，也不像博林布罗克勋爵[①]自己所想的那样——他在这个问题上搞错了——，其目的是使西班牙王位落入一个法国王子之手。英国王后安妮的家庭纠纷本身无足轻重，但这一纠纷事实上导致了和平，否则法国便有被肢解的危险，所以从这一点说又值得注意。

史书中那些不能说明任何问题的细节，就像一支军队的行李辎重，是个累赘。人的脑子很小，如果壅塞着细枝末节就会使智力衰退。因此论事必须从大处着眼，细枝末节则应由写编年史的人汇集在辞典中，以备需要时查考。

这样研究历史，就可以上下古今尽收眼底，而不致陷于扑朔迷离。这样便易于发现路易十四、查理五世、〔教皇〕亚历山大六世、圣路易、查理曼等时代的特点。我们所应致力之事就是描述各个时代。

人的画像几乎都是靠想象绘成的。要描绘一个未曾一道生活过的人物，那简直是十足的江湖骗术。萨卢斯特[②]描写了喀提林[③]，他认识喀提林本人。雷茨的红衣主教[④]描写了同时代一切曾经起过巨大作用的人物，他有权利描绘他看到的和了解的一切。但是热情控制了画笔，是多么常有的事！过去时代著名人物的特

① 博林布罗克（1678—1751），英国女王安妮时代的政治家。——译者

② 萨卢斯特（前 86—前 35），罗马历史学家，著有《喀提林的阴谋》一书。——译者

③ 喀提林（前 108—前 62），古代罗马贵族，阴谋反对元老院，为西塞罗所揭露。——译者

④ 雷茨的红衣主教，名保罗·德·孔迪（1613—1679），法国政治家及作家。——译者

征只能用事实来说明。

我不明白《博林布罗克勋爵书信集》的可尊敬的译者[①]为什么责备我根据讽刺民谣来评论红衣主教马扎然[②]。我并没有评论他,我只是叙述他的行为,我也并不相信讽刺民谣。让我告诉这位译者吧,是他在评论红衣主教马扎然时把事实弄错了。他说:"这位大臣发现法国处于最严重的困境。"事实恰恰相反。当红衣主教马扎然主政时,法国内部安定,对外则有罗克鲁瓦[③]战役和讷德林根[④]战役的胜利以及在争夺控制权方面对瑞典人的巨大胜利。

他说:"他给国王留下了前所未有的井井有条的财政。"完全错了!难道他不知道贤王查理[⑤]和弗朗索瓦一世都曾留下一笔钱财,伟大的亨利[⑥]在金库里有4000万利弗硬币?难道他不知道,法国当时在最贤明的管理之下正欣欣向荣,而当他(指亨利四世——译者)去世后,才出现了摄政时期的挥霍无度和动荡不安的局面?红衣主教马扎然自己的财政确实是井井有条,但国家的财政却紊乱不堪,以致财政总监经常对路易十四说:"陛下的金库里已经没有钱了,但是红衣主教阁下会借钱给您。"当时国家财政管理不善,不得不成立一个法庭。从古尔维尔[⑦]的回忆录中可以看

① 指巴尔伯·迪·布尔。——原编者注

② 红衣主教马扎然(1602—1661),路易十四未成年时的法国首相。——译者

③ 罗克鲁瓦,法国城市,1643年法军统帅大孔代在此地消灭西班牙军队。——译者

④ 讷德林根,德国城市,1645年大孔代在此地战胜洛林的将军梅尔西。——译者

⑤ 指法国国王查理五世。——译者

⑥ 指法国国王亨利四世(1553—1610)。——译者

⑦ 古尔维尔(1625—1703),法国财政大臣,著有《回忆录》。——译者

到贪污盗窃达到何等程度，到柯尔贝尔[①]上台，才有所整顿。

他说："路易十四最美好的年代是马扎然去世不久后的那几年，这时马扎然精神仍起着支配作用。"那么，红衣主教马扎然的精神在收复曾被他断送的法朗什孔泰[②]和半个佛兰德方面，在重建他曾经听任其彻底崩溃的海军方面，在改革他一无所知的法制方面，在提倡他所轻视的艺术方面，究竟是怎样起着支配作用的呢？

他又说："伏……先生试图论证：在法国，人们毫不畏惧奥兰治亲王[③]。……"

我所论证的，只是一项数学命题。但是在法国，当人们确信奥兰治亲王或者不如说威廉国王在博因河[④]战役中被打死时，巴黎人民如此放肆地兴高采烈，那的的确确是出于仇恨而不是出于畏惧。在巴黎，人们的的确确并不害怕一个在爱尔兰还有后顾之忧、在佛兰德频频败北的亲王的入侵。政治家和军事家可能尊敬威廉国王，但巴黎人民肯定不会害怕他。当欧仁亲王和马尔巴勒公爵[⑤]蹂躏香槟时，在巴黎，有人可能会害怕他们；但是若说在一个当时一直是战无不胜的王国的首都，听到一个从来没有侵犯边境的敌人的名字就发抖，这是不合常情的。

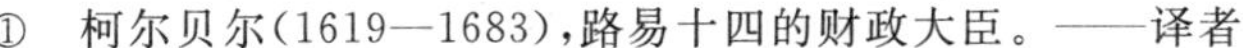

① 柯尔贝尔（1619—1683），路易十四的财政大臣。——译者

② 法朗什孔泰，法国古代省名。——译者

③ 奥兰治亲王，指尼德兰联省共和国执政及英格兰、苏格兰和爱尔兰国王威廉三世（1650—1702），他原为奥兰治亲王，曾领导反抗英、法对尼德兰的入侵。——译者

④ 博因河，爱尔兰河名，威廉三世于1690年在此地战胜苏格兰王詹姆斯二世。当时威廉三世的指挥官肖姆伯格阵亡，故有威廉三世被打死的讹传。——译者

⑤ 欧仁亲王（1663—1736），法裔奥地利将领，曾在西班牙王位继承战争中与英将马尔巴勒公爵（1650—1722）协同对法作战，取得多次胜利。——译者

贝里公爵[1]不管怎样，有可能对他的两个哥哥说过："你们中一个将要当法国国王，另一个当西班牙国王，而我将是奥兰治亲王，我要使你们两人都发狂。"但是博林布罗克勋爵〔《书信集》〕的译者应当注意到，一个人可以使人发狂，而自己却被打倒；他应当注意到，一个批评家跟一个历史学家一样有可能搞错，因此他应当尽量做到他的所有的批评不出差错。

他在博林布罗克的《秘密回忆录》的开头说："我要删掉事实。"而我则相反，我希望这言之无物的回忆录中有一些事实；为了博林布罗克勋爵的荣誉，我还希望这些回忆录最好永远是秘密的。

对于一位另一类型的评论家[2]对《路易十四时代》的批评，我应当在这里说几句。他认为出版我的著作时应当加上他的注解。其实他是找到了把一部由史实建立起来的描述民族光荣历史的不朽著作变成一纸谤文的秘诀。这是无知和荒唐的诽谤敢于试图一逞的罕见的例子。

文学是一块既生长有益植物、也生长毒草的土地。有些无耻之徒，能读会写，以为把一些丑闻秘史卖给出版商，而不从事正当的职业，便可以在社会上博得地位，殊不知一个抄写员，甚至一个忠实的仆人的职业也比他们高尚得多。我所说的这个人，出版并发行了他的书名为"《路易十四时代》三卷本，拉博梅尔注，法兰克福版"的蠢话连篇的注释本。在这种卑劣行为理所当然地受到惩

① 贝里公爵(1686—1714)，路易十四之孙。——译者

② 指拉博梅尔(La Beaumelle)。——原编者

罚之后，他很快又写了另一篇诽谤性文章，但只存在了几个星期。另一个人[①]看到《路易十四时代》一书在欧洲销路甚广，出版商从我的报酬中所得甚丰，便急忙增添了与此书毫无关系的新的一卷。他搜罗了博林布罗克关于通史的某些信件，掺进一些从秽史里捡来的、来路不明的篇页，拼凑起来，名之为《路易十四时代》第三卷。无知者买了，出版者则以粗制滥造而赚了几个月的钱。

另一个人，不知怎么把我的《世界史》的小部分未完成的、不像样的初稿弄到手。他像前面说过的那样把这部稿子以几个盾[②]卖给海牙的一家出版商[③]，这家出版商没有通知我便匆忙出版了。

在《路易十四时代》一书中，谈到作家中有些人曾为这个著名的时代增光、另一些人则与这个时代极不相称的时候，我说过：荷兰被一些卑劣无耻的作者搞得乌烟瘴气，他们写文章诽谤他们的祖国，攻击一些不屑于报复的君主，诋毁一些无力报复的公民。我说过，效法他们的人将受到公众的唾弃。这一公正的批评激怒了这些效法者，他们不是幡然改悔，而是写出了一篇篇的谤文；同他们一样，这些谤文都化为粪土，被人遗忘。这些蛀虫钻入文学，进行侵蚀，但人们把它们抖落在地而消灭之，它们既不能损害科学的光辉，也不能削弱其坚实的基础。

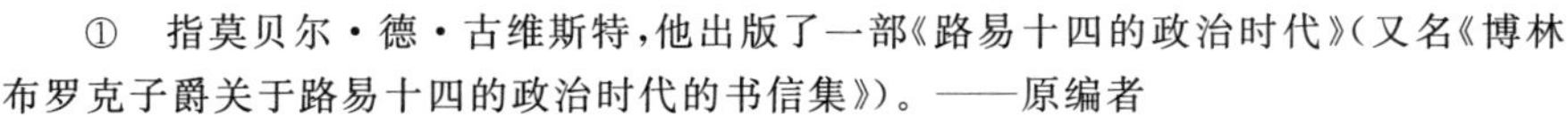

① 指莫贝尔·德·古维斯特，他出版了一部《路易十四的政治时代》（又名《博林布罗克子爵关于路易十四的政治时代的书信集》）。——原编者

② 盾，荷兰银币名。——译者

③ 指奈奥姆（Néaulme）。——原编者

出版者凯尔的说明[①]

我们尽可能准确无误地重印了《历史哲学》，此文最初是专为著名的夏特莱—洛林侯爵夫人而写，然后作为同样是专为这位夫人而写的《论各民族的精神与风俗》的导论。我们修正了各种旧版本中的印刷错误，并根据作者交给我们的原稿，补充了所有的脱漏。

这篇前言对于理智健全的人预防至今继续在贻害青年的荒诞无稽之谈，看来完全是必需的。本书作者拿出这服预防药，跟名医梯索在其《告人民》一书出版很久之后又添上对预防江湖庸医极为有用的一章，用意完全相同。一个是为真理而写，另一个是为人的健康而写。

马扎然学院的一个名叫拉歇尔的学监，是希腊古典小说《卡利罗埃》和〔英国诗人〕蒲柏的作品《玛尔蒂努斯·斯克里布鲁斯》的译者，他受同人委托，写了一篇学究式的文章来攻击《历史哲学》中所阐述的极其明显的真理。这篇谤文照例地半是无知的谬见，半是侮辱性的攻讦。由于《历史哲学》是假托巴赞神父的名义发表的，伏尔泰便用巴赞神父的侄子的口吻来驳斥那位学监；就像一个上流社会的人所应做的那样，他是以嘲弄学究的方式来作答的。聪明的人和爱说笑的人都赞成巴赞神父的侄子。

---

① 这个说明是伏尔泰本人在逝世前不久写的，当时他正在准备出版他的这部著作的新版本。——原编者

导　论

一　地球的变迁

您也许希望古代史是由哲学家撰写的，因为您想从哲学家的 3
角度阅读历史。您只想寻求有用的真理，可您说，您找到的几乎只是一些无用的谬误。现在就让我们一起来辨明是非，共同努力，从千百年的废墟中发掘出一些珍贵的历史文物吧！

首先，让我们看看我们居住的地球是否从前也像今天这样。

我们的地球经历过的变化可能跟各个国家经历过的巨变一样多。浩瀚大海曾经覆盖过许多今天负载着大城市和富饶田野的大片土地，这似已得到证实。没有一处海滨，在漫长岁月中，未曾经历沧海桑田的变化。

北非洲和邻近埃及的叙利亚边境的流沙，不就是海水逐渐消退后沉积下来的吗？希罗多德并不总是说谎，他说，根据古代埃及祭司的记述，尼罗河三角洲从前并不是陆地，这就告诉了我们一个伟大的真理。波罗的海岸边的沙地，不是也同样可以这样说吗？〔希腊〕基克拉迪群岛四围的沙洲和海水下很容易发现的各种植物，不都分明证实了该群岛往昔曾是大陆的一部分吗？

4 西西里海峡，古代传说为海妖卡律布狄斯和斯库拉[1]的魔窟，至今仍被小船视为畏途，这不是告诉我们，西西里就像古人[2]一直认为的那样，从前是跟阿普利亚连在一起的吗！维苏威和埃特纳两座火山虽被海水分隔，但海底的基础则是一个，维苏威是在埃特纳成为死火山之后，才成为活火山的。两个火山口，一个熄灭了，另一个还在喷发火焰。由于发生强烈地震，原来连接那不勒斯和西西里的那座山有一部分就陷入海中。

全欧洲都知道，大海吞没了〔荷兰的〕半个弗里斯兰省。40 年前，我曾看到莫尔迪克附近有 18 个村庄的钟楼仍然露出水面，此后，它们受海浪冲击，遂致消失。显然，大海在短时间内便舍弃了原先的海岸。请看，〔法国的〕埃格莫特、弗雷瑞斯、〔意大利的〕腊万纳，从前都是海港，如今却不再是海港了。〔埃及的〕达米埃塔，原是十字军东征时登岸的地方，如今却位于离海岸 10 海里的内陆；大海也不断从罗塞塔[3]后退。这样的变迁，在自然界到处都可见到。如果广阔无垠的太空有些星星不复存在，如果“昴星团”的第七颗星很久以来便已消失，银河里的其他几颗星肉眼也见不到了，难道我们还会对我们这小小星球不断发生变化感到惊奇吗？

我不能断言，地球上的山岳都由大海形成，或甚至都曾经与大海连接。在这些山岳附近找到的贝壳，可能曾经是湖泊中的小贝

① 据希腊神话说：卡律布狄斯和斯库拉是共同扼守西西里海峡的一对海妖，卡律布狄斯每天吞吐海水三次，使过往船只卷入巨大旋涡中；航海者改道时又会碰着对面岩礁上的六头海妖斯库拉，它每颗头都会把船上的水手叼走。——译者

② 指古希腊历史学家狄奥多罗斯（前 90—前 20）。——原编者

③ 达米埃塔（今杜姆亚特）、罗塞塔（即拉希德），均位于尼罗河支流的河口。——译者

壳动物的居所；这些湖泊已因地震而消失，湖水注入地势较低的其他湖泊之中了。羊角形菊石、星形石、透镜状骨、海胆、海百合化石、舌石，在我看来都是一些陆地上的化石。我从来不敢相信舌石会是鲨鱼的舌头。我同意这样一个说法：如果相信有几千条鲨鱼曾把它们的舌头留在海滨，那就无异于相信有几千个女人曾把她们的海蚌壳留在那里。有人[1]还大胆地说过，高度为四五百图瓦兹[2]的山是由未落潮的和落潮七八尺的海形成的；说整个地球都曾经燃烧着大火，说地球变成了一个玻璃球。这种凭空想象玷辱了物理学，这样的江湖骗术式的妄谈，根本不配称为历史。

我们不能把穿凿附会跟确凿之事搅在一起，把想入非非与真实可靠混为一谈。关于地球的巨大变迁，我们已有足够的证据，用不着寻找新证了。

所有这些变迁中最大的变迁就是大西洋陆地的消失，如果地球的这一部分果真存在过的话；也许这块陆地不是别的，正是古代最勇敢的航海者腓尼基人所发现的马德拉岛[3]，这个岛后来被人遗忘了，到公元 15 世纪初才被重新发现。

总之，从大西洋沿岸犬牙交错的海岸线来看，从大海侵蚀所形成的许多港湾来看，从海上星罗棋布的大小岛屿来看，东西两半球的一侧显然失去了两千多古法里[4]的土地，而另一侧则增加了同样多的土地。然而，在漫长的年代中，大海不可能覆盖于阿尔卑斯

① 指法国博物学家布丰。——原编者

② 图瓦兹，法国古长度单位，一图瓦兹等于 1.949 米。——译者

③ 马德拉岛，摩洛哥西大西洋中葡属岛屿。——译者

④ 1 古法里，约合 4 公里。——译者

山和比利牛斯山之上，那样的看法是同万有引力定律和流体静力学定律相抵触的。

二　不同的人种

6　对我们来说，更加有趣的是繁衍生息于地球已知四大洲的人种之间的明显差异。

只有瞎子才会怀疑，白种人、黑种人、阿尔比诺人、霍屯督人[1]、拉普兰人[2]、中国人、美洲人，是一些完全不同的种族。

一个有文化的旅行家，在经过〔荷兰〕来顿时，总会去看那著名的〔荷兰解剖学家〕鲁易施所解剖的实物，那是一个黑人的毛细管网状黏膜组织，这片组织只剩下一部分，其余部分已由彼得大帝带回俄国，陈列在彼得堡古玩室。这个黏膜组织是黑色的，正是它使黑人皮肤具有一种先天的黑色，这种黑色只有在该组织因病破裂、脂肪从细胞逸出并在皮下产生白斑时才会消失。

这些黑人的圆圆的眼睛、扁塌的鼻子、从来就是很厚的嘴唇、形状各不相同的耳朵、他们头上的卷发、甚至他们的智力程度，使他们与其他人种有极大的差异。这种差异绝不是气候所造成的，证据就是：把一些男女黑人移居到最寒冷的地方，他们生下来的总是跟他们同种的黑人；而黑白混血儿只不过是男黑人和女白人或男白人和女黑人所生的杂种。

---

① 霍屯督人，西南非洲的一个黑色民族。——译者

② 拉普兰人，斯堪的纳维亚半岛北部的居民。——译者

阿尔比诺人实际上是一个人数极少的、个子极矮小的民族，居住在非洲中部。他们因为弱小，不大敢离开洞穴，但黑人有时把他们捉到，我们出于好奇而向黑人买来。我见到过两个，许多欧洲人也都见过。如果说他们是黑种人中的侏儒，因患一种麻风病而肤色 7
变白，那就好像说黑种人本来是白种人，因麻风病而肤色变黑一样。阿尔比诺人不同于英国人或西班牙人，也不同于几内亚黑人。他们皮肤也是白色，但和我们白色不同，既不是白里透红，也不是白里泛黑，而是很像白蜡那样苍白。他们的头发和他们的眉毛好似最美丽、最柔软的绸缎，他们的眼睛跟别的人种毫无相似之处，却很像山鹑的眼睛。他们的身材近似拉普兰人，头部跟任何民族都不相似，因为他们有不同的头发，不同的眼睛和耳朵。因此他们只是在体型上以及言语和思维能力方面说得上是人类，但这方面的能力远不如我们。这就是我所见过的和观察过的阿尔比诺人[①]。

卡弗尔人[②]生来就有的、从肚脐垂到大腿像围裙似的一大块松软皮肤，萨莫耶德[③]女人的黑色奶头，欧洲男人的胡子，美洲人没有胡须的下巴颏，这些差别太明显了，因此很难想象他们不是彼此不同的种族。

此外，如果要问美洲人从何而来，那就也要问南极地方的居民来自何方。这问题已经有人回答[④]，说上帝既然在挪威安置了人

① 伏尔泰限于当时的历史条件，把阿尔比诺人看做是单独的人种，这是错误的。其实阿尔比诺人只是人类的一个偶然的变种。——译者

② 卡弗尔人，住在南非开普敦的一种居民。——译者

③ 萨莫耶德人，住在西伯利亚大草原的一个部族，属于蒙古人种，以驯鹿和捕鱼为生。——译者

④ 参见本书第145章。——原编者

类，那么也会在美洲和南极圈安置人类，就像在这些地方种下树木、长出青草一样。

有几位科学家揣测，某些人种或某些接近人类的动物已经绝迹。阿尔比诺人如此稀少，如此孱弱，而且受黑人虐待，不免令人担心这个种族还会存在多久。

差不多所有古代作家都谈到过类似萨提罗斯[1]的怪物。我不
8 认为这种怪物不可能存在。在〔意大利〕卡拉布里亚，人们今天还把女人生下的怪物掐死。在热带国家，猴子强奸女孩也不是不可能的事情。希罗多德在所著《历史》第二卷中说，他游历埃及时，孟代斯省有一妇女公然与山羊交媾，他说埃及人都可以证明此事。《圣经·利未记》第18章有禁止与牡山羊或牝山羊交媾之说，可见这种行为过去或许是很普遍的。在没有进一步弄清以前，可以设想，有些怪物就是这种丑恶的性行为的产物。但即使这种怪物曾经存在，也不会对人类有什么影响。正如骡子不能生殖，怪物也不能改变其他人种的特性。

谈到人的寿命(如果您把犹太经书所承认、但又长期无人知晓的所谓亚当后裔排除在外的话)，很可能所有人种的生命差不多都跟我们一样短促。因为动物、树木和一切自然产物的寿命都大致相同，要是说只有我们例外，那就未免可笑了。

但是必须注意到，贸易交往并不只是给人类带来异域的物产，它也带来了各种疾病。过去人们过着符合天性的简朴的乡村生

① 萨提罗斯，希腊神话中长着卷发、尖耳、两小角和公羊腿的妖怪，性极贪淫。——译者

活，他们更为壮实，更为勤劳，所以他们的健康状况应当是不相上下的，他们的寿命也应当比过着骄奢淫逸生活或在大城市从事不卫生劳动的人稍为长一些。就是说，如果在君士坦丁堡、巴黎和伦敦，今天 10 万人中有 1 人活到 100 岁，那么过去就可能有 20 人活
到这个年龄。这是人们曾经在美洲若干地方看到过的情况，在那 9
里，人类曾经保持着纯自然状态。

黑死病、天花，都是过去阿拉伯商队逐步地带给亚洲人和欧洲人的。〔那里的人〕很长时间都没有这种病，因此人类在亚洲和欧洲气候良好的地区就比在别处更易繁衍。一些偶发病和外伤，在过去的确不能像今天这样可以医治好。但古代的人从来没有得过天花和黑死病，这个好处抵偿了来自大自然的一切危险。因此总的说来，可以认为，在气候适宜的地区，人类过去的生活比各个大帝国建立以后更为健康，更为幸福。当然，这并不是说，以前的人曾活到三四百岁——这在《圣经》中是个极其伟大的奇迹，但在任何其他地方却都是无稽之谈。

三　各民族的远古时代

几乎所有的民族，尤其是亚洲的民族，都有几千年的历史，年代之久，足以使我们瞠目。既然他们之间这样相似，那么我们至少应当考察一下他们关于远古时代的概念是否全无真实性。

一个民族要能够集合而成为国家，能够强盛，经得起磨炼，又有文化知识，肯定需要经历很长的岁月。请看美洲，在被发现的时候，只有两个王国，而且这两个王国都还没有发明书写技术。在这

个大陆的所有其余部分，曾散居过而且至今仍散居着一些小部落，他们不知技艺为何物。所有这些部落都栖身茅屋，气候寒冷时身披兽皮，气候温暖时几乎裸体。有的以狩猎为生，有的靠挖树根果腹。他们根本不曾寻求另一种生活，因为他们对自己所不知道的东西没有欲望。他们的技能不超出迫切需要的范围。萨莫耶德人、拉普兰人、西伯利亚北部的居民、堪察加的居民比美洲民族更为落后。大部分黑种人、所有的卡弗尔人，都还处在同样的愚昧状态中，并将长期停滞不前。

要组成一个受共同法律约束的大型社会，需要各种有利条件在若干世纪内相互配合，语言的形成也是如此。如果不教他们说话，人们便不会清晰地发音，而只会发出含糊不清的叫喊，只能靠手势来使别人了解。小孩是在模仿了一段时间之后，才会说话的，如果让他们在头几年一直不张口，他们以后要说话就极其困难。

由某些有特殊才能的人造出一种只具有原始性的不完善、不规则的语言，并把它教给别人，比随后建立起某种社会，可能需要更长的时间。甚至有的民族从来就没有能够形成一种规则的语言并清晰地发音。根据普林尼的报告①，从前的特罗格洛迪特人（穴居人）就是这样；今天，住在好望角附近的人也是这样。从不规则的野蛮语言到描述思想的艺术，不啻霄壤之隔，这个距离是多么大啊！

就因为长期处于这种野蛮状态，所以古时候，在任何地方，人类都非常稀少。那时人们不大可能满足自己的生活需要；同时，由于不能互相了解，也就不能互相援助。食肉兽的本能比人强，于是

① 指古罗马自然科学家老普林尼（23—79）所著《博物志》。——原编者

遍布大地，并吞噬了一部分人类。

人类只能靠投掷石头和手执粗大树枝以抵御猛兽，古代认为早期英雄们用棍棒同狮子和野猪搏斗的模糊概念，也许就是由此而来。

人口最多的地方无疑是气候炎热的地方，在那里，人们很容 11
易：从椰子、椰枣、菠萝和野生稻子中得到充足的食物。所以很可能在其他地方还几乎是荒无人烟的时候，印度、中国、幼发拉底河和底格里斯河流域便已住了很多的人。相反，那时候在我们北方地区，遇到一群狼比遇到一群人还要容易得多。

四　人类对灵魂的认识

初民对灵魂的概念是什么？那就是我们的乡下人在没有听到教理问答以前，或者甚至在听到教理问答以后所具有的概念。他们只有一个模糊的看法，从不加以深思。大自然对他们过于慈悲，因而未能使他们成为玄学家。大自然不论何时何地都是一样，它使原始人在遇到异常灾害时感到有某种超人的东西存在，同时也使他们感到人身中有某种东西在行动、在思想。他们并不把这种能力与生命的能力区别开来。在古代，不论是叙利亚人、迦勒底人、埃及人、希腊人或是最后定居于腓尼基一部分地方的人，“灵魂”一词从来就是“生命”的意思。

人们是怎样一步步地想象出，在我们有形的存在中还有一个无形的存在呢？那些仅仅是为生活需要终日奔忙的人，对这个问题肯定不会有什么认识，因而不会俨然像哲学家那样，自己骗自己。

随着时间的推移，社会稍为开化了，少数人就会有余暇进行思
考。可能有那么一个人，因父亲或兄弟或妻子亡故而悲恸，在梦中
12 见到自己所怀念的人。两三次这样的梦就会使整个部落感到不
安。于是便认为死者出现在活人面前了。但是这个死人仍然埋在
原地，被蛆虫蛀食着。那出现在活人面前的乃是在死者生前附在
其身上、死后却在空中游荡的某种东西，这东西就是死者的灵魂，他
的幽灵，他的鬼魂；就是死人的某种轻盈飘忽的形象。这就是刚会
推理的蒙昧时期的自然推论。这种看法是我们已知的一切原始时
期人们的看法，因此也应当是我们尚不知道的更为遥远的原始时期
的看法。只知有形物质的人不可能设想还会有纯非物质的东西存
在。首先要有铁匠、木匠、瓦匠、农夫，然后才会有利用闲暇进行思
考的人。一切手工技艺的出现，无疑都要比形而上学早若干世纪。

顺便指出，在中世纪的希腊，在荷马时代，灵魂只是身体飘浮空中的形象。乌利西斯①在冥府看到了幽灵，看到了鬼魂，他能够看到纯粹的精神吗？

下面我们将考察希腊人如何从埃及人那里借来了地狱和死者神化的概念，以及他们如何跟其他民族一样，相信第二个生命，而不怀疑灵魂的精神属性。相反，他们无法想象，一种没有形体的东西能够感受利与害。我不知道柏拉图是不是第一个谈到纯精神的存在的人。这可能是人类智慧的最高成就之一。不过，人们对柏拉图的唯精神说是很有异议的，而且大部分神父都相信有形体的

① 乌利西斯，是奥德赛在拉丁文中的译名，传说是古希腊特洛伊战争中的主要人物。——译者

灵魂，尽管他们都属于柏拉图学派。但是我们现在叙述的还不是这么晚近的年代，我们现在还仅仅是观察远古时代尚未定型而只是粗具雏形的世界。

五　初民的宗教

经过许多世纪后，一些社会建立起来了。这时，可以认为就有 13
了某种宗教，就有了某种初步的偶像崇拜。当时的人唯一操心的是维持生活，尚不可能追溯生命的创造者。他们不可能认识到宇宙各部分的这些关系，不可能认识到这无数手段和结果：这些关系、手段和结果向智者们宣告存在着一个永恒的造物主。

认识到存在着一个创造万物、赏善罚恶的神，这是理性发达的结果。

因此，过去千百年中，一切民族都与今天非洲南部某些沿海和岛屿的居民以及半数的美洲人相同，对于创造一切、无所不在、永世长存、独一无二的上帝毫无概念。不过我们不能按通常的意义称他们为无神论者，因为他们并不否认会有上帝，只是他们并不认识它，对它没有丝毫概念而已。卡弗尔人把昆虫、黑人把蛇当作保护者，美洲人中有些人膜拜月亮，另一些人膜拜树，还有许多人则什么也不崇拜。

开化的秘鲁人崇拜太阳，这或者是由于曼科·卡帕克[①]使他们相信自己是太阳之子；或者是由于他们初具理性，认为对赋予自

① 曼科·卡帕克，11世纪印加帝国的创建者。——译者

然以生命的太阳应表示感激。

在我看来,要了解这些崇拜或者说这些迷信如何产生,就必须考察人类智慧的自然演进过程。未开化的人看到:他们赖以充饥的果子腐烂了;大水冲毁了窝棚;雷火焚烧了茅屋。但是造成这种灾祸的是谁呢?不可能是他们同胞中的某个人,因为所有的人都同样受害,那只能是某种神秘的力量在危害他们,因而必须对之加
14 以安抚。如何安抚?向它供奉食物,就像人们用小礼物来孝敬自己所要讨好的人那样。附近有条蛇,也许就是这条蛇在作祟吧,于是人们就在这条蛇藏匿的洞穴旁供献牛奶,从此这蛇便被神化了。跟邻近部落打仗时,也向蛇祈求保佑;而邻近部落则选择了另一个保护神。

其他一些小部落的情况也是这样。可是他们没有任何东西可以作为畏惧和崇拜的对象,便把他们所怀疑的为害者笼统称为主人、主宰者、首领、统治者。

这种概念比其他概念更符合于已经萌芽、随后又不断发展和加强的理性;而当民族人口增多时,这种概念便深植于所有人的头脑中。因此我们看到许多民族除了主人、主宰者之外,没有别的上帝。腓尼基人所谓"阿多纳伊",叙利亚各民族所谓"巴力"、"玛拉干"、"阿达德"、"萨达伊"[①],所有这些名称都是"主人"、"强者"的意思。

久而久之,每个城邦便都有了自己的守护神,只是不知道神究竟是什么,也无法想象毗邻的城邦会没有一个像自己所有的那样

① "阿多纳伊"亦译"阿窦尼",腓尼基宗教的丰产神。"巴力"别称巴力西卜,迦南宗教的丰产神。"玛拉干",腓尼基宗教的主神之一。"阿达德",巴比伦宗教和亚述宗教的风暴之神。"萨达伊",弗里吉亚宗教中的冥神,亦具农耕丰产神职能。——译者

的真正保护者。因为既然自己有一个主宰者，怎能设想别人会没有呢？问题只在于要知道，在各民族交战时，这么多的主人、主宰者、神，究竟谁战胜谁罢了。

长期普遍流传的认为每个民族真的都受到自己所选择的神的保护的看法，可能就渊源于此。这种看法在人们心目中如此根深蒂固，以至于很久以后，您看到荷马驱使特洛伊[①]诸神与希腊诸神作战，而没有任何人怀疑这是一件新奇的事情。您看到，犹太人耶弗他[②]对亚扪人[③]说："你的神基抹所赐你的地你不是得为业吗？耶和华我们的神在我们面前所赶出的人，我们就得他的地。"[④]

另外有一段话也很有说服力，即《圣经·耶利米[⑤]书》第 49 章 15
第 1 节中说："玛拉干为何得迦得[⑥]地为业呢？"这些话清楚地说明：犹太人虽然供奉阿多纳伊，但也承认玛拉干和基抹是天神。

在《圣经·士师记》第 1 章中，您会看到这样的话："耶和华与犹大[⑦]同在，犹大就赶出山地的居民，只是不能赶出平原的居民。"

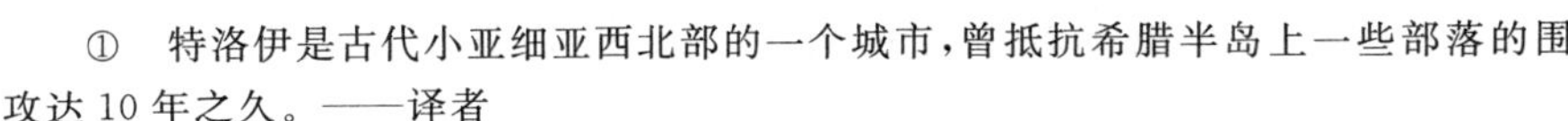

① 特洛伊是古代小亚细亚西北部的一个城市，曾抵抗希腊半岛上一些部落的围攻达 10 年之久。——译者

② 耶弗他，是以色列人的士师（士师是拯救以色列人脱离异族控制的卓越人物的称号），见《圣经·士师记》。——译者

③ 亚扪人，古代闪米特人的一支，与以色列人时战时和。——译者

④ 《圣经·士师记》第 11 章。本书中所有引自《圣经》中的话均采用中国基督教协会，中国基督教三自爱国运动委员会所印的《新旧约全书》（和合本）1989 年版的译文。——译者

⑤ 耶利米，《圣经·旧约》中四大先知之一。——译者

⑥ 迦得是犹太人始祖雅各的 12 个儿子之一，他的后代繁衍成部族，族名也叫迦得。——译者

⑦ 犹大，犹太人始祖雅各的另一个儿子，由他的后代繁衍的犹大支派是今日犹太人祖先《圣经》时代以色列人 12 支派之一，居住于耶路撒冷以南地区。——译者

在《圣经·列王纪》第20章中，您还可以看到，叙利亚人有一个成见：犹太人的神，仅仅是山岳之神。

不仅如此，信奉异族的神也非常普遍。希腊人承认埃及人的诸神——我是指阿蒙及十二大神，而不是指阿匹斯神牛和安努毕斯神犬[①]。罗马人则崇拜希腊人的所有的神。耶利米、阿摩司和圣埃田[②]都告诉我们，犹太人在沙漠中，40年间只承认摩洛、理番或基恩[③]，而对他们以后崇拜的阿多纳伊神则不献任何牺牲，不供任何祭品。的确，《摩西五经》[④]只谈到“金犊”，[⑤]但是任何先知都没有提起此事。不过我们这里且不去澄清这个大难题：摩西、耶利米、阿摩司和圣埃田的说法似乎互相矛盾，而一些神学家则加以调和，我们只要对他们都同样尊敬就是了。

16 我所注意的只是，除了在无法幸免的使一个民族的风俗、法律、宗教成为另一个民族憎恨对象的战争和杀戮狂热的年代之外，所有的民族都认为邻族完全应该有自己特有的神祇，并且他们经常崇拜异族的礼拜对象，模仿异族的礼拜仪式。

犹太人尽管越来越厌恶其余的人，但是他们自己也模仿阿拉

---

① 阿蒙，古埃及信奉的神，号称众神之王；阿匹斯神牛，古埃及公牛神；安努毕斯神犬，古埃及死神。——译者

② 阿摩司，公元前8世纪的犹太人先知；圣埃田，基督教的第一个殉教者。——译者

③ 摩洛，古代近东各地所崇奉的神灵，以儿童为牺牲向他献祭；理番、基恩，均为希伯来人所崇奉的神。——译者

④ 《摩西五经》即《圣经·旧约》中的前5卷：《创世记》、《出埃及记》、《利未记》、《民数记》、《申命记》。据说这5卷的作者是摩西。——译者

⑤ 据《圣经·旧约》说，犹太人领袖摩西率众离开埃及时，他的哥哥亚伦曾用老百姓耳上的金环铸成金犊像，作为出埃及的神，向它下拜献祭。——译者

伯人和埃及人的割礼，跟阿拉伯人和埃及人一样重视区分不同的肉类，采用他们的净礼、列队仪式、祝圣舞、替罪羊[①]、红母牛[②]。他们往往崇拜其他邻族所崇拜的巴力、巴力毗珥[③]等偶像，因为天性和习惯几乎总是胜过法律，特别是当人民还没有普遍了解这一法律的时候。因此亚伯拉罕[④]之孙雅各若无其事地娶两姊妹为妻[⑤]，她俩都是我们所谓的偶像崇拜者，其父亦为偶像崇拜者。摩西自己也娶了米甸[⑥]一个崇拜偶像的祭司之女，亚伯拉罕是偶像崇拜者之子，摩西之孙以利亚撒是崇拜偶像的但城的祭司。

同是这些犹太人，他们过了很久以后却又竭力反对异族的各种信仰，在犹太圣经中把偶像崇拜者尼布甲尼撒[⑦]称为上帝的仆人，把偶像崇拜者居鲁士[⑧]也称为上帝的仆人。他们的一个先知被派往崇拜偶像的尼尼微城[⑨]。〔先知〕以利沙[⑩]允许偶像崇拜者乃缦[⑪]进

① 犹太教赎罪日，祭司将一切罪过推到一头公羊身上，然后把它放逐沙漠中，此羊称为替罪羊。——译者

② 据《圣经·民数记》，耶和华命摩西吩咐犹太人将无病、未曾负轭的纯红母牛杀死、焚烧，以其灰调水，为接触污秽和尸体的人净手。——译者

③ 巴力毗珥，据《圣经·旧约》，是摩押人的神。——译者

④ 亚伯拉罕，《圣经》中希伯来人的祖先。——译者

⑤ 据《圣经·创世记》说，雅各与其舅拉班的长女利亚婚后七年又娶其次女拉结。——译者

⑥ 米甸人，又称以实玛利人。《旧约》说它是与以色列人密切相关的游牧部族。——译者

⑦ 指新巴比伦王国国王尼布甲尼撒二世（前605—前562年在位）。——译者

⑧ 指波斯帝国国王居鲁士二世（约前550—约前530）。——译者

⑨ 尼尼微城，古代亚述帝国首都，位于底格里斯河东岸，今伊拉克摩苏尔城附近。——译者

⑩ 以利沙，《圣经》人物，犹太教先知，他是另一先知以利亚的继承者。——译者

⑪ 先知以利沙允许叙利亚元帅乃缦进入临门庙，事见《圣经·列王纪（下）》第5章。——译者

入临门庙。可是我们也不要急于下结论。我们都知道，人们在风尚和法律方面总是互相矛盾的。在这里我们不要离题，还是继续考察各种宗教是如何建立起来的吧。

17　幼发拉底河以西的亚洲最开化的民族礼拜星宿。迦勒底人在琐罗亚斯德[①]以前礼拜太阳，就像尔后西半球的秘鲁人那样。既然在亚洲和美洲都有那么多的人信奉它，可见这种谬俗对于人类来说是十分自然的事。一个弱小的半开化的民族只有一个保护者。如果人口多了，便增加神的数目。埃及人最初崇拜伊西斯[②]，最后才崇拜猫。粗野的罗马人最初崇拜〔战神〕马尔斯，而征服欧洲后的罗马人则崇拜婚配女神、茅厕神。然而西塞罗以及所有哲学家、所有新入教者都承认一个至高无上和全能的上帝。他们从理性出发，仍都回到了未开化人类从本能出发的那个起点。

封神之举，只是在经过很长时间的原始崇拜之后，才能想象出来。因为一开始就把一个我们眼看同我们一样呱呱坠地、一样饱经人类的忧患疾苦和令人羞辱的贫困、一样死亡并化为蛆虫食料的人奉为神明，这是不合乎人之常情的。但是经过千百年的演变之后，几乎所有的民族都出现了这种封神现象。

一个人虽然曾经立下丰功伟绩、对人类有过贡献，实际上是不可能被那些曾经目睹他发高烧和上厕所的人视为神的。然而那些热心的人却相信，既然这个人具有杰出的品德，那一定是得之于神明，他是某一神明之子。于是全世界诸神都有了儿子。希腊人以

---

① 琐罗亚斯德（公元前 7 至前 6 世纪），琐罗亚斯德教的创立者。——译者

② 伊西斯，古埃及主要女神之一，主司众生之事，也是丧仪中的主神，能治病，起死回生。——译者

前的许多民族的幻想不算，巴克斯、柏修斯、海格立斯、卡斯托和波
吕克斯[1]都是神之子；罗慕洛[2]是神之子；亚历山大在埃及被称为
神之子。在北欧民族中，有一个奥丁[3]是神之子；在秘鲁，曼科·
卡帕克是太阳之子。莫卧儿历史学家艾布加齐[4]告诉我们，成吉
思汗的祖母阿兰豁阿婚前因看见天上的一道白光而怀孕[5]，成吉 18
思汗本人也被视为“天帝之子”。当教皇英诺森四世派遣教士阿瑟
兰到成吉思汗之孙拔都汗那里去的时候，这位教士因为只能见到
一名大臣，便对这位大臣说他是上帝的代理人教皇派来的，大臣答
道：“这位代理人难道不知道他应当向他的主人、天帝之子、伟大的
拔都汗称臣和进贡吗？”

对于迷恋神奇事迹的人来说，从神之子到神，相距并不远。只要两三代的时间，儿子就可以分享父亲的领地。这样，随着时间的推移，人们就为所有假设是神与凡人妻女非自然交配而生的人修建起神庙来了。

关于这个问题，可以写几部书，但归结起来只有两句话：人类

① 巴克斯，罗马神话中的酒神。即希腊神话中的狄俄尼索斯；柏修斯，希腊神话中的英雄；海格立斯，罗马神话中力大无比的勇士，即希腊神话中的赫拉克勒斯；卡斯托和波吕克斯，希腊神话中一对孪生兄弟，都是英雄，合称狄俄斯库里兄弟。——译者

② 罗慕洛，传说为罗马的第一个国王（前753—前715），罗马城的建立者。——译者

③ 奥丁，北欧神话中掌管文化艺术和战争的主神。——译者

④ 艾布加齐（1603—1664），中世纪中亚地区基瓦汗国的汗，退位后撰写了《莫卧儿和鞑靼史》。——译者

⑤ 艾布加齐在他的著作《莫卧儿和鞑靼史》中，谓这道白光具有人形，举动在各方面都像一个男人。——原编者（《元朝秘史》说：阿兰豁阿于丈夫死后多年，夜有白光自天窗入，化为人形，因又生三子。——译者）

的大部分过去是、而且将来很长时间也仍将是荒谬而愚蠢的；而最荒谬的人可能就是那些企图在这些荒诞不经的神话中找出某种意义并在宗教狂热中掺进一点理性的人。

六　古代大多数民族共同的风俗和感情

由于大自然到处都是一样，人们对最刺激感官和最激发想象的事物必然会有同样正确和同样错误的看法。他们必然都会把雷鸣电闪归诸天上某个超凡的神的威力。滨海的人民看到月望时大潮淹没海岸，必然会认为世间一切事物都与月亮的圆缺有关。

19 在宗教仪式中，几乎所有的人都面朝东方，却没想到，其实无所谓东方西方，大家都是在向眼前冉冉上升的太阳顶礼膜拜。

在古代人看来，动物中蛇具有高级智慧，他们看到蛇有时蜕皮，便以为蛇返回幼期，以及蛇蜕了皮便可以永葆青春。因此在埃及，在希腊，蛇都是长生不死的象征。巨蟒蜷伏泉边，胆怯者不敢接近，不久人们便认为这些巨蟒是在看守着珍贵的宝藏。因此产生了一条蛇看守赫斯珀里得斯姐妹[①]的金苹果、另一条蛇护卫金羊毛[②]的传说；在为酒神巴克斯举行的秘仪中，还有人拿着似乎在看守金葡萄的蛇的图像。

这样，蛇便被视为最灵巧的动物。由此产生了印度的这个古老的神话故事：神创造了人之后，给人一种长生药，人让驴子驮着，

① 赫斯珀里得斯姐妹，希腊神话中的姊妹神，所居园中有金苹果。——译者

② 据希腊神话说，国王埃厄忒斯收下佛里克索斯送给他的金羊毛，把它转献给阿瑞斯。阿瑞斯把它挂在橡树上，派蛇看守。——译者

路上驴子口渴，蛇给驴子指引泉水，趁驴子喝水时，蛇把神药偷吃了，结果人由于疏忽而不得长寿，蛇则由于机智而获永生。由此，最后又产生了驴子和蛇的许许多多故事。

这些蛇干了坏事，但因它们具有某种灵性，只有某个神能指点人们如何把它们消灭。例如，巨蟒皮同为阿波罗[①]所杀。远在希腊人编造出阿波罗之前就有巨蟒奥菲奥纳与诸神作战之说。斐瑞基德[②]的一篇文章证明，这个关于与诸神为敌的巨蟒的神话是腓尼基最古老的神话之一。而在斐瑞基德以前若干世纪，早期的婆 20
罗门已经想象出神有一天派了一条大水蛇下凡，这条大水蛇又产生了一万条水蛇，这些水蛇就是人类心中的万般罪恶。

我们已经看到，梦幻会在环球产生同样的迷信。我在醒着的时候惦念着我妻儿的健康，我在睡着的时候梦见他们生命垂危，如果过几天他们死了，这无疑是神给我托梦。如果我的梦没有实现，那就是神给我托了一个假梦。例如，在荷马的作品〔伊利亚特〕中，朱比特就曾给希腊人的首领阿伽门农[③]托了一个假梦。又如：《圣经·列王纪》第 3 章第 22 节也说，统领犹太人的神曾派一个魔鬼借先知之口撒谎，以欺骗国王亚哈[④]。

所有的真梦假梦均来自上天；先知宣示神谕之事在世界各地都有。

---

① 阿波罗，希腊神话中的太阳神。阿波罗为寻找建立神托所的地方，来到巨蟒皮同守卫的山谷，斩杀皮同，在这里建立了特尔斐神托所。——译者

② 斐瑞基德，或译为菲勒塞德斯，公元前 5 世纪上半叶古希腊神话作家。——译者

③ 阿伽门农，特洛伊战争中希腊人的最高统帅。——译者

④ 亚哈，公元前 873—前 853 年的以色列国王。——译者

有一位妇女来问占星术士，她丈夫今年会不会死。一个回答会死，另一个回答不会死。其中必定有一个说对了。如果丈夫活着，这女人便不吱声，如果死了，她就会走遍全城宣扬那位预言她丈夫会死的术士是神授的先知。过了不久各地就都有了预卜未来、揭示隐秘的人。据约瑟夫斯[①]所著《驳阿皮翁演说集》说，玛内通[②]曾说这种人在埃及被叫做通灵者。

21 在迦勒底和叙利亚都有通灵者。每个庙宇都有自己的神谕。阿波罗神谕令人深信不疑，连罗兰[③]在其所著《古代史》中也反复引述阿波罗向克雷佐斯[④]宣示的神谕。神看到了这位国王在烙馅饼的铜鏊上烙的是鳖，回答他说：当骡子登上波斯人的王座时，他的统治便告终结。罗兰没有细察这些堪与诺斯特拉达姆斯[⑤]的著作媲美的预言是否后来编造的。罗兰对阿波罗的祭司们的学问深信不疑，他认为神允许阿波罗说出真情，大概是为了使异教徒坚定其信仰。

有一个更富有哲理的问题，从印度到希腊，所有开化的大民族对它都有一致的看法，那便是善与恶的来源问题。

一切民族的最早的神学家都会向自己提出这个我们大家从15岁起就要提出的问题：为什么世上存在罪恶？

---

① 约瑟夫斯(公元37—约100)，犹太历史学家，著有《犹太战争史》，《驳阿皮翁演说集》收在该书中。——译者

② 玛内通(活动于公元前300)，埃及僧侣、历史学家。——译者

③ 查理·罗兰(1661—1741)，法国作家、历史学家。——译者

④ 克雷佐斯(前563—前548年在位)，古代小亚细亚吕底亚国末代国王。——译者

⑤ 诺斯特拉达姆斯(1503—1566)，法国星相学者和医生。——译者

印度经书中说，婆罗贺摩[1]之子阿迪摩[2]从肚脐右边生下正直的人，而从肚脐左边则生下奸佞的人，而精神的和肉体的痛苦都是从这左边产生的。埃及人有他们的提封[3]，提封是奥西里斯[4]的仇敌。波斯人想象安格拉·曼纽[5]戳破了阿胡拉·玛兹达[6]生下的蛋，然后把罪恶置于其中[7]。我们都知道希腊人有潘多拉[8]，这是古代流传下来的最优美的寓意神话。

关于约伯[9]的寓意神话肯定是用阿拉伯文写的，因为它的希伯来文和希腊文译文中均保留了若干阿拉伯文语词。此书年代极古，描写撒旦——相当于波斯人的安格拉·曼纽和埃及人的提封——漫游各地，请求天主允许他折磨约伯。撒旦看似隶属于天主，但却是一个十分强有力的人，能把疾病传播大地，杀死生灵。

实际上许多民族都同样相信存在着两个本原，虽然他们并不 22
了解这一点；而当时已知的世界，可以说都是属于摩尼教派[10]的。

① 婆罗贺摩（梵文为 Brahman），或译“梵天”，婆罗门教三大主神之一。——译者

② 阿迪摩，印度神话中世上第一个男子之名。但本书第 4 章中又说婆罗贺摩为阿迪摩所生。——译者

③ 提封，古埃及神话中司祸患、黑暗、贫瘠之神。——译者

④ 奥西里斯，古埃及神话中死人的保护神。——译者

⑤ 安格拉·曼纽，琐罗亚斯德教的黑暗之神，即恶神。——译者

⑥ 阿胡拉·玛兹达，琐罗亚斯德教的光明之神，即善神、火神、智慧神。——译者

⑦ 古波斯传说阿胡拉·玛兹达创造了 24 个善的精灵藏于蛋内，后被戳破，以致世上每一善事均与恶事相混。——译者

⑧ 潘多拉，希腊神话中人类第一个女性。主神宙斯命她带一个盒子下凡，她私自打开盒子，于是里面装的罪恶、疾病、疯狂等各种祸害散布世上。——译者

⑨ 约伯，《圣经》中人物，以虔诚、忍让见称。——译者

⑩ 摩尼教为公元 3 世纪波斯人摩尼（约 216—约 276）所创的一种善恶二元论宗教，谓精神为善，物质为恶，两者混合而成世界。——译者

一切民族可能都接受赎罪说，因为，哪儿有这种人，从未对社会犯过大错？哪儿有这种人，理性的本能从没使他感到内疚？水可以洗涤身上和衣上的污垢，火可以提炼金属；水与火应能纯洁灵魂。因此没有一所庙宇没有净灵益身的水与火。

人们在上弦月和日蚀、月蚀时跳进恒河、印度河、幼发拉底河，这是为了赎罪。其所以不在尼罗河中行净礼，是因为鳄鱼会吞噬悔罪者。祭司们为了替人们行净礼而自己浸入大水池，并且在那里给前来祈求天神宽宥的罪人洗澡。

希腊人在所有的庙宇中都举行圣浴。圣浴和圣火一样，对普天之下所有的人都象征纯洁灵魂。总之，似乎所有民族都有迷信，只有中国的文人学士例外。

七　野人

您是否认为，所谓野人，指的就是这样一些乡下人：他们跟他们的女人和几头家畜一起栖身茅屋，一年四季经受严寒酷暑；他们除了经营自己的土地和偶尔去出售粮食以换几件粗布衫的集市之外，便一无所知；他们讲的是城市人听不懂的土话，头脑简单，因而语言贫乏；他们不知道自己为什么要俯首听命于拿笔杆的人，每年要把血汗所得献一半给这些人；他们有时集合在某个谷仓中参加
23 莫名其妙的庆祝仪式，聆听着一个穿着打扮跟自己不同的人讲话，却又听不懂说的是什么；他们有时听见鼓声便离开茅舍，应征入伍，奔赴他乡，去被人杀死，同时也杀死跟自己同类的人，而领的薪饷只有在家劳动所得的1/4。整个欧洲都有这样的野人。不过应

该承认，我们总喜欢称之为野人的加拿大诸民族和卡弗尔人，要比我们这里的野人高明得多。休伦人、阿尔冈昆人、伊利诺伊人[①]、卡弗尔人、霍屯督人，都会自制日常用具，而我们的乡下人却不会。美洲和非洲的部族是自由的，而我们这里的野人，对于自由甚至连想都没想过。

所谓美洲野人是他们土地的主人。他们接见我们殖民地的使者，这些殖民地是我们出于贪婪而轻率地建立在他们领土附近的。他们知道什么是荣誉，而我们欧洲的野人则从来也没听说过。他们有祖国，他们热爱祖国，捍卫祖国。他们缔结条约，他们也勇敢战斗，而且往往英勇地慷慨陈词。当欧洲的某个国家要求加拿大的某个部族首领让出祖产时，他回答道："我们生在这块土地上，我们的祖先埋葬在这里；难道我们还要对祖先的骸骨说：起来跟我们一起到一个陌生的地方去？"试问在普鲁塔克的《名人传》里，能找到比这更漂亮的回答么？

比起我们那些在农村穷混日子的乡下人和在城市里无所作为的叙巴里斯人[②]来，这些加拿大人实在是斯巴达式的勇士。

您是否认为，所谓野人，指的就是这样的人：他们虽是两条腿的动物，但需要时却用两手爬行；他们与世隔绝，游荡在森林中，Salvatici，Salvaggi[③]；他们随便交合，事后又把曾经睡在一起的女人遗忘，不知有子，不知有父；他们过着野兽般的生活，却没有野兽

① 休伦人、阿尔冈昆人、伊利诺伊人，均为北美印第安人部族。——译者

② 叙巴里斯是古代意大利南部希腊城市，因该城居民以骄奢淫逸著称于世，后来叙巴里斯人便成为"骄奢淫逸者"的同义语。——译者

③ 意大利文，大意相当于"茹毛饮血，穴居野处"。——译者

的本能和生活手段。有人曾写道:这种状态才是人类纯真自然的状态,我们自从脱离这种状态以后,便可悲地退化了。我不认为人们所说的我们祖先这种离群索居的生活符合人类的天性。

24 我若是没弄错的话,我们是在蜜蜂、蚂蚁、海狸、鹅、鸡、羊等群居动物之中列居首位的(假定可以这么说)。如果我们遇到一只离群的蜜蜂,难道可以由此得出结论,说这只蜜蜂处于纯自然状态,而那些在蜂房里集体劳动的蜜蜂却已经退化了吗?

不是任何动物都有它必须服从的、不可抗拒的本能吗?这种本能是什么?就是协调各种器官,使之在一定时间发挥作用。这种本能最初还不可能充分发挥,因为器官尚未发达到完善状态①。

事实上,我们不是看到,一切动物以及其他一切生物都始终不变地奉行着大自然赋予它们这个物种的法则吗?飞鸟筑巢,星球运转,都根据万古不变的法则,怎么唯独人能够改变?如果人注定要像其他肉食动物那样过孤独生活,他能违抗自然法则而过群居生活吗?而如果人类生来就是要像家禽和其他许多动物那样成群结伙,他能违背命运,千万年孤身独处吗?人是可以臻于完善的,
25 可有人却由此断定,人已经堕落。可是为什么不可以由此得出结论,人已经改善到了自然所规定的尽善尽美的限度呢?

---

① 它们的能力永久不变,
它们的法则受之神明;
小孩要长大方能操作,
襁褓时期没有这本领。
麻雀在巢里刚刚出生,
羽毛未丰哪懂得爱情?
初生的狐狸岂能觅食?
春蚕长大才吐丝织锦。
嗡嗡的蜂群犹如仙女,
难道刚孵出便能酿蜜?
一切随时间发育成长,
一切随年龄衰老死亡。
一切生物都朝向目标,
按上帝规定时间前行。

伏尔泰诗作《咏自然法则》第 2 部分。——原编者

所有的人现在都过着群居生活，我们岂能由此推断，他们从前过的不是群居生活？如果这样推断，那岂不是等于说，公牛今日有角，就是因为它们过去并不总是有角？

一般说来，人类总是今天是什么样，过去也是什么样。这并不是说：他们从来就有美丽的城市，有发射24古斤[①]重炮弹的大炮，有喜歌剧和修道院。而是说，人类一直有着同样的本能，这种本能使人们爱自己，爱自己的妻儿和孙子，爱自己双手劳动所得的成果。

这便是普天之下万古不易的真理。社会的基础始终存在，因此也就始终有某种社会存在；我们并不是生来要像熊那样过活的。

有时人们会发现有些小孩迷失在丛林中，过着野兽般生活。但丛林中也可以找到羊和鹅，这不能反证羊和鹅不是生来就成群地生活的。

印度有些苦行僧，带着铁链，孤身独处。不错，是这样；但他们之所以这样做，只是为了使过往行人赞赏他们，给以布施。他们的行为出于一种虚伪的宗教狂热，就像我们大路上的乞丐，自残身体以博取同情。人类社会的这些渣滓，只不过是人们可以利用这个社会以遂一己之私的明证。

很有可能，人类在千万年间都是过着乡村生活，就像今天无数农民那样。但是人类绝不会像獾和野兔那样生活。

根据什么法则、通过什么秘密联系、出于什么本能，人们在没有技术的帮助而且尚未形成语言的情况下就一直过着家庭生活呢？这是出于他所固有的天性：男人喜欢跟一个女人结合在一起；

① 法国古斤，巴黎为490克，各省为380至550克不等。——译者

这种眷恋之情使无论是摩拉克人、冰岛人、拉普兰人，还是霍屯督
26 人，当妻子怀孕时，都希望看到生下一个有他的血统、与他相像的人；一男一女的相互需要；对于婴儿一出世便自然产生的亲子之情；父母天性爱其婴儿，而婴儿天性必然服从其父母；在小孩四五岁时便能帮助双亲；这一对男女又会再生下孩子；最后当他们年老时，会高兴地看到自己的儿女又生儿育女，而这些儿女又有跟父母同样的本能。

我承认，上述这一切说的只是一群相当粗野的人。但是人们难道会相信，今天德国森林里的烧炭工人、北欧的居民和非洲上百个民族的生活方式就与此大不相同？

这些未开化的野人的家庭讲什么语言？无疑他们在很长时期什么语言也没有；他们靠叫喊和手势也能很好地相互了解。因此，就这个意义来说，一切民族都曾经过野人阶段；就是说，在很长时间内，有些家庭在树林中游荡，与其他动物争食，用石头和粗树枝抵御野兽，吃各种野菜和瓜果，最后连动物也拿来充饥。

人有一种运用机械力学的本能。我们看到，这种本能在一些很粗野的人当中每天都产生巨大的作用。〔奥地利〕蒂罗尔山区和〔法国〕孚日山区的居民发明的机器使科学家感到吃惊。任何地方最没有知识的农民也会利用杠杆移动笨重的东西，尽管他们根本不懂得作用力点与支点之间的力矩等于阻力点与支点之间的力矩这个道理。如果非得先有这种知识然后才会使用杠杆，那么要能搬走一块大石头，就不知要经过多少个世纪！

27 如果叫小孩跳过沟，他们全都会不由自主地后退几步，然后跑上前去一跃而过。他们肯定不知道，在这个情况下，他们的力是他

们的质量与速度相乘的积。

因此，事实证明：是自然启发我们产生一些有用的想法，而后我们才进一步加以思考。在道德方面也是如此。我们每个人都有两种感情：同情和正义，这是社会的基础。一个小孩看到同伙受伤，会立即感到不安，他会以哭和叫来表示这种感情；如果可能，他会去帮助那个受伤的同伙。

您可以问一个未受教育、刚刚懂事、刚会说话的小孩，一个人在自己田地里播种的谷物是否属于此人所有；杀死田地所有者的强盗是否对谷物有合法权利，您将看到，这个小孩的回答会跟全世界所有的立法者都一样。

上帝给予我们以普遍的理性原则，正如他给鸟以羽翼，给熊以毛皮。这个原则是永远不变的，尽管有各种情欲与之为敌，暴君要把它淹没于血泊之中，伪善者想以迷信将它消灭，它依然继续存在。正是这个理性原则使最粗野的人们最终也能对管理自己的各种法律作出正确的判断，因为他们能够感觉出这些法律究竟是符合还是违反他们心中的同情和正义的原则。

但是最终要形成一个人数众多的社会，一个部族，一个民族，就必须有语言，而这是最困难的。如果没有模仿能力，就永远做不到这一点。开始时无疑是以叫喊声来表达迫切的需要，然后最有创造才能、发音器官最灵活的人发出了几个音，孩子们跟着重复，特别是母亲可能是最先张口说话的。任何原始的语言都是由单音节组成，因为这较易于发音和记忆。

实际上我们也看到：那些保存着原始语言某些成分的最古老 28
的民族，现在仍以单音节词来表示最常见、最具体的东西。至今几乎全部汉语都以单音节词为基础。

如果您考察一下古条顿语和所有的北欧语言，您将难得看到某个常见的事物是用两个以上音节的词来表示的，全都是单音节词。例如：zon（日）、moun（月）、zé（海）、flus（河）、man（人）、kof（头）、boum（树）、drink（喝）、march（走）、shlaf（睡）等等。

在古代高卢和日耳曼的森林地带以及整个北欧，人们就是用这样简短的语词来表达思想的。古代希腊人和罗马人只是在形成民族实体很久之后，才有比较复杂的词。

但是，我们是靠什么巧妙办法才能区别动词的不同时态呢？我们是怎么能够表示出 je voudrais（我想要）和 j'aurais voulu（我本来想要）的细微差别以及事情的肯定性和条件性的呢？

也许只有最开化的民族，才能逐渐地通过复合词使人感觉到人类思维的这种奥秘的活动。因此，我们看到，在野蛮人的语言里只有两三种时态。希伯来人只能表示现在时和将来时。通行于地中海东岸诸港的法兰克语，至今时态仍很贫乏。总之，尽管人们已作了很大努力，世界上还没有一种语言接近完善。

八 美洲

人们也许还要问：居住美洲的那些人是从哪儿来的？对于居住南极洲的人，肯定也有人会提出同样的问题。南极洲比安的列斯群岛离当年哥伦布出发的港口要远得多[①]。凡是可以居住的地

① 1492 年 8 月 3 日哥伦布从西班牙的帕洛斯港出发航行，发现美洲。安的列斯群岛在中美洲，是哥伦布最初到达美洲之处。——译者

方，都有人和动物。是谁把他们安置到这些地方？我们已经说过， 29
就是使田野长满青草的冥冥上苍。因此，美洲有人就跟美洲有苍蝇一样，不值得大惊小怪。

耶稣会教士拉菲托在《美洲蛮族史》序言中说，只有无神论者才会说上帝创造了美洲人。这话是相当可笑的。

我们现在还在刻印一些古代世界地图，其中美洲被称为大西洋岛，〔非洲〕佛得角群岛称为戈尔加德群岛，〔拉丁美洲〕加勒比群岛称为赫斯佩里德群岛。这一切只是因为古代发现了〔大西洋西属〕加那利群岛以及可能还有〔大西洋葡属〕马德拉岛——腓尼基人和迦太基人曾到过那里——，现在这些岛屿几乎与非洲相连，而古时可能比今天更近，所以才发生名称的误指[①]。

拉菲托神父因为加勒比和卡利亚[②]两者名称近似，特别是因为加勒比女人跟卡利亚女人一样都为丈夫做饭，便认为加勒比人来源于卡利亚民族，我们不妨姑妄听之。拉菲托还认为，加勒比人生来皮肤红色，黑人妇女生来皮肤黑色，只是由于他们的祖先把自己涂成红色或黑色的习惯所造成，我们也随他去这么设想吧。

据拉菲托说，黑人妇女看到她们的丈夫身涂黑色，简直匪夷所 30
思，故产生强烈印象，以致其种族受此影响而永远变成黑色。加勒比女人亦复如此，同样由于出乎想象而印象强烈，才生下了红色皮肤的孩子。他举雅各的羊生来毛色斑杂为例，说是族长巧妙地将树枝剥掉一半皮，置于母羊跟前，由于这些树枝似乎有两种颜色，

---

① 布吕赞·德·拉玛蒂尼埃尔的词典（巴黎，1739—1741）至今还以为加勒比群岛就是赫斯佩里德群岛（见“赫斯佩里德群岛”词条）。——原编者

② 卡利亚，古代小亚细亚地名，濒临爱琴海，曾是腓尼基人的殖民地。——译者

结果羊羔也有两种颜色。但是这位耶稣会教士应知道，雅各时代发生之事，在今天却不会再发生了。

如果询问拉班的女婿，既然他的母羊老是看着绿草，为何不生下绿色的羊羔，那他就完全不知道如何回答是好了。

最后，拉菲托说美洲人源于希腊人，理由是希腊人有神话，某些美洲人也有神话；希腊人的始祖狩猎，美洲人也狩猎；希腊人的始祖有降示神谕者，美洲人有巫师；在希腊，人们在节日跳舞，在美洲，人们也跳舞。应当承认，这些理由是颇有说服力的。

关于新大陆的各民族，我们不妨考虑一下拉菲托神父所未考虑到的问题：远离热带地区的民族总是所向无敌，而接近热带地区的民族则几乎全都受到君主们的统治。我们大陆上也曾经长期是这样。但是我们并未见到加拿大的民族曾经像鞑靼人席卷亚洲和欧洲那样去征服墨西哥。看来加拿大的人口从来都没有多到要向其他地方开辟殖民地的地步。

一般地说，美洲人口从来都不会像欧洲和亚洲那样多。美洲有许多大沼泽，使空气极为污浊；土地上生长大量的毒草，用毒草
31 汁浸泡的箭镞，总是给人以致命伤；最后，自然赋予美洲人的聪明智慧远逊于旧大陆的人。这些原因汇聚在一起，便极大地影响了美洲人口的增长。

在对地球上如此长期不为人所知的第四大洲〔即美洲〕的外表观察中，最奇怪的可能就是这里只有一个长胡子的民族，即爱斯基摩人。他们住在北方，靠近北纬 52 度，气候比欧洲大陆北纬 66 度还要冷。他们的邻族不长胡须。因此，假定爱斯基摩人真的是长胡须的话，那就是两个截然不同的种族相互为邻。但是近来有些旅游者说爱斯基摩人没有胡须，说我们是把他们肮脏的头发当做胡子了。究竟该相信谁呢？[①]

居住巴拿马地峡附近的是与阿尔比诺人相似的达里安人种。达里安人畏光，生活在洞穴中，体质孱弱，因而人口稀少。

美洲的狮子瘦弱胆怯，而羊却高大强壮，可以负重。那里的所有河流都至少比我们的河流宽10倍。这个大陆上的天然产物也与我们东半球不同。可见，一切都不相同。同是这个上帝，在旧大陆创造了象、犀牛和黑人，而在另一个大陆则创造了驼鹿、神鹰以及某些长期被认为脐眼长在背上的动物和具有与我们不同特性的人。

九　神权政治

大部分古代民族似乎都曾受到某种神权政治的统治。先说印 32
度。大家知道，婆罗门很长时期在印度是统治者。在波斯，祆僧拥有最高权力。斯默迪[②]的耳朵的故事很可能是传说，但由此可以证明，坐在波斯王位上的是一个祆僧。埃及有好些祭司权力大到可以规定国王吃喝的数量、抚养国王的子女，国王死后，由他们进行评判，祭司还往往自立为王。

---

① 美洲好像真的有过一个长胡须的小部族，但冰岛人在哥伦布很久以前就已到达过美洲，可能这个小部族是欧洲人的后裔。——原编者

② 斯默迪，即巴尔迪雅（斯默迪是希腊人对他的称呼），他是波斯王居鲁士次子、王位的合法继承人，后被其兄冈比斯秘密杀害，祆僧高墨达趁机冒充斯默迪窃取王位。——译者

再看看古代希腊人，他们的历史尽管充满神话，不是也告诉我们，先知卡尔卡斯[1]在军队中握有大权，甚至把诸王之王的公主杀了作为燔祭的牺牲？

再往后看，在比古希腊更晚的未开化民族中，德洛伊[2]曾统治高卢民族。

在比较强盛的初民部落[3]中，甚至除神权政治外，不可能有别的统治形式，因为一个民族选择了守护神后，这个神便有了祭司。这些祭司在精神上支配着该民族。他们只能以神的名义进行统治，因此他们总是让这个神来说话，而他们则传达神谕。这样，一切所作所为便都是执行神的命令了。

几乎血染整个地球的人祭，就是渊源于此。若不是确信是本地守护神命令献出牺牲，哪个父亲，哪个母亲，会悖逆天性，把亲生的子女献给祭司，让他们被杀死在祭台上呢？

33 神权政治不仅统治过很长时期，而且暴戾恣睢，干出了失去理智的人们所能干出的最可怕的暴行。这种统治越是自称受之于神，就越是可憎可恨。

几乎所有的民族都曾以童男童女作牺牲祭神，他们相信，他们所接受的这个悖逆天性的命令是出于他们所崇奉的神明之口。

在被不恰当地称为文明人的民族中，我只看到中国人没有干出这种荒唐绝顶的暴行。在已知的古代国家中，唯有中国不曾受

---

① 卡尔卡斯，古代希腊的先知，曾参与希腊人围攻特洛伊城的战争。——译者

② 德洛伊是高卢人对他们的祭司的称呼。——译者

③ 所谓初民部落，指的是在经过若干次变迁的地球上数千人聚居一起的一种小集体。——伏尔泰

神职人员的统治；而日本人在公元前600年便处于一个僧师的法律统治之下。几乎在其他任何地方，神权政治也都是如此牢牢确立，如此根深蒂固，以至可以说古代历史就是神的化身统治人们的历史。底比斯[①]和孟菲斯[②]两地的人说，神在埃及统治了12000年。婆罗贺摩化为肉身统治印度。娑摩罗[③]统治暹罗。阿达德[④]统治叙利亚。库柏勒女神[⑤]是弗里吉亚[⑥]之王。朱比特为〔希腊〕克里特岛之王。萨图恩[⑦]是希腊和意大利之王。所有这些神话都受同样的思想支配着。到处人们都有一种模糊概念：神从前曾经下凡人间。

十　迦勒底人

在我看来，迦勒底人、印度人和中国人是开化最早的民族。迦勒底人有科学知识，我们并且知道确切年代。他们观察天象有1903年的历史，卡利斯泰纳[⑧]曾把观察结果从巴比伦送给亚历山大的老师[⑨]。完成这些天文图的时期也很具体，是在公元前2234

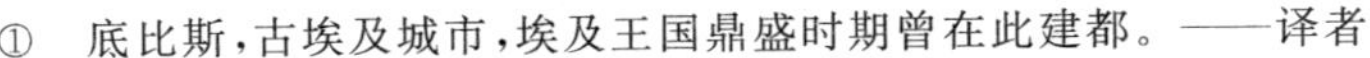

① 底比斯，古埃及城市，埃及王国鼎盛时期曾在此建都。——译者

② 孟菲斯，古埃及首都，在尼罗河岸。——译者

③ 娑摩罗即乔答摩，意为菩萨(佛)。——原编者

④ 阿达德，古代亚述人和巴比伦人的雷神。——译者

⑤ 库柏勒，希腊神话中天帝之女，众神之母，象征自然力量。——译者

⑥ 弗里吉亚，古代小亚细亚中部国家。——译者

⑦ 萨图恩，罗马神话中的农神，被其子朱比特赶出天庭。——译者

⑧ 卡利斯泰纳(前360—前327)，希腊哲学家和历史学家，亚里士多德的侄子。——译者

⑨ 指亚里士多德，卡利斯泰纳曾与马其顿国王亚历山大大帝同时就读于亚里士多德。——译者

34 年。这个年代确实相当于《拉丁文本圣经》所说的大洪水时代。尽管《拉丁文本圣经》与《撒马利亚①编年史》、《希腊文本圣经》在年代记载方面互有出入，但是我们同样尊重，在这里不必深究。全球的大洪水乃是一大奇迹，但也跟我们的研究毫无关系。我们在这里不过是根据自然的基本概念作些推论，以我们浅见所及就正于高明人士而已。

牧首秘书乔治援引古代作者的记述，说在一位名为西苏特鲁的迦勒底国王时期，曾出现过一场可怕的洪水。底格里斯河和幼发拉底河泛滥成灾，前所未有。但迦勒底人可能只是由于神的启示才知道这样一场水灾会把一切可以居住的土地淹没。这里，我再说一遍，我只是对自然界的一般进程加以考察。

显然，如果迦勒底人只是公元前 1900 年才生存于地球上，那么这一段不长的时间是不足以使他们部分地发现宇宙的真实体系的；而迦勒底人居然形成了这样一种惊人的概念：萨摩斯②的阿利斯塔克③告诉我们，迦勒底的智者们早已知道，地球根本不可能处于星球世界的中心，说他们认为这个位置理应属于太阳，说他们还认识到地球及其他行星各自沿着不同轨道绕太阳运转。

智慧的发展如此缓慢，眼睛的错觉如此强烈，先入之见如此顽固，因此一个只有 1900 年历史的民族不可能达到那样高度的认识

---

① 撒马利亚是巴勒斯坦地区和城市名，古代以色列王国首都。撒马利亚人即以色列人，泛指一切犹太人。——译者

② 萨摩斯，希腊岛屿。——译者

③ 阿利斯塔克，公元前 3 世纪希腊天文学家，第一个提出地球绕地轴自转并绕太阳公转的见解。——译者

水平，因为这种认识推翻了肉眼所见的现象，它要求有最高深的理 35
论。所以，迦勒底人应有47万年历史，不过这种对宇宙真实体系的认识，在迦勒底人中也还只是极少数哲学家的事。这是一切伟大真理的命运。后来的希腊人则只是采用了一般的体系，即妇孺皆知的体系罢了。

47万年[①]，在我们这些出生不久的人看来很悠久，但就整个宇宙来说，则是微不足道的。我知道，我们不能这样计算，西赛罗对此曾嘲笑过，这样计算是过分了，因此，我们尤其应当相信《摩西五
经》，而不要相信桑科尼雅松[②]和贝罗萨斯[③]的说法。但是，我再说 36
一遍，人类（就常人而言）在1900年内推断出如此惊人的真理是不可能的。首先要能够维持生活，在古代，这件事对人类来说要比兽类难得多；其次要会创造语言，这肯定需要极长的时间；第三要会搭盖茅屋；第四要会缝制衣服。后来为了炼铁，或者为了用别的东

① 在各方面知识都胜过我们的神圣教会告诉我们，世界的创造，按《拉丁文本圣经》的说法，大约在6000年前，或按《希腊文本圣经》的说法，大约在7000年前。这个神圣教会的代言人教导我们：亚当生来就有学问，一切技能从亚当传到挪亚，延绵不绝。如果这确实是教会的看法，那么我们就要以坚定不移的信念加以接受，而且还要把我们所写的一切交给永远正确的教会去评判。道德、学问、胆识为世人所钦佩的〔古罗马背教者〕朱利安皇帝说过：不管亚当是否生而知之，上帝不能命令他不去接触那棵知善恶树；相反，上帝应当命令他多吃这棵树的果子，使他如果确有天赋知识，就加以完善；如果没有，就去获取。但他说这些话也是徒然，他的话受到了那高贵而稳重的圣西里尔的非难。我们都知道，圣西里尔以何等的睿智驳斥了朱利安的论据。总之，我们始终提醒读者：我们绝不触及神明。我们抗议一切对我们的话的错误解释，抗议一切企图从我们的话里引出的恶意的归纳。——伏尔泰

② 桑科尼雅松（活动于公元前14至前13世纪），古代腓尼基编年史作者。——译者

③ 贝罗萨斯（活动时期约公元前290年左右），巴比伦祭司和历史学家，著有《巴比伦史》。——译者

西来代替铁，需要碰上多少机遇，运用多少技能，花费多少年月，以至于我们想象不出人类是如何做到这一点的。从这种状况到天文学，这是多大的飞跃！

在很长时期中，迦勒底人把他们的观测结果和他们的法律用象形文字刻在砖坯上。象形文字是一种富有表现力的文字，埃及人在若干世纪之后才学会使用。用字母表达思想的技术，大概是很晚以后才在亚洲的这个地区发明出来的。

可以认为，迦勒底人是在建造城市时开始使用字母的。在这以前，他们怎么办？人们可以说，就像我们的村庄和世界上千千万万个其他村庄那样，那里虽无人会读会写，可是大家能很好地互相了解，必需的技能也能培养，而且有时做得很巧。

巴比伦在成为一座美丽的大城市之前，可能是个很古老的小城镇。但是，谁建造了这个城市？我对此一无所知。是赛米拉米斯[①]？是贝卢斯[②]？是纳博纳萨尔[③]？也许亚洲从来没有一个女人名叫赛米拉米斯，也没有一个男人名叫贝卢斯。就像我们把希腊一些城市称为阿尔玛尼亚克和阿布维尔[④]一样，希腊人把所有蛮族语言的词尾希腊化，结果把所有亚洲的名字弄得面目全非。另外，赛米拉米斯的历史完全像是东方的故事。

37 可能是纳博纳萨尔，或纳邦一阿索尔装点了和加固了巴比伦城并最后把它建成一座如此美丽的城市。此人是真正的君主，在

① 赛米拉米斯，传说中建造亚述的一个女王。——译者

② 贝卢斯，传说中古代亚述王国的国王。——译者

③ 纳博纳萨尔，公元前748—前734年迦勒底国王。——译者

④ 阿尔玛尼亚克和阿布维尔均为法国地名。——译者

亚洲以纳博纳萨尔纪元而为人所知。但这个无可争议的纪元只是从公元前747年开始的，而要能建成强大的统治则需要许多世纪，所以相比之下，这个时代是太晚了。从巴比伦这个名字来看，似乎此城在纳博纳萨尔以前很久便已存在，这便是巴贝尔城。正像埃尔伯洛[①]所说的，迦勒底的"巴"(Bah)是"神父"(Père)之意，"贝尔"(Bel)是天主之名。东方人只知道这个城名叫"巴贝尔"(Babel)，即"天主之城"、"上帝之城"，或者，按其他一些人的说法，称"上帝之门"。

可能既不存在建造宁瓦(Ninvah)——我们称为尼尼微(Ninive)的尼努斯(Ninus)[②]，也不存在建造巴比伦的贝卢斯。没有一个亚洲君主的名字是以"us"结尾的。

巴比伦城的周边可能有我们的平均古法里24里长，要说有一个名叫尼努斯的人，在底格里斯河岸离巴比伦这么近的地方，建造一座跟巴比伦一样大的叫尼尼微的城市，这似乎并不可信。有人说，古代曾同时存在过三个强大帝国：巴比伦帝国、亚述或尼尼微帝国和叙利亚或大马士革帝国。此事不太可能。这就犹如说，在高卢的一部分地方曾同时存在过三个帝国，它们的首都巴黎、苏瓦松、奥尔良三城的周边各有24古法里一样。

我承认我对巴比伦和亚述这两个帝国毫不了解。有几位学者想弄明白这些模糊不清的问题，他们断言迦勒底和亚述是同一个帝国，但有时由两个国王治理，一个住在巴比伦，一个住在尼尼微。

① 埃尔伯洛(1625—1695)，法国东方学者。——译者

② 尼努斯是传说中建设尼尼微的人。——译者

在找到更为合理的解释之前，这种言之成理的见解是可以接受的。

可使我们认为迦勒底这个民族确实极为古老的旁证是那座有
38 名的、为观察星象而建造的高塔。几乎所有的评论家都无法否认这一宏伟建筑的存在，因而不得不假设这是往昔人们想把它一直修筑到天上的巴别塔①的残余。我们不太清楚，这些评论家所谓的“天”是指什么。是指月亮？还是指金星？从地球到那里可远啦。或者他们只不过想盖一座比较高的塔？这没有什么坏处，也没有什么难处，只要有大量的人力、齐备的工具和充足的食物就行。

我们知道，巴别塔、各民族的分散、语言的混乱，这些都是值得重视的事情，我们不想讨论。这里我们只谈谈天文台，这是跟犹太人的历史毫无共同之处的。

如果纳博纳萨尔确曾修造过这一建筑物，那至少要承认迦勒底人比我们早 2400 多年便有了天文台。然后我们可以设想，发展缓慢的人类智慧要建成这么一座科学建筑物，需要多少世纪的时间！

黄道带的发现是在迦勒底而不是在埃及，关于这一点，我认为有三个相当有力的证据：第一，在常被尼罗河淹没的埃及成为可以居住的地方之前，迦勒底人已是一个民智开通的民族；第二，黄道十二宫符合美索不达米亚地区而不符合埃及地区的情况。埃及人不可能用金牛宫表示 4 月，因为他们不是在这个季节耕地；他们不

① 巴别塔，据《圣经·创世记》载，洪水后，挪亚方舟上的遗民要造一座通天的塔，耶和华怒其狂妄，乃改变造塔人的口音，使他们彼此语言不通，无法合作。——译者

可能用扛着麦穗的少女象征室女宫来指我们称为8月的月份,因为他们不是8月收获。他们也不可能以宝瓶宫代表1月份,因为埃及极少下雨,而1月份更从不下雨。第三,迦勒底人的古老的黄道十二宫是他们的宗教信条之一。西西里的狄奥多尔[①]在其所著《世界史》第二卷中告诉我们,迦勒底人受十二个副神即居间神管辖,每个副神主宰一个星座。古代迦勒底人的宗教是拜星教,即在 39
礼拜一个至高无上的神的同时,还礼拜星宿和掌管星宿的天神。他们祈祷时,面向北方之星,他们的宗教信仰同天文学有着如此密切联系。

维特吕夫[②]在其所著《建筑十书》第9卷中论述日晷、太阳的高度、日影的长度、月亮的反射光时,总是引证古迦勒底人而不是引证埃及人。我认为这是一个相当有力的证据,说明古人是把迦勒底而不是把埃及视为天文学这门科学的摇篮,因此古代拉丁文有一条谚语"Tradidit Ægyptis Babylon, Ægyptus Achivis"[③],这真是再确切不过的了。

十一　以后成为波斯人的巴比伦人

波斯在巴比伦的东边。当柯勒施(我们称为居鲁士)在波斯北

① 西西里的狄奥多尔,公元前1世纪的希腊历史学家。公元前2世纪希腊另有一位名字也叫狄奥多尔的哲学家,称为"杜尔的狄奥多尔"。——译者

② 维特吕夫,公元前1世纪罗马建筑师,他在所著《建筑十书》中谓日晷是迦勒底人贝罗塞发明的。——译者

③ 拉丁文谚语:意思是:"巴比伦人传给埃及人,埃及人传给希腊人。"——译者

面的米地人[1]协助下夺取巴比伦时，波斯人把他们的军队和宗教带到了这个城市。关于居鲁士，有两个主要的神话，一个是希罗多德所写，另一个是色诺芬所写，两者在各方面互有出入，但许多作家却都不加区别地照抄不误。

希罗多德设想有一个米地国王，即邻近希尔卡尼亚[2]地方的一个国王，他称之为阿斯蒂雅日[3]——这是个希腊人名。这个希尔卡尼亚人阿斯蒂雅日下令将自己的外孙居鲁士溺死在襁褓中，因为他梦见自己的女儿"居鲁士的母亲曼达娜撒一泡尿淹没了整个亚洲"。神话的其余部分也大致与此同一格调，正儿八经地写出来的卡冈都亚[4]的故事就本于此。

40 色诺芬把居鲁士的生平写成一部跟我们的《泰莱玛克历险记》[5]相似的伦理小说。为了突出主人公受到刚强勇毅精神的教育，他在这部书的开头把米地人设想为荒淫怠惰的人。这些人住在希尔卡尼亚附近，曾遭受鞑靼人——当时称为斯基泰人[6]——蹂躏达 30 年之久，他们是否就是骄奢淫逸的西巴里斯人呢？

关于居鲁士，我们能确信无疑的是，他是个强大的征服者，因此是地球上的祸害。他的故事内容非常真实，但细节则是虚构的。

---

[1] 米地是古代亚洲国家，原为奴隶制城邦，公元前 7 世纪灭亚述后成为强大帝国，公元前 550 年被波斯皇帝居鲁士灭亡。——译者

[2] 希尔卡尼亚，古波斯地区，在今里海东南。——译者

[3] 阿斯蒂雅日，米地末代国王，公元前 549 年被居鲁士推翻。——译者

[4] 卡冈都亚是法国 17 世纪作家拉伯雷的小说《巨人传》中的主人公。书中说：卡冈都亚遇到入侵的敌军，他的坐骑撒了一泡尿，淹死了大批敌人。——译者

[5] 《泰莱玛克历险记》是法国 17 世纪作家费内隆的作品。——译者

[6] 斯基泰人，公元前 9 世纪，生活在阿尔泰山以东地区。公元前 625 年，斯基泰人侵入叙利亚，其势力范围甚至达到埃及边境。——译者

任何故事都是如此。

在居鲁士时代，罗马便已存在，幅员虽只有四五法里，却大肆掠夺邻邦。但我不愿保证贺拉斯三兄弟[①]的战斗、卢克莱斯的故事[②]、天降盾牌以及用剃刀切割石头等等确有其事。在巴比伦和其他地方都有一些犹太奴隶；但是，就常理而言，我们会怀疑天使拉斐尔[③]下凡徒步把年轻的多比[④]带往希尔卡尼亚，为的是让人付给多比几个钱并用白斑狗鱼的肝熏烟赶走魔鬼阿斯莫代[⑤]的故事的真实性。

希罗多德或者色诺芬所写的有关居鲁士生死的故事，我在这里不拟论述。但我要指出，帕西人[⑥]或波斯人声称6000年前他们之中就曾出现第一个查尔杜斯德[⑦]，他是一个先知，曾教导他们要为人正直，要礼拜太阳，就像古代迦勒底人礼拜星宿并观察星宿一样。

关于这些波斯人和迦勒底人是如此正直一事，我不能加以肯

① 在古罗马与阿尔巴两国的战斗中，罗马曾选派贺拉斯三兄弟与阿尔巴的居里雅斯三兄弟阵前交锋。——译者

② 卢克莱斯，传说中的古罗马贵妇人，因受国王塔克文之子塞克斯图斯的奸污而自尽。此后，布鲁图率被激怒的群众起事，把塔克文家族赶出罗马。这一事件（据传发生在公元前509年），标志着罗马共和国的诞生。——译者

③ 拉斐尔是《圣经》和《古兰经》所载天使之一，在汉译《古兰经》中作伊斯拉非来。——译者

④ 多比，基督教《次经》（又称《外经》）《多比传》中的主人公，晚年失明，传说其子按天使拉斐尔的吩咐，为之复明。——译者

⑤ 阿斯莫代，基督教《次经》中代表淫欲的魔鬼。——译者

⑥ 帕西人，即居住印度的琐罗亚斯德教徒。他们是8世纪因逃避国内宗教压迫而移居印度的波斯琐罗亚斯德教徒的后代。——译者

⑦ 查尔杜斯德即琐罗亚斯德。——译者

定；我也不能确定是在什么时候他们的第二个查尔杜斯德来到他们中间，纠正他们对太阳的崇拜，并教导他们只崇拜创造太阳和星宿的上帝。据说他撰写了或者是注释了《真德经》[①]，如今散居亚洲各地的琐罗亚斯德教徒把此书奉为他们的圣经。此书十分古
41 老，但不如中国人和婆罗门的经书早，人们甚至认为它晚于桑科尼雅松的著作和中国人的《五经》。此书用迦勒底人的古代圣语写成。〔英国的〕海德已经给我们把《百章经》[②]翻译成拉丁文，如果他能筹得研究的经费，他就会把《真德经》也给我们翻译出来。《百章经》至少是信得过的，它是琐罗亚斯德教徒用作教理问答的《真德经》节本。书中记述，琐罗亚斯德教徒长期以来便相信上帝和魔鬼，相信死者复活，相信天堂和地狱。毫无疑义，他们是首先建立起这些概念的人。这是最古老的概念体系，这个体系只是在很久之后才为其他民族所采纳，因为犹太人中的法利赛人是在接近阿斯蒙王朝[③]时代才坚信灵魂不灭和死后赏罚报应的信条的。

可能这就是古代世界史中最重要的问题，因为这就是建立在灵魂不灭的信条和对造物主的信仰之上的一种有益的宗教。我们始终要看到：要设想出这样一个体系，人类思想需要经历多少发展阶段！还必须看到，洗礼（浸在水中通过净身以洁净灵魂）是《真德

---

① 《真德经》：又译《曾特经》。波斯文"zend"原意为"注释"、"说明"，《真德经》通常指《阿维斯陀注释》，是用中古波斯文所写的琐罗亚斯德教经典，内容包括宇宙起源说，律令、教义等。——译者

② 《百章经》（Sad-dar 波斯语 Sad 是"百"，dar 是"章"之意）是琐罗亚斯德教信条的摘要，用近代波斯语写成。——译者

③ 阿斯蒙王朝，犹太人阿斯蒙在公元前 167 年建立的王朝，统治犹太共 126 年。——译者

经》的教诫之一(第 251 门)。一切宗教仪式可能都来源于波斯人和迦勒底人,而后传布至天涯海角。

这里我不去考察,巴比伦人在信仰一个至高无上的神的同时,为什么和怎样又有了副神。这种体系,或者不如说这种混乱状态,为一切民族所共有。除了中国之外,几乎在任何地方的法律、宗教和习俗中,都可以找到荒谬绝顶的东西,而明智的东西却寥寥无几。指引人类的是本能,而不是理性。在任何地方,人们都是既敬奉神明,又玷污神明。波斯人在有了雕刻师之后,便崇拜雕像。这 42
些雕像在波斯波利斯[①]的废墟中,到处可见。其中,也可以看到灵魂不灭的象征:有一些长着翅膀向天上飞的人头,象征着从短暂的生命转向永生。

现在谈谈纯属人间的习俗。我感到奇怪的是,希罗多德在他所著《历史》第 1 卷中,竟然向整个希腊宣称:所有巴比伦女人,按法律规定,一生中必须在米利塔庙或维纳斯庙跟外地人苟合一次。我更感到奇怪的是,在所有为教育青年而写的史书中,至今还在重述这个故事。的确,骆驼贩子、马贩、牛贩和驴贩奔入教堂,他们跳下坐骑去跟城里的贵妇淑女在祭坛前睡觉[②],这也许是件赏心乐事和崇高的虔敬行为。但是凭心而言,难道这种无耻行为符合一个开化民族的特性?难道世上最大的一个城市的官员会制定这样的法律?难道丈夫会同意自己的妻子去卖淫?难道父亲会把女儿

① 波斯波利斯,波斯古都,在今设拉子以东,公元前 6 世纪末为大流士所建,公元前 331 年被亚历山大焚毁。——译者

② “在祭坛前”之说不确,希罗多德谓每个外地人把选中的妇女从寺庙带出去。——原编者

交给亚洲的马夫去泄欲？不合天性之事从来不会是真实的。狄奥·卡修斯[①]说，罗马元老院道貌岸然的议员们曾建议订立一项法律，规定57岁的恺撒有权占有他看中的每一个女人。我宁愿相信这种说法。

那些在今天编写古代史时一味抄袭前人而毫不加以细察的
43 人，难道没有发现：或者这些都是希罗多德的无稽之谈，或者是他的文章受到曲解，他或许说的是当时等在路边接客的大城市妓女？

塞克斯都·恩披里柯[②]说，在波斯，鸡奸是法定的行为，这我同样也不相信。多么可悲！怎能设想人类会制定出一项如果执行就会绝灭人种的法律？相反，《真德经》明文禁止鸡奸；《真德经》的节本《百章经》（第9门）也说这是“罪莫大焉”[③]。

斯特拉波[④]写道“波斯人以母为妻”，有何根据？无非道听途说、无稽之谈而已。但是这样一来，就给卡图尔[⑤]的讽刺短诗提供了材料：

世上一切袄教高僧，
应是母子乱伦所生。

这样的法律是不可思议的。一首讽刺诗并不能成为证据。如果找不到一个母亲愿意跟她儿子睡觉，那么波斯人就不会有袄僧
44 了。袄教（琐罗亚斯德教）的重要宗旨是增殖人口，所以与其允许

① 狄奥·卡修斯（约163—约230），古罗马历史学家，著有《罗马史》。——译者

② 塞克斯都·恩披里柯（3世纪初），古罗马哲学家、历史学家。——译者

③ 请参看对断言卖淫是巴比伦帝国的一项法律、鸡奸通行于波斯这一国家的人的答复。文学蒙垢，人性受辱，莫过于此。——伏尔泰

④ 斯特拉波（前约64—前约23），希腊地理学家和历史学家。——译者

⑤ 卡图尔（约前84—约前54），古罗马杰出的抒情诗人。——译者

母子同房，还不如允许父女交合，因为老头儿可以生殖，而老太婆却没有这个能耐。

关于突厥人，我们说过多少蠢话！然而罗马人关于波斯人的蠢话说得更多。

总而言之，读任何史书，都要提防一切无稽之谈。

十二 叙利亚

从现存的全部名胜古迹来看，从亚历山大勒塔（或称伊斯肯德伦）[①]到巴格达附近的这一带地方，一向称为叙利亚。这些民族的文字一直是古叙利亚文[②]。佐巴[③]、巴勒贝克[④]、大马士革等古城和以后的安条克[⑤]、塞琉西亚[⑥]、帕尔米尔[⑦]等城市都在这一带。巴勒卡[⑧]如此古老。以至于古波斯人认为他们的〔祖先〕伯拉或亚伯拉罕是从巴勒卡来到他们那里的。人们谈论得很多的这个强大的亚述帝国，如果不是在这块盛产神话的地方会在哪里呢？

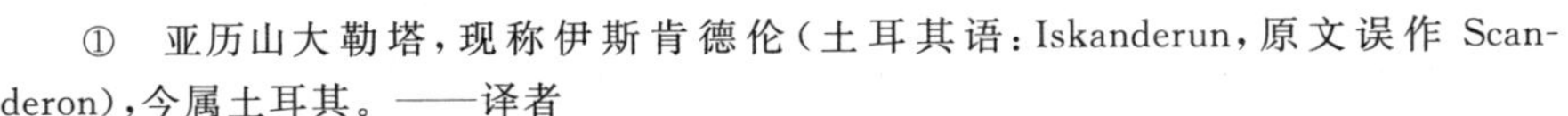

① 亚历山大勒塔，现称伊斯肯德伦（土耳其语：Iskanderun，原文误作 Scanderon），今属土耳其。——译者

② 古叙利亚文在 3—13 世纪曾是基督教文学语言。——译者

③ 佐巴，《圣经》中提到的叙利亚的一个独立小王国，在今大马士革附近。——译者

④ 巴勒贝克，古称赫利奥波利斯，今属黎巴嫩。——译者

⑤ 安条克即今土耳其的安塔基亚。——译者

⑥ 古代亚洲有三个城市名为“塞琉西亚”，这里是指“虎城塞琉基亚”（séleucie du Tigre），曾为塞琉西王朝的首都，位于底格里斯河畔。——译者

⑦ 帕尔米尔，亦称泰德穆尔，今属叙利亚。

⑧ 巴勒卡，今属约旦。——译者

高卢的疆域时而扩展至莱茵河，时而又比较狭小，但谁会想到把一个幅员辽阔的帝国建立在莱茵河与高卢之间呢？幼发拉底河附近各民族向大马士革扩张时，人们把他们称为亚述族，而叙利亚的各民族向幼发拉底河接近时，人们也把他们称为亚述人，困难可能就在这里。一切相邻的民族都曾彼此混杂，相互作战，改变疆界。但是，一旦建立了各自的都城，这些城市便使两个民族之间产生明显的差别。因此，巴比伦人不管是胜利者还是战败者，总是跟叙利亚的那些民族不同。叙利亚的古代文字不是古代迦勒底人的文字。

宗教、迷信、好的或坏的法律、奇风异俗，都各不相同。叙利亚女神虽然年代久远，但跟迦勒底人的宗教信仰毫无关系。迦勒底、
45 巴比伦的占星术士和波斯的祆僧，从来都不像叙利亚女神的祭司那样必须是阉人。真是怪事！叙利亚人崇拜我们称为普里雅普[①]的偶像，而祭司们却都要阉掉生殖器。

这样放弃传宗接代的做法，不是证明该民族历史悠久、人口众多吗？在一个人口稀少的国家是不可能有这种戕害天性的行为的。

在弗里吉亚，崇拜库柏勒女神的祭司跟叙利亚的祭司一样，都是去势的人。这就又一次证明，把自己最珍贵的东西献给神，避免在纯洁的人面前暴露污秽，是受古代习俗的影响，对这一点，我们还会有怀疑吗？在看了这样的自我牺牲以后，我们对于其他民族之割去包皮，非洲一些国家之割去一只睾丸的行为还会感到惊讶吗？阿蒂斯和孔巴布斯的神话，就像朱比特阉割其父亲萨图恩的

① 普里雅普，希腊宗教中的牲畜和植物繁衍之神，生有一巨大的阴茎。——译者

生殖器一样，只不过是神话而已。迷信产生了可笑的习俗，而浪漫精神则编造出荒谬的理由。

关于古代叙利亚人，我还要指出的是，后来被称为圣城而希腊人称为希拉波利斯[①]的那座城市，叙利亚人称之为麻各(原文为Magog，似应为magos，即“麻葛之城”——译者)“麻葛”(Mag)这个词跟“袄僧”(mage)[②]有很大关系；它似乎是这个地区所有神职人员的通称。每个民族都有一座圣城。我们知道埃及的底比斯是上帝之城，巴比伦是上帝之城，弗里吉亚的阿帕梅[③]也是上帝之城。

很久以后，希伯来人常常谈到歌革或玛各[④]的民族，他们可能用这些名字来指称幼发拉底河和奥龙特斯河[⑤]流域的民族，也可能指的是在居鲁士之前掠夺亚洲又蹂躏腓尼基的斯基泰人。但是当一个犹太人说出玛各或歌革这个名字时，他想的是什么，那是无关紧要的。

此外，我毫不犹豫地相信，叙利亚人比埃及人历史悠久得多。理由十分明显：最易于耕耘的地方，必然是人类最早繁衍、最早昌

① 希拉波利斯，又译赫拉波利斯。叙利亚古城，在今阿勒颇东北约50公里处，现已无存。——译者

② magog、mag、mage三词的词源均为古波斯语magus。mag，麻葛，中国史籍译为“穆护”，古波斯祭司阶层的称号，是古波斯语magus的音译。magus→希腊语magos→拉丁语magus→法语mage，所以“麻各”“麻葛”“袄僧”三词意思相同。——译者

③ 阿帕梅，希腊化时期弗里吉亚城市，2世纪时归罗马统治，1070年被突厥人侵占，最后毁于大地震。——译者

④ 歌革，在《圣经》里，指由撒旦统治的一股敌对势力，世界末日一到，他们将会显现。在《启示录》里，歌革与另一敌对势力玛各相联合。但在其他记载里(《旧约·以西结书》、《创世记》)，玛各显然是歌革的源出地。——译者

⑤ 奥龙特斯河，亦称阿西河，流经黎巴嫩、叙利亚、土耳其，注入地中海。——译者

盛的地方。

十三　腓尼基人和桑科尼雅松

46　腓尼基人可能跟叙利亚的其他民族一样早集合成为一个民族实体。他们的年代可能没有迦勒底人那么古老，因为他们的土地没有那么肥沃。西顿[1]、提尔[2]、若佩[3]、贝里特、阿什克隆[4]等地土地贫瘠。海上贸易历来是各个民族的最后出路。人们先是耕种自己的土地，然后才建造船只，到海外去寻找新的土地。但那些被迫出海经商的人很快便谙于此道，这是生计所迫，不会激发其他民族产生这种愿望。没有听说过迦勒底人和印度人有任何航海之举。埃及人甚至望海生畏，海是他们的提封，是逞凶作恶的东西。这就不能不使人对塞索斯特里斯[5]为征服印度而装备 400 艘战舰一事发生怀疑。但腓尼基人的航海活动是真实的。他们建设了迦太基和加的斯[6]，发现了英吉利，他们通过以旬迦别[7]同印度进行贸易，他们织造精美的布匹，擅长使用红色颜料，这一切都证明他们灵巧能干，这是他们的伟大之处。

古代的腓尼基人就像 15 世纪的威尼斯人和以后的荷兰人一

---

① 西顿，今黎巴嫩城市。——译者

② 提尔，亦译推罗，今称苏尔，今黎巴嫩城市。——译者

③ 若佩，即今以色列的雅法。——译者

④ 阿什克隆，古代巴勒斯坦港口，在今加沙地带。——译者

⑤ 塞索斯特里斯，古埃及第十二朝法老。——译者

⑥ 加的斯，西班牙滨大西洋港口。——译者

⑦ 以旬迦别，《旧约》镇名，即今塔勒哈利发赫。所罗门及以后犹太国诸王时代的海港，在今约旦马安省亚喀巴湾北端。——译者

样，不得不靠着他们的灵巧技艺来发财致富。

经营商业必然要有像我们的账簿那样的记录，并用简单的不易忘记的记号来登记。因此，认为腓尼基人发明字母的看法是很有见地的。我不敢肯定他们是在迦勒底人之前就已发明了这样的字母，然而他们的字母无疑是最完备和最有用的，因为他们有元音字母，而迦勒底人则没有。

我不认为埃及人曾把他们的文字和语言传给其他民族。相
反，腓尼基人却把他们的语言和字母传给了迦太基人，迦太基人把 47
这些字母加以改变，后来又变成希腊的字母。关于腓尼基人的古代文化，人们有着多大的偏见啊！

腓尼基人桑科尼雅松早在特洛伊战争前很久便编纂了上古史，尤西比乌[①]为我们保存了由比布洛斯的菲龙[②]翻译的某些片断。应当指出，桑科尼雅松告诉我们，腓尼基人在远古时期便祭祀水、火、土、风，这是符合一个航海民族的特性的。像一切古代著作家一样，桑科尼雅松想在其历史著作中追溯万物的起源，其雄心壮志与《真德经》和《吠陀》的作者、埃及的玛内通和希腊的赫希俄德不相上下。

如果确如渥尔伯腾[③]所说，在伊西斯和刻瑞斯[④]的秘典中要诵读桑科尼雅松著作的开篇，那么对于这些著作年代久远这一点就

① 尤西比乌（？—340），希腊基督教作家，著有《教会史》。——译者

② 比布洛斯的菲龙，公元1世纪的希腊语言学家，曾将桑科尼雅松的编年史著作译成希腊文。——译者

③ 渥尔伯腾（1698—1779），英国主教、神学家。——译者

④ 刻瑞斯是古罗马宗教所信奉的女神，司掌粮食作物的生长。——译者

不应有什么怀疑，因为埃及人和希腊人若不是把一个外国作者视为人类知识的源泉，是不会对他这样尊重的。

桑科尼雅松并没有凭一己之见去写书，他参考了所有的古籍，特别是热龙巴尔祭司的著作。桑科尼雅松这个名字在古腓尼基语
48 中是崇信真理者的意思。波菲利[1]这么说，狄奥多雷[2]和博夏尔[3]也都承认这一点。腓尼基被称为文学之乡。据《圣经》中的《约书亚记》和《士师记》所载，希伯来人定居该地时，把这个文学之乡烧毁了。

热龙巴尔——桑科尼雅松曾参考过他的著作——是腓尼基人的祭司，他们把上帝称为“Iao”即“Jeova”(耶和华)[4]，而“Jeova”这个圣名为埃及人和以后的犹太人所采用。从这部古老著作的片断中可以看到，提尔这城市很久以前便已存在，虽然它尚未成为一座大城市。

“EL”这个词在早期的腓尼基人中是指上帝，与阿拉伯人的“Alla”(安拉)似有关系。希腊人可能用这个单音节词组成他们的“Élios”这个词。但更值得注意的是，古腓尼基人有“Éloa”(“Éloim”)一词，很久以后，希伯来人定居迦南时，使用了这个词。

犹太人用以称呼上帝的“Eloa”、“Iao”、“Adonai”等词均来自

---

① 波菲利(约 234—约 305)，古罗马新柏拉图主义哲学家。——译者

② 狄奥多雷(约 393—约 458)，古希腊基督教神学家。——译者

③ 萨米埃尔·博夏尔(1599—1667)，法国东方学学者和圣经学者。——译者

④ 在《旧约》希伯来经文中原以 JHVH 表示，语音应读“亚卫”(Jahveh)。为了避讳，古犹太人遇到神的名字 JHVH 时，便改读“阿多纳伊”(Adonai)，意为“主”。以后基督教代表神的 4 个辅音字母 J、H、V、H 与 Adonai 的 e，o，a 拼读在一起，于是出现了“耶和华”(Jeovah)这个新名词。现在新的英译本圣经都不再有“耶和华”的译名，而改译为“主”。——译者

腓尼基，这是必然的，因为犹太人在迦南长期说的是腓尼基语。

“Iao”这个称呼，犹太人因其神圣，出于避讳而从来不用。但该词在东方却很常用，狄奥多尔在其所著书第 2 卷中提到那些冒充与神交谈的人时写道：“米诺斯①自称曾与上帝宙斯对话，扎莫西斯②自称曾与维斯太女灶神③交谈，而犹太人摩西则自称同上帝 Iao 谈过话，等等。”

尤其值得注意的是，桑科尼雅松在介绍腓尼基的宇宙学时，首
先提到了“Chautereb”这个词，它指〔宇宙的〕昏暗混沌状态。49
“Erèbe”④一词(即赫希俄德所谓“黑夜”)即来自上述那个保存在希腊语中的腓尼基词。从“混沌状态”又产生了“Mot”这个词，意思是“物质”。谁来安排这物质？是 Colpi Iao，即上帝的精神、上帝的气息或者不如说是上帝嘴里发出的声音。动物和人是在上帝的声音中诞生的。

不难相信，这种宇宙起源论是其他一切宇宙起源论的根源。最古老的民族总是为后来者所模仿，后来者学习古代民族的语言，奉行他们的部分礼仪，沿袭古代的文化和神话故事。我知道，关于迦勒底人、叙利亚人、腓尼基人、埃及人和希腊人的来历是多么暧昧不明。哪一种东西的来历不是这样呢？关于世界的形成，我们不可能有任何可靠的了解，除非造物主亲自告诉我们。在一定范

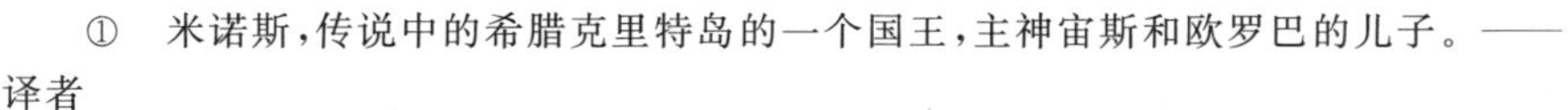

① 米诺斯，传说中的希腊克里特岛的一个国王，主神宙斯和欧罗巴的儿子。——译者

② 扎莫西斯，古希腊革太人的先知。——译者

③ 维斯太，罗马神话中的女灶神和火神，相当于希腊的赫斯提。——译者

④ “Erèbe”在古代神话中指阳世与阴间之间的昏暗区域。——译者

围内我们可以确有把握地前进。我们知道:巴比伦在罗马之前就已存在;在还没有耶路撒冷的时候,叙利亚已有了一些大城市;有些埃及国王的年代早于雅各,早于亚伯拉罕,我们知道最晚建立的是什么社会。但是要想明确知道第一个民族名叫什么,那就需要神的启示了。

但是至少在与我们那些超越任何理性、只凭寓意说教的神圣教条无关的事情上,是允许我们考虑各种可能性并运用我们的理性的。

已经完全证实,腓尼基人在希伯来人出现在他们那里之前很久便已居住在他们的国土上。当希伯来人还在远离腓尼基的沙漠中某些阿拉伯游牧部落之间游荡时,他们能够学习腓尼基语吗?

腓尼基语能够变成希伯来人的通用语言吗?在约书亚时代,在不断的劫掠烧杀中,希伯来人能用这种语言来书写吗?在约书亚时代之后,希伯来人又在他们曾经烧杀抢掠过的这块地方长期沦为奴隶,此时他们难道没有学一点他们主子的语言,就像以后他们在巴比伦充当奴隶时,学一点迦勒底语那样?

50 一个善于经商、机智、有知识、远古时代便已定居并且被认为是文字发明者的民族,比一个到处流浪、不久前才定居邻近地方、没有知识、没有才能、不会经商、只靠抢掠为生的民族,书写文字要早得多,这不是十分可能的吗?

我们能否断然否定尤西比乌所保存的桑科尼雅松部分著作的真实性?或者,我们能不能像学者雨埃[①]那样,认为桑科尼雅松抄

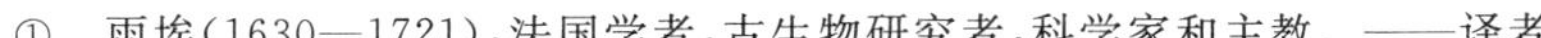

① 雨埃(1630—1721),法国学者,古生物研究者,科学家和主教。——译者

袭了摩西，尽管现存的一切古代文献都告诉我们桑科尼雅松生于摩西之前，我们在这里仍不作定论。万达尔曾驳斥雨埃的论点，他们两人孰是孰非，要由睿智而公允的读者去判断。我们追求的是真理而不是争吵。

十四　斯基泰人和歌篾人[①]

有人说，歌篾刚从挪亚方舟[②]下来就去征服高卢人并在几年间便使高卢人定居下来；有人说，当含[③]的子孙在几内亚和刚果一带繁衍大量皮肤黝黑的后裔的时候，土巴[④]便到了西班牙，而玛各[⑤]则到了德国北部。随便他们怎么说吧！这些令人厌恶的无知谬说充斥无数书本，这里不必去谈它，即使是三尺孩童也会对此哑然失笑。然而究竟是由于学识浅薄，还是由于包藏祸心，或者出于喜欢表现一种不合时宜的辩才，那么多历史学家对他们并不了解的斯基泰人如此称颂不已？

为什么坎特·库尔斯[⑥]在谈到居住在粟特[⑦]以北、乌浒河[⑧]（他

① 歌篾人，指《圣经·以西结书》中所载的歌篾和他的游牧部落。歌篾，挪亚的孙子，雅弗的儿子。——译者

② 据《圣经·创世记》说：大洪水时期上帝命挪亚造方舟，以拯救人类，挪亚成为人类的新始祖。——译者

③ 挪亚次子名含，《圣经》中说他的后裔是黑色人种。——译者

④ 土巴，雅弗的儿子。——译者

⑤ 玛各，雅弗的儿子。——译者

⑥ 坎特·库尔斯，公元1世纪罗马历史学家，著有《亚历山大史》。——译者

⑦ 粟特，古代中亚地名，在今乌兹别克、塔吉克境内锡尔河与阿姆河中间一带。——译者

⑧ 乌浒河，今称阿姆河，流经乌兹别克境内。——译者

把乌浒河误为塔纳依斯河[①]，二者相距500古法里）那边的斯基泰
51 人时，要通过这些野蛮人的嘴大谈其哲学？为什么他要臆造斯基泰人曾责备亚历山大热衷于征战？为什么他要设想斯基泰人曾说亚历山大是世上最著名的强盗，而其实他们自己早在亚历山大之前便在整个亚洲进行掠夺？最后，为什么坎特·库尔斯要把这些斯基泰人描绘成世上最正直的人？原因就在于，就像他作为不高明的地理学家，把塔纳依斯河划到里海去那样，作为夸夸其谈的演说师，他便大谈斯基泰人的所谓“慷慨无私”。

贺拉斯在对比斯基泰人和罗马人的风尚时，曾用音律和谐的诗句来赞颂这些蛮族，他写道：

请看可怕的斯基泰居民，
生活在滚滚的战车之上；
比战神的臣民更纯洁天真，
度过自己一生的时光。

（见《颂诗》第3卷）

其所以如此，是因为贺拉斯是以微带讽刺的诗人口吻来说话，这样就易于抬高异族人而贬低自己的国家。

基于同样的理由，塔西佗对掠夺高卢人并把活人杀死以祭祀妖神的那些日耳曼蛮族也曾大加颂扬。塔西佗、坎特·库尔斯、贺拉斯，都像教师一样，为了激励学生，不管校外的小孩如何粗野，也当着学生的面拼命赞扬他们。

斯基泰人就是我们此后称为鞑靼人的蛮族，就是这些人，在亚

① 塔纳依斯河，今称顿河。——译者

历山大之前很久便已多次蹂躏亚洲，掠夺了这个大陆的大部分地区。有一个时期，这些人称为蒙古人或匈奴人，奴役了中国和印度；另外一个时期，他们称为突厥人，把已经征服了亚洲一部分地区的阿拉伯人赶走。匈奴人就是从这辽阔的原野出发，一直来到 52
了罗马的。这就是所谓正直无私的人，我们那些一味抄袭坎特·库尔斯的编书者，至今还在吹捧他们的公正。人们就是以这种态度，给我们写了连篇累牍对史料既无选择又不加判断的古代史。一些读者也几乎是以同样的态度阅读这些史书，结果使脑子装满谬见。

俄罗斯人今天居住的地方是古代斯基泰的欧洲部分，他们给历史留下了十分惊人的真实事件。地球上曾发生过多次惊心动魄的革命，但没有一场革命使人类精神如此得到满足，为人类精神增添如许荣誉。我们看到过许多征服者和蹂躏劫掠行为，但是只有一个人（指彼得大帝——译者），在20年中，改变了地球上幅员最广阔的帝国的风尚、法律和精神，使用各种办法来改造沙漠，这便是令人敬佩之事。后来一个不会读书写字的女人[①]发展了彼得大帝所开创的事业，另一个女人（伊丽莎白[②]）进一步使之发扬光大。还有一个女皇[③]比前两人更突出，她的天才泽及臣民。宫廷革命一刻也没有延缓帝国的兴盛。人们看到，在半个世纪里，斯基泰的

① 指俄国女皇安娜·伊凡诺夫娜（1693—1740），1730—1740年在位，她是彼得大帝的侄女。——译者

② 伊丽莎白·彼得诺夫娜（1741—1762年在位），俄国女皇，她是彼得大帝的女儿。——译者

③ 指俄国女皇叶卡捷琳娜二世（1729—1796），1762—1796年在位。——译者

宫廷比希腊、罗马以往任何时候都更加光辉灿烂。

更加令人惊叹的是在1770年，即作者撰写本书时，叶卡捷琳娜二世的军队在欧洲和亚洲追赶土耳其人，使他们望风而逃，躲在君士坦丁堡心惊胆战。她的宫廷彬彬有礼，而她的士兵则勇猛可畏。不管这场大规模的战争结局如何，后世的人都要赞赏这位北国的托米里丝[①]：她不愧是为土耳其暴政下的土地复仇的人。

十五 阿拉伯

如果人们对于像埃及古代建筑物那样的古迹感到好奇，我认为不应到阿拉伯去寻找。据说麦加是在亚伯拉罕时代建成的。但
53 麦加位于多沙的贫瘠地带，因此不可能早于濒临河流、位于土壤肥沃地方的城市。阿拉伯一半以上土地是沙漠，地上不是沙就是石。但是福地阿拉伯由于四周是人踪罕至的荒野和怒涛汹涌的大海而成为名副其实的福地。在穆罕默德来到以前，它从未受到名为征服者、实为强盗的侵凌；甚至在穆罕默德到来之后，这地方也只是其胜利事业的伙伴而已。这个优越性比起当地出产的香料、香末儿、桂皮这些平常的东西，甚至比今天成为当地富源的咖啡，要强得多。

沙漠阿拉伯是个可怕的穷地方，在那里居住的有亚玛力人[②]、

---

① 托米里丝，斯基泰女王（公元前6世纪）。其子被波斯居鲁士大帝杀害。她与波斯王交战，将其俘获。她砍下他的头，置于盛满鲜血的羊皮袋中。——译者

② 亚玛力人，古代阿拉伯一游牧部族或部族集团。——译者

摩押人[1]、米甸人。现在,那里的阿拉伯人只有9000到10000人,都是流浪的行窃者,人多了便养不起。据说,就在这个沙漠地带,曾有200万希伯来人住过40年。不过那地方并不是真正的阿拉伯,它常常被称为叙利亚沙漠。

佩特腊阿拉伯之名来源于“佩特腊”,意思是小城堡。这个名称肯定不是阿拉伯人起的,而是希腊人大约在亚历山大时期起的。佩特腊阿拉伯范围极小,易与沙漠阿拉伯相混,但这对后者无损。两地从来都居住着一些游牧部落。我们称为耶路撒冷的城市,就建立在佩特腊阿拉伯的附近。

至于那一大片被称为福地的地方,近一半也是沙漠;但如进入腹地若干英里,或者在莫卡以东,或者甚至在麦加以东,便会看到阿拉伯最优美的地方,那里长年如夏;有不种自生的香料植物,在空气中飘着清香;无数溪流从群山下泻,处处绿树成荫,炎威大减,因而气候常能保持凉爽。

在这些地方,花园一词意味着天堂,也就是得天独厚的意思。

位于亚丁附近的萨那的那些花园,在阿拉伯人看来,比以后希腊人心目中的阿尔西诺乌斯[2]的花园更为著名。亚丁(或称伊甸)
被称为乐园。至今还有人谈到古代的谢达德,他的花园也一样有 54
名。在骄阳似火的这些地方,绿树成荫便是福。

也门这块地方如此美丽,它的港口又幸运地濒临印度洋,因此有人说,亚历山大本想夺取也门作为帝国本部所在地,并在此建立

① 摩押人,西闪米特之一支。——译者

② 阿尔西诺乌斯,希腊史诗《奥德赛》中的准阿喀亚王。——译者

世界贸易中枢;还说他只要保持埃及几代国王所建的、沟通尼罗河与红海的旧运河畅通无阻,印度的丰富物产就可以经过亚丁源源运到他的亚历山大城。这个说法不像充斥整个古代史中的无聊而荒唐的神话。其实,他本应征服整个阿拉伯,而如果有人能做到这一点,那就是亚历山大。但是阿拉伯民族似乎并不害怕他,甚至当他统治埃及和波斯时,他们也没有向他派遣使者。

阿拉伯人在沙漠的保护下,加上他们的勇敢精神,从未被异族征服。图拉真[①]只占领了佩特腊阿拉伯的小块地方。甚至在今天,阿拉伯人还敢与强大的土耳其相抗衡。这个伟大民族从来都跟斯基泰人一样自由,但比后者更为文明。

但要注意,不能把这些古阿拉伯人跟自称为以实玛利[②]后裔的那些游牧民族混为一谈。以实玛利人或夏甲人[③],或者自称为基土拉[④]的子孙的那些人,都是外来的部族,其足迹从未到达福地阿拉伯。他们在佩特腊阿拉伯临近米甸的地方流浪,在穆罕默德时代,当他们皈依伊斯兰教后,才与真正的阿拉伯人融合。

真正的阿拉伯人,是从远古便居住在这块美丽地方、既未与其他民族融合、也从未被征服或征服过别人的那些土著。他们的宗教是最自然、最单纯的宗教:信仰一个上帝并崇拜星宿,因为星辰在美丽澄澈的天空中,似乎比大自然其余万物都更加庄严地表明

① 图拉真(约 53—117),罗马帝国皇帝。98—117 年在位。——译者

② 以实玛利,亚伯拉罕之子,相传为阿拉伯人的祖先,故阿拉伯人亦被称为以实玛利人。——译者

③ 夏甲是亚伯近罕的埃及女奴,她跟亚伯拉罕生下以实玛利,夏甲人即以实玛利人。——译者

④ 基土拉是亚伯拉罕的续弦妻子。——译者

上帝的崇高伟大。他们把行星视为上帝和人类之间的中介。在穆罕默德之前，他们一直信奉这一宗教。我完全相信：既然他们是 55
人，那就会有许多迷信。但是这些受大海和沙漠环抱而与世隔绝、拥有美丽故土的人们，没有任何匮乏与恐惧，因此他们必然没有其他民族那么凶恶，那么迷信。

人们从未见到他们像饥饿的食肉兽那样侵夺邻人的财产，假借神明意旨杀害弱者，或用伪造的神谕谄媚强者。他们的迷信行为既不荒谬，也不野蛮。

西方所编造的世界史中没有谈到他们。我完全相信，他们跟犹太小民族毫无关系，而我们的所谓世界史却以这个犹太小民族作为描述的对象和立论的根据。在这些世界史著作中，有那么一类作者彼此互相抄袭，而把世界上 3/4 的地方置诸脑后。

十六　亚伯拉罕

伯拉，或伯拉马[①]，或亚伯兰，或易卜拉欣[②]，这个名字似乎是亚洲古代民族最通用的名字之一。印度人——我们认为是最早的民族之一——说伯拉马（婆罗贺摩）是上帝的一个儿子，他教导婆罗门向他膜拜的方式。这个名字逐渐受到崇敬。阿拉伯人、迦勒底人、波斯人加以沿用，而犹太人则把它视为他们的一个族长的名

① 原文为 Brama，根据梵文应为 Brahmā，即“婆罗贺摩”或“梵天”。此处为使与“伯拉”、“亚伯兰”、“亚伯拉罕”等相近，译为“伯拉马”。——译者

② 据《圣经》记载，亚伯拉罕原名亚伯兰。中国穆斯林称他为易卜拉欣。——译者

字。同印度人贸易的阿拉伯人，可能最先对伯拉马有某些模糊概念，他们把伯拉马称为亚伯拉马，然后自诩是亚伯拉马的后裔。迦勒底人尊他为立法者。波斯人称他们古老的宗教为“米拉·易卜拉欣”，米地人则称为“基施·易卜拉欣”。他们说这个易卜拉欣或亚伯拉罕是巴克特里亚（大夏）[①]人，曾在巴勒卡附近居住；他们尊
56 他为古代琐罗亚斯德教的一个先知。这个人无疑只能属于希伯来人，因为他们在自己的经书中承认他是自己的祖先。

有些学者认为这个名字来自印度，因为印度教徒自称为婆罗门（brames brachmanes），他们的某些宗教制度同这个名字有直接关系，而在西亚人中，您看不到任何团体取名亚伯拉或亚伯拉罕，从来没有一个团体命名为“亚伯拉罕”的，也没有一种以此为名的仪式、典礼。但是既然犹太经书声称亚伯拉罕是希伯来人的祖先，那就应当毫不勉强地相信，这些犹太人虽为我们所憎恶，却应被视为我们的先驱和我们的导师。

《古兰经》谈到亚伯拉罕时，引证了古代阿拉伯的历史，但语焉不详。阿拉伯古代史说这个亚伯拉罕修建了麦加城。

犹太人把亚伯拉罕说成来自迦勒底，而不是来自印度或大夏。因为他们与迦勒底为邻，而对于印度和大夏则闻所未闻。亚伯拉罕与所有这些民族（指印度人、大夏人——译者）不是同族人；而迦勒底长期以来便是以科学和艺术闻名的地方，因此，对于一个局处巴勒斯坦一隅的弱小而野蛮的民族来说，其祖先中出现一个被认

① 巴克特里亚，古代亚洲国家，在今阿富汗北部，曾为波斯帝国一行省，中国古书中称为“大夏”。——译者

为是迦勒底人的先哲，就常理而言，这未始不是一种光荣。

如果可以用指导我们评论其他历史著作的同样准则来考察犹太经书中的历史部分，那么我们就会跟所有评论家一样承认：像《摩西五经》中所述的亚伯拉罕的故事，若出现在另一本史书，就难以自圆其说。

《创世记》在叙述了他拉之死以后，说他拉的儿子亚伯拉罕离开亚兰[①]时已 75 岁，因此结论当然是，亚伯拉罕是在父亲去世之后才离开家园的。

但同一《创世记》又说：他拉 70 岁生下亚伯拉罕以后，一直活 57
到 205 岁，这样亚伯拉罕离开迦勒底时应为 135 岁[②]。他在这个年龄，竟抛弃美索不达米亚的膏腴之地，而去 300 英里外的贫瘠多石、并非贸易地区的示剑[③]，这是很奇怪的。书中还说他从示剑到距离 600 英里左右的孟菲斯购买小麦，而一到那里，国王便看中了他那 75 岁的老婆。

我不想涉及这部史书中有关神明之事，我始终只着眼于研究古代历史。书中说亚伯拉罕接受了埃及国王大批礼物。埃及那时已是强国，君主制业已建立，艺术已得到发展，尼罗河已被驯服，到处开凿了运河以排泄尼罗河的洪水，否则这个地方便无法居住。

然而，我要向一切明达之士请教：在一个长期无法进入的、备

---

① 亚兰，《圣经》中指西起黎巴嫩山，东至伯拉河东，南起撒古珥，北到大马色南部的大平原。——译者

② 在这两段文字中，亚伯拉罕的年龄不一致，是伏尔泰用来讽刺《圣经》中故事的荒诞性。——译者

③ 示剑，《圣经》中地名，在巴勒斯坦，现称纳布卢斯。——译者

受洪水之害（即使洪水可使土地肥沃）的地方，不是需要千百年的时间才能建立一个这样的帝国吗？照《创世记》的说法，亚伯拉罕是在公元前2000年到达埃及的。因此，玛内通、希罗多德、狄奥多尔、埃拉托斯泰纳[1]，还有许多人都认为埃及王国年代极其久远，这是有道理的，然而比起迦勒底和叙利亚来，埃及的年代就十分晚近了。

58 请允许我扼要地考察一下亚伯拉罕的历史。亚伯拉罕离开埃及后，被描绘为一个在迦密山[2]和盐湖[3]之间游牧的人。这里是佩特腊阿拉伯最为荒凉的沙漠，地上都是沥青，水极罕见。偶有一点水，也比海水更难以饮用。亚伯拉罕带着他的318个仆人在这里架设帐篷，而他的侄子罗得则定居于所多玛城[4]。一个巴比伦王、一个波斯王、一个蓬特[5]王和一个其他民族的国王联合起来攻打所多玛和邻近的4个小镇。他们攻取了这些小镇和所多玛，罗得被俘。我们很难理解，四个如此强大的国王怎么会联合起来，到如此荒芜的角落来攻打一个阿拉伯游牧部落；亚伯拉罕怎样带领300名仆从打败如此强大的四个国王，怎样追赶他们直至大马士革以远的地方。某些译者把大马士革译为达恩[6]，但在摩西时代，达恩并不存在，在亚伯拉罕时代则更无此城。从盐湖的一端所多

① 埃拉托斯泰纳（前276—前194），希腊数学家、天文学家、哲学家。——译者

② 迦密山，亦译为卡尔迈勒山，在巴勒斯坦，濒地中海。——译者

③ 今称死海。——译者

④ 所多玛城，古代巴勒斯坦城市，靠近死海。——译者

⑤ 蓬特，古代黑海边的一个王国，建立于公元前4世纪。——译者

⑥ 达恩，以色列一个城市。——译者

玛所在地到大马士革，有 300 多[古罗马]里路[①]。因此这一切都超出我们的想象。在希伯来人的历史中，一切都充满奇迹。我们前已说过，如今再次重申，我们相信这些奇迹，以及其他一切奇迹，而不作任何判断。

十七 印度

如果允许推测的话，恒河附近的印度人可能是最早集合成为
民族实体的人。可以肯定，一切动物在最易于觅食的地方都能很
快孳生繁殖。世上没有一块地方比恒河流域有着人们唾手可得的
更新鲜、更可口、更丰富的食物。这里稻子不种自长；椰子、椰枣、
无花果无处不有，可作菜肴；橘子、柠檬可作饮料，又可供食用；甘
蔗俯拾即是；棕榈树、宽叶无花果树浓荫蔽日。在这种环境中，人 59
们无需剥下兽皮给孩子们御寒；时至今日，孩子们还是赤身裸体，
直至青春年龄。这里的人从来没有像几乎所有其他地方的人那
样，被迫冒生命危险去打野兽，吃兽肉维持生命。

在这种有利条件下，人们会自动地集群而居，用不着为了放牧瘦骨嶙峋的畜群去争夺一块不毛之地，用不着像佩特腊阿拉伯的蛮族那样为了一口井、一眼泉而大动干戈。

婆罗门自夸拥有世上最古老的建筑物。中国康熙皇帝宫中最古老的珍玩是印度的，他给我们的数学家、传教士看印度的楔形古币，这比中国皇帝的铜币古老得多；波斯国王可能正是从印度人那

---

① 1 古罗马里等于 1425.5 米。——译者

里学到了铸币技术。

在毕达哥拉斯以前，希腊人就远游印度求学。几乎全世界现在都还在用印度人发明的表示那七个行星和那七种金属的符号。阿拉伯人不得不采用他们的数字。给人类智慧带来无上荣光的象棋，不容置疑是来自印度。在象棋中，我们用“堡”[1]来代替的“象”，便是一个明证。印度人让“象”走路，这是很自然的，“堡”会走路就不合理了。

人们所知的最古老的民族波斯人、腓尼基人、阿拉伯人、埃及
60 人，早在远古时代便长途跋涉去印度经商，以换回大自然仅赐予这个地区的香料；而印度却从来无所求于这些民族。

有人向我们谈到一个名叫巴克斯的人，说他从埃及或西亚的某个地方出发去征服印度。这个巴克斯，不管他是何许人，知道在我们大陆的尽端，有一个国家比他自己的国家更好。匮乏产生首批的强盗。只因印度富庶，这些强盗才侵入印度；而富庶民族必定早在强盗民族之前便已集结形成社会，便已臻于文明开化。

最使我惊奇的是印度的古老的灵魂转世说，这种说法以后传播至中国和欧洲。这并不是说，印度人知道什么是灵魂；不过他们设想，这个本原，不管是精气所结，还是火化而成，可以连续投生到其他躯体。我们要注意，这个哲学体系与风尚有关。对于恶人来说，唯恐遭到毗湿奴[2]和婆罗贺摩的责罚，来世投生为最下贱、最不幸的畜类，是个极大的约束。我们在下面就会看到，一切伟大的

① “堡”，现代国际象棋中是“车”，即“护王车”。——译者

② 毗湿奴神在印度婆罗门教中不占重要地位，他是因陀罗神的朋友和同盟者。在婆罗门教发展为印度教后，毗湿奴才成为三大神之一。——译者

民族对阴间来世都有这样一种看法，虽然概念有所不同。在古代的帝国中，我看到几乎只有中国人没有创立灵魂不灭之说。他们最早的立法者只是制订出一些道德准则，他们认为鼓励人们积德行善，并以严刑酷法强使人们去做就行了。

印度人信奉轮回转生之说，于是多了一种约束；当他们杀人或杀牲时，一种唯恐杀死父母的心理，使他们对凶杀和一切暴力行为感到害怕，因此不开杀戒便成为他们的第二天性。所有的印度人凡不是与阿拉伯人或鞑靼人联姻的，至今仍是人类中最温驯的人。他们的宗教和炎热气候使他们同我们饲养在羊圈和鸽舍里任人宰杀的那些驯良动物一模一样。从高加索山脉、托罗斯山脉[①]、伊玛
乌斯山脉下来征服印度河、希达斯普河[②]、恒河沿岸居民的一切凶 61
残的民族，都只要一露面就把他们制伏了。

今天那些跟印度人一样与世无争的、被称为贵格会[③]教徒的早期基督教徒，情况也是如此。要不是他们好战的同胞们保护，他们也许被其他民族吞噬了。基督教同毕达哥拉斯教[④]一样憎恨流血，但只有〔贵格会〕这些早期信徒才严格遵循基督教教义，一切基督教民族则从未奉行，而古代印度的各个种姓对其宗教都始终恪守不渝。这是因为世上只有像毕达哥拉斯教这样的宗教信仰才懂得把对凶杀的厌恶化为一种孝顺心和一种宗教情感。灵魂转生说

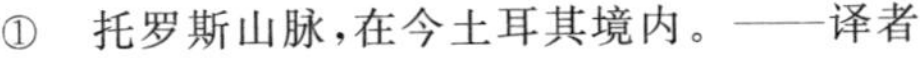

① 托罗斯山脉，在今土耳其境内。——译者

② 希达斯普河，今称杰拉姆河，流经克什米尔、巴基斯坦等地。——译者

③ 贵格会，又称公谊会或教友会，17 世纪在英国创立的教派，主张简朴，反对战争。——译者

④ 毕达哥拉斯教，希腊秘传宗教之一。传为毕达哥拉斯所创。相信灵魂转生，肉体是灵魂的监狱。——译者

对无知平民是一种十分简单、甚至是十分真实的宗教体系，人们极易相信：使一个人赋有生命的东西，随后也会给另一个人以生命。因此所有信仰这种宗教的人都认为在周围一切人身上，可以看到〔已殁的〕亲人的灵魂。他们都彼此认为是对方的兄弟、父母、子女，这种思想必然使人们对万物以慈悲为怀，伤害一条生命就会像伤害他家中的人似的使他战栗不安。总之，印度的古代宗教和中国士大夫的古代宗教，是唯一没有使人沦为野蛮人的宗教。那么，这些认为杀生有罪的人，以后又怎么会允许女人由于妄想在更美的、更幸福的躯体上再生而在她们丈夫的尸体上自焚呢？这是因为宗教狂热和自我矛盾已成为人类固有的天性。

尤其应该看到，戒食荤腥肉类也是由于气候特点所致。极端炎热和潮湿使这里的肉类很快腐烂变质，肉类在印度是一种极坏的食物。自然气候要求在印度喝清凉饮料，因而也就禁止饮用烈酒。事实上，轮回之说也传到我们北方的各民族，克尔特人相信他们会在别的躯体上再生。但是如果古代克尔特人的德洛伊教祭司在教义中增加禁止吃肉这一项，那恐怕是不会有我们对保存至今
62 的古代婆罗门教徒的教仪几乎一无所知，因为他们很少传播他们现在还保有的古代梵文经书。他们的《吠陀》、《法典》①，就跟波斯人的《真德经》和中国人的《五经》一样，都长期不为人所知。欧洲人是在距今 120 年前才对《五经》有初步了解。〔西方人〕见过《真德经》的只有著名的海德博士和商人夏当，可是海德没钱将它买

① 原文为 shasta，但梵文字典中无 shasta 一词，疑为 sāstra 之误，本书原编者注为 Castra，意为法典。伏尔泰所说的《法典》，指《摩奴法典》。——译者

下，也没钱付给翻译者；而夏当则不愿付出人家所要的钱。我们只有《真德经》的节本，即前面说过的《百章经》。

由于偶然的机会，巴黎图书馆幸运地收藏了一部婆罗门古书，即《夜柔吠陀》，此书写于亚历山大远征印度之前；还有一部婆罗门教教仪古书，名叫《沙摩吠陀》，这是一个婆罗门翻译的手稿，实际上并非《吠陀》原文，而是《吠陀》中某些教理和教仪的摘要。至于《法典》一书，我们只是在几年前才得到。霍威尔先生很长时间生活于婆罗门教徒中，多亏他细心留意和博学多识，我们才得有此书。据这位英国学者推算，《法典》比《吠陀》早 1500 年[①]，因此我 63
们今天能对世界上最古老的古籍有一点了解，是足以自慰的。

令人失望的是埃及人的古代著作从未保存下来，他们的古书已经散失，他们的宗教已经失传，他们已听不到古代的俚俗语言，更不用说圣教语言了。这样，离我们较近、较易保存并曾在大图书馆里陈列的东西，已经永远湮灭；而我们没想到会发现的真正的古代文物，却在遥远的地方找到了。

我所说的这部有关婆罗门教礼仪的书，人们对它的真实性不会有所怀疑。作者肯定没有吹嘘自己的教派，他没有极力掩饰其中的迷信行为，用勉强的解释来自圆其说，或者用譬喻的说法来为之辩解。他以坦率的诚实态度说明各种最为怪诞的戒律。从这些戒律可以看到人类的精神备受苦难。如果婆罗门遵守他们的《吠陀》中的一切戒律，那就没有一个僧人愿意忍受这种苦厄。一个婆

① 据德比杜(A. Debidour)在 1924 年的《比较文学》杂志中指出，霍威尔不懂梵文，未翻译过《法典》一书，此书是他从一个婆罗门手中得到的一本神学书。伏尔泰把它当作《法典》，是误信霍威尔之故。——原编者

罗门的儿子刚出世就成为各种宗教仪式的奴隶：在剪断脐带之前，人们用调和在面粉浆中的松脂涂抹他的舌头，念着“乌摩”(oum)这个词；向 20 位副神祈求保佑；同时又对婴儿说：“你要活在世上，统治万民”；然后，从他刚会说话时起，就要使他感觉到自身的尊严。确实，婆罗门在印度曾经长期是至高无上的统治者。神权政
64 治在这辽阔的地方比在世界上任何国家都更为牢固。

不久，人们便将婴儿露置月光下，祈求上帝消除小孩已犯的罪过，虽然他才生下 8 天；人们对着火唱赞歌；经过上百种仪式，给小孩命名为沙摩，这是婆罗门的荣誉称号。

小孩会走路，便开始过洗浴和念经的生活；他为死者祭祀，这种祭祀是为了祈求大梵天让小孩的祖辈的灵魂投生在其他躯体时有个好的归宿。

人们向人身五窍中出来的五气祷告。这也不比罗马的老女巫向屁神祷告更为稀奇。

对于自然界起作用的任何东西，婆罗门从事的任何活动，没有不念经祷告的。父亲第一次给小孩剃头，便虔诚地对剃刀说：“剃刀剃刀，剃我儿子，如剃太阳，如剃因陀罗神[1]。”不管怎样，因陀罗神从前可能剃过头，而给太阳剃头，就难以理解，除非婆罗门也有我们的阿波罗，不过我们画的阿波罗还是没有胡子的。

叙述所有这些仪式，可能令人既厌烦，又感到可笑；他们出于盲目无知，对我们的宗教仪式也同样会这么说的。但是婆罗门有一种秘仪不应略而不谈，这便是摩特里沙·摩娑姆(Matricha Ma-

[1] 因陀罗，印度的雷电之神，后成为众神之王。——译者

chom)，通过这种秘仪，他们使自己成为新人，得到新的生命。

灵魂被设想为存在于胸臆之中，这几乎是所有古代人的看法。人们认为脉管是从一个器官通到另一器官的，把手按在脉管上，从胸部按到头部，这样就把灵魂引到头脑中去。当他确信其灵魂已经上升时，年轻人便高呼他的灵魂和他的肉体已与上帝结合起来，并说："我自己已成为神的一部分了。"

这种见解就是希腊的那些最可敬的哲学家——超脱人性的禁 65
欲主义者——的见解，就是那些神授的安敦尼诸帝[①]的见解。而且应当承认，没有比这更能启迪人们的高尚道德的了。相信自己成为神的一部分，这就是为自己制订绝不做任何与上帝不相称之事的戒律。

婆罗门的戒律有十条，即要避免十种罪孽。这些罪孽分为三类：肉体之罪、言语之罪和意愿之罪。殴打杀害他人、盗窃、强奸妇女，是肉体之罪；隐瞒、撒谎、辱骂，是言语之罪；对他人心怀恶意、觊觎他人财产、对他人苦难无动于衷，是意愿之罪。看了这十戒使人们对于他们的一切可笑的仪式也觉得可以接受的了。我们看得很清楚，所有文明的民族，其道德观念均相同，而一个民族最通行的习俗，在别的民族看来，不是怪诞，便是可憎。制订出来的教仪今天使人类陷于分裂；而道德观念则把大家联合在一起。

虽然存在着迷信，但婆罗门从来都承认一个唯一的神。斯特拉波在其著作的第15卷中说，婆罗门膜拜一个天上的尊神；他们必须静默若干年，然后才敢说话；他们淳朴、贞洁、节食禁欲；他们

① 指公元96—192年在位的罗马帝国图拉真、安敦尼等7个皇帝。——译者

一生正直，死而无疚。亚历山大城的圣克莱门[1]、阿普列尤斯[2]、波尔利、帕拉德、圣安布罗斯[3]等人都证明他们的确如此。尤其是不要忘记，他们有一个地上天堂，凡是辜负上帝恩典的人都要被赶出这个天堂。

66 人类在堕落沉沦，这是几乎一切古代民族的神学基础。颂古而非今，这是人类的一种自然倾向，它使各地的人都想象从前有一个黄金时代，继之而来的是黑铁时代[4]。更奇怪的是，古代婆罗门的《吠陀》教导说，世上第一个男人名叫阿迪摩，第一个女人名叫普罗克里蒂。〔梵语〕阿迪摩意为“主人”，普罗克里蒂意为“生命”，这跟“夏娃”在腓尼基人乃至仿效腓尼基人的希伯来人的语言中意为“生命”[5]或“蛇”一样。这种巧合值得高度重视。

十八　中国

我们在谈论中国人时，不能不根据中国人自己的历史。他们的历史已由我们那些热衷于互相诘难的各个教派——多明我会、耶稣会、路德教派、加尔文教派、英国圣公会教派——的旅行者们

① 亚历山大城的圣克莱门(约 150—约 215)，希腊著作家和神学家，基督教希腊教父。——译者

② 阿普列尤斯，公元 2 世纪古罗马著作家，著有《变形记》，又名《金驴记》。——译者

③ 圣安布罗斯(约 339—397)，罗马教会神学家，米兰大主教。——译者

④ 欧洲古代把人类历史分为四个时代：黄金时代，大地常春，民风淳朴；白银时代，纯洁风俗开始败坏；青铜时代，纵欲肆虐，祸患频仍；黑铁时代，暴行泛滥，罪恶横行。——译者

⑤ 夏娃，希伯来文 hawwāh，原意为“母性”或“生命之源”。——译者

所一致证实。不容置疑，中华帝国是在 4000 多年前建立的。那些在杜卡利戎[①]时代的大洪水和法埃通[②]从天而降的神话中保存下来而又以讹传讹的有关地球的变迁、大洪水、大火灾等等故事，这个古老民族从来没有听说过。中国的气候使中国免受这些灾害，也使中国从未发生过曾经多次蔓延非洲、亚洲和欧洲的黑热病。

如果说有些历史具有确实可靠性，那就是中国人的历史。正如我们在另一个地方曾经说过的[③]：中国人把天上的历史同地上的历史结合起来了。在所有民族中，只有他们始终以日蚀月蚀、行星会合来标志年代；我们的天文学家核对了他们的计算，惊奇地发现这些计算差不多都准确无误。其他民族虚构寓意神话，而中国
人则手中拿着毛笔和测天仪撰写他们的历史，其朴实无华，在亚洲 67
其他地方尚无先例。

中国各朝皇帝的治政史都由当代人撰写，其编写方法毫无差别，编年史没有互相矛盾之处。我们的传教旅行者曾经如实地叙述：当他们与贤明的康熙皇帝谈及《拉丁文本圣经》、《希腊文本圣经》和撒马利亚人的史书彼此有很大出入时，康熙说："汝等所笃信之书，竟至自相矛盾？"

当迦勒底人还只是在粗糙的砖坯上刻字时，中国人已在轻便的竹简上刻字，他们还保存有这些古代的竹简，外面涂着清漆不至

① 据希腊神话，杜卡利戎是普罗米修斯之子。在宙斯所发大洪水之后，世界上只剩他和妻子皮拉 2 人。他们把石头投掷到身后面，杜卡利戎投掷的石头变成男人，皮拉投掷的石头变成女人，重新创造了人类。——译者

② 法埃通，希腊神话中太阳之子。他得到父亲允许驾驶太阳神的四马金车出游，因离地球太近几乎烧毁了整个世界，被主神宙斯以雷击死，推入深渊。——译者

③ 《风俗论》第 1 章。《导论》是后来写的。——译者

于腐烂，这可能是世界上最古老的文物了。中国人在撰写帝王历史之前，没有任何史书。不像埃及人和希腊人，中国人的历史书中没有任何虚构，没有任何奇迹，没有任何得到神启的自称半神的人物。这个民族从一开始写历史，便写得合情合理。

他们与其他民族特别不同之处就在于，他们的史书中从未提到某个宗教团体曾经左右他们的法律。中国的史书没有上溯到人类需要有人欺骗他们、以便驾驭他们的那种野蛮时代。其他民族的史书从世界的起源开始：波斯人的《真德经》，印度人的《法典》、《吠陀》，桑科尼雅松、玛内通，直至赫希俄德，全都上溯到万物的起源、宇宙的形成。这种狂妄性，中国人一点也没有。他们的史书仅仅是有史时期的历史。

这里有一个对我们来说尤其重要的原则，即：如果一个民族最早的编年史证明确实存在过一个强大而文明的帝国，那么这个民族一定在多少个世纪以前早就集合成为一个实体。中国人就是这样一个民族，4000 多年来，每天都在写它的编年史。而要掌握人
68 类社会所要求的各种技艺，要做到不仅会写而且写得好，那么所需要的时间势必比中华帝国仅从伏羲氏算起存在的时间更长。这一点如果看不到，岂不又是一件荒唐事？中国没有一个读书人会怀疑《五经》是在公元前 2300 年写成的。因此，这一不朽巨著要比卡利斯泰纳送到希腊的巴比伦天文观测记录早 400 年[①]。中国所有

① 此处伏尔泰计算时间有误。即使《五经》是孔子所编，孔子生于公元前 479 年。但巴比伦的天文观测，据说最早始于公元前 747 年，而现存于美国费城大学的最早的一块刻有天文观测记录的泥板，属于公元前 568 年。因此中国的《五经》不可能比巴比伦的天文观测记录早 400 年。——译者

官府都认为真实的一部书，巴黎的文人学士[1]却怀疑它的年代，说实在的，这样合适吗？

对于人类来说，不论在哪一方面，掌握最基本的知识要比取得巨大进步来得缓慢。我们可以回忆一下，500 年前，不管是在北欧，在德国，还是在我国，还几乎没有一个人会写字。今天我们的面包商还使用着的刻记赊售面包数量的木筹就是我们过去的象形文字和账簿。过去收税也是用这种木筹来计算，现在乡下还有达依税这个名称，可以证明这一点[2]。我们变化无常的地方习惯法，是在 450 年前才开始以书面形式制订的，这说明从前书写的技艺是多么稀罕。总而言之，没有一个欧洲民族在半个世纪中，在所有的艺术方面所取得的进步，不比自蛮族入侵至 14 世纪这段时间更大。

我不想在这里研究已能认识并运用一切有益于社会的智慧的中国人，为什么今天在科学方面没有同我们一样取得长足进步。我承认，中国人今天跟 200 年前的我们和古希腊人、古罗马人一样都是并不高明的物理学家；但是他们完善了伦理学，伦理学是首要的科学。

当我们还是一小群人并在阿登森林[3]中踯躅流浪之时，中国 69
人的幅员辽阔、人口众多的帝国已经治理得像一个家庭，国君是这个家庭的父亲，40 名公卿大夫则被视为兄长。

---

① 见耶稣会士帕尔南神甫《致多尔图书信集》。——伏尔泰

② 法国面包商用以刻记赊售面包数量的 taille（木筹），与达依税（即 1789 年以前实行的军税）是同一个词。——译者

③ 阿登森林位于法国、比利时、卢森堡、德国交界处。——译者

当他们已经有单纯、明智、庄严、摆脱了一切迷信和野蛮行为的宗教时，我们的德洛伊祭司把小孩装在大柳筐里作为牺牲来祭祀的托达泰斯①还没有出现哩！

中国皇帝每年两次亲自用收获物来祭玉皇，祭“上帝”，祭天，祭“万有之本元”。而且，用的是什么收获物呢？是皇帝亲手播种的东西。这种习惯一直保持了4000年，即便是动乱时期和极严重的灾年，也不例外。

皇帝和官员们的宗教从未受到伪善者的玷污、政教之争的干扰和乖谬的革新教派的诬蔑。革新教派常以同等乖谬的论据互相攻讦，结果是狂热信徒在叛逆者的引领下彼此兵戎相见。中国人特别在这方面胜过世界上的任何其他民族。

他们的孔子不创新说，不立新礼；他不做受神启者，也不做先知。他是传授古代法律的贤明官吏。我们有时不恰当地〔把他的学说〕称为“儒教”，其实他并没有宗教，他的宗教就是所有皇帝和
70 大臣的宗教，就是先贤的宗教。孔子只是以道德谆谆告诫人，而不宣扬什么奥义。在他的第一部书中，他说为政之道，在日日新。在第二部书中，他证明上帝亲自把道德铭刻在人的心中；他说人非生而性恶，恶乃由过错所致。第三部书②是纯粹的格言集，其中找不到任何鄙俗的言辞，可笑的譬喻。孔子有弟子5000，他可以成为强大的党派的领袖，但他宁愿教育人，不愿统治人。

在《论各民族的精神与风俗》（第2章）中，我们有力地驳斥了

---

① 托达泰斯，高卢人所信奉的最高的神灵。——译者

② 此处所说的三部书，指1687年在巴黎出版的柏应理(Philippe Couplet)神甫译成拉丁文的孔子的三部书。——原编者（按即《大学》、《中庸》、《论语》——译者）

过去一些人居处西方一隅而去评论这个东方的朝廷，并把他们归之于无神论者的这种轻率举动。我们中的某些人把这个几乎所有法律均以对赏善惩恶的上帝的认识为基础的帝国称为不信神者，这究竟是出于什么样的狂热情绪？我们现在保存有中国庙宇中一副对联的拓本真迹[1]，上面是这样写的：

无始无终先作形声真主宰。

宣仁宣义聿昭拯济大权衡。

横批：万有真元。[2]

在欧洲，曾经有人指责自己所不喜欢的耶稣会士们谄媚中国的不信神者。于是教皇任命一个名叫梅格罗[3]的法国人为驻中国[福建]代牧主教[4]，前往中国就地处理此事。这个梅格罗一个汉字不识，却把孔子当做不信神者看待，其根据就是这个伟大人物的这两句话："天生德于予，桓魋其如予何！"[5]我们的最伟大的圣徒也从未说过比这更为精辟的格言。如果孔子是不信神者，那么加图[6]和大法官洛比塔尔[7]也是不信神者了。

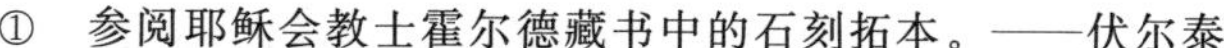

① 参阅耶稣会教士霍尔德藏书中的石刻拓本。——伏尔泰

② 据霍尔德《旅华实录》一书(1735年巴黎版)，这副对联是康熙皇帝赐给在北京的传教士的，刻在天主教堂里。——原编者

③ 梅格罗，中名严嘉乐，法国天主教教士，1681年来华，1684年任教皇驻福建代表。同年升为中国天主教会总管。1687、1696年任福建主教。——译者

④ 代牧主教，天主教内受罗马教皇委派，代管某地区教务的主教或神父的统称。——译者

⑤ 中文见《论语·述而》。——译者

⑥ 大加图(前234—前149)，古罗马监察官，大力维护罗马的"古风"，同一切希腊的影响作斗争，以刚正不阿著称。——译者

⑦ 洛比塔尔(1507—1573)，1560年任法国大法官，主张宗教宽容和温和政治，曾致力平息宗教纷争。——译者

71 为使诬蔑者羞愧，我们在这里再次指出，那些反对培尔[①]而主张不可能存在不信神者社会的人，却同时又宣称世界上历史最悠久的政府是一群不信神者。这些自相矛盾的说法使我们蒙受的耻辱已经够多了。

还要重复指出，中国的儒生崇拜一个唯一的上帝，但却听任人民受和尚的迷信行为的蛊惑。他们接受道教、佛教，以及其他几种教。官员们认为人民可以信奉跟国教不同的宗教，就像食用一种比较粗糙的食物那样。他们容忍僧侣的存在，但加以遏制；而在几乎所有其他地方，从事僧侣这一职业的人都有很大的权力。

确实，中国的法律不谈死后的惩罚与褒赏；中国人不愿肯定他们所不知道的事。他们与一切开化的伟大民族之间的这一差别是惊人的。地狱之说虽有用，但中国人的政府却从不采纳。他们只满足于鼓励人们虔诚敬天和为人正直。他们相信，一种一贯实行的正确的政治制度，会比一些有可能受到攻击的舆论起更大的作用；人们更害怕的是现行的法典，而不是未来的律令。我们在后面还将谈到另一个小得多的民族，其观念与此大致相同，或者不如说没有任何观念，但却是以其他民族根本不了解的品德来指导自己的行为。

概而言之，即当迦勒底人开始其历时 1900 年的天文观察——观察结果由卡利斯泰纳送到希腊——时，中华帝国已经光辉灿烂地生存世间。当时婆罗门统治着印度的一部分，波斯人已有他们

① 培尔（1647—1706），法国哲学家。因所著的《历史与批判辞典》中许多注释有意破坏正统基督教的信仰，受到法国天主教教会的严厉谴责。——译者

的法律，南方的阿拉伯人，北方的斯基泰人还都住在帐篷里，我们下面将谈到的埃及则是一个强盛的王国。

十九　埃及

在我看来，埃及人尽管历史悠久，但显然是在所有前已一一述 72
及的各伟大民族很久之后，才形成文明开化、发达强盛的国家的。其原因很明显。在埃及境内，直至尼罗河三角洲，有两个山岩地带，尼罗河从埃塞俄比亚起，自南向北，蜿蜒其间，奔流入海。从尼罗河瀑布到入海处，按直线计，只有160法里（每法里合正常的脚步3000步）；在三角洲以上，河宽只有10至15或20法里。尼罗河三角洲是埃及地势较低的部分，东西宽达50法里。尼罗河的右边是泰巴伊德[①]的沙漠地带，左边直至建有阿蒙神庙的小地方，是利比亚的不能居住的沙地。

由于尼罗河河水泛滥，千百年间，人们在这块一年中有4个月受淹的土地上难以安家。腐水淤积，久而久之，使整个埃及成为一片沼泽地。幼发拉底河、底格里斯河、印度河、恒河，以及其他河流两岸就不是这样，这些河流虽然几乎每年夏季积雪消融时也会泛滥，但泛滥面积没有尼罗河这么宽，附近有广阔平原，农民完全有可能利用肥沃的土地来耕种。

尤其要看到，黑热病这种由动物身上带来的祸害，在埃及，10年中至少要流行一次；尼罗河水在地上淤积，使这种可怕的传染病

① 古埃及分三部分，泰巴伊德是其中之一。——译者

更加蔓延，毁灭性更大，因此多少世纪埃及的人口都不多。

世界万物的自然秩序似乎无可置辩地表明，埃及古时是最晚
有人定居的土地之一。出生于尼罗河两侧的山岩中的穴居人，不
73 得不长期艰苦劳动，挖渠引水，把茅屋垫高到离地25法尺。这正
是他们首先必须做的事，然后才能建造称为“百门”的底比斯，才能
兴修孟菲斯，才会想到建筑金字塔。十分奇怪的是，没有一个古代
的历史学家曾认识到这样一件很自然的事。

我们已经说过，在人们所传说的亚伯拉罕游历埃及的时代，埃及已是一个强盛的王国。当时的埃及国王已建造了几座金字塔，至今使人看了仍然感到惊奇，叹为观止。阿拉伯人写道：最大的金字塔是索里德修建的①，时间在亚伯拉罕前好几个世纪。人们不知道“上帝之城”(迪奥斯波利斯)这个著名的百门底比斯是何时建成的。似乎在远古时代，大城市都名为“上帝之城”，就像巴比伦一样。但是谁能相信说，从这座有100个城门的城市的每个城门涌出200辆战车和1万名军士②，这样就得有2万辆战车和100万名军士；如果是每5个人中有一名士兵，那么，在一个还没有西班牙或法国那么大的国家，仅仅底比斯一城就有500万人；但是，根据西西里的狄奥多尔的说法，整个埃及的居民不超过300万人、执戈卫国的士兵不过16万人。狄奥多尔在他的《世界史》第1卷中说埃及人口极多，以前曾达到700万人，到他那时代还有300万人。

正如您不会相信100万士兵从底比斯的100座城门里出来一

---

① 埃及最大的金字塔系埃及第四王朝(约公元前2613—约前2494)第二代国王胡夫所建。——译者

② 见罗兰所著《古代史》第1卷第11页。——原编者

样，您也不会相信塞索斯特里斯的征战史。那些一味抄袭狄奥多尔的人告诉您：塞索斯特里斯的父亲根据一次托梦和一次神谕而 74
满怀希望，决定要他的儿子去征服全世界，他把所有跟他儿子同日诞生的小孩收养宫中学习武艺，要他们跑步 8 法里后才给饭吃[①]；最后，塞索斯特里斯带着 60 万名士兵和 27000 辆战车出发，去征服从印度到里海边的整个地方，占领了当时统称为科尔基德的敏格列利亚和格鲁吉亚。当您读到这些话的时候，您不觉得是在读比克罗科尔[②]的故事吗？希罗多德并不怀疑塞索斯特里斯在科尔基德留下了殖民地，因为他在科尔科斯[③]看到一些人，皮肤棕色，头发卷曲，酷似埃及人。我认为这倒不如说，居住在黑海边和里海边的斯基泰人在居鲁士统治之前长期蹂躏亚洲时，曾经掳走一些埃及人。这些埃及人，我认为是埃及的奴隶，埃及是真正的奴隶之国，希罗多德在科尔基德看到或自以为看到的就是这些埃及人的后裔。如果科尔基德人有割去包皮的做法，那可能是他们保留了埃及的习惯，就像北方民族几乎总是采用被他们征服的文明的民族的礼仪那样。

在已知的历史时期中，埃及人从来都没有令人望而生畏；从来敌人只要进入他们的国家，便可以把他们征服。斯基泰人是头一批，随后，来了尼布甲尼撒，他征服埃及未遇任何抵抗。居鲁士则只需派他的一名副将前往便大功告成。冈比斯[④]统治〔波斯〕时，

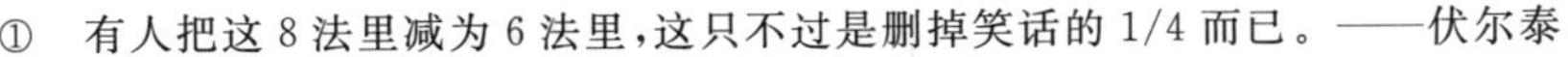

① 有人把这 8 法里减为 6 法里，这只不过是删掉笑话的 1/4 而已。——伏尔泰

② 比克罗科尔，法国 17 世纪作家拉伯雷《巨人传》中的人物。——译者

③ 科尔科斯，科尔基德的一个城市。——译者

④ 指冈比斯二世（公元前 529—前 522 年在位），波斯国王，居鲁士之子。——译者

埃及发生叛乱，但仅经一个战役，便被制服。这个冈比斯竟如此蔑视埃及人，以至于当众将他们的阿匹斯神牛杀死。奥库斯[①]把埃及划为王国的一个行省。亚历山大、恺撒、奥古斯都、奥玛尔[②]哈里发都同样轻而易举地征服过埃及。在十字军东征时期，原来的
75 那些科尔科斯人，此时成为马穆鲁克军[③]，又占领了埃及。最后，塞利姆一世[④]跟所有涉足埃及的人一样，一战便将它征服。我们在别的地方已经提到[⑤]，埃及人是最懦怯的民族；曾经被埃及人打败过的只有我们的十字军；这是因为当时的埃及是在科尔科斯人的马穆鲁克军统治之下。

当然，一个受凌辱的民族，从前可能曾征服过他人，希腊人和罗马人就是这样。但我们完全相信，古代希腊人和罗马人有过丰功伟业，而对塞索斯特里斯的事迹则表示怀疑。

我不否认，名为塞索斯特里斯的这个人在跟某些埃塞俄比亚人、某些阿拉伯人以及腓尼基的某些民族交战中，曾经有一两次得手。而这到了喜欢夸大的人口中，便会变成征服全世界。没有一个被征服的民族不声称过去曾征服过他人；往昔的优越感所产生的虚荣，可以使人们在目前所受的凌辱面前得到慰藉。

① 奥库斯，波斯国王大流士二世的外号。——译者

② 奥玛尔(581—644)，阿拉伯帝国的第二任哈里发，634—644 年在位。——译者

③ 马穆鲁克，意为“奴隶”，专指来自中亚、高加索等地的非黑人奴隶。从公元 9 世纪中叶，阿拔斯王朝以其充任禁卫军，后为其他王朝效法。1250 年埃及的马穆鲁克禁卫军首领推翻阿尤布王朝，建立马穆鲁克王朝(1250—1517)。——译者

④ 塞利姆一世(1470—1520)，奥斯曼苏丹，1512—1520 年在位。——译者

⑤ 见伏尔泰所著《哲学辞典》1764 年第一版“阿匹斯神牛”(Apis)条。——原编者(中译本有王燕生译商务印书馆 1991 年版本。——译者)

希罗多德天真地向希腊人转述了埃及人的话；可是既然埃及人跟他谈的只是一些奇迹，那么他们为什么不告诉他埃及法老的巫师与犹太祭司斗法时红海掀起如山巨浪，分立左右两边，让希伯来人通过，当巨浪落下时，埃及人便全军覆没、葬身海底这样一个使埃及受到巨大创伤的故事呢？这肯定是世界史上最重大的事件，怎么希罗多德、玛内通、埃拉托斯泰纳以及如此爱听奇闻、一直同埃及人有来往的希腊人，没有一个谈到这些本应使人们世世代代铭记在心的奇迹呢？我提出这一看法，绝非企图推翻希伯来古籍中的证据，我对希伯来古籍怀着应有的尊敬，只是对所有埃及人和所有希腊人的沉默感到惊讶而已。也许是上帝不愿通过任何世俗人之手使如此神圣的历史得到流传吧。

二十　埃及人的语言文字

埃及人的语言跟亚洲民族的语言毫不相似。在埃及语言中， 76
您找不到作“天主”讲的“阿多尼”或“阿多纳伊”，“巴尔”或“巴阿尔”，也找不到“米特拉”（波斯人指太阳）、“梅尔克”（叙利亚人指国王）、“夏克”（在印度和波斯也是“国王”的意思）。相反却有“法老”这个名词，就是埃及的国王。“奥西雷特”（“奥西里斯”）相当于波斯人的密特拉神①，而在鄙俗语言中，On 指太阳。波斯人的祭司称“麻葛”，而埃及人的祭司据《创世记》第 46 章所述，则称“科恩”。埃及的象形文字、字母，经过漫长岁月而被保存下来，

① 密特拉神，在印度—伊朗神话中，为光明之神。——译者

我们在石碑上还能看到，这些文字跟其他民族的文字毫无相似之处。

在人类发明象形文字之前，毫无疑问，已有表意符号；因为，事实上原始人做的就是我们处在他们的地位时会做之事，否则，他们还能做些什么呢？让一个小孩生活在言语不通的地方，他便会用手势说话；如果别人不懂，那么，只要他有一点聪明，便会用一块黑炭在墙上画出他所要表达的东西。

这样，人们首先是粗略地把要使人了解的东西画出来；所以绘画的艺术无疑先于书写的艺术。从前的墨西哥人和秘鲁人就是这样书写的，他们没有把这一艺术向前推进。这是一切开化的原始人的表达方法。以后，人们发明了象征图形：双手交叉表示和平，矢镞代表战争，一只眼睛意味着神明，一根权杖标志着王位，而连接这些图形的几条线则表示几个短句。

最后，中国人发明了汉字来表示语言中的每个词。但究竟是
77 哪个民族发明了字母，把人所能发出的各种声音置于眼前，从而使人方便地通过书写组成一切可以组成的词呢？是谁这样教人把思想方便地记录下来呢？这里我不想重复古代人关于这种使一切艺术永存不灭的技艺的各种传说，我只想指出，要达到这一步，需要千百年的时间。

埃及的祭司们曾长期用象形文字书写；而希伯来人的法律中的第二条则禁止这样做。当埃及人有了字母时，埃及祭司采用了另一种他们称为圣字的符号，以便在他们与人民之间树起一道栅栏。祆僧、婆罗门也使用同一办法。可见为了统治他人，多么需要有一种与他人隔绝的办法！这些埃及祭司不但有他们专有的文字，而且当平民的语言已随时间的推移而变化时，他们仍保持着埃及的古代语言。

根据尤西比乌的引证，玛内通曾谈到托特——第一个赫尔墨斯[1]——用圣字刻下的两行话，但是，谁知道这个古代的赫尔墨斯生活在什么年代？很可能是在人们所说的摩西以前 800 多年，因为桑科尼雅松说他看到过托特所写的作品，据他说，那是在 800 年前写的。桑科尼雅松是在腓尼基写作的，而腓尼基与犹太经书[2]中所说被约书亚焚烧抢掠的迦南这小块地方邻近，如果桑科尼雅松与摩西生活于同一时代，或者稍后于摩西，那么他无疑就会谈到这个不平凡的人及其令人震惊的事迹，就会证实这位著名的犹太立法者的丰功伟绩，而尤西比乌也就一定把桑科尼雅松的话加以利用了。

不管怎样，埃及人确实是精心地保存了他们的原始象征符号。78
很奇怪，他们有的古迹上刻着一条蛇，咬着尾巴，象征一年的 12 个月，而这 12 个月又各以一种动物来表示，但绝不是我们所知道的黄道十二宫。我们还看到，在 12 个月之后又加上五天，这五天以一条小蛇表示，小蛇上坐着 5 个形象：一只鹰，一个人，一条狗，一头狮子，一只白鹮。在基切尔[3]的著作中，可以看到根据保存在罗马的文物画下来的这些图像。由此可见，在古代，几乎一切东西都可以作为象征和寓意的对象。

---

① 托特是古埃及的神灵，希腊人认为托特就是司雄辩、商业、畜牧的神明赫尔墨斯。——译者

② 指《圣经·旧约》。——译者

③ 基切尔（1601—1680），德国耶稣会会士，象形文字学者。——译者

二十一 埃及的古代建筑

可以肯定，埃及人经过千百年的努力，通过排泄河水灌溉土地而把村庄变成富饶的城市以后，生活必需的技艺趋于完善，浮夸虚饰的艺术也就开始受到重视。于是有一些国王便驱使庶民和锡尔邦湖附近的阿拉伯人去建造宫殿和金字塔陵墓；到上埃及的采石场开凿巨石，装上木筏，运到孟菲斯；把一些既不好看又不合比例的大块平板石高置于实心立柱之上。他们只求大而从不求美。他们从前教过希腊人，但以后当他们建造亚历山大城时，希腊人又在各方面当了他们的师傅。

不幸的是，著名的托勒密图书馆的一半藏书在恺撒战争中被焚毁，而另一半则在奥玛尔征服埃及时被用来给穆斯林烧洗澡水，不然我们至少可以知道这个民族所受迷信毒害的根源，认识他们混乱的哲学体系和他们的某些古代文化和科学了。

他们一定曾经享有数百年太平盛世，这样，他们的君主才有时间和闲情去建造这些至今大部分依然存在的不可思议的建筑物。

79 他们建造金字塔耗时甚久，所费不赀；需要把全国一大部分人和大批外来的奴隶长期用于这些巨大工程。这些工程是凭借专制、虚荣、奴役和迷信建造起来的。只有一个专制的国王才能这样迫使人们去做难以办到的事。以英国为例，今日的英国比当年的埃及更为强大，然而一个英国国王能用全国的力量来建造这样的建筑物吗？

虚荣无疑也起了作用。古代埃及国王为其父王或为自己建造最宏伟的金字塔。奴役提供了劳动力。至于迷信，我们知道，这些金字塔就是坟墓；我们知道，埃及的科夏马蒂姆或科恩（即祭司们）曾经使全国的人相信，1000 年后灵魂将返回躯体。人们希望自己的尸身在整整 1000 年中都不会腐烂。因此他们细心地给尸体涂上防腐香料；同时为了避免意外，把尸体藏在密闭的一堆石头之中。国王和达官贵人们还要使他们坟墓的外形绝不因岁月的推移，而受到损害。他们的尸体比预期的时间保存得还要长，因此我们今天还能看到 4000 多年前的埃及木乃伊。尸体保存的时间同金字塔一样长久。

这种千年之后死而复生的说法从此传给了埃及人的学生希腊人，又传给了希腊人的学生罗马人。在〔罗马史诗〕《伊尼德》[①]第 6 卷中便有这种复活之说，而此书所描述的只是伊西斯和刻瑞斯·埃勒西那[②]秘仪而已[③]。诗中道：

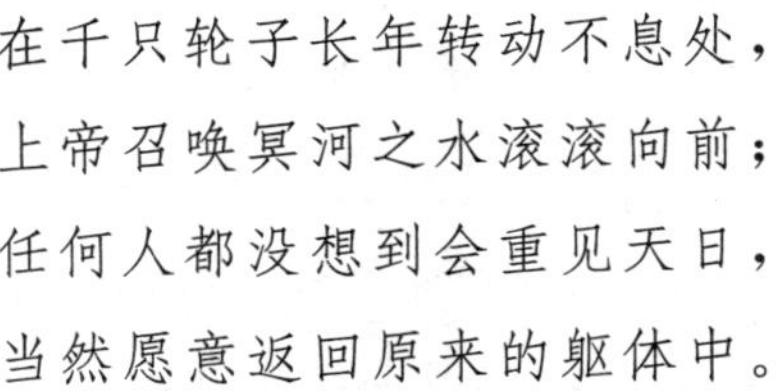

在千只轮子长年转动不息处，
上帝召唤冥河之水滚滚向前；
任何人都没想到会重见天日，
当然愿意返回原来的躯体中。

维吉尔：《伊尼德》，第 6 卷，748 80

① 《伊尼德》，古罗马诗人维吉尔（前 70—前 19）所作长篇史诗，共十一卷。——译者

② 刻瑞斯·埃勒西那，即罗马神话中的刻瑞斯，司农女神。——译者

③ 请参阅《哲学辞典》“入教仪式”条。——伏尔泰

在《哲学辞典》的这一词条中，伏尔泰收回这个意见，谓《伊尼德》第六卷不是描写秘仪，认为当时的罗马皇帝奥古斯都不会容忍这样的渎神的作品。——原编者

复活之说以后传到了基督教徒中，他们建立了千年王国[①]说；千年教派使复活之说重新获得生命，直到今日。就这样，几种不同观点轮番在世界各地流行。这就足以说明修建这些金字塔是本着一种什么样的精神。在这里，关于金字塔的建筑术和金字塔有多高多大的各种说法，我们就不去重复了。我研究的只是人类精神的历史。

二十二　埃及的宗教仪式和割礼

首先，埃及人是否承认一个至高无上的上帝？如果我们对平民百姓提出这个问题，他们将不知如何回答；如果询问学习埃及神学的年轻学生，他们会滔滔不绝地谈论一番，但不知所云；如果问到毕达哥拉斯、柏拉图、普鲁塔克等人曾经参考过其著作的某个智者，他就会明确地说，他只崇拜一个上帝。他的根据可能就是伊西斯雕像上的古老的题词："我是如是"以及另一题词："我是曾是和将是。任何人均不能揭开我的面纱。"[②]他可能提醒人们注意孟菲斯神庙大门上的球体，该球体代表神性的唯一性，这种唯一性称为"克内夫"(knef)。在埃及，最神圣的名字是希伯来人所用的"伊哈荷"(I ha ho)。这个名字有各种念法；但亚历山大城的克莱门在其

---

① 千年王国，又译千禧年，基督教教义认为在世界末日来临之前，基督将亲自为王治理世界一千年，出现太平盛世。——译者

② 在《圣经·旧约》希伯来文本中，上帝的名字以 4 个辅音字母 JHVH 表示，含义为"我(现在)是"或"我(将来)是"。上帝曾对摩西说，他的名字是"我现在是，将来是"。中文译为"我是自有永有的"。——译者

所著《斯特洛玛特》一书中说，进入塞拉比①神庙的人，身上必须挂着“伊哈荷”或“伊哈胡”(I ha hou)这块名牌，其意为“永恒的上帝”。阿拉伯人只记住“胡”这个音节。这个音节最后为土耳其人 81
所用，而且在发“胡”这个音时，比说“安拉”更为恭敬，他们在谈话时使用“安拉”，在祈祷时才使用“胡”。

顺便一提，土耳其〔驻法〕大使塞义德·阿凡提在观看巴黎上演的〔莫里哀喜剧〕《醉心贵族的小市民》时，看到这位小市民扮作土耳其人出现于滑稽可笑的场面，还听到剧中人说出神圣的“胡”这个称呼，带有嘲弄口气和做出夸张的姿势，他认为这样开玩笑是最恶劣的亵渎神明的行为。

让我们回到本题。埃及的祭司们是否饲养神牛、神犬、神鳄？是的。而罗马人同样也有他们的神鹅。罗马人有各种神：敬神的善男信女除了宅神、灶神之外，还有破椅子神和屁神。难道他们会因此不承认最高的神——诸神之主和人类之主吗？有哪个国家不是迷信者众而明智者寡呢？

对于埃及人和一切民族，我们应当特别注意的是，他们从来没有固定的见解，就像他们从来没有不变的法律一样，尽管人们对过去的风俗习惯总是有所留恋。只有几何学是千古不易的，其他一切都在不断变化。

学者们正在争论不休，而且将来还要争论不休。一人断言古代人都是偶像崇拜者；另一人否定此说。这个说古代人只崇拜一

① 塞拉比，亦称萨拉比斯，古埃及宗教的神灵，宗教史家认为由孟菲斯人所崇拜的阿匹斯神牛和宗教丧葬之神奥西里斯混合演化而成。——译者

个神，没有偶像；那个说古代人供奉好几个偶像，礼拜好几个神。他们全都言之有理，只是必须区别时代和人，因为时代和人都在变化。对任何事从来都不会有一致意见。当托勒密诸王和大祭司们嘲笑阿匹斯神牛时，老百姓却跪在神牛面前。

朱文纳尔[1]说埃及人敬拜葱，但没有一个历史学家这么说过。一棵神圣的葱跟一个葱神有很大的区别；人并不是对一切放在祭台上、供献于祭台上的东西都顶礼膜拜的。我们从西塞罗的作品
82 中看到，人类虽然有着各种迷信，但还没有迷信到把他们的神吃下去的地步；这是人类唯一没有的荒谬行为。

割礼是源于埃及人、阿拉伯人，还是埃塞俄比亚人？我对此一无所知。让知道的人说一说吧！我所知道的是，古代的祭司把他们接受圣职的标记印在身上，就像以后用烙铁烙印罗马士兵的手一样。有些地方的祭司自己划破皮肤，像以后贝洛纳[2]女神的祭司那样；另一些地方的祭司，例如库贝勒女神的祭司，则阉割自己。

埃塞俄比亚人、阿拉伯人、埃及人并非根据卫生原则割掉包皮。有人说他们的包皮过长；但是，如果可以从个别人判断整个民族的话，我曾见到一个年轻的埃塞俄比亚人，生在国外，并没有割掉包皮；我可以肯定，他的包皮跟我们的完全一样。

我不知道是哪一个民族首先在宗教仪式行列中扛着区别动物雌雄标志的图像。这种仪式，今天看来猥亵下流，在从前却是神圣的。埃及人过去便有这种风俗。人们以初次的收获物祭神，向神

---

① 朱文纳尔（另译尤维纳利斯，约 60—约 127），古罗马讽刺诗人。——译者

② 贝洛纳，罗马神话中司战争的女神。——译者

供献最珍贵的东西。因此，祭司们把生殖器官的一小部分供献给创造万物的神，似乎也是很自然、很正当的举动。埃塞俄比亚人、阿拉伯人也对他们的女孩子施行割礼，即割掉一小部分阴唇。这
表明，健康和洁净都不能成为这种仪式的理由，因为一个没有接受 83
割礼的女孩肯定可以跟一个行过割礼的女孩同样洁净。

既然埃及的祭司们要做这种手术，他们的入教者也应是这样，但久而久之，这种特殊标记就完全归祭司们专有。人们没见过有哪个托勒密行割礼；罗马作家也从来没有用他们称呼犹太人的阿佩拉[①]这个名字来侮辱埃及人。犹太人从埃及人那里学来了割礼和一部分宗教仪式。他们和阿拉伯人、埃塞俄比亚人一样，一直保留着割礼。土耳其人也奉行割礼，虽然《古兰经》无此规定。这只是一种起源于迷信、然后因袭保存下来的古老风俗而已。

二十三　埃及人的秘仪

从幼发拉底河到台伯河，人们如此虔诚遵奉的这些秘仪，我不知道是哪个民族首先发明的。埃及人没有说伊西斯秘仪的创始者是什么人。人们认为琐罗亚斯德在波斯，卡德谟斯[②]和伊纳库斯[③]在希腊，奥菲士[④]在色雷斯，米诺斯在克里特，都创立了秘仪。的

① 影射贺拉斯的讽刺诗中“相信犹太人阿佩拉”这一诗句。——原编者（阿佩拉是一个被释放的犹太奴隶的名字。——译者）

② 卡德谟斯，腓尼基人，传说他是提佛城的建造者，并把腓尼基字母引入希腊。——译者

③ 伊纳库斯，传说中希腊阿哥斯城的第一个国王。——译者

④ 奥菲士，色雷斯国王，古代大音乐家。——译者

确，所有这些秘仪都宣告有一种属于未来的生活。塞尔索[①]曾对基督教徒们说："你们吹嘘相信'地狱永罚'；各个秘仪的所有祭司不也都向入教者宣布'地狱永罚'吗？"

希腊人从埃及人那里学来了许多东西：他们把埃及人的塔尔
84 塔罗(Tartaroth)变成塔尔塔尔(Tartare)，即"地狱之底"；把湖变为阿凯龙(Acthèron)，即"冥河"；把船夫卡隆[②]变为渡亡灵者。希腊人著名的埃勒西娜秘仪是根据伊西斯秘仪建立的，但是任何人都不能断言琐罗亚斯德的秘仪不是出现在埃及人的秘仪之前。两者都极其古老，而所有谈到这个问题的希腊作者和拉丁作者都对此表示同意，关于上帝的唯一性，灵魂不灭，死后的奖惩都是在这些神圣的仪式中宣布的内容。

很可能埃及人一旦建立了这些秘仪，便将其礼拜仪式保留下来。因为，尽管埃及人生性轻浮，他们在迷信方面却是始终一贯的。我们在阿普列尤斯的作品中看到的卢西乌斯参加伊西斯秘仪时的如下祷文，可能便是最古老的祷文：

> 苍天为你效劳，地狱向你屈服，宇宙在你手中旋转，地狱之底受你践踏，星辰回答你的召唤，四时奉你命令归来，万物服从你的支配，……

埃及人尽管有种种叫人看不惯的迷信行为，却承认上帝的唯一性，关于这一点，还能找到比这更有力的证明吗？

---

① 塞尔索，公元2世纪罗马帝国新柏拉图主义反基督教哲学家。——译者

② 卡隆，希腊神话中的冥河摆渡者。他把死者的灵魂渡过蜿蜒曲折的冥河，到达冥界，向每个死者收一枚硬币，由此产生让死者口中衔一硬币入殓的习俗。——译者

二十四　希腊人；古代洪水；希腊字母和希腊人的天才

希腊是一个多山小国，其国土一部分为海水分割，面积约等于大不列颠岛。一切都证明这块地方曾经经历过各种地理变迁。周 85
围的岛屿，暗礁密布，海水不深，海底有水草、树根，充分说明这些岛屿原与大陆相连。埃维厄湾、卡尔西斯湾、阿哥斯湾、科林斯湾、阿克蒂奥姆湾、梅塞尼亚湾，清楚地表明海水曾从陆地穿过。在那包括著名的坦佩山谷在内的群山上，海贝俯拾即是，这是古代海水漫及陆地的证明。曾经成为那么多神话题材的〔提佛国王〕奥吉杰斯以及杜卡利戎时代的大洪水，确是历史事实。甚至可能正是这大洪水使希腊人成为一个相当晚近的民族。当亚洲国家和埃及欣欣向荣之时，这些巨大的地理变迁使希腊人重新沦于蛮荒时代。

神话故事中说，挪亚的三个儿子作为地球上仅有的居民平分了整个世界；他们到彼此相距二三千法里的地方去建立强大帝国；挪亚的孙子雅完经过意大利去希腊，使希腊人口增多；从此希腊人称为爱奥尼亚人，因为爱奥[①]殖民于小亚细亚海滨；把字母变一变，这个爱奥显然便是雅完。如是云云，我要让比我学识渊博的人去证明。这些故事说给小孩听，小孩也不会相信。

　　孩童也不会轻信，

① 爱奥，神话中希腊山神赫伦之孙（赫伦是杜卡利戎之子），被认为是爱奥尼亚人的祖先。——译者

除非未洗礼的幼儿。

朱文纳尔:《讽诗集》,第 2 卷,153

奥吉杰斯时代的大洪水通常认为是发生于第一个四年纪[1]前1020 年。第一次谈到这次大洪水的是阿库西拉乌斯,阿非利加的朱尔曾加以引证。请看尤西比乌《福音的准备》一书。据书中说,希腊在遭受海水漫侵 200 年后,几乎成为荒无人烟的地方。有人说,那时在西西奥纳[2]和阿哥斯已建立了政府,甚至还举出这些小
86 省份的官员的名称,叫做巴齐莱伊斯,相当于诸侯。我们还是不要浪费时间去探究这些无聊的谬说吧。

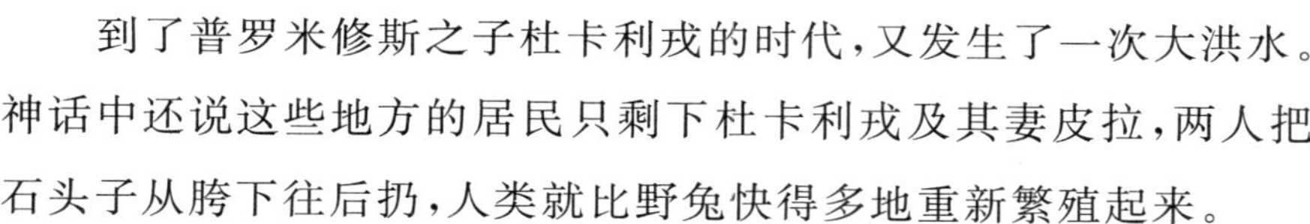

到了普罗米修斯之子杜卡利戎的时代,又发生了一次大洪水。神话中还说这些地方的居民只剩下杜卡利戎及其妻皮拉,两人把石头子从胯下往后扔,人类就比野兔快得多地重新繁殖起来。

按照像耶稣会教士佩托那样的、其睿智足以洞察一切的人士的说法,仅仅挪亚的一个儿子就繁生了一个种族,这一种族经过285 年,人口达到 6236.12 亿人[3],这种算法太叫人难以相信了。我们现在也实在可怜,26 对夫妇中,通常只有 4 对夫妇有几个儿子成为父亲,这是根据我们的最大城市的人口统计计算出来的。1000 个同年出生的小孩中,20 年后,所余不足 600。然而佩托之流大笔一挥便造出无数的小孩。在某些人笔下,杜卡利戎和皮拉

① 古希腊以两次奥林匹亚竞技之间的四年为一个四年纪,第一个四年纪从公元前 776 年起,最后一个为公元 392—396 年。——译者

② 西西奥纳,古希腊伯罗奔尼撒半岛上的城市。——译者

③ 原编者注中附有佩托的“人类繁衍表”(Diagramma propagationis hominum)说一个种族经过 285 年,人口总数达到 623612358728 人。——译者

扔些石头子便使希腊如此人丁兴旺。所有这些,我们还是不要相信为好。

我们知道,希腊是神话之国,几乎每个神话都产生一种偶像崇拜,一座庙宇,一个公共节日。那么多的著作家写了那么多的鸿篇巨著,他们是否想证明:为纪念某一事件而订出一个公共节日,就说明该事件是真实的?这是多么荒唐绝顶的想法!难道因为有人在一座庙宇里庆祝巴克斯从朱比特的大腿间生出来,朱比特就真的曾经把巴克斯保存在大腿间?难道因为彼奥提亚人曾经在他们的宗教仪式中纪念卡德穆斯和他的妻子变成蛇,卡德穆斯和他的妻子在彼奥提亚[①]就真的变成了蛇?在罗马修建的卡斯托和波吕 87
克斯的神殿是否就表明这两个神曾经帮罗马人打仗呢?

当您看到一个古老的节日,一座古代的庙宇时,您应当确信,这些都是谬误的产物。这种谬误经过二三百年,便流传于世,最后成为神圣的东西,于是人们凭借空想建起各种神庙。

相反,在各个历史时期,总是最崇高的真理信者寥寥;最伟大的人物死无荣光。泰米斯托克利[②]、西蒙[③]、米泰亚德[④]、阿里斯泰德[⑤]、福西戎[⑥]这样的人遭到迫害,而柏修斯、巴克斯以及其他虚构的人物却都有神殿。

一个民族从不利于自己的角度论述自己,如果带有真实性,且

---

① 彼奥提亚,古希腊地名,其首府为提佛。——译者

② 泰米斯托克利(前 525—前 460),雅典政治家及将军。——译者

③ 西蒙(前约 512—前约 449),雅典将军。亦译客蒙,西门。——译者

④ 米泰亚德(约前 554—前 489),雅典将军。——译者

⑤ 阿里斯泰德(前约 530—前约 468),雅典将军及政治家。——译者

⑥ 福西戎(前约 400—前 317),雅典将军。——译者

毫不违反自然的常序，那便是可以相信的。

过去散居于极其贫瘠的土地上的雅典人自己告诉我们，一个被赶出国外的名叫塞克罗普斯的埃及人曾为雅典人建立了初具规模的制度。这似乎是怪事，因为埃及人不是航海者；不过也可能是周游各国的腓尼基人把这个塞克罗普斯带到阿提卡[①]的。可以肯定的是，希腊人没有采用埃及字母，希腊字母与埃及字母毫不相似。腓尼基人给希腊人带来了第一个字母表，当时只有 16 个字母，同现在的希腊字母一样。腓尼基人后来增加了 8 个，希腊人也采用了。

我把字母表视为一个国家的无可争议的纪念碑，一个民族就是从这里汲取最初的知识的。很可能这些腓尼基人还开采过阿提卡的银矿，就像他们开采西班牙的银矿一样。一些商人成了希腊人的首批教师，而希腊人以后又教育了其他那么多民族。

88 希腊人好像生来就有比其他民族更利于从事艺术的感官，虽然他们在奥吉杰斯时代还是个蛮族。他们有一种天生的、一种无以名状的更细腻、更敏锐的气质，他们的语言便是一个证明：在他们学会书写之前，他们的语言中便有软辅音与元音的和谐配合，这是亚洲任何民族从来没有的。

据桑科尼雅松说，“克纳特”(Knath)指的是腓尼基人，这个词当然没有“赫伦”(Hellen)或“格莱戈斯”(Graicos)[②]那么音调和

---

① 阿提卡，古希腊地区名，其首府为雅典。——译者

② 赫伦，据希腊神话说，是弗里亚(埃维亚湾北端)国王、普罗米修斯的孙子，希腊人的祖先。古希腊人亦称赫伦人(Hellenes)，包括多里安人、爱奥尼亚人和亚该亚人。法语 Grèce(希腊)一词来源于意大利语，是古代居住在今希腊西北部和阿尔巴尼亚南部的另一部落名。此部族名来源于印欧语系的 Gra，意大利语变为 Graecus(法语译音为 Graicos)，后用来指整个希腊国家。——译者

谐；“阿哥斯”、“雅典”、“拉栖第梦”、“奥林匹亚”比“勒赫博特”更为悦耳；“索菲亚”（意为“智慧”）比古叙利亚语和希伯来语的“肖克马特”语音柔和些。“巴赛勒斯”（意为“首领”）比“麦尔克”或“夏克”好听。您可以把阿伽门农、迪奥梅德①、伊多梅内②这些名字跟玛尔多肯帕德、西莫尔达克、索哈斯都克、尼里卡索拉赫萨尔这些名字比较一下。约瑟夫斯本人在他的《驳阿皮戎演说集》一书中承认，希腊人不会发耶路撒冷（Jerusalem）这个词的不纯正的音，因为犹太人念成“赫夏拉伊姆”（Hershalaim）。一个雅典人要是这样念，就会觉得刺耳，于是希腊人把赫夏拉伊姆改为耶路撒冷。

希腊人把古叙利亚语、波斯语、埃及语的所有读音难听的名词都加以改变。把“柯雷施”改为“居鲁士”，把“伊谢特”和“奥希雷特”改为“伊西斯”和“奥西里斯”，把“莫普赫”改为“孟菲斯”，而且最后使蛮族人习惯于跟他们一样发音，因而到了托勒密诸王的时代，埃及的城市和神祇的名称都希腊化了。

印度河和恒河的名称是希腊人起的。在婆罗门的语言中恒河叫作“山努比”，印度河叫作“松巴迪波”，这些都是《吠陀》中的古名。

希腊人在扩张至小亚细亚海岸的同时，给那里带去了吹奏乐 89
队。他们的荷马可能诞生于士麦那③。

美丽的建筑，精美的雕刻、绘画，优美的音乐，真正的诗歌，真

① 迪奥梅德，传说为色雷斯国王，以残暴著称。——译者

② 伊多梅内，克里特国王。——译者

③ 士麦那，古希腊地名，今土耳其的伊兹密尔。——译者

正的雄辩术，正确编写历史的方法，最后是哲学本身——虽然还不完善且晦涩难解——，所有这一切，都是由希腊人传至各国的。后来者居上，他们在一切方面都比老师强。

埃及的美丽塑像从来都是出于希腊人之手。叙利亚的巴勒贝克，阿拉伯的帕尔米尔，古代都城中这些均匀整齐、富丽堂皇的宫殿、庙宇，都是所在国家的君主请希腊的艺术家修建起来的。

前已说过，现在人们在波斯人建造的波斯波利斯城的废墟中见到的是野蛮行为的残迹，而巴勒贝克和帕尔米尔的宏伟建筑物，尽管剩下的只是断垣残壁，至今仍不失为建筑史上的杰作。

二十五　希腊的立法者；米诺斯；奥菲士；灵魂不灭

一些撰史者反复叙述马拉松[①]之战，萨拉米[②]之战，这些都是人们相当熟悉的伟大战役；另一些人则反复讲到挪亚的一个名叫塞蒂姆的孙子当了马其顿国王，因为《马加比传》[③]第1卷中说，亚历山大出生于基提的国家[④]。这些，且让他们去说，我要谈的是另一些问题。

---

① 马拉松，阿提卡的村庄。公元前490年，雅典将军米泰亚德率雅典人在此战胜波斯人。——译者

② 萨拉米，希腊岛屿。公元前480年，泰米斯托克利率领希腊舰队在此战胜波斯国王薛亚斯的军队。——译者

③ 《马加比传》，《圣经·次经》的一部分，分上下卷，叙述马加比兄弟三人相继率领犹太人反抗叙利亚占领者的故事。——译者

④ 据《圣经·创世记》说，基提的国家是塞蒂姆统治的国家，即马其顿。——译者

〔克里特国王〕米诺斯的生活年代跟我们所说的摩西的生活年代大致相同，因此阿弗朗什的主教、博学者雨埃错误地认为生在克里特岛的米诺斯跟生在埃及边境的摩西是同一个人。这种说法是荒谬的，没有人赞同。

我这里所谈论的不是希腊神话。毋庸置疑，米诺斯是一个掌 90
权立法的国王。根据英国人发现的古代最珍贵的文物、著名的帕罗斯[①]大理石的记载，米诺斯生于公元前约1480年。荷马在《奥德赛》中称之为智者、上帝的知心朋友。弗拉维·约瑟夫斯企图以米诺斯及其他自认为或自称为得到上帝启示的立法者为例，来说明摩西也是得到上帝启示的。然而这种说法出自于一个犹太人，是颇为奇怪的，因为犹太人只知道有自己的神。犹太人除非跟他们的老师罗马人和古代民族一样也承认其他民族所有的神，是不应接受别的神的。

米诺斯肯定是个极其严厉的立法者，因为人们想象他死后在冥府审判亡灵；显然，对阴司地府的信仰，当时在亚洲和欧洲相当广大地区业已广泛流传。

奥菲士跟米诺斯一样也是确有其人。诚然，帕罗斯大理石中并未提到他，这可能是因为他并非生在希腊本土，而是生在色雷斯。某些人根据西塞罗的《论神的本质》中的一段话而怀疑奥菲士的存在。书中对话者之一柯塔说亚里士多德不相信希腊人中有这个奥菲士，但在我们现有的亚里士多德著作中，并未谈到这一点。

① 帕罗斯，希腊基克拉迪斯群岛中的一个岛，古时盛产大理石。英国元帅艾伦德尔伯爵从帕罗斯运回著名的石刻编年史，称帕罗斯大理石。——译者

柯塔的看法也不等于西塞罗的看法。有成百个古代作者谈到奥菲士;许多秘宗以奥菲士为名,足以证明奥菲士的存在。希腊最严谨的作家波萨尼亚斯[①]说,比起荷马的诗来,人们在宗教典礼中更喜
91 欢唱奥菲士的诗,荷马是在奥菲士之后很久才出世的。我们知道,奥菲士并未下地狱,但这一神话本身证明了地狱是古代神学的一个重要内容。

关于人死亡后的灵魂——空虚缥缈的灵魂、肉体的影子、魂魄、轻盈的气息、人所不知的灵魂、不可理解但确实存在的灵魂——永远不灭的模糊看法,以及相信阴间的赏罚报应,这些在整个希腊,在各个岛屿,在亚洲,在埃及,都为人们所接受。

似乎只有犹太人对这一奥义毫无所知。他们的经书对此只字未提,看到的只是世俗的赏罚。《圣经·出埃及记》〔第 20 章〕中说:"当孝敬父母,使你的日子,在耶和华你神所赐你的土地上,得以长久。"《真德经》(第 11 门)说:"尊敬你的父母,你才能与天配称。"

莎士比亚的评注者、又是《摩西的神圣使命》的作者〔英国主教〕渥尔伯腾在《摩西的神圣使命》中屡次指出,摩西从未提到灵魂不灭;他甚至断言,在神权政治中,这一教条毫无必要。全体安立甘会教士[②]反对他的大部分意见,特别是反对他在过于卖弄的文章中发表这些见解时的狂妄态度。但是在这个精通神学的教会中所有神学家都承认,《摩西五经》并没有规定灵魂不灭这一教条。这一点的确是再清楚不过的了。

① 波萨尼亚斯,公元 2 世纪希腊地理学家和历史学家。——译者

② 安立甘会,各国基督教新教圣公会的统称。在英格兰圣公会是国教。——译者

伟大的阿尔诺[1]，一个在各方面高出渥尔伯腾的人，在渥尔伯腾之前很久，便在他为波尔—罗耶尔教派[2]所作的杰出的辩护书 92
中说过："《旧约》中的种种许诺仅适用于世俗和人间；犹太人崇拜上帝只是为了肉身之利益。怀疑这一极其普通的并为一切神父所承认的真理，就是极端无知。"

有的人反驳说，如果波斯人、阿拉伯人、叙利亚人、印度人、希腊人都相信灵魂不灭、灵魂转世、赏罚报应、生死轮回，那么希伯来人也会同样相信这些；如果古代所有的立法者都曾经根据这些教条制订出明智的律法，那么摩西也完全可以同样加以利用；如果摩西不知道这些有益的教条，那么他就不配领导一个民族；如果他知道而加以隐讳，那就更不配充当首领。

对于这些论点，有人回答说：摩西是上帝的喉舌，上帝愿意容忍犹太人的粗俗无礼。这里我们不去探讨这个棘手的问题，凡属有关神明之事，我始终是恭敬唯谨。我要继续研究人类的历史。

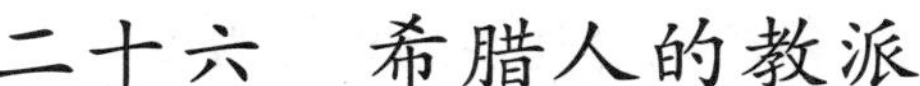

二十六　希腊人的教派

似乎埃及人、波斯人、迦勒底人、印度人都只有一个哲学派别。所有这些民族的祭司全都属于一个特殊的族类，因此，人们所称的智慧之物，只能归这一族类所有。他们的语言是神圣的，是人民所

① 阿尔诺(1612—1694)，巴黎大学神学家，被称为"伟大的阿尔诺"，支持扬逊教派反对耶稣会。——译者

② 波尔—罗耶尔是巴黎一所修道院的名称，扬逊教派荟萃之所。其中有阿尔诺、尼科尔、朗亚诺等，称波尔—罗耶尔教派。——译者

不知晓的，因此科学知识只能掌握在他们手中。但是在较为自由、较为幸福的希腊，理性之路向所有的人开放，每个人都可以充分发挥自己的才思，正因如此，才使得希腊人成为世上最有创造才能的
93 人。今天的英国人就是这样才成为最开明的民族，因为在英国，人们可以自由地思想。

斯多噶主义者主张有一种存在于全世界的普遍的灵魂，一切有生之物的灵魂都包含在这一普遍的灵魂之中。伊壁鸠鲁学派否认有灵魂，而只考虑物质的要素；他们认定神是不参与人事的，这样一来，伊壁鸠鲁学派不去打扰诸神，人们也就不去打扰伊壁鸠鲁学派了。

从泰勒斯直至柏拉图和亚里士多德时代，各个学派展开了哲学方面的论战，展示出人类精神的明敏与狂乱，伟大与虚弱。他们争论不已，从未趋于一致，就像我们从 13 世纪开始论辩以来的情形一样。

柏拉图是赫赫有名的，这并不使我惊讶。所有的哲学家都是不可理解的，他也一样，不过他表达得更为雄辩。但是如果柏拉图今天出现在一群有健全理智的人面前，对他们发表《对话集・蒂迈欧篇》中如下的一段高论，他将得到什么样的效果呢？

> “上帝以不可分之物质与可分之物质组成介乎两者之间的、具有同种特性与另种特性之第三种物质；继而将（这三种特）性混合成为单一形式，并强使灵魂之特性与同种之特性相混合；在将这些特性与物质混合起来并以这三者构成一个实体之后，上帝将该实体分为适当的若干部分：每一部分均由同种特性与另种特性混合而成；于是上帝对物质进行分割”。

接着，柏拉图以同样清晰的语言解释了毕达哥拉斯的四元数。应当承认，读过洛克的《人类理解论》的有理性的人是会请求柏拉图去向洛克求教的。

这位杰出的柏拉图，尽管文字艰涩难懂，但其作品中仍然不时 94
出现一些极其精辟的思想。希腊人才思横溢，乃至滥用聪明；然而使他们享有莫大光荣的，是他们的政府从来不束缚人们的思想。只有苏格拉底，业已证实因言论罪而丧生，但这不是由于其言论本身所致，而是有一个激烈反对他的派别使他成为受害者。雅典人确曾逼他饮毒芹酒自尽，但是我们知道，他们对此是如何后悔。我们知道，雅典人惩处了告发的人，为被处死的苏格拉底建立了神殿。雅典不仅给哲学而且给一切宗教以完全的自由。它接受一切异族的神，甚至建造了一座无名天神祭坛。

毫无疑问，希腊人像我们前面说过的一切民族一样，承认一个至高无上的上帝。他们的宙斯，他们的朱比特，是众神和世人之主。这一观点自奥菲士以来始终不变。在荷马著作中可以千百次找到：所有其他的神都是属下。我们可以把这些神祇跟波斯的佩里斯[①]、跟其他东方民族的妖精相比较。除斯特拉东学派[②]和伊壁鸠鲁学派外，所有的希腊哲学家都承认“巨匠造物主”德米乌戈斯(Demiourgos)[③]。

人类理性初开时，人们膜拜认为是凌驾于普通能力之上的某

① 佩里斯，波斯神话中的妖精、仙女。——译者

② 斯特拉东(？—约前270)，古希腊物理学家，逍遥主义者。——译者

③ “巨匠造物主”Demiourgos，柏拉图《蒂迈欧篇》中所载的世界创造者。——译者

种力量，某种物，或者是太阳，或者是月亮、星辰；人类理性发达时，尽管有各种谬误，人们膜拜万物之主、众神之神的至高无上的上帝；一切开化民族，从印度到欧洲各地，尽管若干哲学派别意见相左，一般都相信来世转生。对于这一重要历史事实，我们不必害怕强调得太过分。

二十七 扎勒库斯和其他几个立法者

95 扎勒库斯生活在毕达哥拉斯之前，是洛克里德人的第一个司法官。我敢在此冒犯一切道学家和立法者的尊严，问问他们，有谁说过比〔下面所引的〕扎勒库斯法典的语言更为高尚、更为有教益的话？

> 每个公民应相信神的存在。只需观察宇宙之秩序与和谐，便可确信宇宙的形成，并非出于偶然。公民应制驭其心志，纯洁其灵魂，摒除一切邪念，深信恶人不得侍奉上帝，而上帝也不似卑劣之辈会为华丽的祭礼与豪奢的供献物所动。唯有崇高道德与笃志为善，方能博取上帝欢心。立身行事应力求公平正直，如是方能为神明所器重。畏惧丧失廉耻应甚于畏惧贫穷。为公理正义而抛弃财产者，应视为最优秀的公民；凡为强烈的欲念所驱使而为非作歹者，不论男人、女人、公民、普通百姓，应受到告诫：毋忘上帝的存在，并常思及上帝对有罪者的严厉审判。应知芸芸众生，皆有注定死亡之日，此日如在眼前，届时回首往昔的过错，将受到良心的责备，对自己一切不公正行为将悔之莫及。

> 因此，每个人处事为人应当时时刻刻犹如处于生命弥留之际。但若有恶魔诱使作出坏事，则应奔赴祭坛，祈求上帝使恶魔远离自身，尤应投身于善良人的怀抱。善良者的规劝即代表上帝的仁慈与报应，会使之改过从善。

可以说，在整个古代，没有任何言论比扎勒库斯的这段话更受欢迎。它是朴实而崇高的，是受理性和道德支配的，这里没有狂热，也没有为一般理性所不能接受的硕大无朋的形象。

扎勒库斯以后的加龙达[①]也曾经表述了同样的见解。柏拉 96
图、西塞罗、非凡的安敦尼诸帝所说的也不外乎此。那个不幸抛弃了基督教而改宗自然教的尤利安[②]，虽成为我们基督教的耻辱、但却为罗马帝国增光的尤利安，在许多场合所表示的看法，也是如此。

尤利安说："对于无知的人应当教育，而不应当惩罚；应当同情，而不应当憎恨。帝王之天职在于效法上帝；效法上帝，就是在需求方面尽量克己，尽可能多做善事。"因此，鄙薄古人者应学习了解古人；他们不应把贤明的立法者与神话叙述者混为一谈；他们应把贤明官吏的法律跟百姓可笑的习俗加以区别；他们不应说："既然有人发明迷信的仪式，散布伪造的神谕和神迹，那么，容忍这些现象的罗马和希腊官员便都是受骗的盲人，同时又是诓人的骗子。"这样岂不等于说："中国有和尚欺骗百姓，所以孔子是个无耻的骗子！"

在我们这样开明的时代，有一些无知的人常常攻击本应效法

① 加龙达(1536—1617)，法国诗人，法学家。——译者

② 尤利安(361—363 年在位)，罗马帝国皇帝。——译者

而不应加以诬蔑的贤人，我们应当为此感到羞愧。难道这些人不知道，在任何国家，平民百姓总是愚昧、迷信和缺乏理智的！在大法官洛比塔尔、夏龙[①]、蒙太涅、拉莫特·勒韦埃[②]、笛卡尔、培尔、丰特奈尔[③]、孟德斯鸠的祖国，不是有扬逊派痉挛者[④]狂热信徒吗？在有幸诞生了大法官培根、诞生了牛顿和洛克这些不朽天才和无数伟人的国家，不是也有〔基督教〕卫理公会教徒摩拉维亚弟兄会[⑤]信徒、千禧年会[⑥]教徒和各色各样的狂热信徒吗？

二十八　巴克斯

97 希腊神话中除了那些明显地有寓意性质的，如关于缪斯女神[⑦]、维纳斯、美惠三女神[⑧]、爱神、风神、花神的以及这一类的神话之外，其他都是一些编造的故事。除供奥维德和基诺[⑨]写作美丽的诗句，和让我们最优秀的画家练习彩笔，别无可取之处。但其中

---

① 夏龙(1541—1603)，法国伦理学家。——译者

② 拉莫特·勒韦埃(1588—1677)，法国作家和哲学家。——译者

③ 丰特奈尔(1657—1757)，法国作家。——译者

④ 法国18世纪狂热的扬逊派教徒，曾在巴黎帕里斯神父墓前疯狂痉挛以表示出现神迹。——译者

⑤ 摩拉维亚弟兄会，基督教胡斯派后继者的组织，前身为波希米亚弟兄会，1548年前后改以摩拉维亚为中心，称摩拉维亚弟兄会。——译者

⑥ 或称“锡利亚教派”(chiliasme)，相信基督教神学末世论学说的教派之一。5世纪后渐衰，16世纪后又有所复兴。——译者

⑦ 缪斯女神，指希腊神话的九个文艺女神，分司历史、音乐与诗歌、喜剧、悲剧、舞蹈、抒情诗、天文、颂歌、史诗。——译者

⑧ 美惠三女神：希腊神话中司美丽、温雅、欢乐的三女神。——译者

⑨ 基诺(1635—1688)，法国诗人。——译者

有一个神话值得古代文化研究者注意，这就是关于巴克斯的神话。

这个巴克斯，或称巴克、巴科斯、迪奥尼西奥斯、上帝之子，是个真的人吗？那么多民族都谈到他，就跟谈到海格立斯一样。人们为这么多各不相同的海格立斯和巴克斯举行祭祀仪式，故不妨设想确实存在一个巴克斯，也存在一个海格立斯。

无可置疑，在埃及、亚洲和希腊，巴克斯和海格立斯被承认为半神，人们庆祝其节日，说他们创造了神迹。在有犹太经书出现之前，便建立了以巴克斯为名的秘宗。

我们知道，犹太人是在大约公元前 230 年的托勒密·菲拉德尔夫[①]时代，才把他的经书传给外人的。然而，在这之前，东方和西方都已有巴克斯狂欢节。那些据说是古代的奥菲士所写的诗句就是讴歌这个半神的战功和德政的。他的历史如此悠久，以致教会经师们认为巴克斯就是挪亚，因为巴克斯和挪亚都种过葡萄。

希罗多德曾引述古代人的看法，认为巴克斯是在埃塞俄比亚的尼斯城长大的，说另外有些人则认为巴克斯生于福地阿拉伯。奥菲
士的诗称他为米塞斯。雨埃研究了巴克斯的历史，说他是从一只 98
水箱中被人救出；为纪念这件事人们称他米塞姆；说他得到了神所传授的奥秘；说他有一根魔杖，可以随心所欲变成毒蛇；说他徒涉红海而脚不湿，就像以后海格立斯坐在金杯[②]中横渡卡尔佩海峡[③]

① 托勒密·菲拉德尔夫（前 308—前 246），即埃及国王托勒密二世，前 283/前 282—前 246 年在位。——译者

② 据狄奥多尔说，太阳神借给海格立斯一只金杯，使其渡过海洋，过后他又将金杯还给太阳神。——译者

③ 卡尔佩海峡，即今直布罗陀海峡。——译者

和阿比拉海峡一样；说当他远征印度时，他和他的军队夜间也见到太阳；说他用魔杖点一点奥龙特斯河和希达普斯河的河水，河水便给他让路；说他甚至可以停止日月的运行；说他把他所订的律法刻在两块石板上。古时人们把他画成头上长角、头顶光芒四射的神。

后来，又有几位属于我们的时代的博学多才之士，特别是博夏尔和雨埃，说巴克斯是按照摩西和约书亚的模样设想出来的人物，这是不足为奇的。各种情况都有助于说明他们彼此相似：埃及人称巴克斯为阿尔萨夫，而经师们给摩西起的名字中有一个就叫做奥萨西夫。

两人的历史在各方面都很相似。也许摩西的历史是真实的，而巴克斯的历史则是神话；但这个神话似乎早为各民族所熟知，而摩西的历史则在很久以后才传到各民族。在罗马皇帝奥雷连[①]时代的隆生[②]以前，希腊作者中没有人提到摩西，但全都对巴克斯称颂不已。

希腊人不可能从犹太人的律书中得到巴克斯这个概念，这看
99 来是无可怀疑的，因为希腊人没听说过有这本书，对它一无所知。
而这本书甚至在犹太人中也如此罕见，以至在约西雅斯[③]国王的朝代，也只有一本孤本。此书在犹太人作为奴隶被迁徙至迦勒底和亚洲其他地方时，几乎全部散佚，到雅典和希腊的其他共和国强

① 奥雷连，270—275年在位。——译者

② 隆生，亦译为“朗吉努斯”（约220—273），希腊演说家，《论崇高》的作者，在该书第9章中不指名地把摩西称为“犹太人的立法者”。——译者

③ 约西雅斯（约西亚），《圣经·旧约》所载犹太国王，约公元前640—约609年在位。——译者

盛时期，才由以斯拉[1]整理出来，这时巴克斯秘宗已经建立。

可见，在求实精神尚未使任何民族——犹太人不在此列——了解摩西生平之前，上帝已容许说谎者把有关巴克斯的谬说传播到许多国家。

学识渊博的阿弗朗什主教雨埃有鉴于这种惊人的相似，便毫不犹豫地宣称，摩西不仅就是巴克斯，而且就是埃及人的托特和奥西里斯。雨埃甚至把相反的东西连在一起，说摩西还是埃及人的提封；就是说，在埃及，他被人认为既是善的本原，又是恶的本原；既是保护者，又是敌人；既是神，又是鬼。

这位学识渊博的人认为，摩西与琐罗亚斯德是同一人。他是埃斯库拉普[2]、安菲戎[3]、阿波罗、福努斯[4]、雅努斯[5]、柏修斯、罗慕洛、韦尔蒂姆纳[6]，最后，他还是阿多尼斯[7]和普里亚普。说摩西就是阿多尼斯的根据是因为维吉尔说过这样的话："俊秀的阿多尼斯放牧过羊群。"（《牧歌集》第 10 章，第 18 行）而摩西在靠近阿拉伯的地方也放过羊。至于说摩西就是普里亚普的证据那就更妙，是因为人们有时以驴子代表普里亚普，而犹太人则被认为是崇拜驴 100

① 以斯拉，公元前 5 世纪犹太祭司。据《圣经・以斯拉记》记载，他从巴比伦王国把被俘的以色列人带回耶路撒冷，恢复了犹太教。——译者

② 埃斯库拉普，罗马、希腊神话中的医药之神。——译者

③ 安菲戎，朱比特之子，诗人及音乐家。神话说在他建筑提佛城墙时，随着他的琴声，石头自动垒起。——译者

④ 福努斯，罗马神话中保护牲畜的田野之神。——译者

⑤ 雅努斯，神话中的双面神，拉蒂奥姆最早的国王。萨图恩被朱比特逐出天庭后，得到他的款待，为了报答，萨图恩使他具有洞察过去和预见未来的能力。后世把他的像画成有两个面孔，代表两种能力。——译者

⑥ 韦尔蒂姆纳，罗马神话中的四季之神。——译者

⑦ 阿多尼斯，腓尼基的美神。——译者

子的。雨埃还提出了一个有力的证据:摩西的节杖完全可以同普里亚普的权杖相比,他说:“权杖给普里亚普,节杖给摩西。”

这些就是雨埃的称为《圣经论证》一书的内容。事实上他的“论证”并不精确。相信他在晚年应为此感到羞愧。在他撰写《论人类精神的弱点》时,应想起他的《论证》和他的不可靠的知识。

二十九 奥维德所搜集的希腊人化身变形的事例

正如我们在前面〔第 17 节〕已看到的,灵魂转世之说必然导致化身变形说。一切引人入胜、使人感到有趣的见解,都会迅即传遍所有的人。你只要使我相信我的灵魂可以进入一匹马的躯体,那么你也可以毫不费力使我相信,我的身体可以变为马。

奥维德所搜集的化身变形的实例(我们在前面已略为述及)丝毫不会使一个毕达哥拉斯信徒,一个婆罗门,一个迦勒底人,一个埃及人,感到奇怪。在古埃及,神曾变为动物。在叙利亚,代瑟多[①]变为鱼;在巴比伦,赛米拉米斯化为鸽子。犹太人在十分晚近的年代还写道,尼布甲尼撒变为牛,还有罗得[②]的妻子变为盐柱。而各种神,各种幽灵,化身为各种人,不就是虽属暂时但却是真实的化身变形吗?

---

① 代瑟多,叙利亚女神,相当于腓尼基的司牲畜繁殖的女神阿丝塔尔泰。——译者

② 罗得,《圣经》中人物,亚伯拉罕的侄儿,他的妻子在逃避毁灭所多玛城的灾难时回头一看,就变成一根盐柱。事见《创世记》第 19 章。——译者

一位尊神只有化身为人才能同我们交往。确实，朱比特曾化形为美丽的天鹅以取悦于莱达[①]，但这种情形是罕见的。在一切宗教中，当神明发布谕旨时，总是化为人形。如果神以鳄鱼或熊的 101
形状出现于我们面前，我们便〔吓得〕难以听到神的声音了。

总之，几乎到处的神都化形显现。一旦我们学会法术，我们自己便也会摇身一变。从前有不少诚实可信的人曾变为狼；“狼人”[②]一词证明我们之中也有过这类事情。

大大有助于使人对这一类嬗变和奇迹深信不疑的，就是人们无法具体地证明其不可能。如果有人对你说：“神化作一个美男子来到我家，恩赐我女儿在 9 个月后生下一个漂亮的小孩。我的兄弟竟敢怀疑此事，被变为狼，现在他正在树林里奔跳嗥叫。”你也提不出任何论据来反驳。如果“我”的女儿真的生了小孩，变为狼的人向你肯定他确实被变了形，你也无法证明这不是事实。只有把那个装神弄鬼致使小姐怀孕的年轻人诉之有司，让人侦伺这位狼人叔叔，才能掌握其诈骗的证据。但是这个家庭不会这样使家丑外扬，而会与当地祭司沆瀣一气，说你是不信教者和无知之徒。他们会说，既然一只毛虫可以变为蝴蝶，一个人也完全可以很容易地变为畜牲，而你还与之争辩，那你便会作为渎神者被告到当地的异端裁判所[③]，因为你既不相信狼人，也不相信使姑娘们肚子大

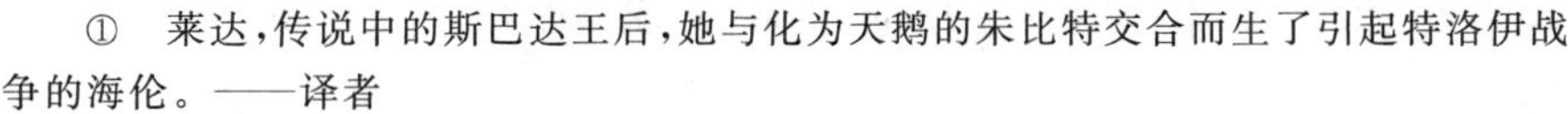

① 莱达，传说中的斯巴达王后，她与化为天鹅的朱比特交合而生了引起特洛伊战争的海伦。——译者

② 狼人，传说中夜间化身为狼的人或妖精。——译者

③ 亦译“宗教裁判所”、“宗教法庭”。天主教会侦察和审判“异端分子”的机构。建立于 1220 年，以教皇为最高首脑，裁判官由教皇任命并直接控制，不受地方教会机构和世俗政权的监督制约。1908 年教皇庇护十世把罗马最高异端裁判所改为圣职部。——译者

的神。

三十 偶像崇拜

在阅读了所有关于偶像崇拜的文章之后，我们找不到任何给人以明确概念的东西。第一个教导人们对所用的词要明确含义而不要信口乱说的似乎就是洛克。在任何古代语言中都没有跟偶像崇拜相当的词。在公元 2 世纪以前，从来没有人使用过，这是近世
102 希腊人的说法。这个词的意思是对一种形象的崇拜。这是一个贬谪性的、污辱性的字眼。从来没有一个民族具有崇拜偶像的特性；从来没有一个政府下命令把一个形象作为自然界的尊神来膜拜。古代的迦勒底人、阿拉伯人、波斯人很长时间都既无圣像，亦无庙宇。那些把太阳、星辰和火作为神明的象征来敬拜的人，怎能称为偶像崇拜者呢？他们是在敬拜他们所见之物。毫无疑问，崇拜太阳和星辰，这并非崇拜一尊由某个工匠雕琢出来的神像。他们的信仰是错误的，但这并不是偶像崇拜。

我假设埃及人真的膜拜阿努比斯神犬和阿匹斯神牛，假设他们十分愚蠢，乃至不把这狗和牛视为祭神的动物，而视为他们的伊西斯造福人类的象征，乃至相信天上的一道光使作为牺牲的这牛和狗有了生命，但显然这并非崇拜偶像，因为一头畜牲并非一个偶像。

没有疑问，人类一定是先有崇拜的对象，然后才有雕塑者，显然这些古代人是不能称为偶像崇拜者的。剩下还要弄明白的是，后来那些把塑像供奉在神殿之内让人顶礼膜拜的人是否称为偶像

崇拜者，他们的民族是否称为崇拜偶像的民族，这些在古代任何文献中肯定都是找不到答案的。

但是，即使无偶像崇拜之名，是否有崇拜偶像之实？是否有人命令他们必须相信巴比伦的那尊代表贝尔的怪形铜像就是天主、上帝和造物主？朱比特的形象是否便是朱比特本人？如果允许把我们神圣宗教的习惯同古代的习惯相比，那不是等于说我们膜拜的是长胡子的天父的图像、是一个女人和一个孩子的图像、是一只鸽子的图像吗？其实，这些都是摆在我们教堂里的象征性的装饰物，我们并不崇拜这些装饰物。这些雕像如果是木制的，一旦腐 103
烂，我们便把它烧掉而另供一个，它们只不过是提醒我们注意和引起我们想象的东西。土耳其人和基督教新教徒认为天主教徒是偶像崇拜者，但是天主教徒则不断对此种侮辱提出抗议。

人们不可能真正崇拜一尊偶像，也不可能相信这尊雕像便是至高无上的上帝。朱比特只有一个，但他的雕像却有成千个，人们设想这个会雷击电闪的朱比特住在云端，或者住在奥林匹斯山顶，或者住在以朱比特为名的行星上，可是他的那些形象不能发出霹雳，它们不在行星上，不在云端，也不在奥林匹斯山顶。所有的祷告都是向不朽的神发出的，而雕像肯定不是不朽的。

诚然，狡诈的骗子让人相信雕像曾作人言，一些迷信者也信以为真。我们那些民智未开的民族不也是千百次同样轻信不疑吗？但是在任何民族中，这种荒诞不经之说从未成为国教。可能有某个愚蠢的老太婆分不清雕像和神，但这并不能因此断言政府跟这个老太婆看法相同。官员们要求人们尊敬所崇拜的神的代表物，要求把老百姓的想象用这些可见的标志固定下来，欧洲一半地方正是这样做的。我们用老人的形象代表圣父，但我们完全知道，圣父并非老人。我们有我们所尊敬的若干圣徒的形象，但我们完全知道，这些圣徒并非圣父。

同样，我们敢这样说，古代人也不会分不清半神、神和众神之神。如果这些古代人因为神殿里有雕塑的神像便是偶像崇拜者的话，那么，半数的基督教信徒也都是偶像崇拜者了。如果基督徒不是偶像崇拜者，那么古代民族更不是了。

总而言之，在整个古代，没有一个诗人、一个哲学家、一个政治
104 家说过有人膜拜石头、大理石、青铜或木头。相反的证据却多得不可胜数。因此，人们经常谈及崇拜偶像的民族，就像经常谈到巫师术士一样，但却从来没有这样的民族。

评论家达西埃[①]断言，人们确曾崇拜〔生殖之神〕普里亚普的雕像，因为在贺拉斯笔下，这个吓人的怪物口作人言，说道："我过去是根树干，工匠拿不定主意是要雕成一尊神像还是做条矮凳，最后决定雕一个神。"这位评论家引述先知巴鲁克[②]的话来证明，在贺拉斯时代，人们把普里亚普的雕像作为一个真正的神来膜拜；他没有看到贺拉斯是嘲笑这所谓的神及其雕像的。也许他的一个女仆看到这个巨大的雕像时以为这雕像有某种神性。但可以肯定，充斥于花园中的这些用来赶鸟的木雕的普里亚普，不会被视为造物主。

据说，尽管神的律法规定不得塑造任何人像或动物像，摩西却

---

① 达西埃（1651—1722），法国哲学家，曾翻译荷马史诗《伊利亚特》和《奥德赛》。——译者

② 巴鲁克，公元前600年的先知。——译者

制造了一条铜蛇[1]，这是模仿埃及祭司迎神时扛的银蛇。但是，虽然制作这铜蛇是为了医治被真蛇咬伤的人，人们并不膜拜这铜蛇。所罗门[2]把两个小天使置于庙宇中，但人们并不把这些小天使视为神。如果在犹太人和我们的庙宇里，人们敬拜神像却不是偶像崇拜者的话，为什么对其他民族如此横加指责呢？不是我们应当宽容他们，就是他们应当责备我们，二者必居其一。

三十一　神谕

显然，人不可能预知未来，因为人不可能知道尚不存在的东西，但人可以推测一个事件，这同样也是至明之理。

您看到一支人数众多、纪律严明的部队，在一个精明干练的首 105
领指挥下，于有利的地形中前进；其对手是一个鲁莽灭裂的将领，兵员短缺，装备不良，处于不利的地形，而且您知道其一半兵丁怀有贰心，您便可以预言，这个将领必将败阵。

您看出一少年和一少女正在热恋，您观察到他们各自从父母家中出走，您预言这个女子不久将有身孕，您的推测大致不会错。一切预言归根到底就是计算可能性。因此没有一个民族没有预言，其中有的确实也实现了。历史上最著名、最灵验的预言，就是叛教者弗拉维·约瑟夫斯向韦伯芗[3]和他的儿子、战胜犹太人的

① 见《圣经·民数记》第二十一章。——译者

② 所罗门(公元前 10 世纪中叶)，以色列犹太王国国王。——译者

③ 韦伯芗(9—79)，罗马帝国皇帝，69—79 年在位。——译者

提图斯[1]所作的预言。他看到韦伯芗和提图斯受到罗马帝国东部军队的尊敬，而尼禄却为全国所憎恨，于是他为了取宠于韦伯芗，竟敢以犹太人之上帝的名义预言[2]韦伯芗父子将成为皇帝。他们果然登基即位。但是，很显然，约瑟夫斯作的这个预言不担任何风险。如果韦伯芗在觊觎帝位的过程中某一天死去，那他就无法惩罚约瑟夫斯；如果他当上了皇帝，他就要给以褒赏；而只要他还没有当上皇帝，他就一直梦寐以求。韦伯芗让人对约瑟夫斯说，如果你是先知，你就该预言约塔帕城将要失陷，免得他徒劳地守卫这个城以抵御罗马军队。约瑟夫斯答称，他确曾作过这样的预言。这并不十分令人惊异。有哪个指挥官在据守一座小小的城堡以抵御一支强大军队的围攻时，不会预言这城堡必将陷落？

不难看出，充当先知可以博取众人的尊敬，获得钱财；而众人
106 的轻信则是任何一个善于诓骗者收益的源泉。预言者无处不有，但仅以自己的名义来作预言还不够，还必须以神的名义说话。从称为“通灵者”的埃及先知到成了神的哈德良皇帝所宠信的先知乌尔庇乌斯，已有过无数的江湖骗子假传神谕愚惑世人。我们都很清楚，这些人是怎样得逞的：有时回答模棱两可，过后任意解释；有时收买仆人，刺探求卜者的遭遇。一个傻瓜听到骗子代表上帝说出他的隐私，不禁惊奇不已。

这些先知被视为洞悉过去、现在和未来，这是荷马对先知卡尔卡斯的颂扬之词。对学者万达尔及其著作的编辑者、睿智的丰特

---

① 提图斯(39—81)，罗马帝国皇帝，79—81 年在位。——译者

② 见约瑟夫斯所著书《犹太战争史》第三卷第 28 章。——伏尔泰

奈尔关于神谕的论述，我在这里不拟作任何补充。他们以敏锐的洞察力揭穿了千百年来的种种骗术。而耶稣会教士巴尔图斯反对他们的见解，用基督教的教义来为异教徒的神谕辩护，则适足以表明他的辨别能力极低，否则就是怀有恶意。宣称这个代表善良和真理的上帝会从地狱中释放魔鬼，让他们来到人间干上帝自己所不干之事，让他们发布神谕，这实在是对上帝的侮辱。

或者魔鬼所说属实，那就不能不相信魔鬼！这样上帝就是每日每时以神迹支持一切错误的宗教信仰，从而亲自把世界投诸敌人的怀抱；或者魔鬼所说是假，那么在这情况下，便是上帝放出魔鬼来欺骗普天下的人。可能从来没有比神谕之说更荒谬的了。

最著名的神谕是特尔斐神谕。起初，人们选择一些天真无邪的少女做女巫，因为她们更适于接受启示，即更适于忠实地宣讲祭司教她们说的胡言乱语。年轻的皮蒂登上一张摆在一个洞口的三
脚凳，从洞里发出一种先知的气息。神灵从一处极其凡俗的地方 107
进入皮蒂的衣裙之下。后来，自从一个美貌的皮蒂被一个伪善的信徒抢走，便用一些老太婆来干这件事。我相信，特尔斐神谕开始丧失声誉，原因正在于此。

占卜吉凶，预言未来，也属于神谕一类，而且我认为年代更为古老。因为要使神谕招来许多信徒，需要繁琐的仪式和不少时间，不能没有庙宇和祭司；而在十字街头占卜，则是最方便不过的。这一艺术可有千百种方式：人们以鸟的飞翔、羊肝、掌纹、地上画的圈圈、火、小石子以及能想出来的一切来作预言，往往只凭纯粹的狂热，没有任何规则。发明这一艺术的人是谁？是第一个碰上傻子的骗子。

大多数预言都与《列日[①]预言集》中的预言相仿。例如预言某个大人物将去世;将有沉船的灾难。如果村里的一名法官在年内死去,那么,对于这村庄来说,他便是有人业已预言其将死亡的那个大人物;假如一条渔船沉没,这便是业已预言的船难。不管这些预言是否实现,《列日预言集》的作者都有办法应付。因为,如果某种事件对这些预言有利,那就证明他料事如神;如果事情与预言相反,他可以把预言应用于其他任何事上,寓意的方法可以使之摆脱困境。

《列日预言集》曾说有一个民族会自北方来,将毁灭一切;这个民族并没来,但是来了一场北风,冻坏了几株葡萄树,那么这便是马太·拉恩贝格[②]预言之所指。谁敢怀疑此人的本领,搬弄是非的人立即告发他是个劣等公民,占星术士甚至把他当做无耻小人和狡辩者来对待。

伊斯兰教的逊尼派穆斯林[③]在解释穆罕默德的《古兰经》时大
108 量使用这种方法。阿拉伯人非常尊敬阿尔代巴兰星[④],这个名称的意思是“牛的眼睛”,这就是说,穆罕默德的目光照亮了阿拉伯人;而作为一头牛,穆罕默德用它的角来攻击敌人。

在阿拉伯,洋槐树受到尊敬;人们种植洋槐树,以遮挡炎阳,保护庄稼;穆罕默德便是洋槐,以其蔽日浓阴覆盖大地。明理的土耳

---

① 列日,比利时城市,列日省省会。——译者

② 拉恩贝格,即《列日预言集》的作者。——译者

③ 阿拉伯文 Sunni(逊尼)原意为“遵守逊奈者”,自称“正统派”,是伊斯兰教教徒最多的一个教派。——译者

④ 阿尔代巴兰,金牛星座的一颗星。——译者

其人嘲笑这种巧妙的谎话，年轻妇女对此不假思索，虔诚的老太婆深信不疑。谁如果公然向一个穆斯林苦行僧说他是在宣扬愚蠢荒唐之事，那就有被处以尖桩刑[①]的危险。有些学者从《伊利亚特》和《奥德赛》中找到了这些书籍写作时代的历史，但这些学者却没有《古兰经》的解释者那么受欢迎。

神谕的最了不起的作用在于保证战争的胜利。每支军队、每个民族都有自己的神谕许诺他们取得胜利。作战双方中必有一方得到真正的神谕。败北者虽然受骗，但却将其失败归咎于在神明降谕之后对诸神犯有某种过失，于是希望下一次神谕灵验。这样，几乎整个世界的人都抱着幻想。几乎没有一个民族不在其古籍里或在口头上保存着某些保证其征服全世界即征服邻族的预言；没有一个征服者不是在攻城略地之后立即有人正式宣布对此早有预言。甚至居住在前黎巴嫩山脉、沙漠阿拉伯和佩特腊阿拉伯之间无人知晓的世界一隅的犹太人，也像其他民族一样，希望成为世界的主人，他们所根据的就是千百个神谕。这些神谕我们只能从神秘的意义去解释，而他们则一字不差地按字面来理解。

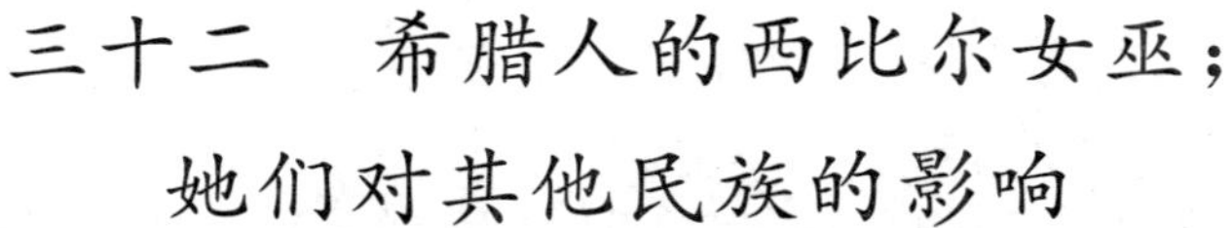

三十二　希腊人的西比尔女巫；她们对其他民族的影响

在差不多整个世界都充斥着神谕之时，希腊有一些不依附于 109
任何神庙的老处女自称未卜先知，人们称之为西比尔女巫。“西比

① 尖桩刑，古代将犯人戳死在尖头木桩上的一种酷刑。——译者

尔”是拉哥尼亚[①]方言，意为“上帝的旨意”。古代在各地共有 10 个主要的西比尔女巫。大家都知道这个故事：有个老太婆把库梅斯[②]古代西比尔女巫的 9 本预言集带到罗马，要卖给国王塔克文[③]，塔克文还价太低，老太婆把前 6 本扔到火中，剩下 3 本仍要九本的钱。塔克文买了下来。据说这 3 本书在罗马一直保存到苏拉[④]的时代，在卡皮托利[⑤]的一场火灾中被焚毁了。

但西比尔女巫的预卜究竟是怎么回事呢？有三名元老院议员被派到希腊城市厄立特里去，那里珍藏着上千首希腊文歪诗，说是根据厄立特里的西比尔预言写成的。每个议员都想获得这些诗的抄本。厄立特里的西比尔女巫什么都预言到了，有些预言就跟我们的诺斯特拉达谟斯所作的预言一样；每当发生一个事件，人们就会诌出几句希腊文的诗，伪称是西比尔女巫所作。

奥古斯都大帝害怕有人从这些叙事诗中找到纵容阴谋作乱的谶语，便下令禁止罗马人私藏西比尔谶诗，违者处死。一个多疑的暴君，以罪恶行动篡夺政权，以狡诈维持政权，颁发这样的禁令是理所当然的。

西比尔谶诗虽被禁读，但却更加受到尊重。想必是这些谶诗

---

① 拉哥尼亚，古希腊地区名，位于希腊伯罗奔尼撒半岛，首府为斯巴达。——译者

② 库梅斯，意大利坎帕尼亚的城市，古时为希腊殖民地，附近有西比尔女巫居住的洞穴。——译者

③ 塔克文(公元前 7 世纪末—前 6 世纪)，古罗马的第五个国王，约公元前 616—前 578 年在位，称为老塔克文。——译者

④ 苏拉(前 138—前 78)，古罗马独裁执政官。——译者

⑤ 卡皮托利，罗马的一个山丘，朱比特神殿所在地。——译者

中包含有真理，所以才需对城邦居民隐讳。

维吉尔在歌颂波利戎[1]、玛尔凯卢斯[2]、德鲁苏[3]的诞生的诗中 110
都引用了库梅斯的西比尔女巫权威的话，这位西比尔女巫曾经明确地预言，玛尔凯卢斯虽然不久便死去，但却会带来黄金时代。据说厄立特里的西比尔女巫也曾在库梅斯作过预言。凡是奥古斯都或其宠臣所生的新生儿，肯定都要由西比尔女巫预言其吉凶。预言从来都只是为大人物而作的，小民无此必要。

西比尔女巫的这些神谕历来声誉卓著，于是过于狂热的早期的基督徒认为他们也可以编造一些类似的神谕，以便用异教徒自己的武器来反对异教徒。赫尔马斯[4]和圣尤斯丁[5]被认为是对这种骗术首先加以支持的人。圣尤斯丁引用了一个基督徒所宣述的库梅斯西比尔女巫的神谕，这个基督徒名叫伊斯塔斯普，自称他的西比尔女巫经历过洪水时期。亚历山大城的圣克莱门(在他所著《斯特罗马特》一书第 6 卷中)肯定，使徒圣保罗在其《使徒书信》中劝人诵读西比尔谶诗，因为这些诗明确地预言了上帝之子的诞生。

很可能圣保罗的这封信已经亡失，因为在〔现存的〕圣保罗的任何书信中都找不到这样的话，连意思近似的话也没有。在那个时代，基督徒中流传着无数今天已经失传的书，如《雅达巴斯特预

① 波利戎(前 76—前 4)，古罗马演说家。——译者
② 玛尔凯卢斯(前 268—前 208)，古罗马政治家、将军。——译者
③ 德鲁苏(？—公元前 109)，古罗马政治家。——译者
④ 赫尔马斯，公元 2 世纪的基督教经师。——译者
⑤ 圣尤斯丁(约 100 或 110—165)，基督教护教士，殉道者。——译者

言集》、《塞特[①]预言集》、《以诺[②]预言集》、《含[③]预言集》、《亚当的忏
111 悔》、圣约翰[④]之父的《撒迦利亚书》[⑤]、《埃及人福音》、《彼得福音》、《安德烈福音》、《雅各福音》[⑥]、《夏娃福音》、《亚当启示录》、《耶稣基督语录》，以及成百本其他著作，如今只剩下一些断简残篇，埋没在没有什么人阅读的古籍中。

当时的基督教会分为犹太教派和非犹太教派，两者又各分为若干小教派。谁自命颇有才华，就为本教派著书立说。直至尼西亚公会议时，有 50 多部福音书，如今只剩下《圣母福音》、《雅各福音》、《〔救世主耶稣〕童年福音》、《尼哥底母[⑦]福音》。在这些福音书中，人们主要是编造了一些伪托古代西比尔的谶诗。西比尔神谕如此受人尊重，使人们认为需要利用这种外来的支持来加强新兴的基督教的地位。人们不仅编造了一些宣告耶稣基督诞生的希腊文西比尔谶诗，而且采取藏头诗的形式，把 Jesous Chreiste ios Soter（耶稣基督是救世主）这几个词的所有字母相继作为每行诗的第一个字母。在这些谶诗中，我们看到有这样的预言：

---

① 塞特，《圣经》中亚当的第三个儿子。——译者

② 以诺，《圣经》人物，名此者 2 人：一是该隐的长子，一是雅列的儿子。——译者

③ 含，《圣经》人名，挪亚的第二个儿子，第一个儿子叫闪。——译者

④ 圣约翰，《圣经》中《约翰福音》的作者。——译者

⑤ 撒迦利亚，《圣经》中十二小先知之一，公元前 520 年开始讲预言，有《撒迦利亚书》，属十二小先知书之列。但圣约翰之父名叫西庇太，此处疑有误。——译者

⑥ 彼得、安德烈、雅各均为耶稣的十二使徒之一。其《福音》统称《十二使徒福音》。没有列入《圣经·新约》的各种《福音书》统称《福音外传》。上述各种《福音》均属《福音外传》。——译者

⑦ 尼哥底母，《圣经》故事人物，法利赛犹太人，耶稣的信徒，耶稣死后，与亚利马太人约瑟一同安葬了耶稣尸体。——译者

他用两条鱼和五块面包，
将养活沙漠中的五千人；
他把残屑碎片收集起来，
就可以装满十二个篮子。

不仅如此，人们还改变维吉尔的第四首牧歌的意思，来为基督教服务：

西比尔的时代终于来到。
新的后裔正从上天降临。

这种看法在早期教会中如此流行，以致君士坦丁[①]皇帝也公 112
开加以支持。既然皇帝发话，他一定有道理。所以维吉尔长期都被视为先知。总之，人们是相信西比尔神谕的，在我们的一首并不太古老的圣歌中，有这样两句出色的诗句：

他将使整个宇宙化为灰烬，
西比尔和大卫便是证人。

在假托为西比尔女巫所作的预言中，人们特别宣扬千年王国之说，直至狄奥多西二世[②]时代，基督教的经师们都接受这种说法。

耶稣基督统治世界千年之说，首先是以《圣路加预言集》第 21 章为根据。这个预言被妄加解释，说耶稣基督“在当今这一代人过去之前，就会驾云来到，威力无边，庄严无比”。“这一代人”已经过

① 君士坦丁(280—337)，指古罗马帝国皇帝君士坦丁一世，又称君士坦丁大帝，306—337 年在位。——译者

② 狄奥多西二世(408—450 年在位)，东罗马帝国皇帝。——译者

去了,但圣保罗在其致帖撒罗尼迦人的第一封信的第4章[①]也已经说过:

> 我们现在照主的话告诉你们一件事:我们这活着还存留到主降临的人,断不能在那已经睡了的人之先;因为主必亲自从天降临,有呼叫的声音和天使长的声音,又有神的号吹响;那在基督里死了的人必先复活。以后我们这活着还存留的人,必和他们一同被提到云里,在空中与主相遇。这样,我们就要和主永远同在。[②]

113 保罗说,这些话是天主本人告诉他的,这未免有点奇怪。因为保罗不仅不是耶稣的弟子,而且长期是迫害耶稣的人。不过不管保罗是什么样的人,《圣经·启示录》第20章中也说过,那些〔为耶稣作证的〕人将与基督一同作王一千年。

因此人们时时刻刻都预料耶稣基督会从天上降临,建立其统治,并重建耶路撒冷。在那里,基督徒将与犹太族长们共享欢乐。

《启示录》宣告了这个新耶路撒冷的出现:

> 我约翰[③]又看见新耶路撒冷由神那里从天而降,预备好了,就如新妇妆饰整齐,等候丈夫。〔……〕有高大的墙,有十二个门,门上有十二位天使;〔……〕城墙有十二根基,根基上有羔羊十二使徒的名字。对我说话的,拿着金苇子当尺,要量那城和城门、城墙。城是四方的,长宽一样。天使用苇子量那

① 帖撒罗尼迦,古代马其顿城市,今称萨洛尼卡,在希腊东北部。——译者

② 见《保罗书信》中的《帖撒罗尼迦前书》。《保罗书信》是《新约圣经》中《使徒书信》的主要部分。传说是使徒保罗写给各地教会或个人的信。——译者

③ 中文版《圣经·新旧约全书》(和合本)中无"约翰"二字。——译者

> 城，共有四千里，长、宽、高都是一样；又量了城墙，〔……〕共有一百四十四肘。墙是碧玉造的，城是精金的〔……〕[①]。

看了这段预言，人们本应满足了；但还想让一个西比尔女巫，说出大致相同的话，作为佐证。这个预言如此深入人心，以致圣尤斯丁在《驳特里封对话录》中说，“他同意这个说法；耶稣基督将来到耶路撒冷同弟子们一道吃喝。”

圣依雷纳[②]完全接受这一说法，他把下面这段话说成是福音书作者圣约翰说的。

> 在新耶路撒冷，每株葡萄树将有一万枝丫，每枝丫发一万个芽，每个芽长一万串葡萄，每串结一万颗，每颗酿酒二十五
> 瓮。当葡萄种植者采摘一颗葡萄时，旁边的葡萄就对他说： 114
> “摘我吧，我比它好。”[③]

尽管西比尔女巫预言了这些奇迹，这还不够，人们还亲眼看到了预言的实现。据德尔图良[④]说，人们看到新耶路撒冷自天而降，延续了40夜。

德尔图良说：“我们公开承认，自从耶稣基督在天降的耶路撒冷城中复活，上天就已答应我们，他的王国在世上统治一千年。”[⑤]

就这样，在任何时候，人们由于喜爱奇迹，希望听到和讲述异

---

① 此段译文据《新旧约全书·启示录》第21章。“肘”即“腕尺”，指从肘到中指端的长度。古犹太人一腕尺为17.58英寸。——译者

② 圣伊雷纳，里昂主教，生于135—140年间，卒于3世纪。——译者

③ 见伊雷纳《预言集》第4卷，第33章。——译者

④ 德尔图良，2至3世纪罗马帝国思想家，基督教护教者，曾呼吁统治者改歧视基督徒为容纳基督教。——译者

⑤ 见德尔图良《驳马尔西翁》第3卷。——伏尔泰

乎寻常之事物，便会违背常识；而当办不到时，便使出诈骗的手段。但是基督教有着极其坚实的根据作支柱，一大堆谬误动摇不了它。纯金是从掺杂的成分中提炼出来的，基督教是逐步达到我们今天看到的这个样子的。

三十三 奇迹

现在让我们还是回到人的本性上来。人只喜爱异常之事物，
115 这是千真万确的，以至美丽、崇高的东西一旦变得寻常，也就不美
丽，不崇高了。人们要的是各种各样异常之事物，直至追求不可能
之事。一部古代史就好像是这样的历史：一棵白菜大过一间房子，
而用来烧这棵白菜的瓦罐则比一所教堂还要大。

“奇迹”一词原意为“令人赞叹之物”，可我们后来赋予这个词什么样的概念呢？我们说过，奇迹，就是自然无法做到的事，就是违背一切自然规律的事。因此，一个英国人向伦敦人保证自己能够全身装入一个盛两品脱[①]的瓶子里，他便是宣布了一个奇迹。从前如果有什么出奇之事传到了修道院里，必然就会有各种传说来肯定确有这种奇迹。

对于我们神圣教会和犹太人——犹太人的宗教开我们宗教之先河——所创造的真正奇迹，我们都毫无异议，深信不疑。这里我们只谈其他民族，而且只是根据一向符合神的启示的常识准则来进行推理。

---

① 品脱，旧时容量单位，英制一品脱合 0.568 升，法制合 0.93 升。——译者

任何人若没有宗教信仰烛照心灵，就只能把奇迹视为违反自然永恒规律之事。在他看来，上帝不可能打乱自己所创造之物的秩序；他知道宇宙万物都由任何东西无法打断的链条联结着；他知道上帝永恒不变，故上帝的法则也万古不易；这部巨大机器若有一个轮子停止转动，就不能不打乱整个自然常序。

如果朱比特为了跟阿克梅纳[①]睡觉，把原为 12 小时的黑夜变为 24 小时，那么地球便得停止运行，整整 12 小时一动不动。而因为所有同样的天象要在第二夜重现，那么月亮和所有行星也必须停止运动。这样，为了彼奥提亚的首府提佛[②]的一个女人，整个天体发生大变动。

假如有一个人死了几天之后复活，那么尸体上已经散发于空中、被风吹至远处的细微东西，就都必须返回原位；以尸体为食的 116
蛆虫鸟兽也都必须吐出它所吃的东西。此人的五脏喂肥了蛆虫，蛆虫可能被燕子啄食，燕子被伯劳鸟吃掉，伯劳鸟被鹰隼吞噬，秃鹫又以鹰隼果腹，于是各自都必须吐出正好属于那个死者的那部分，否则复活的人就不是同一个人。但即使这一切物归原位，如果灵魂不返回其寓所，仍将一事无成。

预见一切、安排一切、以不变之法则治理一切的永恒的上帝，如果推翻全部法则而与自身相悖，这只能是为了整个自然的利益。但是设想万物的创造者和主宰者会为了世界的利益而改变世界的

① 阿克梅纳，希腊神话中提林特国王昂菲特里戎之妻，宙斯装扮成她丈夫的模样把她奸污，生海格立斯。——译者

② 提佛，亦译第比斯，古希腊重要城市。为传说人物奥狄浦斯国王的住地和大部分古希腊悲剧故事的发生地。——译者

秩序，这似乎是自相矛盾的。因为，或者他已预见到会有这种所谓的需要，或者他并未预见。若已预见，他应一开始便安排妥当；若未预见，那他就不成其为上帝了。

据说永恒的上帝为取悦于一个民族，一个城市，一个家庭，曾使佩洛普斯①、希波利特②、赫雷斯以及其他一些有名人物死而复生。但是宇宙之主竟会为了这个希波利特和这个佩洛普斯而置整个宇宙于不顾，这似乎是不可能的。

奇迹越是因为我们头脑见识浅薄而难以置信，就越是有人深信不疑。每个民族都有那么多的奇迹，以致都成为司空见惯之事，所以人们就不会想到去否认邻族中出现的奇迹。希腊人对埃及人和亚洲各民族说："诸神有时会跟你们说话，但每天都跟我们说话；如果诸神曾经 20 次保佑你们作战，那么他们就曾经 40 次率领我们的军队出征；如果你们有化身变形之事，那我们的化身变形就百倍于你们；如果你们的牲畜会说话，那我们的牲畜就会作动听的演说。"甚至到了罗马人的时代，牲畜依然都会开口说话预言未来。
117 提特·利维③说过，一条牛在集市上叫喊"罗马，你要当心！"普林
尼在其所著书〔博物志〕第 8 卷中说：塔克文④被赶下王位时，狗作

---

① 佩洛普斯，传说中迈锡尼的佩洛普斯王朝的创立者。主神宙斯之孙。据说他父亲坦塔罗斯把他剁成碎块，款待诸神。只有失去女儿的得墨忒耳，没有辨认出来，吃了他的肩部。当诸神下令恢复他的身体时，女神用象牙肩膀替代。——译者

② 希波利特，希腊宗教中的一位较小的神，雅典国王泰塞的女婿。传说其岳母诬他企图强奸她，泰塞挑动海怪使他的马车的马受惊，把他摔死在海边岩石上。——译者

③ 提特·利维（前 59—公元 17），古希腊历史学家，著有《罗马史》。——译者

④ 塔克文，指古罗马的第七代国王，高傲者塔克文，前 534—前 510 年在位，前 510 年被逐出罗马，罗马共和国成立。——译者

人言。据苏埃托纳[①]说，图密善[②]被暗杀时，一只小嘴乌鸦在卡皮托利喊道：“干得太好了，一切顺利。”阿喀琉斯[③]有一匹马名叫桑特，曾预言主人将死于特洛伊城下。在此之前，普里佐斯[④]的公羊说过话，还有奥林匹斯山的母牛也说过话。就这样，人们对无稽之谈不加驳斥，反而添油加醋，就像一名开业医生，别人给他开了一张假债券，他不愿申诉，却立即开了一张假收条。

的确，罗马人不大有什么死人复活之事，他们只能够妙手回春，治愈病人。希腊人比较相信灵魂转世，所以有许多人复活。他们从东方人那里学得了这个秘诀，一切科学和迷信都来自东方人。

在所有治病奇迹中，最确凿、最真实的是韦伯芗皇帝使盲人双眼复明和使四肢瘫痪者恢复行动的事。这两个奇迹都发生于亚历山大城，韦伯芗是在许多人围观下，当着罗马人、希腊人和埃及人的面，坐在他的裁判席上，做出这些奇迹的。并不是他本人想用法术来炫示自己，这对于一个牢牢雄踞宝座的帝王来说并不需要，而是这两个病人匍匐于皇帝脚下恳求医治。皇帝对他们的祈求感到惭愧，不肯答应，他说这样的事凡人无能为力。两个不幸的人苦苦
哀求。于是[神灵]塞拉比出现。塞拉比对他们说他们将被韦伯芗 118
治好。韦伯芗终于答应了。他用手抚摸他们，但并不自诩能够手到病除。神明赞赏他的谦虚与德行，便把自己的神通传给他，立时

① 苏埃托纳(约69—约122)，古罗马帝国历史学家。——译者

② 图密善(51—96)，罗马帝国皇帝，81—96年在位，是12恺撒的最后一个，专制暴虐，为妻子和奴隶所谋杀。——译者

③ 阿喀琉斯，特洛伊战争中最著名的希腊英雄。——译者

④ 普里佐斯，古代希腊彼奥提亚地区的英雄。——译者

盲人能够视物，瘫者能够走路。亚历山大城、埃及和整个帝国都向天之骄子韦伯芗欢呼。这一奇迹在罗马帝国档案和现代所有史书中都有记载。然而，久而久之，就没有人相信了，因为没有人愿意肯定它。

照我们野蛮时代的一个名叫赫尔戈[①]的不见经传的作家的说法，雨格·卡佩[②]之子、国王罗伯尔[③]也治愈过一个盲人。天赐国王罗伯尔以这种奇迹，显然是褒赏他大发慈悲，把听他妻子忏悔的神父和奥尔良的几个议事司铎烧死，因为他们被指控为不相信教皇的无比正确和绝对权威，因而是摩尼教徒。或者，倘不是对他的这些善行的奖励，那就是对他因与王后睡觉而被处以绝罚[④]的补偿。

哲学家跟皇帝和国王一样，也会创造奇迹。我们都知道梯阿纳的阿波洛尼奥斯[⑤]的奇迹。他是毕达哥拉斯学派的哲学家，为人节制、圣洁而公正，历史没有指责他有任何暧昧行为或者苏格拉底所具有的任何弱点。他去祆僧和婆罗门的国度旅行时，由于他虚怀若谷，经常向人献策，而很少与人争辩，所以到处受人尊敬。他常向神明祷告，那祷词令人赞赏不已："永恒的上帝，请赐给我们

① 此处所谓"野蛮时代"，指的是中世纪。赫尔戈（？—1048），法国历史学家，本笃会修士。——译者

② 雨格·卡佩（938—996），法国卡佩王朝的第一个国王，987—996年在位。——译者

③ 指诚笃者罗伯尔二世（970—1031），996—1031年在位。因第二次结婚时娶表妹蓓特而被教皇处以绝罚。——译者

④ 绝罚，教会法名词。指禁止某人与信徒往来，但并不剥夺其教徒身份。受绝罚者不得领圣体，死后也不得按基督教礼仪殡葬。——译者

⑤ 阿波洛尼奥斯，古希腊哲学家，公元1世纪生于小亚细亚的梯阿纳。——译者

您认为适当而我们受之无愧的东西！”他没有狂热，而其弟子则有
之。他的弟子们编出一些说是由他创造的奇迹，而由费洛斯特拉 119
特[1]汇集成篇。梯阿纳人奉阿波洛尼奥斯为半神，而罗马皇帝则尊之为神。但是天长日久，阿波洛尼奥斯的神性也跟罗马皇帝的命运一样，湮灭无闻，阿波洛尼奥斯的小庙堂就像雅典人给苏格拉底盖的苏格拉底祠一样无人过问。

英国国王，从圣爱德华[2]起，直至威廉三世以前，每日都要创造一个伟大的奇迹。例如治愈群医束手的瘰疬。但威廉三世不愿创造奇迹，他的后继者也跟他一样。有朝一日英国发生某种重大变故，重新陷入愚昧无知，那时英国便将每天出现奇迹了。

三十四　神殿

人们并不是一承认一个神祇就马上立庙奉祀。膜拜星宿的阿拉伯人、迦勒底人、波斯人不大可能一开始便有祭坛。他们只需仰视天空，那便是他们的庙堂。巴比伦的贝尔庙被认为是最古老的神庙，但印度婆罗门的寺庙可能年代更早，至少婆罗门如此认为。

中国的编年史写道，最早的皇帝们便已在庙堂里祭神。提尔的海格立斯庙似乎并非最古老的。在任何民族中，海格立斯从来都只是次要的神，不过提尔的庙宇比犹太[3]地区的圣殿古老的多。

---

① 古希腊有三个费洛斯特拉特，此处指“雅典人”费洛斯特拉斯（约170—约245）。——译者

② 圣爱德华（？—924），英格兰的盎格鲁－撒克逊国王。——译者

③ 犹太地区，古代指死海与地中海之间的地方，也泛指巴勒斯坦。——译者

当所罗门在希兰[①]帮助下建造他的圣殿时，希兰也建造了一座宏
伟的圣殿。希罗多德曾游历提尔，他说据提尔档案所载，这座圣殿
的历史当时只有 2300 年。埃及很久以来便是庙宇林立。希罗多
120 德还说，他听说孟菲斯的维尔坎[②]神庙是美尼斯[③]在大约公元前
3000 年建造的，但是要说埃及人在给他们的主要神祇伊西斯立庙
之前，就给维尔坎盖了一座庙，这是不可信的。

我无法把世界各地的通常的风俗跟希罗多德在其第二部书中所说的协调起来。希罗多德断言，除了埃及人和希腊人，所有其他民族都习惯于在神庙里跟女人睡觉。我怀疑该书的希腊文本已被窜改。最不开化的人也不会在众目睽睽之下做此等事。即使当着自己最不尊重的人的面，人们从来也不会想到去抚摸自己的妻子或情妇的。

在那么多虔诚至极地信奉宗教的民族中，所有的庙宇都曾经是卖淫的场所，这也是不可能的。我认为希罗多德的原意是说，祭司们住在寺院围墙之内，可能就是在这个名为寺院的地方跟自己的老婆同房；犹太祭司和有些民族的祭司便是这样。埃及的祭司因为不住在围墙之内，所以当他们在环抱着圣殿的门廊值夜时，就不会接触到他们的妻子。

小民族很长时间都没有神庙，他们把神放在盒里，放在神龛

① 希兰，提尔国王，公元前 10 世纪时向以色列国王所罗门供给建筑材料，建造耶路撒冷圣殿。——译者

② 维尔坎，罗马神话中的火神与金属之神，相当于希腊的赫法伊斯托斯。——译者

③ 美尼斯(活动时期约公元前 3100 年)，埃及统一后的第一代国王，他修建了孟菲斯城。——译者

中。我们已经看到，当犹太人住在盐湖以东的沙漠地带时，他们携带着理番神、摩洛神、基恩神的神龛。这是阿摩司说的，圣埃田又加以重复。

沙漠地带中别的小民族也采取这种办法，这可能是最古老的习俗，因为做个神龛比盖座神庙容易得多。

一切民族中迎神的风俗可能正是从这种便携式的神像演变而 121
来。若不是把神像放在马车或担架上这种旧俗久已确立，人们就不会想到把神从庙宇里搬出来，拿到城中游行，因为这是亵渎神明的行为。

大部分庙宇起初都是城堡，这是人们为了安全地把神器置于其中。所以帕拉斯神像[①]置于特洛伊的堡垒中，天降的盾牌则保存在卡皮托利神殿。

犹太人的那座圣殿[②]是一座碉堡，可以抵御进攻。《圣经·列王纪上》载明，碉堡长 60 腕尺，宽 20 腕尺，即大约长 90 法尺，宽 30 法尺。比这更小的公共建筑物并不多见。这座碉堡用石头砌成，建于山上，至少可以抵御偷袭。窗户外窄而内宽，宛如碉堡枪眼。

据说祭司们就住在依墙而筑的小木屋里。

很难知道这个建筑物究竟有多大。《列王纪上》告诉我们，靠着殿墙，造了三层木屋，第一层宽 5 腕尺，第二层宽 6 腕尺，第三层

① 帕拉斯，希腊神话中的女战神，即雅典娜，特洛伊城的守护神。——译者

② 指古代犹太人在耶路撒冷建立的第一座圣殿。圣殿先后建了三次。最早的一座是所罗门所建，为尼布甲尼撒所毁。第二座是犹太人祭司以斯拉被掳返回耶路撒冷后所建。第三座是希律王所建，为罗马人所毁。——译者

宽 7 腕尺。这种结构比例跟我们的建筑物不一样，这些木屋可能会使米开朗琪罗和布拉芒特[①]感到惊奇。不管怎样，必须考虑到这座圣殿建于摩里亚山[②]的斜坡上，因此不可能很高。要往上走
122 几级才能到达平台，平台上是长 20 腕尺的正殿（至圣所）。然而这样需要上上下下的神殿是一种不合规范的建筑物。不过神殿是靠它的神圣庄严，而不是靠建筑艺术而受人称道的。没有必要为了上帝的缘故而使耶路撒冷成为最华丽的城市，使它的居民成为最强大的人民；也没有必要使它的庙宇超过其他民族的庙宇；最美的庙宇是人们在其中表示最纯洁的敬意的庙宇。

大部分评论家都各尽其妙地描绘了这一建筑物。相信这些设计师中没有一个人盖过房子。但他们却设计了用石头砌成的支护着三层屋子的围墙，因此可以在这不大的隐蔽所中固守一二天。

没有技艺的民族的这种堡垒是抵挡不住巴比伦国王的将领纳布萨尔丹（我们称为尼布甲尼撒）的进攻的。

第二座圣殿是尼希米[③]所建，比第一座小，也没有那么华丽。《以斯拉记》告诉我们，新庙的墙只有三段是用未经雕凿的石块砌成，其余是木栅墙。这与其说是圣殿，不如说是谷仓。但以后希律[④]建造的第三座圣殿则是一座真正的堡垒。据约瑟夫斯说，希

---

① 布拉芒特（1444—1514），意大利著名建筑师。——译者

② 《旧约》地名，位于汲沦与提尔皮安谷之间。摩利亚山久历变迁，旧日山坡已埋于瓦砾及古老的堤坝之下，只有山形轮廓迄今依稀可见。今最高峰海拔 816 米。——译者

③ 尼希米（公元前 5 世纪），与以斯拉共同领导修建耶路撒冷圣殿。曾管理犹太 12 年。——译者

④ 希律（公元前 39—前 4 年在位），犹太国王。——译者

律不得不把尼希米盖的这座称为阿格希埃[①]庙的圣殿拆毁。希律填满摩里亚山下的一部分沟壑，修筑平台，围上一堵很厚的墙，把圣殿建在平台上。圣殿近边有安托尼亚塔楼，他把它加固，使圣殿成为真正的城堡。

犹太人就敢于在这里抵御提图斯的军队，直至一名罗马士兵把一根燃烧的梁木投入堡垒，使整个建筑物立即起火。这证明在希律时期，也跟尼希米和所罗门时期一样，圣殿墙垣内部的建筑只 123
不过是木结构。

这些杉木建筑与有夸大狂的约瑟夫斯关于圣殿极其宏伟的说法殊不相称。他说提图斯进入神殿后赞赏备至，而且承认其富丽堂皇远胜于传闻。一个罗马皇帝，于戎马倥偬之际，行走于狼藉尸骸之间，却有闲情欣赏这个正殿长仅20腕尺的建筑物；而且一个见识过卡皮托利神殿的人会对一座犹太庙宇的华丽感到惊奇，实在不大可能。这座庙无疑是很神圣的，但那个长20腕尺的正殿并非维特吕夫所建。以弗所[②]、亚历山大城、雅典、奥林匹亚、罗马的庙宇，才真正壮丽无比。

约瑟夫斯在《驳阿皮戎演讲集》中说："犹太人只应有一座庙宇，因为只有一个上帝。"这个结论似乎不能成立。因为如果犹太人像其他许多民族那样有七八十万个小地方，那么为了每年到这唯一的庙宇去祭神，人的一生都要花在旅途上了。上帝只有一个，因此全世界的庙宇都只能为他兴建，但不能因此地球上只应有一

---

① 阿格希埃，公元前6世纪犹太先知。——译者

② 以弗所，古代小亚细亚的爱奥尼亚城市，在爱琴海边，有阿尔特米斯女神庙，为世界七大奇观之一。——译者

座庙宇。迷信总是产生错误的逻辑。

而且,既然从托勒密·菲洛梅托尔[1]王朝以来,犹太人在埃及的布巴斯特[2]就有相当著名的奥尼戎庙,约瑟夫斯怎能说犹太人只应有一座神殿呢?

三十五 巫术

何谓巫术?巫术就是能做出自然所做不到之事的秘密,就是不可能之事。在任何时代,都有人相信巫术。巫术(magie)一词来自迦勒底语的“术士”(mag,magdim,mages)。术士比其他人见识多,他们探索晴雨的原因,不久便被视为能够呼风唤雨。他们是天

124 文学者,其中最无知又最大胆的人就成了占星术士。某一件事发生在两个行星会合之时,这两个行星就是产生此事件的原因,于是占星术士便成了行星的主人。若因日有所思,夜间梦见自己的朋友生命垂危或者去世了,这便是巫师使死者托梦显现。

因为他们了解月球的运行规律,他们能使月亮降落地面也就易如反掌。他们甚至能支配人的生命,办法是制作一些蜡人,或者口念上帝或魔鬼的名字。亚历山大城的克莱门在其所著《斯特洛玛特》第一卷中说,据一位古代作者所述,摩西在埃及国王奈克弗尔耳边说出伊哈荷或耶和华的名字,国王听了当即失去知觉,昏倒在地。这真是灵验无比。

---

① 托勒密·菲洛梅托尔(活动时期约前180—前145),即古埃及国王托勒密六世。——译者

② 布巴斯特,古代下埃及城市,位于尼罗河支流上。——译者

总之，从埃及法老钦命的巫师雅尼和佯庇[①]，到由于在月望之夜杀死一只白公鸡而在巴黎被烧死的昂克尔元帅夫人[②]，没有一个时代没有巫师。

招来撒母耳[③]亡灵的隐多珥女巫[④]是相当有名的。扫罗[⑤]时代的犹太人就知道皮同（python）这个希腊词，这的确是很奇怪的。因为只有《拉丁文本圣经》谈到皮同，《希伯来文本圣经》用的是 ob 这个词，而在《希腊文本圣经》中，ob 译为 engastrimuthon[⑥]。

现在让我们回到巫术上来。犹太人自从散居世界各地以后便以巫术为业。巫魔夜会[⑦]便是一个很好的证明。而女巫与公山羊淫合之说则是来源于埃及人在沙漠中与公山羊交媾的古老习俗。此事在《圣经·利未记》第 17 章中是受谴责的。

① 雅尼、佯庇，《圣经·提摩太后书》中的两个巫师。——译者

② 即意大利冒险家孔齐尼的妻子加利加伊，她是法国王后玛丽·德·美第奇（意大利人）的宫中宠侍，孔齐尼因此当上了昂克尔元帅，加利加伊成了元帅夫人。孔齐尼擅权恣睢，后被幼王路易十三处死；加利加伊以巫术罪服火刑。——译者

③ 撒母耳，《圣经·撒母耳记》中的一个先知，他立扫罗为以色列王，以抗击非利士人。——译者

④ 据《圣经·撒母耳记》，公元前 6 世纪，以色列国王扫罗向隐多珥女巫询问胜败吉凶，女巫招来撒母耳的亡灵，撒母耳预言国王将失败身亡。——译者

⑤ 扫罗，古代以色列民族的第一代国王。——译者

⑥ 源于拉丁文的法文《圣经》中，隐多珥女巫的“女巫”一词用的是 pythonisse，它与“皮同”（python）同词源（希腊文 puthôn）。“皮同”是希腊神话中的巨蟒，被阿波罗所杀。特尔斐阿波罗神庙在希腊皮蒂（pythie）地区，“女巫”，“女先知”pythonisse 意为“得到皮蒂的阿波罗神启的人”。因为希伯来文本和希腊文本《圣经》均使用不同的词来指“女巫”，所以伏尔泰对于“扫罗时代犹太人就知道皮同这个希腊词”感到奇怪。——译者

⑦ 巫魔夜会（sabbat）是中世纪传说的巫师、巫婆于犹太人的安息日〔星期六〕，在魔鬼主持下举行的夜会。——译者

125 在我们这里，凡是巫师的刑事案件，几乎没有不牵涉到某个犹太人的。

罗马人在奥古斯都时代虽然已经是很开通，却仍然跟我们一样以精于巫术而自鸣得意。请看维吉尔的题为《法玛瑟特里亚》这首诗中的诗句：

巫师的声音，
能使月亮降沉。
默里斯①变成狼林间藏匿，
从墓穴中走出亡灵显身。

人们奇怪为什么今天那不勒斯人把维吉尔视为巫师，其原因不必到别处寻找，从这首牧歌中便可以知道了。

贺拉斯责备萨加纳和卡尼迪亚的巫术令人可怕。罗马共和国的首脑人物也都深受这种极其可悲的虚妄之念的毒害。伟大的庞培的儿子塞克斯都有一次在施行巫术时就杀了一个小孩来祭神。

用春药发情是一种温和的法术。犹太人专向罗马妇人兜售。这个民族中成不了有钱的掮客的人，便去占卦算命或制售春药。

所有这些荒唐可笑或骇人听闻的行为，在我们世上一直盛行不衰，而且无论任何时代都没有人怀疑。一些传教士因在各地看到这种怪事而惊讶不已；他们怜悯这些鬼迷心窍的人。唉，朋友们！为什么你们不待在自己的祖国呢？在你们的祖国，可能没有那么多的魔鬼，但是干出的蠢事也许一样多。

① 默里斯是占有埃及法尤姆地区的古代湖泊的名字，现仅存很小的加龙湖。——译者

您可能见到过千百个丧失理智的自命为法师的可怜虫，见到过一些愚蠢而又残酷地把这些人判处火刑的法官。您可能见到过，在欧洲，就像对盗窃和凶杀制订法律一样，根据公会议的决定，对施行巫术者也制定了法律。更坏的是，老百姓看到官府和教会也相信巫术，就更加坚信确有其事。因此，越是追捕巫师术士，巫师术士就越多。如此不幸、如此普遍的谬误从何产生？产生于无知。这说明给人指出谬误者是真正做好事的人。 126

有人说，所有的人都同意便证明这是真理。这哪里是什么证明！所有的民族都曾相信巫术，相信星相术，相信神谕，相信月亮[对人命运]的影响，难道这些都是真理？也许他们会说，既然所有的智者一致同意这一点，这尽管不是一个证据，毕竟说明了一种可能性。但这又是什么样的可能性！在哥白尼之前，所有的智者不都是相信地球位于宇宙中心一动不动的吗？

任何民族都无权嘲笑另一民族。如果拉伯雷因为皮卡特里[1]在托莱多、萨拉曼卡和塞维利亚[2]传授巫术而把皮卡特里称为“我最尊敬的魔鬼神父”，那么西班牙人也完全可以责备法国人说法国巫师多得惊人。

法国可能是全世界最善于集残酷与荒谬于一身的国家。在法国，没有一个法庭不曾烧死许多巫师。古罗马有一些疯子想当巫师，但野蛮人并没有把他们烧死。

---

① 皮卡特里，拉伯雷《巨人传》中的人物。——译者

② 托莱多、萨拉曼卡、塞维利亚，均为西班牙城市。——译者

三十六 人祭

人类如果只是上当受骗，那就幸莫大焉；然而在悠悠岁月中，
127 人类时而败坏习俗，时而匡正民风。一些祭司们先是杀牲，血染祭坛，继而又从动物扩大到以人燔祭，他们是一些对淋淋鲜血已司空见惯的屠夫。迷信是宗教信仰的堕落的女儿，她背弃了母亲的纯洁，乃至于迫使人们以亲生子女作为祭品，借口就是要将最宝贵的东西献给上帝。

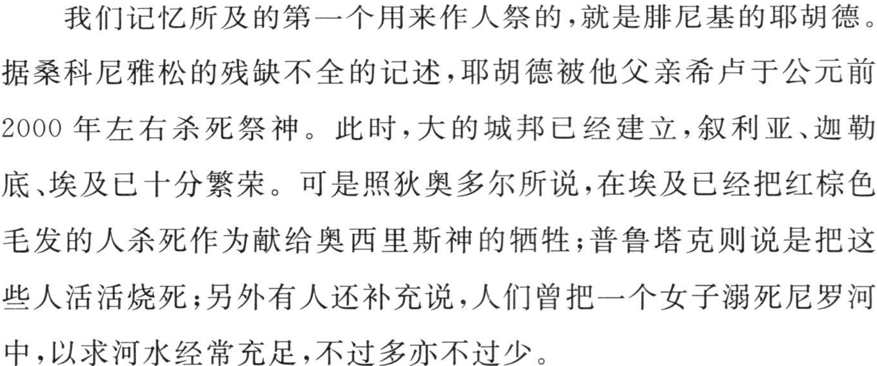

我们记忆所及的第一个用来作人祭的，就是腓尼基的耶胡德。据桑科尼雅松的残缺不全的记述，耶胡德被他父亲希卢于公元前2000年左右杀死祭神。此时，大的城邦已经建立，叙利亚、迦勒底、埃及已十分繁荣。可是照狄奥多尔所说，在埃及已经把红棕色毛发的人杀死作为献给奥西里斯神的牺牲；普鲁塔克则说是把这些人活活烧死；另外有人还补充说，人们曾把一个女子溺死尼罗河中，以求河水经常充足，不过多亦不过少。

这种万恶的人祭几乎全世界都有。波萨尼亚斯认为在希腊是利卡翁[①]首先把人作为祭祀的牺牲。这种习俗约在特洛伊战争时已经形成，因为荷马写道，阿喀琉斯用12个特洛伊人祭奠帕特罗克尔[②]的亡灵。若不是人祭已成惯例，荷马怎么敢说出一桩这样

---

① 利卡翁，古希腊阿卡狄亚地区的一个国王。传说他因为杀死一个小孩祭神，被罚变为狼。——译者

② 帕特罗克尔，古希腊英雄阿喀琉斯的战友，在特洛伊围城战中阵亡。——译者

可怕的事？他难道不怕激怒他的读者么？凡诗人都是要描写其国家的风尚的。

我不谈伊菲革尼[①]的牺牲，也不谈伊多梅内之子伊达曼特[②]的 128
牺牲。无论这些事是真是假，都说明当时人祭的观念甚为普遍。托里德[③]的斯基泰人把异族人作为祭品，对此人们不会有什么怀疑。

再看看比较晚近的年代，提尔人和迦太基人在大难临头时就用一个人来祭祀农神萨图恩。在意大利也是如此，罗马人自己虽然谴责这种暴行，但为了补赎一个维斯太贞女[④]的罪愆，用两个高卢人和两个希腊人作为牺牲。普鲁塔克在其《关于罗马人的问题》一书中证实了这一骇人听闻的事实。高卢人、日耳曼人也有这种可怕的习俗。高卢的德洛伊祭司把活人放在大柳木雕像中烧死。日耳曼巫师把作为祭品的人割断喉咙，根据伤口流血的快慢来判断未来吉凶。

我相信这样的人祭是偶尔有之；若是频频如此，若是把它作为每年举行的典礼，若是每个家庭成年累月都惶惶不可终日，担心祭司会来把家中最漂亮的女儿或长子选去放在一块圣石上作为祭品，以圣洁的仪式剜出心脏，那就不消多久，人们最终也会把祭司

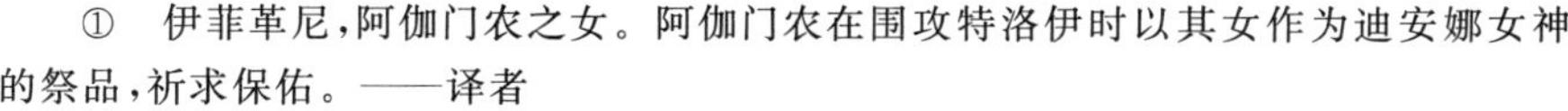

① 伊菲革尼，阿伽门农之女。阿伽门农在围攻特洛伊时以其女作为迪安娜女神的祭品，祈求保佑。——译者

② 克里特国王伊多梅内在特洛伊战争中一次遇到暴风雨，他许愿把第一个遇到的人作为祭品，结果不得不把他的儿子伊达曼特献祭。——译者

③ 托里德，俄罗斯古代省份，包括克里木及邻近地区。——译者

④ 维斯太是古罗马的火神。维斯太贞女是守护祭坛圣火的女子。她们必须立誓保持贞洁；违反誓愿或使圣火熄灭者要被活埋。——译者

本人杀了祭神。很可能这种神圣的杀子行为只是发生在有迫切需要、有极度危险之时，这时人们已惊恐万状，于是假公益之名，迫使个人放弃私利而不敢吭声。

在婆罗门中，并非所有的寡妇都要在亡夫的尸体上自焚。只有最虔诚和最狂热者才会作出这种惊人的牺牲，远古时代如此，今日亦然。斯基泰人有时把他们的汗最器重的军官杀死，以祭奠这些君王的亡灵。希罗多德曾详尽地描写了当时如何把这些人的尸体摆在君王尸体周围作为扈从；但从历史上看，这种习俗似乎并未延续很久。

129 如果我们所阅读的犹太历史是别的民族的作者写的，那么我们就很难相信确有这么一个从埃及逃亡出来的民族，奉上帝的明令，毫无恻隐之心地杀死七八个他们不认识的小民族的所有妇女、老人和吃奶的婴儿作为燔祭的牺牲，只留下来了小女孩；而这个神圣的民族只因没有把一个被宣布为可诅咒的人处死，犯下大罪，受到他们的上帝的惩罚。我们不能相信，一个这么可恶的民族竟能生存于地球上。然而所有这些事实都是这个民族自己在他们的圣经中告诉我们的，我们只好相信。

这里我不去探讨这些经书是否得到神启的问题。我们的神圣教会虽然憎恶犹太人，但却告诉我们，犹太人的经书都是按照造物主、人类之上帝的旨意写的。我对此不能表示任何怀疑，甚至也不敢作任何推理。

的确，对于上帝的智慧、公正、善良，我们除了现有的概念外，由于理解力贫乏，无法设想还会有另一种表现形式，但无论如何，上帝已经做了他应做之事，不该由我们来对他进行评判。我从来只注意普通的历史事实。

犹太人有一条法律明确规定：任何物，任何人，凡用来献给神的，均不得赎免。《利未记》第 27 章说：“凡人中当灭的，都不可赎，必被治死。”正是根据这一条法律，耶弗他以亲生女儿祭神，而祭司撒母耳则把国王亚甲[1]切成碎片。《摩西五经》告诉我们，在方圆仅约 9 法里的小国米甸，以色列人找到了 675000 只绵羊，72000 头牛，61000 头驴和 32000 个处女。摩西下令把所有的男子、妇女、儿童全部杀死[2]，但留下女孩子，其中只有 32 个被杀死作为祭 130
品。在对上帝无限忠诚的这一行动中，令人注意的是，这个摩西是米甸大祭司叶忒罗[3]的女婿，叶忒罗曾帮他大忙，为他作了许多事。

同一本书告诉我们，嫩[4]之子约书亚带领他的部众渡过约旦河，而脚没有沾湿；受诅咒的耶利哥[5]城墙在号角声中倒塌。他下令把全部居民烧死，只留下妓女喇合及其家人，因为喇合曾隐藏过神圣民族的侦探。还是这个约书亚，他杀死了艾城的 12000 名居民，用当地的 31 个国王祭祀天主，他们全部被宣布为可诅咒的人，然后吊死。在近代史中，可能除了圣巴托罗缪惨案[6]和爱尔兰大

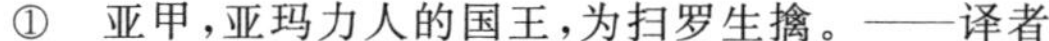

① 亚甲，亚玛力人的国王，为扫罗生擒。——译者

② 据《圣经·民数记》说，耶和华吩咐摩西，要杀戮米甸人为耶和华复仇。——译者

③ 叶忒罗，《旧约》人名，摩西的岳父，又名流珥。——译者

④ 嫩，《旧约》人名。以法莲的后裔，摩西继承人约书亚的父亲。——译者

⑤ 耶利哥，古犹太城市，离耶路撒冷 25 公里，今属约旦。——译者

⑥ 指 1572 年 8 月 23 日夜间，由法王查理九世和母后卡特琳·德·美第奇策划的、亨利·吉斯执行的对胡格诺派新教徒的大屠杀，死者 2000 人。8 月 24 日是耶稣十二门徒之一圣巴托罗缪的节日，因此名为圣巴托罗缪惨案。——译者

屠杀[①]之外，没有什么可与这些宗教杀戮相比拟的了。

不幸的是，不少人怀疑在四周为岩石的沙漠荒村中，犹太人会找到 675000 只绵羊和 32000 个童贞女；却没有一个人怀疑圣巴托罗缪大屠杀。但是我们还是要反复指出，我们的理性之光要想洞烛古代的各种稀奇古怪之事，探究是出于什么理由主宰生死的上帝竟选择了犹太民族来消灭迦南人，是完全无能为力的。

三十七　刻瑞斯—伊流欣努的秘仪[②]

在有可能把几乎整个地球变成一个巨大兽穴的民间迷信的一
131 片混乱中，幸而有一种有益的教育使一部分人类不致完全处于浑浑噩噩的愚昧状态，这就是秘仪的教育和赎罪的教育。在那么多残酷的疯子中，不可能没有一些温和而明智的贤者，也不可能没有一些极力要使人类恢复理性与道德的哲人。

这些贤哲就利用迷信本身来纠正迷信的绝顶荒谬，就像人们用蝰蛇的心脏来医治蛇咬的伤口一样。人们在许多神话中掺入有益的真理，而真理也通过神话得到支持。

如今琐罗亚斯德秘仪已不复存在，人们对伊西斯秘仪知之甚少；但是我们不会怀疑，他们都预告了一种关于来世的伟大思想体

① 指 1649 年英国资产阶级和新贵族领袖克伦威尔对爱尔兰天主教徒民族起义的一次血腥镇压。——译者

② 希腊秘传宗教伊流欣努派的一种秘密仪式。约前 7 世纪出现于雅典附近的伊流欣努。参加者前往伊流欣努得墨忒耳神庙举行祭祀，祈求丰收及来世幸福，并举行演剧、宴会活动。4 世纪，秘仪被作为邪教活动而取缔。——译者

系，因为塞尔索在他所著书第8卷中对奥利金[①]说："你自诩相信地狱永罚，但是各种秘仪的所有祭司难道不都向参加者预告地狱永罚吗？"

上帝的唯一性是一切秘宗的重要信条。我们现在还能看到保存在〔古罗马作家〕阿普列尤斯的作品中的伊西斯女祭司的祷文，我在谈到埃及的宗教时曾加以引证[②]。

刻瑞斯秘仪是模仿伊西斯秘仪的。有罪者忏悔赎罪，要斋戒、净身、布施。对一切仪式均起誓严守秘密，使之更令人肃然起敬。秘仪都在夜间举行，令人产生一种宗教的恐惧感。在典礼中演出各种悲剧，使人目睹好人得福，恶人受罚。古代最伟大的人物柏拉图、西塞罗均赞赏这些尚未丧失其初始的纯洁性的祭典。

某些饱学之士认为《伊尼德》的第6卷就是描写在这些如此秘
密而又极其著名的场面中所举行的仪式。在《伊尼德》中，维吉尔 132
事实上没有提到代表造物主的德米乌戈斯，但是他让人从前厅看到在前台的那些孩子们，他们的父母听任他们〔在呼号声中〕死去，而这便是对父亲和母亲的一个警告。《伊尼德》中写道：

> 不断听到小孩的呼号和大声的叫喊，……
>
> 维吉尔《伊尼德》，第6卷，426

然后，米诺斯出场审判死者们。恶人被带到地狱之底，而好人则被带到香榭丽舍[③]。这样的花园是给凡人设计的极乐世界。只有半神的英雄才给以升天的荣耀。任何宗教都有一个乐园作为正

---

① 奥利金(约185—约254)，罗马帝国基督教神学家。——译者

② 见本书《导论》第23节。——译者

③ 香榭丽舍，希腊罗马神话中好人死后灵魂居住之所。——译者

直人的住所；甚至犹太民族中的艾赛尼人接受彼岸世界的教条时，也相信好人死后将前往海滨的乐园。因为对于法利赛人来说，他们信奉的是转世而非复活①。如果允许我从那么多凡俗的事情中，引述耶稣基督的神圣的故事，我们会注意到耶稣曾对悔悟的小偷说："我实在告诉你，今日你要同我在乐园里了。"②在这一点上，他与一切人的言语是一致的。

伊流欣努秘仪后来变得最为著名。一件十分值得注意之事就是，从伊流欣努秘仪，可以看出它是腓尼基人桑科尼雅松的神谱学的滥觞；其证据就是桑科尼雅松宣告了一个至高无上的上帝是世界的创造者和主宰者。人们向那些满脑子多神教信仰的入教者揭示的正是这一学说。假设在我们中有一些迷信的人，从小便习惯于如同礼拜上帝一样，礼拜圣母、礼拜圣约瑟以及其他圣徒，那么要使他们顿时醒悟可能是危险的；明智的办法是首先向最温和、最

133 通情达理的人指出，在上帝和受造之物中间存在着很大的距离。主持秘宗仪式的祭司正是这样做的。参加秘仪的人聚集在刻瑞斯农神庙中，刻瑞斯祭司教导他们：不要礼拜那个为特里托莱姆③驾龙车的刻瑞斯，而要礼拜养活人类并允许刻瑞斯和特里托莱姆崇

---

① 此处伏尔泰把法利赛人与艾赛尼人混为一谈。按：后期犹太教出现法利赛人、撒都该人、奋锐党人和艾赛尼人等派别，各派的共同点是盼望复国救主弥赛亚来临。法利赛人相信彼岸世界，相信灵魂不朽，也相信死后复活，而撒都该人则不信。彼此的分歧主要表现在对待传统律法的态度上。艾赛尼人同样相信灵魂不朽，死后复活，但对当时犹太社会的宗教、政治不满，不过不像奋锐党人那样积极反抗，而是持遁世态度。——译者

② 见《圣经·路加福音》第 23 章。——伏尔泰

③ 特里托莱姆，古希腊埃莱夫西斯国王，发明犁，从刻瑞斯那里学会耕地，并传授给阿提卡的居民。——译者

尚农耕的上帝。

刻瑞斯祭司是以背诵古代奥菲士的诗句开始的，足见此事完全真实：

你们要走公正之路，
敬拜宇宙唯一之主。
天主本身只有一个，
赖有天主始有万物。
天主作用于万物中，
通过万物发挥影响。
天主洞察世间一切，
从未为凡人所目睹。

说实话，我不明白为什么波萨尼亚斯会说这些诗句比荷马的诗句逊色。应当承认，至少就见识而言，这些诗句比《伊利亚特》和《奥德赛》，全篇都要高明得多。

我方才谈到，对顽固信仰多神教的人有必要暂不提上帝的唯一性这一信条。渥尔伯腾主教虽然有不少大胆的论断极其错误，可是应当承认他对上述见解，却作了有力的支持。因为，渥尔伯腾指出，据普鲁塔克说，年轻的亚西比得[①]在参加秘仪之后，在与友人宴乐时，公然侮辱了墨丘利的塑像，所以愤怒的人们要求惩罚他。

因此必须极其谨慎从事，不要触犯民众的成见。亚历山大本

① 亚西比得（前450—前404），雅典将军，苏格拉底的门生。讨伐西西里时被任命为统帅。——译者

134 人(如果这个故事并非虚构)在埃及得到秘宗祭司的许可后,把有关入教的秘密写信告诉了他母亲,同时要求他母亲阅后将信烧毁,以免惹怒希腊人。

那些受错误的狂热所迷惑的人后来居然说,秘仪只是可耻的放荡行为,但是"入教者"这个词本身便可使他们改变谬见,因为该词意味着人们开始一种新的生活。

说明举行这些秘仪只是为了激发人们的道德观念之另一无可反驳的证据,就是典礼完毕时的惯用语。希腊人是口念两个古老的腓尼基语词:Kof tomphet,即"检点行为,保持纯洁"(渥尔伯腾:《摩西的神圣使命》第1卷)。最后,还有一个证据:尼禄皇帝有弑母之罪,他游历希腊时,无法参加秘仪,因为他罪恶很大,尽管他是皇帝,教徒们都不愿接纳他。佐西姆[①]也说过,〔罗马皇帝〕君士坦丁在异教徒祭司中找不到愿为尼禄洗脱和赦免弑亲罪的人。

因此,在我们称为不信教者、异教徒、偶像崇拜者的那些民族中,确有一种极为纯洁的宗教信仰,而与此同时,人民和祭司们又奉行可耻的习俗、幼稚的教仪、可笑的教理,而且甚至有时还用杀人来祭祀某些想象中的、为智者所不齿和厌恶的神祇。

这种纯洁的宗教信仰就在于承认存在一个至高无上的上帝,
135 承认上帝的神意和正义。按德尔图良的说法,歪曲秘仪真谛的,是那种新生仪式:入教者必须显出复活的样子,这象征他将过一种新的生活。人们给入教者一顶花冠,他把花冠踩在脚下;主典祭司在他头上举起圣刀假装杀死他,他也假装倒毙在地,然后他便仿佛再

① 佐西姆(亦译索西穆斯)(? —418),希腊籍教皇,417—418年在位。——译者

生了。至今在共济会[①]会员中还有这种古老仪式的残余。

波萨尼亚斯在《阿卡迪克》一书中告诉我们，在不少伊流欣努神庙中，人们鞭笞赎罪者和入教者，这种可憎的习俗，很久以后也被引入于若干基督教会。我不怀疑，在所有这些具有如此圣明、如此有益的内容的秘仪中，会掺入许多应受谴责的迷信行为。迷信导致放荡，而放荡则令人不齿。最后，所有信奉这些古代秘宗的人中，只剩下一些称为埃及人和波希米亚人的乞丐帮。这些人流浪欧洲，敲着响板，跳着伊西斯祭司的舞蹈，贩卖香膏，医治疥疮，而自己浑身长疥；相命卜卦，偷鸡摸狗。过去在半个已知的世界上曾经是最神圣的东西，竟落到如此结局。

三十八　开始为人所知的犹太人

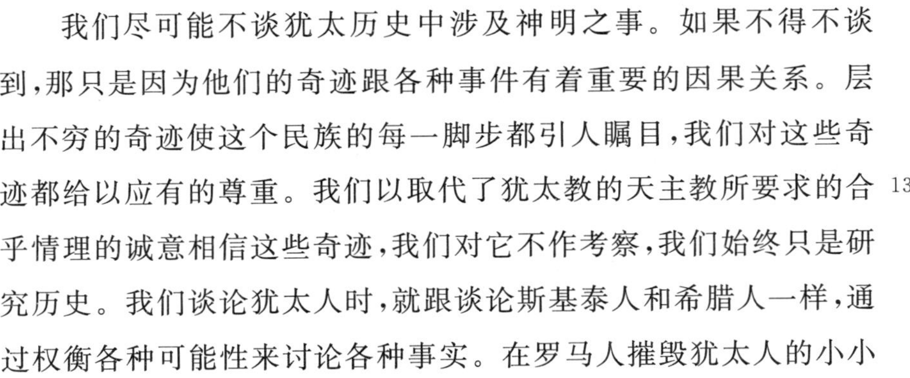

我们尽可能不谈犹太历史中涉及神明之事。如果不得不谈到，那只是因为他们的奇迹跟各种事件有着重要的因果关系。层出不穷的奇迹使这个民族的每一脚步都引人瞩目，我们对这些奇迹都给以应有的尊重。我们以取代了犹太教的天主教所要求的合 136
乎情理的诚意相信这些奇迹，我们对它不作考察，我们始终只是研究历史。我们谈论犹太人时，就跟谈论斯基泰人和希腊人一样，通过权衡各种可能性来讨论各种事实。在罗马人摧毁犹太人的小小国家之前，除了犹太人自己，世界上没有人撰写过他们的历史，因

① 共济会，一种非宗教秘密团体，用共同记号互相认同，分布在欧洲各地。——译者

此只有参考他们自己写的编年史。

如果跟其他民族一样，只是从定居下来并有一个首府的时候算起，那么这个民族的出现是极晚的。似乎只是在所罗门时代，即大约在赫希俄德、荷马时代和雅典执政官时代，犹太人才为邻近民族所注意。

东方人对所罗门这个名字很熟悉；但并不知道大卫[①]。扫罗的名字就更不用说了。扫罗以前，犹太人似乎只是沙漠阿拉伯的一个游牧部族，势单力薄，所以腓尼基人对待他们，就像拉栖第梦人对待希洛人[②]一样。希洛人是奴隶，不准有武器，无权打铁，甚至无权磨利犁铧和斧刃，要磨就得到他们主人家去磨。犹太人在《圣经·撒母耳记上》〔第13章〕中对此有所叙述，而且说当扫罗和约拿单[③]在伯亚文[④]跟腓尼基人或称非利士人[⑤]作战时，既无剑，亦无枪；交战之日，扫罗叫百姓起誓，凡不等到晚上战斗完毕就吃东西的人一律抓来杀了祭祀天主。

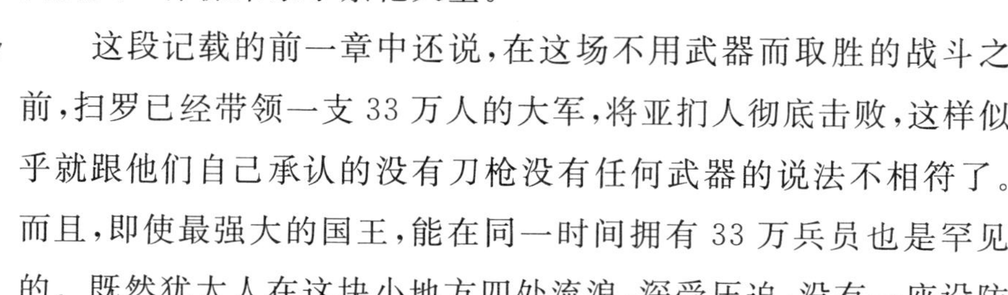

137 这段记载的前一章中还说，在这场不用武器而取胜的战斗之前，扫罗已经带领一支33万人的大军，将亚扪人彻底击败，这样似乎就跟他们自己承认的没有刀枪没有任何武器的说法不相符了。而且，即使最强大的国王，能在同一时间拥有33万兵员也是罕见的。既然犹太人在这块小地方四处流浪，深受压迫，没有一座设防

① 大卫（公元前11世纪—前961），古代以色列国第二代国王。在公元前1000年左右建立统一的以色列王国，定都耶路撒冷。——译者

② 拉栖第梦人即古希腊的斯巴达人。希洛人是斯巴达的国有奴隶。——译者

③ 约拿单，扫罗之子。——译者

④ 《旧约》镇名，位于便雅悯北部边界，邻近艾城。——译者

⑤ 非利士人，犹太人对腓尼基人的敌称。——译者

的城市，没有一支军队，没有刀枪，怎能把 33 万名士兵投入战斗？有这样大的兵力就可以征服亚洲和欧洲了。这些明显的矛盾，只好让博学多才、可尊敬的作者们用高超的智慧去解决。应当尊重的我们照样尊重，我们还是回到犹太人自己写的历史上来。

三十九 埃及的犹太人

犹太人的编年史称，犹太民族上古时代居住在埃及边境卡西乌斯山和锡尔邦湖附近的歌珊或格珊[1]，那里至今还是阿拉伯人冬季到下埃及放牧的地方。这个民族原先只有一个家族，在 205 年中繁衍为大约 300 万人，因为按照《创世记》说，犹太人出埃及时已有 60 万兵士，而要提供这么多兵士，就要有许多妇女、姑娘和老年人。这种违反自然常序的繁殖速度，也是上帝惠赐犹太人的一个奇迹。

据说埃及国王曾谕令两个接生婆把生下来的希伯来男孩都弄死；据说国王的女儿身居孟菲斯，却到远离孟菲斯、人们因害怕鳄鱼而从不敢去的尼罗河支流洗澡。对这些传说，许多有识之士表示惊讶，但也枉然。据说摩西在率领整个民族摆脱奴役之前，便已经 80 高龄，有识之士对此年龄提出异议，同样也是徒劳之举。

他们对〔圣经所述〕埃及十大灾难[2]是否属实争论不休。他们 138

---

① 埃及的一个地区，位于尼罗河三角洲。《圣经·创世记》载，在埃及为宰相的约瑟安排其父雅各和众兄弟在歌珊以畜牲为业，此后希伯来人一直在这里居住，直至被迫离开埃及。——译者

② 见《圣经·出埃及记》。——译者

说埃及王国的法师做不出上帝的使者所做的那些奇迹，如果上帝赐予他们这种能力，那就是作法自毙。他们断言，摩西已把水都变成了血，那就没有水可供法师施行同样的法术了。

他们问，既然埃及法老的所有马匹经过第五、第六、第七、第十种天灾之后已全部死亡，怎能以大队骑兵追赶犹太人？他们问，由上帝率领的60万名士兵既然能打败长子全被击杀的埃及人，为什么又要逃跑？他们还问，为什么上帝不把土地肥沃的埃及赐给他所宠爱的民族，却让他们在可怕的沙漠中流浪40年？

对于无数这样的诘难，回答只有一个，那就是上帝要这样做，教会相信这一切，所以我们就应当相信。这个民族的历史有别于其他民族之处就在于此。每个民族都有自己的奇迹，然而在犹太民族中，一切全是奇迹。我们可以说，这理应如是，因为他们是由上帝亲自领导的。上帝的历史不应与凡人的历史相似，这是至明之理。因此对于这些只应由圣灵[①]去谈论的超自然的事，我们将不去论述，更不敢妄加解释。让我们仅对可以评论的为数不多的一些事件略加考察吧。

四十　只能视为民族首领的摩西

自然之主只把力量赐予所选择的人。在摩西身上，一切都是神乎其神。不少学者把他视为极其精明干练的政治家，另一些人

① 按基督教说法，圣灵是上帝的三个位格之一。三位即圣父、圣子、圣灵。——译者

则只把他看做一根脆弱的芦苇，而神明优渥有加，要假他之手来决定各个帝国的命运。一个八十老翁，要领导他根本无权领导的整 139
个民族，这究竟是个什么样的人？他手不能打仗，口不会演说，老态龙钟，口齿不清。40 年中，他只是带领他的追随者辗转于可怕的荒漠地带，他想使他们定居，但一个地方也没有找到。看他奔波于书珥、讯、何烈、西奈、巴兰、加低斯巴尼亚等沙漠地区①，看他步步后退，直到快回到原来出发的地方，简直很难说他是个伟大的首领。他率领着 60 万名士兵，却无法供应部队的被服粮草。但是上帝安排一切，弥补一切，上帝通过奇迹给子民以衣食。因此摩西本人是微不足道的。他软弱无能，只能靠万能的上帝指引。因此我们只能把他看做是人而非上帝的使者。作为上帝的使者，那他就是更为崇高的研究对象了。

他想到约旦河西岸的耶利哥地区迦南人的国度去，据说那里从某些方面说来是个好地方，可是他没有走这一条路，却转而向东，走到以旬迦别和死海之间，此地荒芜贫瘠，山峦起伏，光秃得连小灌木也不生长，没有泉水，只有几口小咸水井。迦南人或腓尼基人闻有异族入侵，就到加低斯巴尼亚附近的沙漠去迎击。在一个今天只有二三千居民的地方，他带领着 60 万名士兵，怎么会被打败的呢？经过 39 年。他打了两次胜仗，然而他根本没有实现他的

① “书珥”，《旧约》所载沙漠名。位于苏伊士海湾东面，与埃及相对。希伯来人渡过红海后，即进入书珥的旷野。“汛”，《旧约》地名。以色列人向迦南进发时经过的旷野。“何烈”，《旧约》山名，位于西奈半岛。“巴兰”，《旧约》地名。犹太南部的一个旷野。“加低斯巴尼亚”，《旧约》地名，地处巴兰旷野、寻旷野和以东边界上，距巴勒斯坦和埃及之间的大道不远。从列举的地名可看出，摩西出埃及后，向东、南下，然后又北上。——译者

使命，他和他的部众没有踏进他想征服的地方就死了。

按我们通常的看法，一个立法者应当受人爱戴和敬畏，但不应过分严酷，乃至达到野蛮的地步；他应当通过掌管律法的人对罪人施加某些刑罚，而不应让他的民族的一部分人任意残杀其余的大部分人。

140 如果摩西只是根据自己的意志行事，那么在他将近120岁时，怎么会这样惨无人道，这样嗜杀成性，只因自己亲兄弟的渎职行为而命令利未人将同族兄弟一律杀掉，数达23000人[①]，而他的亲兄弟不但没有死，反而铸造了一头金牛让人膜拜？在发生了这种可耻行为之后，他的亲兄弟成了大祭司，而23000人却惨遭杀戮，居然有这么回事！

摩西娶了一个米甸女人为妻，她是佩特腊阿拉伯的米甸大祭司耶特罗的女儿。耶特罗对他恩深义重，让自己的儿子给他在沙漠中充当向导。摩西出于何等悖乎常情的残忍心（根据我们浅薄的知识来判断），竟会借口发现有个犹太人跟米甸女人睡觉，就把她那一族的24000人杀了祭神[②]？听到这种骇人听闻的大屠杀，人们怎能说“摩西是心地最善良的人？”就人之常情而言，人们出于理智和人性，会对这些惨无人道的暴行愤慨万分的。然而，如果我们把摩西视为执行上帝的意图和为上帝复仇的使者，那么我们眼前的一切都会顿然改观。摩西不是作为凡人而行动的人，他是神的工具。对于神，我们无权质问，我们只能顶礼膜拜，缄口无言。

---

① 《圣经·出埃及记》第三十二章。——译者

② 据《圣经·民数记》第二十五章记载，这24000人犯了崇拜迦南人的巴力教之罪，害瘟疫死去。——译者

如果摩西同琐罗亚斯德、托特、早期的婆罗门、努玛[1]、穆罕默德以及其他许多人一样，亲自建立起他的宗教，那么我们就要问他，为什么在他的宗教中没有使用最有效、最实用的办法来制止贪婪和凶杀？为什么他没有明确宣布灵魂不灭、死后的奖惩报应这些在埃及、腓尼基、美索不达米亚、波斯和印度长期以来已被人接受的信条？我们将对他说："你曾身受埃及人的智慧之育，你是立 141
法者，可你却完全无视埃及人的主要信条——人类最必需的信条。这是极其有益、极其神圣的信条，所以就连你自己的犹太人，尽管粗鄙不堪，在你去世很久之后，也把它接受了下来，至少可以说，经过1000年后，艾赛尼人和法利赛人把这种信条部分地接受下来了。"

这种对一个普通立法者的严厉指责，如果涉及的是上帝自己发布的一项律法，那就不能成立，而且我们也明白这种指责是完全无力的。因为上帝既然俯就犹太民族之王，就会用世俗方式对他们进行赏罚，而且他只是在他明令规定的时间才肯向犹太人揭示灵魂不灭和地狱永罚之理的。在犹太民族中，凡属有关人性的事件几乎全都极其丑恶不堪，而一切涉及神明之事又非我们贫乏的知识所能理解，所以不论在哪种情况下，我们都只好一言不发。

曾经有一些学问精深的人从历史上的皮浪学派观点出发，竟至于怀疑是否有摩西这个人。在这些人看来，摩西的一生，从呱呱坠地到葬入坟墓，都极其不可思议，似乎是模仿古代阿拉伯神话尤其是古代巴克斯神话编造出来的[2]。他们不知道摩西是何时代

① 努玛，古罗马共和国成立前统治罗马的第二代国王，据传公元前715—前673年在位。——译者

② 参见本书《导论》第28节。——伏尔泰

人；连传说的摩西生活期间，埃及法老或国王的名字也不清楚。在人们认为摩西曾经游历过的地方，没给我们留下任何文物，任何遗迹。在这些人看来，在今天仅有三四千人的两三个游牧部落的沙漠里，摩西曾经统治过二三百万人达 40 年之久，这是不可能的。我们根本不会接受这种轻率的意见，否则就要把犹太民族古代史的一切根据都推翻了。

我们也不同意阿本－埃斯拉、马伊莫尼德[1]、努涅斯[2]以及《犹
142 太教仪》作者[3]的意见，虽然博学的勒克莱尔[4]、米德尔顿[5]以及号称荷兰神学家的那些著名学者[6]，甚至伟大的牛顿，都支持他们的看法。这些有名学者都断言，不管是摩西还是约书亚都不可能写出人们认为是他们写的那些书。他们说，如果确有这两个人写的历史和律法，那就应当是刻在石上的，而刻石的技术需要十分细心掌握，不可能在沙漠中培训出来。他们所根据的是一些臆测和明显的矛盾，我们在别的地方也会遇到这种情况。同这些伟大人物相反，我们赞成人们普遍的意见，即犹太教会和基督教会的意见，我们承认这种意见是完全正确的。

这并不是说我们指责勒克莱尔、米德尔顿、牛顿等人亵渎宗教，我们没有这个意思。我们深信，即使在他们看来关于摩西和约

---

① 马伊莫尼德（亦译“迈蒙尼德”）（1135—1204），犹太医生、神学家、哲学家。——译者

② 努涅斯，16 世纪西班牙人文主义者，曾翻译《圣经》的一部分。——译者

③ 指莫德纳（1571—1648），意大利籍犹太教拉比、诗人、学者。——译者

④ 勒克莱尔（1657—1736），瑞士百科全书编纂家和圣经学家。——译者

⑤ 米德尔顿（1570—1627），英国悲剧作家。——译者

⑥ “荷兰神学家”指格劳修斯、西蒙、迪潘。——原编者

书亚的书以及《摩西五经》的其余部分似乎不是出于这些犹太英雄人物之手，他们也还是相信这些书是受神的启示写成的。他们在〔《圣经》的〕《创世记》、《约书亚记》、有关参孙[①]事迹〔的《士师记》〕、《路得记》的每一行中都能认出上帝的手记。可以说，犹太的著作家只不过是上帝的秘书，一切均由上帝口授。牛顿无疑也不会有另外的想法，这一点是相当清楚的。上帝使我们免于与邪恶的伪君子为伍，他们抓住各种口实指责所有的伟大人物反对宗教，就像以前指责伟大人物施展巫术一样。如果我们随随便便地想使公众相信，世上最有学问的人和最伟大的天才并非真正的基督教徒，那么我们认为，这不仅是昧心之言，而且是对基督教的极大侮
辱。我们越是尊崇我们所从属的宗教，我们就越认为这个宗教会 143
以其特有的仁慈来宽容这些德高望重的学者们的看法。

四十一　摩西以后至扫罗时代的犹太人

我不想去研究，犹太人的统帅约书亚在率领其部众在耶利哥附近从约旦河东岸来到西岸时，为什么需要上帝使河水断流，其实在这地方河宽不足 40 法尺，架一木桥十分容易，涉水过河更为方便。这条河有好几处可以涉水而过。以色列人〔的一支派在过河时因被查出〕不会念“示播列”(shiboleth)这个词而有 42000 名被〔另一支派〕以色列人杀死，这就是证明[②]。

---

① 《旧约》人名。据《士师记》载，参孙是古代以色列民族的士师，力大无穷。——译者

② 见《圣经·士师记》第十二章。——译者

144 我不想去询问，为什么耶利哥的城墙会在号角声中自行坍塌，这是上帝施惠这个民族——他宣布自己是这个民族的王——而做出的新奇迹，不属于历史的范围。我不想去考察，约书亚凭借什么权利去毁灭那些连他的名字都从未听说过的村庄。犹太人说："我们是亚伯拉罕的后裔；亚伯拉罕440年前到过你们这里，因此你们这块地方属我们所有，我们必须把你们的母亲、你们的妻子和你们的孩子统统杀死。"

法布里西乌斯[①]和贺斯泰尼乌斯[②]曾经这样反诘自己：如果一个挪威人带着几百个同胞来到德国，对德国人说："400年前我们国家有一个人，一个陶瓷商的儿子，曾来到维也纳附近旅行，因此奥地利属于我们，我们以天主的名义来把所有的人统统杀死"，那么人们会怎么说呢？不过这两位作者认为，约书亚的时代不是我们的时代，不该由我们以世俗的眼光来看神明之事，何况上帝有权通过犹太人之手来惩罚有罪的迦南人。

据说耶利哥一被征服，犹太人便杀死全城生灵来祭祀他们的上帝，老人、妇女、姑娘、吃奶的婴孩以及所有动物无一幸免，只有一名妓女[③]例外，因为她曾把犹太侦探藏在家中。其实既然城墙会在号角声中自行倒坍，那就根本无须派遣这些侦探。这且不说，犹太人为什么还把有用的动物也统统杀死呢？

---

① 法布里西乌斯(活动时期公元前3世纪)，古罗马统帅、政治家。公元前282和前278年任执政官。——译者

② 贺斯泰尼乌斯(前114—前50)，古罗马雄辩家。——译者

③ 指喇合(参见本《导论》第36章)。但伏尔泰随后说她成了大卫的祖先，这是误指。按另一同名女子喇合是撒门的妻子，士师时代波阿斯的母亲，波阿斯的孙子是耶西，而大卫是耶西之子，所以这个喇合才是大卫的高祖母。——译者

这个女人，《通俗本圣经》中称她为妓女，显然此后生活比较正派，因为她成了大卫的祖先，甚至是继犹太教徒之后的基督教徒的救世主的祖先。所有这些事件都是一些象征，一些预言，它们早就 145
预告了〔上帝对犹太人〕确定不移的恩典。我再说一遍，我们不想去触及这些宗教奥秘。

《约书亚记》说，约书亚在成为迦南一部分地区的主人之后，曾吊死了当地的 31 个王，即 31 个敢于保卫其家园和妻子儿女的部族首领。这里我们应当匍匐于上帝脚下，感谢他假约书亚之剑惩罚了这些国王的滔天罪行。

邻近民族联合起来反对犹太人，这是不足为奇的，因为在这些睁眼瞎的人心目中，犹太人只能被看成是一些十恶不赦的强盗，而不是神明惩罚和拯救人类的神圣工具。犹太人沦为美索不达米亚国王库桑的奴隶。但是，从美索不达米亚到耶利哥路途遥远，想必是库桑征服了叙利亚和一部分巴勒斯坦。不管怎样，犹太人先是当了 8 年奴隶，随后 60 年的境况也差不多，在这 60 年中他们仍处于某种受控制的状态，虽然法律规定他们可以使用从美索不达米亚到幼发拉底河的整个地区，允许这一大片地方归他们居住[1]，但如果他们是自由的，他们肯定就会试图把这块地方占据下来了。在被以笏[2]所刺杀的摩押王伊矶伦[3]统治下，犹太人当了 18 年奴隶；以后 20 年中，他们又是迦南的一个他们不知道名字的民族的

---

① 见《创世记》第 15 章，18 节；《申命记》第 1 章，7 节。——伏尔泰

② 以笏，亦译埃胡德，古代以色列士师。——译者

③ 《士师记》载，士师时代之初，摩押王伊矶伦侵入迦南地，在耶利哥设都，统治以色列民众达 18 年。——译者

奴隶，直至骁勇善战的女先知底波拉[①]把他们解救出来为止。此后他们还当了7年奴隶，直至基甸[②]时期。

在耶弗他之前他们当了腓尼基人（他们称为非利士人）18年的奴隶。以后他们又被腓尼基人奴役了40年，直至扫罗时期。令我们困惑不解的是：参孙只要用一根驴腮骨便杀死3000个非利士人，而上帝借参孙之手又创造出了最惊人的奇迹，可犹太人甚至在参孙时期却仍然是奴隶。

146 现在让我们看看，犹太人从在沙漠中流浪直至抽签选出国王为止，有多少人被他们自己的弟兄杀死，或者根据上帝的命令被消灭了。

利未人膜拜摩西的兄弟所铸金牛之后计杀死犹太人 …………………………………………… 23000人

犹太人因可拉[③]反叛摩西事件而被烧死 …………… 250人

因同一反叛事件而被杀死 …………………………… 14700人

因与米甸女人发生关系而被杀死 ………………… 24000人

在约旦河徒涉处，因不会说“示播列”一词而被杀死 …………………………………………… 42000人

因进攻便雅悯人[④]而被杀死 ………………………… 40000人

被其他部落杀死的便雅悯人 ……………………… 45000人

---

① 底波拉，《圣经》中以色列女先知和士师，曾参加以色列人战胜迦南人的战争。——译者

② 基甸，《圣经》中人物，公元前12世纪以色列士师，曾征服米甸人。——译者

③ 可拉，《圣经》中人物，利未人，因与亚比兰和大坍一起反叛摩西，他们脚下的地开口，将他们吞没，见《圣经·民数记》第16章。——译者

④ 便雅悯、伯示麦人，均以色列部族，即犹太支族。——译者

耶和华的圣约柜被非利士人掳走，上帝为了惩罚非
利士人，使生痔疮，于是他们把圣约柜送回伯示麦，
并向天主献 5 个金肛门和 5 只金鼠，这时伯示麦人[1]
因偷看圣约柜而被处死[2]………………………… 50070 人

共计 239020 人

这样，根据上帝本人的命令，或者由于犹太人的内战而被消灭的犹太人共有 239020 人，死于沙漠和死于对迦南人作战等等的若计算在内，就可达到 100 多万人。

如果我们像评论其他民族一样来评论犹太人，我们就无法想 147
象雅各的子孙怎么能够繁殖成一个人口如此众多的种族以承受这样大的损失。但是领导他们的上帝，对他们进行考验和加以惩罚的上帝，使这个民族在一切方面都跟其他人如此不同，以至于必须用与看待世上其余人类不同的眼光来看待他们，而不要像评论普通事件那样来评论这些事件。

四十二　扫罗以后的犹太人

犹太人在自己的国王统治下，似乎并不比在士师时代更为幸福。

犹太人的第一个国王扫罗被迫自尽，他的两个儿子伊施波设和米非波设被人谋杀。

〔继位〕国王大卫把扫罗的 7 个孙子交给基遍人[3]钉死在十字

---

① 便雅悯、伯示麦人，均以色列部族，即犹太支族。——译者

② 见《圣经・撒母耳记》第 5 章及第 6 章。——译者

③ 基遍，《旧约》地名。希末族的都城，在耶路撒冷北面。——译者

架上。大卫命令他的儿子所罗门杀死他的另一个儿子亚多尼雅及其将军约押。犹太王亚撒[①]下令杀死耶路撒冷的一部分居民。巴沙[②]杀了耶罗波安[③]之子拿答及其所有亲属。耶户[④]杀死约兰[⑤]和亚哈谢[⑥]，还杀了亚哈的70个儿子和亚哈谢的42个兄弟及其所有朋友。亚他利雅[⑦]杀死除了约阿施[⑧]以外所有的孙子，她自己又被大祭司耶何耶大所杀。约阿施又被自己的仆人们所杀。犹太王亚玛谢〔在拉吉被叛民〕杀死。撒迦利亚被沙龙[⑨]暗杀，沙龙又被米拿现[⑩]杀死。这个米拿现把提弗萨[⑪]城所有孕妇全部剖腹。米拿现之子比加辖[⑫]为利玛利[⑬]之子比加[⑭]所暗杀，而利玛利则为以拉[⑮]之子何细亚[⑯]所杀。犹太王玛拿西[⑰]曾下令杀死大批犹太人，而犹太人则杀死了玛拿西的儿子亚们，如此等等[⑱]。

就在这一片杀戮之中，巴比伦国王萨尔玛纳萨尔[⑲]掳走了10

① 亚撒，以色列分国后，犹太国第3代国王，公元前915—前875年在位。——译者

②③④⑤⑧ 均为公元前10世纪至前9世纪以色列国王。——译者

⑥ 据《列王纪》下第9章，耶户击伤犹太王亚哈谢，而非此处所说的“杀死”。——译者

⑦ 亚他利雅，公元前9世纪犹太王约兰之妻，亚哈谢之母。亚哈谢死后，太后尽杀王子，篡位为女王。——译者

⑨⑩⑫⑬⑭ 公元前9—8世纪以色列国王。——译者

⑪ 提弗萨，《旧约》地名，邻近幼发拉底河。——译者

⑮ 公元前9—8世纪以色列国王。——译者

⑯ 何细亚，公元前8世纪以色列末代国王。——译者

⑰ 玛拿西，公元前7世纪犹太王。——译者

⑱ 此段所述事例，分见《圣经·列王纪》上下各章。——译者

⑲ 指亚述帝国国王萨尔玛纳萨尔五世(前727—前722，即《圣经·列王纪》中的撒缦以色)；他同时又是巴比伦国王，名乌卢拉伊。——译者

个〔以色列〕支派[①]，这些人除了一些干粗活的被留下种地外，全部沦为奴隶，并从此流离失所。

不久，剩下的两个支派成为奴隶，达 70 年。70 年后，这两个 148
支派得到他们的征服者和主人的允许回到耶路撒冷。但这两个支派以及为数不多的、残存于撒马利亚[②]而与外来居民杂居的犹太人，一直都受波斯王的统治。

当亚历山大占领波斯时，犹太地区也在其统治范围之内。亚历山大之后，犹太人时而受亚历山大在叙利亚的继承者塞琉古王朝统治，时而受亚历山大在埃及的继承者托勒密诸王统治；他们始终受奴役，只靠在亚洲各地做掮客为生。他们得到埃及国王托勒密·伊壁芬尼斯[③]的某种宽待。一个名叫约瑟的犹太人成为这个托勒密王治下的下叙利亚和犹太地区的包税人。这是犹太人最好的时期，因为正是这时期，他们建造了他们的城市的第 3 部分，以后称为马卡比围墙，因为这是由马卡比家族[④]完成的。

他们刚挣脱托勒密王的枷锁又落入叙利亚王安提柯大王的桎

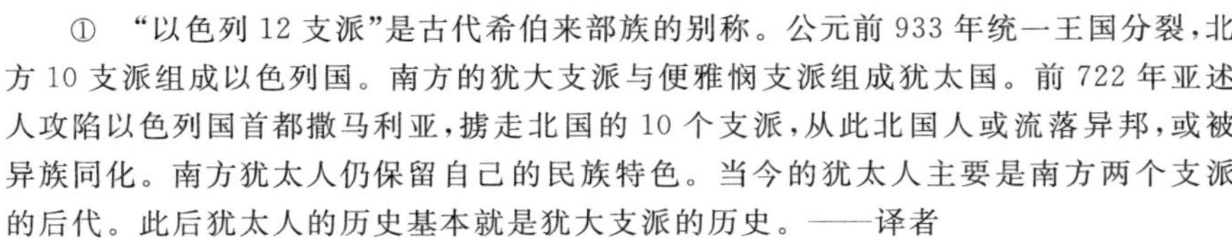

① “以色列 12 支派”是古代希伯来部族的别称。公元前 933 年统一王国分裂，北方 10 支派组成以色列国。南方的犹大支派与便雅悯支派组成犹太国。前 722 年亚述人攻陷以色列国首都撒马利亚，掳走北国的 10 个支派，从此北国人或流落异邦，或被异族同化。南方犹太人仍保留自己的民族特色。当今的犹太人主要是南方两个支派的后代。此后犹太人的历史基本就是犹大支派的历史。——译者

② 撒马利亚，以色列王国首都。——译者

③ 托勒密·伊壁芬尼斯（约公元前 210—前 180），埃及国王托勒密五世，公元前 203—180 年在位。——译者

④ 马卡比家族是耶路撒冷西北莫顶地区的著名祭司家族。“马卡比”即“锤子”之意，原是公元前 168 至公元前 64 年犹太独立战争的领导人马提亚的绰号，后指整个马提亚家族，主要人物有马提亚和他的 5 个儿子。——译者

梏。他们由于在包税中发了财而变得大胆起来，便起而反叛其主人安提柯大王。这是马卡比家族的时期；亚历山大城的犹太人曾经对他们的英雄气概和战绩大加颂扬。然而马卡比家族并未能阻止安提柯，伊壁芬尼斯[①]之子安提柯·攸巴托[②]将军摧毁耶路撒冷圣殿的围墙，而只留下内殿；被控为叛乱策动者的大祭司奥尼亚斯还被砍了头。

犹太人从来都没有像在叙利亚的几个国王治下那样俯首贴耳地服从国王；他们不再膜拜异族的神。正是此时，他们的宗教最后固定下来了；但是他们比任何时候都更为不幸，他们始终期待着解放，指望先知的许诺得以实现，指望得到上帝的拯救，但是上帝却抛弃了他们，上帝的意旨不是人类所能了解的。

由于叙利亚的国王们屡次内讧，犹太人有过一段喘息时间；但
不久他们便拿起武器自相残杀。他们没有国王，大祭司便是首要
149 的人物；为了角逐这个地位，以暴力相对抗的党派蜂起。只有手执
武器才能成为大祭司，只有踏着竞争者的尸体，才能进入圣堂。

马卡比族的希尔坎当上了大祭司，但他始终是叙利亚人的臣仆。他叫人扒开了大卫的坟墓。有夸大狂约瑟夫斯说在这墓里找到 3000 个塔兰同[③]。这笔所谓的财宝，大概就是尼希米重建圣殿时要寻找的东西。安提柯·西代泰斯[④]给予这个希尔坎铸造钱币

①② 古代叙利亚塞琉古王朝的两个国王，前者公元前 174—前 164 年在位，后者公元前 164—前 162 年在位。——译者

③ 塔兰同，亦译他兰同、他连特，古希腊和西亚的重量和货币单位。——译者

④ 安提柯·西代泰斯（约公元前 159—前 129），叙利亚塞琉古王国国王，即安提柯七世，前 138—前 129 年在位。——译者

的权利，但因为从来就没有犹太钱币，所以很可能大卫墓里的钱财并不多。

必须注意到，大祭司希尔坎是撒都该人，不信灵魂不灭，不信天使，这是撒都该人与法利赛人间争执的新内容，从而导致了彼此的分裂。法利赛人阴谋反对希尔坎，企图把他判处监禁和笞刑。希尔坎对他们实行报复，暴虐地统治他们。

希尔坎的儿子阿里斯托比尔[①]趁叙利亚和埃及发生纠纷之机自立为王，这是一个比犹太民族的所有压迫者都更残酷的暴君。阿里斯托比尔确实按时到圣殿祷告，并且从来不吃猪肉，但他却饿死他的母亲，杀死他的兄弟安提戈尼。他的继承人名叫让纳，跟他一样残暴。

这个让纳罪恶累累，死后留下两个儿子，他们互相残杀。这两个儿子也叫阿里斯托比尔和希尔坎。阿里斯托比尔赶走兄弟希尔坎而自立为王[②]。这时罗马正在征服亚洲。〔罗马执政官〕庞培顺道前来，欲使犹太人就范；他占领了圣殿，下令把叛逆者吊在城门上，并囚禁了自封的国王阿里斯托比尔。

这个阿里斯托比尔〔二世〕有个儿子，居然也叫亚历山大，他纠集部队，蠢蠢欲动，但终于被庞培下令吊死。

最后，马可·安敦尼[③]让一个以东地区[④]阿拉伯人即犹太人所

---

① 阿里斯托比尔一世，犹太国王，公元前105—前104年在位。——译者

② 即阿里斯托比尔二世，犹太王，前69—前63年在位。——译者

③ 马可·安敦尼(前82—前30)，罗马将军，曾与渥大维和雷必达结成后三头同盟。——译者

④ 亦译“以土卖”，指犹太地区南部和佩特腊阿拉伯北部的部分地区。——译者

150 诅咒的亚玛力人当了犹太国王。这个人就是希律[1]。据圣马太[2]说,这个希律因为得知在伯利恒[3]这个村庄诞生了一个犹太人之王(指耶稣——译者),而且有3个占星术士在一颗星的指引下前去〔向犹太王〕献礼,便把伯利恒周围所有的小孩杀掉。

这样,犹太人几乎从来不是受人控制,就是充当奴隶。我们知道他们是如何反抗罗马人,而罗马皇帝提图斯,接着是哈德良,又是如何以他们不愿吃的动物的价格,把所有犹太人都赶到市场出售的。

在图拉真和哈德良皇帝治下,他们的命运更为悲惨,这是该当如此。在图拉真时代,发生了一次地震,吞没了叙利亚最美丽的城市。犹太人认为这是上帝向罗马人发怒的信号,便在非洲和塞浦路斯聚众造反。他们对罗马人如此愤恨,竟至把他们所杀死的罗马人的肢体吃掉。但曾几何时,所有犯罪者便被酷刑处死。在哈德良时代,余下的人在自称是他们的弥赛亚[4]的巴科克巴斯率领下造反时,同样也是满腔怒火。但是这狂热之火在滚滚血流中被扑灭了。

奇怪的是还有犹太人残存下来。著名的犹太法学博士、图德拉的便雅悯[5] 12世纪在欧洲和亚洲旅行时,估计犹太人和撒马利

① 希律(公元前73—公元前4年),《新约》译为希律王。——译者

② 圣马太,耶稣的12门徒之一,《圣经·马太福音》的作者。——译者

③ 伯利恒,位于耶路撒冷以南8公里,耶稣在此诞生。——译者

④ 弥赛亚,犹太教中的复国救主,基督教借用此说,谓耶稣就是弥赛亚,但不是犹太人的复国救主,而是救世主,凡信仰他的,灵魂得救。——译者

⑤ 图德拉的便雅悯,生于1173年。犹太人拉比,旅行家,著有《欧非亚旅行记》。图德拉是西班牙地名。——译者

亚人约共有 38 万人；他不应把西藏附近的一个所谓的泰玛王国计算在内。在这个问题上，这位便雅悯或者是骗人，或者是受骗，说是在这个王国里有 10 个古老支派的 30 万犹太人，受一个君主统治。自罗马皇帝韦伯芗以来，犹太人除了红海附近福地阿拉伯沙漠中的几个游牧部落之外，从来没有自己的国家。穆罕默德起初不得不对犹太人加以笼络，但最后他还是摧毁了他们在麦加以北 151
建立的小小的控制地盘。从穆罕默德时起，他们就真正不再组成一个民族实体了。

我们只要顺着犹太这个小民族的历史发展线索，就可以看到它不可能有别的结局。他们自吹出埃及时像一群盗贼，带走了从埃及人借来的所有的东西；在他们占领的所有村镇中杀尽男女老幼，一个不留，并以此为荣。他们甚至公然宣称对一切民族怀有不可调和的仇恨①。他们反叛所有的主人。

① 渥尔伯腾主教为了替犹太人对其他民族的仇恨作辩解，曾以痛恨和谩骂的态度撰文反对几位法国作者。下面是一篇反驳他的文章中的一段话：

"现在让我们来谈谈以色列人对所有民族的根深蒂固的仇恨吧。请你告诉我，若没有仇恨，会把父亲、母亲、男孩、女孩、襁褓中的婴儿甚至牲畜统统杀死么？一个把沾满胆汁和墨水的双手浸在血泊中的人，敢说他杀人没有愤怒和仇恨么？请你把所有命令犹太人不要让一个人活下来的篇章再读一遍，然后再去说什么不曾允许犹太人去仇恨他人这种话吧。这是对什么是仇恨作了粗暴的曲解；这等于说一个高利贷者不会算账。

命令犹太人不要用异族人用过的盘子吃东西，不要接触异族人的衣裳，这怎么不是命令他们憎恶异族人呢？……你说，犹太人只是仇恨偶像崇拜而不是仇恨偶像崇拜者，这是多么可笑的区别！

一天，一只吃饱了的老虎遇到几只羊，羊就逃跑，老虎就追，并对羊说：我的孩子们，你们以为我不爱你们；你们错了，我恨的是你们的咩咩声；我是喜欢你们的，我是这样喜欢你们，我只想和你们打成一片，跟你们血肉相连，我喝你们的血，吃你们的肉，就是为了使你们同我成为一体。请你评判，还有爱得比这更深的么？"——伏尔泰他们始终很迷信，总是觊觎他人财物，从来都很野蛮，失意时卑躬屈膝，得意时傲慢无礼。过去在能够阅读犹太人书的希腊人和罗马人眼里，犹太人就是这样德行的人；但是在受到信仰启迪的
152 基督徒看来，犹太人是我们的先驱，他们给我们开辟了道路，他们是上帝的使者。

跟犹太民族一样在东方到处流浪，而且跟它一样不同任何人联合的另外两个民族是巴尼亚人[①]和称为盖布尔人[②]的琐罗亚斯德教徒。这些巴尼亚人跟犹太人一样素擅经商，是印度古代和平居民的后裔，他们从不与外族人通婚，也不跟婆罗门通婚。琐罗亚斯德教徒就是从前统治东方并成为犹太人的主人的波斯人。他们从奥玛尔时期起散居各地，与世无争地耕耘着所占据的一部分土地，忠实地信奉古老的琐罗亚斯德教，崇拜唯一的上帝，并保存着他们视为神的产物和神的标志的圣火。

至于秘密敬拜伊西斯的一部分埃及人，今天只残存于若干流浪者群中，不久将永远绝迹，我就不把他们计算在内了。

四十三 犹太先知

我们将不会把希伯来人中的纳宾、罗赫之流跟其他民族的骗子混为一谈。我们知道，上帝仅仅向犹太人显圣，只有某些特殊情况是例外，例如给美索不达米亚先知巴兰以启示，使他说出的话跟

① 巴尼亚人，印度的一个民族。——译者

② 盖布尔人，指住在波斯的琐罗亚斯德教教徒。——译者

别人要他说的话截然相反[1]。这个巴兰是另一个上帝的先知，但〔犹太圣经〕没有说他是假先知。我们在前面已经指出，埃及的祭司就是先知和通灵者。通灵者这个词是什么意思？就是得到上帝启示的人。得到启示的人时而猜测过去，时而预卜未来；他常常只是满足于使用隐喻的方式说话，正因为这样，人们把诗人和先知都 153
称为预言家。

先知的称呼和身份，对于希伯来人来说，是不是像〔古希腊〕特尔斐城阿波罗神殿的女祭司那样，是根据法律授予某些选定的人的一种头衔和一种特殊职位？不是的。先知只是自感得到神启或具有幻觉的人。因此经常出现一些没有天职的假先知，他们自认为得到上帝的神启，但却常常酿成巨大的祸害，就像本世纪初塞文地区的先知们[2]那样。

很难区别真先知和假先知。因此犹太王玛拿西[3]以锯刑处死以赛亚[4]。耶利米和阿拿尼所预言之事彼此相反，国王西底家[5]无法决定孰真孰伪，便把耶利米投入牢房[6]。以西结[7]被一些犹太人——他当奴隶时的同伴——杀死。米该雅[8]预言国王亚哈和

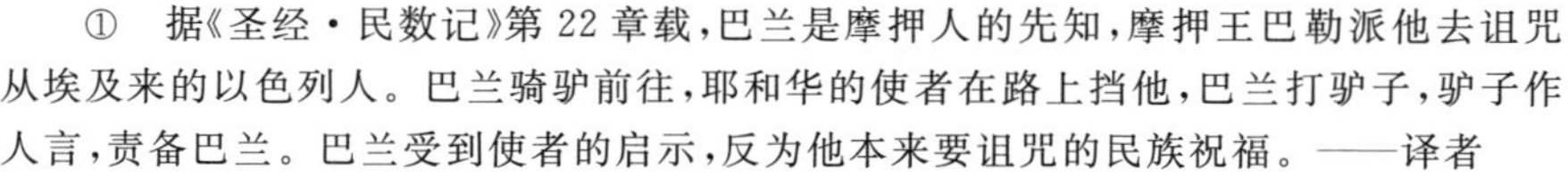

① 据《圣经·民数记》第22章载，巴兰是摩押人的先知，摩押王巴勒派他去诅咒从埃及来的以色列人。巴兰骑驴前往，耶和华的使者在路上挡他，巴兰打驴子，驴子作人言，责备巴兰。巴兰受到使者的启示，反为他本来要诅咒的民族祝福。——译者

② 指1702年法国塞文地区的加尔文派新教徒反对路易十四的起义。——译者

③ 玛拿西，犹太国王(公元前692—前638年在位)，后被掳至巴比伦。——译者

④ 以赛亚，《圣经》人物。犹太国的先知。——译者

⑤ 西底家，公元前6世纪犹太国末代国王。——译者

⑥ 见《圣经·耶利米书》第28、32章。——译者

⑦ 以西结，公元前6世纪希伯来四大先知之一。——译者

⑧ 米该雅，公元前9世纪犹太先知。——译者

约沙法[①]灾祸将临，另一先知、基那[②]的儿子西底家就打了米该雅一记耳光，对他说："上帝通过我的手到达你的脸上。"《圣经·何西亚书》[③]第 9 章中说，先知都是疯子。先知们彼此把对方都当作幻觉者和撒谎者对待。因此除了等待预言实现，无法判断真假。

以利沙前往叙利亚的大马士革时，正在生病的国王想知道自己是否能够痊愈，便赠送他 40 匹骆驼。以利沙回答："国王可以治好，但他将会死去。"国王果然死了。以利沙若不是真正的上帝的先知，人们便可能怀疑他是准备好遁词来应付各种情况的。因为，如果国王没死，那么以利沙已经预言国王可以治好，而没有说明国王什么时候死。但是，由于以利沙已经以出色的奇迹完成了他的
154 使命，人们也就不能怀疑其预言的真实性了。

这里我们不想同那些评论家一道去研究以利沙从〔另一先知〕以利亚那里接受的双重神启是什么！也不去探索以利亚坐一辆燃烧着的马车——这是希腊人在诗歌中描绘的阿波罗的战车，拉车的马也是燃烧着的——升天时交给以利沙的外衣意味着什么；犹太圣经中说有 42 个小孩看到以利沙在通向伯特利[④]的陡峭山路

① 约沙法，公元前 9 世纪犹太王。——译者

② 见《历代志》第 18 章。——伏尔泰（另见《圣经·列王纪上》第 22 章。——译者）

③ 何西亚是希伯来的先知之一。《何西亚书》见《圣经·旧约》。——译者

④ 伯特利是犹太教圣地之一，在耶路撒冷北 18 公里处。《圣经》说犹太祖先雅各在此梦见上帝，醒后立石祭之，名其地为伯利特，意为"上帝的屋子"，即"上帝的圣所"。基督教沿袭此说。——译者

走着，就嘲笑说："上去吧！秃头的，上去吧！"而这个先知为了报复，立即招来两只熊把这些天真无邪的小孩吃掉[①]。我们不想去深究这些究竟寓意什么，具有什么奥义。事实是清楚的，而意义则可以隐而不露。

这里要注意的是东方的习俗，犹太人变本加厉，令人瞠目结舌。这习俗不仅在于以寓意手法说话，而且用古怪的动作来表示想说明之事。在当时，这种习俗是再自然不过的，因为在很长时期，人们只是用象形文字来表达思想，所以养成了跟书写习惯一样的说话习惯。

因此，据希罗多德说，斯基泰人给〔波斯国王〕达拉赫——我们称为大流士——送去一只鸟、一只老鼠、一只青蛙和五支箭，意思是：如果大流士不像鸟一样飞快逃走，或者不像老鼠和青蛙一样躲藏起来，就要死于箭下。

这个故事可能不真实，但这毕竟是以象征示意这种古代习俗的一个证据。

国王们互相通信也使用隐喻，从希兰、所罗门、示巴[②]女王的书简中可以找到例子。当高傲者塔克文之子在花园里问他应如何对待加比亚[③]人时，他以打落长得高过其他花的罂粟花来作答。意思很清楚，那就是：必须消灭权贵而宽容百姓。

神话就是从象形的形式产生的，神话是人类最早的著作。神 155

① 见《圣经·列王纪下》第2章。——译者

② 示巴，《旧约》族名。古实人的一族，都城撒巴，即今米利阿巴的遗址。所罗门王时，有示巴女王慕名前来拜谒。——译者

③ 加比亚，意大利古代城市，为罗马王塔克文所征服。——译者

话比历史古老得多。

必须对古代有所了解，方不致被犹太先知的隐喻式的行动和话语所吓倒。

先知以赛亚想告诉国王亚哈谢，过几年这位国王就可以摆脱联合起来反对他的叙利亚国王和撒马利亚国王，就对他说："在这孩子还不晓得弃恶择善之先，你所憎恶的那二王之地必致见弃。〔……〕那时主必用〔大河外〕赁的剃头刀剃去头发和脚上的毛，并要剃尽胡须，〔……〕"[①]于是先知以赛亚找来两个证人：撒迦利亚和乌利亚。以赛亚和女先知睡觉，女先知生下一个孩子。主给小孩取名为玛黑珥沙拉勒哈施罢斯（快来分战利品）[②]；这名字的意思就是人们将瓜分从敌人那里得来的战利品。

我不去深入探讨这个预言的意味深长、值得无比重视的寓意；我只限于研究这种今天在我们看来令人惊奇的习俗。

还是这个以赛亚，他赤身裸体在耶路撒冷行走，表示埃及人将被巴比伦国王剥夺得精光。

人们会说，怎么会有这样的事！一个人赤身裸体在耶路撒冷行走而不受司法机关干涉？是的，毫无疑问，第欧根尼[③]并不是古代唯一有这种胆量的人。斯特拉波在其所著书第15卷中说，印度婆罗门有一教派耻于着衣。至今我们在印度还可以看到一些苦行

① 译文引自《旧约·以赛亚书》第7章。——译者

② 《圣经·以赛亚书》第8章中译文作"掳掠速临，抢夺快到"。——译者

③ 第欧根尼（约前404—约前323），古希腊犬儒学派哲学家，认为除了自然的需要必须满足外，其他东西包括社会文化生活，都是不自然的，无足轻重的，因此应蔑视财富和各种礼仪。——译者

者为了替人民赎罪而一丝不挂，身系铁链，行走于市，阴茎上还套
着铁环。在非洲和土耳其也有这样的人。这些风尚不同于我们的 156
风尚，而且我不认为在以赛亚的时代，会有任何一种习俗跟我们的相似。

〔先知〕耶利米接受神启时只有 14 岁。上帝伸手碰他的嘴，因为他说话有困难。他首先看到一口沸腾的大锅倾向北方，这口大锅代表将从北方来的民族；而沸腾的水象征耶路撒冷的灾难。[①]

耶利米买了一条麻布带子束在腰间，并照耶和华的吩咐，把腰带藏在幼发拉底河附近的一个石穴中，后来又去取了出来，发现腰带已经腐烂。耶利米自己向我们解释了这个隐喻：说这表明耶路撒冷将因骄傲而腐朽[②]。

耶利米把绳索挂在颈上，身缠铁链，肩套铁轭；他把这绳索、铁链、铁轭送到邻国国王那里，意思是警告他们要服事巴比伦王尼布甲尼撒，他就是为了尼布甲尼撒而作出这一预言的。[③]

先知以西结更加令人惊奇：他向犹太人预言父亲将吃掉儿子，儿子将吃掉父亲。在作这预言之前，他看到四个闪闪发光的人状活物和四个轮辋周围长满眼睛的轮子；他吃下写在羊皮上的一卷书，人们用铁链捆他；他在一块砖上画耶路撒冷平面图；他把一个铁板置于地上；他 390 天向左侧卧，40 天向右侧卧；他必须吃用小麦、大麦、豆子、红豆、小米做成的饼，并用人粪烤饼吃。耶和华说：

① 见《圣经·耶利米书》第 1 章。——译者

② 见《圣经·耶利米书》第 13 章。——译者

③ 见《圣经·耶利米书》第 28 章。——译者

“以色列人在我所赶他们到的各国中，也必这样吃不洁净的食物。”以西结吃这种饼难以入口，耶和华允许他用牛粪代替人粪烤饼。他剃下头发，分成三部分，一部分在城中用火焚烧，一部分在城的四周用刀砍碎，又一部分任风吹散。①

这个以西结还道出一些更加令人惊奇的隐喻。他让耶和华在《以西结书》第 16 章中这样说：“在你初生的日子没有为你断脐带，也没有用水洗你使你洁净，丝毫没有撒盐在你身上〔……〕你就渐
157 渐长大，两乳成形，头发长成〔……〕我从你身旁经过，看见你的时候正动爱情，便用衣襟搭在你身上，遮盖你的赤体；〔……〕我给你鞋子、衣服、手镯、项圈、耳环〔……〕但是你仗着自己的美貌，就行邪淫〔……〕你在一切市口建造高台，又与一切过路的多行淫乱〔……〕你与你所爱的行淫露出下体〔……〕凡妓女是得人赠送，你反倒赠送你所爱的人，……”

〔第二十三章说〕“阿荷拉归我之后行邪淫，贪恋所爱的人：省长、副省长、军长〔……〕，她的妹妹阿荷利巴更为淫乱，贪恋情人身壮精足，如驴如马……”②

这些话在我们看来似乎很下流，很粗野，但对犹太人说则不然，那意思是指耶路撒冷和撒马利亚的叛教。这些叛教行为常常被比作卖淫、通奸。我再说一遍，不应以我们的风俗习惯和说话方式来评判古代的风俗习惯和说话方式；两者之间就像法语跟迦勒

① 此段所述分别见《圣经 · 以西结书》第 1、3、4、5 章。——译者

② 这些材料在几种新出版的书中，特别是在《关于百科全书问题》、《博林布罗克勋爵的重要研究》（此书为伏尔泰本人在 1767 年所作——译者）两书中，都有深入的描述。——伏尔泰

底语、阿拉伯语一样，彼此毫不相似。

耶和华起先命令先知何西阿娶一淫妇为妻(《何西阿书》第 1 章)，他遵从了。这妇人给他生了个儿子，耶和华叫何西阿为这男孩起名耶斯列，这名字是耶户家族的象征。耶户也将死去，因为耶户就是在耶斯列〔平原〕杀死约兰的[①]。然后，耶和华命令何西阿再去娶一个淫妇(《何西阿书》第 3 章)；有另一个人爱着这个女人，就像耶和华爱以色列的孩子们，而以色列的孩子们却眼睛盯着异
族的神并且喜欢葡萄饼一样。在阿摩司的预言(《何西阿书》第 4 158
章)中，耶和华威胁要把撒马利亚的母牛扔入大锅中。

总之，一切都跟我们的风尚和想事的方式相反，而如果我们对所有东方民族的习俗加以考察，就会发现，他们的习俗不仅在古代，甚至在我们对这些有更进一步了解的今天都跟我们的习俗截然不同。

四十四　犹太人的祷词

古代民族的祷词残存者甚少，我们只存有二三种秘仪用语和阿普列尤斯作品中引述的向伊西斯女神祈祷的古代祷词。犹太人保存有他们的祷词。

如果我们可以根据一个民族向上帝的祷词来推测这个民族的性格，我们就会很容易地发现，犹太人是一个物欲很强而又嗜杀成性的民族。他们在《圣经・诗篇》中祝愿有罪的人死亡，而不是希

① 见《圣经・何西阿书》第 1 章及《列王纪下》第 10 章。——译者

望有罪的人悔改；他们以东方人的方式向上帝祈求获得地上的一切财富：

“[耶和华]他从楼阁中浇灌山岭，因他作为的功效，地就丰足。”

“他使草生长，给六畜吃；使蔬菜发长，供给人用，使人从地里能得到食物；又得酒能悦人心，得油能润人面，得粮能养人心。”（第 102 篇）

“依靠耶和华的人，好像锡安山[①]，永不动摇。”（第 125 篇）

“巴珊山是神的山，巴珊山是多峰多岭的山。你们多峰多岭的山哪，为何斜看神所愿居住的山？”（第 68 篇）必须承认，犹太人咒骂敌人同样也是用隐喻的手法：

“你求我，我就将列国赐你为基业，将地极赐你为田产。你必用铁杖打破他们……”（第 2 篇）

“耶和华啊，愿你按着他们所做的，并他们所行的恶事待他们。愿你照他们所作的待他们，将他们所应得的报应加给他们。”（第 28 篇）

“求你使恶人羞愧，使他们在阴间缄默无声。”（第 31 篇）。

159 “耶和华啊，与我相争的，求你与他们相争……拿着大、小盾牌，起来帮助我。抽出枪来，挡住那追赶我的；……愿那寻索我命的，蒙羞受辱，愿那谋害我的，退后羞愧。愿他们像风

① 锡安山，耶路撒冷的一个山丘，被称为圣山，常用来指耶路撒冷。——译者

前的糠，有耶和华的使者追逐他们。……愿他暗设的网缠住自己，愿他落在其中遭灾祸。”(第35篇)

“愿死亡忽然临到他们，愿他们活活的落入阴间。”(第55篇)

“神啊，求你敲碎他们口中的牙；耶和华啊，求你敲掉少壮狮子的大牙。”(第58篇)

“他们晚上转回，叫号如狗，围城绕行。”(第59篇)

“我要向以东①抛鞋。……谁能领我到以东地？”(第60篇)

“求你叱喝芦苇中的野兽和公牛，并列邦中的牛犊……”

“你打碎仇敌，你的脚踹在血中，使你狗的舌头，从中得分。”(第68篇)

“求你将你的恼恨，倒在他们身上，叫你的烈怒，追上他们。愿他们的住处变为荒场；愿他们的帐棚无人居住。”(第69篇)

“愿你将你的愤怒倒在那不认识你的外邦和那不求告你名的国度。”(第69篇)

“求你待他们如待米甸，……我的神啊，求你叫他们像旋风的尘土，像风前的碎秸。火怎样焚烧树林，火焰怎样烧着山岭，求你也照样用狂风追赶他们……”(第83篇)

“愿你派一个恶人辖制他，派一个对头站在他右边。”

“他受审判的时候，愿他出来担当罪名，愿他的祈祷反成

① 以东，指巴勒斯坦南部古代伊东人的国家。——译者

为罪。……愿他的儿子为孤儿，他的妻子成寡妇。愿他的儿子漂流讨饭。……愿强暴的债主牢笼他一切所有的……”（第109篇）

“耶和华是公义的，他砍断了恶人的绳索。……愿厌恶锡安的，都蒙羞退后。愿他们像房顶上的草，未长成就枯干。”（第129篇）

“把吃奶的婴孩开膛破肚的①，拿你的婴孩摔在磐石上的，那人便为有福。”（第137篇）

160 我们看到，如果上帝让其子民的一切祷告都如愿以偿，那么世界上就会只剩下一些犹太人了。因为他们憎恨所有其他民族，他们也受所有其他民族的憎恨；他们不断祈求上帝消灭他们所仇视的一切人，看来也就是祈求毁灭整个世界。但是必须时刻记住：犹太人不仅是上帝钟爱的子民，而且是上帝实施报复的工具。上帝通过这个工具来惩罚其他民族的罪过，就像他通过其他民族来惩罚他的子民一样。今天再也不允许作这样的祷告了，再也不允许祈求上帝同意人们剖开母亲和还在吃奶婴儿的肚子并把他们摔死在石头上了。既然上帝已被承认为万民之父，任何民族就都不应这样诅咒其邻族。我们有时跟犹太人一样残忍；但是当我们唱着赞美诗时，我们并不用这些赞美诗的内容来反对跟我们作战的民族。这便是宽恕的法律远胜于苛严的法律之处。但愿在神圣的法律下，在对神明的祷告中，我们没有假仁慈上帝之名使我们的兄弟们流血，使大地受到蹂躏！

① 中文版《圣经·诗篇》中无此句。——译者

四十五 犹太历史学家约瑟夫斯

弗拉维·约瑟夫斯的历史著作在罗马出版时遭到反驳，这不足为奇。此书印行份数确实很少，因为一个熟练的抄手至少需要3个月才能抄完。过去书籍极其昂贵稀罕，罗马人很少有人肯去阅读一个微贱的奴隶民族的编年史，因为不管是达官贵人还是小民百姓，都同样鄙视这个民族。但是约瑟夫斯所著书中《驳阿皮翁》这一部分似乎还有为数不多的读者；可我们也看到，这少数读者是把他当做说谎者和幻觉者看待的。

必须置身于提图斯时代罗马人的地位，才可以想象已知世界 161
的征服者和各民族的立法者是以何等蔑视和厌恶的态度来看待犹太民族的历史的。这些罗马人不大可能了解，约瑟夫斯著作中的大部分事实都取自于上帝所口授的圣书。他们不可能知道约瑟夫斯给《圣经》增添了许多东西，同时又对其中许多事略而不提。他们不知道约瑟夫斯的某些故事的内容是从《以斯拉三书》[①]中搬来的，而这本书是伪经书之一。

一个罗马元老院议员在谈这些东方神话故事时会怎样想呢？据约瑟夫斯叙述（第10卷、第12章），阿斯蒂雅日之子大流士在禁

① 《以斯拉三书》，亦称《以斯拉续编上卷》，属《次经》历史书。作者为犹太人，姓名不详。托名以斯拉所著。约公元前200年—公元前100年编订于亚历山大。全书共9章，记述了从约西亚守逾越节到以斯拉诵读律法书的犹太历史，但内容不甚完整。——译者

止人们一个月中向任何神祷告，违者处死时，已任命先知但以理[①]为 360 座城市的长官。但《圣经》中肯定没有说过但以理曾管理过 360 座城市。

约瑟夫斯接着又假设所有波斯人都变成了犹太人。

还是这个约瑟夫斯，他给所罗巴伯[②]重建的犹太人的第 2 座圣殿写了一个稀奇古怪的典故。

他说，所罗巴伯是大流士国王的挚友。一个犹太奴隶竟会是诸王之王的挚友！这简直就像我们的一个历史学家对我们说塞文地区的一个狂热的新教徒、苦役释放犯是路易十四的挚友一样荒诞。

不管怎样，据弗拉维·约瑟夫斯说，大流士是个十分风趣的君主，他向他的全体廷臣提出一个称得上“多情的墨丘利”[③]式的问题：谁的力量最大，是酒、是国王，还是女人？回答得最好的人奖麻市圆锥形冠一顶、红袍一件、金项链一串，饮金杯，睡金床，坐配有金鞍具的金马车游逛，并享有国王表兄弟的特权。

162 大流士坐在金座上聆听满廷俊彦的回答。有的说酒的力量大，有的称颂国王，所罗巴伯则认为是女人。他说没有任何东西能像女人那样有力量；“因为我看见我的主人国王的情妇阿帕梅轻轻拍着神圣陛下的腮帮，解下陛下的头巾给自己缠上。”

---

① 但以理，公元前 7 世纪犹太四大先知之一。——译者

② 所罗巴伯，大卫家族的犹太人首领。公元前 6 世纪，他带领犹太人从波斯返回耶路撒冷。——译者

③ 墨丘利是罗马神话中的商业神和众神使者。《多情的墨丘利》是法国喜剧作家布尔索（1638—1701）的作品，其中有许多逗趣的情节。——译者

大流士觉得所罗巴伯的回答如此引人发笑，便立即下令重建耶路撒冷圣殿。

这个故事很像我们的一位最有才华的院士[①]给苏里曼编的故事，他把苏里曼写成翘鼻子，而一出有趣的滑稽剧就以这个翘鼻子的苏里曼为主人公。但我们不得不承认，写翘鼻子的作者睡不了金床，坐不上金马车，法国国王也根本不会称他为表兄弟。现在已不是大流士的时代了。

约瑟夫斯所引述的充斥于圣书中的这些呓语，无疑会使异教徒对《圣经》中所包含的真理产生误解。罗马人辨别不清，哪些玩意是从脏水中捞来的，哪些是约瑟夫斯从圣泉中汲取的东西。《圣经》在我们看来是神圣的；但罗马人或则对它一无所知，或则嗤之以鼻，就像他们蔑视约瑟夫斯本人一样。在〔罗马〕读者看来，犹太历史中，一切都是荒唐可笑而又极其可鄙的。天使向族长显形；渡过红海；埃及的十大灾殃；犹太民族在如此短暂时间、如此狭小地方的不可思议的孳生繁衍；太阳和月亮在中午停止运动，以便让这个强盗民族有时间去屠杀一些已经被一阵石雨打死了的农夫，所有这些使这个本来默默无闻的民族出了名的奇迹全都受到鄙视。一个征服了许多国家、颐指气使，但上帝却不向他们显灵的民族，对于一个沦为奴隶的、弱小而野蛮的民族，自然会抱着这种鄙视的态度的。

约瑟夫斯很清楚地知道，他所写的一切都会引起世俗作者的

① 指马蒙泰尔（1723—1799），法国诗人、剧作家、评论家。其《道德故事》（1761）颇有特色。法国剧作家法瓦（1710—1792）以其中的故事编出《三个苏丹后妃》（1761）剧本，于 1761 年 4 月 9 日在意大利剧院上演。——译者

反感。他在好几个地方写道：读者对此可以随意作出判断。他担心会使人望而却步，便尽可能让人们不要过分相信这些奇迹。我们随时都会看到，即使当他极力使他的民族在战胜者心目中有可取之处时，他也耻于做犹太人。罗马人只有常识，还没有信仰，因此无疑应当原谅他们只把历史学家约瑟夫斯视为一个卑鄙无耻的变节者，为了向主人讨一点赏银而给他们说些荒诞可笑的神话故事。感谢上帝，我们有幸比提图斯、图拉真、安敦尼诸帝以及我们的老师罗马元老院元老和罗马骑士们都明智一些；我们由于受到高等智慧的启迪，能够把约瑟夫斯的荒谬神话跟《圣经》向我们宣示的崇高真理加以区别。

四十六　弗拉维·约瑟夫斯关于亚历山大和犹太人的不实之词

163 亚历山大像他的父亲及以前的阿伽门农那样受全体希腊人的推举，去为希腊人报亚洲人辱骂之仇，取得伊苏斯[1]之役的胜利，夺取了大流士的一个行省——叙利亚。他想在渡过幼发拉底河和底格里斯河之前牢固占有埃及，并夺取可能向大流士提供舰队的一切港口。这是一个伟大统帅的计划，为了实现这个计划，必须包围提尔。这个城市当时在波斯国王统治之下，控制着海洋。亚历山大持续包围7个月，智取强攻，终于夺取了这一城市；他在海边

① 伊苏斯，古代小亚细亚的西里西亚地区城市。位于今土耳其境内伊斯肯德伦湾沿海的一片平原上。公元前333年，亚历山大在该地战胜波斯皇帝大流士（三世），史称伊苏斯战役。——译者

大胆地筑起大堤，这种做法至今仍被视为一切将领在同样的作战行动中所应遵循的范例。帕尔马[1]公爵夺取安特卫普[2]，红衣主教 164
黎塞留攻下拉罗舍尔[3]（如果可以把小事和大事相比较的话），就是仿效亚历山大的做法。的确〔法国历史学家〕罗兰说过：亚历山大占领提尔，只是因为提尔城嘲笑了犹太人，上帝要为他的子民的名誉复仇；但是亚历山大还可能有其他的理由：他必须在征服提尔之后，片刻不停地夺取佩卢兹港[4]。于是亚历山大以急行军袭取加沙，然后用7天时间从加沙进军至佩卢兹。阿利安[5]、坎特·库尔斯、狄奥多尔甚至保罗·奥罗兹[6]等人都是根据亚历山大的日记忠实地叙述这件事的。

约瑟夫斯的民族原为波斯人的臣民，又与叙利亚人一道处于亚历山大统治之下，以后由于这个伟大人物的恩赐而享有某些特权；为了抬高这个民族的地位，他是怎样写的呢？他说亚历山大过去在马其顿梦见过犹太人的大祭司雅得乌斯（假设犹太祭司中确有一人名字以“乌斯”结尾），这个大祭司鼓励他远征波斯，所以亚历山大才去进攻亚洲。亚历山大在围攻提尔后不惜用五六天时间绕道去瞻仰耶路撒冷。大祭司因为从前曾向亚历山大托梦，所以自己在梦中也得到了上帝的命令，叫他〔这次〕去向这位国王致敬。

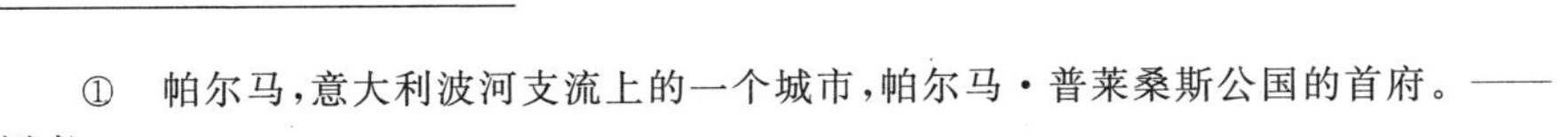

① 帕尔马，意大利波河支流上的一个城市，帕尔马·普莱桑斯公国的首府。——译者

② 安特卫普，今比利时城市。——译者

③ 拉罗舍尔，法国西部滨海城市，胡格诺教派的主要根据地，1627—1628年黎塞留派兵围攻该城。——译者

④ 佩卢兹，埃及港口城市，靠近塞得港，今称提内。——译者

⑤ 阿利安（约95—175），希腊历史学家、地理学家。——译者

⑥ 保罗·奥罗兹（活动时期414—417），西班牙历史学家和神学家。——译者

他服从了上帝的旨意，穿了大祭司服，后边跟着穿宽袖白色法衣的教士，来到亚历山大跟前。这位君主一见到雅得乌斯，便认出这是七八年前在梦中叫他去征服波斯的人，于是把此事告诉帕曼纽[①]。雅得乌斯〔去见亚历山大时〕头戴饰有金箔片的无边软帽，箔片上
165 刻有一个希伯来字。亚历山大无疑通晓希伯来文，立刻认出“耶和华”这个名字，便谦卑地匍匐在地，因为他知道只有上帝才能有这个名字。雅得乌斯随即把预言告诉他，预言清楚地说：“亚历山大将要夺取波斯帝国。”这预言并不是在伊苏斯战役以后才有的。雅得乌斯奉承亚历山大说：上帝选中他，就像从前选中尼布甲尼撒和居鲁士，让他们相继占有希望之乡[②]一样，是为了不让自己的子民有任何希望去统治这块圣地。在我看来，小说家约瑟夫斯的这种荒诞不经的故事，是不应由罗兰再来照抄一遍，仿佛这已为神圣的历史学家证实了似的。

然而人们就是这样撰写古代史的，近代史的撰写往往也是如此。

四十七　为神圣的历史学家所苟同的民间谬说

撰写圣书是为了用伦理道德教导人，而不是为了传授物理学知识。

---

① 帕曼纽，亦译帕尔梅尼奥(约公元前 400—前 330)，马其顿的将军，被亚历山大派人暗杀于米地亚的埃克巴塔纳。——译者

② 希望之乡，《圣经》中上帝赐给亚伯拉罕的迦南地方。——译者

蛇在古代被看做最灵巧的动物。《摩西五经》的作者分明想告诉人们，蛇相当巧妙地诱惑了夏娃[①]。人们有时让禽兽作人言：如《圣经》作者让蛇以及巴兰的母驴说话[②]。不少犹太人和不少基督教圣师都把这些故事视为寓意的譬喻；但不管是象征还是事实，对这些故事都应予以重视。过去星宿被看做天空中的许多点，《圣经》作者附和这种民间的看法，并说月亮是用来主宰星宿的。

普遍的看法是，天空是一固体；希伯来语称之为 rakiak，意为一块金属板，一个庞大而坚实的物体，该词法语译为 firmament（苍穹）。天空有水，水从各个洞口流出。《圣经》附和这种自然观，166
最后人们把这个无限深邃邈远的、其中最远的星要使用望远镜才能看到的空间称为 firmament，即一块板。

印度人、迦勒底人、波斯人想象上帝分六个时期创造世界。《创世记》的作者为了不吓倒懦弱的犹太人，说上帝在六天中创造出世界，虽然对于全能的上帝来说，只要一句话，片刻工夫便已足够。在气候干燥、烈日如火的地方，一个花园，几处树荫，便是极大的幸福；因此《圣经》作者便把人类始祖安置在一座花园里。

人们想象不出会有一个纯粹非物质的生物。上帝总是被描绘成一个人：他午间在花园中散步，他说话，别人也同他说话。

“灵魂”（ruah）一词意思是气息、生命。在《摩西五经》中，灵魂总是用来指生命。

人们相信有巨人族。《创世记》说他们是天使和人类中的女子

① 见《圣经·创世记》。——译者

② 见《圣经·民数记》第 22 章。——译者

所生。野兽也被赋予某种理性。大洪水之后，上帝也肯跟野兽通婚，像与人类通婚一样。

谁都不知道虹为何物；它被视为超自然的东西，荷马一直都这么说。《圣经》称它为上帝之弓，是上帝与人类联姻的标记。

在人类所相信的许多谬说中，有一种是认为在母畜怀胎之前，若向它示以某种颜色，它生下的动物便具有人所要的颜色。《创世记》的作者说，雅各采取这种办法使绵羊身带花斑。

所有的古代人均以魔法医治被蛇咬的伤；而如果这不是致命
167 伤，或者蛇毒幸好被叫做普西尔[①]的游方郎中吮出，或者是贴上合适的膏药，人们便确信那是魔法治好的。摩西有一条铜蛇，被蛇咬的人看这铜蛇一眼便霍然而愈[②]。上帝把民间的谬说变为一条新的真理了。

最古老的谬见之一是认为可以在腐烂的尸体上育出蜜蜂。这种想法来源于日常经验；动物尸体上满布蝇蛆。由于这种错觉，所有的古代人都断定，腐烂是繁殖的本原。既然死尸会生蝇，人们便设想，用适当的方法，可以使动物带血的皮变成蜜蜂。也不想想，蜜蜂多么厌恶腐烂的肉，腐臭气味对它们多么有害。这样的养蜂法不可能成功；但人们却以为这是不善此道之故。维吉尔在他的《农事诗》(第 4 章)中说，阿里斯泰[③]曾经成功地这样育出了蜜蜂，但他又补充说，这是一个奇迹。

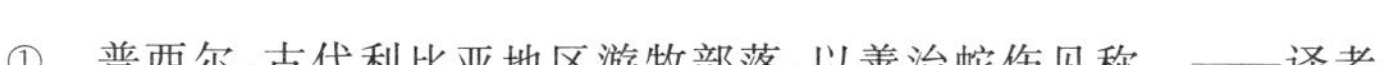

① 普西尔，古代利比亚地区游牧部落，以善治蛇伤见称。——译者

② 见《圣经·民数记》第 21 章。——译者

③ 阿里斯泰，希腊神话中阿波罗之子，教人类养蜂。——译者

说参孙在他用双手撕破的狮子嘴里找到一窝蜜蜂[①]，是对这种古老的谬说作某种修正。

说蝰蛇塞起耳朵，怕听见魔法师的声音，这也是一种民间的说法。圣诗的作者采纳了这种谬说，《圣经·诗篇》第58篇中说："他们……好像塞耳的聋虺蛇，不听行法术的声音。"

关于妇女来月经时酒和牛奶会变酸、牛油会不能凝固、幼鸽会 168
死于鸽舍的这种古老的说法，就像相信月亮的感应一样，至今在小民族中依然存在。人们认为妇女行经是排出腐败的血，在这期间，如果一个男人与妻子同房，生下的孩子必患麻风病，肢体残缺。这种看法影响了犹太人，以至于《利未记》第21章规定对在经期同房的夫妇应予处死。

圣灵完全附和民间的谬见，以至于救世主本人也说，新酒从不盛入旧桶，麦子要腐烂才能成熟[②]。

圣保罗为使科林斯人相信复活之说，对他们说："蠢材！难道你们不知道种子必须死掉才会复生吗？"我们今天很清楚，种子并非在地里腐烂和死掉才会长出来；它腐烂了便不会生长。然而在当时人们就有这种谬说，而圣灵也愿意以此作为有益的比喻。这就是圣哲罗姆[③]所谓的说话简约。

在魔鬼之说被接受以后，一切痉挛病均被视为魔鬼附身。罗马人和希腊人都把癫痫病称为圣病。带有某种狂躁性的忧郁症的

① 见《圣经·士师记》第14章。——译者

② 见《圣经·马太福音》第9章。——译者

③ 圣哲罗姆（约342—420），古代基督教经学家，拉丁教父，405年编订（并重译一部分）《圣经》拉丁文旧译本，名为通俗拉丁文本。——译者

病因至今还不清楚，患者夜里在坟墓四周游荡并嚎叫不已，希腊人称之为着魔者、患变兽狂者。《圣经》也接受了着魔者绕坟漫行的说法[①]。

169 古希腊人认为罪人经常受复仇三女神[②]的折磨，她们使俄雷斯特斯[③]极度绝望，于狂怒中自己吃掉一个手指；她们曾迫害亚喀梅翁[④]、埃泰俄克和波利尼斯[⑤]。希腊化的犹太人接受了希腊人的一切观点，终于自己也崇拜折磨人类的各种各样的复仇女神、恶魔和恶鬼。诚然撒都该人不承认有魔鬼，但法利赛人在希律王就位前不久便接受了魔鬼之说。那时犹太人有驱除魔鬼的祓魔师，他们把树根置于魔鬼附身的人鼻下，口念一种自称从所罗门的书中抄来的符咒。他们善于驱除魔鬼，据圣马太说，甚至我们的救世主本人也曾靠巴力西卜的魔法赶鬼，因而同意犹太人具有同样的能力，并且问他们是否曾靠巴力西卜的神通战胜了魔鬼[⑥]。

当然，如果害死耶稣的犹太人具有创造奇迹的能力，如果法利赛人真的赶走了魔鬼，他们就应当做出跟救世主所创造的同样的

① 见《圣经·马太福音》第8章，《路加福音》第8章，《马可福音》第5章。——译者

② 罗马神话中的复仇三女神：居于地狱之底，对罪人进行惩罚。希腊神话称为厄里倪厄斯(Erinnyes)。——译者

③ 俄雷斯特斯，希腊神话中阿伽门农之子，为报父仇，杀死亲母，受复仇女神的惩罚变成疯子。后为女神雅典娜赦免，归国继承父位。——译者

④ 亚喀梅翁，皮洛斯国王涅斯托尔之孙。——译者

⑤ 埃泰俄克和波利尼斯是兄弟，在公元前5世纪希腊七王战争中互相残杀。——译者

⑥ 巴力西卜，非士利神名。《圣经》译为别西卜，是鬼王。见《圣经·马太福音》第9、10章。——译者

奇迹了，他们就具有耶稣传给其弟子的才能了；如果他们没有这种才能，那便是耶稣附和了民间的成见，设想被他称为蝰蛇种族的犹太人——他的不共戴天的敌人具有创造奇迹的能力，会制服魔鬼。的确，今天不管是犹太人还是基督徒都不再拥有这种长期来人们普遍相信的特长了。祓魔师是一直都有的，但如今已没有魔鬼，也没有魔鬼附身的人了；随着时间的推移，事情发生了多大的变化啊！过去有魔鬼附身的人，那是正常的；今天没有了，这是好事。170
当神的威力达到登峰造极时，过去为建立神的大厦所必需的各种奇迹便没有了用处。世上一切都已变化，唯有道德万古不易。道德犹如太阳的光辉，几乎不含有任何已知的物质，当一切元素不断混合时，它永远纯净，永远不变。人们只需睁开眼睛，就会赞美造物之主。

四十八　古代民族和犹太人中的天使、守护神、魔鬼

万物皆可在人类的本性中找到它的渊源。一切有权势的人，王公大臣，都有他们的使者；诸神也会有他们的天使。迦勒底人和波斯人似乎是我们已知的最早谈到天使是天庭的执达吏和传令使的人。但是在他们之前，印度人——我们的各种神学均来自于他们——就已经创造了天使，并在《摩奴法典》中把天使说成是永生的受造之物，属于神灵之列，其中大多数在天国中反对造物主（参见本书《导言》第 17 节）。

迄今还残存的琐罗亚斯德教徒帕西人把古代波斯人所承认的

171 各个天使的名字提供给《古代波斯人的宗教》一书的作者[①]，计有119个，其中没有拉斐尔，也没有加百列[②]，波斯人只是在很久以后才承认这两个天使的。这些名字都是用迦勒底文写的，犹太人只是在被掳为奴之后才认得；因为在多比以前，不论是《摩西五经》，还是在任何希伯来文典籍中，都没有天使的名字。

在《百章经》以前的波斯古代经卷中，只有12个魔鬼，〔恶神〕安格拉·曼纽之名居首。做善事的守护神多于与人类为敌的魔鬼，这至少是令人宽慰之事。

埃及人并没有奉行这一学说。希腊人没有守护神，但有次神、英雄和半神；没有魔鬼，但有阿泰[③]、厄里倪厄斯、厄梅尼德[④]。似乎是柏拉图第一个谈到有一个善的和一个恶的守护神，他们主宰一切凡人的行为。在他之后，希腊人和罗马人便都以有两个守护神而自炫，而恶神从来都比他的对手〔善神〕更为忙碌，更为得势。

当犹太人最终给他们的天使命名时，他们把他们分为10类：圣者、快司、强者、火焰、火花、神使、王公、王子、影像、生灵[⑤]。但

① 见海德所著《古代波斯人的宗教》。——伏尔泰

② 加百列，天使长之名，原文意为“上帝的大能者”。他向圣母马利亚预言耶稣基督的诞生。伊斯兰教经书中说他向穆罕默德传授了《古兰经》。——译者

③ 阿泰（Até）原是腓尼基人的最高神，即阿多纳伊（Adonai），也就是亚扪人的摩洛（Moloch）。——译者

④ 厄里倪厄斯，厄梅尼德，均为复仇三女神之别称。——译者

⑤ “圣者”指完全服从上帝的意旨而成圣。“快司”，在《圣经》中称“车辇”，显示他们有快速行进的本领。“强者”，相当于《圣经》中的“万军”或“天军”。“火花”在《圣经》中称“星辰”，指数目之多，又指如星星一样明亮。“神使”相当于《圣经》中的“守望圣者”，表明他们的责任，称其犹如神的代理人，是世人的监督者。“王子”在《圣经》中称“神的儿子”。“生灵”，相当于《圣经》中的“仆役”。——译者

是这种等级划分只见于《塔木德》[1]和《塔古姆》[2]，而未见于〔其他〕希伯来经典。

这些天使从来都具有人形，因此我们今天还把他们画成长翅 172
膀的人。〔天使〕拉斐尔为多比带路；向亚伯拉罕和罗得显形的天使跟这些族长们一道吃喝，而所多玛居民为此而勃然大怒，这些充分证明罗得的天使具有人的形体[3]。如果天使不是以人形显现，我们甚至难于了解天使如何跟人说话，人又如何回答他们。

犹太人想象中的上帝也是如此。上帝用人类的语言跟亚当、夏娃说话；他甚至跟蛇说话；他中午在伊甸园散步；他屈尊与亚伯拉罕、摩西及族长们交谈。评论家甚至认为《创世记》中“神就照着自己的形象造人”[4]这句话，可以照字面意义来理解；世上最完美的人就是近似造物主的形状的人；这种想法可以劝勉人永不堕落。

虽然天使堕落成为魔鬼恶怪是犹太教和基督教的基本教理，但这在《创世记》中，在律法里，在任何一本经书上都没有提及。《创世记》特别谈到，一条蛇跟夏娃说话并且诱惑了她。《创世记》着意指出蛇是所有动物中最灵巧、最狡猾的。我们在前面说过，一切民族对蛇都有这种看法。《创世记》还肯定地指出，人对蛇的仇视产生于这个动物对人类所做的坏事，从那时起蛇便要咬我们，而

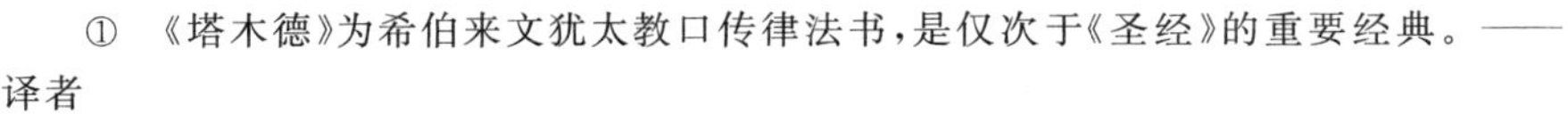

① 《塔木德》为希伯来文犹太教口传律法书，是仅次于《圣经》的重要经典。——译者

② 《塔古姆》是《希伯来圣经》的亚兰文意译本，又称《圣经注疏》，亚兰文通行于古代巴勒斯坦北部地区。——译者

③ 见《圣经·创世记》第1、19章。——译者

④ 见《圣经·创世记》第1章。——译者

我们则要把它打死。蛇终于因行为恶劣而被判定要在地上爬行，吃地上的尘土。当然，蛇不以泥土为食，但所有古代人都是这么认为的。

我们仔细研究一下，就会发现，这似乎是告诉人们，〔伊甸园的〕这条蛇原来是一个天使，因造反而堕落成为恶魔，它向上帝的
173 创造物施行报复，使之堕落。然而，根据我们浅薄的知识，在《摩西五经》中，没有一段话可以让我们作出这样的解释。

在《圣经·约伯记》中，撒旦似乎是大地的主宰者，但从属于上帝。而稍有古代史知识的人谁不知道，“撒旦”[①]这个词原为迦勒底语，这撒旦便是波斯人的安赫拉·曼纽，即支配着人类的恶的本原，这是迦勒底人所接受了的。约伯被说成是阿拉伯牧民，住在波斯边境。我们在前面说过，这一古代寓言的希伯来文译本中保存有阿拉伯字，表明《约伯记》原先是阿拉伯人写的。弗拉维·约瑟夫斯没有把此书归入希伯来经书之列，说明他对此书来历毫不怀疑。

魔鬼恶怪被赶出天庭，推入地狱，然后越狱而出，蛊惑人类；它们千百年来一直被视为使我们沉沦地狱的祸根。但必须再次指出，这种看法在《圣经·旧约》中没有任何蛛丝马迹。这是一个传说的故事，出自早期婆罗门所写的极其古老的、长期不为人所知的一部书，以后通过一些久居孟加拉的英国学者的研究[②]，我们才得

① 撒旦，希伯来语意为“仇敌”或“抵挡”。《圣经》故事中魔鬼的别名，说他专与上帝为敌。《圣经·约伯记》说撒旦是上帝众侍者之一；在上帝许可下对人进行种种考验。——译者

② 指英国人霍威尔（Holwell）所著《有趣的历史事件》。——原编者

以了解其内容。

某些注释家写道，以赛亚说的“明亮之星（即‘路齐弗尔’——译者），早晨之子啊，你何竟从天坠落？”[①]指的就是天使的堕落；而正是这个路齐弗尔，伪装为蛇，让夏娃和她的丈夫吃了苹果。

但是，事实上，这样一个离奇古怪的寓言倒是跟从前在学校里让小学生猜的谜语很相似。例如挂一幅画，上面画着一个老人和一个少女。这个说：这是冬天和春天；那个说：这是雪与火；另一个 174
说：这是蔷薇与刺；或者强与弱，谁说的离画题最远，解释的最玄妙，谁就得奖。

以晨星指魔鬼，正是这样一种奇怪比喻的应用。《圣经·以赛亚书》第14章曾对巴比伦王之死加以讽刺：“人皆发声欢呼，松树和利巴嫩的香柏树都因你欢乐，说：‘自从你仆倒，再无人上来砍伐我们。……你的威势和你琴瑟的声音，都下到阴间。你下铺的是虫，上盖的是蛆。明亮之星（即“赫莱尔”——译者），早晨之子啊，你何竟从天坠落。你这攻败列国的，何竟被砍倒在地上？”

这赫莱尔，拉丁文译为路齐弗尔，以后便以这个名字称呼魔鬼，虽然在魔鬼与晨星之间肯定没有什么关系。人们设想这个从天上掉下来的魔鬼是个抗逆上帝的天使；他不可能独自一人干出此事，他是有同伙的。流传于各个民族中的关于武装巨人反抗天神的神话，根据几个评论家的看法，就是世俗凡人仿照天使反抗天

① 见《圣经·以赛亚书》第14章。路齐弗尔（Lucifer）原意为“明亮之星”。这里用以讽刺巴比伦王；至中世纪用以指魔鬼撒旦。——译者

主这种传说而编造出来的。

这种看法因有《犹大书》[1]而得到进一步加强。书中说："又有不守本位、离开自己住处的天使，主用锁链把他们永远拘留在黑暗里，等候大日的审判。……他们有祸了，因为走了该隐[2]的道路。……亚当的七世孙以诺曾预言这些人说：看哪！主带着他的千万圣者降临。……"

人们设想以诺曾以书面文字记下天使堕落的故事。但这里应注意两件重要的事：第一，以诺和塞特一样都没有写过书，犹太人却把一些书说成是以诺所写。圣犹大援引的这个假以诺，人们都认为是犹太人编造出来的[3]；其次，关于在创造人类之前，天使叛

175 乱和堕落一事，这个假以诺只字未提。而《以诺书》[4]关于埃格勒戈里[5]的一段是这样写的：

由于人数大增，就有了极其美貌的女子；天使，即守护者，

---

① 《犹大书》是《圣经·新约》中的一篇，只有一封信，传为耶稣的弟子犹大写给犹太籍基督徒的信。——译者

② 该隐，《圣经》中亚当的长子，因妒杀其弟亚伯，上帝在他额上打下绝罚标记。——译者

③ 以诺所写的这本书年代较为久远，〔《旧约外传》〕的《十二族长遗训》曾多次援引，如第6章写道："主的震怒终于落在他们〔恶天使〕头上"，与圣保罗书信中所援引的完全一致。《十二族长遗言》与《创世记》所写的事略有不同，如关于犹大乱伦，犹大说他因醉酒而奸污儿媳；又该书认为人身有七种而非五种官能，将生命与繁殖后代也列为两种官能；又说所有这些族长都因出卖了他们的兄弟约瑟而后悔。——原编者

④ 《以诺书》又称《以诺一书》，《伪经》的一卷，是公元前一二世纪巴勒斯坦犹太人作品的汇编。主要描绘末日来临时的情景和末日审判的恐怖。另有《以诺二书》亦属《伪经》，成书于公元1—50年间，着重论述宇宙和天使等问题。——译者

⑤ 埃格勒戈里（Egregori）是希伯来语，指上帝的儿子们与凡人交配所生天使。——译者

亦即埃格勒戈里，都爱上她们，受到诱惑，因而犯下许多罪过。他们互相怂恿，要从地上人类的女子中挑选妻子。首领塞米亚克萨斯说：怕你们没有胆量实现这个意图，结果让我一人承担罪过。众天使回答：我们发誓要实现我们的意图，有违誓言，甘受诅咒。于是他们起了誓赌了咒。他们有 200 人。他们按照誓言在雅列的时代一同出发，来到赫尔莫南山上。主要天使的名字是：塞米亚克萨斯、阿塔尔库夫、阿拉西埃尔、科巴比埃尔一霍桑普西克、扎西埃尔一帕马尔、托萨埃尔、萨米埃尔、蒂雷尔、苏米埃尔。他们跟其他天使一道，于创造世界的 1170 年娶了妻。结果生下了三种人，生了巨人纳菲兰……

这段文字的文笔同古代人一样纯朴。有天使的名字，也未忘掉年份；没有议论，没有箴言，这是古代东方人的笔法。

我们看到，这个故事本于《创世记》的第 6 章中的一句话：“那 176
时候有伟人在地上；后来神的儿子们和人的女子们交合生子，那就是上古英武有名的人。”

《以诺书》跟《创世记》在天使与人类女子交配、从而生下巨人种族这一点上完全一致。但是不论是《以诺书》还是《旧约》中的任何一篇，都没有谈到天使与上帝作战，天使失败，天使堕入地狱，也没有谈到天使对人类的仇恨。

只是在前已述及的约伯的寓意故事（此书并非犹太人所写）以及《多比传》中才谈到恶魔和魔鬼。杀死撒拉[①]的头 7 个丈夫、被拉斐尔用鱼肝熏烟赶走的魔鬼阿斯莫代或夏玛代不是犹太人，而

① 撒拉，《圣经》人物，犹太人始祖亚伯拉罕之妻。——译者

是波斯人。后来拉斐尔把这魔鬼锁在上埃及；但是，既然犹太人没有地狱，他们也就没有魔鬼，这是合乎常理的。犹太人是在很久以后才开始相信灵魂不灭和地狱的，而这是在法利赛人占上风的时候。因此他们根本不会认为引诱夏娃的蛇是魔鬼，是堕入地狱的天使。作为整个大厦的基础的这一石块是到最后才砌上的。我们对天使堕落为魔鬼之说仍然敬信如初，但我们不知道此说渊源何在。

人们把魔鬼称为巴力西卜、巴力毗珥、阿斯塔罗特[①]，但这些都是古代叙利亚的神。巴力毗珥是婚姻之神；巴力西卜是治虫大王的意思，国王亚哈谢也曾把他当做神，问他能否治好一种病。〔先知〕以利亚对此感到愤怒，就说："你差人去问以革伦神巴力西卜，岂因以色列中没有神么？"[②]

177 阿斯塔罗特是月亮，月亮没料到会变成魔鬼。

使徒犹大还说"天使长米迦勒为摩西的尸首，与魔鬼争辩"[③]。但在犹太人的经典中根本找不到这样的说法。米迦勒与魔鬼的这场争辩只见于一本名为《摩西升天记》[④]的伪经书中，奥利金在其《论原理》第3卷中引用过。

因此不容置疑，犹太人直至被掳至巴比伦时都不承认有魔鬼。关于魔鬼之说，犹太人取自波斯人，而波斯人则受之于琐罗亚

① 阿斯塔罗特，即阿塔泰女神，闪米特人的守护神。——译者

② 见《圣经·列王纪下》第1章。——译者

③ 见《圣经·犹大书》。——译者

④ 《摩西升天记》，《伪经》中的一卷，作者为一巴勒斯坦犹太人，原文已佚，现仅存由希腊文本转译而来的拉丁文本残篇。——译者

斯德。

只有愚昧无知、狂热盲信以及居心叵测的人才会否认这些事实；而且还应当指出：宗教信仰不应害怕后果。上帝肯定曾经允许在犹太民族接受善神和恶魔、灵魂不灭、赏罚报应、地狱永罚之前，这种信仰就已经在古代20个民族中建立了。我们神圣的教会认可了这一学说，并且把其他民族隐隐约约认识到的东西确立了下来。于是，在古代人仅仅是一种看法的东西，由于上帝的启示便成为神明的真理了。

四十九　是犹太人教育了其他民族，还是其他民族教育了犹太人

圣书中从未肯定究竟犹太人是其他民族的老师还是学生，因此我们可以讨论这个问题。

菲洛[①]曾叙述他在晋见卡里古拉[②]时，一开始便说"以色列"这
个词是迦勒底语，是迦勒底人对忠于上帝的人的称呼，意为"看见 178
上帝"。仅凭这一点似乎便可以证明：犹太人只是在粗通迦勒底语时，才把雅各称为以色列，才把自己称为以色列人的。而他们只有在迦勒底当奴隶时才会懂得这种语言。难道他们有可能在佩特腊阿拉伯的沙漠里就已学会了迦勒底语吗？

弗拉维·约瑟夫斯在其所著书〔《犹太战争史》〕第2卷第5章

① 即亚历山大的菲洛(约前20—?)，神秘主义哲学家。从某种意义上讲，可以说他是中世纪基督教哲学的奠基人。——译者

② 卡里古拉(12—41)，古罗马帝国皇帝，37—41年在位，以残暴著称。——译者

《答阿皮翁、莱西马卡斯[①]、莫隆》中承认："希罗多德业已证明，是埃及人教其他民族割包皮。"因为，历史悠久而强盛的埃及民族不会从他们所厌恶的小民族学习这种做法，而犹太人自己也承认，他们是在约书亚时期才割包皮的。

《圣经》也告诉我们，摩西受埃及科学知识的哺育[②]，而没有一处谈到埃及人曾从犹太人那里学到过什么。所罗门要建造圣殿和王宫时，不是向提尔国王要工匠吗？甚至据说为了得到工匠和香柏木，所罗门把 12 座城市给了国王希兰。代价无疑是相当高，这笔交易也相当奇特；但是提尔人曾要过犹太手艺人吗？

那位我们提到过的约瑟夫斯，尽管极力抬高他的民族，也承认他的民族"长期与其他民族毫无来往"，特别是，希腊人知道斯基泰人、鞑靼人，却对他的民族一无所知。约瑟夫斯还在同书第 1 卷第
179 10 章中说："我们的民族居处远离海洋，无任何著述可以自炫，因此默默无闻，这何足为奇？"

还是这个约瑟夫斯，当他以惯常的夸张手法，叙述托勒密·菲拉德尔夫国王买下由一些希伯来人在亚历山大城译成希腊文的犹太经书这种可贵的但却是难以置信的举动时，进一步说：法莱尔的狄密特里乌斯[③]让人翻译这些书以充实国王的藏书，并问一个翻译者："怎么没有一个外国历史学家或诗人谈到犹太人的律法？"翻

---

① 莱西马卡斯(约前 355—前 281)，亚历山大的将领之一，先后为色雷斯，马其顿的国王，公元前 281 年被杀死。——译者

② 见《新约·使徒行传》第 7 章："摩西学了埃及人一切的学问，说话行事，都有才能。"——译者

③ 狄密特里乌斯(约前 350—?)，古希腊政治家、哲学家、演说家。——译者

译者答："这些律法都属于神明之事，所以没有人敢谈论，谁要谈论就要受到上帝的惩罚。狄奥蓬普[①]想在自己的历史著作中稍加论述，便不省人事30天；只是在一次梦中承认自己疯狂之极，企图探究神事告知凡人，祈祷上帝息怒，这才恢复了神智。"

"希腊诗人狄奥代克特由于在一出悲剧中写上几段引自圣书中的话，顿时双目失明，认错以后才恢复视力。"

约瑟夫斯的这两个故事，不配称为历史，也不像一个有普通知识的人写的，这实际上与他对犹太经书的希腊文译本的颂扬自相矛盾；因为如果把犹太经书中的某些东西写成另一文字便是一个罪行，那么使所有希腊人都能懂得这些犹太经书无疑更是大逆不道。但约瑟夫斯通过叙述这两个故事，至少承认了希腊人从来都不知道有犹太民族的书。

相反，希伯来人自从在亚历山大城定居以后，就热衷于希腊的 180
文学，人们称他们为希腊化的犹太人。因此毫无疑问，犹太人从亚历山大时代以来便向希腊人学习了许多东西，希腊语已成为小亚细亚和埃及部分地方的语言；而希腊人从希伯来人那里却从来什么也不可能学到。

五十　罗马人；罗马帝国和罗马教会的兴起；罗马人的宽容

罗马人不能列入原始民族，因为他们太晚近了。罗马城是在

① 狄奥蓬普(约前380—?)，希腊修辞学家、历史学家。——译者

公元前 750 年才建立的。罗马的礼拜仪式和法律是学自托斯卡纳人和希腊人。托斯卡纳人把占卜迷信传给罗马,不过这种迷信还是建立在对自然的观察、建立在从飞鸟的过往预言气候变化的基础之上的。似乎一切迷信均以一种自然事物为本原,而许多谬误均产生于把一个真理说得过分。

罗马人的《十二铜表法》[①],是借鉴希腊人而制订的。凡是向另一民族寻求法律和神祇的民族必定是弱小的、不开化的民族,最初的罗马人便是这样。在王政时期和执政官出现初期,罗马人的领土还没有拉古萨[②]大。那时国王这个名词,无疑不应理解为像居鲁士及其后继者那样的君主。一群强盗的头目从来不可能独断专行:掠夺物共同平分,各人维护其自由,就像维护自己的财产一样。罗马初期的国王就是一些强盗头目。

照罗马历史家的说法,这个小民族一开始就抢夺邻族女子和财物。它本应被消灭的;但驱使它从事掠夺的凶残本性和生活需要,却使它的不道德的行为得心应手。它征战不休以维持生存;经历 5 个世纪后,罗马人由于比所有其他民族经受过更多的战争锻炼,相继征服了从亚得里亚海湾到幼发拉底河的各个民族。

181 在长期征战中,直至苏拉时代,他们对祖国之爱,始终占据统治地位。在 400 多年中,这种对祖国之爱表现为将从其他民族掠夺来的东西带回分给所有的人,这便是强盗的道德。爱祖国就是残杀和掳掠其他人。但在共和国内部,却有着极伟大的道德。随

① 十二铜表法,又称十二表法,公元前 451—前 450 年罗马十人立法委员会制定的法律,刻于 12 块铜牌上。——译者

② 拉古萨,亚得里亚海港城市,今南斯拉夫的杜布罗夫尼克。——译者

着岁月流逝，罗马人逐渐臻于开化，因而也就教化了一切被他们征服的蛮族，并终于成为西方的立法者。

希腊人在共和初期，看来是一个在各方面都优于罗马人的民族。罗马人拿着几束干草作为旗帜，从他们的巢穴“七丘”[①]中走出来，就只是为了掠夺四邻的村庄。希腊人相反，只关心保卫他们的自由。罗马人在方圆四五里[②]之内劫掠埃克斯人[③]、沃斯克人[④]、安提亚人；希腊人则击退波斯王重兵的进攻，在陆上和海上战胜他们。这些希腊人克敌制胜，培育和完善了各种艺术；而罗马人直至“阿非利加征服者”西庇阿[⑤]时代，对于这一切还是一窍不通。

关于罗马人的宗教，我在这里要提到两种重要情况：即他们效法希腊人，接受其他民族的宗教信仰或允许其存在；但在实质上同希腊大部分哲学家和诗人一样，元老院和皇帝始终承认一个至高无上的上帝[⑥]。

宽容一切宗教，这是铭刻于每个人心中的一项自然法。因为，造物主所创造的一个人凭什么权利强迫另一个人跟他有着同样的思想呢？但是，当一个民族聚集而居，当宗教成为国家的法律时，就应当服从这一法律；而罗马人则根据他们的法律接受了希腊人的所有的神；可我们在前面说过，希腊人自己对不认识的神也设有

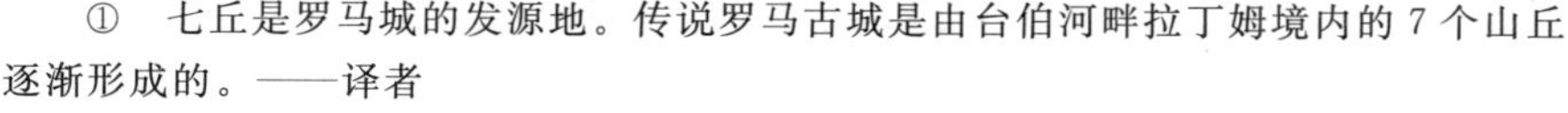

① 七丘是罗马城的发源地。传说罗马古城是由台伯河畔拉丁姆境内的 7 个山丘逐渐形成的。——译者

② 古罗马 1 里约为 1472 米。——译者

③ 埃克斯，古代意大利的一个民族，居于拉丁姆。——译者

④ 沃斯克，古代意大利的一个民族，居于拉丁姆之南。——译者

⑤ 即大西庇阿（前 236—前 183），古罗马统帅。公元前 202 年在扎马战役中打败迦太基的名将汉尼拔，结束第 2 次布匿战争。先后任过监察官、执政官。——译者

⑥ 参阅《哲学辞典》“上帝”条。——伏尔泰

祭坛。

182 《十二铜表法》规定:“未经政府批准,任何人不得奉祀异族之神和新神。”[①]实际上有几种宗教信仰是得到批准了的,不过对其他信仰也一概宽容。这种对世上一切神祇的一视同仁、兼收并蓄,是所有古代人——可能除了一两个小民族外——严守的态度。

因为没有教条,也就没有宗教战争。野心和强权的欲望,已足够使人类流血,无须由宗教来完成灭绝人类的事了。

而且非常值得注意的是,罗马人从来不因思想不同而迫害任何人。从罗慕洛到图密善,这种迫害事件一件也没有;而在希腊人中,只有苏格拉底是仅有的一例。

还有不容置疑的是罗马人跟希腊人一样,崇拜一个最高的神。他们的朱比特被看做唯一的雷电之主,是唯一至大至善的神。这样,从意大利到印度和中国,您会看到人们都信仰一个至高无上的神;同时在一切已知的民族中,都存在着宗教的宽容。

这种对一个神的认识,这种普遍存在的宽容,在任何地方都是经过文明熏陶的理智之果;除此之外,还有一大堆迷信,那是古代理性初开时期谬误的产物。

我们知道,关于圣鸡、佩尔顿达女神、克洛亚西娜女神的传说,都是些可笑的妄谈。可是那么多民族中的征服者和立法者为什么不取缔这些蠢话呢?这是因为这些传说已年代久远,为老百姓所喜爱,对政府也并无损害。像西庇阿、保罗·爱弥尔[②]、西塞

① 目前所存的《十二铜表法》只有若干零散引文,因此有关其内容方面的许多知识,我们只有借助于后来的法学著作。此处的规定引自西塞罗的《论法律》第2卷。——译者

② 保罗·爱弥尔,公元前219和前216年罗马执政官。——译者

罗、加图[①]、恺撒这样一些人要做的是别的事，而不是去制止群氓的迷信。当一种旧的谬误牢固形成之后，统治者便用它作为马嚼子，由平民百姓套在自己的嘴里，直至另一种迷信把它摧毁，而统治者又像利用第一个谬误一样，把这第二个谬误利用起来。 183

五十一 罗马人的征服及其衰微[②]

罗马人在罗慕洛时期，人口不过3000的只拥有一个方圆千步的小镇，为什么后来成为世界上最大的征服者？而犹太人出埃及时号称有甲兵63万，行军中常有神迹，并在战神指挥之下作战，为什么连邻近的提尔和西顿都不能占领，甚至从来也没有能力去进攻？为什么这些犹太人几乎始终受奴役？他们的狂热、他们的凶残本应造就出征服者的，何况战神又一直统领着他们！然而最后

① 大加图，参阅第18章注释。小加图（前95—前46）是大加图的曾孙，古罗马政治家，支持元老院的共和派，反对恺撒。——译者

② 这一节是对波舒哀《世界史》第3卷第1章的反驳。波舒哀写道："各个帝国的一切革命都是上帝所规定，用以贬抑君主。"然后，他又说："这些帝国大部分均与上帝选民的历史有必然的联系。上帝使用亚述人和巴比伦人来惩罚这一民族；使用波斯人使之重振家园；使用亚历山大及其最早的一些继承者来保护他们；使用杰出的安提柯及其继承者来训练他们；使用罗马人来维护其自由，以抵抗企图把他们毁灭的叙利亚国王。犹太人一直生活在这些罗马人的势力下直至耶稣基督时代。当他们不承认耶稣基督而把他钉在十字架上时，这些罗马人便帮助上帝——尽管没有意识到这一点——进行报复，消灭了这个忘恩负义的民族，……但是，在这里，必须把上帝对罗马帝国和罗马本身所作的秘密的裁判告诉你们：这便是圣灵向圣约翰所揭示的、由这位伟大的人物、使徒、福音书作者和先知在《启示录》中加以阐明的奥义，……正如圣约翰所说的，上帝把这座陶醉于殉教者的血泊之中的城市交给了蛮族人，……"这就是波舒哀向法国的王储教授的、至今在我们的大学里还让人们阅读的东西。——原编者

却是远离他们1800古罗马里的罗马人把他们征服,并鬻之于市。

犹太人希图征服全世界,其所以一直备受奴役,乃是咎由自取,这不是很明显的吗?(这是就世俗常理而言,而且只考虑次要原因)而罗马人之所以能够理所当然地统治他人,难道不是由于他们勇敢而又谨慎?我在这里谨请罗马人原谅我把他们跟犹太人暂作比较。

为什么罗马人在450多年中只能征服面积大约25古法里的地方?难道不是因为他们人数极少,而与他们相继交战的又只是一些跟他们一样的小民族?但是最后,他们吞并了四邻战败的民族,便有足够力量抵御皮洛士[①]的进攻了。

184 由于周围各小民族均已罗马化,罗马人成为一个骁勇善战的可畏的民族,消灭了迦太基。

为什么罗马人用了700年才终于建立起一个跟亚历山大在七八年间征服下来的地盘面积大约相当的帝国呢?是否因为他们始终要跟勇武好战的民族对垒,而亚历山大则只是与孱弱的民族打交道呢?

为什么这个帝国后来又被蛮族摧毁?难道不是因为这些蛮族比罗马人更粗壮,更勇猛,而罗马人则在霍诺留[②]及其继任者统治下变得孱弱了吗?当森布里人[③]在马略[④]统治时期威胁意大利时,

---

① 皮洛士(前319—前272),古希腊伊庇鲁斯国王,曾远征意大利,两次战胜罗马人,但损失惨重,公元前275年,终于被罗马人打败。——译者

② 霍诺留(384—425),西罗马帝国皇帝。——译者

③ 森布里人,日耳曼人的一支,公元前2世纪侵入高卢。——译者

④ 马略(约公元前157—前89),古罗马执政官,公元前101年消灭森布里人。——译者

罗马人就应当预见到，如果没有了马略，森布里人，即北方蛮族，就会肢解帝国的。

历朝皇帝软弱无能，大臣官宦党同伐异，旧宗教对新宗教的仇恨，基督教的血腥内讧，神学论争取代了军事操练，颓唐怠惰取代了勇猛精神，成群僧侣代替了农夫和兵士；所有这一切，招致了蛮族入侵。这些蛮族无法战胜久经征战的共和国，却制服了在残暴、懦弱而虔诚敬神的皇帝统治下萎靡不振的罗马。

当哥特人[①]、海吕尔人[②]、汪达尔人[③]、匈奴人大举入侵罗马帝国时，东西罗马帝国两位皇帝采取什么措施来挽回颓势呢？Homoiousios（本体相类）和 Homoousios（本体同一）这两个词的不同[④]，使东西罗马帝国之间发生混乱。宗教迫害的结果使帝国丧失一切。君士坦丁堡牧首[⑤]聂斯脱利[⑥]初时深得狄奥多西二世信任，这位皇帝支持他迫害那些主张应当为悔改的背教者再施洗礼的人、那些认为应当在 3 月 14 日庆祝复活节的人以及那些没有把

① 哥特人，日耳曼人的一支，以德涅斯特河为界分东哥特和西哥特，曾先后建立起东哥特王国和西哥特王国，它们在加速罗马帝国灭亡方面起了重要作用。——译者

② 海吕尔人，日耳曼人的一支，曾劫掠罗马帝国境内城镇。——译者

③ 汪达尔人，日耳曼人的一支，公元 439 年占领迦太基，在北非建汪达尔王国，455 年曾攻陷罗马城。——译者

④ “本体相类”与“本体同一”是基督教神学用语。“本体相类”指圣子耶稣基督与圣父上帝分具互相类似的两个实体。“本体同一”指圣子耶稣基督与圣父上帝的本体是同一的。——译者

⑤ 牧首，基督教重要教区的主教称号。各行政省设都主教，更大的行政单位教区则设督主教（后又称牧首），有些牧首管辖几个教区。——译者

⑥ 聂斯脱利，君士坦丁堡大主教（约 380—约 451），5 世纪时基督教内部两派互相倾轧。431 年聂斯脱利派在以弗所公会议被判为异端，后他被革职流放，死于北非。其教派于 7 世纪时传入中国，称为“景教”。

接受洗礼者浸水三次的人。最后因为聂斯脱利残酷地折磨了基督教徒，基督教徒便反过来折磨他。他称圣母马利亚为 Anthropotokos（基督之母），而同他敌对的人则要人们称圣母马利亚为
185 Theotokos（上帝之母）——这无疑是对的，因为这是以弗所公会议所决定的——，他们对他进行残酷迫害。所有的人都忙于内争，而就在双方争吵不休之时，蛮族人瓜分了欧洲和非洲。

〔西哥特国王〕亚拉里克[①]于 5 世纪初沿多瑙河向罗马进军，当时他已成为色雷斯的主人，他为什么不先进攻君士坦丁堡？他为什么不怕置身于东西罗马帝国之间而受到两面夹击？那时君士坦丁堡战战兢兢，将要不战而降，他却要攀越阿尔卑斯山和亚平宁山，这是合乎常理的吗？当时平民百姓没有什么教养，就是历史学家也同样见识浅薄，他们并没有给我们说明这个秘密；但这是很容易猜测的。狄奥多西一世是个粗暴的、笃信旧宗教而又鲁莽灭裂的君主，亚拉里克曾是他手下的将军。狄奥多西一世把保卫帝国的重任托付哥特人，结果使帝国覆亡。他靠哥特人战胜了敌手欧仁纳；但哥特人由此了解到，他们可以为自己而战。狄奥多西供养了亚拉里克和他所带领的哥特人。这种供养到狄奥多西的儿子阿卡狄乌斯[②]登上东罗马帝国皇位时变成了一种纳贡。因此亚拉里克宽容了他的纳贡者，而去袭击〔西罗马帝国皇帝〕霍诺留和罗马。

霍诺留手下有一名将军，即著名的斯提利孔[③]，他是唯一可以保卫意大利的人，而且也已经制止住了蛮族的攻势。霍诺留根据

① 亚拉里克（约 370—410），西哥特王国国王。——译者

② 阿卡狄乌斯（376 或 377—480），东罗马帝国皇帝，395—408 年在位。——译者

③ 斯提利孔（约 360—409），西罗马帝国的将军。——译者

无端的怀疑，不经审判而将斯提利孔斩首。他杀害斯提利孔当然比击败亚拉里克容易。这个可鄙的皇帝撤退到腊万纳，听任在各方面占优势的蛮族人陈兵罗马城下。往日的世界霸主罗马以5000斤黄金[①]、3万斤白银、5000件丝袍、3000件大红袍和3000斤香料的代价换取免受抢掠。来自印度的食物也充做罗马的赎身物资。

霍诺留不愿履行条约，他派部队出战，但被亚拉里克歼灭。亚拉里克于409年进入罗马，这个哥特人在罗马设置了一个皇帝，而这个皇帝成为他的首席臣仆。到第2年，亚拉里克由于受到霍诺 186
留的欺骗，就以洗劫罗马来惩罚他。于是整个西罗马帝国解体，北方民族从各路涌入；而东罗马帝国的皇帝则只能靠纳贡以自保。

狄奥多西二世也成为阿提拉[②]的纳贡者。意大利、高卢、西班牙、非洲成为任何一个愿意进入者的猎物。这便是君士坦丁采取强制手段把罗马帝国首都迁至色雷斯的结果。

国家的兴亡受命运的主宰，这不是很显然的么？如果有谁曾向奥古斯都预言卡皮托利有朝一日会被由犹太教衍变而来的基督教会的神甫所占领，定会使他大吃一惊。为什么这位神甫（指罗马教皇——译者）终于夺取了西庇阿和恺撒的城市呢？这是因为他发现这个城市处于无政府状态。他不费吹灰之力成为罗马的主人，就像13世纪德国的主教们本是人民的牧师，却成为人民的君

① 法国古时1斤，在巴黎为490克。——译者

② 阿提拉（约406—453），匈奴人的国王，434—453年在位。在位期间，占有里海至波罗的海和莱茵河之间的广大地区，东西罗马帝国均被迫纳贡，是为匈奴帝国极盛时期。——译者

主一样。

任何事件都会引起意料不到的另一事件。罗慕洛当年建造罗马，没想到那是为了哥特大公或是为了主教们；亚历山大想不到亚历山大城会属于土耳其人所有；而君士坦丁也并不是为穆罕默德二世[①]建造君士坦丁堡的。

五十二　首先撰写历史的民族和早期历史学家的无稽之谈

无可否认，世界上最古老的编年史是中国的编年史。中国的这些编年史连贯不断，详尽无遗，撰述严谨，没有掺杂任何神奇的成分，而且全都以 4152 年的天文观察为依据。中国的编年史还上溯到在此以前的若干世纪，虽无确切年代，但接近于翔实可靠。一些强盛的民族如印度人、埃及人、迦勒底人、叙利亚人，既然有大城市，很可能也会有编年史。

没有定居的民族可能最晚撰写历史，因为他们不像其他民族
187 那样有办法建立档案并加以保存；因为他们并无迫切需要：律法不多，重大事件也不多；因为他们过的是一种不稳定的生活，口头流传对他们来说已经足够。一个小市镇从无〔有文字的〕历史，居处无定的民族则更没有，一座普通城市的史书也极其罕见。

任何一个民族的历史从来都是很晚以后才写下来的：开始时

---

① 穆罕默德二世（约 1430—1481），土耳其苏丹（1451—1481），1453 年攻占君士坦丁堡，并以其地为首都，改名伊斯坦布尔，东罗马帝国遂亡。——译者

是些极其简略的记录，尽可能地保存在庙宇或城寨中。而这些编年史往往因战祸而毁于一旦，然后又多次重新开始，就像被踏坏洞穴的蚂蚁一样。只是在若干世纪之后才会继这些残缺的记录之后出现较为详细的史书；而这种早期的史书又总是掺杂一些没有根据的神奇成分，用来代替所缺乏的事实。所以希腊人只是在帕罗斯大理石所记载的时代 1000 多年以后，到第 80 个奥林匹克四年纪，才出现他们的希罗多德。罗马最早的历史学家费边·皮克托[①]也只是在罗马城建成后约 540 年的第 2 次迦太基战争中才着手撰写历史。

然而，如果说我们的老师、世界上最有才智的希腊和罗马这两个民族，都这么迟迟才开始有他们的历史著作，如果说我们北方各民族在图尔主教格雷戈里[②]以前还根本没有史书的话，我们能够真的相信，那些四处流浪、睡卧雪中的鞑靼人，或者藏身岩洞的穴居人，或者游牧于沙丘之间、以盗窃为生的阿拉伯人，会产生修昔底德和色诺芬吗？他们对其祖先会有所了解吗？在建筑城市、居住城市并使他们所缺乏的一切艺术荟萃于城市之前，他们能够获得知识吗？

如果萨莫耶德人，或者纳札蒙人，或者爱斯基摩人前来把他们的编年史交给我们，年代提前了若干世纪，其中充满极其惊人的战功和一大串稀奇古怪的奇迹，那我们不就会嘲笑这些可怜的化外  188
野人？如果有人喜爱这些奇事，或者热衷于要让人相信它，绞尽脑

---

① 费边·皮克托（约前 254—约前 200），古罗马历史学家。——译者

② 图尔的格雷戈里（538—594），法国图尔主教、神学家和历史学家，著《法兰克人史》。——译者

计要使这些蠢话显得近乎事实，那我们岂不会嘲笑他们枉费心机？而如果他们在胡说八道之余，还肆意侮蔑那些有识之士，并残酷地迫害表示怀疑的人，那么他们岂不是最可恶的人？假若有个暹罗人来向我描述娑摩罗如何化为肉身〔统治暹罗〕，并且威胁我说，如果我反对他的这个说法，就要把我烧死，我应当如何对待这个暹罗人呢？

罗马历史学家确实曾向我们讲过，战神玛尔斯在意大利还没有维斯太贞女的时代便跟某个维斯太贞女生下了两个小孩[①]；前面曾经说过，一只母狼喂养了这两个小孩，而没有把他们吃掉；还讲过〔宙斯二子〕卡斯托和波吕克斯帮助罗马人打仗；库尔提乌斯投身深渊，深渊旋即闭合。但是罗马元老院从来没有把怀疑这些奇迹的人处死，在〔元老院所在地〕卡皮托利是允许人们嘲笑这些说法的。

在罗马历史中，有些事件很有可能发生，但是并不真实。不少有识之士对于一群鹅拯救了罗马[②]以及卡米尔[③]消灭高卢军队这些奇事已经表示怀疑。在提特斯·李维笔下，卡米尔的胜利很出色，但是比提特斯·李维年代更早而且更有政治家风度的波里比阿[④]所说却正好相反：他说高卢人由于害怕受到威尼西亚人[⑤]的进

---

① 指传说中的古罗马战神玛尔斯的双生子罗慕洛和雷谟斯。——译者

② 据罗马历史，高卢军队包围卡皮托利堡垒，准备夜袭，守卫者没有发觉。有一群鹅偶然来到堡垒，其叫声惊醒守卫者，打退了高卢人。——译者

③ 卡米尔，公元前4世纪罗马的独裁者，传说他把罗马从高卢人的占领下解放出来。——译者

④ 波里比阿（约前205—约前125），古希腊历史学家。——译者

⑤ 威尼西亚人，古代高卢的一个部族。——译者

攻，于是在跟罗马人议和后，满载胜利品离开罗马。我们相信谁？ 189
相信提特斯·李维还是相信波里比阿？至少我们可以存疑。

关于雷古拉斯[1]被〔迦太基人〕装在一个有尖刺的铁箱里受刑的说法，我们不会怀疑吗？这种死刑肯定绝无仅有。同时代的波里比阿当时就在那个地方，他写罗马与迦太基的战争写得那么出色，怎么对如此罕见、如此重要，而且完全可以用来替罗马人敌视迦太基人作辩解的一件事却闭口不谈？当时罗马人抓了不少迦太基的重要人物，因而可以向迦太基进行报复，在此种情况下，迦太基人怎么敢如此野蛮地侵犯雷古拉斯的人权？

最后，西西里的狄奥多尔在其历史著作中有一段谈到，罗马元老院斥责雷古拉斯的儿子们虐待迦太基俘虏[2]，从而伸张了人权。如果雷古拉斯在迦太基被杀害，难道会不允许他的儿子们进行正当的复仇？雷古拉斯受刑的故事是以后逐渐编成的，人们对迦太基的仇恨使之流传下来；贺拉斯加以歌颂[3]，人们便不再怀疑。

如果浏览我们早期的法国史，说不定其中也都有同样虚妄不实、含糊不清、令人厌恶的东西。至少，希尔德里克[4]的奇遇，巴赞的老婆巴齐恩的奇遇，以及在法兰克人还没有王国时，一个罗马将军被选为国王的故事等等，都是难以令人置信的。

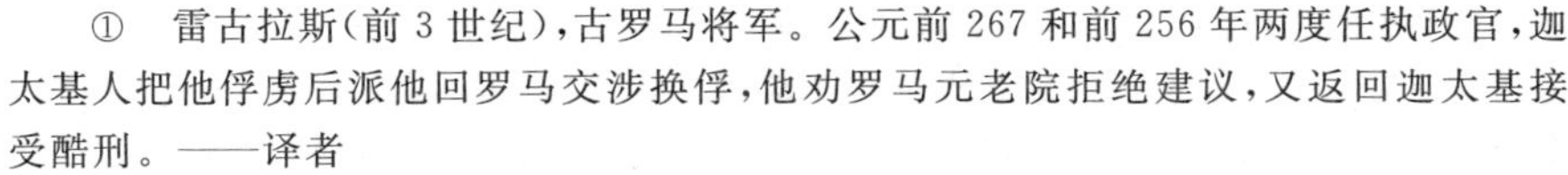

① 雷古拉斯(前3世纪)，古罗马将军。公元前267和前256年两度任执政官，迦太基人把他俘虏后派他回罗马交涉换俘，他劝罗马元老院拒绝建议，又返回迦太基接受酷刑。——译者

② 据狄奥多尔《世界史》第7卷说，雷古拉斯的妻子和儿子们曾禁闭迦太基俘虏2人，不给饮食，其中1人于5日后死去。——原编者

③ 见贺拉斯《颂诗》第3卷，第5章。——原编者

④ 法国墨洛温王朝有3个国王名为希尔德里克，此处所指不详。——译者

190 图尔主教格雷戈里是我们的希罗多德，只不过这个都兰[1]人不如那个希腊人那样文笔优美、引人入胜罢了。继格雷戈里之后撰写历史的僧侣们，会写得更清楚、更真实一些么？他们不是对那些给他们以土地的杀人者们有时歌颂得有点过分，而对没给他们什么东西的贤君，却无端诬蔑么？

我知道，入侵高卢的法兰克人，比占领意大利的伦巴第人[2]和统治西班牙的西哥特人更为残暴。克洛维[3]、蒂埃里[4]、希尔德贝尔[5]、希里佩里克[6]和克洛泰尔[7]的历史跟犹太和以色列的国王一样，同样充满凶杀和暗害。

确实没有比这个野蛮的时代更残暴的了。可是，对布伦荷德[8]王后所受的酷刑不是也可以怀疑吗？布伦荷德在613年或614年死时已年近80。弗莱德盖尔[9]是在8世纪(《法国史略》[10]误印为7世纪)后期即布伦荷德死后150年撰写历史的。他告诉我们，国王克洛泰尔〔二世〕是个极其虔诚、极其敬畏上帝、讲人道、有

---

① 都兰，古代法国省份，首府为图尔。——译者

② 伦巴第人，日耳曼族的一支，6世纪在意大利建立了伦巴第王国，774年被查理曼打败。——译者

③ 克洛维：指法国墨洛温王朝国王克洛维一世。——译者

④⑤⑥⑦ 克洛维之子孙，均为公元5世纪至6世纪高卢的一个小国的国王。——译者

⑧ 布伦荷德(约534—613)，西班牙西哥特国公主，高卢奥斯特拉齐国的王后。由于高卢纽斯特里国王希尔佩里克王后弗瑞德贡达杀死了她的妹妹，两国发生战争，布伦荷德被弗瑞德贡达之子纽斯特里国王克洛泰尔二世擒获，据说被捆在马后拖死。——译者

⑨ 弗莱德盖尔，瑞士本笃会教士，写有墨洛温王朝史。——译者

⑩ 指法国国会议长埃诺(1685—1770)所著《法国史略》。书中谓弗莱德盖尔死于658年。——原编者

耐心、性情宽厚的君主，他让布伦荷德王后坐在骆驼上绕营地而行，然后将她的头发、一只胳膊和一条腿绑在一匹野性未驯的牝马尾巴上，在大路上活活拖死；把她的头颅在碎石上撞碎，撕裂其躯体，然后又将尸首烧成灰。〔他所说的〕这头骆驼，这匹野性未驯的牝马，一个80岁的王后，头发和腿绑在马尾上，这些都是很不平常的。

一个偌大年纪的女人的稀疏头发不大可能系在马尾上，何况还要把头发和一只脚缚在一起。而且，既然已经在营地把布伦荷 191
德王后烧了，怎么又发了善心把她埋葬在奥顿[1]的一个坟墓里呢？僧侣弗莱德盖尔和埃穆安[2]是这么说的，但这两位僧侣是否像奥古斯特·德图[3]和休谟那样的人呢？

15世纪时，在奥顿，在这个王后所建造的圣马丁[4]修道院里，为她修了一座坟墓。人们在坟地里找到了一个断残的马刺，据说就是那匹不驯的牝马的马刺。可惜没有找到王后坐过的骆驼的驼峰。这马刺难道不可能是无意中或者不如说是为了表示荣誉放在墓地的？因为，在15世纪时，镀金马刺是最高荣誉的标志。总之，对这根本未经证实的离奇事件暂且不作判断不是很合理么？帕基埃[5]确实说过，布伦荷德之死是西比尔女巫早就预言了的。

所有这些野蛮时代全都充斥着丑恶行为与奇闻怪事。但是对

① 奥顿，法国索恩—卢瓦尔省首府。——译者

② 埃穆安(960—1010)，法国本笃会修士，著有《法兰克史》。——译者

③ 德图(1553—1617)，法国政治家、历史学家。——译者

④ 圣马丁(约316—397)，高卢隐修制度的创始人。——译者

⑤ 帕基埃(1529—1615)，法国律师和作家，著有《法兰西研究》。——译者

于僧侣们所写的一切难道都应深信不疑吗？当查理曼连自己的名字都不会签署时，可以说只有僧侣是会读书写字的人。他们告诉了我们某些重大事件的年代。我们同他们一样相信查理·马特[①]击败了萨拉森[②]人，但是说他在战斗中杀死了 36 万萨拉森人，这就太多了。

他们说克洛维二世成了疯子，此事并非不可能；但是说上帝使他头脑发昏是因为他从这些僧侣的教堂里拿了圣德尼[③]〔雕像〕的一只胳膊放在自己的祈祷室里，要给他以惩罚，这就不大可能了。

如果从法国的历史著作，或者不如说，从有关法兰克国王和他们的宫相的历史著作中，要删去的只是这样一些故事，那我们还可以勉强一读；但是这些历史著作中赤裸裸的谎言比比皆是，我们怎能接受？这些历史著作中不断说到围攻城市和堡垒，其实这些城市和堡垒并不存在。当时在莱茵河以东只有一些没有城墙、靠木

192 桩和堑壕来防卫的小镇。我们知道，只是在 920 年捕鸟者亨利[④]时期，日耳曼才有筑有城墙和设防的城市。总之，有关这些时期的细节都是一些无稽之谈，而且都是令人厌恶的无稽之谈。

---

① 查理·马特(约 688—741)，法国墨洛温王朝宫相，732 年战败由拉赫曼率领的萨克森人，因而获得“马特”(Martel，意为“锤子”)的称号。——译者

② 萨拉森人，原指叙利亚—阿拉伯沙漠中的游牧民，后指阿拉伯人，进而泛指穆斯林。——译者

③ 圣德尼(？—约 258)，巴黎第一任主教。——译者

④ 捕鸟者亨利(约 876—936)，919—936 年在位，德意志国王，是萨克森王朝的奠基人。——译者

五十三　代神立言的立法者

任何一个世俗的立法者，若胆敢伪称神明向他口授律法，那他显然就是个渎神者和奸诈的人。他诬蔑了诸神，所以是渎神者；他以自己的主张来支配其祖国，所以是奸诈的人。有两类法律：一类是自然法，适用于所有的人，对所有的人有好处。“你不应当偷窃或杀害他人；你应对生你养你者恭敬服侍；你不应破坏你兄弟的妻子的贞操；你不应撒谎以损害你的兄弟；当他需要时，你应帮助他，这样当你需要时才配得到他的帮助”，这些都是自然所颁布的法 193
律，自日本列岛的穷乡僻壤直至我们西部海岸，莫不如此。奥菲士、赫尔墨斯、米诺斯、来库古[①]、努玛，都不需要朱比特在雷声隆隆中来宣示这些已铭刻于每个人心中的真理。

如果我在公共广场上跟某个这样的大江湖骗子邂逅，我便会向他喊道：“住口，不要这样败坏神的声誉。如果你让神灵下凡是为了用大家都知道的东西教导我，那你是存心欺骗；无疑你是想利用神明来别有所图；你想以我对永恒真理的信仰来抬高你的身价，使我赞同你的僭越行为。我要向人民控告你是个渎神的暴君。”

另一类法律是政治的法律，这些永远是任意制订的、纯粹民政的法律，时而设置五监察官[②]；时而设置执政官；时而召开百人团

① 来库古，传说公元前9或8世纪斯巴达的立法者。——译者

② 五监察官，古希腊斯巴达由五个民选官员监察国王和元老院活动的制度。——译者

会议[①]或平民会议[②]；时而成立雅典刑事法庭或元老院；实行贵族
194 制、民主制或君主制。若以为一个世俗的立法者有可能不是出于自己的利益，而是代表神明制定出哪怕一条这样的政治性法律，那就是不了解人类的心意。人都是为了一己的私利才欺骗别人的。

但是，所有的世俗的立法者难道都是应受极刑的骗子么？不是的。今天在政府官员的会议上总有一些正直而高尚的人提出一些有益于社会的建议，而不吹嘘那是他们受到神启提出的。同样，在过去的立法者中，也有少数人制订了一些令人钦佩的法律，而不把它归之于朱比特或密涅瓦[③]的启示。罗马元老院便是这样，它为欧洲、小亚细亚和非洲各国制订法律而没有欺骗他们；今天的彼得大帝也是这样，他若要把法律强加给他的臣民，就比赫尔墨斯把法律给予埃及人，米诺斯把法律给予克里特人，扎莫西斯把法律给予古代斯基泰人，要容易得多。

① 百人团会议，古罗马公民大会之一，以百人团为单位进行表决。——译者

② 平民会议，古罗马公民大会的一种，以部落为单位进行表决。——译者

③ 密涅瓦，罗马神话中的智慧女神。——译者

前　　言

本书的主旨；关于西方各民族原始状况的说明；本书从东方开始叙述的理由

您终于愿意克服对罗马帝国衰落以来的近代史的厌恶情绪， 195
希望对居住于这个大地却又使大地满目疮痍的各民族有一个概括的了解。[1] 在大量史实中，您只想寻找值得您了解的东西：各主要民族的精神、风尚、习俗，以及一些为说明这一切而必须了解的事实。这种学习的目的不在于知道某年某月，某个野蛮民族中，某个不值一提的王公继承了王位。如果我们竟至于企图把一切朝代逐年累月的历史都塞进脑中，那我们就只是知道一些字句而已。对于曾使其人民文明幸福的君主的丰功伟业不可不有所知，而对国王们那些只能增加记忆负担的庸庸碌碌的行状则可以不加闻问。那么多无关宏旨之事今已荡然无存，那么多现已消失的家族过去你争我夺的一些行省后来都已被大的王国鲸吞，所有这些细枝末节，对您有什么用处？差不多每个城市现在都有自己的历史，这历

① 本书是1740年作者为他的女友夏特莱夫人撰写的。人们以后看到的几种《世界史》，当时都不存在。——原编者

196 史不论真伪,都要比亚历山大的历史更为丰富,更为详尽。即便是一个隐修院修会[①]的年表也要比罗马帝国的编年史篇幅更多。

对于这些卷帙浩繁的史册,不能兼容并包,而应有所取舍。这是个大仓库,您可以在其中选取您所需用的东西。

享有盛名的波舒哀[②]在他的《关于世界史的演讲集》中有部分章节[③]至少在论述罗马帝国时,已经抓住了这个精神实质,着重地写了查理曼。您〔指夏特莱夫人〕是打算从〔查理曼〕这一时期开始为自己勾画出一幅世界史画卷的;但是要做到这一点,往往还需要上溯以前的某些时期。可〔波舒哀〕这位雄辩的作家在顺便谈到曾经建立了强大帝国和盛行一时的宗教的阿拉伯人时,只不过像谈洪荒时期的大洪水一样一笔带过。似乎他写〔这部史书〕的唯一目的就在于暗示世间一切都是为了犹太民族而发生的;上帝把亚洲帝国赐予巴比伦人,是为了责罚犹太人;上帝让居鲁士统治波斯,是为了对犹太人进行报复;上帝派来了罗马人,仍然是为了惩处犹太人。这些都是可能的。但是居鲁士和罗马人的强大,尚有其他

① 修会是天主教僧侣的组织。13 世纪以前成立的修会,称为隐修院修会,以隐修院为活动中心。——译者

② 波舒哀(1627—1705),法国著作家,演说家。1681 年任莫城主教,支持法王路易十四,鼓吹绝对君权论。——译者

③ 指该书第 3 部分的第 2 章。波舒哀以“人类的精神”为题阐述了伏尔泰的历史观。他说:“只看眼前的事实,即仅仅观察对各帝国的命运一时间起决定作用的重大事件,是不够的。谁要深入了解人类的历史,就必须高屋建瓴进行研究。应当考察各种风尚和各种习惯,或者,一言以蔽之,既要一般地考察居于统治地位的那些民族的性格,也要各别地考察帝王们的性格,而且最后还要考察特殊人物的性格;因为这些特殊人物由于他们个人在世上所起到的重要作用,在好的方面或在坏的方面对一些国家的变革和人民的命运曾经产生过影响。”——原编者

原因，而波舒哀自己在论各民族的精神时也曾经谈到这些。

如果他没有把古代东方民族完全抛之脑后那就好了；例如印度人和中国人，他们早在其他民族形成之前，便已占有重要的地位。

我们吃他们土地生长的食物，穿他们织造的布帛，玩他们发明
的游戏，甚至受他们古代劝世寓言的教育，我们欧洲的商人只要发 197
现有路可通，就要到他们的国家去旅行，为什么我们却不重视对这些民族的精神的了解呢？

当您以哲学家身份去了解这个世界时，您首先把目光朝向东方，东方是一切艺术的摇篮，东方给了西方以一切。

东方的气候与法国南部接近，可以从大自然取得一切东西；而在我们西方的北部，一切要靠天时，靠贸易，靠晚近兴起的工业。森林，石块，野果，这一切便是在古代克尔特人、阿洛布罗克斯人[①]、皮克特人[②]、日耳曼人、萨尔马特人[③]、斯基泰人的国度，大自然所赋予的东西。据说，西西里岛可以出产燕麦；但是小麦、稻米、水果都生长在幼发拉底河流域、中国和印度。土地肥沃的地方是人类最早聚居、最早开化的地方。整个利凡特[④]，从希腊直至我们这个东半球的尽端，早在我们对它有相当了解，从而认识到我们自己是野蛮人之前，便久已驰名遐迩。我们要想知道我们的祖先克

① 阿洛布罗克斯人，古代高卢部落，居住于多菲内、萨瓦。——译者

② 皮克特人，古代苏格兰土著，亦称文身人。——译者

③ 萨尔马特人，公元前 4 世纪至公元 4 世纪居住于俄国（欧洲部分）南部地区至巴尔干东部一带的民族。——译者

④ 利凡特（Levant），指地中海东部沿海地区，有时指近东各国。——译者

尔特人的某些历史，还必须求助于希腊人和罗马人；而希腊人和罗马人比起亚洲人来又晚近得多。

比方说，阿尔卑斯山邻近的高卢人与阿尔卑斯山的居民汇合并在埃里当河[①]沿岸定居以后，于罗马建城 361 年时，来到了罗马并包围了卡皮托利，这是罗马人告诉我们的。又过了大约 100 年之后，另外一些高卢人进入了帖撒利亚[②]、马其顿，并到达里海沿岸，这是希腊人向我们叙述的，不过没有说这是哪个部族的高卢人，他们走的是哪一条路。在我们的国家里，没有留下这些类似鞑靼人大迁徙的任何遗迹，这种大迁徙只能表明这个民族人数极其众多但尚不文明开化。希腊人的移民于纪元前 600 年建立了马赛城，但并未能使高卢地区开化；希腊人的语言甚至没有扩展到本国领土以外的地方。

在 18 世纪以前，我们这些高卢人、德国人、西班牙人、布列塔
198 尼人、萨尔马特人对于自己，除了征服我们的人告诉我们的一鳞半爪之外，可以说是一无所知。我们甚至没有传说故事，我们不敢设想自己的起源。关于整个西方世界都是由雅弗[③]之子歌篾繁殖出来的这种毫无根据的设想，都来自东方的传说。

如果说曾经给早期的罗马人传授知识的古代托斯卡纳人所知略多于其他西方民族，那是因为希腊人曾经向他们那里移民，或者

---

① 埃里当河，即今意大利的波河。——译者

② 帖撒利亚，希腊北部地区，位于马其顿南面，在伊庇鲁斯高地和爱琴海之间。——译者

③ 雅弗，《圣经》中的人物，《创世记》说雅弗是挪亚的第 3 个儿子，洪水灭世时，他与其一家人进入方舟，后成为人类的始祖。——译者

不如说是因为历来这块地方的特点之一就是产生天才人物，就像雅典的土地比提佛和拉栖第梦更适于发展艺术一样。但是我们有没有古代托斯卡纳的文物古迹？没有。我们在历尽沧桑幸存下来的几块难以辨认的碑铭上殚精竭虑地作无谓的猜测，而这些碑铭很可能只是罗马共和国早期的遗物。至于我们欧洲的其他民族，则根本没有留下任何纪元前的、用他们的古代语言记述的文物。

滨海的西班牙是腓尼基人发现的，就像后来美洲由西班牙人发现一样。提尔人、迦太基人、罗马人相继在西班牙挖掘大地当时所蕴藏的宝藏而发财致富。迦太基人在那里开矿，但矿产不如墨西哥和秘鲁丰富。日久天长，矿藏枯竭，就像新大陆的矿藏随着时间的流逝而枯竭一样。根据普林尼的叙述，在9年中，罗马人开采了8000马克的黄金和大约24000马克的白银。应当承认，这些所
谓的歌篌的后裔，糟蹋了大地赠与他们的各种礼物，所以他们先后 199
被迦太基人、罗马人、汪达尔人、哥特人以及阿拉伯人所征服。

我们通过尤利乌斯·恺撒和其他罗马作者的著作获得的对高卢人的了解，使我们产生这样一种想法：这个民族需要被有文化的民族征服。克尔特语是很难听的。尤里安皇帝统治时，人们还说克尔特语，他在所著《米索波贡》①一书中说，这种语言好像乌鸦的叫声。在恺撒时期，高卢的风俗同语言一样野蛮。德洛伊祭司是专为管制人民而设的一些明目张胆的大骗子，他们把人关在可怕

① 尤里安皇帝即位后宣布与基督教决裂，下令恢复罗马原有宗教并重建神庙，基督教会称他为“叛教者”。《米索波贡》是他在363年写的一本书，他用讽刺笔调反驳基督徒对他的抨击。希腊语“米索波贡”意为“长胡子的仇敌”，尤里安本人胡子很长，性情严酷，故以此作为该书的书名。——译者

的大柳木雕像中烧死祭神。德洛伊女祭司将几把刀子插进被囚者的心脏，根据流血的情状判断未来。在日耳曼和高卢的边境斯特拉斯堡附近发现的略微内陷的大石块，据说就是过去这种祭祀的祭台。这便是古代高卢的全部文物。比斯开湾和加斯科涅[①]湾海边的居民从前有时吃人肉。我们不要去理睬这些野蛮时代的习俗，因为这是人性的耻辱。

时至今日，还有人说，克尔特人是希伯来人的后裔，这种看法也是人类精神错乱的一种表现。据说克尔特人以人作为牺牲是因为耶弗他杀死自己的女儿来祭神；德洛伊祭司身着白衣是摹仿犹太人的祭司；克尔特人跟犹太人一样有一个大祭司长；他们的德洛伊女祭司体现了摩西的妹妹和底波拉的形象。人们在马赛供养着一个可怜人，然后为他戴上花冠，在一片诅咒中把他杀了祭神，据
200 说这种做法是来源于替罪羊。有人甚至发现克尔特语和希伯来语有三四个词相似；尽管谁都发不准这些词的音，人们却由此推断犹太人和克尔特民族是一家人。人们在世界史中就是这样践踏常理，把我们对古代的点滴了解，淹没于一大堆穿凿附会的猜测之中了。

日耳曼人的风俗习惯跟高卢人大致相同：他们跟高卢人一样以人作牺牲献祭，跟高卢人一样以决斗解决个人间鸡毛蒜皮的争执，只是粗野过之而智巧不足。恺撒在其《高卢战记》中告诉我们，日耳曼人向来都是由他们的巫师来决定决斗的日期。他说，日耳

---

① 比斯开湾，位于北大西洋东部海岸，介于法国西海岸和西班牙北海岸之间。加斯科涅，法国西南部地区，西濒比斯开湾。——译者

曼的一个国王阿里奥维斯塔[①]率领10万居无定所的日耳曼人去掠夺高卢人。恺撒不愿掠夺而只想奴役高卢人，就派两名罗马官员去跟这个蛮族国王商量。阿里奥维斯塔把两名官员囚禁起来，要用他们来祭日耳曼人的神，当那两人快要被杀死时，恺撒作战胜利，把他们解救了。

在日耳曼，所有这些蛮族人家庭的唯一居处就是一些窝棚；那里面，一边是父亲、母亲、姊妹、兄弟、小孩，赤身卧于干草上，另一边是他们的家畜。我们不久就会看到，成为罗马的主人的正是这些蛮族。塔西佗称赞日耳曼人的风俗，贺拉斯也颂扬蛮族革太人[②]的风俗，但两人都不了解他们所称颂的对象，他们只是要讽刺
罗马而已。同一个塔西佗在称颂日耳曼人时[③]，又承认所有的人 201
都知道日耳曼人宁愿靠抢劫为生而不愿耕耘土地，他们在掠夺邻人之后，回到家中饱食酣睡。这是今天的剪径强盗和抢劫犯的生涯，我们是要处以车刑或绞刑的。而这便是塔西佗为使人们鄙视罗马皇帝的宫廷，便用日耳曼人的道德进行对比，竟然大加颂扬的东西。像您这样公正的人，应当把塔西佗看做思想深邃、文笔简洁、富有创造才能的讽刺诗人；他是批评他的国家，而不是为他的国家撰史，而如果他做到不偏不倚，那就值得我国人民的赞赏了。

恺撒进入英国时，发现这个岛比日耳曼更加野蛮。居民赖以

① 阿里奥维斯塔，日耳曼苏维汇人的首领，率众侵入高卢，公元前58年为恺撒击败。——译者

② 革太（一译盖塔）人，古代欧洲民族，为斯基泰人的一支，居住在多瑙河下游地区及今南俄罗斯部分地区。先为大流士打败，后被图拉真征服。——译者

③ 见塔西佗《日耳曼尼亚志》第14—15章。——原编者

遮体的只是几张兽皮，一个村子的女人不分彼此地属于当地全体男人所有。他们的住所是一些芦苇盖的窝棚，他们的装饰就是男男女女文身刺画，涂以草汁，跟今天美洲野人一样。

人类在几百年中处于这种接近野兽、甚至某些方面不如野兽的状态，这是再真实不过的。其原因就在于——正如我们在前面说过的[①]——对自己所不知道的东西没有欲望，这是符合人类的本性的。人类不仅需要漫长的岁月，而且还需要有利的时机，才能够脱离禽兽的生活，这种情况，什么地方都一样。

因此，您想一下子就接触首先进入文明社会的国家，这是完全
202 有道理的。可能在中华帝国、印度帝国之前很久就曾经有过一些有文化的、文明而强盛的国家，但以后由于蛮族的入侵而重新陷于无知和粗野的状态，即所谓纯自然状态。

仅仅是占领君士坦丁堡便足以使古希腊的精神荡然无存。罗马人的天才被哥特人所毁灭。从前那么繁荣的非洲海岸，如今几乎完全成为强盗的巢穴。条件较差的某些地区，变化可能更大。物质的原因可能跟精神的原因结合在一起。虽然大洋不能完全改变它的洋底，但它时而覆盖着、时而退让出大片陆地，这是肯定无疑的。自然界想必经历过无数次的灾祸，无数次的变迁；西部欧洲最美丽富饶的土地，莱茵河、麦士河、塞纳河和卢瓦尔河灌溉的所有地势低洼的农村，在悠久的岁月中，曾被海水淹没，这些是您在《历史的哲学》[②]中已经看到了的。

---

① 参见本书《导论》第 3 节。——译者

② 即本书《导论》部分。——译者

我们还要再次指出，那种认为横贯旧大陆和新大陆的山岳从前曾是大海覆盖的平原的说法并不足信。因为：一、这些山岳中有一些高出大洋 5000 法尺以上；二、如果某个时期这些山岳不存在，那么，对于动物的生活如此必需的河流从哪里发源？这些山岳是水的贮藏库。在两个半球上，这些山岳走向不同，正像柏拉图所说的，它们是这个称为地球的大动物的骨骼。我们看到，最小的植物都有一个不变的结构，地球又怎能例外于这个普遍的法则？三、假定山岳曾被海洋淹没，那么这就与自然的秩序相矛盾，违反了万有 203 
引力和流体静力学的法则；四、海底是凹陷的，在这凹陷的海底中，不像地上那样有山脉绵亘南北，横贯东西。因此，不应因为地球的若干部分曾是海洋，便推断整个地球长期都是汪洋一片；不应因为水曾经覆盖高卢、希腊、日耳曼、非洲和印度的低洼部分，便说阿尔卑斯山脉和科尔迪利埃山脉[①]曾被淹没；不应因为菲律宾群岛和摩鹿加群岛曾是一个大陆，便断言托罗斯山脉曾经可通舟楫。很可能那些高山峻岭从来大致就像今天这样。多少书本不是说过，在瑞士的山巅发现过船锚？但这就跟这些书中的一切无稽之谈一样，都是不符合实际的。

在物理学上，让我们只接受业已证明的东西；而在历史学中，则只接受人们所承认的、可能性最大之事。由于火山和地震，山地的变化可能同平地一样多。但是不论何处，有河流的源泉就有山岳。千百次局部的变革肯定曾经在物质方面和精神方面改变了地

① 科尔迪利埃山脉，即平行山脉，是绵长的、平行的崎岖山脉。欧亚大陆和南北美洲的一种广泛地形。——译者

球一部分地方的面貌，但是我们对这些变革并不了解。而人们这么晚才想到撰写历史，以至于人类尽管已经如此古老，但在我们看来，还像新近才存在似的。

不仅如此，您是从罗马帝国崩溃之后，我们欧洲的混乱局面开始形成之时，开始您的研究的；这样我们就有必要一道周游这个世界，看看它在这以前处于何种状况，同时循着这个世界如何一步步走向文明的过程来研究它，就是说，从东方国家开始研究，然后到西方国家。因此让我们首先注意这样一个民族，他们在我们还没有使用文字时，便已有了一部用固定的语言撰写的连贯的历史。

第　一　章

古代的中国；中国的军事力量；中国的法律、风俗和科学

中华帝国从它存在之时起，就比查理曼帝国幅员广阔；如果把 205
中国人当时的藩属高丽和安南包括在内，就更是如此。中国面积大约横跨 30 经度，纵长 24 纬度。我们已经指出[①]，这个国家已有 4000 多年光辉灿烂的历史，其法律、风尚、语言乃至服饰都一直没有明显变化。

中国的历史，就其总的方面来说是无可争议的，是唯一建立在天象观察的基础之上的。根据最确凿的年表，远在公元前 2155 年，中国就已有观测日蚀的记载。这次日蚀观测业经前几个世纪派往这个陌生国度的一些西方传教士数学家验证。这些数学家对这个民族赞佩不已，并且向他们传授了有关知识。宋君荣神甫[②]
核对了孔子的书中记载的 36 次日蚀，他只发现其中两次有误，两 206
次存疑。这有怀疑的两次日蚀确曾发生过，但是从人们所假设的

① 见本书《导言》第十八节。——译者

② 戈比尔，汉名宋君荣，字奇英（1689—1759），法国人，耶稣会士，从 1723 年起在北京居住 30 年。译有元史前五帝简纪、唐书中的几篇传和《书经》，著有《中国纪年方法》等。——译者

该观察者所在地，不可能观测到。但即使这样，也足以证明当时中国的天文学家已能测算日蚀，因为他们只有两次计算有误。

诚然，亚历山大曾经从巴比伦把迦勒底人的天象观测结果送回希腊，这些观测的年代比中国人更早，这无疑是古代最有价值的文物。然而巴比伦的这些星历表与历史事实没有联系，而中国人则相反，他们把天上的历史跟地上的历史联系起来，互相印证[1]。

早在上述日蚀的日期之前 230 年，他们就已经不间断地以真实的资料把编年史一直记载到帝尧。帝尧亲自改革天文学，并且据说在他在位的大约 80 年中，力求使民智开通，民生安乐。他的名字在中国，就像提图斯、图拉真和安敦尼诸帝的名字在欧洲那样，至今依然受人尊敬。如果他是他那个时代精明的数学家，那么仅此一点便可表明他是诞生在一个已经很文明的国家。我们没见过古代日耳曼或高卢的部族首领改革天文学。克洛维根本就没有天文观测所。

207 在尧之前，还有 6 个帝王，但在位时间不详。我认为，在缺乏编年史的情况下，最好是用牛顿的办法，将各个国家的国王在位的年数折合成一个平均数，每个国王约为 22 年。根据这种算法——少算一点更为合理——，这 6 个帝王在位时间共约 130 年；这比其他算法，例如说 7 个罗马国王在位 240 年，以及其他各种根据各时代的经验所推翻的算法，都更为合乎常理。

这些帝王中，第一个名为伏羲氏。根据上述算法，他于公元前 2500 多年，即巴比伦已有一系列天文观测时在位；从此中国人服

---

① 这是霍尔德的看法，见所著《旅华实录》第 1 卷第 264 页。——原编者

从于一个君主。中国境内有15个王国,均处于一人统治之下,这证明在很久以前这个国家就已是人口很多、十分开化并由许多诸侯分治,因为从来一个大国只能由许多小邦集合而成。这是政治策术的成就,刚毅精神的结果,尤其是漫长时间的产物,没有比这更能证明其历史悠久的了。

中国最古老、最有权威的典籍《五经》中说,在伏羲氏以后第4个帝王颛顼[①]的时代,已观测到土星、木星、火星、水星和金星的一次会合[②]。现代天文学家对这次会合的时间有争论,其实他们不必争论。即使中国的这次天体观测错了,也是错得有价值的。中国的经书中特别说明,早在远古时代,中国人就已知道金星和水星绕太阳运转。除非丧失了最基本的理智的人才看不到,这样的知 208
识是要经历千百年才能得到的,哪怕这种知识仅仅是一种怀疑。

这些古籍之所以值得尊重,被公认为优于所有记述其他民族起源的书,就因为这些书中没有任何神迹、预言,甚至丝毫没有别的国家缔造者所采取的政治诈术。也许只有一点不足之处,即人们所指责的,伏羲氏自称看到他的法律写在有翼的蛇的背上。然而这个指责本身表明,在伏羲氏之前,人们便已会书写。总之,不该由我们这些远处西方一隅的人来对这样一个在我们还是野蛮人时便已完全开化的民族的古典文献表示怀疑。

一个名叫始皇帝的暴君确曾下令焚烧一切书籍;但这个荒唐

① 原文为Yo,据史书记载,伏羲以次第4个人物为颛顼,因此译为"颛顼"。——译者

② 霍尔德《旅华实录》第1卷第280页述及此事,但未提及《五经》,而该帝王的名字,霍尔德写为Tchuen Hio。——原编者

而野蛮的命令却警告人们把书籍小心保存起来。在他死后，这些书又出现了。究竟这些书中是否有一部完全可信的编年史，这有什么关系？我不需要知道查理曼在世的精确时间；只要他带着庞大的军队，占领了广大的地区这一点是确实的，那么，很清楚，他就是诞生在一个经历千百年形成国家的、人口众多的民族中。因此，既然帝尧无可争议是生活在公元前 2400 多年，并征服了整个高丽，那他的人民无疑是历史最为古老的。另外，中国人发明了周期历法，比我们的历法早 2602 年。我们计算古代时间的方法有 60 种，因此我们也就根本没有什么历法，难道应该由我们来对他们所一致接受的编年史提出异议吗？

让我们再次指出，人类并非像我们所想象的那样容易繁殖的。儿童经过 10 年要死掉 1/3。研究人口发展的人指出：一个民族需要一些有利而难得的条件，经过 100 年，人口才能增长 1/20；一个
209 部落的人口没有增加反而减少，是十分常见的事。某些博学的编年史家曾经估算，在洪水灭世之后，仅一个家庭子子孙孙不断繁殖，经过 250 年，便有比今天整个世界还要多的人口。这样的奇谈，就连《犹太教法典》和《天方夜谭》也甘拜下风。前已说过，并不是大笔一挥便可以造出许多小孩来的。[①] 请看我们的殖民地，请看亚洲这些人迹罕见的大群岛：马尔代夫群岛、菲律宾群岛、摩鹿加群岛吧！那里的人口都不多。这一切是中国年代久远的又一证明。

中国在查理曼时代和在此很久以前都不仅疆域辽阔，而且人

① 见本书《导论》第 24 节。——译者

口众多。据我们所知的最后一次在中国本土15个省进行的人口统计，能打仗的男人多达6000万人，老兵、60岁以上的老人、20岁以下的青少年、官员、和尚、大批的士人都不算；妇女更不计在内。而妇女的数目，根据更为准确地统计世界人口的人的观察，到处都与男人相等，至多相差不过1/15或1/16。按这一计算，中国的人口似乎不会少于1.5亿；而我们欧洲的人口，按法国2000万、德国2200万、匈牙利400万、整个意大利直至达尔马提亚[①]1000万、大不列颠和爱尔兰800万、西班牙和葡萄牙800万、俄国欧洲部分1000万或1200万、波兰500万、土耳其欧洲部分和希腊及列岛也是500万、瑞典400万、挪威和丹麦300万、荷兰及邻近的低地国家约400万计算，总共不过1亿多一点。

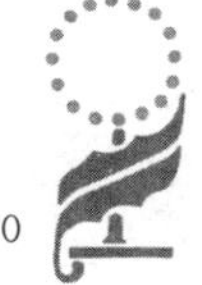

因此，如果看到中国的城市很大；看到明朝的新都城北京的周 210
边约有我们的大法里[②]6里，居民约有300万人，旧都城南京从前人口更多；看到一个制作瓷器的名为景德镇的小镇有大约100万居民，就不应感到惊奇了。

中国的报纸是世界上最可靠、最有用的报纸，因为报上载有有关公众要求、各级官府的收益的详细情况。例如，据报载，公元1725年，雍正皇帝册封皇后时，依照古例，由皇后赐赈全国年逾70的贫苦妇女。报纸计算，仅广东一省受赐的70岁的妇女就有98220人，80岁以上的有40893人，近百岁的3453人。没有受赐的又有多少！请看，在这些已经不算有用的女人当中，仅一个省便

---

① 达尔马提亚，今克罗地亚共和国的一个区，濒临亚得里亚海。——译者

② 法国古里一般约合4公里，大法里当指陆里，约合4.445公里。——译者

有 142000 人受到赏赐。那么全国人口该有多少！在整个帝国之内，如果这些妇女们每人受赐价值 10 利弗的东西，那么这次赈济总额又该有多少！

根据曾经在中国旅行的最睿智的人们的叙述，中华帝国现有的兵力是一支约有 80 万人的、给养充足的军队。有 57 万匹马养
211 在马厩或皇家马场，以供甲士征战、皇帝出巡、驿使传书之用。前些时期，康熙皇帝由于喜爱科学，曾与几位传教士接近，他们自述曾随同康熙皇帝到大突厥斯坦参加狩猎，有 10 万骑兵和 6 万步卒列队前进，蔚为壮观，这是这个地区自古以来的一种风俗。

中国的城池，除了一条护城河、一座城楼、一堵厚厚的城墙及一些瞭望塔这样一些在使用炮兵以前一切民族根据常识建造起来的建筑物之外，从来没有其他防御设施；中国人甚至在使用火炮以后，也没有学我们的样建筑要塞。但是，中国人虽不像其他国家那样加强他们的要塞，却加强了他们的整个帝国。公元前 137 年修筑的、把中国同鞑靼人隔开并用以防御鞑靼人的长城，至今依然存在。长城绵亘 500 法里[①]，蜿蜒高山之上，深谷之间，几乎全都有我们的法尺[②] 20 尺宽，30 多尺高。就其用途及规模来说，这是超过埃及金字塔的伟大建筑。

这样一道屏障并未能阻止鞑靼人随后利用中国〔内部〕的分裂来把她征服；但是，国家结构并没有削弱或改变。征服者的故土变成了被征服国的一部分；中国的统治者满洲鞑靼人尽管拥有武力，

---

① 原文如此。长城最早筑于公元前 657 年，秦始皇统一中国后于公元前 214 年将秦、赵、燕三国北边长城予以修缮，连贯为一，总长约 6700 公里。——译者

② 法国古长度单位，1 法尺相当于 325 毫米。——译者

仍只得屈服于被他们夺取了皇位的国家的法律。

孔子的第 3 部书中有一处表明，战车的使用的历史是多么的悠久。在孔子的时代，属国或诸侯必须向国君或皇帝供献 1000 乘四马二轮战车。在这位中国哲学家之前很久便已享有盛名的荷马，从来都只谈到二马战车或三马战车。首先使用四马战车的无 212
疑是中国人。但是，无论是特洛伊战争时代的古代希腊人还是古代中国人都没有使用骑兵。然而骑马作战先于驾车作战，这似乎是没有疑义的。根据记载，埃及法老有骑兵，但他们也使用战车；不过，像埃及这样遍地泥泞、渠道纵横的国家，可以相信，马匹从来都很少。

至于财政方面，根据最接近的估计，皇帝的通常收入是 2 亿两纹银。必须指出，中国的银两不恰等于我们的盎司，而且〔即使银两等于盎司〕一盎司白银也不是像耶稣会士霍尔德的《旅华实录》所说的，其固有价值相当于法国的 5 利弗，因为〔中国的纹银〕并没有法定的固有价值。但是 2 亿两相当于 2.46 亿盎司白银，按一马克纹银合 54 利弗 19 苏计算，约合我们 1768 年的硬币 16.9 亿枚。我用这个时期的货币来计算，是因为在我们国家，这种任意规定的价值变动太多，将来可能还会有变动；这正是书本知识多于实际知识的作家们不太注意的地方，他们在计算外国货币时，往往出入很大。

在波斯铸造大流克[①]金币以前很久，中国人便已有铸造的金

① 大流克，波斯帝国金币名。公元 6 世纪末大流士一世统治时首先铸造，故名。——译者

币和银币。康熙皇帝收集了 3000 枚这样的硬币，其中有许多来自印度。这是亚洲人工艺历史悠久的另一个证据。但是很久以来，
213 在中国，金子已不再是一种通用的支付手段，黄金在中国就像在荷兰一样是商品；银子也不再是货币，而按重量或成色作价。人们只造铜币，在这个国家，只有铜币才具有法定价值。政府在困难时期以纸币支付，就像以后不少欧洲国家做的那样。但中国从来没有官办的银行，这种银行可通过信贷增加国家的财政收入。

中国得天独厚，有着几乎所有已经移植于我们欧洲的以及许多我们还没有的果木。小麦、稻子、葡萄、蔬菜、各种树木满布大地。但他们只是在最近才酿造葡萄酒，因为他们满足于用大米酿制的相当强烈的烧酒。

能吐丝的蚕原产于中国。很晚以后，蚕才跟织造丝绸的技术一道传到波斯。这种丝绸在查士丁尼[1]时代还是如此稀有，所以从前欧洲丝绸的价格等于黄金。

中国人早在上古时代便造出洁白柔细的纸张。他们用煮烂的竹浆造纸。至于瓷器以及欧洲开始仿造而且赶上其水平的优美的漆器始于什么年代则不清楚。

他们制造玻璃已两千年，但不及我们的美观和透明。

与此同时，他们发明了印刷术。我们知道，这种印刷术是在木板上刻字，就像古登堡[2] 15 世纪在美因茨首先采用的方法。在中国，在木板上刻方块字的工艺更为完善。我们使用的活字和铸字

---

① 查士丁尼(483—565)，东罗马帝国皇帝，527—565 年在位。——译者

② 古登堡(1395—1468)，从事金属活字铸造和活字版印刷的研究，是德国活字印刷的发明人。——译者

比他们优越得多，但未被他们采用，因为这样便须使用字母而他们却从来都不愿放弃他们的象形文字；他们就是这样迷恋着他们的一切古老方法。

他们在上古时代便使用大钟，而我们法国只是到 6 世纪才有大钟。他们从未成为优秀的物理学家，但他们致力于化学，发明了火药；不过他们只拿火药来制造烟火，用于节日。在这方面，他们 214
胜过其他民族。几个世纪以前，教他们使用火炮的是葡萄牙人，而教会他们铸造大炮的则是耶稣会士。中国人没有致力于发明这些毁灭性工具，但不应因此称颂他们的德行，因为他们的仗并没有少打。

他们深入研究天文，但只是把天文学作为眼睛的科学而靠耐心取得成果。他们孜孜不倦地观天，注意一切天象，并将观察的结果传之后代。跟我们一样，他们把地球绕日的行程分为 365 又 1/4部分。他们知道两分〔春分、秋分〕两至〔夏至、冬至〕的岁差，但是比较模糊。可能最值得注意的是他们在上古时代便把一个月分成几个星期，每个星期 7 天。印度人是这样做的，迦勒底人也应用此法，这方法后来又传至小国犹太国，但希腊没有采用。

人们还可以看到公元前 1000 年一位有名的天文学家在一个三等城市中使用的仪器。旧都南京保存有一个三人合抱不过来的用青铜制成的地球仪，放在一个可以打开的铜球上，人可以进入其中转动刻有子午线和纬线的地球仪。

北京有一座装有许多测星仪和浑天仪的天文馆，那些仪器的精确度实际上不如我们的，但却是中国人胜过亚洲其他民族的驰名于世的实证。

他们有指南针，但并未真正用以指引船舶航行。他们只是在近海航行。他们的土地能提供一切，用不着像我们这样奔赴天涯海角。罗盘，就像发射用的火药一样，对他们来说，只是纯粹的玩物，他们也不因此感到可惜。

奇怪的是，这个有发明能力的民族在几何学方面从没有超出
215 基本知识的范围。确实，中国人比希腊的欧几里得在亚历山大城撰写几何学原理前好几个世纪已经具有这方面的基本知识。康熙皇帝曾告诉御前的最博学、最明达的传教士之一帕尔南神甫，在3960多年前，禹帝曾利用直角三角形的原理来测定一个省的地理位置；帕尔南神甫本人还引证过一本公元前1100年写的书，表明在西方认为是毕达哥拉斯发现的那个著名的理论是中国人很久以来便已熟悉的一个定理。①

人们要问，既然在如此遥远的古代，中国人便已如此先进，为什么他们又一直停留在这个阶段；为什么在中国，天文学如此古老，但其成就却又如此有限；为什么在音乐方面他们还不知道半音？这些与我们迥然不同的人，似乎大自然赋予他们的器官可以轻而易举地发现他们所需的一切，却无法有所前进。我们则相反，获得知识很晚，但却迅速使一切臻于完善。他们由于轻信，总是把他们错误的占星术跟天文学的真正知识混淆在一起，这是不足为奇的。这种迷信是一切人所共有的，我们纠正这一谬误为时也并不久，可见谬误似乎是人类所固有的东西。

① 见帕尔南神甫致多尔图·德·梅朗书信集《奇鸿益雁录》第21卷，第109页。“定理”指毕达哥拉斯提出的勾股定理。——译者

如果要问，中国既然不间断地致力于各种技艺和科学已有如此悠久的历史，为什么进步却微乎其微？这可能有两个原因：一是中国人对祖先留传下的东西有一种不可思议的崇敬心，认为一切古老的东西都尽善尽美；另一原因在于他们的语言的性质——语言是一切知识的第一要素。

用文字表达思想本应是一种极其简单的手段，然而对于中国人来说，却是极端困难的事。每个词都由不同的字构成。在中国， 216
学者就是识字最多的人；有的人直到老还写不好。

中国人最深刻了解、最精心培育、最致力完善的东西是道德和法律。儿女孝敬父亲是国家的基础。在中国，父权从来没有削弱。儿子要取得所有亲属、朋友和官府的同意才能控告父亲。一省一县的文官被称为父母官，而帝王则是一国的君父。这种思想在人们心中根深蒂固，把这个幅员广大的国家组成一个大家庭。

正因为全国一家是根本大法，所以在中国比在其他地方更把维护公共利益视为首要责任。因之皇帝和官府始终极其关心修桥铺路，开凿运河，便利农耕和手工制作。

关于中国的政府，我们将在另一章论述。但您可能事先已经注意到，旅行者们，尤其是传教士们，都认为到处看到的是专制制度。这些人从表面现象判断一切：看到一些人跪拜，便认为他们是奴隶，而接受人们跪拜的那个人必定是 1.5 亿人生命财产的绝对主宰，他一人的旨意便是法律。可实际情况并非如此，而这正是我们将要讨论的。这里我们只需指出：在帝国最早时代，便允许人们在皇宫中一张长桌上写下他们认为朝政中应受谴责之事，这个规定在公元前 2 世纪汉文帝时已经实行；在和平时期，官府的意见从来都具有法律的力量。这一重要事实推翻了〔孟德斯鸠〕《论法的精神》中对世界上这个最古老的国家提出的笼统含混的责难。

217 跟其他地方一样，中国也存在各种不良行为，但这些行为肯定会因法律的约束而更有所抑制，因为他们的法律始终如一。《海军上将安森①回忆录》的博学的作者因广州小民曾经想方设法欺骗英国人，便鄙视和讽刺中国人。但是，难道可以根据边境群氓的行为来评价一个伟大民族的政府吗？假如中国人在我们沿海遇到船难，根据当时欧洲国家的法律可以没收沉船的财货，而按照习惯又允许杀死货主，那么中国人又将怎样评论我们呢？

中国人的无休止的各种礼节妨碍了社交来往，只有有深交的人才可以在室内免除这些繁文缛节。然而这些礼节可以在整个民族树立克制和正直的品行，使民风既庄重又文雅。这些优秀品德也普及到老百姓。据一些传教士说，公共市集上的拥挤和混乱，如果是在我们这里，就会引起粗鲁的吵闹和经常发生无礼举动；但〔在中国〕传教士往往看到农民按当地的习惯，彼此作揖，为给对方造成麻烦而请求原谅，他们互相帮助，心平气和地解决一切问题。

在别的国家，法律用以治罪，而在中国，其作用更大，用以褒奖善行。若是出现一桩罕见的高尚行为，那便会有口皆碑，传及全省。官员必须奏报皇帝，皇帝便给应受褒奖者立牌挂匾。前些时候，一个名叫石桂（译音）的老实巴交的农民拾到旅行者遗失的一

① 乔治·安森（1697—1762），英国海军上将，曾率“百人队长号”船到广州，此船是进入中国的第一艘英国船只。——译者

个装有金币的钱包，他来到这个旅行者的省份，把钱包交给了知
府，不取任何报酬。对此类事知府都必须上报京师大理院，否则要 218
受到革职处分；大理院又必须奏禀皇帝。于是这个农民被赐给五
品官，因为朝廷为品德高尚的农民和在农业方面有成绩的人设有
官职。应当承认，在我们国家，对这个农夫的表彰，只能是课以更
重的军役税，因为人们认为他相当富裕。这种道德，这种守法精
神，加上对玉皇大帝的崇拜，形成了中国的宗教——帝王和士人的
宗教。皇帝自古以来便是首席大祭司，由他来祭天，祭祀天上的神
和地上的神。他可能是全国首屈一指的哲学家，最有权威的预言
者；皇帝的御旨几乎从来都是关于道德的指示和圣训。

第　二　章

中国的宗教；中国政府并非不信神者；7世纪时基督教并未在中国传播；传入中国的某些教派

219 在上一世纪，我们并不太了解中国。沃西乌斯[①]对中国的一切都过分赞扬；他的对手，“文人之敌”勒诺多[②]则完全相反，甚至无端地看不起中国人，对中国人横加诬蔑。我们要避免这两种极端态度。

生活在2300年前、稍早于毕达哥拉斯的孔子，弘扬为人处世公正无私的这种信仰。他时而是诸侯的宰相，时而遭受放逐，贫困流浪。但不论是身居显位，或是在失意之时，他都宣扬这种信仰并身体力行。他在世时有5000弟子，死后他的弟子成为皇帝、阁老[③]，即官员、儒生以及所有不是平民百姓的人。他在他的书中开头便说：

---

① 沃西乌斯(1577—1649)，荷兰人文主义神学家，荷兰共和国“黄金时代”最著名学者之一。——译者

② 勒诺多(1586？—1653)，法国医生，曾任法王路易十三的御医。法国第一家报纸的创始人。——译者

③ 阁老，原文为Colao，指王公显宦的资深者，唐代以后始有此名，清代有阁老院。——译者

"大学之道，在其明德，在亲民，在止于至善。"(《大学》)一切都为了 220
这一目的。他不是先知，他不自称得到神的启示，他所得到的启示就是经常注意抑制情欲；他只是作为贤者立言，因此中国人只把他视为圣人。他的伦理学跟爱比克泰德[①]的伦理学一样纯粹，一样严格，同时也一样合乎人情。他不说：己所不欲，勿施于人[②]，而说："己欲立而立人，己欲达而达人。"(《论语·雍也》——译者)他提倡不念旧恶、不忘善行、友爱、谦恭。他的弟子们彼此亲如手足。世界上曾有过的最幸福、最可敬的时代，就是奉行孔子的律法的时代。

孔子的家族现仍存在。在一个除现职贵族外没有其他贵族的国家，这个家族因孔子之尊而有别于其他家族，备享殊荣。至于孔子本人，他享有一切荣誉——不是神的荣誉(神的荣誉谁也无法享有)，而是一个人由于在神明的问题上，提出了人类理性所能形成的最圣洁的看法而受之无愧的荣誉。因此李明神甫[③]和一些别的传教士曾写道："当其他民族还在崇拜偶像时，中国人便认识了真正的上帝，并在世界上最古老的天坛祭祀上帝。"

我们西方人随便指摘跟我们想法不同的人为不信神者，对中 221
国人也这样滥加责难。中国政府在几乎所有的诏书中都这样说：

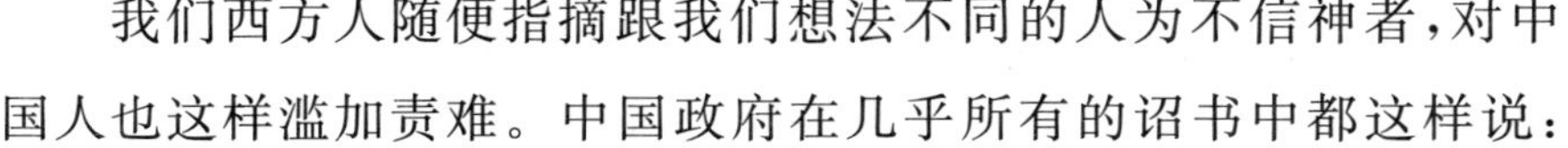

① 爱比克泰德(约55—约135)，古罗马斯多噶派哲学家。他的言论由弟子阿利安编成《爱比克泰德语录》和《爱比克泰德手册》。——译者

② 按：这是孔子的名言，见《论语·卫灵公》。——译者

③ 路易·勒孔特，汉名李明，字复初(1655—1728——译者)，耶稣会士，1688年赴北京，著有《中国现势续录》和《关于中国宗教仪式致曼恩公爵信》。这两部著作于1702年在罗马受到谴责。——原编者

“冥冥上苍，万民之父，赏罚公正，祈祷必受天佑，为恶定遭天谴[①]。”这样的政府，只有像我们这样在一切争论中都信口开河的人，才会把它说成是不信神者。

由于耶稣会士受到中国政府的厚遇，反对耶稣会士的人〔为了攻击他们〕便硬说中国政府是不信神者。但是看了康熙皇帝的遗诏，这派谵语妄言可以休矣。遗诏说：

> 朕现年七十，在位六十有一载。此乃天地神明、宗庙社稷荫庇之恩，非朕之薄德所致。

诚然，他们的宗教不承认来世的奖罚报应，但这正说明这一宗教的历史何等悠久。且看《摩西五经》，它的律法也没提及阴司地府，犹太人中的撒都该人从来都不相信此事。

人们曾认为中国的儒生对无形的上帝没有一个明确的概念，但由此推论他们不信神则有欠公允。古代埃及人那么笃信宗教，
222 也没有把伊西斯和奥西里斯作为纯粹的神祇。古代所有的神都以人形受人礼拜的，因此希腊人把那些不承认有形之神而奉不认识的、看不见的、不可感知的自然物为神的人斥为无神论者。〔与对待中国人的态度比较起来〕这就清楚地表明世人是何等的不公平了。

著名的纳瓦雷特大主教[②]说，据中国经书所有诠注者的解释，“灵魂是流动之火的一部分，脱离肉体时，便归聚于天的实体”。这

---

① 见霍尔德《旅华实录》第3卷第34—35页。——原编者

② 费迪南·纳瓦雷特，多明我会修士，1659—1672年在中国。著有《中华帝国历史、政治、伦理、宗教史纲》。——原编者

种看法与斯多噶学派一致[1]。这正是维吉尔在其叙事诗《伊尼德》第 6 卷中发挥得淋漓尽致的思想。然而《爱比克泰德手册》和《伊尼德》肯定都没有受到无神论的影响，所有早期教会的神甫都是这样认为的。我们诬蔑中国人，仅仅因为他们的玄学不是我们的玄学。其实我们应赞赏中国人的两点长处：既谴责异教徒的迷信，也谴责基督教徒的习惯做法。中国儒生的宗教从来没有受无稽神话的糟蹋，也没有为政教之争和内战所玷污。

在非难这个大帝国的政府为无神论者的同时，我们又轻率地说他们崇拜偶像，这种指责是自相矛盾的。对中国的礼仪的极大误会，产生于我们以我们的习俗为标准来评判他们的习俗，我们要把我们偏执的门户之见带到世界各地。跪拜在他们国家只不过是个普通的敬礼，而在我们看来，就是一种顶礼膜拜行为。我们误把桌子当祭台，我们就是这样地评骘一切的。我们在适当时候将会看到[2]，我们的分裂和争吵怎样导致了我们的传教士被赶出中国的。

孔子之前不久，老聃创造了一个相信魔鬼、符篆和方术的教 223
派[3]。公元前 500 年，中国曾存在一个类似伊壁鸠鲁派的教派，以后被废黜[4]。公元 1 世纪时，和尚的迷信行为在这个国家到处泛滥。他们从印度迎来佛像（佛在日本人和鞑靼人有各种名称），把

① 斯多噶哲学认为一切存在物的基本实体是神火，世界就是一场大火，时时更新。——译者

② 指伏尔泰的另一部著作《路易十四时代》。作者把《路易十四时代》视为《风俗论》的续篇。——原编者

③ 指道教。——译者

④ 可能指墨子（公元前 470—约前 391）所创的墨家学派。——译者

佛像说成是降临世间的神，并以最荒唐可笑因而也最易为无知百姓接受的仪式来膜拜。这个在公元前近1000年诞生于印度的宗教，影响东亚各地。中国的和尚、暹罗的僧人、鞑靼的喇嘛所宣扬的就是这种宗教的神。他们以佛的名义许诺长生不死，成千上万和尚每天从事违背自然的苦修功课。有些人终生腰缠锁链；有些人颈上套着铁圈，致使躯体佝偻，永远无法仰直身子。他们在一切问题上都得到神启，所以被视为可以祛除魔怪，创造奇迹；他们许诺赦免百姓罪孽，以换取布施。这个教派有时也迷惑了官员：这种世界各地都无法避免的同样的迷信行为，使有些官员出于慈悲心而削发为僧。

就是这些人，在鞑靼地区[①]奉达赖喇嘛为首领，把他作为活佛加以崇拜。这也许是人类迷信的一个胜利。

这个达赖喇嘛，佛的继承者和代理人，被说成是长生不死的。僧侣们总是养着一个年轻的喇嘛，指定他为达赖喇嘛的秘密的继承者。被认为长生不死的达赖喇嘛一去世，他便立即接替。鞑靼地区的王公们只能跪着跟达赖喇嘛说话。对于喇嘛们意见有分歧的一切宗教问题，达赖喇嘛可以作出权威的决定。若干年代以来，他成了中国西部的西藏的统治者。皇帝接见其使者，并赠送他大量礼物。

中国容忍这些教派以供平民百姓之用，就像给他们一些粗糙的食物来养活他们一样，而与平民隔绝的官员士绅则享用精细的

① 鞑靼地区，原文为Tartarie，泛指突厥—蒙古语系各族所居住的地区。这是欧洲人自中世纪以来对亚洲北部广大地区惯用的名称。十六七世纪来华的耶稣会士相沿未改。——译者

食品，似乎平民百姓不配有一种合乎理性的宗教似的。孔子也为 224
这么多的谬见嗟叹不已。在他那时代便有许多偶像崇拜者，老聃教派已把迷信引进人民精神生活中。孔子在一本书中说过："无知庶民作奸犯科者多于士人，其故安在？盖受道士之惑也。"[①]

许多读书人确实陷入了唯物论[②]，但其品德并不因此而有损，他们认为道德对人说来是如此必需，其本身又如此可贵，以至不需要认识到存在一个上帝便可以身体力行。另外，不要认为中国的所有唯物论者都是无神论者，因为有那么多的教会神甫都相信上帝又相信有形的天使。

我们其实并不知道何谓物质，更不知道什么是非物质的。中国人对此所知也不比我们多。只要中国的士人崇拜一个至高无上的上帝，这就够了，而这一点是没有什么可怀疑的。

相信上帝又相信有形的鬼神，这是古代玄学的一种谬误；但是绝对不相信任何神，则是道德上的一种可怕的谬误，一种跟贤明的政府格格不入的谬误。人们一方面激烈反对贝尔关于一个不信神的社会不可能存在下来的说法，另一方面又同样声嘶力竭地叫嚷世上最有理智的帝国是建立在无神论的基础之上，这是只有我们才有的自相矛盾。

---

① 这句话是伏尔泰对霍尔德《旅华实录》第 2 卷中所引孔子言论的一种解释。——原编者（译者按：孔子言论中并无这样的话，也许这是伏尔泰对"其为人也孝弟，而好犯上者，鲜矣；不好犯上，而好作乱者，未之有也。"《论语·学而》这句话的引申？）

② 在西方，18 世纪前，"唯物论"一词有时用于贬义，"唯物论者"是"不信神者"、"无信仰者"。——译者

耶稣会士傅圣泽[1]神父曾在中国度过 25 年,回国后成了耶稣
225 会的敌人。他曾多次对我说,中国很少有无神论的哲学家。我们西方也是这样。

有人说,8 世纪时,即查理曼以前,中国已有基督教。还有人肯定说,我们的传教士曾在陕西省发现了一块古叙利亚文和汉文的石碑[2]。关于这一历史文物,在基切尔的著作中记载得清清楚楚,说是有一个名叫阿罗本[3]的圣者,驾着蓝色彩云,顺着风向,于塞琉西王朝的 1092 年,即公元 636 年,从大秦来到中国。他一到帝都郊区,皇帝便派一名阁老迎接他,并为他盖了一座基督教堂。

显然,从这个碑文本身便可看出,这是人们向来都很容易设置的一种骗局。聪明的纳瓦雷特也承认这一点。这个大秦,这个塞琉西王朝的年代,这个据说是汉文又像是古西班牙文的名字阿罗本,这片作为向导的蓝色彩云,这座为一个巴勒斯坦教士——肯定他的脚踏进中国就要被处死——立即盖起来的基督教堂,所有这一切,都表明这件事是荒谬可笑的杜撰。而那些极力支持这杜撰的人不想想:名列于这个所谓的历史文物上的神甫都是聂斯脱利派教徒,因此这些人完全是为异端分子而效力[4]。

---

① 富盖,汉名傅圣泽,字芳济(1663—1740),1699 年来华,竭力在中国早期著作中寻找有利基督教的证据,认为四书、五经都是寓言,一切高山均是耶稣殉难之地,中国古代皇帝都是族长,等等。——译者

② 此处当指《大秦景教流行中国碑》。此碑于 1623 年在陕西周至县出土,现存西安碑林博物馆。——译者

③ 阿罗本,景教教士,波斯人,公元 635 年(唐贞观九年)携带经籍至长安传教。——译者

④ 参见《哲学辞典》中“中国”词条。——原编者

应当把这个碑文归入马拉巴尔碑文[①]一类。马拉巴尔碑文中写道，圣多马以木匠身份带着一把尺子和一根木桩来到该地，为了证明其传教士的使命，他一个人扛起一根大梁，世上真实的历史事件已经够多，用不着再掺进这些荒谬的谎言了。 226

在查理曼的时代，中国根本不知道基督教和信奉基督教的民族，这是千真万确的。当时在中国有一些犹太人。这个民族的几个家族到处流浪而又十分迷信，于公元前两个世纪在中国定居，他们在那里从事着犹太人几乎在全世界都从事的掮客职业。

关于暹罗、日本以及一切处于远东和南亚的民族，我将在谈到欧洲工业为自己开辟一条到达东半球尽端的通途时再进行考察。

① 马拉巴尔是亚洲西部地名，滨印度洋阿曼湾的海岸。耶稣会神父特里戈曾引证在马拉巴尔发现的古叙利亚文碑文，说明〔使徒〕圣多马曾到印度传教。——原编者

第　三　章

印　度

227 随着地球的自转，我〔继中国之后〕首先看到了印度，或印度斯坦。印度的幅员跟中国一样大。印度为人所知，不是由于人们对它有正确的记述，而是由于不论在什么时代，商人都能从那里获得珍贵的食物。这个国家是世界上唯一生产香料的地方，这些香料，当地居民因饮食简单，可以不用，而北方民族饕餮成性，却必不可少。

印度与中国、突厥斯坦、波斯的边界大致由绵亘的山脉确定了下来，其余地方则是大海环抱。恒河这一边的印度长期臣服于波斯，因此亚历山大为替希腊报仇，在战胜大流士之后，还要进而征服印度。当地气候炎热，土地富饶，使得印度人早在亚历山大那时，便已过着自由散漫、怠惰逸乐的生活。

希腊人在亚历山大以前曾去印度游历，寻求科学知识。在那里，著名的俾佩[①]于距今 2300 年前写了他的《道德寓言》，今已译成几乎全世界各国的文字。东方人用神话寓言论述一切，印度尤其如此。仅举裸身行者的弟子毕达哥拉斯一人为例，便足以无可

① 俾佩(Pilpay)是传说的印度的婆罗门，据说撰写了《道德寓言》。——译者

争议地证明，真正的科学是在印度培植起来的。一个精通政治和几何学的立法者，不会长期待在只教语文的学校里的；因此很可能毕达哥拉斯是从印度人那里了解到直角三角形的性质的，而人们却把这归功于他。中国人所熟知的东西，在印度，人们可能也同样 228
容易了解。毕达哥拉斯死后很久，有人写道，他为了这个发现，曾宰牛 100 头祭神。对一个哲学家来说，这未免花费太大。一位贤哲由于产生了一个卓绝的思想而向给予我们以思想、行动和生命的上帝表示感谢，这当然是应该的；然而更可能的是，毕达哥拉斯的几何学定理应归功于裸身行者哲学家，而不是由于他曾经用 100 头牛祭神。

早在俾佩之前很久，印度的哲人便以寓言神话和形象比喻来论述道德和哲学。他们想说明某个国王做事公平，就说："主管人事的诸神彼此有纷争，便让这个国王作裁判。"他们的古代传说中有一次判决，内容与所罗门的判决大致相同。他们有一个神话跟朱比特和安菲特律翁[1]的神话完全一样，但更具匠心。它还谈到一个智者在两个人中发现了哪一个是神，哪一个是人[2]。这些传说表明，这种把超凡出众的人变成神之子的寓意神话，年代是多么久远。希腊人在神话方面只不过是印度人和埃及人的弟子而已。所有这些神话从前都包含着一种哲理，哲理已经消失，但神话依然存在。

---

① 安菲特律翁，希腊神话中提林斯国王阿尔凯厄斯之子。宙斯化作他的形状去见其妻阿尔克墨涅，使她怀孕，生下海格立斯。——译者

② 参阅《哲学词典》"天使"词条。——原编者

印度艺术的古老历史从来都为其他民族所承认。我们现在还保存着两个阿拉伯旅行者的游记，他们在查理曼之后不久，著名的马可·波罗之前400年前往印度和中国。这两个阿拉伯人声称曾与当朝的中国皇帝谈过话。皇帝对他们说，他认为世界上只有5
229 个伟大的国王，游记写道："他把大象之国和印度人的国王列入其中，印度国王被称为智慧之王，因为智慧原初就来自于印度。"

我承认，这两个阿拉伯人也像所有的东方作家一样，著述中充满无稽之谈。但由此可见当时印度人在整个东方被视为艺术的首创者，不管是中国皇帝向这两个阿拉伯人承认的也好，还是这两个阿拉伯人自己这么说的也好。

最早的神学是印度人所创造，这是不容置疑的。大约5000年前，他们便有两本用他们的古代宗教语言梵文写成的书。第一本是《摩奴法典》[①]，第二本是《吠陀》。《摩奴法典》的开头是这样写的：

> 摩奴静坐凝思……。宇宙解体的时间终了时，非显现的自存神出现，他在思想中既已决定使万物从自体中流出，于是……原人出生了，他以梵天的名字著称于世……创造了一切物类。

我们清楚地看到，其他民族对于这个开宗明义的真正崇高的主旨，长期都不了解，而只是拙劣地加以模仿。

---

① 此处原文为shasta，疑为shastra之误。仍依本书导论第17节译为《摩奴法典》；译文根据马香雪转译的《摩奴法典》，商务印书馆1985年版第7—10页。——译者

这些新原人是群仙，是天上具有灵性的神。这个概念以后为迦勒底人所接受，而在希腊，则为柏拉图所接受。犹太人在囚居巴比伦时，崇仰这样的半神。正是在巴比伦，他们学到了迦勒底人给众天使起的名字，而不是印度人起的名字。米迦勒、加百列、拉斐尔，甚至以色列，都是迦勒底语词，印度从来都没有这些词。

在《摩奴法典》中，我们找到这些天使堕落的故事。《摩奴法典》中说[①]：

> 自从创造德塔洛（天使）以来，欢乐与和谐长期笼罩最高
> 主神的宝座。这一幸福本应延续到时间终了之时，但欲念进 230
> 入摩亚萨奥及其随从的一些天使心中。他们抛弃了最高主神出于仁慈赋予他们的为善的能力，而施展为恶的本能；他们在最高主神面前做了恶事。忠实的天使们内心忧伤，于是第一次有了痛苦。

然后描写了恶天使的叛乱。上帝的三个辅神[②]——这可能便是柏拉图的心灵三分说的来源——将恶天使推入深渊。最后，上帝赦免了他们，并派遣他们去给人的身体以活力。

在古代，没有任何思想如此庄严、如此富于哲理。婆罗门教的这些奥义终于深入到叙利亚，并且当时肯定已为人们熟知，因为犹太人在希律王时代便已听说过。可能正是此时，人们根据印度的这些教理而编造出伪经书《以诺书》，使徒犹大引证了此书，其中谈

① 《摩奴法典》中并无天使堕落的故事，更没有这一段话。——译者

② 婆罗门教奉梵天、毗湿奴和湿婆这三个神是三相神，分别代表宇宙的“创造”、“护持”和“毁灭”。——译者

到天使堕落。从此，天使堕落这一学说成为基督教的基础[①]。

231 在印度，人们的精神已经蜕化。可能这是由于鞑靼人的统治使他们呆滞迟钝，就像土耳其人的统治使希腊人意气消沉，使埃及人浑浑噩噩一样。波斯由于国家的动乱，科学也同样几乎湮灭殆尽。我们已经看到，在中国，由于跟曾经影响我们的同样的原因，即迷恋古代，甚至限制学校教育，科学在达到我们中世纪那样的平庸的水平以后，便停滞不前。可见，在任何国家，人类精神的进步就是这样的步履维艰。

然而，直至公元 13 世纪，具有真正哲理的精神在印度却并没有完全消灭。帕希梅尔[②]在 13 世纪曾翻译了同时代的一个婆罗门的几篇文章。这位印度婆罗门的下面一段话，是值得重视的。

> 我看到各教派互相指责对方招摇撞骗；我看到所有波斯僧人狂热争论着第一本原与最终结局。我一一询问了他们，然而从所有这些教派首领身上，我只看到顽固不化的执拗，一种对他人傲慢的鄙视，一种刻骨的仇恨。于是我决定对他们

---

① 《创世记》中谈到的蛇变成了主要的恶天使，人们时而称之为撒旦（波斯语），时而称之为路齐弗尔（意为“晨星”），因为拉丁文本《圣经》把赫莱尔（Helel）这个词译为路齐弗尔（Lucifier）（见本书《导论》第 48 节）。以赛亚在咒骂巴比伦的一个国王死亡时，用修辞学的比喻法对他说：“路齐弗尔，早晨的星，你怎么从天下掉下来？”人们把这个名字当做魔鬼的名称，然后把这一段话用来指天使的堕落。天使堕落还成了弥尔顿诗的依据。但是弥尔顿的诗远不如印度的《摩奴法典》写得合情合理。《摩奴法典》并没有荒诞到让上帝的创造物天使去向上帝宣战，而且有时彼此打得不分胜负。这种过分夸张是弥尔顿所特有的。

附注：这一段文字主要取材于霍威尔的著作，他与婆罗门一道生活了 30 年，精通梵文。——伏尔泰

② 帕希梅尔（1242—约 1310），拜占庭历史学家，希腊正教司祭。——译者

> 谁都不相信。这些经师在寻求真理时，仿佛一个女人想让她的情夫从暗门入室，却找不到门的钥匙。人们在徒然的探索中，就好像爬上一棵有少许蜜蜂的树，他刚刚尝到蜜，缠绕这棵树的蛇就把他吞噬了。

这便是印度人写作的表现手法。在印度人发明的各种游戏
中，他们的聪明才智发挥得淋漓尽致。我们由于音讹而称之为 232
échec（象棋）的游戏是他们发明的。我们没有任何东西与之相近。这种游戏就像他们的寓言一样是寓意的；它是战争的象征。shah的意思是国王，pion 是士兵，这些名称至今仍在东方的这部分地区保留着。我们现在使用的，由阿拉伯人在查理曼时代传到欧洲的数字来自于印度。中国收藏家所重视的古钱币，证明有好些工艺是在印度培育起来，然后才为中国人所认识的。

在远古时代，印度人就把太阳一年的行程分为 12 个部分；而且很可能在更早的时候，就把月亮的行程分为 28 个部分。婆罗门和最早的裸身行者的“年”总是在太阳进入白羊星座（他们称为 Moscham）时开始。他们的一星期总是 7 天；这样的划分是希腊人从不了解的。7 天以 7 颗行星之名为名。日曜日他们称为 Mithradinan；mithra 这个词波斯人也是指太阳，就不知道这原先是波斯祆僧的语言，还是印度智者们的语言。

很难说两个民族中是哪一个教导了另一个；但如果要在印度和埃及中决定一个，那我从来都认为印度的科学更为古老得多，这点我们已经指出[①]。印度的土地比尼罗河附近的土地更便于居

① 见本书《导论》第 19 节。——译者

住。由于尼罗河经常泛滥，在开凿渠道以征服这条河流之前，这一地区肯定很长时间都使早期的移居者望而却步。而且印度的肥沃土地可以生产多种多样的作物，这就更加激发了人们的好奇心和促使人们去完善技艺。

有些人曾经认为，人类本发源于印度斯坦，理由是动物中的最弱者应当生长在气候最温和的地方；那里有自然生长的最富营养
233 最益身的果子，如椰枣和椰子等。尤其是椰子树很容易提供吃穿住的东西。除此之外，这个半岛的居民还会有什么需要呢？这里任何劳作者都几乎是赤身劳动。一个女人无需多余的东西，顶多只要两片布用来遮蔽身体。孩子从生下来直至成人，全身精光。在我们这里需要花那么多费用和工夫才能做成的这些褥子和羽毛垫子，这些绲边窗帘，对那些只有在阴凉地方、躺在最轻薄的席子上才睡得着的人来说，简直是不可忍受的累赘。我们叫作肉店的屠宰场出售那么多尸体来喂养我们，这在印度就会造成瘟疫。这些民族只需要清凉干净的食物；大自然给他们以茂密如林的柠檬树、橘子树、无花果树、棕榈树、椰子树和长满稻子的田野。最粗壮的人每天的伙食也只花一两个苏。我们的工人一天所费比一个马拉巴尔人一个月的还要多。所有这些情况似乎都加强了先前的这种看法：人类始源于大自然已为他安排好一切、几乎毋需他做任何事情的地方。但是这只能证明印度人是土生土长的，而丝毫不能证明别的人种来自于此地。白人、黑人、红种人、拉普兰人、萨莫耶德人、阿尔比诺人，肯定不是都来源于同一地点。所有这些人种的差别，就跟猎兔狗和卷毛狗的差别一样明显。因此，只有无知而又

固执的婆罗门才会说所有的人都是印度人阿迪摩及其妻子的后裔[①]。

在查理曼时代，人们对印度只知其名，印度人也不知道有个查理曼。海上贸易的唯一主人阿拉伯人把印度的食物运到君士坦丁堡，同时也供给法兰克人。威尼斯人已经前往亚历山大城寻找这些食物。在法国，这些食品的私人销售量并不大。在德国和整个 234
北欧，很长时期中，人们连见都没见过。罗马人在成为埃及的主人之后，自己从事海上贸易。西方人就是这样一直把黄金白银送到印度，并且不断地使这个本身已如此丰足的国家更加富有。因此，从未见到印度的各民族，也没见到中国人和冈加利达人[②]像阿拉伯人（不管是征服犹太人的阿拉伯人还是侵入欧洲、非洲的萨拉森人）、鞑靼人甚至罗马人（他们居住意大利最贫瘠的地方，原先靠征战为生，今天则靠宗教活动过日子）那样，走出自己的国家去抢掠其他民族。

毋庸置疑，印度大陆从前比现在大得多。环绕大陆东面和南面的岛屿和无数群岛，在远古时代是与大陆相连的。这一点从把它们隔开的大海本身也还能看得出来：海水不深，海底的树木与岛上的相似，海上经常露出新的陆地。一切都表明，这块地方曾经被淹没，而这是在不知不觉中造成的。当大洋从我们西方大陆后退时，它总是在这边有所失，就在那边有所得。

印度在任何时候都以工商业发达见称，因此必定有较好的治

① 参见本书《导论》第十七节和后面的第四章。——译者

② 澳洲部落名。——译者

理方法。毕达哥拉斯曾经在那里游历和求学的这个国家，当有良好的法律，否则各种工艺绝不可能培育出来。可是，人类有明智的法律，同时也总是有乖谬的风俗。例如女人在丈夫的遗体上自焚，表示贞洁和忠诚，这种习俗自远古以来便存在于印度。有些印度哲学家出于极端的狂热和虚荣也投身于燃烧的柴堆中。在亚历山大面前自焚的卡拉恩（或卡拉努斯[1]）并非第一个例子，而这种可
235 憎的宗教狂热至今仍未消灭。1735 年，坦焦尔[2]国王的遗孀在她丈夫的焚尸堆上自焚。曾任本地治里总督的杜马和迪普莱克斯[3]两位先生、〔英国〕海军上将罗素的夫人，都是这样的牺牲行为的目击者。这是败坏人性的谬误之最后挣扎。比起一个马拉巴尔妇女来，伊斯兰教最刻苦的苦行僧也只不过是个懦夫而已。一个民族，其哲学家，甚至妇女，都如此视死如归，似乎应当是个勇猛好斗而不可战胜的民族，然而自从古代的塞萨人[4]以来，凡是进攻印度的都轻易地征服了它。

若不是历史已向我们表明希腊人和罗马人也存在这种矛盾要想把婆罗门对上帝的崇高概念同他们的迷信及荒诞的神话调和起来，还是很困难的。

1200 年来，在马拉巴尔沿海，便有一些基督徒生活在这些崇拜偶像的民族中间。6 世纪时，一个名叫马尔·多马的叙利亚商

---

① 见坎特·库尔斯的《亚历山大传》。——原编者

② 坦焦尔，印度东南部城市。——译者

③ 本地治里，印度东南部城市，曾是法属印度的首府。杜马（1762—1806），法国将军。迪普莱克斯（1697—1763），法属印度总督。——译者

④ 塞萨或称“达萨”，是古代印度较早的当地居民，肤色发黑。后雅利安人由西北方逐渐侵入印度河流域。——译者

人带着家眷和经纪人，定居于马拉巴尔海岸，并在那里传播他的宗教，即聂斯脱利教派。这些东方教徒逐渐增加，自称圣多马派基督徒。他们平安无事地生活在偶像崇拜者之中，因为，无意兴风作浪的人是很少会受到迫害的。这些基督徒对拉丁教会一所无知。

当时在印度盛行的肯定不是基督教而是伊斯兰教。伊斯兰教由于哈里发征服印度而传到那里。诃伦[①]这个与查理曼同时代的著名人物、非洲、叙利亚、波斯和印度一部分地区的统治者，曾经从恒河岸边派遣穆斯林传教士前往印度洋上的各个岛屿，直至黑种人的一些部落。从此，印度有了许多穆斯林。从来没有人说伟大的诃伦曾经像查理曼迫使萨克森人改宗那样，用剑与火使印度人皈依他们的宗教；也没有人看到印度人像萨克森人拒不服从查理曼那样拒不接受诃伦的桎梏和法律。

印度人一向生性软弱，而我们北方人过去则残酷凶狠。由气 236
候引起的软弱永远无法改变，但冷酷却可以变为温和。

一般说来，南半球的人受自然之赐，民风较我们西方人温和；他们那里的气候使他们不喝烈性的酒，也不吃动物的肉，这些食物会刺激血液，往往令人变得凶残。而且，尽管迷信行为和异族入侵败坏了他们的善良本性，但所有的旅行者都认为，这些人的性格中丝毫没有北方民族那种极难克制的不安现状、急躁冲动和冷酷无情的特点。

既然印度人的气质跟我们有这么多的不同，肯定在精神方面

---

① 诃伦（Aaron al-Raschild）（763—809），是阿拉伯帝国阿拔斯王朝的哈里发（786—809）。诃伦的名字见于《旧唐书·西域传》。——译者

也必然有所差异。他们的恶行比我们的轻微。他们也像我们曾经做过的那样，徒劳地寻求医治民风的良药。从远古时代起，贤人来自西方便是印度人和中国人的一句格言。欧洲则相反，说贤人来自东方。一切民族从来都是需要有一个贤人的。

第 四 章

关于婆罗门；关于《吠陀》
和《夜柔吠陀》

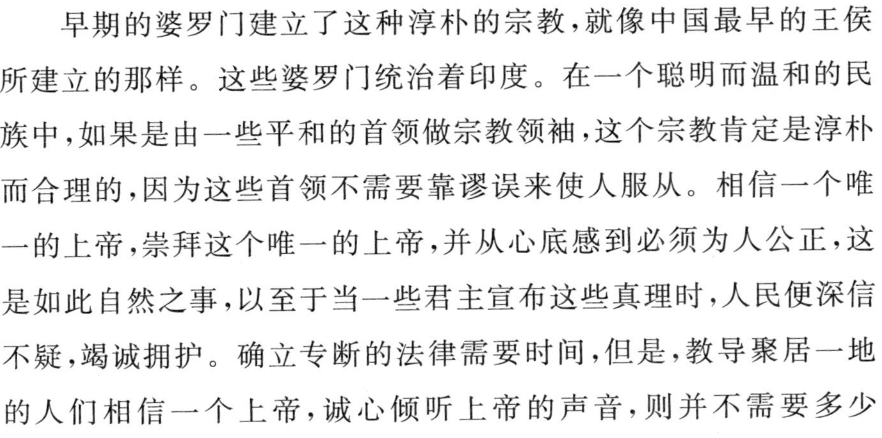

印度是这样一个国家：全世界都需要它，而只有它不需要任何 237
别的人。因此印度应是最早开化的地方。如果是这样，印度也必然有最古老的宗教。很可能这种宗教在长时间中就是中国统治者的宗教：只信仰一个上帝，没有任何迷信和任何狂热。

早期的婆罗门建立了这种淳朴的宗教，就像中国最早的王侯所建立的那样。这些婆罗门统治着印度。在一个聪明而温和的民族中，如果是由一些平和的首领做宗教领袖，这个宗教肯定是淳朴而合理的，因为这些首领不需要靠谬误来使人服从。相信一个唯一的上帝，崇拜这个唯一的上帝，并从心底感到必须为人公正，这是如此自然之事，以至于当一些君主宣布这些真理时，人民便深信不疑，竭诚拥护。确立专断的法律需要时间，但是，教导聚居一地的人们相信一个上帝，诚心倾听上帝的声音，则并不需要多少时间。

早期的婆罗门既然既是国王又当教长，他们的宗教就只能建立在普遍理性的基础上。而在教长不与国王合一的国家则不是这样。在这种情况下，原来只由一家之长君父担任的教职便成为单独的职业，礼拜上帝变成了一个行业，而为了把持这一行业，往往便需要权术、诡诈和暴行。

238 因此当婆罗门不再担任国王的时候，婆罗门的宗教就蜕化变质了。

在亚历山大以前很久，婆罗门便已不再统治印度；但是他们的被称为卡斯特[①]的种姓，始终最受重视，今天依然如此。在婆罗门这一种姓中有希腊人称为裸身行者的或真或假的贤人。不能否认，他们即使在没落时期，仍有这种与宗教狂热相一致的德行。除了各国民间迷信都接受的无数下级神祇之外，他们始终承认一个最高的上帝。斯特拉波明确地说[②]，婆罗门实际上只崇拜一个唯一的上帝。在这一点上，他们类似孔子、奥菲士、苏格拉底、柏拉图、马可·奥勒留、爱比克泰德，类似一切贤人以及一切解释秘义和主持秘典的祭司。婆罗门要修炼 7 年，7 年中严守静默，就是在斯特拉波那个时期实行的。在修炼期间过独身生活，禁绝牛肉，这个不得违反的法律，至今仍存在于婆罗门中。他们相信一个创造万物、赏善罚恶的上帝。他们相信人的堕落和变质，这种观念存在于一切古代民族。“混沌初开乃是黄金时代”（见奥维德《变形记》卷 I，第 89 页）是一切民族的格言。

阿普列尤斯、坎特·库尔斯、亚历山大的克莱门、费洛斯特拉特、波菲利、帕拉德，都一致赞扬婆罗门生活极其淡泊，赞扬他们的

① 卡斯特（caste）源于葡萄牙语和西班牙语的 castas，意为“部落”或“亲族”，中文译为“种姓”。——译者

② 见斯特拉波所著《地理学》第 1 卷，第 15 章。——原编者

隐退苦修、自甘清贫与蔑视尘世虚荣。圣安布罗斯曾盛赞婆罗门
的风尚优于他那时代的基督徒。这也许是人们为了使自己的同胞 239
对放荡生活感到羞愧而有时采用的一种言过其实的说法。人们称颂婆罗门,是为了教训修士,圣安布罗斯如果在印度住过,他就可能称颂修士而羞辱婆罗门。但无论如何,从这许多事实中可以看出,这些奇特的人是以圣洁闻名于世的。

所有的哲学家都十分感谢他们这种对唯一上帝的见解。尽管如今那里到处寺宇神像林立和民间充满怪诞言行,这种见解他们依然保持如初。我们的一位诗人[①]在他的几乎从不反映真实的书简诗中写道:

傲慢的印度婆罗门,
如今把魔鬼奉为神,
狂热地用青铜塑造金身。

不信鬼的人肯定不会敬鬼,〔诗人〕这种荒谬的指责是不可容忍的。从来在任何国家都不崇拜魔鬼。摩尼教徒从不向恶的本原顶礼膜拜,琐罗亚斯德教也根本不拜魔鬼。现在是我们放弃诽谤各种教派、侮蔑其他民族这种陋习的时候了。

正如您所知道的,《夜柔吠陀》是苏门图对《吠陀》的评注[②],婆
罗门认为《吠陀》是上帝赐给人类的圣书。一位曾经为我们的东印 240
度公司效劳的博识的婆罗门曾将该书作了摘要并从梵文译成

① 指让·巴蒂斯特·卢梭(1671—1741),法国叙事诗人。——原编者注

② 此处疑有误。《夜柔吠陀》是《吠陀》本集中的一部,而不是某人所写的对《吠陀》的评注。解释《吠陀》的是《梵书》、《奥义书》等。——译者

法文。[①]

苏门图在《夜柔吠陀》中抨击了偶像崇拜。他引述了《吠陀》中的原话：

> 世间一切有形无形之物皆为梵天所创造。曾有四个不同时代，每一时代末期，万物灭绝，尽皆淹没。大洪水乃是一时代到另一时代之过渡。……
>
> 梵天单独存在，由于别无其他生物，他便计划创造世界。他首先创造时间，继而创造水与土；将土、水、火、气、光五种元素混合而成各种物体，而以土为基本。他创造我等所居住之地球，其状椭圆如卵。中间为最高之山，名梅鲁山（即伊玛乌斯山）。阿迪摩是上帝所造的第一个男子之名；普罗克里蒂是其妻之名。阿迪摩生婆罗贺摩，婆罗贺摩为各民族之立法者，婆罗门之父。

这寥寥数语中有多少值得注意之事。首先我们看到这个伟大的真理：上帝是世界的创造者；然后我们看到四个时代——黄金时代、白银时代、青铜时代、黑铁时代这个古老神话的原始的来源。古代神学的一切原理均包含于《吠陀》之中。其中有杜卡利戎时代的大洪水，它象征着人类世世代代为长期淹没的土地排水所作的艰苦努力。这份译稿中所有引用《吠陀》的话都令人惊异。其中明
241 白地写着这样的妙语：“梵天从未创造邪恶，他不会是邪恶的创造者。梵天就是智慧与圣洁，他永远只创造道德。”

下面是《吠陀》中最奇特的一段：

① 这一译稿收藏于王室图书馆，任何人均可查阅。——原编者

> 第一个男人从梵天手中产生后，对梵天说：世上将有各种职业，并非人人都适于所有的职业，如何使他们各有所司？梵天答道：生而比他人更有才华、更有德行者将为婆罗门。最有罗佐根，即最有雄心者将为武士。最有托莫根，即最贪婪者将为商人。只有科摩根，即粗壮而无能者将从事卑贱的劳作。

在这些话中，可以看到印度四个种姓或者说四种社会地位的真正的起源。确实，这种社会地位的不平等，如果不是根据才能方面本来的不平等，还能根据什么呢？《吠陀》说："最高主神没有躯体，也没有形象。"《夜柔吠陀》补充说："凡认为他有手有脚的人都是疯子。"接着，苏门图引述了《吠陀》的这些话："当梵天从无中生出万有之时，他分别创造各个种类的个体，并使体内含有胚胎，以孳生繁殖，这是万物之本原。太阳只是一个无生命、无知觉的物体，它在梵天手中犹如烛台在人手中。"

然后，评注的作者驳斥了新婆罗门教徒[①]关于神梵天和神毗湿奴可以多次托世的说法，他写道：

> 你这蠢材和疯子，告诉我，你所说的使梵天托世的这个科希奥波和这个奥迪泰究竟是什么？难道不是跟旁人一样的人吗？这个天性纯洁具有永恒本质的神难道会自贱到销声匿迹于女人腹中以使自己具有人形？你把这个神描绘成屈身向他所创造的女人哀求！难道你不感到羞愧吗？你是丧失理智，242

① 新婆罗门教即印度教。4世纪前后婆罗门教吸收佛教、耆那教等教义和民间信仰演化而成。——译者

还是亵渎神明，以至厚颜无耻地让最高主神充当骗子手和撒谎者的角色？……不要再骗人了，只有这样我才会继续对你讲解《吠陀》；因为如果你仍抱着这种想法，你就不可能理解《吠陀》；而我向你传授这部经典，那就等于糟蹋了它。

在评注的第3卷中，苏门图又驳斥了新婆罗门教徒所杜撰的关于神梵天托世的神话，他们说梵天以柯皮洛（即苦行者）之名出现于印度，说他要从善人柯多摩的妻子德荷布提腹中出生。

评注者说："如果梵天的确诞生于世上，为什么他又有永生之名？这个本身便意味着无比幸福、而我辈的幸福纯赖于他的神，难道会忍受一个小孩所经受的一切痛苦？……"

接着书中是关于地狱的描述，这跟以后埃及人和希腊人对名为塔塔尔的地狱所作描述十分相似。人们问："如何方能不下地狱？"苏门图答："必须爱神。必须做《吠陀》命令我们所做之事，并按《吠陀》所要求的方式去做。"他说："对神的爱有四种：一是不为私利，只是为了神而爱神；二是出于兴趣而爱神；三是只在不受情欲支配时爱神；四是为满足这些情欲而爱神，而这第四种不配称为爱。"[①]

这些就是《吠陀》撮而要之的主要特色，迄至今日，此书在欧洲和几乎整个亚洲尚不为人所知。

243 婆罗门越来越堕落了。他们的礼经《娑摩吠陀》充满了迷信的仪式[②]，使任何不是生于恒河、印度河沿岸的人发笑，或者说，使任

① 《摩奴法典》说得更为高尚。参阅《哲学词典》中"天使"词条。——原编者

② 《娑摩吠陀》是《吠陀》四部中的一部，意译"歌颂明论"。"娑摩"（sāma），把祭祀用的歌曲。——译者

何不是哲学家、故对其他民族的蠢事表示惊讶而对自己国家的蠢事却不以为奇的人发笑。

这些礼仪琐碎繁多；这是对占星术的无谓钻研，促使一些颇有才华但言行怪诞或者存心欺诈的学者想象出来的各种荒唐事的大杂烩。一个婆罗门的一生就花在这些迷信仪式上。一年到头，天天如是。似乎在印度，人们因为身受奴役而变得越来越软弱，越懦怯了。很有可能，每受一次征服，战败者的迷信和苦修行为就倍增。塞萨克、玛迪埃斯、亚述人、波斯人、亚历山大、阿拉伯人、鞑靼人，以及今天的纳狄尔·沙赫[①]接踵而来，蹂躏这个美丽的国度，把一个不会打仗的民族变为苦修行者的民族。

寺庙从来都是在人们遭受屈辱和困苦时更为有钱。所有寺庙都收入甚丰，善男信女还以捐献使之更加富有。一个罗惹[②]经过寺庙前，要下马、下象、下骆驼、下轿，步行走出寺庙的地界。

上面撮要叙述的《吠陀》评注，我看是在亚历山大征服印度之前撰写的，因为书中找不到胜利者希腊人按照自己的读音并根据自己语言对普通名词作词尾变格，而把各种名称强加给当地的河流、城市、地方。书中印度称为宗布迪婆，伊玛乌斯山称为梅鲁山，恒河称为札怒比河。这些古代名称，如今只有梵文学者能够认识。

早期的纯粹的婆罗门教如今只是残存于他们的某些哲学家

① 纳狄尔·沙赫(1688—1747)，波斯国王，1736—1747 年在位。连续征服阿富汗、印度西北部、中亚等地，建立起庞大的军事帝国。——译者

② 罗惹(raja)原指印度雅利安人部落的首领，在国家形成后仍作为国家的统治者而被沿用。佛经中“罗惹”与“王”同义。——译者

244 中。这些哲学家不愿教育那些不肯受教也不配受教的人民。要使人民醒悟，甚至还会有危险：无知的婆罗门会起而反抗，笃信寺庙和繁琐的迷信行为的妇女们会骂他们渎神。任何人想以道理晓谕他的同胞，都会受到迫害，除非他是最强者。然而最强者却几乎总是加强无知的锁链，而不是去把它砸断。

只有伊斯兰教在印度，尤其是在有教养的人当中取得长足的进步，因为这是君王的宗教，只宣扬真主的唯一性，符合早期婆罗门的古老教义。基督教尽管教理明确而又神圣，尽管葡萄牙人、法国人、英国人、荷兰人、丹麦人都有庞大的宗教团体，却未能在印度取得同样的成就。甚至正因为这些国家的互相竞争，妨害了我们宗教的传播。由于各国互相仇视，一些国家还在这个地区频频交战，使人们憎恶他们所传播的东西。他们的生活习惯也使印度人反感。印度人厌恶酒肉，看到我们喝酒吃肉便感到愤慨。我们的〔发音〕器官构造使我们不善于说亚洲的语言，这也是一个几乎不可克服的障碍。但最大的障碍在于使我们的传教士意见分歧，彼此不睦。在印度，天主教传教士反对圣公会传教士，圣公会传教士攻击路德教传教士，而路德教传教士又驳斥加尔文教传教士。这样，所有的人都反对其他的人，每个人都想宣扬真理，而指责别人撒谎；结果使纯朴而与世无争的人们看到一些狂徒从遥远的西方跑到他们国家，在恒河两岸互相攻讦吵得你死我活而大为惊讶。

在这个地区，像在其他地方一样，有过一些虔诚笃行而值得尊敬的传教士。对于这些人，我们只能因他们夸大其工作和业绩而有微词。但是，从欧洲派来改变亚洲的信仰的人，并非全是德行高超、深有教养的人。《特朗格巴传教史》的作者、著名的尼康普承认①:“葡萄牙人把一些被判处驱逐出境的罪犯收容到果阿的神学 245
院里,把他们培养为传教士,而这些人却没有忘记他们原先的职业。”②我们的宗教在〔印度〕沿海地带并没有多大进展,而在大莫卧儿帝国直接统辖的〔北部〕地区更是一无所获。至今穆罕默德的宗教和婆罗门的宗教在这整个辽阔的大陆仍然是平分秋色。在不到两个世纪以前,我们把阿拉伯人、土耳其人、印度人称为异教徒,而所有这些民族则只知道我们是偶像崇拜者。

① 见该书第 1 卷,第 223 页。——原编者

② 这句话见 J. L. 尼康普所著《丹麦教士在东印度传教史》(1745 年日内瓦出版)。原文为:“有一个时期,葡萄牙人把一些被判处驱逐出境的罪犯收容到果阿的神学院里。然后把他们培养为传教士。但是这样一些人并没有放弃恶习,他们在如此神圣的使命中,行为如此不端,以至于最后葡萄牙人不得不承认是误用了一批无赖汉和品行恶劣的人来从事基督教的传教工作。”——原编者

第 五 章

先知穆罕默德时代的波斯以及琐罗亚斯德的古代宗教

246 当我们的目光转向波斯时，就会看到，在我要叙述的时代[①]前不久，波斯发生了世上最伟大、最急剧的变革。

一种新的统治，一种迄至当时还未为人所知的宗教和风俗，改变了这个地区的面貌，而且这种变化正在向亚洲、非洲和欧洲扩展。

伊斯兰教使好几个帝国具有一种新的形式，因此我将首先回顾一下世界上首先接受伊斯兰教的地方，以便对伊斯兰教有个概念。

在亚历山大以前，波斯帝国已把它的地盘扩张到从埃及到位于今天的撒马尔罕[②]以远的巴克特里亚（大夏），以及从色雷斯直至印度河。

在塞琉西王朝时，波斯因发生分裂而版图缩小；公元前 250

---

① 指查理曼时代。——译者

② 撒马尔罕，14 世纪时帖木儿帝国首都，今乌兹别克共和国东部城市。——译者

年，在帕提亚帝国的阿萨息斯[1]统治下又有所扩张。阿萨息斯王朝并未拥有叙利亚和攸克辛海（即黑海）沿岸地区，但他们与罗马帝国东部行省相抗衡，并一直成为罗马人不可逾越的障碍。

在亚历山大·塞弗尔[2]的时代，约公元 226 年，一个名叫阿尔达希[3]的波斯普通士兵从帕提亚人手中夺取了帕提亚王国，恢复了波斯帝国，其版图与今日的波斯相差无几。

这里，您并不想去探讨最早被波斯人征服的巴比伦人是什么人，以及这个〔巴比伦〕民族如何自吹从事天文观测已有 40 万年[4]， 247
而我们只能找到在亚历山大时代前 1900 年的观测结果。您也不想偏离主题去回顾巴比伦曾经如何强盛以及那些徒有虚名但并不可靠、甚至连废墟也已经毁坏的古迹。如果亚洲的艺术还残存某些值得留意的东西，那就是波斯波利斯废墟，关于它有好几部书描写过，并且印成了版画。我知道人们对亚历山大和名妓泰伊丝[5]焚毁波斯波利斯时幸免于大火的这些残破建筑物是多么赞赏备至。但是，建立在荒秃岩壁下的一座宫殿，是上乘的艺术品么？那些依然耸立着的圆柱，确实比例既不匀称，外形也不美观。充斥着粗俗

① 阿萨息斯，帕提亚帝国的建立者（约公元前 250—约前 211 年在位），该帝国强盛时帝国版图包括里海之南幼发拉底河至印度河之间广大地区，为西亚大国，中国史书称为安息国。阿萨息斯王朝自公元前 247 年起至前 224 年止。——译者

② 亚历山大·塞弗尔（208—235），罗马帝国皇帝，222—235 年在位。——译者

③ 阿尔达希一世，波斯国王，224—241 年在位，推翻帕提亚政权后建立萨桑王朝，即萨桑波斯（224—651）。——译者

④ 此处原文恐有误，应为 4000 年。——译者

⑤ 泰伊丝，公元前 4 世纪雅典高等妓女，曾随亚历山大大帝出征。据说她怂恿亚历山大烧毁波斯帝国都城波斯波利斯（公元前 330），以报过去薛西斯焚毁雅典之仇。——译者

的装饰物的柱头差不多跟柱身一样高，所有的图像跟不幸依然装点着我们的哥特式教堂的图像一样呆板单调。这些建筑物只是以巨大出名，而不是以典雅见称。一切都使我们确信，如果要研究艺术史，那么在世界史上，只有四个时代是值得称道的，那就是亚历山大时代，奥古斯都时代，美第奇家族时代[1]和路易十四时代。

但是波斯人始终是有聪明才智的民族。与伊索并称的寓言作家洛克曼[2]就生在卡斯宾。这一传说比说他出生于从未出过哲学家的埃塞俄比亚更接近事实。古代查尔杜斯特——希腊人称为琐罗亚斯德，他们把东方名称都加以改变了——的教条曾经长期存在。人们认为这些教条有 9000 年历史，因为波斯人和埃及人、印度人、中国人一样都把世界的历史向前推移，而其他民族则比较晚近。维茨塔斯帕之子大流士统治时，第二个琐罗亚斯德只是对这个古老的宗教加以完善而已。从这些教条中，我们可以像在印度一样找到灵魂不灭以及来生的祸福。这里也明确提到有一个地狱。琐罗亚斯德在他所缩编的《百章经》中说，主神[3]使他看到这

248 个地狱，以及恶人所受的苦刑。他在地狱中看到好几个国王，其中一人缺一足，他问主神这是何原因？主神答道："这个恶名昭著的国王一生只做了一件好事。他打猎时，看到一匹骆驼拴得离饲料槽太远，想吃却够不着。他用脚把饲料槽踢近骆驼；于是我让他这

---

① 美第奇家族，中世纪统治佛罗伦萨和托斯卡纳的著名意大利家族，在罗伦佐·美第奇(1449—1492)时期，佛罗伦萨为意大利文艺复兴的名城。——译者

② 洛克曼，译鲁格曼，古阿拉伯传说人物，《古兰经》中提到了他，有著名的《寓言集》。——译者

③ 琐罗亚斯德教的最高主神是 Mazdah，意为"智慧之主"。——译者

只脚升天，其余全身留在地狱里。”这个传说很少有人知道，它说明古代哲学总是带有寓言的性质，而且有时极其深刻。我们在另一个地方[①]曾经叙述了这个特别的、不太容易使人理解的故事。

您知道，继印度人之后，是巴比伦人首先敬拜介于神与人之间的半神。犹太人是被掳到巴比伦之后才给天使起名的。撒旦之名在《圣经·约伯记》中第一次出现；撒旦这个名字是波斯语，因此人们断言约伯是波斯人。拉斐尔这个〔天使〕名字是《多比传》的作者——不管作者是谁——使用的，此人被掳在尼尼微，用迦勒底语写作。“以色列”这个名字也是迦勒底语，意为“看见上帝”。《百章经》是《真德经》或《真德阿维斯陀》——世上最古老的三部经书之一——的节本。“真德阿维斯陀”这个词在迦勒底语中作“拜火”讲[②]。《百章经》分为100条，东方人称为“门”或“层”。要想了解这些古代人的道德观念，就有必要读一读。我们由于无知和轻信，总以为是我们发明了一切，以为一切来自犹太人，来自我们这些继承犹太人的人。其实我们只要对古代历史稍加探索，便知大谬不然。下面摘录《百章经》中的若干条文[③]；借以纠正我们的谬误。

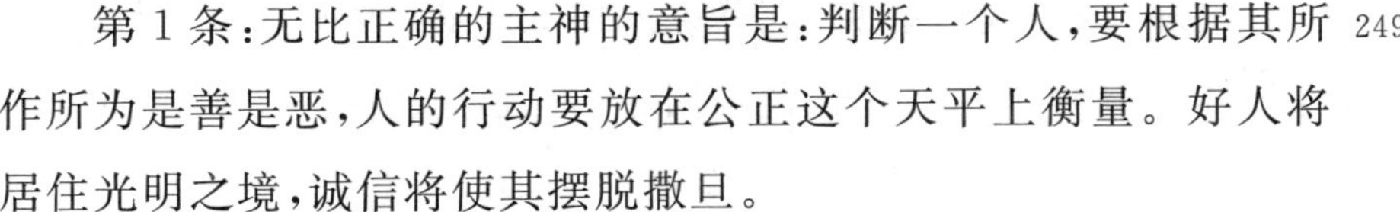

第1条：无比正确的主神的意旨是：判断一个人，要根据其所 249
作所为是善是恶，人的行动要放在公正这个天平上衡量。好人将居住光明之境，诚信将使其摆脱撒旦。

第2条：倘若你的德行胜过罪孽，你将进入天堂；若你罪孽深

① 参见《哲学词典》“灵魂”条。——原编者

② 波斯语“阿维斯陀”意为“智识”、“经典”、“谕令”；“真德”意为“注释”。《真德阿维斯陀》即《阿维斯陀注释》而非伏尔泰所说的“拜火”。——译者

③ 这些条文是伏尔泰从霍尔德《波斯宗教史》一书中摘译的。——原编者

重，你将被罚入地狱。

第 5 条：乐善好施者是真正的人：这是我们宗教的最高品德，……

第 6 条：你要每日四次赞礼太阳，每月月初赞礼月亮。

附注：该书不说膜拜日月如膜拜诸神，而说赞礼造物主的作品日月。波斯的宗教史家业已雄辩地证明，古波斯人并非拜火者，而是拜神者。

第 7 条：当有人打喷嚏时，你要说：Ahtunavar 和 Ashim Vuhu。

附注：举出这一条只是为了说明，向打喷嚏的人致敬是多么古老的风俗。

第 9 条：切莫犯悖逆天性之罪，悖逆天性，罪莫大焉。

附注：从这一戒律可清楚地看出，塞克斯都·恩披里柯[①]关于波斯律法允许这种丑恶行为的说法是错误的。

250 第 11 条：注意维持圣火不灭，这是世界之灵魂，……

附注：维持圣火成为若干民族的教仪之一。

第 12 条：勿用新的尸布裹尸，……

附注：这一戒律证明，所有说波斯人不裹尸的人是何等荒谬。将尸体或埋葬或火化或露置山冈上，往往各地做法不同。各个民族的葬礼会有变化，唯有道德不变。

第 13 条：如欲永生，敬爱尔父尔母。

附注：参阅《十诫》。

第 15 条：不论人家给你何物，你应感谢主神。

---

① 塞克斯都·恩披里柯（活动时期 3 世纪），希腊哲学家、历史学家。——译者

第 19 条：趁青春年少，婚娶成家；人生只是过客，你应有儿子继承，世代相传，毋使中绝。

第 30 条：主神确曾对琐罗亚斯德说过：若无法断定某一个行动是善是恶，则慎莫为之。

附注：这一点与善恶自有公论之说稍有抵触。

第 33 条：大恩惠只应给予最应得者；赠施不当，形同虚掷。

第 35 条：但倘属必需，则当你吃饭时，也喂给狗吃。

第 40 条：凡鼓励他人修行者，本身应无罪孽，应有热忱，且这种热忱并非虚情假意；应永不撒谎，善良，友爱；内心及语言始终充 251
满智慧；应不近酒色，不行不义，不做坏事，在主神的子民之前，应是仁慈和正义的模范。

附注：对于任何一个国家的教士来说，这是多么好的榜样！而且要注意，在东方一切宗教中，人民都被称为上帝的子民。

第 41 条：当新教友将至之时，准备赎罪谢恩宴；这会使造物主高兴。

附注：这一条与早期基督徒的友爱餐有相似之处。

第 68 条：永远不要撒谎；撒谎即使有用，也是可耻行为。

附注：这一学说与允许善意撒谎的主张完全相反。

第 69 条：不得狎妓。不得勾引他人妻子。

第 70 条：不做一切偷窃抢掠行为。

第 71 条：你的手、舌，你的意念，应不沾染任何罪过。痛苦时，应以忍耐报答主神，安乐时，应向主神谢恩。

第 91 条：你要日日夜夜思及行善，因为人生短暂。如你本应于今日为邻人效劳而延至明日，你就应悔改。你应庆祝 6 个圣节①，因为主神在一年中分 6 次创造了世界。……圣节期间，不要拒绝任何人的请求。有一天，伟大的国王吉恩希德令厨司给所有的来人以饮食。魔鬼撒旦化作旅行者登门。他饭罢又要索取饮食，吉恩希德令人给他一条牛。撒旦吃了牛，吉恩希德令人送上几匹马。撒旦还索取别的食物，于是公正的主神派天使贝赫曼赶走魔鬼，但吉恩希德的行为使主神感到高兴。

附注：在这个寓言中可以清楚地看出东方人的天才。

252 以上这些就是古代波斯人的主要的教条，这些教条几乎全都与世界各民族合乎自然天性的宗教相一致。礼拜仪式因地而异，但道德则到处皆同：因道德源于上帝，而其余则出自人为。

我们只需指出，琐罗亚斯德教教徒一向有濯洗礼，而没有割礼。洗礼为东方一切古代民族所共有；埃及人、阿拉伯人和犹太人的割礼则是十分晚近的仪式。因为沐浴净身是再自然不过的事，而设想一种违反自然天性、妨害风化的做法能博取万物之主的欢心，却需要经过许多世纪。

至于对我们没有用处、在我们看来荒唐可笑的、跟现已不复存在的习俗联系在一起的那些仪式，我们在这里都不去谈它了。东方人的种种夸大说法，以及这些民族十分常见的种种大而无当、不连贯不真实的譬喻，我们也都略而不提。在这些民族中，可能只有《伊索寓言》的作者才写得合乎常理。

① 琐罗亚斯德教全年 6 个圣节，各节间隔不等而与季节有关，也可能分别纪念世界创始的六个阶段。每一节日持续 5 天。新年后的第 41 天为仲春节，从第 41 天起再过 60 天为仲夏节，之后再过 75 天为收获节，再 30 天为繁荣节，再 80 天为仲冬节，再 75 天为春分节。五天的节日包括在内。——译者

我们都知道，在东方，从不知道什么是优雅风度，因为那里的男人从不跟女人交往，而又几乎都不进行社交活动，故没有机会培养出希腊人和罗马人的那种性情。如果去掉阿拉伯人、波斯人、犹太人笔下的日月、山谷、龙蛇，那他们就简直没有什么诗篇了。

我们只要知道《百章经》中的琐罗亚斯德的教条年代极为久远，其中谈到的一些国王，连贝罗萨斯也没有提到过，这就够了。

我们不知道第一个琐罗亚斯德是何许人，生于什么时代，是否即印度人的婆罗贺摩，犹太人的亚伯拉罕。但毋庸置疑，他的宗教教导人们要有德行。这是一切宗教的基本目的，它们也不可能有别的目的。因为，不管人性可能多么愚钝，人的本性是不可能一开始就相信一个怂恿干坏事的人的。

《百章经》的教条还向我们证明了，波斯人并非偶像崇拜者。253
长期以来，我们由于无知而又轻信，一直指责波斯人、印度人、中国人乃至伊斯兰教徒是偶像崇拜者；但伊斯兰教徒是笃信上帝的唯一性的人，他们甚至还把我们看做偶像崇拜者。所有意大利、法国、西班牙的古书，都把伊斯兰教徒称为异教徒，把他们的帝国称为异教统治。在那个时代，我们像中国人一样，自以为是唯一的有理性的人，而把别的人不当做人来看待。理性总是姗姗来迟，理性是只向少数人显现的神明。

犹太人把泰伊斯特的宴会①和俄狄浦斯②的婚礼归罪于基督

① 泰伊斯特是希腊传说中阿特雷之弟。阿特雷为了报仇，杀死泰伊斯特的两个孩子，用其尸体做成宴会上的佳肴来款待泰伊斯特。——译者

② 俄狄浦斯：希腊神话底比斯国王拉伊俄斯之子。希腊悲剧作家索福克勒斯的作品《俄狄浦斯王》写的就是他杀父娶母的悲剧故事。——译者

徒；而基督徒则归罪于异教徒。一切教派都相互指控对方犯了弥天大罪，总之，全世界的人都曾经相互诽谤。

两个本原的学说来自琐罗亚斯德教。摩尼教就是以〔琐罗亚斯德的〕光明之神阿胡拉·马兹达和黑暗之神安赫拉·曼纽作为教理的基础，埃及人的奥西里斯和提封，希腊人的潘多拉，也是用来说明两个本原。这就是所有贤哲为解释善与恶的起源所作的无谓的努力。波斯袄僧的这种神学，在东方，在一切政府的治下，都受到尊崇。尽管经历了各种变革，这一古代宗教在波斯始终存在；不管是希腊的诸神，还是其他的神，在波斯都未能占据优势。

阿奴细尔汪或称科斯罗埃斯一世[①]，在6世纪末，将一部分佩特腊阿拉伯和一部分称为福地阿拉伯的地方囊括于波斯帝国的版图之中。他赶走了侵入该地的半基督徒阿比西尼亚人。他妻子的一个儿子因皈依基督教而背叛了他，使他不得不用严酷手段尽可能在国内禁绝基督教。

以后，贤明的阿奴细尔汪的不肖儿子们连年内战，杀父弑君，使波斯陷于混乱。立法者查士丁尼的继承者们玷污了帝国的名誉。毛利古由于牧首西里亚克和几个主教玩弄阴谋而被福卡斯[②]军队废黜，以后福卡斯又因这些主教们曾对毛利古效力而惩处了他们。毛利古和他的5个儿子全都死在这个杀人魔王手下。君士

---

① 阿奴细尔汪，波斯萨桑王朝国王，公元531—579年在位时，对外不断扩张。——译者

② 福卡斯（？—610），色雷斯的百人队队长，后成为拜占庭皇帝，602—610年在位。——译者

坦丁堡牧首们的敌人、教皇格雷戈里一世[①]，极力拉拢暴君福卡 254
斯，对他倍加颂扬，同时谴责毛利古，尽管当毛利古在世时，也曾经受到他的称赞。

西罗马帝国被消灭了。哥特人、海吕尔人、匈奴人、汪达尔人、法兰克人，势如洪水蹂躏欧洲各地，这时穆罕默德正在阿拉伯的沙漠中为伊斯兰教和穆斯林强国奠定基础[②]。

① 格雷戈里一世（约 540—604），罗马教皇，590—604 年在位。曾汇编《格霍戈里圣咏》作为弥撒经文和宗教祈祷或礼拜仪式时的伴唱。——译者

② 此处时间先后的表述不够准确。民族大迁移、日耳曼蛮族入侵始于 4 世纪末、5 世纪初，西罗马帝国于 476 年灭亡，而伊斯兰教的传播则始于公元 7 世纪。——译者

第六章

阿拉伯与穆罕默德

255 在所有由同时代人撰写的立法者和征服者传记中，穆罕默德的传记写得最为真实，最为详尽。在穆罕默德的传记中，除了阿拉伯世界一向醉心的那些奇迹之外，其余都是公认的事实。穆罕默德于公元569年5月生于麦加。父亲叫阿卜杜勒，母亲叫阿米娜。没有疑问，他的家族是最早的古来氏部落中最有地位的家族之一。但谱系学认为他是亚伯拉罕的嫡传后裔，这是人们为了骗人而十分自然地编造出来的神话。

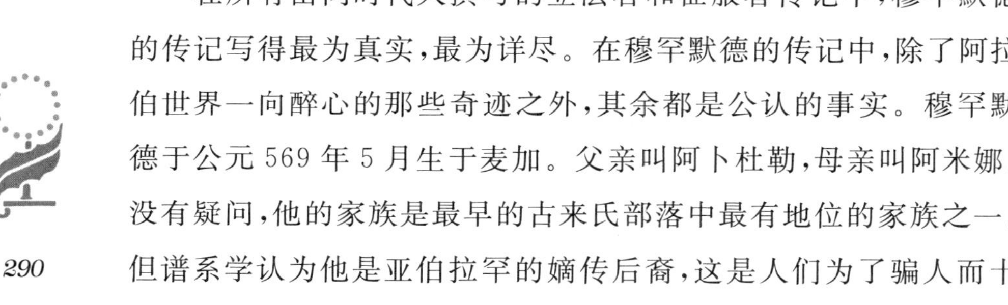

我们所了解的人类早期的风俗与迷信均在阿拉伯保存下来。这一点，我们从穆罕默德的祖父阿卜杜勒·穆台列卜许愿要用一个儿子作为祭品可以看出来。麦加的一个女祭司叫他用几匹骆驼——阿拉伯人夸大为100匹骆驼——把他儿子赎回来。这个女祭习专管祭拜一个星宿，这个星宿据说是天狼星，当时每个部落都有自己的星宿或行星[①]。人们同时也祭拜守护神，祭拜半神，但都

① 参阅《古兰经》和《古兰经》序言(原编者按：指1734年伦敦出版的乔治·萨尔《古兰经》英译本)，该序言由博学睿智的萨尔所写，他在阿拉伯住了25年。——伏尔泰

承认一个最高的上帝。在这一点上，差不多所有民族都是一致的。

据说阿卜杜勒·穆台列卜活了110岁。他的孙子穆罕默德 256
14岁便参加了叙利亚边境的一次战争。由于贫困，他叔父让他去给一个在叙利亚做批发商的名叫赫蒂彻[①]的寡妇当送货人。他那时25岁。这个寡妇不久便嫁给他。由叔父主持婚事。这位叔父给了他侄子12盎司金子，相当于我们今天的900法郎，这便是日后使世界上最大、最美丽的那部分土地改变面貌的人得到的全部遗产。他默默无闻地跟他的第一个妻子赫蒂彻一起生活到40岁。只是到这个年龄，他才发挥了才能，以至超群出众。他口才敏捷，能言善辩，不讲艺术和方式，这正符合一些阿拉伯人的需要；他神态威严却又态度和蔼，加以两眼炯炯，相貌出众，因而显得英姿焕发；他有亚历山大的无畏精神和豁达胸怀以及使亚历山大成为各方面完美无缺的伟大人物而具有的朴实无华。

他情欲强烈，需要爱情，故妻妾众多；但男女之欢并没有削弱他的干劲，影响他的献身精神，损坏他的健康。同时代的人都这样说，他的行为也证实了这一点。

穆罕默德在了解了同胞的性格、他们的无知、他们的轻信以及他们热衷于宗教的禀性之后，认为可以独树一帜，充当一名先知。他立志在他的祖国消灭崇拜上帝与崇拜星宿合一的拜星教，消灭受到各民族憎恶而在阿拉伯占有巨大优势的犹太教，最后还要消灭基督教。而对于基督教，他只是从散布在他居住地方周围的一

① 赫蒂彻(约550—619)，麦加古来氏部落贵族富孀。40岁时和穆罕默德结婚。穆罕默德创立伊斯兰教，她首先信奉。——译者

些教派的各种流弊中有所了解。他要恢复单纯崇拜亚伯拉罕(或称易卜拉欣)的宗教,他自称是亚伯拉罕的后裔,他要使人们重新认识上帝的唯一性,他认为这一教义在各种宗教中都被歪曲了。他在《古兰经》第 3 章确实这样明确宣布:“真主知道,你们却不知
257 道。易卜拉欣既不是犹太教徒,也不是基督教徒。他是一个崇信正教、归顺真主的人,他不是以物配主的人。”[1]

可以认为,像一切有宗教热情的人一样,穆罕默德为他的信念所驱使,开始时是实心实意宣传这种信念;然后加进一些幻想来加强信念,自欺欺人;最后则不得不以一些欺骗手段支持他认为是最好的教义。他首先使家里人相信他的宣传,这可能是最困难的。他的妻子和他女儿法蒂玛[2]的丈夫阿里成了他的首批信徒。他的同胞群起反对他,这是他早就料到的;他对古来氏人的威胁所作的答复,既显示了他的性格,也表现出他的民族表达思想的共同方式。他说:“即使你们右有太阳、左有月亮保护着朝我而来,我在我的道路上也决不后退。”

他和他的信徒们在麦加受到迫害,他不得不让他们从麦加出走,并派他们去埃塞俄比亚传教。这时他的弟子还只有 16 人,其中 4 人为妇女。而他自己则大胆地留在麦加对付敌对者,并吸收新门徒 100 人,增派到埃塞俄比亚。使他新生的宗教得到巩固的

---

① 本书引自《古兰经》的话,均采用马坚《古兰经》译本,中国社会科学出版社 1981 年版。——译者

② 法蒂玛(约 605—633),穆罕默德之女,赫蒂彻所生,与阿里结婚。其子孙被认为穆罕默德的后裔。10 世纪伊斯兰什叶派曾在北非建立法蒂玛王朝。阿里是穆罕默德之堂弟(约 600—661),伊斯兰教第四代哈里发(656—661 年在位)。——译者

最有利因素，是曾经长期迫害过他的奥玛尔的改宗。这个以后成为伟大的征服者的奥玛尔，有一次在大庭广众中大声宣布：“我证实只有一个真主，他没有同伴，也没有合作者，穆罕默德是他的仆人，他的先知。”

反对他的人数量上仍然超过他的拥护者。他的门徒在麦地那传教，在那里形成了一个大的教派。穆罕默德在麦加受迫害，被判死刑，于是逃往麦地那。这次被称为“希吉来历纪元”[1]的出奔开创了他赢得荣誉和建立帝国的时代。他从逃亡者变成了征服者。如果他不受迫害，也许就不会取得成功。他逃到麦地那以后，便强迫当地人信他的教，并一一使之就范。他首先率领130人打败了1000名向他进攻的麦加人。这一胜利在他的教徒们看来是个奇迹，使他们相信是真主帮他们作战，正如他们为真主而战一样。首 258
战既捷，他们便希图征服全世界。穆罕默德攻下了麦加，使往昔迫害他的人匍匐于他的脚下。9年中，他用言语和兵器征服了跟波斯一样辽阔而波斯人和罗马人都未能征服的整个阿拉伯。他成为4万名对他的宗教如醉如狂的信徒的首领。他在获得初步胜利后，就写信给波斯国王科斯罗埃斯二世[2]、〔东罗马帝国〕希拉克略皇帝[3]、埃及总督科普特[4]大公、阿比西尼亚国王，以及当时统治着

① 希吉来历，即伊斯兰教历，以公元622年穆罕默德从麦加出奔麦地那的那一年为元年。——译者

② 科斯罗埃斯二世，波斯萨桑王朝国王，590—628年在位。——译者

③ 希拉克略，又译希拉克利乌斯(约575—641)，东罗马帝国皇帝，610—641年在位。——译者

④ 7世纪阿拉伯人征服埃及以前，希腊语称埃及人和埃及语为“埃吉普提奥斯”，在阿拉伯语为“基普特”，其西方讹音为“科普特”。后来信奉伊斯兰教的埃及人不再自称科普特，于是这个名词就专指占人口少数的基督教徒。——译者

波斯湾附近一个省份的名叫蒙达尔的国王，大胆建议他们信奉他的宗教。奇怪的是这些君主中有两人居然成了伊斯兰教徒，这就是阿比西尼亚国王和蒙达尔。科斯罗埃斯愤然撕毁了穆罕默德的信。希拉克略以赠送礼物作答。科普特大公则给他送去一名女子，人们称她为美丽的马利亚，视她为天生尤物。

9 年后，穆罕默德自信已相当强大，可以向希腊和波斯扩张领土，传播宗教，于是首先攻击当时臣属于希拉克略的叙利亚，并夺取了几座城市。早已接受一神教的希拉克略皇帝当时正热衷于宗教的玄学之争。他在短短的时间内收到两个相当奇特的建议：一个来自久已打败了他的科斯罗埃斯二世，要他皈依琐罗亚斯德教；一个来自穆罕默德，要他成为穆斯林。

新的先知穆罕默德让他打算予以征服的人们选择：或者信奉他的宗教，或者向他纳税。税额是《古兰经》规定的，每个户主每年缴纳 13 德拉克马[①]的银子。这样低的税率证明被征服的人是穷苦的。后来税额有所增加。在所有创立宗教的立法者中，他是唯一通过攻城略地的方式来传播宗教的。其他民族也曾靠剑与火把
259 他们的宗教扩展到异族，然而没有一个教派的创始人是征服者。这种绝无仅有的天宠特惠，在穆斯林的心目中，便是真主亲自帮助他们的先知之最有力的证据。

成为阿拉伯的主人并为四邻所畏惧的穆罕默德，终于在 63 岁半时[②]在麦地那得了不治之症。他希望他生命的最后时刻也显得

① 德拉克马，古希腊重量与货币单位。——译者

② 公元 632 年 6 月 8 日。——原编者

像一个英雄人物和正直的人。他喊道："凡曾受我无礼对待和不公处理的人到我跟前来，我要向他赔礼。"有一个人站起来向他讨还几个钱。穆罕默德让人给了他钱。过了不久，他便死了。甚至那些认为他是个骗子的人也把他看做伟大的人，而所有其余的人都尊他为先知。

穆罕默德无疑并不像某些人所说的是个不学无术的人。甚至很可能在他那个民族中，在他那个时代，他还算十分博学多才，因为他留下了一些医学名言。他还改革了阿拉伯人的历法，就像恺撒改革了罗马人的历法一样。诚然，他自命为不识字的先知；但是，一个人可能会写文章，而不僭称学者。他是个诗人，《古兰经》各章中最后几句多数是押韵的，其余是有韵律的散文。他的《古兰经》之所以受人尊重，诗的作用也是不小的。阿拉伯人十分重视诗歌。一个部落出了一位优秀诗人，其他部落便遣使祝贺，这位作者便被视为得到灵感、有益于世的人。人们把最好的诗篇都张贴在麦加的庙宇中[1]。穆罕默德的〔《古兰经》〕第 2 章也是诗篇，它是这样开头的：

> "这部经，其中毫无可疑，是敬畏者的向导。他们确信幽玄，谨守拜功，并分舍我所给予他们的。"

当人们把这第 2 章张贴出来时，麦加最有名的诗人阿比德[2]对穆罕默德钦佩不已，就把贴在庙宇里的自己的诗撕掉，并皈依了他的宗教。这便是跟我们的一切迥然有别的风尚、习俗和事实。它向 260

① 古代阿拉伯人把诗篇贴在麦加的庙宇，称为"悬诗"。——译者

② 阿比德，应为阿拉伯诗人莱比德(？—661)，6 世纪至 7 世纪上半叶"阿拉伯七星"之一。——译者

我们表明，世界的画卷是如何的五彩缤纷，我们应当特别注意，勿用我们的习惯来衡量一切。

同时代的阿拉伯人详尽地叙述了穆罕默德的生平，其中处处令人感到所谓英雄时代的那种粗犷质朴的气息。他同第一个妻子赫蒂彻订的婚约中这样写道："因为赫蒂彻爱上了穆罕默德，穆罕默德也同样钟情于赫蒂彻。"我们能看到，他的妻子们为他做什么样的饭食，他的剑和他的坐骑的名字是什么。特别是我们能看到他的人民跟古代希伯来人相同的风尚（我在这里只谈风尚）：同样热衷于假借神的名义从事征战，同样渴求得到战利品，同样瓜分掳掠物：一切都是为了这个目的。

但是，如果撇开上帝的判断和上帝不为人知的做法不谈，只就人事而论，既然穆罕默德及其继承者们的事业在开始时跟犹太人完全一样，为什么他们的成就如此巨大，而犹太人的如此渺小？难道不是由于穆斯林极其注意时而使用武力、时而借助说服的办法使战败者皈依他们的宗教吗？希伯来人则相反，他们很少使异族人接受其信仰。阿拉伯穆斯林使别的民族加入到自己中来，希伯来人则始终与别人格格不入。最后，似乎阿拉伯人更有勇气表现自己的宗教热情，他们的行为准则更为慷慨也更为大胆。希伯来人厌恶其他民族，总是害怕受人奴役，相反，阿拉伯人要把一切人吸引过来，并且自认为天生是统治别人的。

如果说这些伊司玛仪人[①]在宗教热情和热衷于抢掠方面与犹

① 伊司玛仪，《古兰经》故事人物。亚伯拉罕长子。阿拉伯民族自称为亚伯拉罕和伊司玛仪的后裔。许多学者认为伊司玛仪即《圣经》中的以实玛利。——译者

太人相似，那么在勇敢、高尚、宽容这些方面则远胜过犹太人。他们在穆罕默德以前的历史，不管是真是假，都充满着友爱的故事，就像希腊人所虚构的庇拉德和俄雷斯忒斯、提修斯和庇里托阿 261
斯[①]等神话人物的故事那样。在巴梅西德家族[②]的历史中就有一连串动人的、罕见的慷慨行为，显示了一个民族的特点。相反，在希伯来人的所有编年史中，都看不到什么慷慨行为，他们不知道什么是好客、仗义疏财与宽厚待人。他们至高无上的幸福就是向外人放高利贷。任何卑鄙行为均源于这种货财殖利的思想，而这种思想已深植在他们心中，以至于成为在他们所擅长的花言巧语中不断运用的比喻物。他们引以为荣的就是对他们所占领的村庄大肆烧杀抢掠。他们杀死老人和小孩，只留下妙龄少女。他们当奴隶时暗杀其主人，成为胜利者时从不懂得宽恕。他们是人类的仇敌。这个残暴的民族在任何时代都不讲礼貌，毫无知识，没有任何完美的艺术。然而从希吉来历的第 2 世纪起，阿拉伯人却在科学和艺术方面，成为欧洲人的教师，尽管他们的信仰似乎是与艺术不相容的。

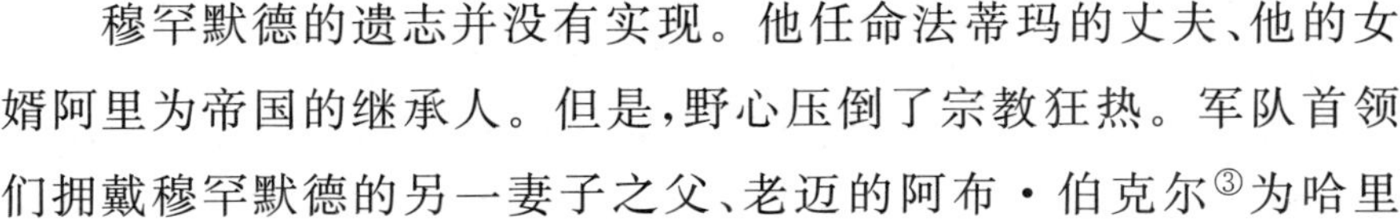

穆罕默德的遗志并没有实现。他任命法蒂玛的丈夫、他的女婿阿里为帝国的继承人。但是，野心压倒了宗教狂热。军队首领们拥戴穆罕默德的另一妻子之父、老迈的阿布·伯克尔[③]为哈里

① 希腊神话中的人物。均以忠于友谊著称。——译者

② 巴梅西德家族，巴格达的望族，在阿拉伯帝国的哈里发下任首相。这个家族的最后一个成员吉雅法，原为诃伦哈里发的宠臣，后失宠，于公元 803 年被处死。本书第六章提到的“吉雅法·巴梅西德的失宠”即指此事。——译者

③ 阿布·伯克尔(约 573—634)，穆罕默德另一个妻子阿以莎之父，伊斯兰教史上第一代哈里发。在位期间(632—634)整理《古兰经》，统一阿拉伯半岛。——译者

发，即先知的代理人。他们指望不久自己便可分享继承权。阿里待在阿拉伯，伺机复出。

这一场争斗给今天奥玛尔派与阿里派、逊尼派与什叶派、现代土耳其人与现代波斯人的大分裂播下了第一颗种子。

阿布·伯克尔首先把《古兰经》的零篇散页汇集起来。人们当着所有首领之面，逐章逐节朗读此书（有的章节写在棕榈树叶上，有的写在羊皮纸上），以此办法来确定该书的可靠性，建立万古不
262 移的权威。此书受到迷信式的尊敬，人们甚至相信它的原文是在天上写就的。整个问题就在于，此书究竟是从来就有的，还是在穆罕默德时代才有的，最虔诚者认为是从来就有的。

不久，阿布·伯克尔便把穆斯林带到巴勒斯坦，在那里击败了希拉克略的弟弟，他随后也归了天。人们称誉他是世上最慷慨无私的人，因为他从平分的战利品中，从来每天只拿约合我们今天的40个苏的钱。可见吃小亏可以占大便宜，两者并行不悖。

在奥斯曼人看来，阿布·伯克尔是个伟大的人物，忠诚的穆斯林，是《古兰经》的圣徒之一。阿拉伯人引述了他的遗嘱，遗嘱开头是这样的："阿布·伯克尔以最仁慈的真主的名义，在他行将离开人间前往另一世界之际，在异教徒改宗皈依、亵渎宗教者不再怀疑、撒谎者说出真情之时，立遗嘱如下……"。遗嘱这样开头，看来他该是一个〔对穆罕默德〕心悦诚服的人了。其实，阿布·伯克尔是穆罕默德的岳父，同这位先知最接近，因此，他可能是受先知所骗，或者他自己就是一场著名骗局的同谋，因为他认为这场骗局在所必需。他的地位使他在一生中和在临死时都要让别人非接受这一骗局不可。

继阿布·伯克尔之后当选为哈里发的奥玛尔是曾经蹂躏世界的征服者中进展最快的一个。他首先占领了大马士革，此城以土地肥沃、出产世上最好的钢产品和至今还称为“大马士革”的锦缎闻名于世。他把希腊人（当时称为罗马人）赶出叙利亚和腓尼基[①]。经过长期围困，他迫使耶路撒冷归顺，这座城市自从被大卫从古代居民手中夺得以后，相继为异族人所占据。最值得注意的是，他让居住耶路撒冷的犹太人和基督徒享有充分的信仰自由。

与此同时，奥玛尔的将军们向波斯进军。我们称为霍尔米斯 263
达斯四世的波斯末代国王在离帝国首都麦达因[②]几法里的地方与阿拉伯人交战，兵败身亡[③]。波斯人于是比过去接受亚历山大的统治更为容易地转到奥玛尔治下。

古老的琐罗亚斯德教从此衰落，过去大流士统治波斯时，是尊重这个宗教的，他从不干涉战败者的信仰。

祆僧崇拜唯一的神，敌视一切偶像，他们敬拜火，火给自然以生命，是神的标志。他们把他们的宗教看做是最古老、最纯洁的宗教。他们有数学、天文学和历史的知识，因此更加鄙视当时尚一无所知的战胜者。他们不可能抛弃千百年的信仰，而去接受一个刚刚出现的敌对的教派。大部分人逃往到波斯和印度的偏远地方，到今天还住在那里，称为戈尔人、盖布尔人、帕西人、琐罗亚斯德教

① 时间为伊斯兰教历第15年，即公元637年。——伏尔泰

② 麦达因，波斯萨桑王朝国都，在今巴格达东南。——译者

③ 此处原文疑有误。波斯萨桑王朝末代国王为耶斯提泽德三世（632—651年在位），而非霍尔米斯达斯四世。阿拉伯帝国的奥玛尔派兵攻陷波斯首都麦达因，耶斯提泽德三世出逃，651年在木鹿被害身死，波斯帝国灭亡。——译者

徒。他们只同本族人通婚，终年点燃圣火，对他们所了解的古老宗教的一切忠贞不贰。但他们缺少知识，被人轻视。除了贫穷之外，其他都跟长期散居各地与其他民族不相来往的犹太人很相似，而且更像巴尼亚人，因为巴尼亚人散居在印度和波斯。直到阿拔斯大帝①时代，在伊斯法罕②尚有大量盖布尔人或琐罗亚斯德教教徒住户。阿拔斯大帝把他们逐走，就像伊萨伯拉③把犹太人赶出西班牙一样。只有在阿拔斯的继位者统治时期，他们才被容许居住于伊斯法罕郊区。长期以来琐罗亚斯德教徒在他们的祷告中诅咒亚历山大和穆罕默德，可以相信，诅咒中一定还有阿拔斯大帝的名字。

正当奥玛尔的一名副将征服波斯时，另一名副将从罗马人手中夺取了整个埃及和一部分的利比亚。在这次征战中，有名的亚历山大城图书馆④，这个由托勒密·菲拉德尔福斯⑤创立、又经历代国王扩建的人类知识与谬误的宝库，被付之一炬⑥。当时萨拉森人要的只是《古兰经》一门学问，但是他们已经表明，他们的才能

① 阿拔斯大帝即阿拔斯一世（1571—1629），波斯萨非王朝国王，1587—1629年在位。——译者

② 伊斯法罕，波斯古都，在今德黑兰南面。阿拔斯一世即位后，在此建立国都。——译者

③ 伊萨伯拉（1451—1504），西班牙卡斯蒂利亚王国女王，在位时（1474—1504）基本实现了西班牙的统一。——译者

④ 亚历山大城图书馆建于公元前3世纪初，藏有名家手稿50万卷。公元前48年被罗马统帅恺撒焚毁过半。残余部分毁于公元7至8世纪。——译者

⑤ 即托勒密二世，公元前285—前246年为埃及国王。但亚历山大城图书馆为托勒密一世而非托勒密二世所建。——译者

⑥ 亚历山大城图书馆是基督徒而不是奥玛尔烧毁。——原编者

可以在一切领域显示出来。在埃及疏浚由历代国王开凿、又经图 264
拉真重修的古代运河，使尼罗河和红海沟通，这项无愧于民智最开通的时代的巨大工程，是在奥玛尔时期由一个埃及总督完成的。阿拉伯人的才能与土耳其人的才能是多么的不同！土耳其人曾经听任一个建筑物倾圮，他们若将这个建筑物保存下来，要比征服一个大的行省更有价值。

崇尚古代文化的人，喜欢对各民族进行比较的人，他们将会高兴地看到，穆罕默德、阿布·伯克尔、奥玛尔时代的风俗习惯与荷马所如实描绘的古代风尚多么相似。两军对阵，其首领单独走出队列，在肃立不动的将士面前互通姓名、对话、挑战，并祈祷上帝，然后交锋。在大马士革围城战中，有过好几次这样的单人对阵。

显然，荷马和希罗多德所提到的亚马孙人①的战斗并不是神话。福地阿拉伯的伊米雅尔部落的妇女就骁勇尚武，曾参加阿布·伯克尔和奥玛尔军队的战斗。我们不应相信真有一个亚马孙王国，国中全是妇女，没有男人。但是，在过着粗放的游牧生活的时代和地方，一些跟男人一样经受过严酷锻炼的妇女，有时跟男人一样作战，也是不足为奇的。在大马士革攻防战中，有这样一个伊米雅尔部落妇女，为了替被杀死在她身旁的丈夫报仇，一箭射中了城防司令官。这就最能说明为什么阿里奥斯托②和塔索③的诗篇中有那么多女的战斗英雄。

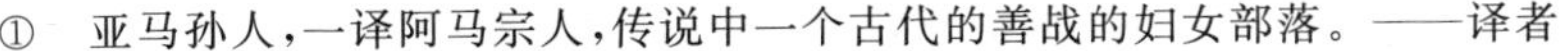

① 亚马孙人，一译阿马宗人，传说中一个古代的善战的妇女部落。——译者

② 阿里奥斯托(1474—1533)，意大利文艺复兴时期诗人。——译者

③ 塔索(1544—1595)，意大利文艺复兴时期诗人。——译者

骑士时代的历史会向您提供不止一个〔单人对阵〕的事例。不过这种风俗历来就十分罕见，今天看来简直不可置信，特别是自从有了炮兵以后，就不让每个士兵有发挥其勇敢机智和灵活性的余地，军队变成好像用发条开动的机器了。

265 阿拉伯的英雄们在部队面前，在单人对阵中，或者在宣誓保证休战时的演说，全都具有荷马史诗所描述的特点，但又无可比拟地更富于热情和崇高气概。

伊斯兰教历纪元 11 年左右，在希拉克略对萨拉森人的作战中，一个名叫代拉尔的穆斯林将军被俘。阿拉伯人仓皇后退。他们的军官拉西上前对他们说："代拉尔被俘或者阵亡有什么关系？有真主在，他看着你们，战斗吧！"于是阿拉伯人回身杀敌，取得了胜利。

另一个军官喊道："那就是天堂，为真主而战吧！真主会给你们土地。"

卡列德将军在大马士革俘获希拉克略的女儿，立即送回，不取赎金。有人问他为什么这样做，他说："因为我们希望不久在君士坦丁堡再抓到这个女孩子和她的父亲。"

伊斯兰教历 60 年，穆阿维叶哈里发[1]临终时，要立其子叶齐德[2]为哈里发，在此之前，哈里发都是选举产生。他说："伟大的真主啊！我之所以要立我的儿子为哈里发，是因为我相信他能够胜任，请求您确保我儿子的王位；但如果我只是因为我是父亲才这样

---

① 穆阿维叶(约 602—680)，原为阿拉伯帝国的叙利亚总督，661 年建立倭马亚王朝。——译者

② 叶齐德，680—683 年在位，倭马亚王朝第 2 任哈里发。——译者

做，就请求您把他从王位上赶下来。”

当时发生的一切都显示了一个优秀民族的特点。这个习于攻城略地的民族之所以取得成功，似乎主要是靠了他们的宗教热情，而不是由于他们的领导者。因为奥玛尔已于公元 653 年被一个波斯奴隶杀害。他的继承者奥斯曼亦于 655 年在一次暴动中被杀。穆罕默德那个出名的女婿阿里，是在内乱中当选为哈里发并进行统治的。5 年之后，他像他的前任们一样被刺身亡。然而，穆斯林的军队却一直一往无前。这个阿里哈里发，今天波斯人还在崇敬他，并遵循着他那些与奥玛尔对立的原则。阿里把哈里发驻地从埋葬着穆罕默德的麦地那迁移到幼发拉底河岸的库发城，该城今天只剩下一片废墟，这是巴比伦、塞琉西亚以及古代迦勒底所有用砖砌的城堡的共同命运。

很显然，在将近 3 个世纪中，阿拉伯民族靠穆罕默德激发的才 266
能，独立地完成了一切。在这一点上，他们与古罗马人相似。事实上他们正是在最不好战的哈里发韦立德[1]治下征服了最广大的土地。公元 707 年，韦立德的一个将军把帝国版图扩展到撒马尔罕。与此同时，另一个将军在黑海附近攻打希腊帝国[2]，又一个将军于 711 年从埃及进入西班牙。西班牙曾先后轻易地为迦太基人、罗马人、哥特人和汪达尔人所征服，最后又被这些称为摩尔人[3]的阿

① 阿卜杜勒·韦立德，705—715 年在位，倭马亚王朝麦尔旺支的第三任哈里发。——译者

② 指拜占庭帝国。——译者

③ 摩尔人，是 11—17 世纪伊比利亚半岛居民对征服其地的阿拉伯人和伯伯尔人的称呼。有时亦泛指阿拉伯人。——译者

拉伯人占领。阿拉伯人在西班牙首先建立了科尔多瓦[①]王国。尽管埃及苏丹事实上要摆脱巴格达的大哈里发的统治，而被征服的西班牙的总督阿卜杜·拉曼[②]不再承认埃及苏丹，然而当时到处仍然都屈服于穆斯林的武力之下。

这个阿卜杜·拉曼是希沙木[③]哈里发的孙子，他夺取了〔西班牙境内的〕卡斯蒂利亚、那瓦尔、葡萄牙、阿拉冈诸王国，占领了〔法国境内的〕朗格多克、吉埃纳和普瓦图。要不是查理·马特战胜了他并把他击毙，法国早已成为伊斯兰教徒的一个省份了。[④]

继倭马亚王朝19个哈里发的统治之后，公元752年左右，开始了阿拔斯王朝。阿拔斯王朝的第二任哈里发曼苏尔[⑤]将这个大帝国定都于位于幼发拉底河以东迦勒底地区的巴格达。土耳其人说曼苏尔奠定了巴格达城的基础，波斯人则说此城极其古老，曼苏尔不过加以修葺而已。这个城市有时被人称为巴比伦，并曾多次引起波斯人和土耳其人之间的战争。

哈里发统治延续了655年。由于在宗教方面和政治方面实行

① 科尔多瓦，西班牙城市。倭马亚王朝被阿拔斯王朝推翻后，在这里建立西萨拉森帝国，亦称“科尔多瓦哈里发国家”。中国史书上称为“西大食”或“白衣大食”。——译者

② 阿卜杜·拉曼（？—732），倭马亚王朝的西班牙总督。732年进犯法国的普瓦蒂埃，被查理·马特击毙于城郊。——译者

③ 希沙木一世（724—743年在位），倭马亚王朝麦尔旺支哈里发。——译者

④ 这段史实的时间（732年以前）早于上段所述的建立科尔多瓦王国（750年）。——译者

⑤ 曼苏尔（754—775年在位），阿布·阿拔斯之弟，名叫阿布·哲尔法尔，自称“曼苏尔”意为“常胜者”。——译者

专制统治，他们并不像达赖喇嘛那样得人心，但是他们享有真正的权威。即使在他们衰落之时，他们依然受到那些侵凌他们的君主们的敬重。所有土耳其的、阿拉伯的、鞑靼的苏丹都甘愿接受哈里发的赐封，而不是像基督教国王对接受教皇授职那样往往持有异议。人们并不亲吻哈里发的脚，但是却跪倒在他们的宫殿的门槛上。

如果说曾经有某种强大力量威胁整个世界，那就是这些哈里 267
发。他们集王权与神权于一身，融军事力量与宗教热情于一体。他们的命令就是神谕，他们的士兵都是狂热的教徒。

从 671 年起，他们便陈兵君士坦丁堡城下，后来该城终于落入穆斯林手中。在那么多睥睨一切的首领之间几乎不可避免的龃龉不和，并没有使他们的征服事业止步不前。在这点上他们就与古罗马人相似，罗马人尽管内战频仍，却征服了小亚细亚。

伊斯兰教徒日渐强大，也逐渐有了教养。哈里发始终被承认是宗教上的统治者和名义上的帝国君主，尽管承认的人并不接受他们从遥远地方发出的命令。他们安静地生活在他们的新的巴比伦，不久便使那里艺术复兴。与查理曼同时代的诃伦比在他以前的哈里发更受人尊敬，而且能够使远至西班牙与印度的人都服从他。他提倡科学，繁荣优美而有益的艺术，延揽文人，写作诗歌，并在其广阔的国土上用文明礼貌取代野蛮。在诃伦统治时期，原来已经采用印度数目字的阿拉伯人把这些数目字传到了欧洲。在德国和法国，我们只是使用了阿拉伯人的方法才认识日月星辰的运行。Almanach(历书)一词，就是另一个证据。

托勒密的《天文学大成》就是在那个时候由天文学家本・侯

奈因[1]从希腊文译成阿拉伯文的。马蒙[2]哈里发叫人用几何学方法测量了子午线的一度，以确定地球的大小。在法国，这项测量工作只是800多年后在路易十四时代才进行的。本·侯奈因还作了相当深入的观察发现，或者是托勒密把太阳的最大的赤纬[3]定得过于偏北，或者是黄赤交角发生了改变[4]。过去人们说恒星自西向东有所谓的运动，其周期是36000年，他认为这个周期已经大大缩短。

化学和医学是由阿拉伯人创立的。我们今天发展完善了化
268 学，但化学原来是由他们传授给我们的。人们统称为轻泻剂的那些新药是从他们那里来的，这些药比希波克拉底和盖伦学派所用的泻药更为温和，更有益于身体。代数是阿拉伯人的一个发明。Algèbre（代数）这个词，不管它是Algiabarat[5]的衍生词也好，或者更确切一点，是与公元8世纪传授这门知识的著名的阿拉伯人Geber的名字有关也好，本身足以说明这一点。总之，西方基督徒肯定从穆罕默德的第2个世纪开始，就拜穆斯林为师了。

表明一个民族在精神文化方面出类拔萃的一个可靠证据，就是高度发展的诗歌艺术。我说的不是那种浮夸的长篇巨著，不是

---

① 本·侯奈因（809—873），阿拉伯著名翻译家和医生。古希腊天文学家托勒密所著《天文学大成》原已有阿拉伯文译本，他又重新翻译。——译者

② 马蒙（786—838），阿拔斯王朝第7个哈里发（约813—838年在位）。830年在巴格达建立智慧院，附设图书馆、气象台和编译局。——译者

③ 赤纬，指天体到天赤道的南北角距离。用赤经、赤纬可确定天体在天空的位置。——译者

④ 据《阿拉伯史》，在马蒙时代，天文学家们校正了托勒密的《天文学大成》一书中的基本概念。但这并非本·侯奈因所为。——译者

⑤ 此词源于阿拉伯语Al jabre，原意为“还原”。——译者

那种写日月星辰、山川河海的枯燥乏味的陈词滥调，而是在奥古斯都时代曾经百花盛开、在路易十四时代再放异彩的这种匠心独运而豪放大胆的诗歌。这种想象丰富、感情充沛的诗歌在诃伦时代曾经产生过。其中有一首使我深为感动，因为比较短，特抄录于后。诗中写的是有名的〔诃伦的廷臣〕吉雅法·巴梅西德失宠的故事。

脆弱的人，鸿运使你平步青云，
让你享受到她危险的妩媚温馨；
要知道什么是国王的一时宠幸，
看看巴梅西德，便为幸运寒心。

特别是这最后一句是逐字译出的。在我看来，"为幸运寒心"写得再好不过了。阿拉伯语言的优点在于很久以来便已相当完善，它在穆罕默德以前已经定型，以后就没有改变。而当时人们在欧洲所说的方言却没有留下任何痕迹。不管从哪个角度看，应当承认，我们是从昨天才开始存在的。我们在不止一个方面比其他民族走得更远，这可能是因为我们来得最晚之故。

第 七 章

《古兰经》，穆罕默德的法律；伊斯兰教是否新宗教，曾否受到迫害

269 前一章让我们对穆罕默德和阿拉伯人的风尚有所了解，他们使世界上很大一部分地区发生了巨大而急剧的变化。现在应当将他们的宗教如实地描绘一番。

认为伊斯兰教传播得如此迅速是因为它便于人们满足情欲，这是在我们中间流行的一种偏见。也不想想，东方的一切古老宗教都允许多妻，穆罕默德则把直至当时漫无限制的妻妾数目减少为 4 人。据说，大卫有 18 个妻子，所罗门有 700 个老婆，300 个妃嫔。这些国王左拥右抱，饮酒作乐。所以说，放荡淫佚的是犹太教，而穆罕默德的教规则是严格的。

一夫多妻对社会、对人口增殖有没有好处，这对于政治家来说是个大问题。在东方，在各个时代，这个问题已有定论，而自然界也赞同东方人，因为几乎各类动物都是一雄多雌。由于妇女怀孕、分娩、月经来潮而丧失的时间，似乎要求弥补。热带地区的妇女很早便花容萎谢，生育力消退。一个家长要将自己的荣誉和一家兴旺寄托于多子多孙，因此需要有另一个女人来代替已经无用的配

偶。西方的法律似乎对妇女较为有利，而东方的法律则有利于男人和国家。没有一项立法不会成为争论的主题。这里不是臧否评 270
说之处，我们的目的是描述而不是评判人。

人们每天都在猛烈抨击穆罕默德的耽于肉欲的天堂；但在古代从来就没有过别的天堂。海格立斯在天上娶了赫贝以弥补他在地上所受的痛苦。英雄们与诸神一同痛饮美酒。而既然我们设想人是带着他的官能而复活的，那么当然也可以设想，人只要活着，就会在某个乐园里或在别的星球上享受官能所有的各种快乐。这种想法是3世纪教会神甫的想法。圣尤斯丁在他的《对话集》第2部分阐明的正是这一点。他说："耶路撒冷将要扩大和美化以接待圣徒，他们将在1000年中享受官能的一切快乐。"总之，天堂指的就是栽了果树的花园。

成百个作者抄袭一个人，都说写《古兰经》的是聂斯脱利教派的一个僧侣。一些人说这个僧侣叫塞吉乌斯，另一些人说他名叫波希拉。但是很明显，《古兰经》的各章是在穆罕默德的旅行和行军中根据不同情况写成的。这个僧侣是否始终追随左右？人们还根据书中一段不明确的话，认为穆罕默德不会读不会写。一个经商20年的人，一个诗人、医生、立法者，怎能连部落中最小的儿童学习的东西都不知道呢？

"古兰"一词的意思是"读本"或"诵读"。《古兰经》不是一 271
部模仿希伯来圣书和我们的福音书的史书，不是《利未记》或《申命记》那样的纯粹律法书，不是赞美诗和恩歌集，也不是《启示录》那样的寓意的预言集，而是一部集以上各类书之大成，包含若干事实、若干幻觉、一些神启、一些教规和民法的布道说教的书。

《古兰经》已成为一切伊斯兰教国家的法典和教规。此书的所有诠释者都承认它的道德价值就包含在下面这几句话里面:“把你赶走者,你要回到他那里;对剥夺你的人要给予,对得罪你的人要宽恕,为所有的人做好事,与无知者不争辩。”

其实它还不如劝人勿与有知识者争论更好些。但是在世界的这一部分地区,人们当时还没想到别的地方会有科学和文化。

在这本充满东方式缺乏条理的夸张词句的书中,仍然可以发现一些有崇高思想的片段。例如,穆罕默德提到大洪水的终结,他写道,“真主说:大地,吞没你泛滥的大水;苍天,汲干你倾注的洪流!于是天和地都俯首听命”。[①]

他的关于真主的定义更是真正精妙绝伦。人们问他,他所说的这个安拉是什么人?他回答说:“他是真主,是独一的主;真主是万物所仰赖的;他没有生产,也没有被生产;没有任何物可以做他的匹敌。”整个东方都接受的这个著名的回答,几乎一字不差地这样写在《古兰经》倒数第3章。

确实,书中自相矛盾,胡说乱道,年代错误之处甚多,尤其是对最简单、最普通的物理学一无所知。对出于虚假的宗教信仰而声
272 称是由神写成的书来说,这是一块试金石,因为上帝不会荒诞不经,也不会一无所知。但是普通百姓看不到这些错误,对这些书盲

① 《古兰经》原文为:“有人说:‘地啊!汲干你上面的水吧!云啊!散开吧!’于是洪水退去了,事情就被判决了。”(第11章,卷12,第44节)——译者

目崇拜，而伊玛目[①]们则费尽口舌加以粉饰。

《古兰经》的评注者一向是把表面意思与寓意譬喻、文字与精神区别开来。同在经文上一样，从这些评论中，我们可以看出阿拉伯人的才能。一个最有权威的评注者为了说明该书精神与文字的差别，说："《古兰经》时而呈现人面，时而显出兽相。"

一件可能使许多读者惊奇的事，是在穆罕默德的法律中，除了说穆罕默德是真主的先知，没有任何新的东西。

首先，关于一个至高无上、创造万物和掌管万物的上帝的唯一性的教义已经极其古老。死后的赏罚报应，相信存在天堂和地狱，这些早已为中国人、印度人、波斯人、埃及人、希腊人、罗马人所接受，然后又被犹太人，尤其是基督徒所接受，基督教是认可了这些教义的。

《古兰经》承认天使和魔鬼，这种信仰来源于古波斯人。关于复活和末日审判的教义则显然取自《犹太教法典》和基督教。穆罕默德所说的真主用一千年来审判人类以及审判的方式，那是次要的，这个思想本身仍然完全是借自于他人。至于说复活者从尖顶桥上通过，而受天谴者则从桥上堕入地狱，则是取自于祆僧的寓意教理。

正是从这些祆僧那里，从他们的占乃提[②]教理中，穆罕默德得到了关于天堂、天园的思想，在这天园里，复活的人们有着各种完

① 伊玛目，清真寺主持礼拜的人，亦指清真寺教长。什叶派用来指所拥戴的领袖，逊尼派则用来称穆斯林领袖，意同哈里发。——译者

② 原文如此。但"占乃提"乃阿拉伯语，而在祆僧所用的波斯语中应为"比一士"。占乃提意为"天堂"，指伊斯兰教信仰的后世极乐境地，又译"天园"。——译者

善的官能，他们就是用这些官能来享受各种快乐，否则这些官能就无用了。他还从这一教理中汲取了关于天堂里有“极乐天女”的说法，这些天女将由上帝的选民分享。在《百章经》中可以看到，袄僧把这些女人称为“胡拉尼”。我们有人常说，穆罕默德的天堂里并不排斥女人。这就像各民族互相嘲笑一样，纯粹是一种没有根据的嘲讽。诚然他许诺了天园，这是天堂的别称；但是，作为至高无
273 上的真福，他许诺的是真主的显圣、真主意旨的传达。

今天似乎成了伊斯兰教特色的绝对预定论[①]和宿命论的教条，实为极其古老的观点，《伊利亚特》跟《古兰经》说得一样清楚。

至于法定的教规，诸如割礼、濯洗礼、祷告、朝觐麦加，就其实质而言，穆罕默德只不过是适应业已形成的习俗而已。割包皮早在古代阿拉伯人、埃及人、科尔基德各民族以及希伯来人中便已实行。濯洗礼在东方从来就有，它是净洁灵魂的象征。

没有祷告便没有宗教。穆罕默德规定每日祈祷5次，确实很麻烦，然而即使麻烦，也应恪守不渝。人作为被创造物，有谁敢抱怨每日必须5次礼拜其造物主？

至于朝觐麦加，在克尔白[②]里面和在黑圣石上举行仪式，许多人都知道这是阿拉伯人所珍视的虔敬行为。克尔白被视为世上最古老的寺庙；尽管寺中当时供着300尊偶像，但该寺所以成为圣

① 预定论，神学学说，指世界一切皆决定于上帝的旨意，人是毫无能力的，尤其无能力解救自己；谁被上帝选召，谁被弃绝，都与各人本身的行为无关，而完全由上帝预先决定。——译者

② 克尔白，麦加圣寺内的方形房屋，名为天房。穆斯林在麦加朝圣时，在寺内举行仪式。黑圣石在克尔白之一角。——译者

所，主要还是由于那块黑石，因为据说那就是伊司玛仪的坟墓。穆罕默德没有取消朝觐，相反，为了随和阿拉伯人，把这定为一条正式的教规。

斋戒在好几个民族，在犹太人和基督徒中原已奉行。穆罕默德把它规定得极为严格，并把斋戒期延长为一个太阴月。在此期间，日落之前，不许喝水吸烟①。太阴历的这个月份往往正值盛夏，斋戒又规定得如此严格，因此不得不加以通融，战争期间尤其如此。

没有一种宗教不要求人们施舍财物。但只有伊斯兰教把这定为一条法定的、绝对必须实行的教规。《古兰经》规定必须将收入的2.5％作为施舍，或付现银，或给食物②。

我们可以清楚地看出，各种宗教，它们的教条和教仪都是互相 274
借用的。

在所有这些必须奉行的教规中，没有一条不是已经为最古老的习俗所认可。在那些反面的，即要求戒绝的教规中，只有普遍禁止整个民族的人饮酒这一条是新的，是伊斯兰教所特有的。在气候寒冷地区，穆斯林为此禁律叫苦不迭，往往不去遵守；但在炎热地区则严格执行，因为在这些地区，饮酒很容易伤害身体，并使人失去理智。不过一些献身神职的人戒绝饮酒，这也并非前所未有

① 斋月是“莱麦丹”或“莱麦丹月”的俗称。伊斯兰教历第9月的月名。斋月期间，男满17岁、女满15岁的穆斯林均须守斋。斋戒期间，每日自日升至日落，禁绝一切饮食和房事等。——译者

② 伊斯兰教规定的施舍称“天课”。教徒资财达到一定数量时，每年应按规定税率纳课，商品和现金纳2.5％；农产品纳5％；驼、牛、羊和矿产各有不同的税率。——译者

之事。埃及、叙利亚、印度的一些祭司，犹太人中的拿撒勒人①、雷卡比人②都厉行这种禁例。

禁酒对阿拉伯人来说，并不引起反感。但是穆罕默德没有预见到，这一教规有一天对于色雷斯、马其顿、波斯尼亚、塞尔维亚这些地方的穆斯林会成为几乎不可忍受之事。他不知道阿拉伯人竟然有一天会来到法国，而信伊斯兰教的土耳其人会出现在维也纳的棱堡之前。

禁食猪肉、动物的血以及病死的家畜，也是如此。这是一些有关卫生的戒律。在麦加以及毗邻的巴勒斯坦，猪肉尤其是危险的食物。当伊斯兰教传播到较寒冷的地方时，这种禁戒就不甚有理了，但却仍然保存着。

禁止各种赌博可能是唯一的在其他宗教中没有先例的教规。它更像修道院的清规，而不像普遍加于一个民族的法律。似乎穆罕默德训练一个民族只是为了祈祷，为了繁殖和为了打仗。

275 除了一夫多妻制外，所有这些法律都要求过严肃刻苦的生活，而且这些又是如此简单，所以他的宗教很快便得到人们的尊敬和信任。尤其是关于上帝的唯一性的教条，表述得直截了当，毫不神秘，又符合人们的智力水平，所以许多民族，直至非洲的黑人和印度洋的岛民都皈依他的宗教。

这个宗教称为伊斯兰教，伊斯兰(Islām)的意思是服从真主的

---

① 拿撒勒是巴基斯坦城市名，耶稣洗礼以前，家居于此；拿撒勒人又指早期基督徒。——译者

② 雷卡比人，犹太教徒中的一个派别，过游牧生活，不种谷物，不饮酒。《圣经·耶利米记》称为利甲族人。——译者

意志,仅仅这个词便可以使许多人成为信徒。伊斯兰教并不是靠武力,而是靠宗教热情,靠说服,尤其是靠胜利者以身作则,对战败者产生强有力的示范作用,而在东半球大部分地区确立下来的。穆罕默德在初期跟阿拉伯地区反对他进行蒙骗活动的人作战时,毫不留情地把进行抵抗的同胞斩尽杀绝。当时他还不够强大,所以不能让那些可能摧毁其新兴宗教的人活着。但是一旦他的宗教靠宣传和武力在阿拉伯确立下来,阿拉伯人越过了自己从未迈出一步的国境以后,便从不强迫异族人接受伊斯兰教。他们总是让被征服的民族选择,或者当穆斯林,或者纳贡。他们要掳掠,要统治,要奴役他人,但他们并不要强迫奴隶们信仰他们的宗教。当他们后来被土耳其人和鞑靼人从亚洲撵走时,还能够从战胜者中吸收新信徒,鞑靼游牧部落因此成为一个穆斯林大民族。由此我们看到,事实上,经过他们布道而改宗的人比他们征服的人还要多。

我前面的简单叙述已足以推翻我们的那些历史家、浮夸的作者和持偏见者所说的一切;但应当用事实来驳倒他们。

我们且只谈谈这一历史事实:穆斯林的立法者,这个力量强大而可怕的人,以他的勇敢和他的军力确立了他的宗教;然而他的宗教却变得温厚而宽容。基督教的卓越的创立者,地位微贱,与世无争,宣扬要宽宥侮辱自己的行为;然而他那圣洁而温和的宗教却由于我们的狂热而成为最不宽容的宗教,因而也是最野蛮的宗教。

伊斯兰教徒和我们一样也有不同的教派和经院哲学式的争 276
论,但并非如他们自称的有 73 个派别,这是他们胡思乱想的说法。他们说琐罗亚斯德教徒有 70 个派别,犹太教徒有 71 个派别。基督徒有 72 个派别,而伊斯兰教徒更为完美,所以应有 73 个派别。

这是一种多么奇怪的完美！这与一切国家的经院派哲学家相比毫无逊色！

对《古兰经》的各种解释使穆斯林形成了他们统称为正宗和异宗的各个教派。正宗穆斯林叫做逊尼派[①]，即传统派，他们都是一些经师，坚持用最古老的传统补充《古兰经》。逊尼派又分为四个支派，今天其中一派在君士坦丁堡占统治地位，另三派分别在非洲，在阿拉伯，在鞑靼和印度占统治地位。这些教派的主张都被视为有益于灵魂得救。

异宗派否认绝对预定论，或者跟逊尼派在某些观点上有所不同。伊斯兰教也有它的皮拉久派[②]、司各脱派[③]、托马斯派、莫利诺斯派[④]、扬逊派。但并不是所有这些教派都曾经引起比我们西方更多的动乱。一个教派要能够造成大的动乱，必须摧毁占统治地位的另一教派的基础，说它渎神，说它是上帝和人类的敌人；必须举起一面即使最粗俗的人也能一望而知、从而可以容易地联合起来的旗帜。与奥玛尔教派敌对的阿里教派便是如此。但这个大分裂只是在接近16世纪时才发生，而且政治的成分比宗教的成分大得多。

① 逊尼派，伊斯兰教最大教派。承认阿布·伯克尔、奥玛尔、奥斯曼和阿里四代哈里发都是穆罕默德的合法继承者，以穆罕默德的行为准则为穆斯林的行为准则。它包括哈乃斐、沙斐仪、马立克和罕百里四个支派。——译者

② 皮拉久派，5世纪时英国基督教异端，否认恩典与原罪。——译者

③ 邓斯·司各脱（约1265—1308），中世纪苏格兰经院哲学家，唯名论者。其学说称为司各脱主义，与托马斯主义长期对抗。——译者

④ 米歇尔·莫利诺斯（1628—1696），西班牙神学家，创清净教派。——译者

第　八　章

查理曼以前的意大利和罗马教会；基督教如何创立；基督教是否受到严重迫害

上帝要求所有的教士齐心协力实行其永恒的教导，建立基督 277
教会，但他采取的方式却非常值得我们的注意。有关神明之事，我们毕恭毕敬地留给身受神托的人去处理，我们只专注于历史。圣约翰的门徒最初定居于耶路撒冷邻近的阿拉伯地区，耶稣的门徒则走得更远。亚历山大城（那里有许多犹太人）的一些柏拉图学派哲学家加入了早期基督徒的行列，这些早期基督徒借用了他们的一些哲学用语，例如逻各斯[1]这个词；不过并没有沿用他们的全部概念。在尼禄时代，罗马就有一些基督徒，人们把他们跟犹太教徒混淆起来，因为他们是同胞，说相同的语言，同样不吃摩西律法禁吃的食物。其中不少人还割包皮，守安息[2]。这些人都是草芥小

① 逻各斯，希腊文“logos”的音译，本义为言语、思想、思维、理性。

② 安息日是犹太教每周一次的圣日，教徒在该日停止工作，礼拜上帝，称为“守安息”。基督教承袭了此项规定。——译者

民，默默无闻，所以历史学家约瑟夫斯和菲洛[①]在其著作中从未谈及。但我们清楚地看到，这些半犹太教的基督徒，从一开始便分为若干教派：伊便尼派[②]、马西昂派[③]、卡波克拉特派[④]、瓦伦廷派[⑤]和该隐派[⑥]。亚历山大城的基督徒与叙利亚的基督徒大不相同，而叙利亚基督徒又与阿卡亚[⑦]基督徒有别。每个教派都有自己的福音书，真正的犹太教徒是所有这些教派的不可调和的敌人。

所有这些犹太人都苛刻而又狡诈，当时住在罗马的还有4000
278 人，而在奥古斯都时代，曾有8000人；但是提庇留[⑧]把一半犹太人
移民到撒丁岛，使罗马摆脱为数过多的高利贷者。罗马人没有干预犹太人的宗教信仰，相反跟对待其他宗教一样，对他们宽容相

① 菲洛（公元前15/10—？），古希腊哲学家，是耶稣和使徒保罗的同时代人。——译者

② 伊便尼，希伯来语意为“穷人”。1—4世纪流行于巴勒斯坦的早期基督教派别之一。——译者

③ 马西昂派，信从马西昂学说的早期基督教派别。他们不接受《旧约》和大部分《新约》，只接受《新约》中的《路加福音》和圣保罗书信，相信有形和无形的两个上帝，认为耶稣基督不是先知所宣布的弥赛亚，也不具有真正的人形。——译者

④ 卡波克拉特是2世纪初柏拉图派哲学家，诺斯替派神学家。认为耶稣基督只是一个比其他人更伟大的人，其所以伟大，在于蔑视犹太教的法律。因此卡波克拉特派被指控犯有多种罪行。——译者

⑤ 瓦伦廷是2世纪上半世纪诺斯替派的一个首领，自认为对自然和上帝的属性具有彻底的和超人的认识。曾三次被开除教籍。信仰他的理论的人被称为瓦伦廷派。——译者

⑥ 此派因尊崇《圣经》所谴责的人物该隐、犹大等而得名。认为《圣经》中的上帝是极不完善的上帝，因此，反对犹太人所崇拜的对象而尊崇《圣经》中受谴责人物的才是完善的。——译者

⑦ 阿卡亚是古希腊地区。在伯罗奔尼撒半岛北岸，科林斯湾以南。公元前146年并入罗马的马其顿行省。——译者

⑧ 提庇留（公元前42—公元37），古代罗马第二代皇帝。——译者

待，允许他们有自己的教堂和本民族的法官。时至今日，在信奉基督教的罗马，他们的人数更多了，但仍然享有这种宽容。当时人们把他们看做下等人，就像我们今天看待黑人一样。在犹太人中，那些没有本事从事某种有用职业的人，那些不会制皮革和无帮鞋的人，就去编造神话。他们知道天使的名字、亚当第二个老婆的名字以及亚当的教师的名字；他们向罗马妇人出售春药，以博取男人的欢心。犹太教徒对基督徒或加利利人①或拿撒勒人（当时他们这样称呼基督徒）的仇恨，跟一切迷信者对离开他们的宗教团体的人的愤恨如出一辙。犹太教徒指控犹太人基督徒在尼禄时代纵火焚毁罗马城的一部分，其实把这件事归罪于基督徒和归罪于罗马皇帝同样是不公平的。皇帝也好，基督徒也好，犹太教徒也好，都不希望烧毁罗马城。但是罗马人和犹太教徒都同样憎恨基督徒，群起而攻之，因此必须让这些人发泄一下：人们听任公众对几个倒霉的基督徒进行报复。不过似乎不应把这种一时的暴烈行动算作对基督徒宗教信仰的迫害。这种行动与他们的宗教无关，因为人们对他们的宗教并不了解，而罗马人则把基督教跟他们所蔑视的但受法律保护的犹太教混为一谈了。

即使在西班牙确实找到一些碑文，上面写着感谢尼禄“在当地消灭了一种新的迷信”，这些文物也极为可疑。碑文如果是真的，那上面并未明指基督教；如果这些侮辱他人的文字是针对基督徒的，那么它的作者除了是定居于西班牙、像仇恨心腹大敌一样仇恨

① 加利利是巴勒斯坦北部地区名，耶稣早期布道之地。犹太人蔑称基督徒为加利利人。——译者

基督教、心怀嫉妒的犹太教徒之外,还能有谁?

279 我们不想去揭示在新兴教会摇篮时期,掩盖着其真面目的、无法深究的隐秘,探赜索隐的考证有时反会使人更加堕入五里雾中。

但是完全确实的是,只有那些跟着第一个骗子鹦鹉学舌的作家们的无知、狂热和奴性,才会使他们把一世纪时的使徒彼得、莱纳斯[①]、克莱[②]等人也算做是教皇。

在将近100年中,基督徒内部没有任何等级。他们秘密集会的方式就像原始时代的人或今日的贵格会教徒一样。他们严格遵守导师的训诫:“各民族的君主是统治者,可你们不是。谁想居于首位,谁就将居于末位。”只有当教徒众多时才会形成教阶体制[③],因此,只是在图拉真时代才有 episcopoi,即监督者——我们译为 évêque(主教);才有 presbyteroi,pistoi,即狂信者,愿入教者。在早期的任何作者的著作中都没有 pape(教皇)这个词。当时在罗马被称为基督徒的、为数不多的半犹太教徒,根本不认识这个希腊语词。

所有的学者都认为别名彼得的西门·巴若纳[④]从未到过罗马。一些笨伯从一封据说是这位生于加利利的使徒所写的书信中

① 莱纳斯,传说67—76年在位的罗马教皇。——译者

② 克莱应为阿纳克莱,传说他在76—88年任罗马教皇。——译者

③ 教阶体制即基督教中的天主教和东正教神职人员的等级和教务管理制度。萌芽于二三世纪,定型于中世纪。由主教、神父、助祭这三个品位组成。在天主教会中,主教又分教皇、枢机主教、宗主教(东正教称为“牧首”)、都主教、总主教和一般主教——译者

④ 据《圣经·福音书》说,彼得原名西门·巴若纳,耶稣为他改名彼得,意为“磐石”。——译者

找出证据，说他住在巴比伦。我们今天对此都觉得好笑。谈到他的所谓殉教一事的那么几个人，都是些没有名望的寓言作者。如赫吉西普[①]、马塞尔[②]、阿布迪亚斯之流，以后又由尤西比乌照抄不误。他们说，西门·巴若纳跟他们称为魔法师的另一个西门在尼禄时代曾经比赛谁能使一个死人复生，谁能在空中升得最高。西门·巴若纳使尼禄所宠信的那个西门从空中摔了下来，皇帝勃然大怒，下令把巴若纳钉在十字架上。巴若纳出于谦卑，要求头朝下 280
钉死。这些无稽之谈，今天所有受过教育的基督徒都嗤之以鼻。但是，自君士坦丁以来至文艺复兴时期理性恢复之前，人们都同意这些说法。

要证明彼得并非死在罗马，只需注意到基督教徒在这个首都建造的第一个大教堂是拉特兰[③]的圣约翰大教堂就可以了，这是拉丁教会的第一所教堂。如果彼得曾经是教皇，人们还会以约翰来命名这所教堂么？

所谓早期历任教皇人名录是编造的，它来自一本题为《达马萨[④]教廷》的伪经书。该书在谈到所谓彼得的继承者莱纳斯时，说莱纳斯担任教皇直至尼禄皇帝在位的第 13 年。然而人们所说的彼得被钉死在十字架上的年份，也正是这第 13 年；那岂不是说，当时同时有两个教皇？

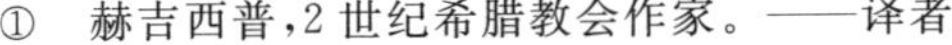

① 赫吉西普，2 世纪希腊教会作家。——译者

② 马塞尔（约 300—374），安西纳的主教。——译者

③ 拉特兰是罗马梵蒂冈的一座宫殿，有圣约翰大教堂，罗马皇帝君士坦丁于 324 年所建。——译者

④ 达马萨（约 304—384），罗马教皇，366—384 年在位。——译者

最后，在所有基督徒看来，任何难题都可迎刃而解的就是，不管是《使徒行传》，还是《保罗书信》，对西门·巴若纳游历罗马一事都只字未提。加于彼得身上教皇之职、教皇之任、教皇之位，纯属笑话。几个犹太族的默默无闻的穷光蛋聚集在一起，会有什么教皇？

然而教皇的权威正是建立在这种神话的基础之上的，而且尽管历尽兴衰，至今仍然维持着。从以上所述，我们可以看出，成见是怎样统治着世界，谎言又如何制驭着无知，而且这种谎言对于奴役人民、束缚人民和剥夺人民，曾经是多么的有用！

从前欧洲的蛮族编年史家也正是这样把某个法拉蒙[①]和他父亲玛戈米尔[②]算做法国国王，并设置了西班牙、瑞典、苏格兰自大
281 洪水以来的某些国王的。必须承认，只是在大约16世纪末叶，历史学跟物理学一样，才开始廓清，理性才刚刚诞生。

更为确定无疑的是，罗马元老院从来没有因为信仰之故迫害任何人。任何一个罗马皇帝都从来不想强迫犹太人改变宗教信仰，即使在韦伯芗时代以及哈德良时代发生〔犹太人的〕叛乱之后也都是如此。诚然，犹太人的宗教信仰一向受到蔑视和嘲笑，他们的庙宇尚存，罗马人便在其中供奉偶像；然而，任何一个皇帝，任何一个行省总督或罗马元老院，从来都没有想到要阻止犹太人信仰他们所要奉行的教旨。仅此一点便足以说明，基督教在犹太教内部暗暗地形成之后，是可以多么自由地秘密传播的。

直至图密善之前，没有一个皇帝曾使基督徒感到不安。狄奥·

---

①② 法拉蒙和玛戈米尔，传说5世纪法兰克人的首领。——译者

卡修斯说，在图密善皇帝时期，有几个人因不信神和模仿犹太人的风俗而被判刑。我们对这一虐待行为所知不多，但似乎它为时不长，也不普遍。我们对于为什么有一些基督徒被驱逐，为什么他们又被召回，都没有确切了解。德尔图良由于对赫吉西普深信不疑，于是一本正经地说图密善因害怕出身大卫家族的使徒犹大的孙子们有权继承犹太王位，便对他们进行审问，但看到他们贫困可怜，便不再迫害他们云云，我们怎能相信这些说法呢？如果说，当耶路撒冷已被摧毁之时，一个罗马皇帝还会害怕所谓大卫的后裔，那么他的态度就只能是怨恨犹太人，而不是怨恨基督徒。但是怎能设想，当时的世界主人会因圣徒犹大的两个孙子在巴勒斯坦王国的继承权而惴惴不安并对他们进行审问呢？不幸的是，历史正是由那么一些虔敬有余而见识不足的人写出来的。

涅尔瓦[1]、韦伯芗、提图斯、图拉真、哈德良和安敦尼诸帝都不
是迫害者。图拉真虽然重申了《十二铜表法》中关于禁止组织特别 282
会社的规定，却又写信给著作家普林尼[2]："切不要追查基督徒。""切不要追查"这几个重要字眼证明基督徒当时可以藏匿，可以小心自保，尽管他们经常因为祭司的妒忌和犹太教徒的仇视而陷身囹圄，遭受酷刑。人民仇视他们，尤其外省人总是比首都的人更加冷酷无情，更加迷信，更不宽容。他们撺掇官员们歧视基督徒，他们叫嚷要把基督徒抛到竞技场去喂野兽。哈德良不仅禁止小亚细

① 涅尔瓦(约 30—98)，罗马帝国皇帝，96—98 年在位，有名的五贤王之一。——译者

② 指小普林尼(61 或 62—约 113)，古罗马著作家。大普林尼之甥及养子。其《书信集》中与图拉真讨论如何处理基督教徒的信件，具有史料价值。——译者

亚省督丰达那迫害基督徒，而且在禁令中写道："如有人诬陷基督徒，你应对诬陷者严惩不贷"。

哈德良的这种公正态度使人们错误地以为他本人是基督徒。给安提诺阿斯[①]立庙的人，难道会给耶稣基督建立教堂吗？

马可·奥勒留曾下令：不许因宗教信仰之故对基督徒起诉。卡拉加拉[②]、赫利奥加巴尔[③]、亚历山大[④]、菲利普[⑤]、加里安努[⑥]都曾公开保护基督徒。因此基督徒完全有时间去传播和加强他们新兴的教会。1 世纪时，他们召开了 5 次宗教会议，2 世纪时召开了 16 次，3 世纪时召开了 36 次。从 3 世纪起，他们的祭坛已是富丽堂皇。据教会史记载，有的祭坛用银柱装点，总重量达 3000 马克。仿罗马奖杯式样的圣杯，还有圣盘，都是纯金的。

尽管有敌对者的叫嚣和迫害，基督徒仍享有极大的自由，乃至于在好几个行省，他们都公开地在一些倾圮的或成为废墟的庙宇
283 上盖起了教堂。奥利金和圣西普里安[⑦]都承认这一点；而且很可能基督教会有很长时间处境安宁，因为以上两位伟大人物都曾经责备同时代的人**奢侈**、**怠惰**、**吝啬**，而这些正是安乐富足的结果。圣西普里安明确地指责若干主教不是效法他们眼前圣洁的榜样，

---

① 安提诺阿斯（约 110—130），古代比提尼亚（今土耳其安纳托尼亚西北部地区）的美男子，原为奴隶，为哈德良皇帝宠爱的娈童。——译者

② 卡拉加拉（188—217），罗马皇帝（211—217 年在位）。——译者

③ 赫利奥加巴尔是罗马皇帝埃拉加巴卢斯，218—222 在位的绰号，因他即位后曾将崇拜赫利奥加巴尔（太阳神）的宗教强加给罗马世界而得名。——译者

④ 指亚历山大·赛弗鲁尔，罗马帝国皇帝（222—235 年在位）。——译者

⑤ 即"阿拉伯人菲利普"，罗马帝国皇帝，244—249 年在位。——译者

⑥ 加里安努（约 218—268），罗马帝国皇帝，260—268 年在位。——译者

⑦ 西普里安（约 200—258），早期基督教会迦太基主教。——译者

而是"聚敛大笔钱财、重利盘剥致富，并非法占夺土地"。这都是他亲口所言，这些话是基督徒在罗马法律统治下安居乐业、生活幸福的明证。一件事情产生了弊端，正表明此事存在。

德基乌斯[1]、马克西米安[2]和戴克里先[3]迫害基督徒，都以维护国家利益为理由。对德基乌斯来说，是因为基督徒站在菲利普家族一边，而菲利普本人则被误疑为基督徒；对马克西米安来说，是因为他们拥护戈迪安。基督徒在戴克里先时代享有 20 年最大的自由。罗马政府一向给予各民族以信仰自由，尽管并不接受他们的信仰。基督徒不仅享有这种自由，而且享有罗马人的一切权利。有好几个基督徒当了行省总督。尤西比乌曾举多罗泰和戈尔戈尼乌斯这两个基督徒为例，这两人都是皇帝的侍从官，戴克里先对他们颇为宠信。最后，戴克里先还娶了一个女基督徒为妻。因此，我们那些高谈阔论的人对戴克里先的一切攻讦都不过是建立在无知

基础之上的诬陷。他不但没有迫害基督徒，相反还加以扶植，以至 284
于产生了尾大不掉之势。

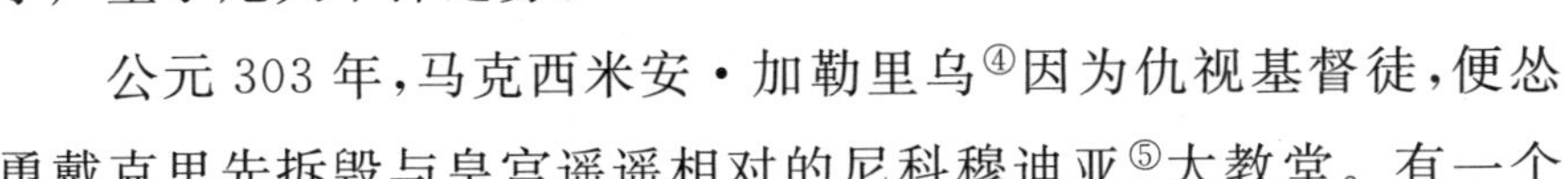

公元 303 年，马克西米安·加勒里乌[4]因为仇视基督徒，便怂恿戴克里先拆毁与皇宫遥遥相对的尼科穆迪亚[5]大教堂。有一个

---

[1] 德基乌斯(约 201—251)，罗马帝国皇帝，249—251 年在位。——译者

[2] 即马克西米安·赫丘利(？—310)，罗马帝国皇帝(286—305 年在位)。——译者

[3] 戴克里先(245/248—约 316)，罗马帝国皇帝(284—305 年在位)，285 年与马克西米安共同掌政，292 年建立"四头统治"，305 年同时逊位。——译者

[4] 马克西米安·加勒里乌(？—313)，戴克里先的女婿，罗马帝国皇帝(305—311 年在位)。——译者

[5] 尼科穆迪亚，小亚细亚半岛上城市，今为土耳其的伊兹密特。——译者

鲁莽的基督徒公然撕毁敕令，因而受到惩处。几天之后，加勒里乌的宫殿部分被焚，人们指控这是基督徒所为。但当时并没有对他们处以死刑，只是下令烧毁他们的教堂和书籍，并褫夺一切官职。

直到此时，戴克里先从未在宗教方面对基督徒有所限制。戴克里先战胜波斯人之后，曾发布敕令镇压那些效忠于波斯而成为罗马帝国暗藏敌人的摩尼教徒。发布这样的敕令，完全出于国是的考虑。征服者行事很少出于宗教狂热，否则这个敕令就会把基督徒也包括在内了。然而敕令中并未提到基督徒。因此他们在戴克里先治下有整整 20 年的时间来巩固自身的地位。他们受到不公平待遇的时间只有两年。而且拉克唐斯[1]、尤西比乌，以及君士坦丁皇帝本人还把这些暴行归咎于加勒里乌一人，而不是归咎于戴克里先。事实上，一个相当旷达而乐于禅让帝位的人，竟会成为狂悖的迫害者，也是不大可能的。

事实上，戴克里先只是一个风云际会的军人，但正是这一点证明他有巨大的长处。评价一个君主只能根据他的功绩和法律。戴克里先战功彪炳，立法公正严明。他颁布法令，废除赢利超过售价半数的销售合同。据他自己说，这是人道之所必需。

285 他是当时被人们完全忽视的受监护的未成年人之父；他要使他们的财产得到应有的利息。在保护未成年人的同时，他又贤明而公正地不让这些年轻人依仗他的保护而去欺骗他们的债主。他规定凡是行诈的年轻人不能享受法定的利益。他抑制告密者与高

① 拉克唐斯（约 240—320），君士坦丁之子，著作家，基督教护教者，拉丁教父中著作流传最广的一位。——译者

利贷者。这便是戴克里先的治政为人，而无知之辈通常却把他说成是一贯仇视并用暴力镇压基督徒的人，把他的统治说成犹如持续不断的圣巴托罗缪大屠杀，犹如对阿尔比教徒[①]的残酷迫害。这是完全违背事实的。因此，戴克里先在位期间开始的殉教者时期应当从他退位前两年算起，因为 20 年间他没有造成任何一个殉教者。

说他离开帝国时还以未能摧毁基督教为憾事，这是十分可鄙的不经之谈。如果他真的曾经不遗余力地迫害基督徒，那他就不会逊位，相反要继续执政，设法消灭基督徒；而如果他像人们信口胡说的是被迫退位，那他的退位就毫无悔憾之可言。有些人穷极无聊，以编写奇闻和夸大殉教者的人数为乐事，在真实的迫害之外，平添了一些不真实的、不可信的事例。他们说在戴克里先时期，马克西米安·赫丘利曾于 287 年把由 6600 名基督徒组成的整个底比斯军团遣送到阿尔卑斯山中，这些人任人屠杀，殉教而死，毫无怨言。这个有名的故事是在 200 年后由欧谢尔神父[②]根据道听途说写成的。但是，马克西米安·赫丘利怎么会像人们所说的，从罗马帝国东部召来这个军团，派到高卢去平定一场已经平定整整一年的叛乱[③]？他为什么要剪除镇压叛乱所需要的这 6600 名精兵？该团何以全都是基督徒而无一例外？为何要在半路上杀害

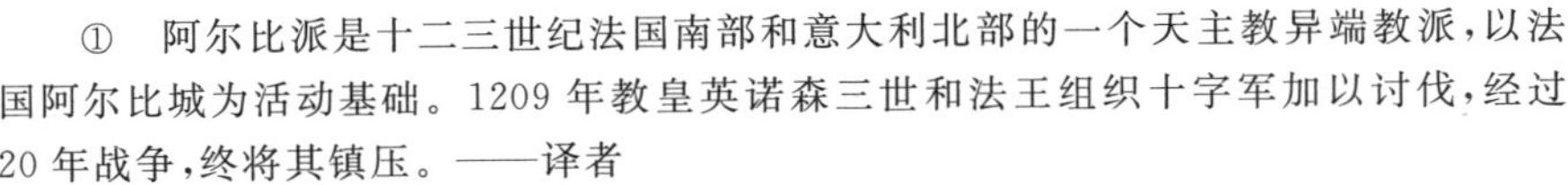

① 阿尔比派是十二三世纪法国南部和意大利北部的一个天主教异端教派，以法国阿尔比城为活动基础。1209 年教皇英诺森三世和法王组织十字军加以讨伐，经过 20 年战争，终将其镇压。——译者

② 欧谢尔（？—450），里昂主教。——译者

③ 指公元 3 世后半叶发生于高卢的罗马帝国奴隶、隶农和贫民的起义。公元 286 年这次起义被马克西米安镇压。——译者

286 他们？在〔瑞士〕瓦莱州圣莫里斯附近两山之间的峡谷中，连 400 人的战斗队形也摆不开，一个军团当然可以抵抗最强大的军队，在这里谁能够把他们杀尽？在没有人迫害基督徒的时代，在基督教最平安无事的时代，就在戴克里先眼前，就在与他的宫殿遥遥相望的尼科穆迪亚，基督徒尚拥有一座宏伟的教堂的时候，实行这样的大屠杀，又是为什么？尤西比乌说："我们所享有的极端的安宁与完全的自由，使我们风纪荡然。"这种极端的安宁，这种完全的自由，能与屠杀 6600 名士兵的行为相一致么？如果这件难以置信的事情是真的[①]，尤西比乌会避而不谈么？许多真正的殉教者曾经以他们的鲜血使人们坚定对福音书的信仰，我们不应让并未分担他们的苦难的人去分享他们的荣光。的确，戴克里先在他在位的最后两年中和加勒里乌在随后的几年里，曾经残暴地迫害小亚细亚和邻近地区的基督徒。然而在西班牙，在高卢，在英国，在这些当时分封给君士坦蒂乌斯·克洛尔[②]的地方，基督徒不但未受到迫害，相反，他们的宗教却居于统治地位。尤西比乌还说，306 年
287 当选为罗马皇帝的马克森提[③]没有迫害过任何人。

基督徒忠顺地为君士坦蒂乌斯·克洛尔效力，而君士坦蒂乌斯·克洛尔则保护他们，他的妃子海利娜[④]公开信奉基督教。就这样，基督徒当时在国中形成了一个巨大的教派。他们的钱财和

① 参阅《关于通史的几点说明》(1763 年《杂文集》)。——伏尔泰

② 君士坦蒂乌斯·克洛尔(约 250—306)，即君士坦丁乌斯一世，君士坦丁大帝的父亲，罗马帝国皇帝(305—306 年在位)。——译者

③ 马克森提，罗马帝国皇帝(306—312 年在位)。——译者

④ 海利娜(约 248—约 328)君士坦丁大帝之母。——译者

他们的武器帮助了君士坦丁登上帝位。这一点使君士坦丁在元老院、罗马人和禁卫军心目中变得可恨之极，因为这些人都拥戴君士坦丁的对手马克森提。我们的历史学家把马克森提称为暴君，因为他是不幸的败北者。尽管如此，他确是名正言顺的皇帝，因为元老院和罗马人都拥立他为帝。

第 九 章

有关早期基督徒的各种不经之谈 并没有妨碍基督教的建立

288 自从产生基督教以后，耶稣基督就允许假的福音书与真的福音书鱼龙混杂，甚至为了更好地考验信徒们的虔诚，在如今成为我们宗教信仰之基础的四福音书之前，便有了今天称为伪经的福音书。这一点完全属实，因为早期的教父[①]们经常引用今天已不存在的这些福音书。巴拿巴[②]、克莱门[③]、依纳爵[④]，总之早期教父，直至查士丁，所引证的都是这些伪福音书。例如克莱门在《书信集》第2卷第8章中说："天主在福音中说：如果你们不照护小孩，谁会把大人托付给你们？"但这些话在马太、马可、路加、约翰四福音书中均未见。这样的例子很多。

很显然，在从1世纪起分裂基督教的10个或者12个教派中，

---

① 教父一般指公元2世纪至12世纪制订或阐述教义的基督教神学家。——译者

② 巴拿巴，原名约瑟，后改此名，意为"劝慰子"，圣保罗的弟子和同伴，曾与圣保罗一道传教，后殉教死于塞浦路斯。——译者

③ 指亚历山大城的克莱门，见前注。——译者

④ 依纳爵（活动时期2世纪初），叙利亚安提阿主教，神学家。——译者

没有一个教派会去引用别的教派的福音书，除非是为了驳斥它。
每个教派都只举本教派的经书为证。我们的得到真传的教父们怎 289
么会引证不是正宗经典的福音书呢？可见这些著作在当时必定是
被视为真实可靠的，而且是神圣的。

如果我们不了解人的本性可能干出何等荒谬绝伦之事，那么更令人奇怪的就是，在所有受我们居统治地位的教会谴责的基督教教派中，都有一些人因他们那些伪福音书而甘受迫害。这充分证明，错误的虔诚成为谬见的牺牲品，而真正的虔诚则为真理而殉道。

毋庸讳言，各个教派的早期基督徒为了维护我们神圣的宗教，不幸都使用了传教的骗术。我们的宗教是不需要倚靠这种可耻手段的。人们伪造了彼拉多[①]写给提比略的一封信，信中彼拉多对这位皇帝说："犹太人的上帝曾答应从天上给他们派来圣徒作为他们真正的国王，这个圣徒将是童贞女所生。犹太人的上帝果然就派来了这个圣徒；我当时是犹太国的大法官。"

人们伪造了所谓的提比略敕令，把耶稣基督置于诸神之列；伪造了塞涅卡[②]写给保罗和保罗写给塞涅卡的信；伪造了《十二族长遗训》[③]——此书在很长时间被认为真实可靠，并且由圣约翰·克

① 本提乌斯·彼拉多，曾任罗马帝国驻犹太总督（公元 26—公元 39），主持对耶稣的审判，并把耶稣钉死在十字架上。——译者

② 塞涅卡（约公元前 4—公元 65），古罗马哲学家、悲剧作家，曾任尼禄皇帝的大臣，被勒令自杀。有悲剧《美狄亚》、《俄狄浦斯》等传世。——译者

③ 亦称《十二列祖的见证》。《伪经》的一卷。12 族长指雅各的 12 个儿子。——译者

里索斯托姆[①]译成希腊文。人们还伪造了摩西的遗训、以诺的遗训、约瑟[②]的遗训。人们伪造了著名的《以诺书》，此书被视为全部基督教教义的基础，因为只有这部书谈到天使叛乱，变成魔鬼以诱惑人类，沉沦地狱。而且这部书是在使徒时代一开始，甚至在还没有《犹大书》以前就编造出来的，使徒犹大曾引用了这个被称为“亚当之后第七人”的以诺的预言。这一点我们在前面关于印度的一章中业已指出。

人们伪造了耶稣基督写给所谓埃德塞[③]国王的信，可当时埃德塞还归罗马人所有，并没有什么国王。

290 人们杜撰了《圣彼得旅行记》、《圣彼得启示录》、《圣彼得行传》、《圣保罗行传》、《彼拉多行传》；人们编造了〔历史学家〕弗拉维·约瑟夫斯的历史，但是让这位对犹太教如此狂热的犹太人说什么耶稣是基督，是弥赛亚，那就未免过于轻率了。

人们编造了一个故事，说圣彼得与魔法师西门为使一个死人（尼禄的亲戚）复活，在空中斗法，圣彼得的狗带信给圣彼得，然后又带回圣彼得的复信。

人们编造了西尔比女巫的谶诗，这些谶诗曾经如此流行，以至于现在罗马天主教徒在他们的教堂里唱的赞美诗中还唱道：“大卫和西比尔都可以作证。”

---

① 圣约翰·克里索斯托姆（约 347—407），君士坦丁堡大主教，古代基督教教父。——译者

② 约瑟，《圣经》中耶稣的养父，马利亚的丈夫。——译者

③ 埃德塞，一译爱德沙，古代西亚城市，在耶路撒冷被占之前为一基督教大公国首都，今为土耳其的乌尔法城。——译者

最后,人们还虚构了一大批的殉教者,把他们跟真正的殉教者混淆起来。关于这方面,我们在前面已经谈到了。

还有《使徒安德烈[①]殉道记》,最虔诚、最有学问的评论家们也都认为此书纯属伪造。《圣克莱门殉道记》也是如此。

恺撒里亚[②]的尤西比乌于 4 世纪时搜集了很多这样的传说。关于耶稣的哥哥雅各殉教的事,我们最初便是在这些传说中看到的。人们说雅各曾是个好犹太教徒,甚至是恪守遗训的雷卡比教派的人,耶路撒冷的犹太人都称他为正直的雅各。他整天在寺庙里祈祷,可见他并不信奉他弟弟的宗教。犹太人逼他公开宣称他
弟弟是骗子,但是雅各回答他们说:“你们要知道,他坐在万能的上 291
帝的右边,他会出现在云端,主宰整个宇宙。”

然后是关于某个西缅的传说。说这个人是耶稣的表兄弟,是革罗罢[③]和马利亚——耶稣的母亲马利亚的妹妹——的儿子。传说的作者慷慨地封他为耶路撒冷主教,说他已经向罗马人宣布他为国王大卫的嫡系后裔,从而表明他跟使徒犹大一样对于耶路撒冷王国享有合法权利。还说,图拉真因为极端害怕大卫家族的人,对待西缅并不像图密善对待犹大的孙子们那么宽厚,所以非要把西缅钉死在十字架上不可,生怕西缅会从他手中把耶路撒冷夺走。耶稣的这位表兄弟应已年事很高,因为他在公元 107 年的图拉真时代还活着。

---

① 安德烈(传说卒于 60—70 年),耶稣十二门徒之一,与圣彼得为兄弟。传说他被钉死在 X 形十字架上。——译者

② 恺撒里亚,今称开塞利,土耳其开塞利省城市和都会。——译者

③ 革罗罢,《新约》人名。耶稣被钉十字架时,其妻站在十字架旁。——译者

人们伪造了图拉真和圣依纳爵在安条克的一次长谈。图拉真说:“你是谁? 是鬼怪? 是恶魔?”依纳爵回答:“我不是鬼怪,我是上帝的代表”这个对话看来像绝对真实的。

接着是关于圣女桑福罗斯和她的 7 个孩子的传说:当皇帝哈德良在提布尔[①]建造美丽的别墅时,这 7 个孩子随随便便地去看皇帝。哈德良虽然从不迫害任何人,却令人当他的面把 7 兄弟中最小的一个从头到脚劈开。而且为了进一步取乐,他令人用不同方式把其余 6 兄弟和他们的母亲杀死。

传说圣女费利西泰[②]和她的 7 个孩子——因为总要凑足 7 个之数——曾被罗马行政长官在马尔斯大校场讯问、审判和判罪。

292 但校场从来不是审问人的地方,行政长官是在法庭审理案件的,可是人们却不仔细考虑这一点。

圣波利卡普[③]被判处火刑时,人们听到天上有一个声音对他说:“勇敢些! 波利卡普,要坚定!”于是柴堆上的火焰立即分开,在他头上形成一个美丽的华盖,没有烧到他。

一个酒馆老板,基督教徒,名叫圣泰奥多特,在安西尔[④]城附近的一块草地上曾与弗龙东神父相遇。遗憾的是,此事年代不详,只知是在戴克里先皇帝时期。根据可敬的博朗神父[⑤]所搜集的传

---

① 提布尔,古意大利城市,今称蒂沃利。——译者

② 费利西泰,罗马贵妇。传说她和她的 7 个孩子在 150—164 年间殉教而死。——译者

③ 圣波利卡普,希腊人,土耳其士麦那的主教(? —169)。他上承使徒时代,下启教父时代,是二世纪基督教重要人物。——译者

④ 安西尔,小亚细亚城市,今为土耳其的安卡拉。——译者

⑤ 约翰·德·博朗(1596—1665),比利时耶稣会士,历史学家。——译者

奇故事说，这块草地一片嫩绿，有各种鲜花，五彩缤纷。酒馆老板喊道："啊，美丽的草地，在这里盖个小教堂多好！"弗龙东神父说："你说得不错，但我需要一些圣物。""好吧，我可以给你，"泰奥多特说。他完全知道他要给的是什么。

那时在安西尔有 7 个基督教徒贞女，每人都约莫有 72 岁。她们被总督按罗马法律判处交给城中所有青年男子去奸污。因为此类传奇总是这样设想：对所有基督徒女子，都要让她们受这种刑罚。

幸而没有一个年轻人愿意执行这种法律。只有一个青年醉汉
有勇气首先向 7 人中最年轻的、71 岁的圣女泰库斯动手。泰库斯 293
跪在他脚下，给他看大腿上干瘪的皮肉和积满污垢的皱纹，等等，使得那位年轻人嗒然若丧。总督为这 7 个老女人还保存童贞而震怒，立即令她们充当狄安娜①和密涅瓦的女祭司，她们必须赤身裸体侍奉这两个女神，而其他女人从来都是从头到脚蒙起来才能接近女神的。

酒馆老板泰奥多特见她们光着身子受此侮辱，心中不忍，便哀求上帝让她们立即死去。总督立刻让人在她们脖子上挂上大石头，将她们抛入安西尔湖中。

最幸福的泰库斯晚上向圣泰奥多特显灵，对他说："你睡吧，孩子，不要惦着我们。亲爱的泰奥多特，不要因为我们的身体被鳟鱼吃掉而难过。"泰奥多特一整天都想着这次显灵。

---

① 罗马神话的女神，掌管狩猎、照顾妇女分娩和保护少年。希腊神话中称为阿苔密斯。——译者

第二天夜里，他带着他的几个伙计来到湖边。在漆黑的夜里，他们前面有一团耀眼的火光，忽然下了大雨，湖水上涨。这时有两个白头发白胡须、身穿白衣服的老人出现在他面前，对他说："往前走，别害怕，这是天火，湖边有个全身披挂的天庭骑士会给你引路。"

雨越下越大。骑士手持巨矛出现。这骑士便是光荣的殉教者索西安德尔，上帝命他骑骏马下凡为酒馆老板带路。他追赶守湖哨兵，巨矛抵及〔他们〕腰际；哨兵逃走。泰奥多特发现湖水已干，这是下雨的结果。人们捞起那 7 个童贞女，酒馆伙计把她们掩埋起来。

传奇中也没有忘记一一道出圣女们的名字。异端教徒泰库斯、亚历山德拉、费尼；天主教徒劳狄娅、尤弗拉西、玛特罗娜、朱利特。

294 安西尔城的人得知 7 贞女被埋葬，全城惶惶不安，一片混乱，这种情状您完全可以相信。总督拷问泰奥多特。泰奥多特说："你们看，这是耶稣基督赐福他的仆人，给我勇气来忍受严刑，很快我就要被烧死。"他果然被烧死了。他曾经答应给弗龙东神父以圣物，好放在他的小教堂里，可是弗龙东没有得到。弗龙东骑驴到安西尔去讨圣物，驴子还驮着几瓶美酒（因为这是跟酒店老板打交道）。路上遇到几名士兵，便请他们喝酒。士兵们向他叙述了圣泰奥多特殉道的事。他们保存了他的遗体，虽然已经烧成灰。弗龙东让他们喝得酩酊大醉，从容地拿走了泰奥多特的尸灰，把它埋葬了，然后盖起了他的小教堂。圣泰奥多特对他说，"怎么样，我不是跟你说过你会有圣物的吗？"

这些就是耶稣会会士博朗和帕普布罗克[①]在《圣徒传记》中毫无羞颜愧色所叙述的东西；就是一个名叫吕纳尔的僧侣愚不可及地写进《殉道者真传》中的东西[②]。

1700年以来，我们的历史中有多少骗人的东西、错误的记载 295
和令人恶心的蠢话！但是这些都无损于我们的宗教。我们的宗教无疑是神圣的，因为，17个世纪的欺骗和愚蠢言行都没能破坏它。我们越是鄙夷谎言，就越是崇尚真理。

① 达尼埃尔·帕普布罗克(1628—1714)，法国耶稣会会士，圣徒传记作者。——译者

② 皮伊—弗莱的主教勒法朗克在一份向当地居民发布的主教训示中，支持所有这些违背理性、违背真正虔诚之心的可笑说法。他为什么不把保存在皮伊—弗莱的耶稣的皮包和在当地被当作圣母像的伊乔丝女神塑像也说成是真实的呢？老是想骗人，这又是多么愚蠢！——伏尔泰

第　十　章

基督教的建立；君士坦丁如何使基督教成为居统治地位的宗教；古罗马的衰落

296 君士坦丁的时代是基督教的光荣时代，因为它使基督教取得胜利。人们并不需要在这光荣之上再添加一些奇迹，诸如云端出现罗马帝旗[①]，却没说明帝旗到底出现在什么地方之类。人们用不着写什么罗马帝旗的守护者从来不会受伤，什么从天上落到古罗马的盾牌，什么由天使带给圣德尼的教幡，所有这些模仿特洛伊的帕拉斯神像[②]的东西，只能使真正的事实带上神话色彩。这种谬误，哲学斥之为非，也经不起批判，有学识的古史学家已对它作了足够的驳斥。我们这里所要考察的只是：罗马怎样已不再成其为罗马了。

要阐述基督教民族的人文精神的历史，必须上溯至君士坦丁时代，甚至君士坦丁以前。这是一个黑夜，必须自己点燃所需要的

---

① 指罗马皇帝君士坦丁在战胜马克森提以后所用的帝旗，旗上绣有十字架和"耶稣基督"这个词的首字母图案，下面有一行字："赖此神旗，无往不胜。"——译者

② 帕拉斯，古希腊守护特洛伊城的女神。——译者

火炬。也许我们只有等待像尤西比乌这样一个智者的启迪，他是第一个撰写教会史的文学家、政治家，他是阿塔那修[①]的敌人、君士坦丁的密友、开塞利的主教。但是，当我们想要通过这位 297
政治家、教会史之父的著作来获得知识时，我们感到多么惊讶！我们发现，在他的著作中，当谈到君士坦丁皇帝时，有这样的一段话：

> 上帝把数字用于他的统一体中：以数字 2 美化世界，以 3 组成物质与形状，然后以 2 的倍数创造 4 元素；通过 1 加 2 加 3 加 4 得出美轮美奂的数字 10，这是统一体的终端，统一体的极限和完善；这个极其完善的数字 10 乘以更完善的、代表上帝之可感知形象的数字 3，便得出 1 月 30 天之数[②]。

还是这个尤西比乌，记述了我们在前面已经谈到过的一个名叫阿布加尔的埃德塞国王写给耶稣基督的信，信中他把他那座虽然小、但相当洁净的城市献赠给耶稣基督，并且记述了耶稣基督致阿布加尔国王的复信。

他根据德尔图良的说法写道，那个正在把犹太人赶出罗马的提比留皇帝从彼拉多那里得知耶稣基督的死讯，便立即向元老院提议承认这个人——他还仅仅知道这个人是个犹太人——为帝国的一个神祇，元老院不愿这样做，提比留皇帝为此极为恼怒云云。

他还根据查士丁的说法，记述了所谓给魔法师西门树立雕像

---

① 阿塔那修（约 293—373），亚历山大城大主教，著名教父、基督教神学家，反对阿里安教派。——译者

② 尤西比乌：《君士坦丁颂词》第 4、5 章。——伏尔泰

一事，把犹太教苦行者当做了基督徒。

他根据赫吉西普的说法，硬说有人向图密善皇帝告发耶稣基督的侄孙们——耶稣的弟弟犹大[1]的后人——是十分危险的人物，因为他们对大卫的王位享有合法权利。这个皇帝不辞辛劳亲
298 自审讯了他们，而他们回答说他们是善良的农民，靠自己双手耕种 39 阿尔班[2]土地，这是他们的唯一财产。

尤西比乌对罗马人竭尽诬蔑之能事，因为他是亚洲人。他甚至说，在他那个时代，罗马元老院每年杀一个人祭祀朱比特。这样把当时已知世界的任何民族都没有蒙受过的罪名强加于提图斯、图拉真以及安敦尼诸帝，这是可以容许的么？

在这个由于宗教信仰的改变而使罗马帝国面目一新的时代，人们就是这样撰写历史的。图尔的格雷戈里丝毫没有背离这种方法，而且我们可以说，直至圭契阿迪尼[3]和马基雅维里之前，我们还没有一部写得好的历史。但即使这些著作都是粗制滥造的，也仍然可以使我们看出写作这些著作当时的时代精神；即使是一些传说，也可以使我们对各民族的风尚有所了解。

君士坦丁不顾罗马人的反对当了皇帝，因此不可能受到罗马人的爱戴。尽管他起过誓，他还是谋杀了他的妹夫李锡尼[4]；他的外甥李锡尼安 12 岁时就被他杀害；他的岳父马克西米安由他下命

---

① 《圣经》中同此名者有多人，与出卖耶稣的不是同一人。——译者

② 阿尔班，旧时法国土地面积单位，约合 20—50 公亩。——译者

③ 圭契阿迪尼（1483—1540），意大利佛罗伦萨历史学家，著有《意大利史》，这是意大利文艺复兴时期的重要典籍。——译者

④ 李锡尼（？—325），罗马帝国皇帝，308—324 年在位。君士坦丁在战败马克森提后将妹妹嫁给他，然后又派兵打败了他。——译者

令在马赛处死；他的亲生儿子克里斯普斯在替他打了胜仗之后又被他杀害；他的妻子福斯塔被溺死在浴池中。显然所有这些暴行，都只能增加人们对他的仇恨。可能这就是他把帝都迁往拜占庭[①]的原因。《狄奥多西法典》中有君士坦丁的一项敕令，他在敕令中宣称“奉上帝之命而建君士坦丁堡”。他这样伪托神启，使人不敢有怨言。仅此一端，已足以令人了解其性格。我们出于求知欲，极想深入到像君士坦丁这样一个人的内心深处，因为他使罗马帝国的一切，包括朝廷所在地、宫廷风尚、习俗、语言、衣着、行政、宗教等等，不久便完全改观。对这样一个人，这一派认为罪大恶极，而另一派则称他德高望重，究竟应当怎样辨识呢？如果我们考虑到他的一切所作所为都服务于与他的利益攸关之事，那我们的判断就不会错了。

他是否导致了帝国的灭亡，这个问题值得发挥您的才智去探 299
索。他使罗马日趋衰落，这似乎是显而易见的。然而，由于把朝廷迁至色雷斯的博斯普鲁斯海峡之滨，他便在东方设置了一道抵御蛮族入侵的屏障。在他的继承者统治时期，蛮族涌入帝国，长驱直入意大利。似乎他把西罗马当做了东罗马的祭品。君士坦丁堡建立之际，正是意大利陷落之时。研究这个时期的政治历史也许是非常引人入胜而富有教益的。可我们对此几乎只有一些讽诗和颂词。但有时通过这些颂词也可以发现真实情况。例如，人们对君士坦丁赞颂备至，因为他曾把远征莱茵河时抓到的所有法兰克人头目和全部俘虏投到竞技场去喂猛兽。这便是克洛维和查理曼的

① 拜占庭，后称君士坦丁堡，今为土耳其首都伊斯坦布尔。——译者

先人所受到的对待。这些作家卑劣到对惨无人道的行为称颂不已，这至少证实了这些行为本身的存在，而明智的读者则可以对这些行为作出判断。关于这场变革的历史，我们了解得比较详细的是教会的建立和教会内讧的情况。

可悲的是，基督教刚刚处于统治地位，其圣洁便受到亵渎。基
督徒取得的胜利，原应使他们产生和平的精神，可某些人却醉心于
满足复仇的渴望。他们在叙利亚和巴勒斯坦屠杀所有曾经虐待他
们的官吏。他们溺死马克西米安的妻子和女儿，用酷刑折磨死他
的几个儿子和亲人。关于圣子的同性同体问题的争吵使世界动乱
不宁，血刃相加。总之，正如阿米安·马尔塞林[①]所说的：“他那时
300 候的基督徒就像一群野兽互相吞噬。”不过也有一些伟大的德行，
阿米安没有注意到。德行几乎总是隐而不现，在敌人眼中尤其如
此；而恶行则昭昭在目。

罗马教会幸免了这些罪恶与灾祸。它初时势力不大，也未受到玷污。身受罗马元老院和平民的蔑视，它长期一直安分守己与世无争。在这已知世界的首都里，有大小庙宇700座，奉祀大小神祇。这些庙宇直至狄奥多西[②]时代依然存在。而在狄奥多西以后，乡下人还长期保持古老的信仰。因此，人们把信奉旧宗教的人称为 païens（多神教徒、异教徒），païen 源于〔拉丁语的〕pagani，即居于小村镇 pagi 的农民。这些小村镇到 8 世纪还有偶像崇拜，所

① 阿米安·马尔塞林（约 330—400），罗马历史学家。——译者

② 指狄奥多西一世（346—395），罗马帝国皇帝（379—395 年在位）。392 年承认基督教为国教并严禁异教信仰。他临死时把帝国分与两子，长子阿卡狄得东部，次子霍诺留得西部，罗马帝国正式分裂。——译者

以 païens 这个词只是农民、村夫的意思。

人们都知道，所谓君士坦丁的赠礼[①]是根据怎样一种骗术写成的，但这个文书确是一篇罕见的奇文。把它照录下来对人们了解统治者的极端荒唐和被统治者的极端愚蠢不无裨益。下面是君士坦丁的话：

> 吾等与各行省总督、元老院以及光荣帝国治下之臣民皆认为，给予圣彼得的继承者较之吾等因公正宽厚而在世上所享有的更大的权力，实属必需。吾等业已决定，凡我臣民，尊崇神圣的罗马教会甚于尊崇仅治理俗世的帝国；吾等愿将全部尊严、荣誉及皇权归属于真福彼得之神圣教会。吾等保有圣彼得及圣保罗的光荣躯体，并敬置于四元素之力所不能破 301
> 损的琥珀棺中。吾等已将犹太、希腊、亚洲、非洲及意大利若干领地给予教廷作为长明灯之费用。现谨再将较世上所有其他宫殿更为美丽的拉特兰宫赠与西尔韦斯特[②]及其继任者。
>
> 谨赠以皇冠、皇冕、主教冠及余等所穿戴的各种冠服；将帝国之爵位及骑兵指挥权交与执掌。吾等欲使神圣罗马教会最尊敬的教士们享有元老院之一切权利，授予他们以议

① 8世纪下半叶天主教会伪造的文件，谓4世纪时罗马皇帝君士坦丁大帝曾把罗马以外的四个宗主教区、一切信仰事务的宗教管辖权以及帝国西部的世俗统治权授予教皇西尔维斯特及其继承者。中世纪教皇利用这个伪造文件，要求在政治上统治西欧和意大利。15世纪时，意大利人文主义者罗伦索·瓦拉（约1406—1457）等揭穿了这一骗局。——译者

② 西尔韦斯特，罗马教皇（314—335年在位）。据说君士坦丁身患麻风，由西尔韦斯特行神迹治愈，并劝他信奉基督教，君士坦丁出于感激而有这种赠与。——译者

> 政官[①]及执政官之称号。彼等之坐骑披挂白衣，帝国主要官员为彼等执鞭随镫，一如吾等亲自为教皇牵马。
>
> 吾等无条件地将罗马城、意大利所有西部城市以及其他国家的其他西部城市作为赠礼，献与真福教皇。吾等让位与圣父，放弃对所有这些行省之统治。吾等将退出罗马，迁都于拜占庭省，因为在上帝已立有基督教首领之地，一个世俗皇帝拥有最小权力，亦属不当行为。
>
> 吾等明令此一赠礼永不变易，直至世界末日。违抗谕旨者将永遭天谴，生前死后均为使徒彼得与使徒保罗所不容，沉沦地狱之底而与魔鬼为伍。此证书由执政官君士坦丁与加利卡努斯联署。

我们怎能相信，如此可笑的、堪与滑稽戏丑角吉尔、皮埃罗的笑料及诺诺特[②]的作品媲美的骗人鬼话居然若干世纪来被人普遍
302 接受？我们怎能相信，1478 年一些基督徒因为怀疑君士坦丁把罗马帝国赠与教皇而在斯特拉斯堡被烧死？

君士坦丁的确曾经给了 1000 马克的金子、30000 马克的银子和 14000 苏的年金以及卡拉布里亚的一些土地，但不是给罗马主教[③]一个人，而是给予圣约翰大教堂。这份财产，以后历代罗马皇帝都予以增添。罗马的主教们需要这笔财产：他们不久以后要派

---

① 议政官，是罗马帝国时代君士坦丁大帝设立的一种高级贵族爵位，为皇帝的亲密顾问。这种终身爵位授予罗马公民，甚至蛮族国王，其地位仅次于皇帝，但不能世袭。——译者

② 诺诺特（1711—1793），即克洛德·弗朗索瓦神父，法国耶稣会教士，以与伏尔泰笔战闻名。——译者

③ 罗马主教，指罗马教皇。——译者

传教士往异教徒所在的欧洲其他地区，他们要向被赶出教区的主教们提供栖身之所，他们要赡养穷苦无告的人，因此他们必需极其富有。但他们的地位所赋予的权势更胜于财产，使罗马基督徒的引路人，很快变成西方教会最显要的人物。人们以前接受这一教职出于虔诚，而以后则为野心所驱使。人们争夺教皇的职位，14世纪中叶便有两个人僭称教皇；466年，崇拜偶像的执政官普雷泰克斯塔说过："让我当罗马主教，我就当基督教徒。"

然而罗马主教除了靠德行、靠威望，或者在顺利的情况下靠阴谋取得的权力之外，别无其他权力。教会的任何一个主教从来都没有诉讼审判权，更没有王权[①]。他们中没有一个人享有 jus terrendi（土地权）或领土权，谁都无权宣告 do，dico，addico（确定、宣布、肯定）[②]。除了有关教条的问题外，皇帝从来都是一切事情的审判者。皇帝可以召集公会议。君士坦丁在尼西亚受理和裁决主教们相互间的控告。甚至"教皇"的头衔也仍然由帝国封赐。

① 此处的"王权"指西欧封建时代国君所享有的授（神）职权、征收主教收入权、铸币权等。——译者

② 这是古罗马帝国司法官在审理案件时说的三个词，意为："确定一个法官和一份诉讼呈文，宣布两造的权利，肯定两造的愿望。"——译者

第十一章

罗马帝国衰亡的原因

303 如果说有人可望中兴帝国，或者至少是推迟其灭亡，那么此人便是尤利安皇帝。他不是戴克里先和狄奥多西那样出身军旅、风云际会的人物。他生于帝王之家，受军队拥戴，得士兵热爱，用不着害怕叛乱。自从他在德国获胜以后，人们便把他视为那个时代最伟大的将帅。没有一个皇帝比他处事更为公正，裁判更不偏颇，就是马可·奥勒留也不及他。没有一个哲学家比他更加朴实，更加节欲。他是靠法律、靠勇敢、靠表率作用来进行统治的。如果他在位时间更长些，可以推断，罗马帝国在他死后不至于那样风雨飘摇。

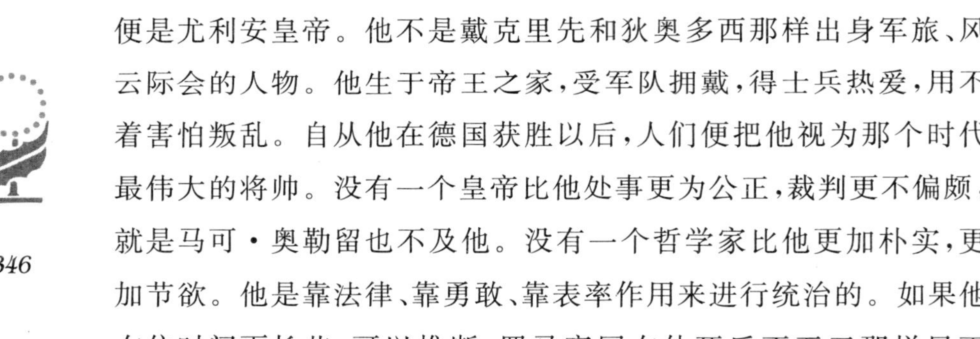

两重灾祸终于摧毁了这个巨人：蛮族入侵和宗教纠纷。

关于蛮族，人们对他们的入侵和他们的来历都难有清楚的了解。普罗科匹厄斯[①]、约尔南德斯[②]给我们讲了一些神话，我们的所有作家都照抄不误。人们怎能相信，从中国北方来的匈奴人，是

① 普罗科匹厄斯(500—570)，拜占庭帝国历史学家。——译者

② 约尔南德斯，腊万纳大主教。其所著《哥特通史》中说：一个魔鬼化为牝鹿，把匈奴人引到欧洲来。——原编者

尾随一只牝鹿，徒步涉渡帕拉斯—默奥迪斯海[①]，把居住于今天
称为克里米亚、波兰一部分、乌克兰、摩尔达维亚、瓦拉基亚[②]的
地方的骁勇善战的民族像赶羊群一样赶来的呢？这些今天还是
强壮好斗的民族，罗马人统称之为哥特人。这些哥特人怎么会一
见到匈奴人便沿着多瑙河逃窜？他们怎么会合掌请求罗马人收 304
容？他们渡河以后，怎么又手持武器，沿途掳掠，直至君士坦丁堡
城下？

这一切就像是希罗多德的故事以及其他同样的无稽之谈。也许更有可能的是，这些民族相继前来掠夺。罗马人曾经抢掠各民族，哥特人和匈奴人又来抢掠罗马人。

但是为什么罗马人不像马略消灭森布里人那样消灭他们？因为当时没有马略，因为风尚已经改变，因为帝国已分裂为阿里安教派和阿塔那修教派。人们只关心两件事：竞技场的角逐和上帝的三位[③]。当时罗马帝国僧侣多于士兵，这些僧侣成群结队，从一个城市跑到另一城市去支持或者反对圣子的同性同体。在埃及，便有 72 万名僧侣。

基督教打开天国的大门，但却丧失了帝国；因为不仅基督教内部各教派以神学论争的狂热性互相攻讦，而且这些教派又一起共同反对帝国的旧宗教。旧宗教无疑是谬妄的、可笑的，然而在这种宗教信仰下，罗马从胜利走向胜利，历时 10 个世纪。

---

① 帕拉斯—默奥迪斯海，亚速海古称。——译者

② 瓦拉基亚，古代多瑙河流域的一个公国，其版图现属罗马尼亚。——译者

③ 即上帝三位一体中的三位（圣父、圣子、圣灵）。——译者

西庇阿家族[①]的后裔变成了宗教论争家，人们追求主教的职位更甚于往日争夺胜利的桂冠。受尊重的人物，已从霍尔腾修[②]、西塞罗等转为西里尔、格雷戈里[③]、安布罗斯之流。一切都落花流水春去也。如果有什么值得惊异，那就是罗马帝国还苟存了一段时间。

狄奥多西——人们称他伟大的狄奥多西——以帝国财政补助之名向傲慢的亚拉里克纳款。亚拉里克初次出现罗马城下，便要
305 罗马输财。他再次来临，便洗劫了罗马。当时罗马帝国已堕落到这种地步，以至这个哥特人不屑于当罗马的国王，而可悲的西罗马帝国皇帝霍诺留则逃到了腊万纳，在那里战战兢兢。

亚拉里克乐于在罗马立一个皇帝，此人名叫阿塔拉斯，他来到亚拉里克的候谒厅接受命令。历史为我们留存了两桩有关霍诺留的轶事，表明当时世风日下，丧尽廉耻。第一桩事是，霍诺留被人看不起的原因之一，是他患有阳痿病；第二桩事是，有人向亚拉里克的仆从阿塔拉斯皇帝建议阉掉霍诺留的生殖器，使他丑上加丑。

继亚拉里克而来的是阿提拉，他蹂躏了从中国到高卢的一切地方。他如此强大，而狄奥多西和瓦伦提尼安三世[④]如此弱小，以

① 指公元前3世纪至前2世纪古罗马的两个统帅。大西庇阿打败汉尼拔，结束第二次布匿战争；小西庇阿攻陷迦太基城，结束第三次布匿战争。两人均以军功著称。——译者

② 霍尔腾修（前114—前50），古罗马雄辩家。——译者

③ 指尼西亚的圣格雷戈里（约335—394），希腊教会教父，反对阿里安教派。——译者

④ 瓦伦提尼安三世（419—455），西罗马帝国皇帝（425—455年在位）。——译者

至于瓦伦提尼安三世的妹妹霍诺里亚公主[①]要向阿提拉求婚。她送给他指环作为信物,但是在得到阿提拉答复之前,她已经跟一个仆人有孕。

阿提拉摧毁了阿奎拉[②]以后,罗马主教利奥[③]把他从罗马人手中聚敛的金子全部献交阿提拉,以换取阿奎拉城郊不受劫掠,因为瓦伦提尼安藏匿在那里。由于此事达成协议,僧侣们当然就大肆吹嘘,说利奥教皇使阿提拉浑身颤抖,说他以主人的神气和口吻跟这个匈奴人谈话,身旁伴随的圣彼得和圣保罗,都佩带闪闪发光的宝剑,显然这就是罗马教会的那两把剑。这种治史方式,在基督徒中一直延续到 16 世纪。

不久以后,蛮族犹如洪水从四面八方涌入阿提拉所未到达的地方。

这时候皇帝们干些什么?他们忙着召开公会议。这些公会议有时是解决跟阿塔那修教派的旧争端,有时则是为了解决多那图教派[④]问题。正当非洲为这些争吵而闹得不可开交时,汪达尔人根塞里克[⑤]把非洲征服下来了。而且这些争吵只不过是由于聂斯

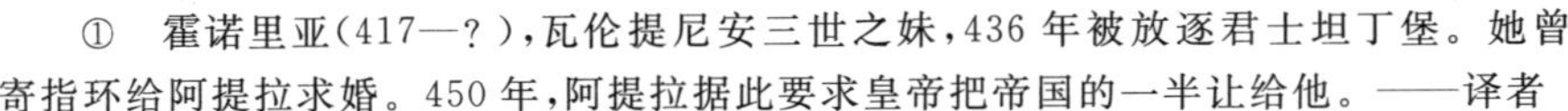

① 霍诺里亚(417—?),瓦伦提尼安三世之妹,436 年被放逐君士坦丁堡。她曾寄指环给阿提拉求婚。450 年,阿提拉据此要求皇帝把帝国的一半让给他。——译者

② 阿奎拉,古意大利著名城市,452 年为阿提拉所毁,后重建,名为威尼斯。——译者

③ 即教皇利奥一世,440—461 年在位。——译者

④ 4 世纪迦太基主教多那图所创的教派。认为教会是义人的教会,罪人无份;而罗马教会让叛教者任主教,已成“罪人之子”。该派教会在北非与罗马教会分庭抗礼,虽经罗马教会多次绝罚和罗马帝国武力镇压,但仍继续发展,直至 7 世纪阿拉伯人进入非洲后才逐渐消失。——译者

⑤ 根塞里克(428—477 年在位),汪达尔人的国王,曾征服非洲北部。——译者

脱利和西里尔各执一词，由于攸提凯斯[①]热衷于毫末之事而引起
306 的。大部分的教条，要靠棍棒交加大打出手才决定下来，就像在狄奥多西二世时，在由他召开的以弗所公会议那样，至今人们还把这次公会议称为强盗会议。最后，为了了解这个不幸的时代的精神面貌，让我们回顾一点历史事实：狄奥多西二世因为一个僧侣不断纠缠他而表示厌烦，这个僧侣就对皇帝实行绝罚[②]，结果这位君主不得不请君士坦丁堡牧首替他宽免。

就在这样的混乱局面中，法兰克人侵入了高卢，西哥特人夺取了西班牙，东哥特人在狄奥多西时期统治意大利，但不久又被伦巴第人赶走。在克洛维时期，罗马帝国只剩下希腊、小亚细亚和埃及，其余地方都已为蛮族所侵占。斯基泰人、汪达尔人和法兰克人皈依了基督教，以便更好地统治被他们征服的各基督教行省。不应认为这些蛮族没有策略，他们是很有手段的，在这一点上，所有的人大致都不相上下。他们是出于利益的考虑而成为基督徒的，不过他们只能因此变得更不人道而已。法国历史学家、耶稣会教士达尼埃尔[③]尽管对许多事情讳莫如深，却也不敢掩饰克洛维在接受洗礼之后，比身为异教徒时更加嗜杀成性，犯下更大的罪行。这些罪行并非属于使愚人赞叹不已的英雄事迹，而是盗窃和弑亲。

① 攸提凯斯（约375—474），君士坦丁堡东方教会牧首，希腊基督教异端教徒，起初反对后又拥护聂斯脱利教派。后来这一教派受到公会议的谴责，攸提凯斯被流放埃及。——译者

② 绝罚是天主教会对神职人员和教徒的一种处罚。遭绝罚者无人能同他来往，受此处分者死后不得升天。绝罚可由主教或教皇宽免。——译者

③ 达尼埃尔（1649—1728），法国历史学家，著《法国君主制建立后的法国史》、《法国军队史》。——译者

他收买一个科隆的王子暗杀了其父亲，然后他又使人把这王子杀死。他杀死康布雷[①]的一个小国王，因为这个小国王在他面前露了财。一个公民即使罪名很小，也要被绑赴刑场，而克洛维却建立了一个君主国。

① 康布雷，法国城市，在埃科斯河岸。——译者

第十二章

古罗马的衰亡(续)

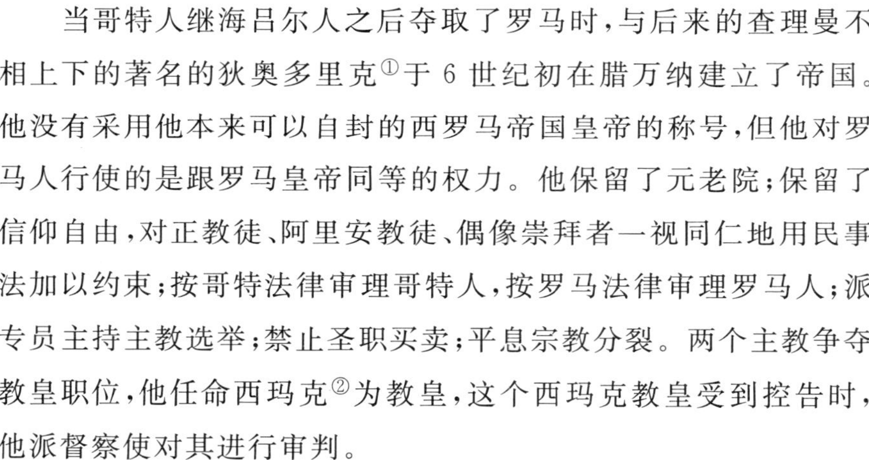

307 当哥特人继海吕尔人之后夺取了罗马时,与后来的查理曼不相上下的著名的狄奥多里克[①]于6世纪初在腊万纳建立了帝国。他没有采用他本来可以自封的西罗马帝国皇帝的称号,但他对罗马人行使的是跟罗马皇帝同等的权力。他保留了元老院;保留了信仰自由,对正教徒、阿里安教徒、偶像崇拜者一视同仁地用民事法加以约束;按哥特法律审理哥特人,按罗马法律审理罗马人;派专员主持主教选举;禁止圣职买卖;平息宗教分裂。两个主教争夺教皇职位,他任命西玛克[②]为教皇,这个西玛克教皇受到控告时,他派督察使对其进行审判。

他的孙子阿塔拉里克[③]以一道敕令解决了关于教皇及王国内所有其他大主教的选举问题。他的大臣卡西奥多尔[④]起草了这一

---

① 狄奥多里克(约454—526),日耳曼人东哥特族首领,493年在意大利建立东哥特王国(493—526年在位)。后来东罗马帝国皇帝查士丁尼派兵入侵意大利,王国于555年灭亡。——译者

② 西玛克(?—541),教皇,498—514年在位。——译者

③ 阿塔拉里克(526—534年在位),东哥特王国国王。——译者

④ 卡西奥多尔(约490—约585),古罗马历史学家、政治家和僧侣,曾任执政官。——译者

敕令，后来退隐于卡西诺山①，加入圣贝努瓦②的修会。对这一敕令，教皇约翰二世无保留地遵照执行。

当贝利萨留③来到意大利，把意大利重新置于帝国统治之下时，他放逐了教皇西尔韦尔。这件事虽然有失公允，但并未超出其职权范围。在贝利萨留和纳塞斯④相继使罗马摆脱哥特人的枷锁之后，其他蛮族，即格比德人⑤、法兰克人、日耳曼人，又侵入意大利。整个西罗马帝国被一些野蛮人蹂躏、肢解，伦巴第人在意大利本土建立了统治。这个新王朝的建立者阿尔波音⑥只不过是个野 308
蛮的强盗而已。但没有多久，征服者却接受了战败者的风俗、礼节和宗教。早期的法兰克人、勃艮第人并非如此，他们把他们粗俗的语言和更为野蛮的风俗带到高卢来。伦巴第民族最初是由异教徒和阿里安教徒组成。他们的国王罗塔里克于大约640年颁布敕令，允许自由宣传各种宗教，以至于意大利几乎所有城市都有一个天主教主教和一个阿里安教主教，而这些主教也让各地乡村中被称为偶像崇拜者的人平安无事地生活着。

① 意大利南部萨姆尼乌姆省的一座山，529年圣贝努瓦在卡西诺山古堡遗址上建立起本笃会修道院。——译者

② 圣贝努瓦，即本笃（约480—547），建立卡西诺隐修院，制定会规，创立本笃会。——译者

③ 贝利萨留（约505—565），东罗马帝国的将军，曾为查士丁尼的侍卫官，后为最高军事指挥。任内镇压尼卡起义，灭北非汪达尔王国，打败东哥特王国。——译者

④ 纳塞斯（约480—574），查士丁尼的将军，他曾对532年君士坦丁堡的尼卡起义进行镇压。552年打败东哥特人。——译者

⑤ 格比德人，日耳曼人的一支，居于达西亚。6世纪时，查士丁尼唆使伦巴第人将格比德人消灭。——译者

⑥ 阿尔波音，伦巴第王国国王，561—572年在位。——译者

伦巴第王国的领土是从皮埃蒙特至布林的西一带和奥特朗托地区，包括贝内文托、巴里塔兰托，但不包括普伊[①]、罗马和腊万纳——这些地方还属于衰弱的东罗马帝国。因此罗马教会从受哥特人的统治转归希腊人控制。有一个总督代表皇帝管理罗马，但他并不住在罗马，而听任这个城市自理。他驻节于腊万纳，从那里，他向罗马的公爵或行政长官和元老院议员发布命令。在这个完全衰落的古代都城中，市政管理的表面形式一直存在，对共和制度的感情从未熄灭。这种感情受到威尼斯的良好影响而经久不衰。威尼斯共和国最初在恐惧与穷困中建立，不久便因贸易发达、人民勤劳勇敢而日趋强盛，以至于在 8 世纪时使已被赶出腊万纳的总督斯科拉斯提克恢复原职。

那么，在七八世纪时，罗马是什么情况呢？它是一座不幸的城市，总督们疏于防守，伦巴第人不断威胁，但罗马始终承认皇帝为自己的主人。在这满目疮痍的城市里，教皇的威望有所提高。他们常常是这座城市的安慰者和父亲。但是由于始终只是臣民，他
309 们只有经总督的特准才能得到祝圣[②]。申请和批准的程式至今仍然存在[③]。罗马僧侣致函腊万纳的大主教阁下请求总督加以庇护，然后由教皇给这个大主教寄去他的誓愿书。

---

① 以上地名均为意大利的城市和地区。——译者

② 基督教的一种宗教仪式。由司祭或牧师按特定仪式，诵念规定经文，使人或物“圣化”，以奉献上帝，为教会所用。授予神职、新建教堂、新启用圣杯、祭服等均举行祝圣仪式。——译者

③ 见《罗马日志》。——伏尔泰

伦巴第国王艾斯杜夫[①]终于在751年夺取了腊万纳的总督管区，从而结束了这个延续了183年的代表皇帝的总督制。

因为罗马的公爵领地是属腊万纳的总督管辖的，艾斯杜夫认为他既然征服了腊万纳，便有权占有罗马。教皇斯提芬二世成为不幸的罗马人唯一的保卫者，便派人向绰号“拆烂污”的君士坦丁皇帝[②]求援。这个卑劣的皇帝派去的只是一名宫廷侍卫官，带着一封致伦巴第国王的信。希腊皇帝的软弱无能导致新的西罗马帝国[③]的诞生和教皇权威的树立。

在这之前，您看不到有哪个主教向往世俗权力，渴望占有土地。他们怎么敢这样做呢？他们的立法者是个向穷人传授教理的穷人。继承这些早期基督徒的人都是穷人。僧侣只是在君士坦丁一世时才形成一个实体，但是这个皇帝不容有一个主教成为哪怕是一个村庄的所有者。只有趁着无政府时期，教皇们才得到一些领地。这些领地开始时为数有限。一切都是随着时间而发展，一切又都随时间而消亡。

当我们从罗马帝国的历史转向把罗马帝国在西部弄得四分五裂的各个民族的历史时，我们犹如一个旅行者走出一座美丽的城

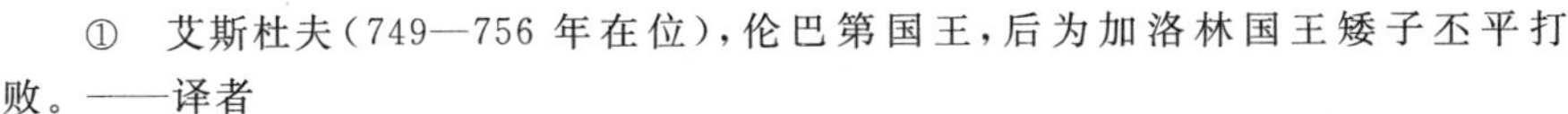

① 艾斯杜夫(749—756年在位)，伦巴第国王，后为加洛林国王矮子丕平打败。——译者

② 君士坦丁·科普尼姆斯(718—775)，即东罗马帝国皇帝君士坦丁五世，741—775年在位。他和他的父亲利奥三世因掀起反对崇拜圣像运动，引起基督徒的不满，敌对者以绰号称呼他。“拆烂污”原文为 copronyme，意为“粪便”，因为在给他取名时，他弄脏了洗礼盘。——译者

③ 指神圣罗马帝国。——译者

市，进入荆棘丛生的不毛之地。从伊利里亚[①]的穷乡僻壤直至阿
特拉斯山[②]，优美的拉丁语被20种蛮族土语所取代。治理东半球
一半土地的那些明智的法律荡然无存，我们看到的只是一些野蛮
310 的风俗习惯。各行省的竞技场、圆形剧场换成了茅屋。从卡皮托
利山脚到托罗斯山的美丽而坚实的大道上，到处是一洼洼死水。
人的精神也起了同样的变化。图尔的格雷戈里、圣高尔[③]修道院
的僧侣弗莱德盖尔成为我们的波里比阿和我们的提特斯·李维。
人们失去了理性，沉迷于最卑怯、最荒唐的迷信行为。这些迷信行
为愈演愈烈，以至于僧侣成为领主与王公。他们蓄养奴隶，这些奴
隶甚至不敢有任何怨言。整个欧洲直至16世纪以前，一直处在这
种腐化堕落状态中，只是经历了可怕的动乱，才得到解脱。

① 伊利里亚，巴尔干半岛西北部沿亚得里亚海的山区。公元前后被罗马占领，成为一个行省。——译者

② 阿特拉斯山，绵亘于摩洛哥、阿尔及利亚、突尼斯之间的山脉。——译者

③ 圣高尔(约550—约654)，爱尔兰修道院僧侣，585年随科伦班到高卢传教，后遭墨洛温朝廷放逐，迁居瑞士，在该地创立圣高尔修道院。——译者

第十三章

教皇权力的来源；关于国王加冕礼的题外话；圣彼得写给当了国王的法国宫相丕平的信；所谓对罗马教廷的赠礼

制驭人的方式有三种：制定法律使人循规蹈矩；利用宗教以支 311
持法律；还有就是杀死一个民族的一部分人以统治另一部分人。我不知道有第 4 种。所有这三种方式都要求有有利的环境。只有上溯到远古时代，才能找到第一种方式的例子，而这种例子的真实性还是值得怀疑的。查理曼、克洛维、狄奥多里克、阿尔波音、亚拉里克用的是第三种方式，而教皇则用第二种。

教皇原来对罗马没有什么权力，就像圣奥古斯丁[①]对希波这个小城不享有任何权力一样。即使圣彼得像人们根据他在巴比伦写的一封信所说的曾经住在罗马，即使他在还没有设置任何教会专职的时候就当了罗马主教，罗马人也不会把帝王的宝座奉赠给他；而我们看到的是，700 年间，罗马的主教们始终只不过是臣仆

---

① 圣奥古斯丁（354—430），古代非洲希波（今阿尔及利亚的亚安纳巴）主教，著名拉丁教会教父。著有《忏悔录》、《论上帝之城》等。——译者

而已。

312 罗马多次遭蛮族劫掠，被皇帝们弃置，又受到伦巴第人的逼迫，无力重建旧时的共和国，因此已不可能再追求什么地位。它需要休养生息。而如果她从此像以后那么多的德国城市那样由主教来管理，它是会得到休养生息的，至少无为而治也许有可能产生这种好处。然而，尽管在世界历史上，在其他宗教里，教权与政权合而为一的例子不胜枚举，在基督徒的思想上，对于一个主教可以就是一个君主这一点，却还不能接受。

格雷戈里三世①是第一个求助于法兰克人的保护以反抗伦巴第人和皇帝的教皇。他的继位者扎克里亚斯②出于同样的意图，承认法兰西王国的篡位者宫相丕平为合法的国王。有人说，原来只是宫相的丕平先遣人询问教皇，什么样的人是真正的国王，是只有国王的名义和权利的人，还是有国王的权威和才能的人。于是教皇裁定宫相应该当国王。这样一出喜剧究竟是否演出，从未得到证明；但教皇斯提芬三世③向丕平求援以抗击伦巴第人，他于754年来到法国，跪在丕平脚下，后来举行了称为敷油礼的仪式，给丕平戴上王冠，这些却都是真实的。这是模仿古犹太教的仪式。〔士师〕撒母耳曾把膏油敷在〔犹太王〕扫罗头上；伦巴第国王也让

① 格雷戈里三世，教皇，731—741年在位。——译者

② 扎克里亚斯，亦译扎迦利（？—752），教皇（741—752年在位），曾主持丕平的敷油礼，授其法兰克国王称号。——译者

③ 或称斯提芬二世（见十二章注），因另一斯提芬二世当选后，应继教皇扎克里亚斯之位，但数日后即死于中风。他未经正式登位礼，故教皇名册中不收其名。——译者

人这样用宗教仪式为他们加冕，甚至贝内文托的公爵们也采用过这种习俗以使民众敬畏。人们在任命主教时敷用圣油，因此认为，在国王加冕采用这种宗教仪式，可以使之具有神圣性。一个名叫万巴[①]的哥特国王，674 年于西班牙在神前加冕时敷圣油。但作为征服者的阿拉伯人很快便废止了这个仪式，以后西班牙人也从未再用过。

因此，丕平并非像我们一向描述的那样是欧洲第一次行敷油礼而登基的国王。他已经从英国人卜尼法斯——派往德国的传教 313
士、美因茨的主教——那里接受了敷油礼。卜尼法斯因为曾经长时间在伦巴第旅游，所以按照这个地方的习俗，给他举行了宗教加冕仪式。

请您特别注意，这个卜尼法斯是在没有得到教皇的任何帮助、在罗马教廷根本不能影响法兰克王国的主教任命的情况下，由篡位者丕平之兄卡洛曼[②]任命为美因茨主教的。这就再好不过地可以使您相信，一切民法和教规都是为了便宜行事而制订的，有力量便可以维持，没有力量就遭到破坏，时间久了就会发生变化。罗马的主教们冀求一种最高权力，但他们没有得到它。处在伦巴第国王的桎梏之下的教皇们，不管哪个法兰克人，只要能够在意大利把他们解救出来，他们就会把在法国的整个教会权力让给他。

丕平需要教皇，但教皇斯提芬更需要丕平，这是显而易见的，因为是教士来祈求武士的保护。新国王由罗马主教在圣德尼教堂

① 万巴(672—680 年在位)，西哥特国王。——译者

② 卡洛曼(715—754)，查理一马特之子，丕平之兄，741—747 统治奥斯特拉西亚(今法国东北部和德国中部)王国，747 年入卡西诺山修道院。——译者

重行宗教加冕礼，这事似乎有点特别。若认为第一次仪式已经足够，就用不着加冕两次。可见在民众心目中，一个罗马主教要比一个德国主教更为神圣，更有权威。似乎第2次加冕地点圣德尼的教士们同样也认为，由一个罗马主教在一个法兰克人头上敷圣油比一个美因茨传教士敷圣油更为有效；而圣彼得的继承者也比别人更有权利使篡位行为合法化。

丕平是法国第一个由教会加冕的国王，而不是唯一由罗马教皇加冕的国王，因为英诺森三世①后来在兰斯②也给路易七世加冕和行敷油礼。〔在丕平之前的〕克洛维并没有由主教雷米③加冕和敷圣油而成为国王。当他接受洗礼时，他已经即位很长时间了。如果他曾经接受为国王举行的敷油礼，那么他的继承者就会采用这种庄严隆重的、很快变为必不可少的仪式了。丕平是在圣德尼的修道院接受宗教加冕仪式的，在他以前，没有任何人接受过这种仪式。

314 克洛维去世300年后，兰斯大主教兴克玛尔写道，在给克洛维加冕时，一只鸽子从天上带来一个小玻璃瓶，人们称为圣油壶。可能他认为通过这个神话可以加强大主教们当时已开始履行的为国王加冕的权利。这一权利跟其他习俗一样，是经过长时间才逐步确立的，这些高级教士在很久之后一直为自菲利普一世至亨利四世的国王们举行宗教加冕仪式。亨利四世在夏尔特尔加冕，并用

---

① 英诺森三世(1160/1161—1216)，教皇，1198—1216年在位。——译者

② 兰斯，法国地名，大主教府所在地。克洛维于496年在该地接受由圣雷米主教的洗礼，从此这个大主教区享有特殊权利，可以为法国国王加冕。——译者

③ 雷米(437—533)，兰斯大主教，曾说服克洛维皈依基督教，并为他洗礼。——译者

圣马丁[1]修道院的圣油壶敷圣油，因为当时圣雷米的圣油壶为天主教同盟[2]所拥有。

的确，这些仪式对君主们的权利并没有什么增添，但似乎增强了民众对君主的崇敬。

毫无疑问，这种宗教加冕仪式，同把法兰克国王、哥特国王和伦巴第国王高举在盾牌上的习俗一样，都是来自君士坦丁堡。康塔库泽纳皇帝[3]告诉我们，按古代流传的习俗，帝国的高级官员和牧首把皇帝置于盾牌上高举起来。然后，皇帝从御座登上教堂的经书台，牧首用一根蘸了圣油的羽毛在他头上画十字；辅祭捧着皇冠，为首的大臣或皇族中血统最近的亲王将皇冠戴在新的皇帝头上，牧首和人民齐声喊道：“他堪当皇帝！”但在西方的国王加冕仪式中，则是由主教先对人民说：“你们要这个国王吗？”人民回答：“他堪当皇帝！”接着，国王先向主教宣誓，再向人民宣誓。

斯提芬教皇并不限于为丕平举行加冕仪式，他还规定法国人永远不得拥立另一家族的人为王，否则给以绝罚。这位主教在他自己被赶出祖国而到异国求告的时候，却敢于发号施令，因为他拥 315
有权威，足以保障丕平的权力。而丕平为了牢牢地享有不该他享

① 圣马丁（约 316—397），图尔主教，在普瓦蒂埃的利格热建立法国第一个修道院。——译者

② 1576 年，法国南部成立胡格诺教授联邦。同年，吉斯公爵的家族在北部佩隆省成立了一个北法兰西贵族的天主教同盟，表面上为保卫天主教，反对胡格诺教，实际上想由吉斯家族担任国王。当时的国王亨利四世原是胡格诺教派首领，所以在南部的夏尔特尔加冕。——译者

③ 康塔库泽纳是拜占庭帝国的一个家族。约翰·康塔库泽纳是政治家、历史学家，曾任约翰五世巴列奥略的摄政，后自立为帝，成为约翰五世的同朝皇帝，称约翰六世，1341—1354 年在位。——译者

有的东西，也把一些不属于自己的权利让给了教皇。

以后，法国国王雨格·卡佩和德国国王康拉德[①]的事实表明，关于这种绝罚的规定并没有成为一条基本法律。

然而当时占统治地位的看法使人们在思想上对教皇在圣德尼举行的仪式怀有极大敬意，以至于查理曼的书记官艾因哈德[②]明确地说："根据罗马教皇斯提芬的命令，希尔德里克[③]王位被废。"[④]

一个法兰克国王的奴仆头子剥夺了自己主人希尔德里克三世的王位，把他监禁在圣贝尔丹修道院，并把他的儿子囚于诺曼底的封特奈尔修道院。一个教皇从罗马前来，批准了这种强盗行为。所有这些事件表明，这只不过是不义、掠夺和诈骗交织在一起的行为。

人们可能认为，这个教皇来到法国，匍匐于丕平脚下，却又掌握着〔丕平的〕王冠，这是一个矛盾。不然。当时这样的匍匐跪拜只是被视为犹如我们今天的一种敬礼，这是东方的古老习俗。人们向主教下跪，主教也以同样方式向他的教区的长官致敬。丕平的儿子查理[⑤]在瓦莱的圣莫里斯[⑥]〔教堂〕亲吻斯提芬教皇的脚，斯

---

① 指康拉德二世(约 990—1039)，德意志国王(1024—1039)，西罗马帝国皇帝(1027—1039)。——译者

② 艾因哈德(约 775—840)，法兰克编年史家，曾撰写《查理曼传》。——译者

③ 指希尔德里克三世(714—755)，法国墨洛温王朝末代国王，742—751 年在位。——译者

④ 艾因哈德此处所述有误。当时任教皇的是扎克里亚斯(741—752 年在位)，而非斯提芬二世(752—757 年在位)。——艾因哈德所著《查理曼传》英译者 A. J. 格兰特(据戚国淦译《查理大帝传》商务印书馆 1979 年版，第 5 页)。——译者

⑤ 即查理曼。——译者

⑥ 瓦莱，9 世纪末起为勃艮第王国的一部分，今为瑞士南部一州。圣莫里斯(？—约 286)，信奉基督教的罗马军人。据说他所率领的由信奉基督教的士兵组成的底比斯军团被马克西米安全部杀死，见本书第 8 章。——译者

提芬则亲吻丕平的脚。所有这一切都不足为怪。但是逐渐地，教皇就只让他们自己享受这种尊敬了。据说教皇阿德里安一世[1]要求人们在任何时候见他都必须亲吻他的脚。皇帝和国王们从此也跟其他人一样遵守这一礼仪，这使得罗马教会在百姓心目中更可尊敬，但却总是引起所有上层人士的不满。

据说丕平于754年越过阿尔卑斯山，伦巴第国王艾斯杜夫因 316
这位法兰克人的出现而惊慌失措，立即把整个腊万纳总督辖区让与教皇；于是丕平班师返回。可是他刚一转身，艾斯杜夫不但没有把腊万纳交给教皇，反而包围了罗马。这个时代的一切行动都是这样诡谲无常，以至很有可能是丕平要把并不属他所有的腊万纳总督辖区给予教皇，甚至在这样慷他人之慨的时候根本就不准备加以实施。不过像丕平这样一个篡夺王位的人，带领兵马来到意大利，仅仅是为了去送礼，这当然是不大可能的。许多书上都写到这次赠礼，但没有比这更可疑的了。在丕平远征140年后修史的图书馆长阿纳斯塔斯[2]是第一个谈到这次赠礼的人。无数作者引证此说，德国最优秀的著述家们则加以驳斥，罗马教廷无法证明其真伪，但却为此感到庆幸。

当时支配着人们思想的是纵横捭阖与朴实无华、粗率与造作的一种奇怪的混合，这充分体现了〔罗马帝国〕全面衰落时期的特点。〔教皇〕斯提芬伪造了一封圣彼得从天上写给丕平和他的两个儿子的信，值得抄录如下：

① 意大利籍教皇，772—795年在位。——译者

② 阿纳斯塔斯，后来成为教皇，称阿纳斯塔斯三世，911—913年在位。——译者

> 由永生的上帝之子耶稣基督称为使徒的彼得，……鉴于其他一切教会之母——罗马教廷的整个天主教会乃是由我彼得建立于世上，而斯提芬乃是这个宽厚的罗马教会之主教，我，使徒彼得和将施恩于你们的圣母马利亚，以及第三级天使、第二级天使，为广布天主的恩宠和善德，以使天主的教会摆脱迫害者之手，特向你们三位国王：杰出的丕平、查理和卡洛曼，并向全体圣洁的主教、修道院长、神父和修士，乃至公爵、伯爵及各国人民宣谕，要求你们、警告你们和命令你们：如果你们不为我而战，我将以三位一体的名义，以我使徒的名义，宣布你们将永远不得进入天堂。[①]

317 这封信产生了效果。丕平二次越过阿尔卑斯山，包围了帕维亚，但却又与艾斯杜夫媾和。他两次翻越阿尔卑斯山只是为了赠给教皇斯提芬一些城市，这可能么？为什么圣彼得在他的信中没有提及一桩如此重要的事实？为什么他不向丕平抱怨没有拥有总督辖区？为什么他不明确地重新提出这个要求？

真实情况是，侵入高卢的法兰克人对于所有蛮族都垂涎三尺的意大利，无时不想加以征服。这不是因为意大利确实是块比高卢更好的地方，而是因为当时意大利文化更为发达；罗马人所建造、扩展和美化的城市依然存在；意大利的名声一直诱惑着一个贫穷、不安于现状而好战的民族。如果丕平能够像后来查理曼那样夺取伦巴第，那他无疑便会把它占领下来了。他与艾斯杜夫签订

---

① 这许多假话和蠢话怎么协调一致呢？人类从来就是狡猾的，而在当时则是既狡猾又粗野。——伏尔泰

和约，是出于无奈。他在法国篡夺了王位，地位尚不巩固，他还必须与阿基坦[1]公爵和加斯科涅公爵作战，而这些人对其领地所应有的权利远胜于丕平对法国的权利。因此，当他不得不返回法国以巩固其篡夺的王位时，他怎能把那么多土地赠与教皇呢？

这个赠礼的证书原文从未公布过，人们不能不表示怀疑——在史学上和在哲学上一样，这是应当经常采取的态度。而且教廷也并不需要这些暧昧不明的证书，时间已经给了教廷同欧洲其他君主一样实在的权利来控制其国家。确凿无误的事实是，从那时起，罗马教皇已经在不止一个国家里拥有巨大的教产[2]，这些教产受到尊重，并豁免赋税。在阿尔卑斯山区，在托斯卡纳、斯波莱托[3]、高卢、西西里岛，以及在 8 世纪被阿拉伯人占有之前的科西

嘉岛，他们都拥有教产。可以相信，丕平在罗马尼阿[4]还大大增加 318
了这份教产，人们把这称为总督辖区的世袭财产。可能正是 patrimoine（世袭财产）这个词引起了误会，所以后来中世纪黑暗时代的作家们认为教皇在他们仅拥有一些城市和领地的一切国家都曾经实行统治。

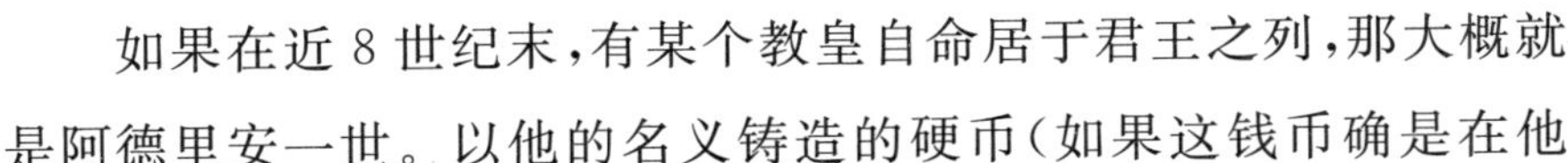

如果在近 8 世纪末，有某个教皇自命居于君王之列，那大概就是阿德里安一世。以他的名义铸造的硬币（如果这钱币确是在他

① 阿基坦，法国西南部历史上的著名地区，其疆界历经变迁。6 世纪时由法兰克人统治。矮子丕平时为一公爵领地。778 年成为独立的公国。13 世纪时归英国，15 世纪时被法国收复。——译者

② 原文为 patrimoine（世袭财产），故下文说“可能正是 patrimoine 这个词引起了误会”。——译者

③ 斯波莱托，意大利翁布里亚的城市。——译者

④ 罗玛尼阿，古意大利的一个省份，为教廷的领地，首府为腊万纳。——译者

那时代铸造的话),表明他拥有各种王权。而由他创始的让人亲吻他的脚的惯例,则进一步加强了这一推测。不过他始终承认希腊皇帝为他的君主。当时人们完全可以徒有其名地表示臣服这个远方的皇帝,而赋予自己以依靠神职权力支持的真正的独立。

且看罗马教皇的权势是如何逐步提高的。开始时是一些穷人在罗马的地道里向一些穷人传经布道,两个世纪后,他们有了为数甚多的追随者。在君士坦丁时代,他们是富裕的并备受尊敬,他们成为帝国西部地区的主教,他们有巨额收入,有领地。最后,他们成为大君主。但一切都是这样离开了它的本原的。如果罗马的缔造者、中华帝国和哈里发帝国的缔造者重返人世,他们就会看到,高居皇位的竟是哥特人、鞑靼人和突厥人。

在考察西方如何由于帝国的更替而使一切都发生变化之前,还必须让您对东部教会[①]有个大致的了解。这个教会所发生的争端对于这场大变革不是没有影响的。

① 基督教产生后不久,就逐渐分化为以希腊语地区为中心的东部派和拉丁语地区的西部派。1054 年,东西两派正式分裂,东部派教会称“正教”,西部派教会称“天主教”。——译者

第十四章

查理曼以前东部教会的状况；关于圣像事件；罗马权力更迭的开始

希腊教会和拉丁教会的习俗，就像它们所使用的语言一样，319
彼此殊异。礼拜仪式、服装、饰物、教堂形式、十字架的形状，都不相同。希腊人站着祈祷，而拉丁人跪着。这些都不是我所要研究的。这些各不相同的习惯并不会导致东西两派的争执，而只不过使已经彼此对抗的民族增添彼此间的嫌恶而已。特别是希腊人由于从来只是浸在圣洗堂的水缸中接受洗礼，所以憎恶拉丁人为照顾北方基督徒而采用的洒水洗礼。但是这些对立并未引起任何纠纷。

世俗统治这个在西方引起纷争的永恒主题，在东部教会是陌生的。在君主监督下的主教始终仅仅是臣仆。但是，产生于希腊哲人及其门徒的诡辩思想的那些无休止的争论，却在这里激发了另外一些同样不幸的纷争。

早期基督教的纯朴，因人类出于好奇所提出的大量问题而丧失。基督教的创始人从未写下任何东西，可是人们却想了解一切，每一宗教奥义都使人产生各种见解，而每种见解都要付出流血的代价。

320 在基督教诞生以后使教会四分五裂的近80个教派中，如果把诺瓦替安[①]——人们几乎还可以把他视为异端——除外，没有一个教派的创始人是罗马人，这是很值得注意的事。在头五个世纪中，不管是教父，还是异端教徒，没有一个是罗马人。似乎罗马人都是很谨慎的。在罗马的所有主教中，只有一个人是赞成受教会谴责的学说的，此人便是教皇霍诺留一世。人们至今还每天在谴责他曾经是二性一意派[②]信徒，认为这样便可以损坏其名誉。但是如果人们费神去读一读他主张耶稣只有一个意愿的那封传道信，便会看到他是个聪明绝顶的人。“我们坦白承认，”他写道，“耶稣心中只有一个意愿。历次公会议和《圣经》都不容许我们持有另一种想法。但是由于耶稣身上神性和人性的作用，究竟应当认为是一种还是两种活动，这是我要留待语法学者去解决的问题，而且这是无关紧要的。”[③]

也许在教皇们的所有信件中，再没有比这几句话更可珍贵的了。这些话使我们深信，希腊人的一切争论，不过是语词之争。这些诡辩论者的争吵产生了如此可悲的后果，本应加以平息。如果

---

① 诺瓦替安(约200—约258)，罗马人，诺瓦替安教派创始人，3世纪的教皇。当时科内里当选为教皇，诺瓦替安认为非法，拉拢一批教徒并鼓动3个主教到罗马，于251年选诺瓦替安为教皇。但迦太基的赛普利安和亚历山大城的德尼斯不承认。后诺瓦替安在一次公会议上受到谴责。——译者

② 二性一意，7世纪的一种基督教“异端”学说，承认耶稣基督神性与人性二性并存，但却认为他只有一个意愿。——译者

③ 事实上，神学家们的一切无聊的争吵，从来都只是以模棱两可的语词，不可理解的、荒谬的问题为依据的语法之争。然而在1500年中，人们却用这些争论取代了道德。——伏尔泰

真像这位颇具卓识的教皇所要求的那样，把这些争论交给语法学
家去解决，教会便会处于持久和平之中。但是因为有人要知道圣
子与圣父究竟是否同体，或者只是本性相同，或者圣子的本性劣
于圣父，于是基督教世界陷入分歧，一半的人迫害另一半的人，
同时也受另一半人迫害。因为有人要知道耶稣基督的母亲究竟是
否就是天主或耶稣的母亲；基督是在同一人身上有两个本性和两
个意愿，还是两个人有同一意愿，或是只有一个意愿和一个人，于
是在君士坦丁堡，在安条克，在亚历山大城产生了争论，引起了骚
乱。一个教派把另一教派开除出教。占统治地位的一派判处另一 321
派流放、监禁、死刑和死后永罚，而另一派又以同样的方式进行
报复。

像这样的内讧，在我们称为异教的古代希腊人和罗马人的宗教中，根本没有发生过。其原因就在于那些异教徒有一个很大的错误：他们没有教条；那些祭拜偶像的祭司们从来不为求得法定的解释，在一起争执不休，世俗的人则更不为之。

在8世纪时，东部教会对于是否应当礼拜圣像聚讼纷纭。摩西的律法对此曾明文禁止。这一教规从未废除。早期的基督徒在两百多年中，集会时甚至从来不容许有圣像。

慢慢地，到处都有在家中挂耶稣受难像的习俗。然后又出现殉道者或忏悔师的或真或假的肖像。这时还没有为圣徒而设置的祭坛，也没有以圣徒的名义举行的弥撒。不过，当看到耶稣受难像和某个善人的肖像时，人们的内心受到激励便产生虔敬心；尤其是在这地区，人心需要可感觉的对象才能激发出这种感情来。

这个习惯传到了教堂，有些主教不接受。公元393年，圣埃庇

法尼乌斯[1]曾在叙利亚的一所教堂里把一幅人们向之祈祷的圣像扯下来。他宣布基督教不允许这样的祈祷，但他的严厉的处置并没有引起分裂。

最后，像人类的一切事情一样，这种礼拜圣像的做法成为一种陋习。老百姓向来是粗鄙不文的，他们分不清天主和圣像，不久便把德行和奇迹都归之于圣像，认为每一圣像能治愈一种疾病。[2]人们甚至把圣像与巫术混在一起，而巫术几乎总是迷惑了轻信的庸人。我所指的不仅是老百姓中的庸人，而且是王公大人中甚至是学者中的庸人。

727年，皇帝伊苏里亚人利奥[3]经过某些主教的说服，意欲根除陋习。但是他是以矫枉过正的错误办法来进行的：他令人除掉
322 所有的宗教绘画，毁掉耶稣基督和圣徒的雕像和画像。他这样一下子剥夺了老百姓崇拜的对象，就激怒了老百姓，老百姓拒不服从，他就加以迫害。他轻率行事，结果成了暴君。

使我们的时代引以为耻的是，还有一些像曼布尔[4]这样的编书者和演说家，他们一再重复所谓两个犹太人预言利奥将会统治帝国并要他取缔圣像崇拜等等无稽之谈，似乎基督徒在他们的教

---

① 圣埃庇法尼乌斯(约315—403)，希腊教会教父与经师。367年任塞浦路斯岛康斯坦尼亚(今萨拉米斯)主教。——译者

② 根据天主教的传说，许多圣徒各有所司，如圣尚纳维也夫治寒热病，圣阿坡林治牙痛，圣于贝尔治疯癫，等等。——译者

③ 指东罗马帝国皇帝利奥三世(约675/680—741)，717—741年在位。他生于伊苏里亚(古代安纳托利亚中南部内陆地区)，建立了东罗马帝国的伊苏里亚王朝。——译者

④ 路易·曼布尔(1610—1686)，法国历史学家，耶稣会教士。他写了有关天主教同盟、十字军、路德教、加尔文宗的历史书。——译者

堂里有没有圣像跟犹太人有什么关系似的。历史学家如果相信人们可以这样预言未来，那是根本不配撰写历史的。

利奥的儿子“拆烂污”君士坦丁把取缔圣像订入民法和教规。他在君士坦丁堡召开了一次有338名主教参加的公会议，一致通过废除这种为若干教会尤其是罗马教会所接受的礼拜圣像的陋习。

这个皇帝厌恶僧侣，称他们为可恶的人，本来还想同样轻而易举地把僧侣们消灭掉，但是没有成功。这些僧侣已十分富有，他们保卫自己的财产比保卫圣徒的画像更有办法。

教皇格雷戈里二世和三世及其继任者们虽是皇帝们的不公开的敌人，并公开反对皇帝的做法，却并没有对他们实行以后动辄使用的绝罚处分。但是，与其说由于对恺撒的继位者仍然怀有的尊敬心约束着罗马的大主教们，或者不如说因为他们看到君士坦丁堡——那里牧首制的教会至少是跟罗马教会平起平坐的——根本不把绝罚、停圣事、免除誓忠这些处分放在眼里，所以教皇们只是于728年和732年召开了两次公会议，决定任何与圣像为敌者将被绝罚，除此以外，没有采取别的行动，而且也没有提及皇帝。从此，他们更多的是希望协商解决问题，而不是公开争吵。当人民反
对皇帝，不再缴纳贡税的时候，格雷戈里二世取得了治理罗马的大 323
权。格雷戈里三世按照同样方针行事。后世某些希腊作者，为了把教皇描写得令人可憎，就说格雷戈里二世对皇帝实行绝罚，加以废黜，而全体罗马人则承认格雷戈里二世为自己的君主。这些希腊作者不想想，他们企图使人们视之为篡位者的这些教皇，本来从那时起就可以成为最合法的君主的，因为教皇们本可以通过罗马

人的选举而掌握权力，从而就比许多皇帝更名正言顺地成为罗马的君主。然而，当受到伊苏里亚人利奥的威胁、处于伦巴第人压力之下的罗马人需要武士的时候，他们是不可能去选举他们的主教作为自己唯一的主人的，因此这件事并未成为事实。如果教皇们从那时起就拥有跻身于帝王之列的如此令人羡慕的权力，那他们以后也不会把这权力转让给查理曼了。

第十五章

关于查理曼;他的野心,他的政策;他夺取了侄子们的国家;撒克逊人所受的迫害及其改宗

丕平的王国从巴伐利亚延伸到比利牛斯山和阿尔卑斯山。他 324
的儿子卡尔——我们尊称为查理曼——继承了全部遗产,因为他的一个兄弟在分家后便死了,另一兄弟则在这之前已在圣西尔韦斯特修道院当修士。当时的野蛮风尚中还杂有某种宗教的虔诚,

使不止一个王公贵族住过修道院,如伦巴第国王拉希,丕平的哥哥卡洛曼,阿基坦的一位公爵,都曾进入本笃会的修道院。当时在西部几乎只有这个修会。修道院是富裕、有势力而受尊敬的,对于寻求安静生活的人来说,是个体面的遁避场所。不久之后,这些遁避场所却成了失去王位的君主们的牢狱。

功成名就便可以多行不义,便可以拥有荣耀,查理曼的显赫声威便是一个最好的证明。他的父亲丕平临终时把国家分给两个儿子:卡尔曼即卡洛曼[①]和卡尔,还召开了一次庄严的全族大会批准

① 卡洛曼(751—771),查理曼的弟弟,丕平的第2个儿子。——译者

这项遗嘱。卡尔曼拥有普罗旺斯[1]、朗格多克、勃艮第、瑞士、阿尔萨斯以及邻近的几块地方;其余所有地方则归卡尔即查理曼所有。这两兄弟始终不睦。卡尔曼暴卒,留下一个寡妇和两个幼儿。查理曼首先占夺他们的遗产(771 年)。不幸的母亲不得不带着她的孩子逃奔法兰克人的天敌、我们称为迪迪埃的伦巴第国王德西德
325 里乌斯。这个迪迪埃是查理曼的岳父,但也恨查理曼,因为他怕查理曼。我们清楚地看到,查理曼是同其他的征服者一样不尊重天赋权利和血缘关系的。

他的父亲丕平所拥有的直接领地远不及查理曼的大。阿基坦、巴伐利亚、普罗旺斯、布列塔尼[2]这些新征服的地方都对他称臣纳贡。

足以使这个土地辽阔的国家望而生畏的有两个邻族:北面的日耳曼人和〔南面的〕萨拉森人。英吉利为盎格鲁—撒克逊人所占领,分为 7 个小国[3],一直与今天称为苏格兰的阿尔巴尼和丹麦打仗,它既不讲求策略,也不强大。意大利孱弱不堪,四分五裂,只等待着一个愿意加以占领的新主人。

北面的日耳曼人当时称为撒克逊人。所谓撒克逊人指的是住在威悉河和易北河沿岸、从汉堡到摩拉维亚、从下莱茵河到波罗的海一带的那些部族。就像所有北方人一样,他们是异教徒,他们的

---

① 普罗旺斯,法国东南部古地名,原为王国,后为伯爵领地。1482 年路易十一时并入法国,成为一个省。——译者

② 布列塔尼,位于法国西部,1532 年弗朗索瓦一世时并入法国。——译者

③ 从 5 世纪中期至 9 世纪初,英国有 7 个小国:诺森布里亚、麦西亚、东盎格里亚、东撒克斯、南撒克斯、西撒克斯和肯特。——译者

风俗与法律跟罗马帝国时代的一样。每个地区以共和制管理，但共选一首领负责战事。他们的法律与风俗很简单，他们的宗教也很简单。他们像其他许多民族一样，当大难来临时便杀人祭神，因为蛮族人的特性就是认为神是作恶的，人们总是按人的形象来创造神。法兰克人虽已成了基督徒，但在狄奥德贝尔[①]统治时代，仍然保留着这种可怕的迷信。根据普罗科匹厄斯的叙述，他们在意
大利用人作牺牲祭神。您不会不知道，许多民族，例如犹太人，出 326
于一种宗教虔诚，都曾经有过这种亵渎神明的行为。此外，撒克逊人还保留着日耳曼人的古代风俗，保持着他们的简朴、他们的迷信和他们的贫困状态。尤其是某些地区还保留着掠夺性，所有的人都把幸福与荣耀寄托于他们的自由之中。就是这些过去称为卡特人[②]、凯路斯奇人[③]、布鲁泰尔人[④]的部族，曾经战胜了〔罗马的〕瓦鲁斯[⑤]，后又为格尔马尼库斯[⑥]所败。

这些部族中有一部分在 5 世纪时被布列塔尼居民请去攻打苏格兰的居民，于是占领了与苏格兰接壤的不列颠，称之为英吉利。早在 3 世纪时，他们就曾经到过该地，而在君士坦丁时代，不列颠

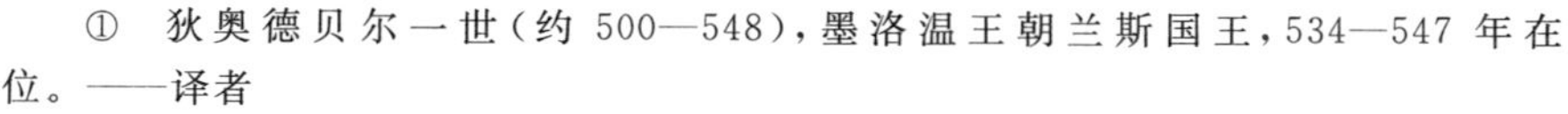

① 狄奥德贝尔一世（约 500—548），墨洛温王朝兰斯国王，534—547 年在位。——译者

② 卡特人，日耳曼的一支，3 世纪时为法兰克人所同化。——译者

③ 凯路斯奇人，日耳曼人的一支，其著名首领为阿尔米纽斯，屡次打败罗马人。——译者

④ 布鲁泰尔人，日耳曼人的一支，居住于埃姆斯河沿岸。——译者

⑤ 瓦鲁斯（约前 50—公元 9 年），奥古斯都的将军。公元 9 年，日耳曼人在凯路斯奇人阿尔米纽斯领导下，在条托堡森林地带与罗马统帅瓦鲁斯率领的 3 个军团激战 4 日，歼灭罗马军队，瓦鲁斯自杀。——译者

⑥ 格尔马尼库斯（前 15—公元 19），罗马帝国将领。——译者

岛东海岸便称为撒克逊海岸。

查理曼是他那时代中最有野心、最有策略、最为伟大的军人，他与撒克逊人打了30年仗，最后把他们彻底征服。他们的国家里当时还没有今天吸引征服者贪婪心的东西。今天开采出那么多白银的戈斯拉尔和弗里德堡[①]的丰富矿藏，当时还没有发现，那是到捕鸟者亨利时期才发现的。那里没有长期发展的工业所积累起来的财富，没有一座值得占夺的城市，征服者仅只是为了得到几百万人做奴隶而已。这些人在恶劣的气候条件下耕种土地，养牧牲畜，根本不希望来一个统治自己的主人。

对撒克逊人的战争是以丕平向他们征索300匹马和几头母牛开始的，但这场战争却延续了30年。法兰克人对撒克逊人有什么权利？法兰克人的权利无非就是撒克逊人对英吉利所享有的权利而已。

撒克逊人装备低劣，因为我看到查理曼的敕令中严禁向撒克逊人出售胸甲。武力悬殊加上军纪严明，曾经使罗马人打败了那么多民族，最后也使查理曼取得了胜利。

这些部族的大部分是由有名的威提钦德[②]统领的。人们今天
327 把〔查理曼〕帝国的主要家族都说成是这个人的后裔。这是个像阿尔米纽斯那样的英雄人物，但究竟还是比较软弱。（772年）查理曼首先夺取了埃雷斯堡这个著名的小镇，这个地方够不上是个城市，也够不上一个堡垒。他屠杀居民，肆行抢掠，然后夷平当地的

① 均为德国城市。——译者

② 威提钦德，撒克逊人的英雄，785年为查理曼所败。——译者

一所主要的庙宇。这所庙在从前是为奉祀宇宙本原——如果这些蛮族认识宇宙本原的话——之神坦法那①而修建的，在当时则是用来奉祀伊尔明苏尔神②。这或者是因为此神是他们的战神，犹如希腊人的阿瑞斯，罗马人的马尔斯；或者此庙是献给战胜瓦鲁斯的日耳曼自由复仇者、有名的赫尔曼·阿尔米纽斯的。

征服者把庙里的神像推倒在地，把祭司全都杀死。胜利的军队挺进到威悉河。所到之处，全都归降。查理曼想用基督教把降服者羁縻于自己的桎梏之下。当他从该地奔赴他处征服别的地方时，他就给撒克逊人留下一些传教士来说服他们，留下一些士兵来强迫他们皈依基督教。几乎所有居住于威悉河附近的人在一年中都成了基督徒，但都是奴隶基督徒。

威提钦德退到丹麦人那里，丹麦人正在为他们自身的自由和他们的神祇而胆战心惊。几年之后，威提钦德返回故地，召集他的同胞，重整旗鼓。他在不来梅地区的首府不来梅见到一名主教，一座教堂，以及一些被拖到新祭坛前的绝望的撒克逊人。他赶跑了主教，主教狼狈乘船逃走。他取缔了人们被强迫信奉的基督教。他率领着大批日耳曼人前进到莱茵河附近，打败了查理曼的那些副将。

查理曼急驰而至，又打败了威提钦德。他把〔撒克逊人〕这种勇敢的争取自由的努力视为反叛。他要求颤抖的撒克逊人把他们

① 坦法那，日耳曼人的神。古罗马帝国奥古斯都时代，马尔斯人设庙供奉。公元14年为格尔尼库斯所毁。——译者

② 伊尔明苏尔神，即伊尔米诺神。古日耳曼人的神。日耳曼人为这个神建立了两个圆柱，上有赫尔曼·阿尔米纽斯的雕像。圆柱一个在埃雷斯堡的小山上，为查理曼所毁；另一个在图林根，是主要祭祀场所。——译者

的将领交给他，而当他获悉他们让威提钦德返回丹麦时，他在小小的阿勒尔河之滨一共屠杀了4500名俘虏。即使这些俘虏是叛民，这样一种惩罚也残酷得可怕；而这样对待为自己的自由和法律而战斗的人，则是一个强盗的行径。然而赫赫战功和杰出才干却把强盗变成了伟人。

328 以后又打了3次胜仗才迫使这些部族就范。最终还是靠流血使基督教和奴役在这里巩固下来。威提钦德本人不愿再过痛苦的生活，不得不接受洗礼，并从此成为战胜者的藩臣。

(803年，804年)查理曼为了加强对佛兰德[①]、法国和罗马的控制，把大约1万户撒克逊人迁移到这些地区。他在战败者的土地上建立了法兰克人的殖民地。在他以后，我们从来没有看到欧洲有任何君主像这样强迫一些民族迁移的。您会看到大规模的移民，但是您看不到有任何君主会这样按罗马人的老办法建立殖民地。像这样强制人们背井离乡，便是极端专制的明证。除了实行这种政策之外，查理曼还派奸细残酷地把企图恢复其原来宗教信仰的撒克逊人用匕首刺死。征服者通常只是在战争中才残酷无情，在和平时期的风俗与法律总比较温和。查理曼则相反，他制订的法律跟他攻城略地时的不人道行为如出一辙。

他建立了一种比以后的异端裁判所更为恶劣的司法机关，这就是威米克法庭[②]，或威斯特法利亚[③]法庭。这个法庭的旧址在多

---

① 佛兰德，法国和比利时地区名。——译者

② 威米克法庭，亦称秘审法庭，中世纪的一种秘密法庭。——译者

③ 威斯特法利亚，德国古代西部省份。今为德国北莱茵－威斯特法利亚省的一部分。——译者

特蒙德[1]长期保存着。法官根据秘密揭发,不传讯被告便判其死刑。有人揭发一个有几头家畜的撒克逊人在封斋期[2]没有斋戒。法官判了他罪,然后便有人派凶手将他杀死,牵走他的母牛。这个法庭很快把权力扩展到整个德国。像这样的暴政是没有先例的,而且这种暴政是施之于自由的人民。达尼埃尔对这个威米克法庭只字不提。撰写那部枯燥乏味的历史的韦利[3]对这众所周知的事实也置若罔闻,而且他把查理曼称为“虔诚的君主,人类的光荣”! 329
我们的一些受雇于书商的作者就是这样编写历史的!

在看了这位征服者怎样对待日耳曼人之后,让我们观察一下他对西班牙的阿拉伯人又是如何行事的。在这些人中间发生的事,就是我们不久以后在德国、法国、意大利所看到的情况。各总督自行独立。巴塞罗那的埃米尔[4]和萨拉戈萨[5]的埃米尔受丕平的保护。萨拉戈萨的埃米尔伊本·阿拉比,即伊本·阿拉伯,于778年来到帕德博恩[6]恳求查理曼支持他反对他的统治者[7]。法国君主支持这位穆斯林,但避免使他成为基督徒。有不同的利益,

① 多特蒙德,德国北莱茵一威斯特法利亚省的城市。——译者

② 亦称“四旬斋”。基督教规定耶稣复活节前40天为封离期,在此期间,教徒在特定日期应守大斋(一餐饱食,两餐减食)和小斋(不食肉)。——译者

③ 韦利(1705—1759),法国修道院长,历史学家。——译者

④ 埃米尔,伊斯兰教国家中的一种称号,原意为统帅,最初用以称哈里发。从阿拔斯王朝起哈里发所属各地封建主都被称为埃米尔,后哈里发宫廷总监(亦即都城统治者)也袭用这一称号。——译者

⑤ 萨拉戈萨,西班牙城市,阿拉冈省首府。——译者

⑥ 帕德博恩,德国城市。——译者

⑦ 公元8世纪中叶,阿卜杜·拉曼在西班牙建立西萨拉森帝国(即倭马亚王朝,中国史称“白衣大食”)。777年,西班牙东北部阿拉伯各首领结成联盟后,邀请查理曼订立盟约,共同反对阿卜杜·拉曼。——译者

就有不同的打算。查理曼联合一些萨拉森人来反对另一些萨拉森人。但是他在西班牙边境占上风之后，他的后卫部队却在比利牛斯山附近的朗塞瓦尔[①]被在山中跟穆斯林混在一起的基督徒打败。他的侄子罗兰就是在这里阵亡的。这件不幸的事为11世纪的一个僧侣用蒂尔潘大主教[②]之名撰写、以后又由阿里奥斯托用想象加以美化的神话故事提供了题材。我们不知道查理曼遭逢这场不幸是在什么年代，也没看到他曾为这次失败复仇。他满足于保证边境不受好战的敌人侵犯。他只攫取他能够保持住的东西，并根据形势是否有利来决定其野心的大小。

① 朗塞瓦尔，西班牙亚拉冈省的一个小镇，在比利牛斯山谷中。778年，查理曼的部队在这里遭伏击，他的侄子、12部将之一罗兰战死，这就是有名的朗塞瓦尔峡谷战役，有著名史诗《罗兰之歌》记述此事。——译者

② 法国兰斯大主教(？—约800)。《罗兰之歌》中提到此人。传说他曾撰写查理曼与罗兰的编年史。——译者

第 十 六 章

西罗马帝国皇帝查理曼

这个野心家所向往的是得到罗马和西罗马帝国的版图。伦巴 330
第国王的强大势力是实现其愿望的唯一障碍。罗马教会以及受它影响的所有教会、已经颇有势力的僧侣、已被僧侣控制的人民,这一切都召唤着查理曼去征服罗马帝国。出生于罗马,为人精明而意志坚定的教皇阿德里安为查理曼铺平了道路。他首先怂恿查理曼同伦巴第国王迪迪埃的女儿离异,而查理曼的不幸的弟媳和她的两个孩子就躲在迪迪埃的家里。

当时的风俗与法律至少对于君主们来说是没有约束力的。查理曼娶伦巴第国王的这个女儿时,据说已另有妻室。三妻四妾在当时并不稀罕。据图尔的格雷戈里叙述,国王贡特朗、卡里贝尔、西吉贝尔[①]、希尔佩里克都有不止一个老婆。查理曼休弃迪迪埃的女儿,是不需任何理由和手续的。

伦巴第国王看到查理曼和教皇这样联合起来,必将对他不利,

① 均为克洛泰尔一世之子。贡特朗(525—593),勃艮第和奥尔良国王(561—593年在位);卡里贝尔,巴黎国王(561—567 年在位);西吉贝尔,奥斯特拉西亚国王(561—575 年在位)。——译者

便作出了果断的决定：袭击罗马，抓住教皇本人。但是狡猾的主教却变交兵为谈判。查理曼首先派出使节以争取时间。他再次向伦
331 巴第国王索回他的弟媳和两个侄子。迪迪埃不仅拒绝把人交回，而且要让这两个孩子当国王，并把遗产还给他们。查理曼从蒂翁维尔[1]来到日内瓦，在日内瓦举行一次“民众大会”[2]，这种大会当时在任何一个国家都是用来表示拥护狡猾的征服者的。查理曼越过[阿尔卑斯山的]瑟尼峰，进入伦巴第。迪迪埃打了几次败仗，困守在首都帕维亚。查理曼于隆冬时节包围该城。6 个月后，帕维亚陷入绝境，只得投降(774 年)。至此这个在意大利曾经摧毁了罗马人的统治并以他们的法律取代了历代皇帝的法律的伦巴第人的王国遂告终结。伦巴第末代国王迪迪埃被押解到法国，囚禁在科尔比[3]的隐修院中，与修道士为伍，直至亡故。他的儿子枉然地到君士坦丁堡向有名无实的罗马帝国求援，而这个帝国的西方部分恰恰就是被他的先人所摧毁的。必须指出，被查理曼囚禁的国王不止迪迪埃一人，巴伐利亚公国君主[4]及其儿子们也有同样遭遇。

查理曼的弟媳和两个侄子又落入战胜者之手。史书没有告诉

---

① 蒂翁维尔，法国莫泽尔省的城市，濒临莫泽尔河。——译者

② “民众大会”是日耳曼人的军事代议制机构，由全体军事人员参加，目的是分配战利品。法兰克人国家形成后，仍保留这一习俗，每年举行一次所谓“三月校场”或“五月校场”大会，参加者有大领主、贵族。692 年，宫相丕平为巩固统治，又吸收主教参加。后来这个会议既有议政性质，又起法庭作用。在 13 世纪美男子菲利普时代，民众大会由三级会议所代替。——译者

③ 科尔比，法国亚眠地区的城市。——译者

④ 指塔西洛三世。787 年他与查理曼作战，旋即投降。788 年查理曼将他废黜，幽禁于修道院。其子提奥多也被查理曼作为人质拘留。——译者

我们，他们是否也被关进修道院，或被杀死。历史对这一事件讳莫如深，这是对查理曼的控诉。

这时查理曼还不敢自封为罗马的皇帝，而只是跟伦巴第人一样，称为意大利国王。他跟伦巴第人一样，在帕维亚加冕，戴上一顶铁王冠，这顶王冠至今还保存在蒙扎[①]这个小城。罗马的司法机关一直以希腊皇帝的名义进行治理。教皇的选举一直要得到希腊皇帝的认可。按惯例，选举时元老院要向皇帝或腊万纳的总督(如果有总督的话)上书："我们请求陛下下令认可我们的神父和牧师的圣职。"选举结果要通知腊万纳大主教。当选教皇必须宣读两份信仰誓愿书。这离教皇的三重冕还差得很远；但是有哪个伟大的事业不是从弱小开始的呢？

查理曼跟丕平一样取得贵族长[②]封号，以前狄奥多里克和阿 332
提拉也同样接受这个封号。因为，"Empereur"这个名称原先仅指军队中的将军[③]，但在当时还有东方和西方的主宰者之意。尽管这个名称此时已经徒具虚名，他们还是尊而敬之，不敢篡夺僭越，只是称为贵族长，而这个称号从前是指罗马元老院议员。[④]

教皇虽然在教会中已极有势力，是罗马的最大领主，拥有不少地产，但就是在罗马城，他们也只有不牢靠、不稳定的权力。官吏、

① 蒙扎，意大利城市，在米兰北面。——译者

② 贵族长是古罗马帝国君士坦丁大帝设立的封给贵族、公民甚至蛮族国王的世袭爵号，地位仅次于皇帝。——译者

③ Empereur(皇帝)一词源于拉丁文的 imperator，意为"命令者"。古罗马时期是对最高统帅的尊称。自奥古斯都建立帝制起，成为罗马皇帝的世袭称号。——译者

④ 这里伏尔泰把 patrice(贵族长)和 patricien(元老院议员)混同了，贵族长依附于东罗马帝国的皇帝，同时还接受国王的斗篷和王冠。——原编者

百姓和阴影犹在的元老院，都不时与他们作对，觊觎教皇宝座的一些家族更是怀有敌意，这样就使罗马到处充满混乱。

阿德里安的两个侄子合谋反对他的继承人——按惯例由人民和罗马僧侣选为教皇和牧师的利奥三世。他们指控利奥三世犯有许多罪行，他们煽动罗马人反对他。一个在其他地方备受尊敬的人，在罗马却陷身囹圄，被人痛殴。他越狱潜逃，来到帕德博恩[1]，跪在贵族长查理曼的脚下。这个已经以绝对主人自居的君主派人护送他回去，并委派专员审判他。专员们奉命宣布他清白无辜。最后，查理曼以既是德国和法国的主人，又是意大利的主人、教皇的法官、欧洲的裁判者的身份，于 799 年末来到罗马。当时罗马人以圣诞节为新年的开始。800 年的圣诞节，利奥三世在做弥撒时宣布查理曼为西罗马帝国皇帝。人民为这一仪式欢呼。查理曼佯为惊讶；我们的韦利神父、传奇故事抄袭者说“他感到无比惊奇”。但事实是查理曼和教皇早已一切策划停当，他送来大量礼物，买得了罗马主教和大官们的支持。我们从他以贵族长身份颁给罗马人的特许状可以看出，他早已觊觎帝国皇位。特许状中有这样的话：
333 “我们希望，我们的慷慨大方将使我们臻于帝王之尊。”

一个家臣的儿子，被君士坦丁判处投给猛兽喂食的法兰克将领的后代，就是这样上升到了君士坦丁的地位的。以一个法兰克人为一方，一个色雷斯家族为另一方，瓜分了罗马帝国。这就是命运的恶作剧。

---

[1] 帕德博恩，德国中部北莱茵－威斯特法伦州城市。临帕德河。为神圣罗马帝国的诞生地。——译者

人们曾经写道，而且至今仍然写道，查理曼甚至在当上皇帝以前，便已经对赠送腊万纳总督辖区一事予以确认；说是除此之外，还加上科西嘉岛、撒丁岛、利古里亚[1]、帕尔马、曼图亚、斯波莱托公国、贝内文托公国、西西里岛、威尼斯，还说他曾把赠与证书置于埋藏圣彼得和圣保罗的骨灰的坟墓上。

我们可以把这份赠与证书与君士坦丁的赠与证书作一比较[2]。直至英诺森三世，我们从未见到教皇拥有这些地方中的任何一处。如果教皇们拥有总督辖区，他们便会是腊万纳和罗马的统治者了；但是在艾因哈德为我们保存的查理曼遗嘱中，查理曼把罗马和腊万纳列于归他所有的本国城市的首位，并向两城赠礼。[3]他不可能赠送西西里岛、科西嘉岛、撒丁岛，因为他并不拥有这些岛屿；他不可能赠送贝内文托公国，因为他对这个地方几乎没有主权；他更不可能赠送威尼斯，因为威尼斯根本不承认他为皇帝。威尼斯公国首领当时形式上承认东罗马帝国的皇帝，接受其"希帕托斯"(大公)的封号。教皇阿德里安的信中谈到斯波莱托和贝内文托的遗产，但这只能理解为教皇们在这两个公国内所拥有的地产。334
格雷戈里七世[4]自己在他的信札中也承认，查理曼给罗马教廷1200利弗的补助金。教皇若真拥有那么多好地方，查理曼就不太可能给予这样大笔的资助。教廷只是在很久之后，据认为因皇帝

---

① 利古里亚，意大利北部地区，濒临热那亚湾。——译者

② 参阅伏尔泰：《关于通史的几点说明》、《诺诺特的蠢话——关于丕平的赠礼》。——伏尔泰

③ 参阅艾因哈德：《查理大帝传》，商务印书馆1979年版，第35页。——译者

④ 格雷戈里七世(1020—1085)，教皇(1073—1085年在位)，原名希尔德布朗。——译者

黑人亨利[①]大约在 1047 年所作的一次极其模棱两可的让与,才拥有贝内文托的。让与仅限于城区,并不包括全部公爵领地。因此不能说明查理曼的赠礼确有其事。

在这许多值得怀疑的说法中,有一点可能是事实:在查理曼时期,教皇除了在别的国家拥有一些城市、城堡和村镇外,还得到马尔凯地区[②]的安科纳省。我所根据的是,当西罗马帝国于公元 10 世纪时在奥托家族治下中兴时期,奥托三世[③]在确认对罗马教廷的一切让与的同时,特别把安科纳给与这个教会[④]。因此看来查理曼确曾把这个省给予教皇,但意大利后来发生动乱,使教皇们无法享有。我们将看到,以后在施瓦本[⑤]家族统治帝国时期,教皇失去了安科纳这块小地方的大有收益的地产。我们将看到,他们像不少其他统治者一样,时而拥有大量土地,时而被剥夺得几乎一无所有。他们今天拥有沿亚得里亚海从曼图亚的边陲城市到阿布鲁齐[⑥]边境长 180 意里[⑦]、从第勒尼安海滨的契维塔韦基亚[⑧]到亚得里亚海滨的安科纳海边宽 100 多意里的一个教皇国,我们只要知道这个就行了。为了保证对这块地方的统治,一直需要谈判,而且

① 黑人亨利,即亨利三世(1017—1056),神圣罗马帝国皇帝,1039—1056 年在位。——译者

② 马尔凯,意大利中部地区,包括佩扎罗、安科纳、乌尔比罗等省,后来曾是教皇国的一部分。——译者

③ 奥托三世(980—1002),神圣罗马帝国皇帝,983—1002 年在位。——译者

④ 有人认为奥托的文书是伪造的,因此这件事只是一种传说而已。——伏尔泰

⑤ 施瓦本,德国古代公国,今巴伐利亚西南部。——译者

⑥ 阿布鲁齐,意大利中部山区。——译者

⑦ 1 意里合 1472.5 米。——译者

⑧ 契维塔韦基亚,意大利拉丁姆的城市,地中海岸港口。——译者

常常还要大动干戈。

当查理曼成为西罗马帝国的皇帝时，统治东罗马帝国的是以心毒手狠和罪行累累著名的伊琳娜女皇[①]；她曾挖掉自己独生子 335
的眼睛，然后把他杀死。她本想挫败查理曼，但又力量薄弱，无法跟他打仗。据说她想嫁给他，使两个帝国联合起来，这是一个幻想。一场叛乱把伊琳娜赶下了她花费偌大代价取得的皇位（802年）。当时查理曼只拥有西罗马帝国，在西班牙，他几乎不占有任何地方，因为某些萨拉森人徒有其名的称臣，不能算在他的领地之内。在非洲沿岸他一无所有。不过此外所有的地方均处于他的统治之下。

如果他以罗马为首都，如果他的继位者把罗马作为主要驻跸地，特别是如果在蛮族人中没有那种把国家分给儿子的积重难返的习俗，我们就很可能会看到罗马帝国的复兴了。此后发生的一切都促使这个依靠查理曼的勇敢与幸运建立起来的庞大国家分崩离析；但其中最大因素是他的不肖子孙之所为。

他没有一个首都：只有亚琛[②]是他最喜欢的驻跸地。他在那里以极其庄严的仪式接见哈里发的和君士坦丁堡的使者。此外他一向是戎马倥偬，经常巡游各地，就像在他以后很久的查理五世一样。他像当时所有国王那样，在生前便把国家分给儿子们。

但是，在由他封为国王的儿子们中，最后只剩下称为"宽厚者"

① 伊琳娜（约752—803），东罗马帝国伊苏里亚王朝末代女皇，792—802年在位，后被流放。——译者

② 亚琛，德国城市，又译阿亨。——译者

的十分闻名的路易[①]。查理曼原已分给他阿基坦王国，又让他在亚琛协掌帝国朝政，并令他到祭坛上自己戴上皇冠，以便向世界表明，只有这位英雄的父亲和有功的儿子佩戴这顶皇冠，仿佛他已预感到有朝一日神父们要支配这顶皇冠似的。

他在生前就宣布他的儿子为皇帝是有道理的，因为靠查理曼的幸运获得的这份荣誉，并不能靠继承权传给儿子。但是，他把帝国传给路易，把意大利给予他儿子丕平的儿子贝尔纳[②]，这样他不
336 是亲自分裂了原想万世长存的这个帝国吗？不是必然要使继承者们彼此兵戎相见吗？难道可以设想，做侄子的意大利国王会服从叔父皇帝，或者皇帝会情愿不做意大利的主人吗？

查理曼死于 814 年，作为一个皇帝，他享有与奥古斯都同样的幸运及与哈德良同样的善战的名声，但不及图拉真和安敦尼诸帝——他们是没有任何君主可与伦比的。

当时在东方有一位君主，其荣誉与实力堪与查理曼匹敌，而且在处事公正、学识渊博、为人宽厚方面远胜于他，这就是著名的诃伦哈里发。

在这两个有名人物之外我还要加上教皇阿德里安，这个人虽然地位没有那么高，际遇没有那么好，不如他们具有英勇的品德，但处事谨慎，他的继位者得以发展，也多亏这种美德。

人们出于好奇，总要探究君王们的私人生活，因而也想知道查理曼的生活细节，乃至他的轶闻秘史。人们说他性好女色，甚至与

---

① 即路易一世（814—840 年在位），查理曼之子，法兰克国王和西罗马帝国皇帝。——译者

② 贝尔纳，810—818 年在位，意大利国王。——译者

亲生女儿行淫。有人也曾这样说过奥古斯都。但是这些于公众事务并无影响的细行末节，对人类有什么关系？这个使无数人流血、剥夺了侄子们的一切，而且被怀疑有乱伦行为的人，教会已经将他置于圣徒之列了。

在查理曼统治时期，有更值得公民注意的一面。自从他登上皇位以后，在今日构成法国和直至莱茵河的德国的地方，有近 50 年是平静的，而在意大利则有 13 年。在这半个世纪中，没有叛乱，没有灾荒，这是绝无仅有的 50 年。然而，如此长时间的安宁，尚不足以使人们恢复文明，发展艺术。蛮性的锈蚀过于顽固，而且随后的年代还要使这种蛮性有增无减。

第十七章

查理曼时代的风尚、政制与习俗

337 在这著名的时代,我要稍事停留以便考察当时的习俗、法律、宗教和风尚。法兰克人从来都是蛮族,在查理曼之后依然如此。请注意,查理曼似乎不把自己视为法兰克人。克洛维及其法兰克同伴的家族始终与高卢人有别;日耳曼人丕平及其子卡尔[①]都自居于法兰克人之外。这一点在查理曼所颁布有关分成制租田[②]的法令第 4 条中可以找到证明:"法兰克人若侵犯我们的领地,应按法兰克人的法律处理。"根据这一法令,似乎当时法兰克人并不被视为查理曼所属的民族。在罗马,加洛林家族从来都被看作是德国人。教皇阿德里安四世[③]在他给美因茨、科隆、特里尔[④]大主教的信中,写了这样一些值得注意的话:"帝国已从希腊人转入德国人之手,他们的国王是在教皇加冕之后才成为皇帝的……皇帝

---

① 指矮子丕平和查理曼。——译者

② 神圣罗马帝国的土地制度,租田者应以一部分实物(至多为 1/3)交给土地的主人。——译者

③ 阿德里安四世,1154—1159 年在位。他曾为神圣罗马帝国皇帝红胡子弗里德里希一世加冕,后他因对意大利南部诺曼人的政策而激起皇帝的不满,又因跟西西里国王威廉一世的关系使弗里德里希更为愤恨,彼此不和。——译者

④ 特里尔,德国城市,濒临莫勒尔河。——译者

掌有的一切，均得之于我们。既然扎哈克亚斯把希腊人的帝国给予德国人，我们也可以把德国人的帝国给予希腊人。”

然而在法国，法兰克这个名称一直还是用得很多。就是在罗马和君士坦丁堡，查理曼的家族也经常被称为法兰克人。希腊宫 338
廷假装出一副鄙视这些法兰克人的样子，在奥托王朝时代，仍以法兰克篡位者、法兰克蛮族来称呼西罗马帝国皇帝。

只有在查理曼的朝代人们稍知礼节，这想必是他罗马之行的结果，或者可以说，是靠他的天才而取得的成就。

他的先辈以肆行劫掠闻名：他们破坏城市而从未建造城市。高卢人幸亏被罗马人战败了。马赛、阿尔、奥顿、里昂、特里尔都是繁华的城市，遵从罗马人的法律，实行罗马人的市政法规，人民安居乐业，贸易兴盛。从一个地方官给狄奥多西的一封信中可以看到，在奥顿及其郊区，共有 25000 名户长。但是，自从勃艮第人、哥特人、法兰克人来到高卢之后，再也看不到人口众多的大城市了。罗马人一直修建到莱茵河畔的那些圆形竞技场、圆形大剧院都被拆毁或废弃；那个作恶多端而结局悲惨的布伦荷达王后把那些以后再也没有修筑的大道全都毁坏，如果有几法里保存下来，人们也会感到惊讶。

谁不让这些新来的人按罗马式样营造正规的各种建筑物？他们有石料，有大理石，有比我们今日的更优质的木材。当时英国和西班牙的羊群身上跟今天一样满是细羊毛；但只有意大利才纺织上等呢绒。为什么欧洲其余地方不从亚洲运进任何食物？为什么一切可以减轻日常生活苦厄的起居设备在这里竟是无人知晓？难道不是因为渡过莱茵河的蛮族使其他民族也成了野蛮人么？这些情况，我们从查理曼因无法废除而加以确认的撒利克法典[①]、里比埃尔法典[②]、勃艮第法典中可以看出来。由于贫穷和贪婪，法律规
339 定，对杀人、断肢、强奸、乱伦、下毒者定罪处罚，均以银钱计算。任何人只要能付出400个苏，即当时的400个埃居，就可以杀死一个主教而不受惩罚。杀死一个神父付200个苏。强奸罪，以毒草杀人，罚款也是这么多。一个女巫吃了人肉，付200个苏便了结了。这证明，当时女巫并不是像我们前几个世纪那样，仅仅存在于社会渣滓之中，富人也干这种伤天害理的事。我们以后会看到，遗产归谁所有，遗嘱是否有效，都靠武斗和神判来决定。凶残与迷信便是法律。

根据王公贵族的风尚可以判断民众的风尚。我们看不到有任何高尚的行为。基督教本应使人们讲人道，但并不能阻止克洛维国王暗杀他的邻人、他的亲戚以及小王国[③]的首领。克洛多米尔[④]的两个儿子于533年在巴黎被他们的叔父、人们称为法兰西国王的希尔德贝尔和克洛泰尔杀害；而这两个无辜受害者的兄弟克洛多西尔德则称为圣克鲁[⑤]，因为人们让他当了修士。名叫克拉姆的年轻的法兰克人跟自己的父亲克洛泰尔（高卢的一个小国王）交

---

① 撒利克法典：亦称撒利克法兰克人法典，是法兰克撒利克族的习惯法汇编，成于507—511年，共65章。6—8世纪曾加以增订。——译者

② 里比埃尔法典，亦称里比埃尔法兰克人法典。它类似撒利克法典，其中有更多的民法条文。——译者

③ 指法兰克人分封的小王国。——译者

④ 克洛多米尔（约496—524），克洛维一世的长子，墨洛温王朝奥尔良国王。——译者

⑤ 克洛多西尔德（约524—560），克洛多米尔的第三个儿子。克洛多西尔德，在他的两个哥哥被害后便隐居巴黎附近，盖了一所修道院，即圣克鲁修道院。——译者

战。559年，父亲把儿子及其战友们俘获，活活烧死。

在苏瓦松国王希尔佩里克治下，562年，曾发生农奴不堪虐待，纷纷逃亡的事。主人拿走了他们的面包和酒，但没有拿他们的钱，因为他们根本没有钱。一个西吉贝尔[①]和另一个希尔佩里克[②]都被暗杀。布伦荷达原为阿利安教徒，改皈天主教，犯了无数次的凶杀罪。克洛泰尔二世[③]同她一样野蛮，据说在616年，把布伦荷达缚在马尾上，让马拖着她在营地中奔驰，用这种新刑法把她弄死。这件事即使不是真的，至少说明人们认为这是一种常有的事。而这种看法本身便证实了当时的野蛮风尚。这个可怖的时代，除了一些修道院的房基，除了对于贫穷与劫掠的模糊记忆，没有留下什么文物古迹。您可以想象，在一片荒漠中，虎狼和狐狸吞噬着一头失群离散而胆战心惊的牲畜，这便是欧洲漫漫数世纪的写照。

不应认为皇帝们会承认这些统治着勃艮第、苏瓦松、巴黎、梅 340
斯[④]、奥尔良的野蛮的头目为国王。皇帝们从来没有授予他们巴赛勒斯[⑤]的称号，这一头衔甚至没有授予统一法国西部直至威悉河附近的达戈贝尔二世[⑥]。关于这个达戈贝尔的豪奢，历史学家

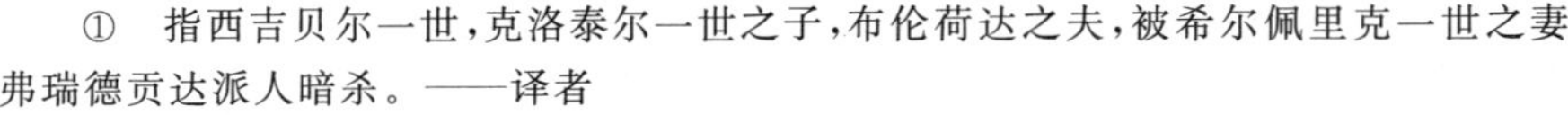

① 指西吉贝尔一世，克洛泰尔一世之子，布伦荷达之夫，被希尔佩里克一世之妻弗瑞德贡达派人暗杀。——译者

② 指纽斯特里国王希尔佩里克一世，克洛泰尔一世之子，见前注。——译者

③ 克洛泰尔二世，希尔佩里克一世与弗瑞德贡达所生儿子。——译者

④ 梅斯，法国穆瓦什省首府，位于穆瓦什河畔。——译者

⑤ 巴赛勒斯，古希腊部落军事首领的称号。在"希腊化"各国和东罗马帝国，帝王们常用此头衔。——译者

⑥ 此处原文有误。按：统一法国的为达戈贝尔一世(605—639)，法国墨洛温王朝末代国王，把首都从奥西特拉西亚迁至巴黎。而达戈贝尔二世(约650—679)，作为奥西特拉西亚王国在位时间仅3年(676—679)。——译者

谈得很多，他们引珠宝商圣埃卢瓦[①]为证。据说埃卢瓦缠着饰满宝石的腰带来到王宫，也就是说，他是把宝石装在腰带上来出售宝石的。人们还谈到达戈贝尔建造的华丽的建筑物。这些建筑物在哪里？古老的圣保罗教堂只不过是座哥特式小小古迹。关于这个达戈贝尔，我们所了解的是他同时有 3 个妻子，他召集了几次宗教会议，他在其国家实行暴政，如是而已。

在达戈贝尔一世朝代，桑城[②]的一个名叫萨摩[③]的商人来到日耳曼尼亚。他一直走到统治着波兰和波希米亚一带的蛮族斯拉夫人那里。那些人看到一个人不远万里而来，还带了他们所缺乏的东西，大为惊讶，便拥戴他为国王。据说萨摩曾与达戈贝尔作战。这个法兰克国王有 3 个老婆，斯拉夫人新国王则有 15 个。

宫相握有大权，始于达戈贝尔朝代。继达戈贝尔之后的是懒王们[④]的统治，那时朝政混乱，宫相专横跋扈。在 7 世纪初已经征服了西班牙的阿拉伯人，在宫相掌权时代，长驱直入法国，直至图卢兹，占领了吉埃纳，蹂躏了直至卢瓦尔河的一切地方，而且几乎从法兰克人手中夺取了整个高卢，就像法兰克人从罗马人手中夺取高卢一样。您想想吧，当时的人民、教会和法律会是个什么样子！

---

① 圣埃卢瓦(约 588—660)，克洛泰尔二世与达戈贝尔一世时的珠宝商，国王的重臣，后为主教。——译者

② 桑城，法国城市，在伊约纳河畔。——译者

③ 萨摩(？—658)，623 年领导西斯拉夫人打败阿伐尔人，建立独立的公国。——译者

④ “懒王”指法国墨洛温王朝最后几个不问政事的国王。——译者

在丕平[①]——查理·马特之父，篡位为王的那个丕平之祖父——以前，主教们对朝政不起作用，他们不参加法兰克族的民众大会。他们不是高卢人，便是意大利人，这两个民族的人当时都被视为农奴。给克洛维洗礼的雷米主教曾经徒劳地给这位西坎布尔 341
人[②]国王写了一封有名的信，信中写道："请您注意，特别是不要事事居主教们之上。要听取他们的建议。只要与他们融洽无间，便易于治理。"克洛维和他的继承者都没把僧侣作为国家的一个等级，政府只是单纯的军政府。我们最好是把它比之于由一个首领和一支军队统治的阿尔及尔和突尼斯的政府。国王只是在需要主教时，才偶尔征求他们的意见。

但是当这支军队的总管或宫相逐步逐步地篡夺了权力后，便叫主教和修道院长参加五月校场民众大会，想通过他们的威望来巩固自己的权力。

根据梅斯年鉴，宫相丕平是在692年给予僧侣这一特权的；大部分历史学家都忽视了这个年代，然而这是一个极其重要的年代，是主教和修道院长的世俗权在法国和德国奠定初步基础的年代。

---

① 指赫里斯塔尔的丕平（？—714），奥斯特拉西亚宫相，后打败纽斯特里亚国王梯叶里三世，夺取该地，成为法兰克王国（除阿基坦外）的唯一宫相。——译者

② 西坎布尔人，古代日耳曼人的一支，后与法兰克人混合。此处指法兰克人。——译者

第十八章

查理曼时代及以前的习俗（续）；查理曼是否专制，王国是否世袭制

342 有人问，查理曼，他的先王和他的继位者，是否专制？他们的王国，根据当时的法律，是否采取世袭制？就事实而言，查理曼肯定是专制的。既然他在民众大会上宣布他的儿子为皇帝，他的王国也是世袭制的。法律则不如事实那么肯定；当时制定法律的依据是这样的：

北方的和日耳曼尼亚的居民原为狩猎民族；在罗马人统治下的高卢人则是农夫和市民。竟日盘马弯弓的狩猎民族必然要征服经年忙于繁重劳动的耕夫和牧民，而征服安居家中的市民就更为容易。鞑靼人就是这样奴役了亚洲；哥特人也这样来到了罗马。鞑靼人、哥特人、匈奴人、汪达尔人和法兰克人都有首领。这些部落首领是由大多数人推举的，而且非如此不可。因为，一个窃贼有什么权利指挥同伙呢？一个老练而大胆，特别是运气好的强盗，久而久之必然在那些不如他老练、大胆、幸运的强盗中赢得巨大威望。他们每人都有权分享掠获物，这是古代一切征服者部族之最
343 不可违犯的法律。要找例子证明蛮族的这头条法律，那是很容易

的。有个法兰克武士，绝不让克洛维从公共的掠获物中拿走兰斯教堂的一个花瓶，便用斧头把它打碎，克洛维也不敢阻止。

克洛维随着势力的增强便专制起来了。这是人的本性。查理曼也是这样。他是篡位者的儿子。合法国王的儿子被一笔勾销，撵到诺曼底的一个修道院去念日课了。在集合于民众大会上的本族武士们面前，他不得不十分小心谨慎。他在一道敕令中说："我提醒你们，出于我对你们的谦恭和对天主的敬畏，我尊重你们的建议，你们也应当始终尊重天主赐给我的荣誉，就像你们的先辈对我的先辈曾经做过的那样。"

他的先辈仅仅是指他的父亲，他的父亲篡夺了王国，他自己则夺取了他兄弟的领地，剥夺了侄子们的一切。他在民众大会上对领主贵族一味奉承，但是在会后，谁违反他的意愿，就要大祸临头。

至于继承问题，征服者们的首领自然要怂恿部下选举自己的儿子为继承人。这样的选举做法，时间久了就变得更加合法、更加习以为常，至今在德意志帝国仍然保持着。选举已被视为征服者民族的一种权利，因此当国王的臣仆丕平从国王手中篡夺了法兰克人的王国时，与篡位者串通的教皇斯提芬宣布，要对以后凡选举非丕平家族后裔为国王的人一律处以绝罚。这样的绝罚事实上是迷信行为的重要例子，就像丕平的行径是大胆妄为的一个例子一样。但是这种迷信本身证明了选举权的存在，而且还表明征服者民族是要在首领的子孙中选举更为首领所喜欢的人为王。教皇不说："你们应选举丕平的长子，"而是说："你们只能在丕平家族中选择。"

查理曼在一道敕令中说："如果我的三个王子中有一个生了儿 344

子，全国愿意让他继承父位，我希望他的叔伯们表示同意。”从这个文件以及其他文件可以看出，显然法兰克人至少在表面上是有选举权的。这个习俗最先曾经是一切地方、一切宗教、一切民族的习俗。犹太人、其他亚洲人、罗马人都有这种习俗。穆罕默德的最初继承者是选举的；埃及的苏丹、早期的米拉莫兰[①]只能根据这一权利取得统治地位。只是经过很长时期以后，国家才变成纯粹的世袭制。勇敢、才干与需要产生全部法律。

① 中世纪摩洛哥帝国的皇帝和穆斯林首领称为米拉莫兰。——译者

第十九章

查理曼时代的习俗(续);贸易、财政、科学

查理·马特是一个大君主国最高权力的篡夺者和维护者,他 345
曾经战胜阿拉伯征服者[①],把他们一直赶到加斯科涅,但是教皇格雷戈里二世只称他为小藩王,尽管自己向他恳求保护以反对伦巴第国王。他准备驰援罗马教会,在出兵之前又掠夺了法兰克人的教会,把修道院的财产分给他的军事将领,囚禁了他的国王蒂埃里。查理·马特的儿子丕平不愿当小藩王,便自立为国王,并恢复了法兰克民众大会的习俗。他手下有一支久经征战的军队,查理曼就是靠这支军队到处攻城略地的。这些军队是由公爵即各省总督征集起来的,就像今天土耳其的军队由贝格勒—贝伊[②]征集一样。这些公爵是由〔罗马帝国皇帝〕戴克里先过去在意大利赐封的。伯爵[③]——我认为源于狄奥多西时代——在公爵领导下指挥

① 指查理·马特于732年在普瓦蒂埃打败阿卜杜·拉赫曼所率领的穆斯林军队,见前注。——译者

② "贝伊"是阿拉伯化的土耳其语,原意为"领主",后指高级官员。"贝格勒—贝伊"原意为"领主之主",后指管辖若干省或地区的军政长官。——译者

③ 查理曼时代的基本行政单位是伯爵辖区,长官即是伯爵,他代表国王管理辖区的军事、行政、司法、税收等。——译者

和召集自己辖区里的军队。分租地、小镇、村庄各按本身力量提供士兵。12 个分租地出一名全副盔甲的骑士；其余士兵不佩戴盔甲，但每人都有长把的方形盾牌、战斧、长枪和剑。弓箭手的箭筒里至少应有 12 支箭。提供部队的省负责该部队 6 个月所需小麦和给养，其余作战时间由国王供应。每年 3 月 1 日或 5 月 1 日举行阅兵式，一般就是在这时召开民众大会。

346 攻城使用羊头撞锤、弩炮、龟甲状盾以及罗马人使用的大部分武器。称为男爵、近卫武士、富豪的领主们，带着他们的随从，构成了当时军队中为数不多的骑兵。非洲和西班牙的穆斯林都拥有较多的骑兵。

查理曼有一支海军，即停泊于其帝国各大河河口的大船。在他以前的蛮族都没有战船，在他以后很久也没有。靠着这种装备，以及他的一套军事管理机构，他制止了北方民族的入侵，把他们遏制在冰天雪地的地方。但是在他的软弱无能的子孙治下，这些北方民族遍布欧洲各地。

一般事务在代表全民族的大会上解决。查理曼时期的民众大会除了听命于一个善于指挥和说服的主人的意志外，没有别的意志可言。

他发展贸易，因为他是海洋的主人。于是，托斯卡纳沿海和马赛的商人长途贩运商品给君士坦丁堡的基督徒和亚历山大港的穆斯林，这些人买了他们的货物，他们则从这些人那里取得了亚洲的财富。

后来因贸易而兴盛起来的威尼斯和热那亚，在当时尚未能吸引各国的财富；但威尼斯已开始富裕和壮大起来。罗马、腊万纳、米兰、里昂、阿尔、图尔都有许多呢绒厂。人们仿照亚洲的办法在铁器上镶嵌金银丝，制造玻璃器皿，但是西罗马帝国的任何城市都还不会织造丝绸。

威尼斯人开始从君士坦丁堡得到丝绸，但只是在查理曼死后将近 400 年，诺曼[1]的大公们才在巴勒莫[2]建立丝织厂。棉麻织物还不普遍。圣卜尼法斯在给德国的一个主教的信中请他寄长毛呢，用来擦脚。可能由于缺少内衣，当时流行一种称为麻风的皮肤病，有不少麻风病院。

币值与君士坦丁以来的罗马帝国大致相同。金苏是罗马硬 347
币。1 金苏等于 40 个细纹银德尼埃[3]。这些德尼埃有时重有时轻，平均约重 30 格兰[4]。

按 1778 年的计账货币计算，1 金苏约值 14 利弗 6 苏 3 德尼埃；1 银德尼埃约合 7 苏 1 德尼埃。

在阅读史书时必须始终记住，除了金质或银质的真实货币之外，在计算时有另一种名称，人们通常以计账货币、虚拟货币来表示，这就像今天一样，只不过是一种计算的方式而已。

亚洲人和希腊人以明那[5]和塔兰同[6]、罗马人以大塞斯特尔

---

① “诺曼”意为北方的人。指来自于斯堪的纳维亚，尤其是挪威和丹麦的日耳曼人。——译者

② 巴勒莫，意大利西西里岛首府。——译者

③ 德尼埃是古罗马银币，旧时法国辅币，等于 1/12 苏。——译者

④ 格兰，法国古代衡量单位，合 0.053 克。——译者

⑤ 明那，古希腊钱币单位，1 明那为 100 德拉马克，1 德拉马克为 6 奥博特。现代希腊 1 德拉马克相当于法国 1 旧法郎。——译者

⑥ 塔兰同，古希腊重量单位，1 塔兰同约重 26 公斤。同时又指重 1 塔兰同的金银币。——译者

斯[①]为计账单位，实际上并没有一种等于一大塞斯特尔斯或一塔兰同的硬币。

在查理曼时代，法定的利弗是重 12 盎司的银利弗。这个利弗分为 20 个部分。当时事实上有类似我们今天的埃居的银苏，每 1 银苏的重量为 12 盎司的利弗的 1/20、1/22 或 1/24；1 银苏为 12 德尼埃，像我们今天的苏一样。但是查理曼下令规定，每 1 银苏应正好是 12 盎司的 1/20，因此在计账时人们习惯于以 20 苏为 1 利弗。

在两个世纪中，币制一直按照查理曼的规定保持不变。但是逐渐地，国王们出于需要，时而在银苏中掺假，时而减轻其重量，以致发生了可能成为欧洲政府的耻辱的变化。从前重约 5 格罗[②]的银苏，如今只是 1 枚至多含银 1/11 的铜币；利弗原是代表 12 盎司银子的标志，如今在法国只代表 20 铜苏。1 个德尼埃原是 1 枚 12 盎司重的银利弗的 1/240，如今只值我们称为利亚尔的不值钱的
348 硬币的 1/3。因此，假定有一个法国城市在查理曼时代欠另一城市 120 苏或 72 盎司银子的租钱，今天只要付 1 枚 6 法郎的埃居就可以把债还清了。

英国人和荷兰人的计账利弗变化没有这么大。1 英镑约值 22 法郎，1 荷兰利弗约值 12 法郎。因此，荷兰人没有像法国人那样背离古代的法律，英国人更没有。

因此每当史书上谈到利弗这种货币时，我们只要看看当时当地的利弗价值为多少，再与我们的利弗的价值比较一下就可以了。

---

① 塞斯特尔斯，古罗马小银币，等于法国的 1/4 德尼埃。大塞斯特尔斯为计账货币，等于 1000 塞斯特尔斯。——译者

② 格罗，法国古重量单位，1 格罗为 1/8 盎司。——译者

在阅读希腊史和罗马史时亦应注意这一点。例如读者在阅读巴黎大学一位著名教授①的《古代史》时，在阅读弗勒里②的《教会史》，以及许多有益著作时，都不得不老是要换算计账数字，这实在是一件很麻烦的事。当他们要用法国货币来表示塔兰同、明那、塞斯特尔斯时，总是使用在伟大的柯尔贝尔去世前某些学者所作的估价。但是在柯尔贝尔当财政总监的初期值 26 法郎 10 苏的一个重 8 盎司的马克，很久以来便只值 49 利弗 16 苏，相差几近一半了。这种差别有时还要大得多，或者增多，或者减少。要考虑到这些变化，否则，我们对古代国家的实力，他们的贸易，他们士兵的饷银，以及他们的整个经济，会得出极其错误的概念。

似乎那时在意大利和莱茵河沿岸地区流通的货币量只有今天的 1/8。我们只能以生活必需的食品的价格来估计；我发现，在查 349
理曼时代，食品价格只有今天的 1/8。根据国王敕令，重 24 斤的白面包售价为 1 银德尼埃。当时 1 德尼埃为 1 金苏的 1/40，而 1 金苏约值今天的 14 利弗 6 苏。因此，1 斤面包只要 1 利亚尔多一点，实际上就是我们今天的通常价格的 1/8。

北方国家银子更少。例如在那里，1 头牛的定价是 1 金苏。下面我们将看到贸易与财富是怎样越来越增长的。

在这些还很不开化的土地辽阔的国家，科学和艺术只是处在

① 指曾任法兰西学院雄辩术教授、巴黎大学校长和博韦学院主讲教授的夏尔·罗兰(1661—1741)。他于 1730 年发表《埃及、迦太基、亚述、米地、波斯、希腊等的古代史》12 卷。——原编者

② 克洛德·弗勒里(1640—1723)，法国大主教，西多会隐修院院长，教会史学家，路易十五的告解司铎。——译者

微弱的萌芽时期。查理曼的秘书艾因哈德告诉我们，这个征服者不会写自己的名字[①]。可是，他以他的天才，想到文学是多么必需。他从罗马请来语法和算术教师。罗马的废墟向尚未成熟的西方提供了一切。当时颇有名望的英国人阿尔昆[②]和教过查理曼一点语法的比萨人彼得，都在罗马学习过。

当时法国的教堂有唱经者；值得注意的是，他们被称为**高卢唱经者**。征服者法兰克族没有培养出任何艺术。这些高卢人就像今天一样总想在歌唱方面跟罗马人比试高低。“格雷戈里音乐”——据说是被誉为伟人的圣格雷戈里[③]所创作——并非毫不足称，而是寓庄严于质朴之中。高卢唱经者没有使用古字母音符的习惯，把歌儿唱坏了，还说是唱得更好听。查理曼有一次出游意大利，就要求
350 高卢唱经者必须按他们老师的音乐来唱。教皇阿德里安[④]给他们一些有乐谱的歌集，还派了两名意大利乐师，一个在梅斯，一个在苏瓦松，教他们字母音符。可是管风琴还得从罗马运去。

查理曼帝国的城市里没有自鸣钟，自鸣钟是到近13世纪才有的。因此当时夜间专门有人报时，这个习俗至今在德国、佛兰德、英国还保留着。诃伦哈里发送给查理曼一座自鸣钟，被视为非凡

---

① 艾因哈德说查理曼：“还试图学习书写……但是他着手太晚了，所以成绩平平。”——原编者

② 阿尔昆(约732—804)，英国神学家和学者，查理曼创立的帕拉丁学校校长。——译者

③ 圣格雷戈里，指教皇格雷戈里一世。——译者

④ 指阿德里安一世。上文所说的查理曼出游意大利，指781年查理曼到罗马请教皇阿德里安一世为他的儿子丕平和路易分别加冕为伦巴第国王和阿基坦国王。——译者

之物。至于精神科学、正统哲学、物理学、天文学、医学，那时怎么会有呢？这些科学在我们这里也不过是刚刚诞生。

人们还以夜来计算日子，在英国至今把一周说成 **7 夜**，把两周说成 **14 夜**，就是由此而来。罗曼语开始形成，它是拉丁语与条顿语的混合。法语、西班牙语和意大利语都是来源于罗曼语。罗曼语一直存在到弗里德里希二世[①]时代，而且至今在〔瑞士的〕格里松斯和靠近瑞士的〔德国〕一些村庄还说这种语言。

自从罗马帝国灭亡以后，西方的服式一直在变化。〔查理曼时期〕一般穿短服，在庆典日子，则在粗布上衣上面加一件往往是带皮夹里的外套。跟今天一样，这种皮货来自北方，特别是来自俄罗斯。罗马人穿的鞋子保持原样。人们注意到，查理曼腿上缠着绑带，状如高筒靴帮，就像苏格兰山民现在仍然穿着的那样，苏格兰是唯一迄今仍保持着古罗马军人服式的民族。

① 弗里德里希二世(1194—1250)，神圣罗马帝国皇帝。——译者

第二十章

查理曼时代的宗教仪式

351 如果我们现在把视线转到人们把宗教变为实现其欲望的工具时所招致的祸害，转到已经形成的习惯以及这些习惯所产生的流弊，那么圣像破坏者与圣像供奉者的争执便是我们的最大的目标。

伊琳娜皇太后是她不幸的儿子君士坦丁·波菲罗真尼斯[①]的监护人[②]。她为了给自己开辟通往帝国的道路，便讨好平民和僧侣，而这些僧侣是喜欢供奉圣像的，尽管自伊苏里亚人利奥〔三世〕以后几个皇帝都禁止偶像崇拜。伊琳娜本人也喜欢圣像。因为她的丈夫厌恶这个东西，有人劝伊琳娜要管制她的丈夫，必须在他的床头挂上某些圣徒的画像。轻信，甚至有政治头脑的人也不能免。伊琳娜的丈夫惩办了这种迷信的倡导者。伊琳娜在丈夫死后，爱好与野心更是毫无约束，便于 786 年，召开了第 2 次尼西亚公会议，即第 7 次公会议，这次会议最初是在君士坦丁堡举行的。

---

① 君士坦丁·波菲罗真尼斯（905—959），即君士坦丁七世，东罗马帝国皇帝（912—959 年在位）。——译者

② 此处疑有误。伊琳娜是 780—790 年和 792—802 年东罗马帝国女皇，利奥四世之妻，803 年去世，她的儿子是君士坦丁六世（790 年在位，不久被废），而不是君士坦丁·波菲罗真尼斯。——译者

她让会议选举在俗教徒、国务秘书塔雷斯为大主教。以前有过世俗人未经历其他教阶擢升为主教的先例，但当时这种风习已不存在。

这个大主教主持了公会议。教皇阿德里安的做法很有意思，他并没有对这个自任大主教的国务秘书实行绝罚，而是在致伊琳娜的信中有节制地对普世牧首这个头衔提出异议，并要求把西西 352
里的教产还给他。他坚决讨还这份不大的财产。其实，他跟他的前任们一样，已经攫取了他断言是丕平和查理曼所赠与的一大片富饶的领地。这次由教皇特使和这位牧首主持的尼西亚公会议恢复了圣像供奉。

参加这次公会议的神父共有 350 人，他们带来了许多显然是伪造的文件，许多今天读起来令人厌恶的神迹材料，许多伪经书，这一点是所有明智的评论者都承认的。这些伪造文件并不能以假乱真，人们是根据真实的材料作出决定的。

但是，教皇要使查理曼和法国教会接受这次公会议的决定，那是多么困难！查理曼公开宣布反对圣像。他不久前让人写了几本书，总题名为《加洛林书》①，其中便谴责了圣像供奉。这些书是用相当纯正的拉丁文写成的。这表明查理曼在复兴文学方面有所成就；但这也表明，没有一场神学争论不是互相攻讦。该书一开头便是辱骂："举世闻名、无比卓越的查理的书，以天主和救世主耶稣基督的名义，坚决反对为膜拜圣像而在希腊召开的狂妄无礼的公

① 加洛林(Carolins)来自拉丁文 Carolus，即查理(Charles)。加洛林王朝的名称来源于此。——译者

会议，……”从书名可以看出，该书是以国王查理的口吻写的，就像人们以国王的名字加在并非由他起草的敕令上一样。毫无疑问，查理曼时期各个王国的所有的人们都把希腊人视为偶像崇拜者。

794 年，这位君主在法兰克福召开了一次宗教会议，他以皇帝和国王身份主持了这次会议。这次由 300 名主教和修道院长——意大利人和法国人数目相等——参加的公会议一致同意摒弃祭仪[1]和反对圣像崇拜。“崇拜”这个模棱两可的词是所有这些争端的根源，因为如果人们所使用的词有一个明确的定义，争执就会少些：不止一个王国曾经为了一个小小误会而闹得天翻地覆。

正当教皇阿德里安把第二次尼西亚公会议的文件寄往法国时，他收到了与这次会议相对立的《加洛林书》；而且查理曼自己出
353 面敦促他宣布君士坦丁堡的皇帝及皇太后为异端。通过查理曼的这一行动，可以看到，他想利用宣布皇帝为异端给自己制造新的权利，借口伸张正义，从皇帝手中夺取罗马。

教皇一方面采纳尼西亚公会议的决定，另一方面又怕得罪查理曼，便采取了兼顾双方的策略。在一直使基督徒陷于分裂的各种不幸的争吵中，这个做法是值得效法的。他以有利于尼西亚公会议的方式来解释《加洛林书》，从而反驳了国王而又不使他感到不快；他允许人们不供奉圣像，这对于刚刚摆脱偶像崇拜的日耳曼人，对于没有雕刻匠和画师、仍然很粗野的法兰克人来说，是十分合理的；他同时又劝说不要销毁圣像。这样他便使所有的人皆大

---

① “摒弃祭仪”是神学用语，指放弃偶像崇拜而只信仰上帝。——译者

欢喜，而让时间去肯定或者取消一种尚有疑问的宗教信仰。他小心翼翼地不触犯任何人，同时使宗教服务于他的利益。他给查理曼的信中写道："我们不能在尼西亚公会议后宣布伊琳娜和她的儿子为异端；但如果他们不把西西里的教产还给我，我便要这样宣布。"

在一次更为微妙的、若在别的时代仅此一端便足以燃起内战之火的争吵中，我们看到这位教皇出于利害关系采取的同样的策略。人们争论的是，究竟圣灵是出自圣父和圣子，还是仅仅出自圣父。

最初，在罗马帝国，在第一次尼西亚公会议上，人们曾补充说明圣灵出自圣父。接着，先是在西班牙，然后又在法国和德国，人们又补充说圣灵出自圣父和圣子：这是整个查理曼帝国的信仰。"圣灵出自父和子"(qui ex Patre Filioque procedit)[①]这句被认为是《使徒信经》的话，对法国人来说，是神圣不可侵犯的；但是这句话当时在罗马未被接受。人们奉查理曼之命，敦促教皇表明看法。这个以后由正确无误的罗马教会加以解决的问题，在当时似乎是极难理解的。人们引证教父们的话，尤其是尼斯的圣格雷戈里[②]的话："一个人是原因，另一个人来自原因：一个直接出自第一个 354

① "圣灵所从出"是基督教教义之一，拉丁教会(最初是西班牙、法国、德国教会)于6世纪时将 Filioque("和子")一词添入《尼西亚信经》中，表示圣灵出自圣父与圣子。希腊教会反对这一衍文，主张圣灵是从圣父通过圣子出来的。8世纪时曾为此争论不休，称为"'和子句'纠纷"。东正教最后从天主教中分裂出来，这是原因之一。——译者

② 尼斯是法国城市，此处疑为尼塞(Nysse，小亚细亚古卡帕多基亚的城市)之误。尼塞的圣格雷戈里(约335—394)是希腊教会的教父，反对阿里安教派。——译者

人，另一个则通过圣子而出自第一个人。这样，圣子自己保留着唯一从出性，但并不排斥圣灵与圣父的联系。”

这些权威人士当时不可能说得很清楚。阿德里安一世不作任何决定。他知道，一个人纵使不去深究所有宗教奥义，仍然可以当基督徒。他答复说，他不反对国王的看法，但对罗马的信经也不作任何改变。他通过不加裁决而让双方各行其是的办法来平息争吵。总之，他以王者身份处理宗教事务，而不少国王则以主教身份处理这些争端。

自此以后，教皇们靠着深谋远虑的政策逐渐建立了权威。不久，有人出版了一部今天被称为《伪教令集》[①]的伪造文件集。据说此书系由一个名叫伊西多尔·麦尔卡托尔或皮斯卡托尔或佩卡托尔的西班牙人整理的。而加以传播和宣扬的则是一些出于好意而受骗的德国主教们。有人说，现在有确凿证据证明这些教令是由梅斯主教、塞农修道院长阿尔热拉姆编辑的，说这些教令的手稿还保存在梵蒂冈的图书馆中。但是，此书的编者是谁有什么关系呢？在这些伪教令中，人们伪称：古代教典规定，未经教皇准许，不得召开全省宗教会议，一切教士讼案均归教皇审理；人们编造了使徒的直接继承者们的话，说他们有什么著作。确实，所有这一切都是以8世纪的蹩脚文体写成，充斥着违背历史与地理的错误，所以这纯属伪造是十分明显的，不过人们要欺骗的正是一些粗鄙不文

① “教令”是教皇对某一问题所作的决定，以书信形式发出，具有法律作用。《伪教令集》又称《伪伊西多尔教令集》，原署伊西多尔·麦尔卡托尔编，一说可能出于7世纪西班牙塞维利亚主教伊西多尔（约560—636）之手，其中文件绝大部分属伪造。——译者

的人。前已说过，从基督教诞生起，就有人编造了伪《福音书》、《西比尔谶诗》、《赫尔马斯书》、《教会法典》以及千百本为健全的批判精神所谴责的其他著作。为了传播真理，人们经常使用伪造的文件，这实在是可悲的。

这些伪教令蒙骗了人们 8 个世纪，最后，当错误被发现时，这 355
些伪教令所造成的习惯依然存在于一部分教会之中。人们宁信古籍而不管古籍是否真实。

从这时起，西部教会的主教已是世俗的领主，拥有不少土地作为采邑；但他们中没有一个是独立的君主。法国的国王经常任命主教，在这一点上，他们比希腊的皇帝和伦巴第的国王更为大胆也更有策略，因为后两者都只满足于把他们的权力运用在选举上面。

早期基督教会是按犹太教会的模式以共和制管理的。主持这些会议的人们不知不觉地取得了“主教”(évêque)的称号，这个词原来是个希腊语词，希腊人用这个词称呼其殖民地的总督，意为“督察”。原先参加这些会议的人称为“神父”(prêtre)，这个词原来也是个希腊语词，意为“老人”。

查理曼晚年授予主教们一个权利，结果他自己的儿子却成了这一权利的牺牲品。主教们使这位君主相信，在狄奥多西时代制订的法典中有一项规定，如果两个世俗人打官司，其中一个请主教裁判，那么另一个就必须服从判决，不能上诉。这条法律从未执行过，所有的评论者都认为是伪造的。这是狄奥多西法典的最后一条法律，没有颁布日期，也没有执政官的名字。它在法院审判官和教会神父之间引起了一场无声的内战。但是当时在西方凡不是僧侣的人都极其愚昧无知。因此人们不免奇怪，既然只有僧侣们受过一点教育，那就似乎只有这些人才配审判别人，可为什么没有多给他们一点权力。

主教向世俗人争权，而僧侣也开始向主教争权，尽管根据教典，主教是僧侣的主人。这些僧侣已经很富裕，因此不愿服从。下列马尔居夫[①]的著名的公文程式，是人们经常使用的：

> 为使灵魂得以安息，为了死后不与公山羊为伍，本人谨献给某修道院……

356 从教会初创，人们便相信世界行将完结，其根据是《路加福音》有一段据说是耶稣基督亲口说的话[②]：

> 日月星辰将显出异兆；地上的邦国也有困苦；因海中波浪的响声，就慌慌不定。天势都要震动，人想起那将要临到世界的事，就都吓得魂不附体。那时，他们要看见人子有能力、有大荣耀驾云降临。〔……〕这样，你们看见这些事渐渐的成就，也就晓得神的国近了。我实在告诉你们，这世代还没有过去，这些事都要成就。

不少虔诚的人，因对这尚未实现的预言字字句句深信不疑，便等待其实现。他们想到宇宙行将毁灭，并清楚地看到最后审判[③]时耶稣基督将驾云而至。人们也引圣保罗致帖撒罗尼迦（今萨洛尼卡——译者）信徒们的信为据，信中说："以后我们这活着还存留

---

① 马尔居夫，7世纪法兰克僧侣，著有《墨洛温王朝习惯法汇编》。——译者

② 这段话见《圣经·路加福音》第21章。——译者

③ 最后审判，又称"末日审判"。基督教的一种教义，认为耶稣将于"世界末日"审判古今全人类，分别信者和不信者，信者升天堂，不信者入地狱。——译者

的人，必和他们一同被提到云里，在空中与主相遇。”[①]所有那些关于天空出现奇迹的臆想都是由此而来。每一代人都认为自己是将要看到世界末日的一代，这种看法越往后就越强固有力。人们把土地给予僧侣，仿佛这样便可在世界大灾难来临时保存住这些土地。许多赠与特许状都以这样几个字开头：Adventante mundivespero（世界末日临近）。

一些本笃会修道院长早在查理曼以前很久便已相当有势力，能够造反。封特奈尔的一个修道院长敢于聚众反对查理·马特并
招集队伍。查理·马特将这位修士处以斩首。正由于这个处决， 357
许多僧侣后来都得到神的启示，说是查理·马特已被罚入地狱。

在这之前，兰斯的一个圣雷米修道院长和该城主教曾于6世纪煽动了一次反对希尔德贝尔的内战，只有力量强大的人才会犯下这种罪行。

主教与修道院长都有许多奴隶。人们责备修道院长阿尔昆有奴隶多达两万人。这一数目并非不可信。阿尔昆拥有好几所修道院，其土地可以住上两万人。这些奴隶称为“农奴”，未经修道院长同意不得结婚和迁居。如果修道院长有命令，他们就要拉着大车步行50法里去应召；他们每周为修道院长干3天活，他们份地的全部收获物一半要交给修道院长。

事实上，人们不能因为这些本笃会教士有财产而责备他们违反了自甘贫穷的誓愿，因为他们并没有明确地许下这一誓愿。他们在被接纳入修会时，只保证服从修道院长。人们甚至给他们以

① 《圣经·新约》《帖撒罗尼迦前书》第4章。——译者

未开垦的土地，由他们自己开垦，然后由农奴去耕种。他们在修道院周围建成一些小村镇，甚至一些小城市。他们读书学习；用手抄写，把书籍保存下来。总之，在这野蛮时代，人民如此不幸，在修道院里找到一块不受暴政威胁的安稳的隐退之地，便是一个极大的安慰。

在法国和德国，曾有不少主教带着他们的农奴去打仗。查理曼在给自己的一个妻子弗拉斯塔德的一封信中谈到，在一次跟阿瓦尔人——斯基泰人的后裔，居住于今天称为奥地利的地方——的战斗中，有一主教在他身旁英勇作战。我知道，在他那时代，有14个修道院应提供士兵。只要一个修道院长是武士，就没有任何东西可以阻止这位院长亲自带兵。的确，在803年的一次民众大
358 会上，有人向查理曼诉说战争中神父被杀死的太多，于是禁止教会神父参战，但是没有用。

不允许没有神职的人自称教士，头上有个剃光的圆秃顶而不属于某个主教，这样的教士便被称为“无头领教士”。人们把他们当作流浪汉来加以处罚。当时根本不存在今天已如此普通的既非世俗人亦非教会中人的情况。abbé（神父，修道院长，圣职者）这个称号，现在作“神父”讲，当时只属于修道院长所有。

从那时起，修道院长便有主教所持的权杖，从前在异教的罗马，这是高级神职的标志。这些修道院长对修士拥有极大的权力，可以将他们处以最残酷的肉刑。他们接受了希腊皇帝烧人眼睛的野蛮做法，他们已经开始把这种酷刑看作一种权利，结果需要召开一次宗教会议来加以禁止。

第二十一章

查理曼时代的宗教仪式(续)

当时的弥撒和现在的不一样,和早期的更不相同。最初的弥 359
撒是一次晚餐,一次夜宴;后来这个仪式随着信徒数目的增多而更加庄严,夜间集会改为上午集会,弥撒变成近似今天的大弥撒。直至16年纪,所有教堂只有一个共同的弥撒。希腊人所说的synaxe,意为集会,其程式至今依然存在并用于这种共同的弥撒集会。这一切表明,在过去很长时间不存在私人的弥撒。现在的这种祭品,这种集会,这种共同的祷文只是在拉丁人那里才称为弥撒(missa)。弥撒这个名称的来源,照某些人的说法,是因为要遣回(mittebantur)不领圣体的忏悔者;照另一些人的说法,是因为要将圣体送给(missa erat)不能来教堂的人。

似乎我们应当知道我们的各种宗教仪式开始建立的确切日期,但我们对任何仪式的由来都不了解。我们不知道像今天这样的弥撒始于何时;不知道关于注水洗礼、告解[①]、领无酵面饼的圣体而不领葡萄酒这些仪式的确切来源;不知道首先把婚配、

① 告解,亦译"办神工"。天主教、东正教"圣事"的一种。由教徒个别地向神父告明对上帝所犯的罪过,并表示忏悔;神父宣布赦罪,并指示认罪者作一定的赎罪功课。——译者

坚振[①]和为病人敷圣油称为“圣事”[②]的是什么人。

当神父数目增加后，只好个别做弥撒。有势力的权贵有指导神父[③]。9 世纪里昂主教阿戈巴尔[④]对此表示不满。小德尼斯[⑤]在
360 其所著《教典集》中证实，还有其他许多人也都证实，所有的教徒都在公共弥撒中领圣体。那时候，教徒们带来面饼和葡萄酒，由神父祝圣后，每个人手接面饼。这面饼跟平常的面包一样是经过发酵的，只有极少数教堂使用无酵面饼。人们把这种面饼分给大人，也分给小孩。在查理曼时期，发酵面饼和无酵面饼两种圣体普遍通行，希腊人一直保持这两种圣体，拉丁人则保持到 12 世纪，我们甚至看到，到 13 世纪有时还采用。据记述安茹的查理[⑥] 1264 年战胜曼富瓦[⑦]事迹的作者介绍，骑士们在战前领取的圣体是面饼和葡萄酒。将面饼浸在葡萄酒中的习俗形成于查理曼之前；用麦秆或者用金属管吸酒的习惯只是在大约 200 年后才引进的，而且很快就废除了。就像一切都在变化着一样，所有这些仪式，所有这些

① “坚振”是天主教和东正教的宗教仪式，入教者在领受洗礼过一定阶段后，再接受主教按手礼和敷油礼，以坚定其信仰。——译者

② “圣事”是基督教的主要宗教仪式。天主教和东正教认为圣事有七件：圣洗（洗礼）、坚振、告解、圣体（或圣餐）、终傅（教徒病重垂危，由神父敷圣油，并为之祝祷）、神品（祝圣神父、主教）、婚配（祝福教徒的婚姻）。——译者

③ 指导神父，过去专门为某一个人办圣事、布施的神父。——译者

④ 阿戈巴尔（779—840），里昂大主教，曾参与废黜温厚者路易的事变。——译者

⑤ 小德尼斯（？—555），6 世纪僧侣。——译者

⑥ 安茹的查理（1226—1285），即查理一世，那不勒斯和西西里国王，1246—1285 年在位。——译者

⑦ 曼富瓦（1232—1266），亦称曼弗勒德，两西西里王国国王，与查理·安茹争夺西西里，死于贝内文托战役。——译者

习俗，也根据不同时代的情况，根据引路人是否贤明或者根据一时的个人癖好而有所改变。

只有拉丁教会用人民所不懂的外国语言进行祈祷；原因是蛮族入侵把自己的语言也带到了欧洲。也只有拉丁人单用注水方式洗礼。对生长在北方严寒地区的孩子来说，这是一种很自然的通融，对生长在意大利温暖气候中的孩子，则是一种方便。大人的洗礼和小孩的洗礼仪式不一样，这种〔浸洗和注水洗礼的〕不同是由体质所决定的。

据说告解是从6世纪开始实行的。最初，主教们根据363年
阿蒂涅宗教会议的规定，要求僧侣每年向他们作两次告解，这是第 361
一次明确规定要作告解。修道院长强迫修士接受这一枷锁，逐渐地，俗人也给自己套上。公开忏悔在西部教会[1]从来没有盛行过，因为在蛮族人皈依基督教之后，公开忏悔所带来的种种流弊和丑闻，使得东部教会于4世纪末在奈克泰尔[2]牧首时期，把这种忏悔废除了；但是在西部教会，公共的罪人往往作公开的忏悔，在西班牙尤其如此，因为萨拉森人的入侵更加激发了屈辱的基督徒的热情。关于忏悔的用语，关于在教堂里设置的忏悔座，以及必须先忏悔，然后紧接着领圣体，这一切，直至12世纪为止，我都找不到有任何记载。

你会注意到，8世纪和9世纪时，告解的圣事，在卢瓦尔河以南地区，在朗格多克，在阿尔卑斯山区，都未被接受。阿尔昆在他

---

① 原文如此，疑为"东部教会"之误。——译者

② 奈克泰尔（？—397或398年在任），君士坦丁堡大主教。——译者

的书信中对此还啧有烦言。这些地方的人似乎一直坚持早期教会的习惯，而拒不采纳业已发展了的教会认为应当采用的教条与习惯。

在8世纪和9世纪时，〔每年〕有3次斋期，有时是4次，就像希腊教会一样；人们通常就在一年的这4个时期进行忏悔。只是在1215年第3次[1]拉特兰公会议后才订立的教会戒律规定一年忏悔一次，而在这以前，似乎是比较随意的。

在查理曼时代，军队里有告解司铎。查理曼自己便有一个专职的告解司铎，名叫瓦尔东，此人原为康斯坦茨附近的奥吉亚修道院长。

362 当时允许在必要时向俗人、甚至向妇女忏悔。这种情况延续了很长时间，因此儒安维尔[2]说他在亚洲时曾听取一个骑士的忏悔，而他根据他所拥有的权力给以赦罪。圣托马斯说："这并不完全是一件圣事，而是近似一件圣事。"

我们可以把忏悔视为对秘密罪行的最大约束。古代的贤人们已经依稀看到这种做法的好处。埃及人和希腊人在他们的赎罪式中，以及在他们的秘密祭典的几乎一切仪式中，都进行忏悔。马可·奥勒留参加刻瑞斯－伊流欣努的秘密祭典时，便是向主典祭司忏悔的。

存在于基督教徒中的这个如此圣洁的习俗，不幸以后却成为从事最卑劣的恶行的良机。女性的弱点使得妇女有时受告解司铎

---

[1] 有人说是第4次。——伏尔泰

[2] 让·德·儒安维尔(1224—1317)，法国历史学家，圣路易的顾问。著有关于圣路易与十字军的回忆录。——译者

的控制甚于其丈夫。几乎所有听取王后忏悔的人，都利用这个神圣而秘密的控制权来干预朝政。当一个教士支配了一个君主的意志时，所有他的同道就会乘机利用；不少人就利用这个告解司铎的声望来向他们的仇人施加报复。甚至，当皇帝与教皇发生不和，当 363
两个城市对立之时，神父们对不是同党的人便不给予赦罪。在法国亨利四世时代便是如此，几乎所有的告解司铎都拒不赦免那些承认其国王的人。在忏悔座里，神父可以轻而易举地诱骗青年妇女，使她们犯罪[①]，这又是一个极其危险的暗礁。人类的状况是如此可悲，以至于最神妙的药物也会变成毒品。

基督教在北方的传播，还没有超出查理曼所征服的地方。被称为诺曼人故乡的斯堪的纳维亚、丹麦，其宗教信仰被我们荒唐可笑地称为偶像崇拜。所谓崇拜偶像的宗教是把神明的威力归之于木偶、神像的宗教，这并非斯堪的纳维亚人的宗教。他们既无画家，也无雕刻师。他们崇拜奥丁[②]，并想象死后的幸福就是在奥丁的殿堂中喝盛在敌人头盖骨内的啤酒。现在还有业已译出的他们表达这种思想的古老歌曲。很久以来，北方民族相信人死后会复活。〔法国〕德洛伊祭司教导克尔特人，说他们死后将再生，以从事战斗；而斯堪的纳维亚的祭司则使人们相信，他们死后将喝啤酒。

波兰人也同样野蛮、粗鄙。莫斯科维亚人[③]跟大突厥斯坦其

① 这里可能是影射18世纪耶稣会教士与扬逊派教徒争斗中的一桩丑闻，即古拉尔神父被指控诱奸忏悔女人拉加迪埃尔的事件。——原编者

② 奥丁，北欧神话中掌握文化艺术的主神。说他在其兄弟帮助下，创造天地，以太阳为天地的眼睛，然后创造人类。——译者

③ 莫斯科维亚，古代莫斯科地区，泛指俄罗斯。——译者

余地方的人一样愚昧，他们的知识仅仅足够成为多神教徒；然而所有这些民族都平安地生活于愚昧之中，幸而不为查理曼所知，因为查理曼为了传播基督教，是要让人们付出极其高昂的代价的。

英国人当时开始接受基督教。这是由君士坦蒂乌斯·克洛尔
364 带给他们的，他是这个当时受到压制的宗教之秘密保护人。基督教那时在英国并未占据统治地位，当地旧的信仰很长时间还一直占上风。有几个高卢人的传教士在少数岛民中传教，但并没有精心进行。以极力维护人的天性著称的皮拉久虽然生在英国，但不是长在英国，应把他算作罗马人。

在爱尔兰（当时称苏格兰）和苏格兰（当时称阿尔巴尼或皮克特）也曾播种了几颗基督教的种子，但一直被占统治地位的旧宗教所窒息。生于爱尔兰的科伦班[①]修士是6世纪的人，但他隐遁到法国，并在勃艮第建立修道院。由此看来，当时谁要想在爱尔兰和英格兰寻找修道院，似乎是徒劳无益而且还令人望而生畏之举；而在别的地方，由于宗教的庇荫，却是可以找到这些富裕而安静的修道场所的。

基督教在英格兰、苏格兰、爱尔兰几乎完全被消灭，后来却由于婚姻关系而又在这些地方复活起来。爱脱伯特[②]——英吉利七国的一个盎格鲁－撒克逊族国王——的小王国就在坎特伯雷所在的肯特郡。他想与法国的一个国王联姻，娶了巴黎国王希尔德贝尔的女儿。这个信仰基督教的公主带着一个苏瓦松主教渡海来到

---

① 科伦班（约540—615），爱尔兰僧侣，585年偕12僧侣自爱尔兰来法国在孚日山建立修道院。——译者

② 爱脱伯特（？—860），英国西撒克斯和肯特的国王。——译者

英国，使她丈夫接受了洗礼，就像克洛蒂尔德[①]使克洛维改皈基督教一样。598 年，教皇格雷戈里还派去了〔传教士〕奥古斯丁[②]（英国人称为奥斯丁）和其他一些罗马僧侣。不过这些人并未能使多少人改皈，因为要想改变一个国家的宗教，至少必须能听懂这个国家的语言。但是在王后的赞助之下，他们建了一所修道院。

确切些说，是王后使坎特伯雷小王国改变了信仰。她的蛮族臣民没有什么见解，所以很容易效法他们君主的榜样。那个奥古斯丁没有费什么力便使得格雷戈里一世任命他为首席主教。他本来还想当高卢人的首席主教，但格雷戈里写信给他说只能授予他对英国的权限，于是他便成为第一个坎特伯雷大主教和第一个英国的首席主教。他把伦敦主教的称号授予一名教士，把罗彻斯特 365
主教的称号授予另一名教士。人们把这两个主教比作安条克和巴比伦主教，称之为异教徒之国的主教，那是再恰当不过的了。但是，逐渐地，在英国也形成了教阶制度。修道院在八九世纪时特别富裕。他们把所有向他们赠送土地的大领主列入圣徒录；因此我们看到此时的圣徒中共有 7 个国王，7 个王后，8 个王子，16 个公主。他们的编年史中说有 10 个国王和 11 个王后在修道院里终其天年。可以相信，这 10 个国王和这 11 个王后只不过是在临终时穿上修士服而已；也可能就像西班牙的做法一样，他们是病危时在修道院穿上修士服，而不是说他们真的在健康时就抛弃公事，过修士生活。

---

① 克洛蒂尔德（约 475—545），法国国王希尔佩里克一世之女，克洛维一世之妻。——译者

② 奥古斯丁（？—605），英国传教士，他建立了坎特伯雷主教府。——译者

第二十二章

查理曼时代的习俗（续）；司法制度和法律；奇异的风俗；神意裁判

366 由国王任命的伯爵可以不经过任何手续即席审判。他们有各自的指定辖区。他们可能了解法律，这些法律不像我们的法律那样难以掌握，那样条目繁多。诉讼程序简单，在法国和德国，每个人都为自己的案件进行辩护。那时只有罗马以及隶属于罗马的地方还保留着罗马帝国的许多法律和诉讼手续。伦巴第法律则应用于内意大利的其余地方。

每个伯爵下设一名代理审判官，7 名助理审判官，一名录事。遇有战争时，伯爵在其辖区内公布军事法令，征集士兵，由一些百夫长带队，伯爵率领部队到约定地点，此时就由代理审判官代行法官之职。

国王派出持有特别公函的督察专员以监察伯爵的行为。这些督察专员和伯爵几乎都从不判处任何人以死刑或肉刑；因为除了在查理曼推行血腥统治的萨克森地区之外，在帝国的其他地方，几乎所有犯法行为均可赎抵。只有叛逆罪才判处死刑，而由国王本人进行审判。撒利克法典、伦巴第法典、里比埃尔法典都规定，其他罪行大部分可以钱代罚，这一点我们在前面已经述及。

他们的法律貌似仁慈，其实比我们的法律可能更为残忍，因为它让有能力付出赎罪金的人有为非作歹的自由。给不法行为以最 367
可怕的约束，从而尽量防止犯罪，这样的法律才是最温和的法律。不过当时还没有拷问、酷刑这些危险的做法，因为我们知道，这些做法只能是伤害无辜，开脱罪人。这种事情太常见了。

撒利克法典由查理曼重新施行。其中有一条特别清楚地表明，蛮族人对罗马人是多么蔑视。法兰克人杀死一个罗马公民只需付出 1500 德尼埃，而罗马人杀死一个法兰克人则需要付 2500 德尼埃。

如果刑事案件难以判断，人们就用起誓来洗刷自己。不仅被告一方要发誓，而且还必须请一定数目的证人跟他一起，为他助誓[①]，如双方起誓各执一词，相持不下，有时就允许搏斗[②]。这种搏斗，时而是使用尖利的铁器，时而是进行拼命的肉搏。

这种搏斗称为“神意裁判”。神意裁判还是人们给野蛮统治最可悲的疯狂行为所起的名称：被告要受冷水、沸水、烙铁的考验。著名的艾蒂安·巴吕兹[③]曾把这类神意裁判的各种古老仪式搜集

① 古代法兰克人只有自由民和农奴两个等级，到中世纪，伯爵、官员等成为贵族。“助誓”只适用于贵族和自由民。起初贵族被控犯罪时，只要到教堂起誓，声称无罪，便被认为无罪；后又增加由助誓人陪同宣誓。如贵族杀死一个自由民，有 7 个人助誓便可摆脱罪责；一个自由民杀死另一个自由民，则需 11 个人助誓。——译者

② 搏斗也只适用于贵族与自由民。这种搏斗裁判法也叫“神意裁判法”，因认为上帝会使无罪者获胜。参阅本书第 100 章“决斗”。——译者

③ 艾蒂安·巴吕兹（1630—1718），法国历史学家，法兰西学院教会法教师。——译者

起来。首先是做弥撒，在做弥撒时让被告领圣体。人们对冷水祝福，为冷水念咒祓魔。然后，被告被捆着投入水中。如果他沉入水底，便被视作无辜；如果浮出水面，就被判为有罪。弗勒里先生在其《教会史》中说，用这个办法，肯定不会找出任何罪人。然而我敢
368 认为这是害死许多无辜者的办法。有不少人胸部相当宽，气相当长，当捆绑数匝的粗绳和身体的体积轻于同样体积的水时，他们就不会下沉。这种悲惨的风习以后在大城市里被禁止了。但迄今在许多外省还保留着。有些人被视为巫师，被人们甚至被法官判决投入水中，这是很常见的事。没有任何东西比迷信持续的时间更为长久，它夺去了不少不幸者的生命。

用沸水进行神意裁判，就是让被告把裸露的手臂伸进沸水缸去捞缸底的一个圣环。然后法官当着神父和众人的面，将服刑者的手臂用口袋包起，封住袋口；若 3 天后臂上无任何烫伤痕迹，就承认此人无罪。

所有的历史学家都谈到特贝尔吉皇后的例子——她是查理曼的孙子罗退尔[①]皇帝的妻子，被指控跟她的当副助祭和修士的兄弟有乱伦行为。她命一名斗士当着法庭上众人的面替她接受沸水试验。这个人捞起圣环，没有烫伤。肯定有秘方使人可以经受几秒钟的小火烫烧而没有危险，我见过这样的例子。这种秘方在当时由于比较需要，也就比较常见。然而我们不能因此完全无动于衷。在这种奇怪的裁判中，被告所受的试验是否严格，是根据人们要惩罚还是要宽恕而定，这是大有可能的。

① 罗退尔(795—855)，神圣罗马帝国皇帝，840—855 年在位。——译者

沸水试验特别用来确定通奸罪。这种办法比较古老,而且比人们所想象的传播得更广。

学者们不会不知道,在西西里的帕利斯①神庙里,被告写下誓言,人们把誓言纸投入水盆中,如果浮起,被告便被赦免。特雷泽纳②的庙宇就以实行这样的神意裁判而闻名。在东方的尽端,在〔印度的〕马拉巴尔,在日本,今天都还可以找到一些建立在古代质 369
朴风尚和一切民族所共有的迷信的基础之上的类似习俗。神意裁判法从前在腓尼基具有极大的权威,以至于我们在《摩西五经》中看到,犹太人在沙漠中流浪时,他们让被怀疑与人通奸的妻子喝一种拌有烟灰的水。有罪者喝了必然死去,忠实于丈夫的女人喝了安然无恙。《雅各福音》中说,大祭司让马利亚和约瑟喝下这种水,这对夫妇结果言归于好了。

第三种神意裁判法是手执灼热的铁棒行走 9 步。这种考验比前两种难以弄虚作假,因此我没见到在那野蛮时代,有什么人接受这种裁判。我们想知道,希腊教会或拉丁教会两者中是哪一个首先建立起这种习俗的。我们看到君士坦丁堡直至 13 世纪还有实行这种办法的事例,帕希梅尔说他曾亲眼见过。可能是希腊人把这些东方的迷信传给了拉丁人。

关于民事法,我认为这是比较出色的。无子嗣的男人可以收留养子,夫妻可以由法庭判决离婚,离婚之后,允许另行结婚。在马尔居夫的著作中,可以看到这些法律的细节。

① 帕利斯,古代西西里人的地神,神庙设于伊特那火山矿泉附近,古代以人为牺牲祭神,祈求保护农事和航行。——译者

② 特雷泽纳,古希腊伯罗奔尼撒的城市。——译者

然而，也许更令人惊奇，但却同样确实的是，在马尔居夫的《习惯法汇编》第2卷中，我们看到，不遵守著名的撒利克法典中女子无继承权这一条，是完全许可的，并且是很普通的。人们把女儿带到伯爵或督察专员跟前，然后说：“亲爱的女儿，古老的、不道德的习俗使我们的女儿不能享有父亲的任何财产。但是考虑到这是一
370 种不道德的习俗，我认为，既然你们同样都是上帝赐给我的，我也应当同样地爱护你们。因此，我亲爱的女儿，我愿意让你和你的兄弟同等地继承我的全部土地，……”

法兰克人是按照撒利克法典和里比埃尔法典生活的，在法兰克人那里，看不到有什么贵族与平民之分、姓氏贵族与军功贵族之分、世袭贵族或过贵族生活者之分。公民只有两个等级：自由民与农奴，大致就像今天的伊斯兰教帝国和中国那样。“贵族”一词只在〔巴吕兹的〕《国王敕令集》第5卷中出现一次，用来指官员、伯爵和百夫长。

意大利和法国的一切城市都按各自的市政法管理。城市向君主缴纳的贡品为饲料、粮食、起居用品。在很长时间中，皇帝和国王都是靠自己的领地来维持其宫廷开支；当他们外出巡游时，这些贡税就以实物缴付。我们还存有一份查理曼的关于分成租田制的敕令，内容极为详尽。他命令人们对他的牲畜群作准确汇报。农村的大财产之一是蜜蜂，这说明有许多土地是荒芜的。总之，通过这一时代最大和最小的事情，我们看到了某些法律、风尚和习俗，但是这些都几乎没有留下什么记载。

第二十三章

被儿子们和高级教士废黜的
弱者路易或温厚者路易

世界大事的历史简直就是各种罪行的历史。世俗者和教士们 371
的野心使得没有一个世纪不充满着可怕的罪行。

查理曼刚进入坟墓，他的家族和整个帝国便陷入了一场内战之中。

米兰和克雷莫纳的大主教点燃了第一把火。他们的借口是意大利国王贝尔纳是查理曼的长子所生，应是加洛林家族的首领。主教们利用这个贝尔纳国王挑起一场内战。我们可以清楚地看到，这种热衷于动乱、这种野心勃勃的真正原因是什么。谈到原因，人们总要搬出一些制订出来便是为了以后加以废除的法律来解释。一个奥尔良主教参与了他们的阴谋。皇帝路易和国王贝尔纳，一个是叔父，一个是侄子，都在招兵买马。他们准备就要在索恩河畔夏龙[①]动手，但皇帝一方通过金钱收买和封官许愿争取了意大利军队的半数。他们进行谈判，也就是要进行欺骗；国王冒冒失失来到他叔父的军营。路易被人们称为“温厚者”，因为他软弱；

① 索恩河畔夏龙，法国索恩—卢瓦尔省省会。——译者

正因为软弱，所以为人残忍。他叫人挖掉侄子的眼睛，侄子跪着向他求饶(819)。受了这种酷刑3天之后，不幸的国王在肉体的痛苦与精神的折磨中死去。他葬在米兰，墓碑上刻着："圣徒贝尔纳之墓"。似乎"圣徒"这个词在当时只不过是一种荣誉称号而已。接着，路易又让他的兄弟中的3人削发为僧，并把他们禁闭于隐修院中，唯恐由于他们身上流着极受尊敬的查理曼的血液，有朝一日会引起战争。这还不算，皇帝还逮捕了所有支持贝尔纳的人，这些人是这个卑劣的国王指望得到宽恕而向他叔父交代出来的。他们受到了同样的酷刑。教士则例外地得到赦免，但他们却正是战争的煽动者，对他们的处分仅是撤职或流放而已。路易宽容了教会，但时过不久，教会就让他感到他原不该〔对侄子〕那么残酷，而应该〔对教士〕更加严厉一些才对。

372

从817年起，路易效法他父亲的错误做法，把一些王国分给他的儿子们；然而他既没有他父亲的勇敢精神，也没有这种勇敢所带来的权威，于是便受到忘恩负义的报应。作为叔父，他非常野蛮；作为兄弟，他过于冷酷；而作为父亲，他又过分的温良。

他让他的长子罗退尔辅佐朝政，把阿基坦分给次子丕平，把巴伐利亚给予第3个儿子路易[①]。他还有新妻[②]所生的一个幼子，就是以后成为皇帝的秃头查理[③]，他希望在分封之后，他所钟爱的妻

① 即日耳曼人路易二世(805—876)，东法兰克国王，817—876年在位。——译者

② 即巴伐利亚的朱迪思皇后。——译者

③ 即查理二世(823—877)，西法兰克国王(843—877年在位)，神圣罗马帝国的皇帝(875—877年在位)。——译者

子的这个儿子不致没有城邦。

弱者路易的不幸，以及此后荼毒欧洲的那许多更为严重的祸害，其一个根源就在于给出世之人以治世之权，这种弊端当时已开始出现。

科尔比修道院长瓦拉[①]是庶出之子，与路易有亲属关系。这出令人难忘的戏就是由他开始的。此人或者出于宗教热情，或者由于好乱成性，或者两者兼而有之，性格极为狂暴；他纠集朋党，经常一面宣扬道德，一面为非作歹；标榜循规蹈矩，同时处处捣乱。

在829年于亚琛召开的一次民众大会上——修道院长因为是大土地领主，也参加了会议——瓦拉公开把国中一切混乱全都归罪于皇帝。他对皇帝说："你就是罪魁祸首！"然后他以更有煽动性的语言跟会议的每个成员谈话。他指控皇后朱迪思与人通奸。他要阻挠皇帝赐封皇后朱迪思所生的儿子。他以维护国家利益为借 373
口，侮辱和扰乱皇室，结果也就侮辱和扰乱了国家。

皇帝终于恼羞成怒，把瓦拉赶回修道院，不许他再出来。为了使皇后满意，皇帝决定把德国靠近莱茵河的一小部分地方即瑞士和弗朗什一孔太赐给她的这个儿子。

如果欧洲的法律是建立在父权的基础之上，如果像我所看到的中国的情形那样。人们深刻了解行孝为先的必要性，那么从皇帝手上接受了王冠的3个皇子就不至于因为他们的父亲把一份遗产给予第二个妻子的孩子，而起来造反了。

---

① 瓦拉是宽厚者路易的堂兄弟，他反对分封帝国，反对朱迪思皇后和秃头查理。——译者

他们开始是抱怨，不多久科尔比修道院长便与更加好乱的圣德尼修道院长勾结起来。后者因拥有苏瓦松的圣梅达尔修道院和圣日耳曼一德一普雷修道院，有能力征募军队，而后来也果然征募了军队。维埃纳、里昂、亚眠的主教们与这些僧侣联合起来，怂恿皇子们发动内战，同时把不跟他们同伙的人宣布为反叛上帝和教会的人。温厚者路易不去召集军队，却徒然召开了 4 次宗教会议，制订了一些冠冕堂皇但毫无用处的法律。他的 3 个儿子都拿起了武器。3 个儿子一齐起来反对他们的父亲，我相信这真是旷古奇闻。皇帝终于也拿起了武器。双方阵营都有很多主教、修道院长和僧侣。但是在皇子一方有教皇格雷戈里四世[①]，他的名字给皇子一方增添了巨大分量。因为贬抑皇帝已经成为教皇们利益之所在。格雷戈里的前任斯提芬[②]就是未经温厚者路易的同意登上主教宝座的。挑拨父子不和，使双方两败俱伤，在他们的废墟上扩大自己势力，在教皇看来是个好办法。教皇格雷戈里于是来到法国，以绝罚威胁皇帝。这种绝罚方式当时尚未具有后来人们所赋予的概念，人们还不敢对一个被绝罚者仅仅因为受到绝罚而剥夺其财
374 产；但人们认为这样可以使一个人变得为人所不齿，可以用这把利剑斩断别人跟此人的一切联系。

（829 年）帝党的主教们也在运用自己的权利，他们勇敢地让人转告教皇："如他为宣布绝罚而来，那他自己将被处以绝罚而归。"他们以坚定的口吻给他写信；他们虽然奉他为教皇，但信中却

① 格雷戈里四世（？—844），教皇，827—844 年在位。——译者

② 指斯提芬四世，816—817 年在位。——译者

跟他称兄道弟。格雷戈里更为傲慢，他回信说："'兄弟'这个字眼过于上下不分。你们必须对我用教皇这个字眼，必须承认我的尊上地位；须知我的主教权威是在路易的皇帝权威之上。"总之，他在信中避而不谈他对皇帝所立的誓言。

战争转为谈判，教皇自任仲裁。他到皇帝的军营去找皇帝。在军营中，他享有皇帝过去对贝尔纳所占有的那种优势。不管是他蛊惑了皇帝的军队，还是他因皇帝的军队受人蛊惑而苦恼；不管是他欺骗了路易，还是他自己为他所代表的叛党所欺骗，总之，教皇刚刚走出军营，皇帝的军队当晚便有一半站到他的儿子罗退尔一边(830 年)。军队倒戈发生在阿尔萨斯边境的巴塞尔附近。教皇谈判地点所在的那个平原，至今仍然被称为"说谎场地"，而这个名称对于许多曾经举行过谈判的地方都是适用的。于是，这个不幸的君主便成为叛逆的儿子们的俘虏，随同被俘的还有他们的仇

恨对象、皇后朱迪思。他把那成为战争口实的无辜的 10 岁儿子查 431
理交给他们。如果这事发生在克洛维父子们那样更为野蛮的时代，或者是在君士坦丁堡那样的地方，我毫不奇怪人们会杀死朱迪思及其幼子，甚至会杀死皇帝。但胜利者们仅仅剃掉皇后的头发，把她送到伦巴第的监狱去；将年轻的查理关在阿登高地森林中的普吕姆修道院，并将他们的父亲废黜。我觉得，当我们阅读这个过于善良的父亲的苦难史，看到他的儿子们对这场内讧的罪魁祸首、修道院长瓦拉，对曾给他们有力支持的教皇，也都同样地采取忘恩负义的态度时，至少会暗地感到某种满足。 375

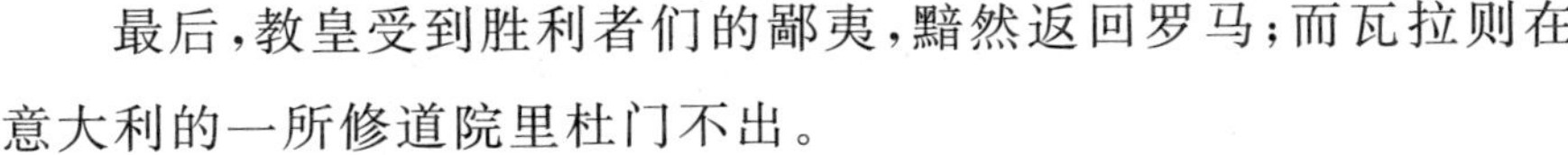
最后，教皇受到胜利者们的鄙夷，黯然返回罗马；而瓦拉则在意大利的一所修道院里杜门不出。

罗退尔由于自己也参与朝政,所以更应受到谴责。他把被俘的父亲带到了贡比涅[1]。当时教会有一项陋规:在公开忏悔时期禁止忏悔者佩带武器和执行民政职务。这种公开忏悔很少举行,而且几乎只行于下层平民中的某些不幸者。人们决定让皇帝蒙受这一侮辱性的惩罚,并给这种惩罚披上一层外衣,说是基督徒应自愿接受这种屈辱。人们还要皇帝作永久性的悔罪,以使他永远失去尊严。

(833年)路易被吓倒了,他卑怯地接受了人们胆敢向他提出的这项建议。名叫埃邦[2]的兰斯大主教原来是由路易不合法地从卑贱地位擢升到这一圣职的,如今他废黜了他的君主和恩人。皇帝在主教、议事司铎[3]、僧侣共31人的挟持下被带到苏瓦松圣母院教堂。他的儿子罗退尔以亲临目睹其父亲受辱为乐。祭台前铺着一件悔罪衣,大主教命令皇帝解下肩带、佩剑和外衣,匍匐于悔罪衣之上。路易面朝地,请求公开忏悔。其实他这样甘心受辱才真正应当公开忏悔的。大主教强令他高声宣读一份文书,控诉自己渎神杀人。这个不幸者郑重其事地一一宣读了自己的罪状,其中特别举出他在封斋期间调动军队,在圣礼拜四[4]指定民众大会成员。人们把这整个活动过程都写成一份纪要;这份标志着傲慢无礼和卑鄙无耻的历史文物至今还在。纪要中甚至不屑称路易为

① 贡比涅,法国地名,位于瓦兹河畔。——译者

② 埃邦(755—851),兰斯大主教,曾于6世纪把基督教传入丹麦。——译者

③ 议事司铎,天主教相当于大主教的重要神职人员,教务会议成员。——译者

④ 基督复活节前一周称“圣周”,主要指圣礼拜四(建立圣体节)、圣礼拜五(基督忌日)、圣礼拜六(复活节前夜)。——译者

皇帝，而称之为“高贵的人，可尊敬的人”，这是我们今天给教会堂区财产管理员的称呼。

对于悖乎常情的做法，人们总是想方设法援引先例作为依据。路易的这一悔罪之举，就是依据 681 年统治西班牙的名叫万巴的 376
西哥特国王的事例。此人在加冕时也曾敷过圣油。他变成了呆子，曾在托莱多宗教会议上被罚公开悔罪，最后藏身一所修道院中。他的继位者赫尔维克承认他的王冠受之于主教。人们引证了这一事实，仿佛有一个先例便可以开脱一桩谋害行为。人们还提出狄奥多西皇帝的悔罪一事；但那是大不相同的。狄奥多西在帖撒罗尼迦曾经屠杀了 15000 名公民；这并非像人们老是在一些空洞的颂辞中瞎说的那样，是出于一时震怒，而是经过长期策划的。这种经过深思熟虑而犯下的罪行会引起人民的报复，因为人民并非为了让他杀害人而选他为皇帝的。圣安布罗斯不让狄奥多西进入教堂，这是极其卓绝的行为；而狄奥多西则作出一个十分明智的举动，8 个月不进教堂，从而稍稍平息了整个帝国的怨恨。不过，一个君主犯了前所未见的弥天大罪，8 个月不参加大弥撒，难道就能使人满意了吗？

路易在苏瓦松的圣梅达尔圣母院一个小房间里关了一年，穿着悔罪衣，没有仆人，没有安慰，对于世上其余的人来说，他已经不在人间。如果他只有一个儿子，那他就永远完了。然而他的 3 个儿子正在争夺战利品；由于他们之间的不睦，结果又恢复了父亲的自由和皇位。

（834 年）路易被迁移到圣德尼后，他的两个儿子，即日耳曼人路易和丕平，恢复了他的皇位，把他的妻子和他的小儿子查理交还给他。苏瓦松大会受到另一个在蒂翁维尔召开的大会的谴责。但兰斯大主教只不过丢掉大主教职位而已；而且他还是在圣器室里受审判和被免职的，而皇帝当时则是跪在祭台下，在大庭广众中受审判和被废黜。另外有几个主教也被免职。皇帝不能或者不敢给他们以更重的惩处。

过了不久，恢复老子皇位的儿子之一、巴伐利亚的路易又反叛了。可怜的父亲沮丧忧伤，在美因茨附近的一个帐篷里死去，临死时他说："我原谅路易，但他要知道是他置我于死地的。"（840 年 6 月 20 日）

377 据说，他在遗嘱中庄严地确认了矮子丕平和查理曼对罗马教会的赠礼。

对于这一确认，以及对这一确认所认可的赠礼，人们抱有同样的疑问。很难相信，查理曼父子会把威尼斯、西西里、撒丁岛和科西嘉岛赠给教皇，因为他们至多只是声称对这些地方拥有至高无上的所有权而已，而这种说法还是有争议的。究竟是在什么时候，路易把属于希腊皇帝所有并且不断受到阿拉伯人入侵的西西里给与别人的呢？

第二十四章

温厚者路易死后欧洲的状况；德意志永远与法兰克帝国分离

查理曼的这个儿子死后，他的帝国经历了跟亚历山大帝国同 378
样的命运，而这也是我们以后看到的哈里发帝国的命运。帝国匆匆建立，也匆匆崩溃，内部战争使之四分五裂。

曾经把父亲赶下帝位的皇子们，彼此都想消灭对方，这是不足为奇的。这只是谁能剥夺自己的兄弟的问题。皇帝罗退尔想囊括一切。法国国王秃头查理和巴伐利亚国王路易联合起来反对他。阿基坦国王丕平的一个儿子[1]在他父亲死后成为国王，加入了罗退尔一方。这些人使帝国陷于一片混乱，征集了整个帝国的兵丁(841 年)。最后，两个国王对两个国王，其中 3 个是兄弟，一个是他们的侄子，在奥塞鲁瓦[2]的封特内打了一仗，其残酷程度堪与一切内战媲美。不少作者肯定，死于此次战役者达 10 万人(842 年)。当然这些作者并非当代人，因此至少可以对死亡人数这么多表示怀疑。罗退尔皇帝被打败了。这次战争就像许多其他战争一

---

① 指阿基坦国王丕平一世之子丕平二世(? —870)。——译者

② 奥塞鲁瓦，法国古代地名，首府为今奥塞尔。——译者

样，没有解决任何问题，但是一点值得注意，即查理和路易的军队中随军作战的主教们让部队斋戒并为死者祈祷；但如果人们不去杀死这些人，这岂不比为死者祈祷更像基督徒的作为！不仅如此，罗退尔当时奉行着一种与查理曼截然相反的政策，这便给世人提供了一个实例。

379 萨克森人的战胜者把基督教作为必不可少的马辔来约束他们，萨克森人几番揭竿而起，总想恢复自己的宗教信仰，这表明他们厌恶基督教，把它看做是对自己的惩罚。罗退尔为使萨克森人归顺，给他们以完全的信仰自由。当地半数的人又变成了偶像崇拜者，但是忠于国王。从罗退尔的这种行为和他祖父查理曼的行为，使人看到，统治者们是以多么不同的方式使宗教服从于自己的利益。君主们的利益始终决定着世界的命运。一个法兰克人，或者说一个萨利安人[①]建立了法兰西王国；宫相或王室总管的一个儿子丕平，建立了法兰克帝国。3 个兄弟使这个帝国从此分裂。这 3 个违反常性的儿子，罗退尔、巴伐利亚的路易和秃头查理，在封特内血战一场之后，终于签订著名的凡尔登和约[②]，肢解了查理曼帝国。绰号秃头的查理二世据有法兰西；罗退尔取得意大利、普罗旺斯、多菲内[③]、朗格多克、瑞士、洛林、阿尔萨斯、佛兰德；巴伐利亚的路易或日耳曼路易则分到了德意志（843 年）。

① 萨利安人，法兰克人的一支。——译者

② 凡尔登是法国麦士河畔的一个城市。公元 843 年，查理曼的三个孙子经过长期内战后，在这里签订条约，划分了领土，从而大体确定了后来意、法、德 3 国的雏形。——译者

③ 多菲内，法国古省份，在普罗旺斯北面。——译者

就是从这个时期起，历史学者们把法兰克人称为法兰西人。此时，德国有了它的特殊的法律，这是德国公法的渊源，同时也是法国人与德国人之间产生仇恨的根由。3个兄弟每个人在自己国内都由于宗教纠纷以及迫于无奈而媾和的敌对者之间经常发生的不和而不得安宁。

正是在这一片争吵之中，独自占有法国的第一任国王秃头查理和独自占有德国的第一任国王日耳曼路易在亚琛召开了一次反对罗退尔的宗教会议；而这个罗退尔则是失去了德国和法国的第一个法兰克皇帝。

〔会议上〕高级教士们一致同意宣布废除罗退尔当皇帝的权利，并解除他的所有臣属对他的效忠誓约。教士们对查理和路易兄弟俩说："你们是否保证治理得比他更好？"两个国王答道："我们保证。"主持会议的那个主教说："那么好，我们以神的权力允许你 380
们并命令你们代替他治理。"这个可笑的命令后来并没有下文。

当我们看到主教们这样许给王冠时，如果以为他们当时就是帝国的选举者，那就错了。诚然，他们已经很有势力，但还没有一个人成为君主。他们的权威和人民对他们的尊敬都是国王们随意利用的工具。在这些教士身上，软弱远超过威严，他们是根据最强者的命令来决定国王们的权力的。

所以几年之后，在同样受命于最强者的情况下，一个桑城大主教和20个主教，居然敢于废黜法国国王秃头查理，我们对此不会感到惊奇。这一侵权行为是为了取悦于巴伐利亚的路易。这几个国王，既是作恶多端的专制君主，又是不讲友爱的兄弟，由于不能置对方于死地，便轮番以逐出教门咒骂对方。但是，令人惊奇的是，秃头查理在他发布的一份针对桑城大主教的文告中承认："至少在我出庭接受为我加冕的主教们的审判之前，这位大主教不应废黜我；我应当先接受他们的审判，我时刻都准备服从他们严父般的惩戒和处罚。"查理曼的后人竟然沦于说这番话的地步，显然是趋于灭亡了。

还是回到罗退尔上来。在日耳曼尼亚，他一直得到很多人支持；在意大利，他是个安安稳稳的主人。他越过阿尔卑斯山，让教皇为他的儿子路易[1]加冕，而路易则是来审判教皇塞吉乌斯二世[2]的。教皇出庭听审，按司法程序回答了一个梅斯主教的控告，为自己作了辩护，然后向被他的主教们废黜的罗退尔宣誓效忠。罗退尔颁布了这样一道著名的、但是没有用处的命令："为避免过于频繁的动乱，教皇将不再由人民选举，教廷出缺，应呈报皇帝。"

看到这位皇帝时而如此谦卑，时而又如此傲慢，人们不免奇怪；其实，当教皇向他宣誓时，罗马附近有他的军队；而当主教们要废黜他时，他在亚琛没有一兵一卒。

381 他们的审判不过是在劫后余生的欧洲再增添一件丑事而已。从阿尔卑斯山至莱茵河的各省，不知道应当听谁的命令。城市每天改换暴君，乡村被各派的人轮番洗劫。听到的无非是谈论战事，而且总有一些僧侣、修道院长和主教手执武器死于战事中。查理曼的一个儿子雨格被迫当了修道士，以后成为圣康坦修道院院长，

---

① 指路易二世（约 822—875），意大利国王（844—875 年在位）及神圣罗马帝国皇帝（850—875 年在位）。——译者

② 塞吉乌斯二世（？—847）是路易二世拥立的教皇，844—847 年在位。——译者

他同费里埃修道院长一道在图卢兹被打死，两个主教在那里被俘。

战火有时稍停，继而烽烟复起，更为猛烈。罗退尔、查理和路易3兄弟重新划分疆土，而这无非是制造不和与战争的新理由罢了。

(855年)罗退尔皇帝把欧洲搞得民无宁日，而自己却既无所获，又无荣光，感到精力衰竭，便入普吕姆修道院当修士。他当了一世暴君，披上修士服才16天，便痴痴呆呆地死去了。

在西罗马帝国的这第3个皇帝去世时，欧洲涌现一些新的王国，好像一场大地震后出现的一堆堆黄土。

另一个罗退尔①，也就是前面那个皇帝的儿子，把莱茵河、埃斯科河、麦士河②与北海之间面积相当广阔的地方命名为洛塔林吉，以后又缩称为洛林。布拉邦特③称为下洛林，其余地方称为上洛林。今天，上洛林中只有一个小省份称为洛林，不久前已并入法兰西王国版图。

罗退尔皇帝的次子名叫查理，拥有萨伏依④、多菲内，以及里昂内⑤、普罗旺斯和朗格多克的一部分，组成了阿尔王国，首都阿尔以前是一座十分富裕的城市，并由罗马人加以美化，到这时，却是又小又穷，同阿尔卑斯山的这一边所有的城市一样。

一个名叫萨洛蒙的蛮族人不久之后在布列塔尼自立为王，这

① 指罗退尔二世(约835—869)，洛林国王。855—869年在位。——译者

② 埃斯科河和麦士河均发源于法国，流经比利时、荷兰注入北海。——译者

③ 布拉邦特，今比利时的一个省，首府为布鲁塞尔。——译者

④ 萨伏依，法国东南部和意大利北部的地区，古时为一公国，后为一个省。——译者

⑤ 里昂内，法国古省名，首府为里昂。——译者

地方的一部分居民仍是异教徒。但是所有这些王国，差不多就跟
382 它们匆匆建立起来一样，都迅速地瓦解了。

罗马帝国的幽灵依然存在。罗退尔的次子路易分得意大利的一部分，他于 855 年由教皇塞吉乌斯二世宣布为皇帝。他不住在罗马，他所拥有的地盘还不及查理曼帝国的 1/9；他在意大利的权力，教皇们和当时掌握着一个巨大国家的贝内文托公爵们却不予承认。

在他于 875 年去世之后，如果撒利克法典对查理曼家族有效，应由家族中的长房继承帝位。日耳曼路易是查理曼家族的长房，他应继承没有子息的侄子为皇帝。然而秃头查理有军队有金钱，这便是他的权利。他关闭了阿尔卑斯山隘口，不让他哥哥通过，自己带着一些部队急驰罗马。雷吉努斯[①]编年史以及梅斯和富尔达[②]的年鉴都肯定，他是向教皇约翰八世[③]购买了帝国，教皇不仅要他付钱，而且利用这个时机，以君主身份，把帝国授予查理，而查理则以封臣身份接受帝国，同时他声明他的帝国受之于教皇，就像 859 年在法国他声明自己应受主教们审判一样。这样，为了享有帝王之尊，他总是听任他人污辱自己的尊严。

于是，在他治下，罗马帝国便由法国和意大利组成。据说他被他的医生、一个名叫西底加的犹太人毒死；但从来没有一个人说明这个医生为什么要犯下这一罪行。他毒死主人能得到什么？他可

① 雷吉努斯（？—915），普吕姆修道院长，有从耶稣诞生至公元 906 年的编年史传世。——译者

② 富尔达，德国西部城市，临富尔达河。——译者

③ 约翰八世（？—882），教皇，872—882 年在位。——译者

以从谁那里得到更优越的地位？没有一个作者谈到这个医生所受的刑罚。因此，毒杀一说，应当存疑。只有一点可以发人深省，即 383
基督徒的欧洲当时是如此愚昧无知，以至于国王们都不得不选用犹太人和阿拉伯人做他们的医生。

人们总想抓住罗马帝国这个幽灵不放，于是秃头查理之子、法国国王结巴路易[1]便跟查理曼的其他后裔争夺帝国。他们总是向教皇提出这个要求。斯波莱托的一个公爵和托斯卡纳的一个侯爵——他们的爵位都是秃头查理所赐封的——劫持了教皇约翰八世，并且劫掠了罗马的一部分，他们说这是为了强迫教皇把帝国给予查理曼家族的长房——巴伐利亚国王卡洛曼[2]。教皇约翰八世不仅在罗马受到意大利人的迫害，而且他还在877年刚向占有西西里和加里利亚诺[3]的伊斯兰教徒缴付了25000利弗的银子：这就是秃子查理用来购买帝国的钱，这笔钱很快就从教皇之手转到了萨拉森人手中；而且教皇根据一份正式条约，还不得不每年付给他们同一数目的钱。

然而这个向穆斯林纳贡、在罗马成为阶下囚的教皇却逃出图圄，乘船来至法国。他到特鲁瓦城[4]为皇帝结巴路易加冕。这不乏前例：利奥三世、阿德里安和斯提芬三世都是在罗马受迫害，而在别的地方为别人加冕的。

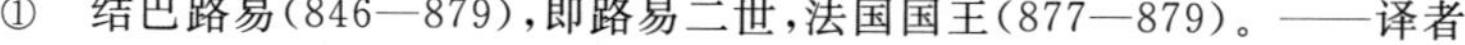

① 结巴路易(846—879)，即路易二世，法国国王(877—879)。——译者

② 卡洛曼(828—880)，日耳曼路易的长子，巴伐利亚国王(877—879)及意大利国王(后让位给其弟查理)。——译者

③ 加里利亚诺，意大利中部地区名。——译者

④ 特鲁瓦，法国古代香槟省首府。——译者

在皇帝兼法国国王胖子查理[1]时代，欧洲战乱加剧。查理曼的后人血缘越远，就越加堕落。（887 年）一群法国和德国领主在胖子查理本人在美因茨召集的一次大会上，宣布他无能，把他废黜。这回起事的并不是那些一方面为国王的野心奔走效劳、另一方面又好像可以随意支配一顶王冠的主教，而是那些主要的领主，他们认为自己有权任命日后治理他们并率领他们打仗的人为君主。据说胖子查理的脑袋不灵了，可能他历来就是这样，因为他竟然不作任何反抗而让人废黜，一下子丧失了德国、法国和意大利，
384 最后只能靠愿意供养他的美因茨大主教的救济过日子。看来当时继承王位的次序显然是无足轻重的，因为结巴路易的儿子卡洛曼[2]的私生子阿尔努德[3]被宣布为皇帝，而巴黎伯爵厄德[4]则当上了法国国王。当时既没有出身法，也没有为人们所承认的选举法。极目欧洲，一片混乱，最强者在最弱者倒台的废墟上崛起，然后又被别人撵下来。整个这部分历史只是几个蛮族将领同一些主教争夺对愚昧农奴的统治。人类还缺少避免发生累累暴行的必不可少的两个东西：理性与勇气。

① 胖子查理（839—888）即查理三世，879—887 年为意大利国王，881—887 年为神圣罗马帝国皇帝，882—887 年为东法兰克国王。——译者

② 卡洛曼，阿基坦及勃艮第国王，879—882 年在位。——译者

③ 阿尔努德，日耳曼路易之孙，日耳曼尼亚国王（887—899），神圣罗马帝国皇帝（896—899 年在位）。——译者

④ 厄德（约 860—898），巴黎伯爵，曾保卫巴黎抵抗诺曼人，胖子查理被废黜后，成为法国国王（886—898）。——译者

第二十五章

9 世纪的诺曼人

那时处处都是四分五裂，因此处处都是不幸和贫弱。这种混 385
乱状态为斯堪的纳维亚的民族和波罗的海沿岸居民打开了〔南进的〕通道。这些野蛮民族人口过多，土地贫瘠，缺乏手工作坊，没有工艺技术，只有设法涌入远离自己家园的地方。杀人越货和海盗行为，在他们就是生存之所必需，就像野兽的互相残杀一样。在德国，人们不加区别地称这些人为诺曼人即北方人，就像我们今天笼统地说柏柏尔地区[1]的海盗一样。从 4 世纪起，他们汇入了蹂躏远至罗马和非洲的其他蛮族的洪流。我们看到，在查理曼时代，他们退缩一隅，害怕遭受奴役；而从温厚者路易时代起，他们就开始他们的海盗活动了。他们那些地方森林密布，给他们提供足够的木材来建造有桨双帆船。一船大约可载百人。他们带着啤酒、干粮、乳酪和熏肉沿岸航行，在没有遇到抵抗的地方登陆，然后带着掠夺物返回原地，按强盗的法律均分，就像在柏柏尔地区的做法一

① 北非土著柏柏尔人，散居摩洛哥、阿尔及利亚、突尼斯、利比亚、埃及一带。这一地区统称为柏柏尔地区。——译者

样。843 年起，他们从塞纳河口进入法国，洗劫了鲁昂[①]。另一支船队溯卢瓦尔河而上，沿途劫掠，直至都兰。他们掳走男人为奴隶，平分妇女，甚至带走儿童，训练他们当海盗。他们把牲畜、用具
386 抢掠一空。有时在沿海一处出售另一处抢来的东西。初试得手，就引起了同胞穷人的贪欲。日耳曼和高卢海边的居民投奔他们，就像普罗旺斯和西西里的背叛者有很多在阿尔及尔的船上效力一样。

884 年，他们的船只遍布海上，几乎同时在英国、法国和西班牙登陆。法国人和英国人的政府显然不如统治着西班牙的伊斯兰教徒的政府。因为法国人和英国人没有采取任何措施来阻止这种入侵；而在西班牙，阿拉伯人却守住了海岸，并终于击退了海盗。

845 年，诺曼人洗劫汉堡，深入德国各地。这时海盗已不是一群乌合之众，而是一支拥有 600 条船，载着庞大队伍的舰队。领队的是一个名叫埃里克[②]的丹麦国王。他打赢了两仗，然后扬帆而去。这个海盗王满载德国战利品回去后，派一个历史上称为雷尼埃[③]的头目来法国。他率领 120 艘帆船溯塞纳河而上。这 120 艘船似乎不可能装载 1 万人。然而，尽管人数可能少些，他再次洗劫了鲁昂，长驱直入来到巴黎。面对这样的入侵，政府软弱无力，一无准备，老百姓惊慌失措，越发增加了危险，结果人数最多的一方却在人数最少的一方面前望风披靡。在另一时期曾经如此英勇自

① 鲁昂，古诺曼底首府，位于塞纳河畔。——译者

② 埃里克是瑞典 14 个国王和丹麦 9 个国王的通称。——译者

③ 雷尼埃，或称雷纳尔·洛德布罗格，传说的斯堪的纳维亚英雄人物。——原编者注

卫的巴黎人[①]，那时却弃城而逃。诺曼人在巴黎找到的只是些木屋，便一把火烧了。可怜的国王秃头查理带着少数部队躲在圣德尼，他不是去抵抗这些蛮族，而是以 14000 马克银子买来了他们的撤退。据信这种马克就是历史上称为玛卡(marcas)的一种货币，相当于我们的半埃居。我们的有些作者写道，这些蛮族人中有几 387
个人由于抢劫圣日耳曼－德－普雷教堂受到神谴而暴卒，这些话听了令人气愤。平民也好，他们尊奉的圣徒也好，都不进行自卫；然而战败者总是不顾羞耻地编造一些对战胜者不利的奇迹来聊以自慰。

秃头查理用这种办法买得和平，只不过是向这些海盗提供再进行战争的资财，同时使自己无法坚持抗战。诺曼人利用这笔钱又去包围波尔多，洗劫了这座城市。最为丢脸和无耻的是，查理曼的后代，阿基坦国王丕平，因抵挡不住诺曼人，竟与他们朋比为奸。于是，到 858 年，整个法国都受蹂躏。诺曼人由于入伙者日多而力量更大，使德国、佛兰德和英国长期生灵涂炭。我们曾经看到，前些时候，一支 10 万人的军队，在取得重大胜利之后，只不过攻占两座城市[②]，因为建造防御工事和筹集军需的办法都已有了改进。但是在当时，一些蛮族人攻打另外一些不团结的蛮族人，只要首战告捷，就几乎一无阻挡，所向披靡。他们有时打败了，但又会再组新军，卷土重来。

882 年，胖子查理把荷兰的一部分割让给丹麦大公戈德弗鲁

① 指下文所叙述的巴黎保卫战。——译者

② 可能指英法之间的“奥格斯堡同盟战争”(1689—1697)，在这次战争中，英国占领了直布罗陀和巴塞罗那。——译者

瓦。后来,戈德弗鲁瓦从荷兰侵入佛兰德。他的诺曼人从索姆河 388 到瓦兹河,长驱直入,夺取并烧毁了蓬图瓦兹[①],从水陆两路来到巴黎城下。

(885 年)巴黎人对蛮族人的入侵严阵以待,没有像从前那样弃城而逃。巴黎伯爵厄德布置城防井然有序,从而鼓舞了人们的勇气,犹如建起一道森严壁垒,他的勇敢精神使他日后登上了法国的王位。

诺曼人头目西吉弗鲁瓦疯狂地加紧围攻,但并非单凭血气之勇。诺曼人使用了攻城槌。用这种方法攻城大概跟构筑城墙一样古老。因为人们既善于建设,也善于破坏,这里我要暂离本题说一说。确切地说,特洛伊木马也不过是同样的攻城器,那上面装着一个金属的马头,而以后的攻城槌则是装着金属的公羊头,这是波萨尼亚斯[②]在关于希腊的描述中告诉我们的。诺曼人打开城墙缺口,进行三次冲锋。巴黎人英勇抵抗,毫不动摇。率领着他们的,不仅有厄德伯爵,而且还有他们的主教戈斯兰。他每天给人民祝福后,便置身城墙缺口。他头戴铁盔,背挂箭囊,腰插战斧,把十字架插在城墙上,在可以望见十字架的地方进行战斗。看来这位主教至少具有与厄德伯爵同等的权威,因为西吉弗鲁瓦首先是向他提出要求,请他允许入城的。这位主教在守城战争中劳瘁而死,留下了可敬可贵的英名。因为他是为了教会的祭坛,为了从事正义事业的公民,为了最必要的自卫——这是永远居于习惯法之上的

① 蓬图瓦兹,法国北部城市,位于瓦兹河畔。——译者

② 公元 2 世纪希腊历史学家和地理学家(见本书导论第二十六节)。——译者

头条自然法，而用他那本来只用于主持祭祀之手执起干戈，而他的同道们只是在内战中为了屠杀基督徒才拿起武器的。如果必须把某些人列为圣者，那么应当进天堂的也许是这位为祖国而战斗、而献身的高级教士，而不是那些碌碌无为的人。那些人的德行—— 389
如果他们有什么德行的话——至少也是无益于世的。

诺曼人围城一年半，巴黎人经受了因长期围困饥馑和瘟疫所带来的一切苦难，而毫不动摇。到了最后，法国国王胖子查理皇帝终于前来救援，他出现在今天称为蒙马特尔的玛尔斯山丘上。但是他不敢进攻诺曼人，他来这里只是为了再次买个可耻的休战。蛮族人离开了巴黎转而包围桑城，抢劫勃艮第；查理则去美因茨召集民众大会，结果被剥夺了王位，因为他不配当国王。

诺曼人继续到处骚扰；但是，尽管他们是基督教民族的敌人，他们从未想到要强迫任何人放弃基督教。他们大致就像法兰克人、哥特人、阿兰人[①]、匈奴人、海吕尔人那样，那些人于5世纪在寻找新的土地时，并没有把某种宗教强加给罗马人，相反却很容易地适应了罗马人的宗教；突厥人也是如此，他们在掠夺哈里发们的帝国的同时，却皈依了伊斯兰教。

最后，罗伦[②](或称罗耳)这个最著名的北方强盗，在被赶出丹麦之后，在斯堪的纳维亚聚集了所有愿意追随他的人，进行新的冒

① 阿兰人，居住在高加索一带的游牧部落，406年侵入高卢，418年在西班牙被西哥特人击败，429年随汪达尔人进入北非。——译者

② 罗伦(约860—约932)，诺曼人的首领，他从昏庸者查理三世手中得到纽斯特里亚的一部分。即后来称为诺曼底的地方，并以罗伯特一世之名成为诺曼底的第一个公爵(？—931)。——译者

险，把成大事的希望建立在欧洲软弱无力的基础之上。他在英吉利登陆，那里已有他的同胞定居。他打了两次胜仗，仍无所得，便转向法国，来到这个其他诺曼人虽会破坏，却不会奴役的地方。

罗伦要在法国寻求一个固定的安身之处，他是使蛮族不再成其为蛮族的第一人。他毫不费力地成了鲁昂的主人；但他并没有加以破坏，而是重建城墙和塔堡。鲁昂成了他的军事要地。由此出发，他时而奔向英国，时而奔向法国其他地方；打起仗来，机智勇猛。在有名无实的国王昏庸者查理[①]治下，法国已到了危急存亡
390 之秋。他的臣属，那些公爵、伯爵、男爵们在肢解王国这一点上，比起诺曼人来，有过之而无不及。胖子查理只是给蛮族人以黄金，而昏庸者查理则向罗伦献出了自己的女儿和几个省。

(912 年)罗伦首先索取诺曼底，查理不胜荣幸，拱手让与。罗伦接着索取布列塔尼，查理讨价还价，但最终还是不得不出让。尽管订了条款，但这些条款向来是由最强者按照自己的利益解释的。前不久还是一个王国的布列塔尼，如今成了纽斯特里亚的一个采邑；而纽斯特里亚——人们很快便习惯于以其侵占者之名称之为诺曼底——则成了一个单独的公国。纽斯特里亚的公爵们对法国国王只是徒有其名地表示臣属罢了。

鲁昂大主教懂得如何说服罗伦成为基督徒。而罗伦大公对于一个可以巩固其权力的宗教，自然是乐于皈依的。

真正的征服者是善于制定法律的人。这种人的权力稳如磐

① 昏庸者查理是结巴路易之子(879—929)，893 年与厄德为法国的同朝国王，898 年厄德死后，成为唯一国王。——译者

石，其他的人只不过是一泻而过的急流而已。罗伦安居宝座，他是那个时代基督教大陆上唯一的立法者。我们知道他的审判是何等执法如山。他在直至此时只靠抢掠为生的丹麦人中消灭了海盗。在他死后很久，人们只要说出他的名字，便是要求司法官员前来制裁暴行的一道命令。在诺曼底，人们所熟知的呼喊“哈罗”的习俗[①]便是由此而来。丹麦人和法兰克人的血液混合在一起，使这块地方后来产生了征服英国、那不勒斯和西西里的英雄们。

① 直至1789年，“哈罗”在诺曼底是呼唤公众和警事人员的用语。“哈罗”(haro)来源于Ha-Roll，Roll是Rollon(罗伦)的缩写，Ha Roll意为“救我，罗伦”。另一说法，谓haro是一种欢呼，相当于德语的hourra。——原编者

第二十六章

9 世纪的英国；阿尔弗烈德大王

391 英国人现在已成为一个强盛的民族，他们以贸易和战争著名，他们热爱自己的法律，热爱那种只以法律为准绳的真正自由；但是 9 世纪时的英国人同现在毫无相同之处。

他们挣脱了罗马人的枷锁，又落入撒克逊人的桎梏，撒克逊人在约 6 世纪时占领了英吉利之后，又于 8 世纪在他们自己的故乡，为查理曼所征服。(828 年)撒克逊占领者把英吉利分为 7 小块，称之为王国。这 7 个省份在撒克逊人国王爱格伯[①]时期终于统一起来，这时正是诺曼人前来侵扰英吉利和法兰西的时候。据说诺曼人于 852 年驾驶 300 艘船溯泰晤士河而上。英国人并不比法兰克人抵御得出色些。他们像法兰克人一样向胜利者纳款。一个名叫爱脱伯特的国王效法秃头查理的可悲的榜样，供献银子。同样的错误得到同样的惩罚。海盗们利用这笔钱来更加猖狂地征服这个国家。他们占领了英吉利的一半土地。生来勇敢并受到其地理位置保护的英国人，一定是由于政府中存在着根本的弊病，才会老

① 爱格伯(约 775—839)，英国西撒克斯国王(802—839)，他兼并了 7 个小国，建立了统一的英吉利王国，并曾于 838 年击退丹麦人的入侵。——译者

是被一些民族征服，而这些民族本来是不可能在他们的国土登陆而不受到惩罚的。根据记载，这个岛所遭受的可怕的破坏比前面说的法国的情况还要厉害。有些时候，整个大地成了一片大屠场，而这样的时期又是屡见不鲜的。

在这一片惨状中，当看到出现某个伟大人物把他的祖国从奴 392
役下拯救出来并作为贤明国王加以治理时，我们才终于稍微松了一口气。

如果人们所叙述的关于阿尔弗烈德大王为祖国作出贡献的事都是真实的，我不知道世上还有谁比他更值得后人尊敬的了。

(872 年)他继承其兄爱脱莱特一世[①]的王位，后者留给他的是别人不承认的统治英吉利的权利，因为英吉利从来还没有像当时那样被分割为一些小国，其中若干王国掌握在丹麦人手中。新的海盗还几乎每年都要来跟捷足先登者争夺剩下来的一点战利品。

阿尔弗烈德因为只拥有西部一个省，所以最初在方阵战中被这些蛮族人打败，所有的人都抛弃了他。他并不像他的叔父巴特勒那样，当了小省份的国王，被丹麦人赶出来，便到罗马去，躲在英国会馆里。相反，尽管孑然一身，孤立无援，他仍决心为祖国复仇，或者宁愿战死沙场。他在一个牧羊人家，在沼泽环绕的茅屋中藏匿了 6 个月。只有仍然守着一个小城堡的迪文伯爵知道他的秘密。这个伯爵终于召集了一些部队并打了一些胜仗。阿尔弗烈德穿着牧羊人的褴褛衣衫，弹起竖琴，大胆地来到丹麦人的营地。他亲眼看到营地的地势和弱点，了解到蛮族人将庆祝一个节日；他跑

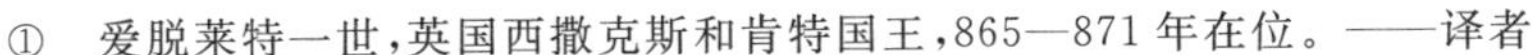

① 爱脱莱特一世，英国西撒克斯和肯特国王，865—871 年在位。——译者

到迪文伯爵那里，迪文伯爵的民兵队已准备停当。他带领一支人数不多但坚定果敢的队伍重新来到丹麦人的驻地，袭击丹麦人，大获全胜。当时丹麦人内部分裂。阿尔弗烈德既善于战斗，也善于谈判；而且奇怪的是，英国人和丹麦人都一致拥戴他为国王。现在只剩下伦敦需要收复。他攻取伦敦，加强城防，整顿市容，装备舰队，控制住已在英国的丹麦人，不让其他丹麦人再登陆；然后，在12 年的和平执政中，致力于使祖国臻于文明。他的法律宽厚，但严格执行。是他设置了陪审员；是他把英国划分为郡或伯爵领地；
393 是他首先鼓励臣民经商。他把船只和金钱借给敢作敢为而又精明能干的人，这些人航海直至亚历山大城，穿过苏伊士海峡，到波斯湾进行长途贸易。他建立民兵，设置各种会议，到处秩序井然，一派升平景象。

谁会相信，这个阿尔弗烈德在普遍愚昧无知的时代，居然派出一艘船只试图找寻一条从欧洲和亚洲北部到印度的通道？有关这次旅行的记述是用盎格鲁－撒克逊文写的，以后在路易十五的大使普莱洛[①]伯爵的请求下，该项记述在哥本哈根译成拉丁文。阿尔弗烈德是这种大胆尝试的倡导者，而英国人、荷兰人和俄罗斯人直至最近才这样做。可见这个君主是远远地走在他的时代前面了。

凡是真正的伟人无不具有卓越的思想。阿尔弗烈德奠定了牛津大学的基础。他从罗马买来了许多书籍，当时英国文化极端落后，几乎没有什么书，他抱怨当时没有一个英国神父懂得拉丁文。

① 罗伯尔·普莱洛(1699—1734)，法国外交家。——译者

但是他懂得拉丁文;他甚至还是当时相当高明的几何学家。他精通历史,人们甚至说他用盎格鲁一撒克逊文写诗。政务之余的时间他都用于学习。他很会节约,因此可以慷慨施与。人们看到他重建了几所教堂,但没有重建一所隐修院。肯定他是认为在一个满目疮痍、需要繁殖人口的国家,如果过于优待这些抛家弃子、靠国家供养的庞大团体,那会有损于祖国的利益。正因如此,他没有被奉为圣徒。但是历史并没有指责他有什么缺陷与弱点,把他置于造福人类的英雄人物的首列,人类要是没有这些出类拔萃的人物,那就可能一直都如野兽一般了。

第二十七章

8至9世纪时的西班牙和摩尔人穆斯林

394 您已经看到一些相当不幸、治理极其不善的国家；然而我们将要概述的西班牙，却长期沦于更为悲惨的境地。5世纪初叶侵入欧洲的蛮族人蹂躏了别的国家，也蹂躏了西班牙。曾经那么英勇地抵御罗马人的西班牙，为什么一下子便屈服于蛮族人？这是因为当罗马人进攻西班牙时，西班牙到处是爱国者；而在罗马人的统治下，西班牙只有一些受萎靡不振的主人虐待的奴隶；于是西班牙一下子便成了苏维汇人[1]、阿兰人、汪达尔人的猎物。继汪达尔人而来的是西哥特人，他们开始定居于阿基坦和加泰罗尼亚[2]，而东哥特人则在意大利摧毁了罗马帝国的朝廷所在地。我们知道，这些东哥特人和西哥特人是基督徒，但不属于罗马教会，也不属于当时还统治着东罗马帝国的皇帝们的教会，而是属于长期为希腊教会所接受、相信基督但不相信基督就是上帝的教会。西班牙人则相反，一直信奉罗马教典。这样，战胜者信奉一种宗教，战败者又

---

① 苏维汇人，日耳曼的一支，5世纪侵入西班牙，后被西哥特人消灭。——译者

② 加泰罗尼亚，西班牙东北部地区。——译者

信奉另一种宗教，就势必加重了西班牙人所受的奴役。主教教区也跟在意大利一样，由一个阿里安教主教和一个阿塔纳斯教主教分占，这样便又加深了公众的不幸。前已说过，西哥特国王们想在西班牙做出伦巴第国王罗塔里克在意大利所做的和君士坦丁在登基时已经做过的事，那就是：用信仰自由来把因宗教不同而分裂的 395
人民团结起来。

西哥特国王勒奥维吉尔德[1]想把相信同性同体的人和不相信的人团结起来。他的儿子赫尔米尼吉尔德起来反抗他。当时还有一个苏维汇小国王占有加利西亚[2]以及周围的几个要塞；反叛的儿子跟这个苏维汇人勾结起来，长期跟他的父亲作战。赫尔米尼吉尔德尽管一直不肯屈服，最后还是被打败，被抓到科尔多瓦，由国王的一名军官把他杀死。罗马教会把他列为圣徒，只因他信奉罗马的宗教，并以宗教为借口反叛他的父亲。

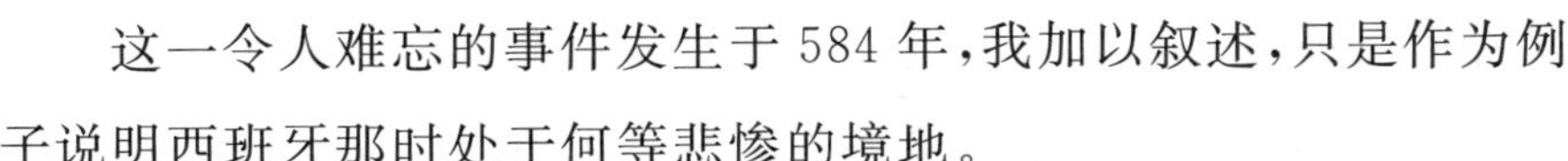

这一令人难忘的事件发生于584年，我加以叙述，只是作为例子说明西班牙那时处于何等悲惨的境地。

西哥特人的这个王国并非世袭制。主教们最初在西班牙享有与他们在法国加洛林王朝时期取得的同样的权利，他们跟主要的领主一道拥立和废黜国王。这便是内乱持续不断的一个新的根源。例如，他们选私生子留瓦[3]为王，而不管留瓦的几个婚生的兄

[1] 勒奥维吉尔德(568—？在位)，西班牙西哥特国王。最初与其兄留瓦共同执政，572年留瓦死后，他成为全西班牙国王。——译者

[2] 加利西亚，西班牙西北部的一个地区。——译者

[3] 留瓦(？—572)，西班牙西哥特国王，567年为国王，次年，将王国的大部分土地给他兄弟勒奥维吉尔德，572年被暗杀。——译者

弟；当留瓦被一个名叫维特里克的哥特军官暗杀之后，他们又毫不勉强地选举维特里克为王。

他们的一个最好的国王万巴，我们前面说过，因为生病，穿上悔罪衣公开悔罪，据说这样可以治病。病果然好了，但由于他是个悔罪者，人们便宣布他没有能力担任国王，于是他被送入修道院 7 天。法国废黜温厚者路易时，曾经援引了这件事作为先例。

首批奴役西班牙人的哥特征服者并不是让人这样对待自己的。他们建立了一个帝国，占有从普罗旺斯和朗格多克直到非洲的休达[①]和丹吉尔[②]的土地；但是这个帝国由于治理不善，很快便趋于崩溃。西班牙发生过多次叛乱，最后，国王威帖萨下令收缴了一部分臣民的武器，拆毁了若干城市的城墙。此举的目的在于迫使人们服从他，然而他自己也因此失去了援军和退守之地。为了
396 博得僧侣们的拥护，他在一次全国大会上发布敕令，允许主教、神父都可以结婚。

威帖萨暗杀了罗德里格[③]的父亲，罗德里格也杀了威帖萨；罗德里格比威帖萨更坏。穆斯林在西班牙占据优势的原因就在于此，而不必在他处寻找了。我不知道关于罗德里格强奸朱利安伯爵[④]的女儿弗罗林达——这个女人声名狼藉，被称为卡娃或坏女人——一事是否属实，以及这个伯爵是否为了报复而去把摩尔人

---

① 休达，摩洛哥城市，地中海港口，原为葡萄牙的殖民地。——译者

② 丹吉尔，摩洛哥城市，直布罗陀海峡的港口，古称丹吉斯。——译者

③ 罗德里格，西班牙最后一个西哥特国王（710—711 年在位）。——译者

④ 朱利安伯爵是西班牙安达卢西亚的长官，曾帮助摩尔人侵入西班牙。——译者

召来。关于卡娃的事可能是部分地抄袭〔古罗马贵妇人〕卢克莱丝的故事的。但这两者看来都不是根据可靠的文献。为了把非洲人召来，似乎没有必要找个强奸事件为借口，这种事做起来不易，要证实也难。早在万巴国王时代，赫尔维克伯爵(后来当了国王)已经引来了一大批摩尔人。塞维利亚大主教奥帕斯是这场大变乱的主要工具，他所要维护的利益比一个女人的贞洁更为重要。他是篡位者威帖萨的儿子，而威帖萨是被篡位者罗德里格废黜和暗杀的，因此这位大主教出于野心再次勾引摩尔人到西班牙来。威帖萨的女婿朱利安伯爵则仅仅由于这种姻亲关系便有足够的理由起来反对暴君。另一位名叫托里佐的主教也参与了奥帕斯和朱利安伯爵的阴谋。如果仅仅是为了一个女人，两个主教会这样跟基督徒的敌人勾结吗？

伊斯兰教徒当时是、今天仍然是曾经属于罗马人的整个这一部分非洲土地的主人。他们刚刚在那儿，在阿特拉斯山附近，为摩洛哥城初步奠定了基础。这块美丽土地的主人韦立德·曼苏尔哈里发[1]当时住在叙利亚的大马士革。他手下的驻非洲长官穆萨[2]派副将去征服整个西班牙。首先派出的将军塔里克[3]于714年取得了著名的赫雷斯[4]平原战役的胜利，罗德里格被击毙。据说萨拉森人没有履行他们许给朱利安的诺言，可能他们对他不信任。397

① 韦立德·曼苏尔，即韦立德一世，阿拉伯帝国倭马亚王朝哈里发；705—715年在位。——译者

② 穆萨·伊本·努赛尔是倭马亚朝驻北非长官，后被韦立德一世的继位者苏莱曼剥夺了权力与财产。——译者

③ 塔里克·伊本·齐雅德，第一个侵入西班牙的穆斯林将领。——译者

④ 赫雷斯平原在西班牙南部。此次战役的年份应为711年。——译者

大主教奥帕斯则比较使他们满意,他向穆斯林宣誓效忠,所以在穆斯林统治下,他对于被胜利者容忍存在的基督教会还保留有很大的权力。

至于罗德里格国王,几乎没有人惋惜他,他的遗孀艾吉罗娜,尽管穆萨的军队杀死了她的丈夫,奴役了她的国家,控制了她的宗教,她仍嫁给了征服者穆萨的儿子阿卜杜勒·阿齐兹①。

战胜者们并不因为军事胜利而过于严酷,他们让战败者保有财产、法律和宗教信仰,而只满足于征收贡税和发号施令。不仅是国王罗德里格的遗孀嫁给年轻的阿卜杜勒·阿齐兹,而且以她为先例,摩尔人和西班牙人通婚是常有之事。以前一向虔诚信奉基督教的西班牙人,这时纷纷改信伊斯兰教,以至于人们不用王国过去用的名称称他们为西哥特人,而称为莫斯阿拉伯人②,据说这是"半阿拉伯人"的意思。这个名称并没有贬义,因为阿拉伯人是世上最宽厚的征服者,他们还把新的科学和艺术带到了西班牙。

整个西班牙在14个月中便被哈里发的帝国所征服,只有阿斯土里亚斯③的洞穴和巉岩除外。末代国王罗德里格的一个亲属、哥特人佩拉约·特多梅尔④就躲在这些洞穴中,保持着自由。我

① 阿卜杜勒·阿齐兹,穆萨的次子,在穆萨返回大马士革复命后,任西班牙地区总司令。——译者

② 原文是 Les Mosarabes,意为"冒充的阿拉伯人",指西班牙基督徒中,虽未真正伊斯兰化,但却阿拉伯化、仿效阿拉伯人生活方式的一些人。——译者

③ 阿斯土里亚斯,西班牙古省名,在比利牛斯山区。——译者

④ 佩拉约·特多梅尔(?—737)传为阿斯土里亚斯第一个国王(?—737),据说是法维拉伯爵之子。法维拉被威帖萨杀害后,他逃到阿斯土里亚斯山区,718年打退阿拉伯人的进攻,占领莱昂。——译者

不明白人们怎能把这个亲王称为国王，也许他是当之无愧的，但他的全部王权仅限于不当俘虏而已。西班牙历史学家以及附和者们说他曾取得巨大胜利，替他想象出一些奇迹，甚至为他设立了宫廷，把他的儿子法维拉和女婿阿尔丰沙[1]说成是这个所谓王国的平安无事的继承者。但是，在阿卜杜·拉曼率领下，约于734年征服了半个法国的伊斯兰教徒们，怎么会让这个阿斯土里亚斯王国存在于比利牛斯山背后呢？对于基督徒来说，当时能够一面向伊
斯兰教徒纳贡，一面躲在深山之中，靠打家劫舍过活，这已经是相 398
当不错了。只是在大约759年，基督徒才趁着征服者们因被查理·马特打败和内部分裂而削弱之时，开始反抗他们。但是，基督徒本身比伊斯兰教徒更加分崩离析，因而不久便又受人奴役。（783年）莫尔加特[2]——史学家们都喜欢给他以国王的头衔——通过称臣效忠和定期纳贡而获准治理阿斯土里亚斯以及邻近的几块地方；他特别卑躬屈节地每年向阿卜杜·拉曼的后宫提供100名美女。索取这样的贡品已是阿拉伯人长期以来的习惯；今天商队向沙漠阿拉伯人献礼，也总是赠送成年女子。

这种习俗由来已久。据一本名为《出埃及记》的犹太经书记述，以利亚撒攻打米甸，抓了32000名少女。在这32000名处女中，只有32人用来祭以利亚撒的神，其余全部分给祭司和士兵们作为繁殖人口之用[3]。

---

① 阿尔丰沙，指阿尔丰沙一世，阿斯土里亚斯国王（739—757）。——译者

② 莫尔加特，阿斯土里亚斯国王，阿尔丰沙一世与一摩尔人奴婢的私生子，在位4年。——译者

③ 此说见于《圣经·民数记》第31章，而非《出埃及记》。——原编者

有人还说，这个莫尔加特的继承者是一个名叫韦雷蒙的助祭，他是山区逃亡者的头目，同样要向穆斯林称臣效忠，而且也不得不经常进贡同样数目的女子。一个王国难道就是这副样子？这种人难道也是国王么？

阿卜杜·拉曼死后，西班牙各省的埃米尔企图独立。在关于查理曼的部分章节，我们曾看到一个名叫伊本·阿拉比的埃米尔竟轻率地向这位征服者求援。如果当时在西班牙真的有一个基督徒的王国，查理曼不会用他的军队保护这个王国，却反而去跟伊斯兰教徒联合么？查理曼曾把这个埃米尔置于自己的保护之下，并且要求原来归穆斯林所有的、位于埃布罗河[1]与比利牛斯山之间的地方向他称臣。我们看到，794 年，摩尔人阿比塔尔曾向温厚者路易称臣，当时路易还在他父亲的治下，以国王的名义，统治着阿基坦。

399 不久之后，在西班牙的摩尔人内部分裂加剧。温厚者路易的御前会议利用了这一点，派军队包围了巴塞罗那两年，路易于 796 年以胜利者身份进入该城。这是摩尔人衰败的开始。这些征服者因为已经摆脱了哈里发们的羁绊，所以得不到非洲人和哈里发们的支持。阿卜杜·拉曼的继位者们把他们王国的首府设在科尔多瓦，其他省份的省长并不服从他们。

佩拉约家族的阿尔丰沙[2]利用这一有利时机，壮大了藏匿在阿斯土里亚斯的西班牙基督徒的力量。他已经可以跟他的主人抗

---

① 埃布罗河，西班牙东北部河流，注入地中海。——译者

② 阿尔丰沙，指阿尔丰沙二世（791—842），阿斯土里亚斯国王。——译者

衡，因此拒绝像过去一样纳贡。到 9 世纪初，在取得几次胜利之后，他已稳然成为阿斯土里亚斯和莱昂[①]地区的主人。

西班牙重新有基督徒国王应当从他算起。这个阿尔丰沙诡计多端而又凶狠残暴。人们称他贞洁的阿尔丰沙，因为他是第一个拒绝向摩尔人呈献 100 个女子的人。人们没想想，这是因为这样做不会冒战争风险，所以他才拒不纳贡；却以为他是想摆脱摩尔人的统治，不再充当藩臣，所以才在拒纳其他贡物的同时，也不献这 100 名女子。

尽管阿尔丰沙几经挫折，但他所取得的成就却鼓励了那瓦尔的基督徒自立国王，阿拉冈人在一个伯爵领导下竖起了大旗。因此在温厚者路易统治的末年，不管是摩尔人，还是法国人，在这些贫瘠地区都已不再有任何势力，但西班牙其余地方仍然服从穆斯林国王。在这期间，诺曼人骚扰西班牙沿岸，在被打退之后，又返转来掠夺法国和英国。

阿斯土里亚斯、莱昂、阿拉冈这几个地方的西班牙人当时都还是未开化的人，这并不奇怪。他们先是受奴役，继而是连年战争因此不可能有文明。他们处于愚昧状态，以至于被称为“大王”的莱昂和阿斯土里亚斯国王、另一个阿尔丰沙[②]都不得不把他自己儿子的教育托付给伊斯兰教徒老师。

当我看到史学家们把多么美好的头衔慷慨赠给国王们时，我 400
总是惊奇不已。这个被他们称为“大王”的阿尔丰沙曾经挖掉他 4

① 莱昂，西班牙西北部地区。——译者

② 指阿尔丰沙三世(866—910)。——译者

个兄弟的眼睛。他的一生只不过是一连串的残暴行为和背信弃义。这个国王终于激起臣民群起反对,不得不于910年逊位,把小小的王国让给他的儿子堂·加尔西亚①。

“堂”(Don)这个头衔是“多米努斯”(Dominus)②一词的缩写。这个头衔在奥古斯都皇帝看来,似乎太过野心勃勃了一些,因为它的意思是“主人”,后来人们用来称呼西班牙本笃会教士和西班牙领主,最后用以指这个国家的国王。这时,土地的领主开始用“富人”这个头衔,“富人”意即土地占有者,因在那时西班牙基督徒没有别的财富。当时还没有贵族。贵族的爵号只是在3个世纪以后,卡斯蒂利亚国王智者阿尔丰沙十世③时代,西班牙开始变得强盛时才使用的。

① 加尔西亚,阿尔丰沙三世之子(?—913),因反叛其父亲而被俘,囚于奥维埃托附近的一个城堡里。他的岳父卡斯蒂利亚尔伯爵和他的兄弟跟阿尔丰沙三世作战,迫其逊位,加尔西亚成为莱昂国王。——译者

② 拉丁语Dominus意为“主人”,是古罗马惯称,对“奴隶”而言。3世纪末成为皇帝的正式称号。dominus在西班牙语中演变为don,原为贵族的荣誉称号,现用于所有人。——译者

③ 阿尔丰沙十世(1221—1284),卡斯蒂利亚国王,1252—1284年在位,曾建立萨拉曼卡大学,绘制天文图。——译者

第二十八章

8至9世纪时穆斯林在欧亚称雄；穆斯林进攻意大利；教皇利奥四世的高尚行为

伊斯兰教徒虽然丧失了西班牙与法国接壤的一部分地区，但 401
在其他地方却四处扩张。就其宗教传播的范围来说，已经远及印度和他们经商的非洲东部海岸。至于说到他们征略之所得，首先，诃伦哈里发（或称公正的哈里发）于782年曾经迫使伊琳娜女皇每年缴纳70万金埃居的贡金。后来因为尼基法拉斯皇帝[1]拒不纳贡，诃伦便夺取了塞浦路斯岛并掠夺了希腊。他的孙子马蒙，这个热爱科学、知识渊博的值得推崇的君主，也派遣副将于826年夺取了克里特岛。穆斯林〔在该岛〕建筑了干地亚城[2]，此城今天又为他们所占领[3]。

828年，还是那些曾经占领西班牙并几次侵入西西里的非洲人，在一个名叫攸弗米乌斯[4]的西西里人的鼓动下，又来蹂躏这个

---

① 指东罗马帝国皇帝尼基法拉斯一世，802—811年在位。——译者

② 干地亚，今称伊腊克林，克里特岛上城市。——译者

③ 指1669年土耳其人占领克里特岛。——译者

④ 攸弗米乌斯，东罗马帝国米海尔二世时驻西西里的长官，因有失宠之虞，便与萨拉森人勾结，反对帝国政府，后来中埋伏死亡。——译者

富饶的岛屿。这个攸弗米乌斯的皇帝米海尔[①]娶修女为妻，但皇帝使法律对他有利；攸弗米乌斯效法皇帝，却受到法律的追究，于是他便在西西里干出了大致像朱利安伯爵在西班牙曾经干过的事。

希腊皇帝也好，西罗马帝国皇帝也好，当时都没有能力把穆斯林赶出西西里，因为东西帝国都腐败不堪。这些征服者如果团结一致，就可能成为意大利的主人了。但他们犯了错误，因此挽救了
402 罗马，就像从前迦太基人的错误拯救了罗马一样。穆斯林于846年用大批船只从西西里出发，由台伯河口进入意大利，所到之处都荒无人烟，于是便去包围罗马。他们占领了外围，在掠夺了城外华丽的圣彼得教堂之后，便撤围而去迎战前来援救罗马的、由罗退尔皇帝的一个将军率领的法国军队。法国军队被打败了，但罗马城得到喘息之机，没有被攻下。于是，本应征服意大利的这次远征，因征服者内部不和，结果变成只是一次蛮族人的侵扰而已。但不久之后，这些人又集结重兵卷土重来，仿佛要摧毁意大利，把基督教的首都变为伊斯兰教徒的一个小镇。教皇利奥四世在这危急关头掌握了罗退尔的将军们似乎放弃了的权力，在保卫罗马的过程中，像个君主一样指挥一切。他用教会的钱来修补城墙，构筑堡垒，在台伯河上架起铁索。他自己出钱武装民兵，招募那不勒斯和加埃塔[②]的居民前来保卫海岸和奥斯蒂亚[③]港口；同时也没有忘记采取谨慎的预防措施，扣留这些居民的人做人质，因为他很清楚："有足够力量援助我们的人，也有足够力量损害我们。"他亲自巡视

① 米海尔二世（？—879），东罗马帝国皇帝，820—829年在位。——译者

② 加埃塔，意大利拉齐奥区港口城市，临加埃塔湾。——译者

③ 奥斯蒂亚，古罗马时台伯河上的港口，今已壅塞。——译者

所有的岗哨，并且在萨拉森人袭击时坐镇战场。这不是像巴黎主教戈斯兰在一种更为危急的情况下那样亲自参加战士的行列，而是作为一个教皇，激励着信基督教的人民；同时像一个国王，关心着他的臣民的安危（849 年）。他生来就是个罗马人。在一个卑怯而腐败的时代里，〔罗马〕共和国初期的英勇气概在他身上复苏，就像是我们在新罗马的废墟中有时发现的古罗马的一件珍贵文物一样。

他的勇敢精神与精心布置得到了人民的拥护。当萨拉森人进 403
攻时，人们英勇抵抗。暴风雨使萨拉森人的一半船只沉没，一部分幸免于死的征服者被俘虏。教皇让那些原来要摧毁罗马城的人去加固罗马城防工事，美化城区，使他的胜利转为实用效果。但是伊斯兰教徒仍然控制着卡普亚[①]和加埃塔之间的加里昂，不过他们与其说是纪律严明的征服者，不如说是一群不受约束的海盗。

在 9 世纪时，穆斯林在罗马和君士坦丁堡同样都令人望而生畏，他们是波斯、叙利亚、阿拉伯、非洲直至阿特拉斯山脉的所有沿海地方以及 3/4 的西班牙的主人。但是这些征服者并不构成一个民族，他们与罗马人不同，罗马人也曾经扩张到几乎跟他们同样广阔的地方，但却是一个单一的民族。

815 年，查理曼死后不久，在著名的马蒙哈里发的时代，埃及是独立的，大开罗是另一哈里发的驻地。丹吉斯毛里塔尼亚[②]的

---

① 卡普亚，意大利那不勒斯省的城市。——译者

② 古罗马人把毛里塔尼亚分为丹吉斯毛里塔尼亚（首府丹吉斯，今突尼斯的丹吉尔）与开塞利毛里塔尼亚（首府为开塞利，今突尼斯的城市）两部分。这两部分今分属毛里塔尼亚、摩洛哥、阿尔及利亚、突尼斯等国。公元前 2 世纪时，这是罗马帝国的属地。公元 7 世纪，阿拉伯人在此建立封建王朝。——译者

统治者的称号为米拉莫兰,是摩洛哥帝国的绝对主宰;而努比亚和利比亚[①]则服从另一个哈里发。建立了科尔多瓦王国的阿卜杜·拉曼王朝也无法阻止别的伊斯兰教徒建立托莱多王国。所有这些新王朝都承认〔巴格达的〕哈里发为伊斯兰教创立人的继承者。像基督徒大批地到罗马朝拜一样,世界各地的伊斯兰教徒都前往麦加朝觐。麦加由哈里发任命的一个行政官管理。作为麦加的主人,哈里发主要是通过这种朝觐在所有信仰伊斯兰教的君主们心目中成为可尊敬的人。然而这些君主们总是把宗教信仰和自己的利益分开来,他们一方面向哈里发称臣,另一方面又要剥夺他。

① 古利比亚居民基本上是柏柏尔人。公元前1世纪为罗马帝国属地。7世纪阿拉伯人进入利比亚。——译者

第二十九章

8至9世纪时君士坦丁堡的帝国

当查理曼的帝国四分五裂、萨拉森人和诺曼人入侵西方之时，404
君士坦丁堡的帝国却犹如一棵大树，巍然挺立。这棵大树虽依然苍劲挺拔，但毕竟老了，有些树根业已腐朽，而且四面受击，风雨飘摇。这个帝国在非洲已一无所有；叙利亚和一部分小亚细亚已不在其版图之内。它抗击穆斯林以保卫靠近黑海东部的边疆，有时失败，有时获胜。通过连年战争的锻炼，它本应至少可以加强抵御穆斯林的力量，但是从多瑙河附近黑海西岸又有新的敌人来犯。斯基泰人的一支阿巴尔人（又称阿瓦尔人）和另一些斯基泰人——保加尔人（保加利亚因之得名），都来骚扰罗马尼亚[1]这块美丽的地方。哈德良和图拉真在那里建造的那些美丽的城市、那些通衢大道，都遭到了破坏，如今只剩下几段马车路了。

尤其是散布在匈牙利和奥地利的阿巴尔人，时而袭击东罗马帝国，时而进犯查理曼帝国。因此，从波斯到法国边境的土地几乎不断受到入侵。

---

① 现罗马尼亚的中、西部古称达契亚，二世纪为图拉真征服，罗马帝国向该地殖民。后相继受哥特人、匈奴人、阿瓦尔人、斯拉夫人和鞑靼人的骚扰、侵占。——译者

希腊帝国[①]的疆土不断收缩，不断受到侵扰，且它的首都一直
是各种动乱和罪行的舞台。希腊人的狡狯加上色雷斯人的凶残，
构成了支配宫廷的特性。请看，君士坦丁堡给我们演出的是些什
405 么节目：摩里斯[②]及其 5 个儿子都被人杀死；福卡斯因凶杀和乱伦
而被暗杀；君士坦丁[③]被皇太后马尔蒂娜毒死，马尔蒂娜又被人割
掉了舌头，她儿子希拉克莱俄纳斯被割掉鼻子；康斯坦[④]派人卡死
其兄弟，他本人又被仆人打死在浴缸里；君士坦丁·波戈纳[⑤]剜掉
他两个兄弟的眼睛；他的儿子查士丁尼二世[⑥]准备在君士坦丁堡
干狄奥多西在帖撒罗尼迦所干之事，当他正要屠杀城里的主要公
民时，被利奥斯抓住，砍伤，用铁链捆住；不久人们也像利奥斯对待
查士丁尼二世一样对待利奥斯；查士丁尼复位后，使人当着他的面
把他的仇人一个个在广场上杀死，但自己最后也死于一名刽子手
的刀下；菲利普·巴尔达纳[⑦]被废黜并被判处剜去双目。诚然，伊
苏里亚人利奥和拆烂污君士坦丁是寿终正寝，但他们的血腥统治

① 东罗马帝国又称希腊帝国或拜占庭帝国。——译者

② 摩里斯(539—602)，东罗马帝国皇帝，582—602 年在位。——译者

③ 君士坦丁，指东罗马帝国皇帝君士坦丁三世(612—641)，希拉克略一世(610—641)之子。641 年登基后 4 个月被继母马尔蒂娜毒杀。马尔蒂娜是希拉克略的外甥女，甥舅为婚，生希拉克莱俄纳斯。希拉克略遗嘱由母子二人共同辅佐君士坦丁三世。——译者

④ 指康斯坦二世(630—688)，君士坦丁三世之子，641—688 年在位。661 年，他杀死他的兄弟狄奥多西。——译者

⑤ 君士坦丁·波戈纳(648—685)，君士坦丁四世，亦称大胡子君士坦丁，康斯坦二世之子，东罗马帝国皇帝，668—685 年在位。——译者

⑥ 查士丁尼二世(约 669—711)，东罗马帝国皇帝，685 年即位，695 年被利奥斯废黜，705 年复位，711 年被杀。——译者

⑦ 菲利普·巴尔达纳，东罗马帝国皇帝，711—713 年在位。——译者

对君主对臣民都是一大不幸。女皇伊琳娜是第一个登上皇帝宝座的女人，也是第一个为了要当皇帝而杀死亲生儿子的人。她的继位者尼基法拉斯，臣民恨之入骨，后被保加尔人抓去砍了头。尸体用来喂了野兽，头盖骨做了胜利者的酒盅。最后，与查理曼同时代的米海尔·库罗帕拉特[1]被关进修道院，死得没有那么惨，但却死得更为耻辱。帝国便是这样被统治了 300 年。这些卑微的强盗由于罪行累累而在广场上受到惩处，还有什么历史比这更为可怕和更为令人作呕的呢！

然而，事情还不只如此。人们还看到，9 世纪时，亚美尼亚人利奥[2]这个英勇的武士因反对供奉圣像，在做弥撒唱圣母赞歌时被人刺杀。凶手们为杀死一个异端分子而欢欣鼓舞，把一个被元老院判处死刑的名叫结巴米海尔的军官从监牢中拉出来，不是加以处决，而是让他当上皇帝。正是此人，看中了一个修女，便授意元老院请求他娶这个修女为妻，没有一个主教敢表示反对。更值得注意的是，差不多就在同时，我们看到，在西西里，攸弗米乌斯因类似的婚事而受到刑事追究；不久以后，在君士坦丁堡，人们又谴责皇帝哲学家利奥[3]的极其合法的婚事。在那个时候，我们究竟 406
能在什么地方找到法律和良好风尚呢？当然并不是在我们西方。

关于圣像的争吵始终使帝国不得安宁。宫廷根据多数人的倾

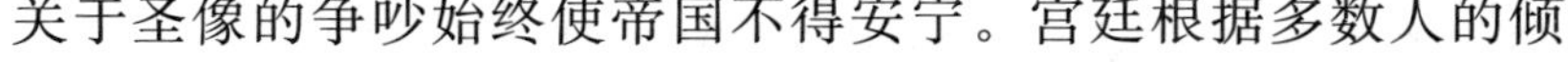

① 米海尔·库罗帕拉特，即米海尔一世，东罗马帝国皇帝，811—813 年在位。——译者

② 亚美尼亚人利奥，即东罗马帝国皇帝利奥五世，813—820 年在位。——译者

③ 哲学家利奥，即利奥六世，东罗马帝国皇帝，886—912 年在位。——译者

向，时而支持、时而反对供奉圣像。结巴米海尔[①]始而准许礼拜圣像，后来又要打倒它。

他的继位者西奥菲洛斯自 829 年至 842 年在位约 12 年，始终反对这种信仰。有人写道，西奥菲洛斯不相信复活，否认存在魔鬼，也不承认耶稣基督是上帝。一个皇帝这样想，那也许是可能的；但是，并非仅就君主而言，而就一般人而言，难道应当相信敌对者们的话么？这些敌对者没有任何事实根据，就把有不同看法的人的宗教和风尚加以诋毁。

结巴米海尔的儿子西奥菲洛斯是两个世纪以来唯一和平地继承父亲皇位的皇帝。在他的朝代，圣像供奉者比任何时候都更受迫害。可以想象，长期迫害的结果必然使全体公民趋于分裂。

值得注意的是两个女人恢复了圣像供奉。一个是利奥四世的遗孀伊琳娜皇后，另一个是西奥菲洛斯的寡妻西奥多拉皇后。

西奥多拉在她儿子少年米海尔[②]的朝代掌握了东罗马帝国的实权，她反过来迫害反对圣像供奉的人。她的宗教狂热或者说她的政治迫害狂并未就此而止。当时在小亚细亚还有大量摩尼教徒，他们过着平静生活，因为那种只是在新生的教派中才有的宗教狂热已经消逝。他们靠经商致富。由于仇视他们的宗教，或者由于嫉妒他们的财富，政府颁布了严厉取缔的敕令，并且残酷地执行。迫害使他们又激起初期的宗教热情。（846 年）他们之中有几千人死于酷刑，其余的人走投无路，起来造反。有 4 万多人投奔了

① 结巴米海尔，即东罗马帝国皇帝米海尔二世，820—829 年在位。——译者

② 少年米海尔，即醉鬼米海尔三世，东罗马帝国皇帝，842—867 年在位。——译者

穆斯林；于是，这些原来很安稳的摩尼教徒，变成了不可调和的死 407
敌。他们与萨拉森人汇合起来，蹂躏了小亚细亚，直逼君士坦丁堡城下。这个城市在 842 年的一场可怕的黑死病中已经死了很多人，惨不忍睹。

真正的黑死病跟天花一样是非洲人特有的一种疾病。它是从非洲由商船带来的。当时没有今天这样在港口采取防疫措施，造成黑死病在欧洲蔓延；这样，由于政府的疏忽，这种病传入了帝国的都城。

还是由于这种疏忽，致使帝国遭受另一祸害。俄罗斯人驾船来到黑海今天称为亚速的港口，蹂躏了黑海沿岸各地。阿拉伯人则从另一方面越过亚美尼亚，进入小亚细亚。少年米海尔在位期间，实行残暴统治，最后被从微贱地位擢拔参与朝政的巴西尔[①]刺杀(867 年)。

巴西尔统治时期也同样灾难深重。希腊教会与拉丁教会的大分裂就是发生在这个时期。当他废黜大主教佛提乌斯[②]时，人们都把这个凶手视为恪守教规者。

在哲学家利奥统治时，帝国的苦难并没有减少多少。人们这样称呼他，并非因为他是个像安敦尼、马可·奥勒留、尤利安、诃伦、阿尔弗烈德那样的人，而是因为他是个学者。他被认为是第一个给很久以后占领君士坦丁堡的土耳其人开辟道路的人。

---

① 巴西尔，即马其顿人巴西尔一世，东罗马帝国马其顿王朝皇帝，867—886 年在位。——译者

② 佛提乌斯(820—891)，君士坦丁堡牧首(858—867，877—886 年在位)，东罗马帝国著作家，他煽动希腊教会与拉丁教会分裂。——译者

突厥人经常与萨拉森人交锋，但同时又与萨拉森人相混合，成为他们的支持者和希腊帝国的破坏者。突厥人是否已经向邻近多瑙河的地方移民？关于蛮族的这种迁移活动，我们并没有多少真实可靠的历史记载。

看来很有可能，人们长期以来就是这样生活着的。一个地方
408 刚刚开发不久，便有某个饥饿的民族侵入，然后这个民族又被另一民族赶走。高卢人不是侵入了意大利么？他们不是一直跑到小亚细亚？大突厥斯坦的 20 个部族不是曾经也去寻找新的土地？瑞士人不是曾经把他们的村镇付之一炬，以便移居于朗格多克，而恺撒则迫使他们回去耕种他们的土地？法拉蒙和克洛维是什么人？还不是因彼时没有恺撒而移居来的蛮族人？

尽管有这么多天灾人祸，君士坦丁堡在很长时间仍是最富庶、人口最多、艺术最发达的基督徒城市。它处于两个海之间的咽喉位置，仅这一点，便足以使它商业兴盛。842 年的黑死病尽管造成大量死亡，仍不过是一时之灾。君士坦丁堡既然是商业城市，又是皇帝朝廷所在地，就总有大批四邻的人来到该城，使人口重新稠密起来。一个大的首都，有富人居住，工艺和艺术是不会衰落的。

所有这些急剧的宫廷变乱，那么多皇帝互相残杀的罪行，同那些从事不受人妒忌的职业、与世无争、默默无闻的人们是没有多大关系的。

它的财源并未枯竭。据说，857 年，米海尔的母亲西奥多拉——她儿子对待她有点像我们的路易十三[①]对待玛丽·德·美

① 路易十三是法国国王亨利四世之子，1610—1643 年在位。玛丽·德·美第奇是他母亲，在亨利四世死后摄政，1617 年被迫逊位。旋又一度掌政，与路易十三尖锐对立。——译者

第奇那样——在被迫放弃摄政权时，她让皇帝看到，国库里有139000利弗的金子和30万利弗的银子。

因此，若有一个贤明的政府还是可以使帝国保持强盛的。帝国虽已缩小，但并未完全解体；皇帝虽不断更换，但人们总是团结在头戴皇冠的人的治下。它比德意志帝国更为富庶，更为强大，而
且有更多的资源。然而，东罗马帝国现在已经灭亡，而德意志帝国 409
则依然存在。

我们在前面所看到的可怕的变乱真是触目惊心又令人作呕。但是必须承认，自从被称为大帝的君士坦丁以来，君士坦丁堡帝国的朝政几乎一向就是这样，而且，除了尤利安和另外两三个皇帝之外，有哪一个皇帝的统治不是充满着暴行和罪恶呢？

第 三 十 章

意大利；教皇；洛林国王罗退尔的离婚事件；8至9世纪时教会的其他重大事件

410 为了不使各种重大事件失去连贯的线索，让我们回忆一下，在丕平与查理曼时代，教皇们的行为是何等谨慎，他们何等巧妙地平息宗教争端，以及他们每个人是怎样悄悄地为教皇的威严奠定基础的。

既然格雷戈里四世重建了奥斯蒂亚港口，利奥三世自己出资加固了罗马城防，可见他们的权力已经十分强大。但是不可能所有的教皇都是伟大人物，也不可能每个时期都对他们有利。每次教皇的位子出缺都会引起同波兰选举国王一样的混乱。当选的教皇必须对罗马元老院、人民和皇帝同样都不得罪。罗马的贵族在政府中有很大势力；他们每年选举两个执政官；他们设置一个类似护民官[①]的行政长官。有一个由12个元老院议员组成的法庭，而且正是由这些议员来任命罗马公爵领地的主要官员。市政府的权

① 护民官，古罗马维护平民利益的特殊官职，从平民中选出。——译者

力时大时小。教皇在罗马拥有的只是一种巨大的声望，而不是立法的权力。

虽然他们不是罗马的国君，但他们从不失去任何机会以西部教会的主宰者的身份行事。主教自命为国王的审判者，而教皇则自命为主教的法官。在所有宫廷中所发生的频繁的权力之争，都跟宗教、迷信、懦怯、狠毒结合在一起，而法律又无能为力。所有这 411
一切，只要从秃头查理的侄子、洛林国王罗退尔的结婚和离婚事件中，就可以了解得很清楚。

查理曼休弃了一个妻子，又再娶了另一个，这不仅得到教皇的同意，而且是出于教皇的迫切请求。法兰克的几个国王，贡特朗、卡里贝尔、西吉贝尔、希尔佩里克、达戈贝尔都同时有好几个妻子，别人都没有嘀咕什么；如果说这是一桩丑事，这丑事也没引起骚乱。但时间能改变一切。罗退尔跟外汝拉山勃艮第一个公爵的女儿特贝尔吉结婚，他打算以这个女人被指控与兄弟有乱伦行为为由将其休弃，另娶情妇瓦尔拉德为妻。这件事最终成了新的奇闻。首先，皇后特贝尔吉以接受沸水考验来剖白自己。她的辩护人把手伸入盆中，捞出一个圣环，因而免受惩罚。国王指责试验中有作弊行为。当然，如果是作弊，辩护人就一定是掌握了使皮肤能够经受沸水的秘方。今天没有哪个科学院试图了解那时的江湖术士对付这些考验的办法。

（862 年）这次考验的成功，被视为神意裁判本身的一项奇迹；可是，尽管上帝已经验明特贝尔吉无罪，特贝尔吉却当着自己的告解司铎的面，向几个主教承认自己有罪。一个国王尽管想以通奸的罪名同妻子离婚，但如果不是事情已经闹得沸沸扬扬，他是不大

可能想象出要指控妻子跟兄弟有乱伦关系的，他是不会挖空心思编造一个如此罕见、如此难以证实的罪行的。不过，可能我们今天称为名誉的东西，在当时还没有这个概念。国王和王后，一个控告，一个招认，两人都蒙受了耻辱。后来召开的两次全国宗教会议批准了离婚。

教皇尼古拉一世[①]推翻了这两次宗教会议的决定。他将最热心支持离婚的科隆大主教贡蒂埃撤职。贡蒂埃立即致函各教堂，
412 宣称："尽管被人称为教皇、他自己也自称教皇的尼古拉大人对我们实行绝罚，但我们反对他的荒唐做法。"接着他在信中直斥教皇本人："我们不接受你那可诅咒的判决；我们蔑视它；我们要把你赶出我们的教会，我们要的是被你瞧不起的我们的兄弟主教们的教会。……"

抗议信由科隆大主教的一个兄弟亲自送到罗马，他手持宝剑，把信放在罗马人认为是安置圣彼得骨灰的坟墓上。但不久以后，政治状况发生了变化，这位大主教本人也变了卦。他来到卡西诺山，跪在尼古拉的继位者阿德里安二世脚下。他说："我在上帝及圣徒面前，向教皇阿德里安陛下，向您属下的主教们，向全体〔枢机〕会议公开声明，我接受尼古拉教皇对我所作的完全符合教规的撤职的判决，……"人们看到，这样的例子多么有力地加强了罗马教廷的权威。在当时的情况下，这样的事例是常有的。

尼古拉一世把罗退尔的第二个妻子开除出教，并命令这个国王与第一个妻子复婚。整个欧洲都卷入了这一事件。皇帝路易二

① 尼古拉一世(约 820—867)，罗马教皇，858—867 年在位。——译者

世(秃头查理之兄,罗退尔的叔父)极力支持其侄子反对教皇。当时他住在意大利,对尼古拉一世施加威胁,发生了流血事件,意大利局势紧张。于是进行谈判,各方都施展权谋。特贝尔吉到罗马去告状;她的情敌瓦尔拉德走到半路便不敢再往前走。被绝罚的罗退尔去罗马请求尼古拉的继位者阿德里安宽恕,生怕秃头叔父会以教会名义出兵夺取他的洛林王国。阿德里安二世让他在罗马领圣体,要他发誓,自从教皇尼古拉命令他不得再结婚以后,他没有运用与瓦尔拉德结婚的权利。罗退尔起了誓,领了圣体,不久便死了。所有的历史学家都说,罗退尔之死是由于立了假誓受到惩 413
罚,跟他一道发誓的那些仆人也在当年死去。

在这一事件中,尼古拉一世和阿德里安二世所行使的权力是建立在伪教皇谕旨——当时已被视为普遍遵行的法典——的基础之上的。联结夫妇双方的婚约成了一件圣事,须受教会的裁判。

这是有关西方国王婚事的第一桩丑闻。此后我们看到了法国国王罗伯尔①、菲利普一世②、菲利普·奥古斯都③,都是由于大致相似的原因,或者因为在亲缘关系很远的两家联姻,而被教皇处以绝罚。各国主教很久以来认为自己应是此类案件的审判者,罗马

① 罗伯尔,指法国国王虔诚者罗伯尔二世(970—1031),996—1031 年在位,因休弃了意大利国王贝伦加尔二世的女儿罗萨拉,而与其表妹勃艮第公爵的女儿贝尔特结婚,被开除出教。——译者

② 菲利普一世,法国国王,1060—1108 年在位。因休弃荷兰伯爵弗罗伦一世之女贝尔特,抢走安茹伯爵福尔克之妻贝特拉黛,被开除出教。——译者

③ 菲利普·奥古斯都,即菲利普二世(1165—1223),法国国王,1180—1223 年在位,因休弃其续弦妻子丹麦国王瓦尔德玛之女、克努特六世之妹英格堡,与梅朗伯爵贝尔托尔德第五之女阿涅丝结婚,被开除出教。——译者

教皇则经常提审这些案件。

这种新司法制度是有益还是有害，我在这里不去研究它。我不是法学家，也不是宗教论争家。然而这些丑闻扰乱了所有的基督教国家。在这一点上，古罗马人和东方人是比较幸福的。在那些地方，家庭中的父权，夫妻间的秘事，从不引起公众的好奇心。他们从没有因一次结婚或离婚而发生这样的官司。

查理曼的这个后代（罗退尔）是第一个为了知道应当爱哪个女人而前往远离故土300法里的地方，受一个外国法官的审判的人。差一点人民就成了这一纠纷的受害者。温厚者路易是主教权力压
414 倒皇帝权力之首例；洛林的罗退尔则处于教皇权力压倒主教权力的时代。从这些时代的全部历史可以看出，在西方民族中，社会没有多少确定不移的准则，国家没有什么法律，而教会则要把这些给予他们。

第三十一章

佛提乌斯；东方教会的分裂

(858 年)当时教会发生的最大事件——在今天仍然是一桩极 415
其重要的事件——成为希腊人和拉丁人彻底分裂的根源。君士坦丁堡牧首的职位，跟皇帝的宝座一样，是野心家角逐的对象，因此也经历着同样的更迭。皇帝米海尔三世不喜欢大主教依纳爵，强迫他自动辞职，让佛提乌斯取而代之。后者是宫廷中的太监，有德有才，学识广博。他是皇室总管，国务大臣。主教们为了授命他为牧首，让他在 6 天中通过所有教阶：第一天当僧侣，因为在希腊教会中，僧侣是教阶之一，第二天当诵经员，第三天成为副助祭，然后是助祭、神父，最后于 858 年圣诞节当上了牧首。[1]

教皇尼古拉支持依纳爵，便对佛提乌斯处以绝罚。教皇尤其责备他如此迅速地从俗人一跃而成为主教；但是佛提乌斯蛮有道理地回答说，米兰总督圣安布罗斯刚刚皈依基督教，便更为迅速地

---

[1] 根据基督教(天主教和东正教)的教阶体系，神职人员的等级依次为：主教(其中又分为教皇、枢机主教、宗主教、都主教、总主教和一般主教)、神父(亦即“司祭”、“司铎”，七品)、助祭(即“执事”，六品)、副助祭(即副执事，五品)。以上为大品。天主教还有小品神职：襄礼员(四品)、驱魔员(三品)、诵经员(二品)、司门员(一品)。东正教只承认诵经员为小品。东正教无教皇和枢机主教，宗主教称为牧首。——译者

在总督以外添上主教头衔。于是，佛提乌斯也对教皇处以绝罚，并
宣布将其废黜。他自称为普世牧首[①]，并公开指控教皇一派的西
部主教为异端。他对他们的最大的责难，是关于圣灵出于父和子
的说法。他在一封信中说："一些从西方教会的蒙昧状态中冒出来
416 的人，由于无知而曲解了一切。他们最大的渎神行为就是在历次
公会议批准的神圣信条之外，加添了一些新的说法，说圣灵不仅出
于圣父，而且出于圣子；这便是背弃了基督教。"

从这一段话以及其他许多话中可以看出，希腊人在各个方面对拉丁人都抱有极大的优越感。希腊人认为罗马教会的一切，直至宗教习俗、仪礼、奥义、职衔名称，全都得之于希腊教会。Baptême（洗礼）、eucharistie（圣体）、liturgie（礼拜仪式）、diocès（主教教区）、paroisse（堂区）、évêque（主教）、prêtre（神父）、diacre（助祭）、moine（僧侣）、église（教堂），全都是希腊语。他们把拉丁人看作连老师的语言也不懂的忤逆师长的无知学生。他们指责我们对教理问答一无所知，总之，指责我们不是基督徒。

他们所责难的其他事情是当时拉丁人都用无酵面饼做圣体，在封斋节吃鸡蛋和乳酪，以及拉丁教会的神父不刮胡须。多么古怪的使东西方教会发生争吵的理由！

但是任何一个公正的人都会承认，佛提乌斯不仅是教会中最博学的人，而且是个伟大的主教。（867 年）当暗杀米海尔皇帝的凶手巴西尔来到索菲亚教堂[②]时，佛提乌斯的行为一如圣安布罗

① 普世牧首，东正教君士坦丁堡牧首的首席荣誉称号。——译者

② 索菲亚是古罗马帝国哈德良朝代的殉道者。圣索菲亚教堂是君士坦丁堡牧首的主教座堂。——译者

斯。他对巴西尔高声说道："你这个双手仍然沾满你恩人鲜血的人，不配领圣体。"但是他遇到的是巴西尔而不是狄奥多西。这个暴君公报私仇，恢复了依纳爵的大主教职位，而把佛提乌斯赶走。(869 年)罗马教廷利用这一时机，在君士坦丁堡召集了第 8 次公会议，到会的主教有 300 人。教皇特使们主持会议，但他们不懂希腊语，其他的主教又很少人会拉丁语。在会议上，佛提乌斯被一致谴责为僭越者，并被判处公开悔罪。人们在代表教皇签字之前，先代表五位大主教签字，这是异乎寻常的，因为教皇特使既然位居首席，他们应当首先签字才对、至于使东西方教会意见分歧的问题，417
在整个会议中都没有讨论，人们只想把佛提乌斯废黜，如是而已。

不久，正牌的牧首依纳爵去世，佛提乌斯略施巧计，便使巴西尔皇帝重新立他为牧首，教皇约翰八世接受他参加领圣体，承认他，并给他写信。尽管第 8 次普世公会议曾经公开谴责这个牧首，(879 年)教皇却派出他的特使参加了在君士坦丁堡召开的另一次宗教会议，会上有 400 名主教承认佛提乌斯为无辜，其中 300 名是从前谴责过他的。同是罗马教廷的特使，过去公开谴责他，现在他们的任务则是推翻第 8 次普世公会议。

人世的一切是多么变幻无常！时间不同，本来是假的变成真的了。约翰八世的特使们在宗教会议上高喊："谁要是不承认佛提乌斯，谁就是跟犹大一路货色！"会议高呼："佛提乌斯牧首万寿无疆！罗马大主教约翰万寿无疆！"

最后，在公会议文件后面附有教皇致这位博学多才的大主教的一封信："吾人所见与汝相同；凡在宗教信条中增添圣灵出自父和子者，吾人均视为违反上帝意旨，而置之于犹大之列。惟吾人对彼等应取温和手段，并鼓励其放弃此种渎神谬说。”

因此，很清楚，当时罗马教会和希腊教会想的同今天人们所想的不一样。罗马教会从此采取了圣灵出自父和子之说；而且，甚至在1274年，希腊皇帝米海尔·巴列奥略①派遣的牧首和掌玺大臣向第2次里昂公会议请求支持组织新的十字军抵御土耳其人时，同与会者一道用拉丁语高唱 qui ex Patre：Filioque procedit（圣灵
418 出自父和子）。但是以后希腊教会又回到自己原来的看法，而似乎在君士坦丁堡牧首与教皇尤金四世②的短暂的联合中，又放弃了自己的观点。但愿人们能从这里学会互相宽容。这就是在一个基本观点上产生的变化和争论，但这些并没有引起骚乱，没有造成监狱人满，也没有点燃火刑的柴堆。

有人责备教皇约翰八世对牧首佛提乌斯过于尊重。但他没有想想，当时这个教皇正需要巴西尔皇帝。有个名叫博戈里斯③的保加利亚国王经他的基督徒妻子巧妙说服，效法克洛维和爱格伯国王改皈了基督教。问题是这个新的基督教国家从属于哪个大主教区的管辖。君士坦丁堡和罗马都在争夺它，而这要取决于巴西尔皇帝。这就是罗马主教对君士坦丁堡主教表示好感的部分原因。

不应忘记，这次公会议（指879年召开的宗教会议。——译

① 米海尔·巴列奥略（约1224—1282），即米海尔八世，东罗马帝国巴列奥王朝（1261—1453）开国皇帝，1261—1282年在位。——译者

② 尤金四世（约1383—1447），教皇，1431—1447年在位。——译者

③ 博戈里斯，852—888年在位，保加利亚大公，他是首先皈依基督教的保加利亚大公。——译者

者)同上次宗教会议一样都有枢机主教参加。人们任命一些神父和助祭作为大主教的顾问。罗马和其他教会都有这样的顾问。他们的地位已不同一般,但他们签名于主教和修道院长之后。

教皇通过信件和他的特使称牧首佛提乌斯“牧首陛下”。在这次宗教会议上,其他的大主教也被称为 papes(教皇)。这本是个希腊名词,通用于所有的神父,以后逐渐成为罗马大主教的尊称。

看来教皇约翰八世当时的行动是谨慎的,而他的继任者们则跟希腊帝国闹翻,承认 869 年的第 8 次普世公会议,否定另一次宽宥佛提乌斯的宗教会议,于是破坏了由约翰八世建立起来的和平。佛提乌斯对罗马教会极为不满,就根据“圣灵出自圣子”的信条,根据封斋节吃鸡蛋,用无酵面饼做圣餐,以及若干其他习俗,把罗马

教会斥为异端。但分裂的主要原因是首席主教职位问题。佛提乌 419
斯及其继位者们要做基督教的首席主教,而不愿让罗马主教的地位高于帝都君士坦丁堡的主教,因为当时罗马被他们视为野蛮的城市,因叛逆而与帝国分离,随便谁只要愿意便可以加以占领。那时君士坦丁堡大主教在其辖区里拥有西西里和普伊两地的全部教堂,而罗马教廷则由于处在异族统治之下,它在这些省份的教产和大主教的权利都已同时丧失。因此希腊教会蔑视罗马教会。君士坦丁堡科学繁荣;而罗马,则一切都在衰亡,甚至拉丁语也在没落。尽管罗马的人比西方其他地方的人更有教养,但这一丝半点的文化仍然受到不幸的时代的影响。罗马人从卢克莱修和西塞罗时代直至科尔涅留斯·塔西佗,一向胜过希腊人,如今希腊人则狠狠进行报复。他们谈起罗马人都是带着冷嘲热讽的口吻。由奥托王朝

派遣出使君士坦丁堡的留特普兰德[①]主教曾叙述希腊人对伟大的格雷戈里只称为“对话录的格雷戈里”，因为他的《对话录》的确是一个头脑过于简单的人的作品。时间改变了一切。如今教皇成为大君主，罗马成为文明与艺术的中心，拉丁教会成为博古通今的教会；而君士坦丁堡的大主教只不过是一个奴隶，一个奴隶们的主教而已。

佛提乌斯的一生中，挫折多于荣耀，最后由于宫廷的阴谋而被废黜，凄然死去；然而他的继承者们坚持他的主张，竭力维护。

(882 年)教皇约翰八世死得更惨。富尔达年鉴说他被人用铁锤击毙。在以后的若干年代，我们将看到教皇的宝座经常是血迹斑斑；尽管罗马始终是各民族的主要向往目标，却始终处于可悲的境地。

西方教会还没有因教条问题而发生混乱：由一个名叫约翰·戈德斯卡尔[②]的本笃会修士于 846 年挑起的关于预定论和恩宠论
420 问题[③]的小小争论，人们几乎不把它记在心中。事件表明讨论此类问题，尤其是跟一个强大的对手进行争论是多么危险。这个修士把圣奥古斯丁的一些话一字不差地搬来，宣扬少数选民得救、多数人遭受永罚的绝对而永恒的预定论。兰斯大主教兴克玛尔是一

① 克雷莫纳的留特普兰德(约 920—约 972)，伦巴第历史学家、克雷莫纳主教，968 年由奥托派遣出使君士坦丁堡。——译者

② 约翰·戈德斯卡尔(约 808—约 867)，奥古斯丁派神学家。奥古斯丁是 4 至 5 世纪拉丁教父的代表，提倡“救灵预定说”。——译者

③ “预定论”(见前注)和“恩宠论”均源于奥古斯丁神学学说。“恩宠论”认为，人类由于始祖犯罪，本性已经败坏，无力行善避恶，只有靠上帝出于慈悲，无偿地赐人以恩宠，才能改恶从善，灵魂得救而升入天堂。——译者

个在教会和世俗事务中都很粗暴的人，他对戈德斯卡尔说：你是命中注定要受到惩罚、受到鞭挞的。果然，在850年召开的一次小型宗教会议上，兴克玛尔让人们诅咒他，当着皇帝秃头查理之面，把他的衣服脱光，由修士们把他从肩膀到大腿鞭打一顿。

这种双方各有过错的粗野的争吵，以后屡次发生。您将看到，在荷兰由戈德斯卡尔的一派组成的多德雷赫特教区会议上，对待兴克玛尔的信徒还不止是鞭打而已。反过来，您也将看到，在法国，属于兴克玛尔派的耶稣会教士竭尽所能地迫害笃信戈德斯卡尔教义的杨逊教徒；这种成为文明国家的耻辱的争吵，只有当明理的哲人多于教会经师时才会结束。

844年，在第戎的人民中发生一场迷信狂热，因为据说当人们在一个圣贝尼涅[①]的坟墓上祈祷时，他会使人浑身痉挛。我对此事将略而不提。这种民间迷信，若不是今天在完全一样的情况下重新发生，我就不会去谈论它。同样的迷信狂热似乎注定要在世界舞台上不时地重新出现；但同样，在任何时候，理智也是始终如一的。因此，要评论在一个不见经传的帕里斯助祭[②]的坟墓上出现的现代奇迹，再没有比844年一个里昂主教对第戎的奇迹所说 421
的话更为合乎情理的了。他说："这真是个奇怪的圣徒(指圣贝尼涅——译者)，他把向他求救的人变成残废。在我看来，创造奇迹应当是给病人治病，而不应使人得病！"

① 贝尼涅，勃艮第传教士，4世纪时的一个殉道者。——译者

② 这里伏尔泰把杨逊派教徒帕里斯(Pâris)故意写成巴黎(Paris)。下文所说奇迹指发生于巴黎圣梅达尔公墓上的帕里斯墓，据说病人来到墓前，接触墓石，便浑身痉挛，病也好了。1752年，警察局关闭公墓，迷信者在家里继续痉挛。——原编者

这些小事件没有扰乱西方的和平，当时关于神学方面的争吵，在西方都不当回事，因为教士们一心只想壮大自己；但在东罗马帝国则影响较大，因为那里的高级教士从来不拥有世俗权力，因此便想通过笔墨官司来抬高自己的地位。西方在神学问题上相安无事，还有另一原因，那就是无知，这种无知尽管造成了无穷祸害，但至少也产生了这个好处。

第三十二章

9世纪末西罗马帝国的状况

西罗马帝国名存实亡。(888年)卡洛曼的私生子阿尔努德成 422
为德国的主人,但意大利则分属两个领主,两人都是查理曼的内戚。一个是斯波莱托的公爵居伊,另一个是弗里乌尔[①]的公爵贝伦加尔,两人的公爵领地都是秃头查理所封,两人都觊觎帝国和法兰西王国。阿尔努德作为皇帝,也认为法兰西理应属于自己所有,而此时的法兰西则已脱离帝国,有两个国王:昏庸者查理和雨格·卡佩的叔祖父厄德。查理丧失了法兰西,而厄德则夺为己有。

一个名叫博松的阿尔国王也在争夺帝国。教皇佛尔莫斯[②],这个在灾难深重的罗马威信不高的主教,只好给最强者敷圣油。他给斯波莱托的居伊加冕。(894年)翌年,他为战胜者贝伦加尔戴上皇冠,最后又不得不为前来包围并攻占罗马的阿尔努德祝圣。阿尔努德从罗马人那里接受的含糊其辞的誓言证明教皇们要求拥有罗马的主权。誓言是这样的:“我在圣典中起誓,除了我的荣誉、我的信仰以及我对教皇佛尔莫斯大人的忠诚之外,我将忠于皇帝

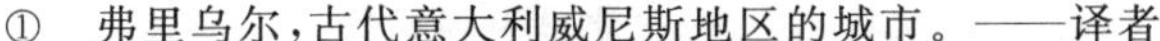

① 弗里乌尔,古代意大利威尼斯地区的城市。——译者

② 佛尔莫斯(816—896),891—896年在位。——译者

阿尔努德。”

当时的教皇与巴格达的哈里发有某些相似之处，这些哈里发
423 虽然在所有伊斯兰国家都被尊崇为宗教领袖，但除了对手持武器向他们索取王国的人授予王位之外，别无其他权利。但哈里发与教皇不同之处在于：哈里发已从世上最高的宝座落下，而教皇的地位却在慢慢地上升。

不论在法律上或在事实上，帝国确实已不存在。曾经用欢呼迎接查理曼的罗马人，不愿再承认一些只拥有一部分日耳曼土地的主人、一些异族人、一些私生子为自己的皇帝了。

罗马人民尽管处于屈辱地位，跟那么多异族人混居杂处，内心却仍然——今天也是这样——保持着往昔的伟业所赋予的自豪感。他们认为，一些布鲁泰尔人、卡特人、马科曼人[①]竟自称为恺撒的继承人，美因河两岸和赫尔契尼亚森林[②]竟成了提图斯和图拉真的帝国的中心，那都是不堪忍受之事。

阿尔努德死后，他的儿子希卢多维克——我们称之为路易[③]——三四岁就被几个日耳曼人近臣和主教在名为福希海姆的蛮族村镇指定为罗马人的皇帝。人们在罗马听到这个消息，简直气得发抖，但同时又为可怜他们而发笑。这个小孩从来没有被算做皇帝，然而在德国，人们却把他视为应当继承查理曼和恺撒皇帝

① 马科曼人，公元前100年后定居于美因河流域的日耳曼人的一支，曾侵入意大利，后被马可·奥勒留赶走。——译者

② 赫尔契尼亚，古德国巨大的柏树林地带，从莱茵河岸绵延至多瑙河岸。——译者

③ 即路易四世（893—912），东法兰克王国，加洛林王朝最后一代国王。900年为德国国王，908年当皇帝。——译者

的人。这实在是个奇怪的罗马帝国，因为这个政府既不拥有莱茵河和马斯河之间的地方，也不包括法国、勃艮第、西班牙，在意大利更一无所有，甚至在罗马也没有一幢房子可以说是属于皇帝的。

这个以私生关系属于查理曼血统的德国末代国王路易死于912年。在路易的时代，德国就像当时法国一样，是一块深受内外战争蹂躏的地方，君主在一片喧扰中选举出来，没有什么人服从他。

在政治制度方面，一切都在变化。其中最惊人的变化就是这些未开化的萨克森人——查理曼对待他们就像拉栖第梦人对待希洛人[①]那样——中的一部分，经过120年，居然能够把罗马帝国皇帝的尊号授予他人或者自我加封，因为这个尊号已经不属于曾经战胜他们的那个家族了。(912年)路易死后，据说萨克森公爵奥托凭他的威望把法国王冠加在弗兰哥尼亚的公爵康拉德[②]头上， 424
而在康拉德死后，萨克森公爵奥托之子、捕鸟者亨利又当选为皇帝(919年)。德国所有世袭诸侯跟主教一道都参加了这一选举，而且当时还号召村镇中的主要公民参加。

① 希洛人，种族出身混杂的斯巴达奴隶阶级。——译者

② 指德国萨克森王朝康拉德一世，911—918年在位。弗兰哥尼亚是德国巴伐利亚西北部地区。——译者

第三十三章

关于采邑和帝国

425 在这世界上，实力决定一切：罗马人依靠实力取得意大利与高卢；蛮族人依靠实力侵占了罗马人征服的地方；查理曼的父亲依靠实力从法兰克诸王手中夺取了高卢；在查理曼家族的朝代，地方官依靠实力夺取了他们所能夺取的一切；伦巴第国王们在意大利依靠实力建立了采邑。从秃头查理时代起，公爵、伯爵们便效法这种榜样。他们都依靠实力把辖区逐渐变成了世袭财产。若干通都大邑的主教，职位高而势力大，只差一步便是王侯，而这一步很快便迈了出去。美因茨、科隆、特里尔、维尔茨堡[1]以及德国和法国许多地方的主教的世俗权力便由此而来。兰斯、里昂、博韦、朗格勒、拉昂[2]的大主教攫取了王权。教士的这种权力在法国并没有持续下去，而在德国则巩固地存在了很长时间。最后僧侣成为王侯：富尔达、圣加伦[3]、肯普滕[4]、科尔比等地的修道院长都成为这些地方

① 维尔茨堡，德国巴伐利亚的城市，在美因河畔。——译者

② 博韦、朗格勒、拉昂，均为法国城市。——译者

③ 圣加伦，瑞士城市，圣加伦州首府。该地有著名的本笃会修道院——圣加伦修道院。——译者

④ 肯普滕，德国巴伐利亚州城市。——译者

的小国王。80年前，他们还在慈善的领主赐给的几片土地上亲手开荒。所有这些领主——公爵、伯爵、侯爵、主教、修道院长——都向君主称臣纳贡。人们曾经长期寻找这种封建制度的来源，可以认为，这无非是来源于一切民族的一种古老习俗：强迫弱者称臣纳贡。我们知道，后来罗马帝国的皇帝按照某种条件将土地永远分封，这在《亚历山大·赛弗鲁尔和普罗布斯[1]生平事略》一书中可 426
以找到一些例子。约576年，第一个在动乱的年代中建立公爵领地的是伦巴第人，而当君主制恢复之后，这些公爵领地便作为采邑而附属于君主。斯波莱托和贝内文托在伦巴第国王时代是世袭的公爵领地。

在查理曼之前，塔西洛[2]以称臣纳贡为条件拥有巴伐利亚公爵领地。如果不是查理打败了这个大公，剥夺其父子的权利，那么这个公爵领地就会属其后裔所有了。

不久，德国便没有了自由城市，因此也就没有了商业，没有了巨大的财富。莱茵河以远的城市甚至没有城墙。这个本来可以是极其强大的国家，却由于主人众多而又彼此不和变得如此衰弱，以至于康拉德皇帝不得不向以前被查理曼有力地遏制、以后又被奥地利家族[3]的皇帝们所制服的匈牙利人、匈奴人或潘诺尼亚[4]人年

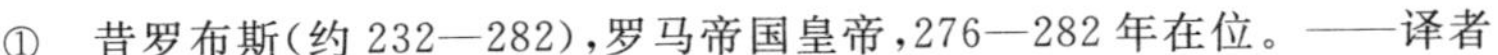

① 普罗布斯(约232—282)，罗马帝国皇帝，276—282年在位。——译者

② 塔西洛(约742—约794)，巴伐利亚公爵，788年，查理曼打败了他，吞并巴伐利亚。——译者

③ 指哈布斯堡家族。1322年美男子弗里德里希在巴伐利亚作战失败后，以奥地利为家，哈布斯堡家族的统治成为对奥地利的统治，从此才有“奥地利家族”之称。——译者

④ 潘诺尼亚，古地名，相当于现匈牙利西部以及奥地利东部和南斯拉夫北部的部分地区。——译者

年纳贡。这些人当时似乎就同他们在阿提拉领导下时一样，蹂躏德国，骚扰法国边境。他们在洗劫巴伐利亚之后，从蒂罗尔长驱直下来到意大利，然后带着从那么多民族掠夺得来的东西返回原地。

在捕鸟者亨利时代，德国的混乱状态稍有改善。当时德国的边界为奥得河、被希米亚、摩拉维亚、匈牙利、莱茵河岸、埃斯科河、莫泽尔河[1]、马斯河；在北方，波美拉尼亚[2]和荷尔斯泰因[3]是它的屏障。

捕鸟者亨利可能是最有资格进行统治的国王之一。他在位期间，把德国搞得四分五裂的领主们已经联合起来。(920 年)联合的第一个结果是不再向匈牙利人的纳贡，而且对这个可怕的民族取得了一次巨大的胜利。亨利在德国大部分城市构筑起城墙；他建立了民兵；人们甚至说他发明了一些军事体育运动，开创了军事比武的先河。德国终于松了一口气，但它似乎并不想成为罗马帝国。美因茨大主教给捕鸟者亨利祝圣，但没有一个教皇特使，没有一个罗马人的使节参加。似乎在这整个朝代中，德国已经忘掉了意大利。

427 在奥托大帝[4]时代则不然。奥托大帝是在他父亲亨利去世后由德国的诸侯、主教和修道院长一致选出的。一个建立了或复兴了一个国家的强有力的君主之得到承认的继承人，只要他不缺乏

① 莫泽尔河，法国、德国河流，注入莱茵河。——译者

② 波美拉尼亚，今波兰地区名，北临波罗的海。——译者

③ 荷尔斯泰因，德国地名，原为一公爵领地。——译者

④ 奥托大帝，即奥托一世(912—973)，捕鸟者亨利之子，德意志萨克森王朝国王(936—973)，962 年由罗马教皇加冕，称罗马皇帝，从此建立了神圣罗马帝国。——译者

勇气，总是比他的父王更强有力；因为他进入了一个已经开辟的活动舞台，他从他的先人结束的地方开始。所以，亚历山大胜过他父亲菲利普，查理曼胜过丕平，而奥托则远远超出捕鸟者亨利。

第三十四章

10世纪时的奥托大帝

428 奥托复兴了查理曼帝国的一部分地方，像查理曼靠军事胜利把基督教传播到德国一样，(948年)他拿着武器强迫丹麦人纳贡和受洗。洗礼是在1个世纪前加于丹麦人的，这时差不多完全废止了。

过去征服过纽斯特里亚和英国、蹂躏过法兰西和德意志的这些丹麦人或诺曼人接受了奥托的法律。奥托在丹麦设置了一些主教，这些主教受前不久在荷尔斯泰因、瑞典、丹麦的蛮族人中建立教会的大主教——汉堡大主教管辖。这个基督教所做的事就是画十字。经过一场激烈的战争，奥托征服了波希米亚。从他起，波希米亚和丹麦被视为帝国的行省；但丹麦人不久便摆脱了桎梏。

奥托成为西方叱咤风云的人物，成为各国君主的仲裁者。他的权力如此之大，而当时法国的情况又如此可悲，以至于查理曼的后代昏庸者查理的儿子、法国国王海外归来的路易[①]于948年前

① 海外归来的路易，即法国国王路易四世(921—954)，936—954年在位。因其父昏庸者查理三世被囚，其母携他去英格兰，936年回国就位，故绰号为海外归来的路易。——译者

来参加奥托在美因茨附近召开的宗教会议时，曾亲口说了这样一段话，并记录在案：“我由法国所有领主和全体贵族投票承认为国王并得到他们的祝圣。然而雨格将我赶走，用诈骗手段把我捉住，关了整整一年；我是在把拉昂城让给他以后才得到自由的，拉昂城是王后热贝尔吉[①]仅有的领地，她带着我的奴仆在那里建立了宫廷。如果人们认为我犯了罪，应受这种对待，我准备根据宗教会 429
议的裁判，遵从奥托国王的命令，或者通过决斗来洗刷我的罪行。”

这段重要的话同时证明了以下几件事情：皇帝要审判国王，奥托强大，法国衰弱，决斗的风俗，以及不是根据血统的权利而是根据领主们的选票来授予王位的习俗——这种习俗不久之后在法国便被取消。

由此可见奥托大帝在受意大利人的邀请越过阿尔卑斯山时所拥有的权力是何等强大。这些意大利人总是好犯上作乱，但又软弱不堪；他们既不肯服从自己的同胞，又不能自由生活，更无法同时抵御侵扰他们国家的萨拉森人和匈牙利人。

意大利不断被暴君们搞得山河破碎。但它尽管受到破坏，仍然是西方最富庶、最繁荣的国家；罗马尽管分崩离析，却依然推动着意大利的其他城市。关于10世纪时罗马的状况，我们只要想想在投石党运动时代或者在疯子查理[②]时代巴黎的情形，想想在不

① 热贝尔吉(约913—约969)，法国下洛林公爵吉贝尔·德·埃诺之妻，后为海外归来的路易之妻。——译者

② 疯子查理，即查理六世(1368—1422)，1380—1422年为法国国王。——译者

幸者查理一世[①]时代或者约克家族和兰加斯特家族内战时代[②]伦敦的情形,便可以有个大致了解。教皇备受压迫和侮辱,教皇宗座常常鲜血淋淋;选举教皇的方式更是旷古绝伦,永所未有。

① 查理一世(1600—1669),英国国王,1625—1649年在位。——译者

② 约克家族和兰加斯特家族,英国的两个封建贵族家族,1455—1485年为争夺王位进行长期内战,兰加斯特家族的族徽为红玫瑰,约克家族的族徽为白玫瑰,史称"玫瑰战争"。——译者

第 三 十 五 章

奥托大帝成为罗马主人以前
10 世纪的罗马教廷

10 世纪以及以后长期继续困扰着罗马及罗马教会的种种丑 430
闻和内乱，在希腊与拉丁皇帝的各个朝代，在哥特国王和伦巴第国王治下，在查理曼在位期间，都没有发生过。这显然是无政府状态的结果，而这种无政府状态的根源在于教皇采取了不当的防范措施，在于他们把法兰克人招到意大利来的政策。如果教皇确实拥有据说是查理曼所赠与的一切土地，那他们就会是比今天更为强大的君主，罗马的选举和行政管理就会是井然有序和合乎情理的。然而有人要夺取教皇们想拥有的一切，意大利始终是异族人虎视眈眈的对象，罗马的命运一直飘忽不定。任何时候我们都不应忘记：罗马人的伟大目标是重建昔日的共和国；暴君们总是盘踞在意大利和罗马；主教的选举几乎从来都不是自由的；一切都听任乱党的支配。

利奥神父之子、波尔图主教佛尔莫斯，是一个反对约翰八世的叛党的首领，曾两次被这位教皇处以绝罚。然而这种不久之后对于头戴王冠的人来说如此可怕的绝罚，在佛尔莫斯却若无其事，以

至于到了 890 年，他让人选举自己当上了教皇。

继佛尔莫斯为教皇的斯提芬六世[①]也是神父之子，此人集阴
431 谋作乱与宗教狂热于一身，向来是佛尔莫斯的敌人。他把佛尔莫斯涂了防腐香料的尸体挖出来，把教皇服穿在尸体上，让死了的佛尔莫斯在专门为审判他而召开的宗教会议上出庭受审。他给死者一个辩护士，按手续起诉。尸体被宣布犯有改变主教辖区、离开波尔图教区而到罗马教区的罪行。为了让其抵罪，由刽子手割下佛尔莫斯的脑袋，砍掉他的 3 个手指，将尸体抛入台伯河中。

教皇斯提芬六世因这出残暴疯狂的丑剧而受人憎恨，佛尔莫斯的朋友们掀起民变，囚禁了教皇，并在监狱里把他杀死。

斯提芬的敌党捞起佛尔莫斯的尸体，按照教皇的仪式重新安葬。

这场纷争激起了狂热情绪。塞吉乌斯三世[②]为了要当教皇，在罗马到处施展阴谋诡计，(907 年)被他的敌手、佛尔莫斯的朋友约翰九世[③]放逐；约翰九世死后，他被承认为教皇，便再次谴责佛尔莫斯。在这些内讧中，西奥多拉〔皇后〕和她的女儿马罗齐亚——马罗齐亚后来嫁给托斯卡内尔的侯爵——以及另一个女儿西奥多拉三人均以淫荡闻名，当时在罗马颇有权势。塞吉乌斯只是靠着老西奥多拉的密谋才得以当选。在位期间，他与马罗齐亚私通，生了一个儿子，并公开把这个儿子放在宫中养育。他似乎没有受到罗马人的憎恨，因为罗马人性喜逸乐，只会效尤他而不会谴责他。

---

① 斯提芬六世，896—897 年在位。——译者

② 塞吉乌斯三世，教皇，904—911 年在位。——译者

③ 约翰九世，教皇，898—900 年在位。——译者

塞吉乌斯和白痴阿纳斯塔斯[①]死后，马罗齐亚和西奥多拉两姊妹把她们的男宠之一朗东抬上了罗马教皇的宝座(912 年)[②]；朗东一死，小西奥多拉便让人选举她的情夫约翰十世[③]为教皇，此人先是波洛尼亚[④]主教，后为腊万纳主教，最后成为罗马主教。人们并没有像责备佛尔莫斯那样责备他改换主教辖区。这个被后世指责为不虔诚的教皇，并不是不称职的领袖，远非如此。这个靠私情当上教皇的约翰十世是个有才华有胆略的人。他做了他以前所有教皇都做不到的事，他把萨拉森人从意大利的加里昂赶走了。 432

为使出征成功，他巧妙地得到了君士坦丁堡皇帝的军事支援，虽然这个皇帝对叛逆的罗马人和对萨拉森人都一样怨恨。教皇让卡普亚伯爵建立武装，他得到了一支托斯卡纳的民兵，亲自率领这支军队出征，还把马罗齐亚和阿德尔贝特侯爵所生的一个年轻儿子带在身旁。他在把伊斯兰教徒从罗马附近赶走之后，还想把意大利从德国人和其他异族人手中解放出来。

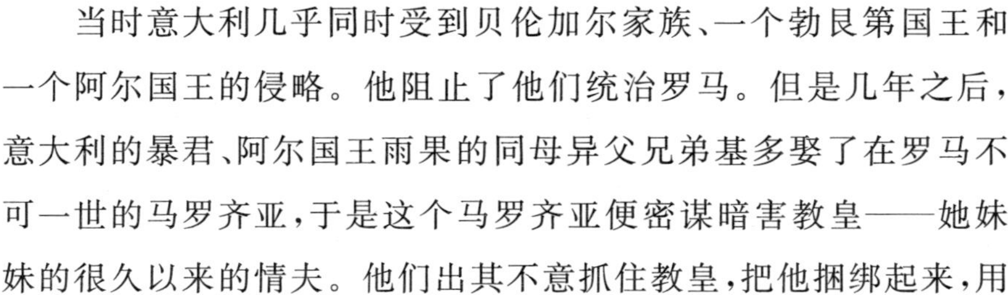

当时意大利几乎同时受到贝伦加尔家族、一个勃艮第国王和一个阿尔国王的侵略。他阻止了他们统治罗马。但是几年之后，意大利的暴君、阿尔国王雨果的同母异父兄弟基多娶了在罗马不可一世的马罗齐亚，于是这个马罗齐亚便密谋暗害教皇——她妹妹的很久以来的情夫。他们出其不意抓住教皇，把他捆绑起来，用

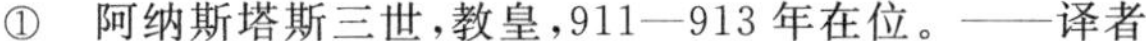

① 阿纳斯塔斯三世，教皇，911—913 年在位。——译者

② 原文如此，疑为 913 之误。——译者

③ 约翰十世，教皇，914—928 年在位。——译者

④ 波洛尼亚(今称波伦亚)，意大利北部城市，艾米列亚－罗马涅区首府和波洛尼亚省省会。——译者

床褥闷死。

(929年)罗马的主宰马罗齐亚让人选举一个名叫利奥的人为教皇,但几个月之后,又把他害死于狱中,然后把教皇的位置给了一个出身微贱的人,这个人只活了两年,最后她把自己跟塞吉乌斯三世通奸所生的儿子置于教皇的宝座上,此人就是约翰十一[①]。

约翰十一世在他母亲让他当教皇时只有24岁。她授予他这个职位的条件是他只管主教职务,而且只当他母亲的小教堂神父。

有人说这时马罗齐亚毒死了她的丈夫托斯卡内尔的侯爵基多。确凿的事实是,她嫁给她丈夫的弟弟、伦巴第国王雨果;她使他占有罗马,自以为可以通过他而成为女皇。但是她前夫的一个儿子[②]这时带领罗马人反对她,把雨果赶出罗马,把马罗齐亚和她的儿子教皇〔约翰十一〕囚禁在今天称为圣昂热城堡[③]的哈德良的陵墓中。据说约翰十一世后来在这里被毒死。

433 斯提芬八世[④]出生于德国,939年当选为教皇;他仅仅因为这个受罗马人痛恨的籍贯,就在一次骚乱中被人用刀劈伤脸部,以致再也不能公开露面。

(956年)不久,马罗齐亚的孙子奥克塔维安·斯波尔科,靠着家庭的势力,18岁便被选为教皇,为纪念其伯父约翰十一世,取名为约翰十二[⑤]。这是在当上教皇时改名的第一个教皇。当他的家

① 约翰十一,931—935年在位。——译者

② 即阿尔伯里克。他是罗马元老院议员。——译者

③ 圣昂热城堡,古罗马的一个四方形城堡,上有两层圆形建筑物。建成于安东尼·庇护时代(139年),内有哈德良皇帝陵墓。——译者

④ 斯提芬八世,939—942年在位。——译者

⑤ 约翰十二,955—963年在位。——译者

庭让他当教皇时，他连修会都没有加入。这个约翰是罗马的贵族长。因为他拥有跟查理曼一样的爵号，于是他通过教皇的职位，把政教两股势力的权利和最合法的权力集于一身。但是他年纪轻，又耽于酒色，因此不是一个强有力的君主。

人们不免感到奇怪，在那么多卑鄙无耻、软弱无力的教皇统治下，罗马教会依然保持着他的特权和野心。不过在当时，几乎所有其他教会也都是这样的。意大利的僧侣们可能瞧不起某某教皇，但他们都尊重教皇的职位，因为他们都心向往之。总之，在人们心目中，其人可憎，其职位却是神圣的。

就在罗马和教会这样四分五裂的时候，年轻的贝伦加尔正与阿尔国王雨格争夺着意大利。正如同时代的留特普兰德所说的，意大利人总是希望有两个主人，以便在实际上没有任何主人。这样一个错误而不幸的政策，使他们不断变换统治自己的暴君，同时也不断变换本国的灾难。当奥托大帝由于几乎所有城市的诉苦，甚至是由于年轻的教皇约翰十二的请求来到意大利时，这个美丽国度便处于这样的可悲状况。这个教皇出于无奈而请德国人来，但他对这些德国人却又无法忍受。

第三十六章

奥托帝国和意大利的状况(续)

434 (961 年,962 年)奥托进入意大利,他在意大利的所作所为一如查理曼;他打败了渴望统治意大利的贝伦加尔;他让教皇亲手给他祝圣和加冕为罗马人的皇帝;他采用了恺撒和奥古斯都的名称,并强迫教皇在据说安葬圣彼得遗体的坟墓上向他宣誓效忠。人们还立下了一份正式文书,在文书中罗马的僧侣和贵族表示以后永远只在皇帝特派员出席的情况下选举教皇,而奥托则肯定了丕平、查理曼和温厚者路易的赠与,但没有指明这些有争议的赠与究竟包括哪些地方。只是说:"仅限于在我们的控制之下以及在我们的子孙后代控制之下的地方。"这份文书用金字写成,由 7 个德国主教、5 个伯爵、两个修道院长以及若干意大利高级教士副署。据巴罗尼乌斯[①]说,文书还保存在圣昂热城堡,签署日期为 962 年 2 月 13 日。

但是奥托大帝怎么能够凭这份肯定查理曼的赠与的证书,就把查理曼从来都没给予的罗马城给予教皇呢?他怎么能够把他自

---

① 恺撒·巴罗尼乌斯(1538—1607),红衣主教,意大利奥拉托利修会会长,克雷门八世的告解司铎,梵蒂冈图书馆长,著有《教会通史》。——译者

己并不拥有而仍属于其公爵们的贝内文托公爵领地拿来作为礼物赠送呢？他怎么能够把在萨拉森人占领下的科西嘉和西西里给予他人呢？或者奥托受人蒙骗，或者证书纯属伪造，必须承认这一点。

有人说——梅泽雷[1]也跟着人云亦云——法国国王罗退尔和 435
以后成为国王的雨格·卡佩都参加了这次加冕礼。当时法国的国王确实很弱，以至于有可能充当一个皇帝的祝圣仪式的装饰品，但在这份证书的不管是真是假的签名中根本找不到罗退尔和雨格·卡佩的名字。

不管怎样，教皇约翰十二把德国人请到意大利来这种轻率行为是罗马与意大利长期蒙受的一切灾难的根源。

教皇本来只想得到一个保护者，但却给自己找了个主人，因此不久便对这个主人怀有二心。他跟躲藏于新近驻扎在普罗旺斯沿海地区的伊斯兰教徒中的贝伦加尔联合起来反对皇帝。趁奥托在帕维亚时，教皇把贝伦加尔的儿子叫到罗马。他派人到匈牙利人那里去请求他们返回德国。但是他不够强大，无法把这种大胆的行动坚持下去，而皇帝则有足够的力量来惩罚他。

于是奥托从帕维亚返回罗马。在控制了全城之后，召开了一次宗教会议，在会上他对教皇提出控告。他把德国和罗马的领主、40 名主教、17 名红衣主教集合到圣彼得教堂，然后在民众前指控教皇玩弄了好几个女人，尤其是其中一个名叫艾蒂内特的是教皇父亲的小老婆，此人于分娩中死去。

---

① 梅绎雷(1610—1683)，法国历史学家。——译者

其他主要罪状有：任命一个10岁小孩为洛迪[①]的主教；出售圣职圣俸；派人剜掉他的教父的眼睛；阉割一个枢机主教然后把他杀死；最后还有不信耶稣基督和祈求魔鬼保佑[②]，这两者似乎是互相矛盾的。

这样，就像经常发生的那样，人们把真凭实据的指控与诬告混在一起，可对于召集这次宗教会议的唯一理由却只字不提。皇帝无疑是害怕提起这次叛乱和这个阴谋，因为那些控诉教皇的人本身也是参与其事的。

436 这个年方27岁的年轻教皇看起来好像是因乱伦行为和各种丑行而被废黜，但实际上则是因为他同所有的罗马人一样，想摧毁德国在罗马的势力。

奥托无法控制教皇的人身；或者他虽然能够，但却犯了一个错误，把教皇释放掉。奥托刚刚指使人选举了利奥八世[③]当教皇，——照奥尔良主教阿尔努的说法，这个人既不是教士也不是基督徒，——刚刚接受了教皇的称臣誓忠，刚刚离开了可能不应离开的罗马，约翰十二世便鼓动罗马人起来造反，然后召开一次宗教会议来对抗上一次宗教会议，在会上废黜了利奥八世，并下令："下级永远不得剥夺其上级的职位。"

教皇的这一决定不仅是说主教和枢机主教永远不得废黜教皇，而且也指皇帝，因为罗马的主教们从来都把皇帝视为应当向教

---

① 洛迪，意大利翁布里亚地区的城市。——译者

② 魔鬼，基督教教义用语。谓原系上帝所天使之一，因妄想同上帝比高下而堕落，乃成魔鬼。继续具有超人的本领，但专事抵挡上帝，并诱人犯罪。——译者

③ 利奥八世，963—965年在位。——译者

会誓忠臣服的俗人，而这誓忠臣服却正是皇帝要求教会做的。那个起草并宣读对教皇〔利奥八世〕的控告书的名叫约翰的枢机主教被砍掉右手。在上次废黜教皇的公会议上充当录事的人被拔掉舌头，割掉鼻子，砍掉两个手指。

更可鄙的是，在所有这些充满彼此倾轧和互相报复的公会议上，人们总是援引福音书和教父们的箴言。人们祈祷圣灵的光辉，以圣灵的名义说话。人们甚至制订了一些匡世益民的教规。任何一个阅读这些文件而不了解历史的人，都会觉得是阅读圣徒行传。如果耶稣基督当时重返人间，看到教会里有那么多伪善和那么多恶行，他会说些什么呢？

这一切几乎都是在皇帝眼前发生的。而且谁能知道，年轻教 437
皇的勇敢和怨懑，罗马人为支持他而举行的暴动，意大利其他城市对德国人的仇恨，会把这场革命推进到什么地步？(964 年)但是 3 个月后，教皇约翰十二在一个有夫之妇的怀抱中，被复仇雪耻的丈夫行刺，身负重伤，于 8 天后死去。人们写道，他因为不相信由自己充当教皇的这个宗教，所以在临死时不愿意接受终傅圣事。

这个教皇，或者不如说这个贵族长，把罗马人激发起来，以至于甚至在他死后，罗马人还敢于抵抗围攻，直到最后方才投降。于是，两次战胜罗马的奥托便成了意大利和德国的主人。

由他一手安插的教皇利奥、元老院、人民中的主要人物、罗马的僧侣，在拉特兰的圣约翰教堂庄严集会，肯定皇帝有权在意大利王国选择自己的继承者，指派教皇，任命主教。但是人们出于畏惧而签订的那么多条约、立下的那么多誓言之后，还需要有皇帝待在罗马监督，才能得到执行。

奥托刚刚返回德国，罗马人便想获得自由。他们把皇帝的亲信——他们的新教皇投入监狱。罗马行政官、护民官和元老院都想恢复旧法律。但是，在一个时候的英雄的行为，在另一个时候却成为乱党的反叛。奥托立即赶回意大利，绞死一部分元老院议员；(966 年)一个想当布鲁图[①]的罗马行政官则被置于十字街头加以鞭挞，剥光衣服，在驴背上游街，最后投入地牢饿死。

① 布鲁图(约前 85—前 42)，古罗马奴隶主贵族派政治家。公元前 44 年与卡西乌一起刺死恺撒后逃往希腊，败于安敦尼、屋大维联军，自杀身死。——译者

第三十七章

皇帝奥托二世和奥托三世以及罗马的情况

在奥托大帝、奥托二世和奥托三世统治下，罗马的情况大致是 438
这样：德国人要把罗马人控制在手，而罗马人则一有可能便要砸碎他们的锁链。

一个奉皇帝之命选出的或由皇帝任命的教皇，便成为罗马人的众矢之的。罗马人心中始终保持着恢复共和政体的念头，然而这种雄心壮志所得到的结果却是令人感到耻辱而又可怕的灾难。

奥托二世像他父亲一样，在罗马高视阔步。这是什么样的政府！什么样的帝国！什么样的教廷！一个执政官——教皇约翰十世与出名的马罗齐亚所生的儿子，名叫克雷森提乌斯[1]——仇恨君主政体，他以执政官的身份鼓动罗马人起来反对奥托二世。皇帝一手扶植的本笃六世[2]被他杀死狱中。奥托〔二世〕虽然远离罗

---

① 克雷森提乌斯，又称克雷森，罗马执政官，企图恢复共和，998 年被奥托三世处死。——译者

② 本笃六世，教皇，973—974 年在位。——译者

马，但他在来到罗马之前，已经运用他的权力把罗马教皇的宝座授予帝国在意大利的掌玺大臣，名为约翰十四[①]。这位不幸的教皇后来成为罗马方面一个新的牺牲品。执政官克雷森提乌斯所扶植的教皇卜尼法斯七世[②]双手沾满了本笃六世的鲜血，又杀死约翰十四。与这一切相比，在卡里古拉、尼禄、维特利乌斯[③]的时代，都没有出现更为可悲的不幸者，也没有发生过更为野蛮的行为。这些教皇的被害及其不幸，就像他们本人一样都无声无息。这些鲜血淋漓的悲剧是在罗马这个窄小而败落的舞台上演的，而恺撒们的悲剧则是以整个已知世界为舞台。

奥托二世是在981年来到罗马的。教皇们从前曾让法兰克人
439 来意大利，从而摆脱了东罗马帝国皇帝们的统治。现在他们怎么办？他们试图在表面上重新归顺他们的旧主，因为他们在冒失地请来萨克森人的皇帝之后，现在又想将他们赶走。卜尼法斯七世前往君士坦丁堡敦促巴西尔[④]和君士坦丁[⑤]皇帝来重建恺撒们的皇座。罗马既不明白自己的情况，也不知道自己隶属于何人。执政官克雷森提乌斯和元老院意欲恢复共和国；教皇则既不要共和国，也不要主人；奥托二世要的是维持其统治。于是他进入罗马。他在罗马宴请元老院主要议员和执政官的同党。据维特尔博的戈

---

① 约翰十四，教皇，983—984年在位。——译者

② 卜尼法斯七世，教会史上未被承认的教皇，974—985年在位。——译者

③ 维特利乌斯(15—69)，古罗马帝国皇帝，69年在位仅8个月，以荒淫无道和残酷暴虐闻名。——译者

④ 即巴西尔二世，东罗马帝国皇帝，976—1025年在位。——译者

⑤ 即君士坦丁八世(960—1028)，东罗马帝国皇帝，976—1025年与其弟巴西尔二世共同执政，从1025年起单独执政。——译者

德弗鲁瓦[①]说，这些人在席间全都被他杀死。这样一来，教皇就假其敌人之手摆脱了元老院共和派议员；但是他还需要摆脱这个暴君。东罗马帝国派到普伊的部队不够，教皇又请了萨拉森人来。如果戈德弗鲁瓦所说的在这血腥的宴会上屠杀元老院议员一事属实，那么〔罗马人〕无疑是宁愿让伊斯兰教徒当保护者，也不愿由这个嗜杀的萨克森人当主人。奥托二世被希腊人打败，又被穆斯林打败，并当了穆斯林的俘虏；但他逃了出来，并利用敌人的不和，又返回罗马，983 年死在那里。

奥托二世死后，执政官克雷森提乌斯把有名无实的共和国维持了一段时间。他把奥托三世的侄子格雷戈里五世[②]赶下教皇宗座。但是罗马再次被围，并被占领。雷克森提乌斯指望得到和解并相信皇帝的保证，走出圣昂热城堡，结果掉了脑袋。他的尸体被倒悬。罗马人选出的新教皇约翰十六[③]，或照某些人的说法是约 440
翰十七，被剜掉眼睛，割掉鼻子，从圣昂热城堡屋顶扔到广场上。

罗马人于是又向奥托三世立下了他们向奥托一世和查理曼立过的誓言，奥托三世则把安科纳的马尔凯这块地方赠给教皇们，以表示对他们的支持。

在 3 个奥托皇帝之后，德意志的统治与意大利的自由之间，依然长时期存在着斗争。在巴伐利亚人亨利二世[④]和撒利克人康拉

---

① 维特尔博的戈德弗鲁瓦，12 世纪德国或意大利历史学家，曾任意大利维特尔博的主教。——译者

② 格雷戈里五世（972—999），教皇，996—999 年在位。——译者

③ 约翰十六（？—约 1013），997—998 年在位。——译者

④ 亨利二世（973—1024），995 年为巴伐利亚公爵，1002 年为德意志国王，1014—1024 年为神圣罗马帝国皇帝。——译者

德二世[①]这两个皇帝统治时期，只要他们在德国无暇他顾，意大利便会出现叛党。亨利二世像奥托诸帝一样来到意大利，扑灭了乱党，向教皇肯定了皇帝们的赠与，并接受了同样的称臣誓忠。在此期间，教皇的职位，以及几乎所有其他的主教职位，都可以拿来出卖。

本笃八世[②]和约翰十九[③]相继公开购买教皇职位。这两个人是兄弟，出身于从马罗齐亚和西奥多拉的时代起一直在罗马声势烜赫的托斯卡内尔侯爵家族。

他们死后，为使教廷始终掌握在这个家族手中，人们还为一个12岁的孩子收买选票，（1034年）这个孩子便是本笃九世[④]。他获得罗马主教职位的方式就跟我们今日还能见到的许多家庭为小孩购买带俸圣职一样，不过现在是暗中进行罢了。

混乱有增无已。本笃九世在位期间，还有两个靠花钱当选的教皇[⑤]。3个教皇在罗马互相施加绝罚处分；但是通过一次难得的和解，内战是避免了，3个教皇商定平分教会收入，互不干扰，各自带着自己的情妇过日子。

这种三皇鼎立、相安无事的奇怪局面只是在他们还有钱的时

---

① 康拉德二世，1024年为德国国王，1027—1039年为神圣罗马帝国皇帝。——译者

② 本笃八世，教皇，1012—1024年在位。——译者

③ 约翰十九，教皇，1024—1032年在位。——译者

④ 本笃九世（？—1055），1032—1044年在位。——译者

⑤ 指西尔韦所特三世和格雷戈里六世。本笃九世残暴荒淫，罗马人迫使他逃离罗马。1045年罗马人选主教萨拜纳的约翰为教皇，称西尔韦斯特三世。与此同时，本笃九世又把教皇之位出售给他的教父格拉齐亚诺，称格雷戈里六世。——译者

候才能延续下去。最后他们都没有钱了，就各自把自己的教皇职位卖给十分富裕而又颇有才能的助祭格拉先。但因为年轻的本笃九世比其他两人当选教皇早得多，通过郑重协议，格拉先让本笃享有当时英国向罗马缴纳的贡金，称为“圣彼得的便士”，这是英国一个名叫埃塞瓦尔夫[①]的撒克逊人国王于852年同意缴纳的。

这位格拉先取名为格雷戈里六世[②]，在他平安无事地当教皇 441
时，撒利克人康拉德二世之子皇帝亨利三世[③]突然来到了罗马。

从来没有一个皇帝比他在罗马的权力更大。他放逐了格雷戈里六世，任命他的掌玺大臣、邦贝格主教苏伊德盖尔为教皇，没有人敢吱一声。

(1048年)这个在教皇中称为克雷门二世[④]的德国人死后，身在德国的皇帝便就地任命了一个名叫波蓬的巴伐利亚人为教皇，这便是达马萨二世[⑤]；他带着皇帝发给的证书前往罗马。尽管那个本笃九世在卖掉了教皇职位之后又想复职，但达马萨二世还是就任了。

这个巴伐利亚人就任后23天便一命呜呼，于是皇帝把教廷赐给他的表弟、洛林家族的布吕农。皇帝以绝对权威把布吕农从图

---

① 埃塞瓦尔夫(？—858)，古代英国西撒克斯王国国王爱格伯的儿子，839年执政。——译者

② 原文如此。教会史上只有两个格雷戈里六世：一个是敌对教皇(1012年5—12月在位)，另一个即与本笃九世和西尔韦斯特三世同时存在的教皇。——译者

③ 亨利三世(1017—1056)，德意志国王和神圣罗马帝国皇帝，1039—1056年在位。——译者

④ 克雷门二世，教皇，1046—1047年在位。——译者

⑤ 达马萨二世，第155任教皇，1048年在位，23天后被毒死。——译者

尔主教迁任罗马主教。如果皇帝的这种绝对权威继续下去，教皇就只能是他们的小教堂神父，而意大利就成为奴隶了。

这个教皇取名利奥九世[①]，人们把他列为圣徒。我们以后将会看到他率领一支军队攻打建立那不勒斯王国的诺曼大公们，结果落入敌手，成为阶下囚。

如果这几个皇帝能在罗马久住，那么由于罗马人的软弱，意大利的分裂，德国的强大，他们便会始终是教皇的君主，便会出现一个名副其实的罗马帝国了。但是德国这些选任的国王害怕本国的诸侯，不敢远离他们而定居罗马。而且邻族时刻准备侵犯他们的边境，他们必须时而同丹麦人，时而同波兰人和匈牙利人作战。正因此，意大利才得以一时从枷锁下解放出来，否则它就只能做徒劳的挣扎。

罗马和拉丁教会从来没有比在这苦难岁月更受君士坦丁堡蔑视。奥托一世向尼基法拉斯·福卡斯[②]皇帝派遣的使节留特普兰德告诉我们，在都城里，罗马居民从来没有被称为罗马人，而是被
442 称为伦巴第人；罗马的主教们则被视为从事分裂活动的乱党。圣彼得在罗马的居留被看做荒诞不经的神话，这个神话的唯一根据是圣彼得在一封书信中说他住在巴比伦，而人们硬说巴比伦就是罗马。在君士坦丁堡，人们对萨克森人皇帝简直不放在眼里，因为人们是把他们当蛮族人来看待的。

君士坦丁堡的宫廷并不胜于德意志皇帝的宫廷。但希腊帝国

---

① 利奥九世，教皇，1048—1054年在位。——译者

② 尼基法拉斯·福卡斯，即尼基法拉斯二世(912—969)，东罗马帝国皇帝，963—969年在位。——译者

比拉丁帝国贸易兴隆，工业发达，财富也更充足。自从查理曼的光辉时代以来，在西欧，一切均已衰落。在各个国家，到处是凶残与淫佚，混乱与贫穷。普遍的愚昧无知也莫过于此时。每个时代都曾有过奇迹，而此时产生的奇迹却不少于任何其他时代。这些奇迹只是在欧洲建立科学院以后，在民智开通的国家才不再出现。即便出现，健全的物理学也会很快使之现出本来面目。

第三十八章

雨格·卡佩时期的法国

443 当德国开始形成一种新的政治制度，而罗马和意大利却没有任何政治制度之时，法国像德国一样演变为完全的封建政体。

当时〔法国〕这个王国的疆域在从埃斯科河、默兹河附近到英国海，从比利牛斯山到罗讷河之间。这些地方就是它的边界。尽管许多史学家说法兰西这个巨大封地越过比利牛斯山直至埃布罗河，但是要说埃布罗河与比利牛斯山之间这些省份的西班牙人在与伊斯兰教徒作战的同时，又臣服于孱弱不堪的法国政府，看来是根本不可能的。

当时的法国虽不包括普罗旺斯和多菲内，却是个相当大的王国，然而法国的国王则远不是伟大的君主。查理曼最后一代后裔路易①的全部领地只有拉昂和苏瓦松两城以及几块有争议的土地。诺曼底的称臣只不过是向国王提供壮丁。各省均有世袭的伯爵或公爵。占有两三个小村镇的人向占有一个省的人称臣，而只拥有一个城堡的人则隶属于夺得一个城市的人。这就产生了一种畸形状态：身体的各部分并不组成身体。

① 指路易四世，或称海外归来的路易。——译者

由于当时实际情况的需要，大采邑主必须率领军队援助国王。有的领主从军 40 天，有的 25 天。封臣的封臣各自听命于直接上 444
级。但是，虽然所有这些领主各自都为国家服役若干天，他们彼此之间却几乎终年交战。在这充满罪行的年代，尽管宗教会议还往往作出正确的决策，规定从礼拜四到礼拜一天亮以前，以及在复活节和其他重大节日期间不许打仗[①]，也仍然无济于事。这些规定由于没有伴以强制性的司法机关，所以并无效力。每个城堡都是一伙强盗的小国家的都城，每个修道院都有武装。这些强盗们的讼师——早期设置的替他们呈递诉状给国王并照管他们的案件的人，或称为“代诉人”——就是他们的部队的将领。地里的庄稼，或者放火烧毁，或者早割青苗，或者手持刀枪保卫；城市十室九空，乡村则因连年饥馑而人烟稀少。

这个没有领袖，没有政府，没有秩序的王国似乎应成为异族侵凌的对象。但由于当时世上所有王国几乎都存在着类似的无政府状态，法国反而有了安全。德国在奥托王朝统治下开始更加令人害怕时，却因忙于内战而无暇他顾。

我们今天还能看到的把一座房子和一个村落作为贡物向另一个乡的领主纳贡的习俗，便是从这野蛮时代流传下来的。今天一个医生或一个商人成为一块古代封地的拥有者，另一个市民或王国中的一个同身份的人向他购买了一块附属封地，后者与前者便是臣属关系。采邑法现在已不存在了，但领地与领地间的臣属关

① 中世纪欧洲各国封建领主混战不休，天主教会为了教会自身利益，禁止在某些“教会圣日”作战，违者要受教会“绝罚”，这种休战称为“神命休战”。——译者

系，誓忠和纳贡这些旧习依然存在。大部分的法庭都承认这一格言：凡土地皆有领主。仿佛土地属于祖国这一说法犹嫌不足似的。

在查理曼时期和罗马人统治时期，军队中的主要力量是步兵。当法国、意大利和德国都被无数小暴君分割时，军队中就只有骑兵了。这时只有 gendarmes（带兵器的人）①，而步兵不称为 gendarmes，因为比起骑兵来，他们是不带兵器的。

445 最小的领地所有者出发作战也要尽可能带最多的马匹，当时一个人的排场就是随身带着盾牌手作为随从（vaslet，源于 vassalet，小封臣）。由于骑马作战是一种荣耀，人们便习惯于佩戴全副铁盔甲，而一名步兵是承受不了这个重量的。臂甲、胸甲是军服的一部分。有人说查理曼有这些东西，但这要到公元 1000 年才成为普遍的习俗。

谁富有谁就在战争中死伤不了。狼牙棒的使用便是在这个时期兴起的，用以击杀利剑不能刺穿的骑士。当时最大的买卖是胸甲、盾牌、羽饰头盔。

只有被驱向战场的农民最有生命危险，而且最受蔑视。他们不是充当战士，而是作为开路先锋。战马都身披铠甲，头护铁箍，比农民更受重视。

除了最大的豪强们所制订的为采邑服务的一些条例之外，当时没有什么法律。一切司法裁判听任土地所有者任命的大总管、

① gendarme（精骑兵，宪兵），原写作 gens d'armes，是 homme d'armes 的复数形式，直译为"带武器的人"。中世纪作战时，大小领主，披挂盔甲，手执武器，这种骑士称 gens d'armes，这些 gens d'armes 各带着只持盾牌和木棒的随从，称 écuyer（盾牌手）。以后由于语音演变，形成现代法语的 gendarme。——译者

临时裁判官、代理执法官权宜处置。

这些城市的元老院，在查理曼和罗马人时代曾起过市政府的作用，如今几乎在各地都已取消。爵爷(senior，即 seigneur)一词，过去长期指城市元老院的要人，如今则只用以称呼封地领主。

pair(大贵族)这个词这时开始引入法国当时所说的高卢—条顿语中[1]。我们知道，它来源于拉丁语的 par，原意为“身份相同的人”或“同辈”。在法国第一和第二王朝时期[2]，只用于这个意义。温厚者路易的儿子们在 851 年一次会晤中，彼此互称 pares；而在很久以前，达戈贝尔把 pair 的名称赐给一些僧侣。正如学者迪康 446
吉[3]所指出的，查理曼时代的梅斯王教戈德格朗称主教和修道院长为 pair。因此，同一领主的封臣，习惯上互称为 pair。

阿尔弗烈德大王在英国建立了陪审员制度，这些陪审员就是各种职业中身份相同的人(les pairs)。一个人犯了刑事案件，可以从他的职业中选出 12 个人做他的审判者。在法国，在某些封臣中也实行这种制度，但数目并不限定为 12 名。因此每个采邑有多少个贵族便有多少个 pair，他们属于同一领主，他们彼此间是同身份者，但不是封建领主的同身份者。

因此，直接向国王称臣的公侯，如吉埃纳公爵、诺曼底公爵、勃艮第公爵、佛兰德伯爵、图卢兹伯爵，事实上便是法国最高等级的

① 法语是由拉丁语、高卢语或克尔特语、法兰克语三个基本来源组成。高卢语与民间拉丁语的结合产生了高卢—罗曼语，以后法兰克人的入侵又带来了法兰克语。此处所说的条顿语，即指法兰克语。——译者

② 指法国的墨洛温王朝和加洛林王朝。——译者

③ 查理·迪康吉(1610—1688)，法国学者。——译者

同身份者——大贵人。

雨格·卡佩不是最没有势力的大贵人。他久已拥有广袤的直至都兰的法兰西公爵领地。他是巴黎伯爵。他在皮卡底[①]、香槟拥有广大领地,因此他在这两个省份有很大的权威。他的兄弟拥有今日构成勃艮第公爵领地的地盘。他的祖父罗伯尔[②]和伯祖父厄德在昏庸者查理时代都曾戴过王冠;他的父亲雨格[③]拥有圣德尼修道院、图尔的圣马丁修道院、圣日耳曼·德·普雷修道院以及那么多别的修道院,因而有修道院长雨格的绰号,他曾经动摇和统治过法国。因此可以说,自从910年厄德国王掌政以来,雨格·卡佩家族的统治几乎从未间断,除了不愿戴王冠的修道院长雨格,这个家族在850余年中产生了一连串的君主,这在所有国王世系中是绝无仅有的。

(987年)法兰西公爵、巴黎伯爵雨格·卡佩从〔加洛林王朝〕末代国王路易五世的叔父查理公爵手中夺走了王冠。我们知道他
447 是采取什么样的手段达到这一目的的。如果选举是自由的,如果查理曼的血统受到尊重,如果继承权像今天这样神圣不可侵犯,那么查理公爵就会成为法国的国王。使查理不能享有祖先留下的权利的,并不是历史学家所说的一次全国性民众大会,而是那种可以使国王上台也可以使国王下台的实力以及精心策划。

---

① 皮卡底,法国古代省份,位于法国北部,1185年起菲利普一世逐渐把该地区某些地方并入王室领地,1477年路易十一将整个皮卡底作为法国的一个边区。——译者

② 罗伯尔(?—866),强者罗伯尔(安茹伯爵、法兰西公爵)的次子,亦称罗伯尔一世,他是厄德的弟弟。922—923年为法国国王。——译者

③ 雨格,巴黎伯爵、法兰西公爵(?—956),罗伯尔一世之子,雨格·卡佩之父,与路易四世为敌,948年由英格汉姆宗教会议施以绝罚。——译者

当加洛林家族的这个末代国王路易在23岁时因衰弱症即将结束其默默无闻的一生时，雨格·卡佩已在集结兵力。他不但没有求助于民众大会的权威，反而用他的部队驱散了为保证查理继承王位而在贡比涅召开的民众大会。由迪歇纳[①]发现的格伯特的一封信（格伯特后来成了兰斯大主教和教皇西尔韦斯特二世[②]）是一个真实可靠的证明。

查理公爵——他的领地构成下洛林的两个邦：布拉邦特和海诺特——是被一个比他强大而幸运的对手打败的。拉昂的主教出卖了他，将他擒获，送交雨格·卡佩，他最后瘐死在奥尔良塔堡中。他的两个儿子都未能为他复仇，其中一个拥有下洛林领地。这两人是查理曼男性后裔中最后的王族成员。雨格·卡佩虽成为其同身份者的国王，但他的领地并不比以前更大。

① 安德烈·迪歇纳（1584—1640），法国史学家，曾被任命为国王的史官。——译者

② 西尔韦斯特二世（945—1003），教皇，999—1003年在位。——译者

第三十九章

10至11世纪时法国的情况；国王罗伯尔被处绝罚

448 从胖子查理到雨格·卡佩的曾孙菲利普一世约250年中，法国山河破碎，日益衰微，灾难深重，黯然无光。以后我们会看到，11世纪末使菲利普一世统治引人瞩目的十字军东征究竟是否会使法国繁荣起来。不过在我所说的这段时间中，看到的只是混乱、暴政、野蛮和贫穷。稍大一点的领主都自铸货币，但却竞相掺假。精美的手工制品出在希腊和意大利，法国人无法仿造，因为他们的城市没有自由，或者像人们长期以来所说的，没有特许状[①]，而且他们的国家又不统一。

(999年)在这个时期的所有重大事件中，最值得公民注意的是国王罗伯尔[②]受到绝罚处分。他跟四亲等表妹贝尔特结婚，这门婚事本身是合法的，而且符合国家利益的需要，并在一次全国宗教会议上得到主教们的赞同。我们今天也看到有的人与外甥女结

---

① 特许状，中世纪西欧一些城市被批准成为自治市的证书。——译者

② 指虔诚者罗伯尔二世(约970—1031)，法国国王，996—1031年在位。——译者

婚，并以普通的价钱向罗马买得宽许，仿佛罗马对于在巴黎举行的婚事有什么特权似的。但法国国王并没有得到这样的宽容。沉溺于下流与丑恶行为的罗马教廷竟然强令国王悔罪7年，并命令他离开妻子，如不服从，就处以绝罚。教皇对所有参加婚礼的主教给以停圣事[①]处分，并命令他们到罗马请求宽宥。如此蛮横无理今天似乎难以置信，然而当时由于迷信无知人们却能够忍受。发生
这样的事，是有政治原因的。宣布绝罚的格雷戈里五世是德国人， 449
受格伯特管辖，格伯特以前是兰斯大主教，以后成了法兰西王室的敌人。皇帝奥托三世也并不是罗伯尔的朋友，他亲自出席了宣布绝罚的宗教会议。这一切都使人相信，在这一侵凌行为中，政治原因跟宗教狂热起着同样的作用。

历史学家们说这个绝罚处分在法国产生了严重的后果，以至于国王的仆从和所有廷臣全都抛弃他，只剩下两个侍者，这两个人还把国王的残羹剩饭投入火中，因为厌恶一个受绝罚者所曾触及的东西。不管当时人类理性如何堕落，恐怕也不可能荒谬到这种地步。第一个记述法国宫廷中这一极端愚昧行为的作者是枢机主教彼得·达米安[②]，他是在事过65年之后才写此事的。他说，作为对这种所谓乱伦关系的惩罚，王后生下了一个怪物(指生下一只鹅。——译注)；其实在这整个事件中，只有教皇的肆无忌惮和国王软弱无能而甘愿与妻子离异，才是真正的怪现象。

绝罚、停圣事都是一些雷火，只有当它们遇到可燃之物时，才

---

① 停圣事，天主教会对神圣人员和教徒的一种处分。在未获宽免前，禁止施行和领受圣事。——译者

② 圣·彼得·达米安(1007—1072)，天主教枢机主教和教义师。——译者

会烧着一个国家。当时并没有什么可燃之物；不过也许罗伯尔害怕会引出某些可燃之物来。

国王罗伯尔的忍辱迁就使教皇更壮了胆子，以致国王的孙子菲利普一世跟国王一样也被绝罚。(1075 年)首先，出名的格雷戈里七世威胁菲利普，如果他不能向教皇的特派员证明自己没有犯下私卖圣职的罪行，便要把他废黜。另一教皇果真对他施以绝罚。菲利普厌恶自己的妻子，爱上了安茹伯爵的夫人贝尔特拉德，便利用司法机关，借口有亲缘关系而与妻子离了婚。贝尔特拉德也以同样的借口跟伯爵离了婚。

450 然后，国王和情妇由贝叶[①]主教主持隆重地结了婚。他们是应受谴责的。但是他们至少尊重了法律，用法律来掩盖自己的错误。一个教皇因为罗伯尔娶了自己的亲戚而处以绝罚，而另一教皇则因为菲利普与自己的亲戚离婚又给以绝罚处分。更奇怪的是，1094 年，教皇乌尔班二世[②]，是在国王自己国家，在奥弗涅的克莱蒙宣布并执行这一判决的。而第二年，他又来到克莱蒙避难，并就在克莱蒙宗教会议上极力鼓吹十字军东征。

但是被绝罚的菲利普似乎并没有为他的臣民所厌弃，这是我们对国王罗伯尔落到众叛亲离之说表示怀疑的又一个理由。

值得注意的一件事是菲利普的父亲、国王亨利[③]跟一个俄罗斯公主、雅罗斯拉夫大公的女儿的婚事。人们不知道这个俄罗斯是黑俄罗斯，白俄罗斯，还是红俄罗斯；也不知道这个公主是偶像

① 贝叶，法国卡尔瓦多斯省城市。——译者

② 乌尔班二世(约 1035—1099)，法国籍教皇，1088—1099 年在位。——译者

③ 即亨利一世(约 1008—1060)，1031—1060 年在位。——译者

崇拜者、天主教徒还是希腊正教徒；也不知道她嫁给法国国王是否改变了宗教信仰？在欧洲各国来往如此稀少的时代，一个法国国王怎么会认识古代斯基泰人国家的一个公主？这桩奇怪的婚事是谁提的亲？对这些问题，有关这个黑暗时代的历史都没有作出令人满意的回答。

可以相信，法国国王亨利一世要结这门亲事是为了不要招惹教会找自己的岔子。不能跟自己的七亲等女亲戚结婚，是当时所有迷信行为中对国家尤其不利的，因为几乎所有欧洲的君主都是亨利的亲戚。不管怎样，反正是当时人们不知道是什么国家的俄罗斯的一个不见经传的大公雅罗斯拉夫的女儿安娜[1]成了法国的王后了。必须指出的是，在她丈夫死后，她没有摄政，也不要求摄政。法律是因时而异的。担任摄政王的是王国的封臣之一、佛兰德的伯爵。寡妇王后下嫁给克雷比的一个伯爵。上述这一切在今天看来可能是怪事，但在当时则并不稀奇。

总的说来，如果跟我们今天的时代相比较，那么那个时代在政 451
治、宗教、贸易、艺术、公民权利等方面，就好像是人类的童年。

罗马的堕落，它的丑行，它在屈辱中对人们依然拥有的舆论力量，由皇帝任命一批教皇，教皇任人支配，他们一朝成为主人时的巨大权力，以及这种权力的滥用，所有这一切，构成一幅奇怪的图景。在罗伯尔国王时代被赶下台的兰斯大主教格伯特，又由奥托三世任命为教皇，称西尔韦斯特二世。格伯特因为一个阿拉伯人教过他算术和几何学的一些粗浅知识而被视为魔法师，这位 10 世

① 安娜，法国历史称俄罗斯的安娜，或基辅的安娜（？—1075）。——译者

纪的学者,奥托三世的家庭教师,至今仍保有饱学之士和贤明教皇的名声。不过这是他的同时代人、他的崇拜者阿德玛·夏巴纳[1]所写的编年史这样叙述的。

一个法国领主、利摩日[2]的子爵居伊,跟昂古莱姆[3]的主教格里莫阿争夺布朗托姆[4]修道院的某些权利,结果主教对子爵处以绝罚,子爵把主教投入牢狱。这种互施强暴之事在当时以暴力取代法律的整个欧洲都是司空见惯的。

在这种普遍存在的无政府状态下,人们对罗马是如此尊崇,以至于出狱后的主教和利摩日的子爵两人都从法国来到罗马,在枢机团会议上向西尔韦斯特二世申诉。您会相信吗?子爵被判处四马分尸,要不是他逃走了,判决就会执行。这个领主把不是他的下属的主教关人牢房的过火行为,他的后悔,他对罗马的服从,枢机团会议野蛮而荒谬的判决,这些就是这个野蛮时代的特征的极好的写照。

452 除此之外,不管是罗伯尔之子、法国国王亨利一世,或亨利之子菲利普一世,都没有任何可资纪念的大事。但在他们的时代,他们的封臣和封臣的封臣却征服了几个王国。

我们将看到诺曼底省的几个没有财产、没有土地、几乎没有一兵一卒的冒险家如何建立起两西西里王国,此事以后成为施瓦本

---

① 夏巴纳(988—1034),法国僧侣和编年史家,写有5世纪至11世纪事件的编年史。——译者

② 利摩日,法国维埃纳省省会,位于维埃纳河畔。——译者

③ 昂古莱姆,法国古代昂古穆瓦的首都,今夏朗德省省会。——译者

④ 布朗托姆,法国佩里格省省会。——译者

王朝的皇帝与教皇之间、安茹家族与阿拉冈家族之间、奥地利家族与法兰西家族之间发生争执的一个重大的主题。

第四十章

诺曼贵族征服那不勒斯和西西里

453 当查理曼称帝时，皇帝这个称号给予他的只是他的军队所能保证给他的东西。他自认为是贝内文托公爵领地的最高统治者，这个公爵领地就是现在称为那不勒斯王国的城邦的一大部分。贝内文托的公爵们比伦巴第国王幸运些，他们抵抗查理曼，也抵抗查理曼的继承者们。普伊、卡拉布里亚、西西里受到阿拉伯人的侵犯。希腊皇帝和拉丁皇帝们徒劳地争夺对这些地方的主权。有些领主跟萨拉森人瓜分从这些地方得来的掠夺物。人民不知道自己从属于什么君主，也不知道是归罗马教会、希腊教会，还是伊斯兰教徒管辖。皇帝奥托一世以最强者身份在这些地方行使权力。他把卡普亚立为公国。奥托二世的运气就差些，他被联合起来的希腊人和阿拉伯人打败。当时东罗马帝国皇帝仍然拥有普伊和卡拉布里亚，由一个省督管理。一些领主侵占了萨莱诺[①]。占有贝内文托和卡普亚的领主们竭力侵占各个省督的土地，而省督又反过来剥夺他们所占有的地盘。跟锡耶纳和卢卡[②]一样，那不勒斯和

---

① 萨莱诺，意大利坎帕尼亚的城市，濒临那不勒斯湾。——译者

② 锡耶纳、卢卡，均意大利托斯卡纳的城市。——译者

加埃塔都是小共和国，古希腊的精神似乎藏身于这两块小地方。当四周的人民都沦为奴隶而且不断变换着主人时，要求自由便具有崇高的意义。驻扎在若干城堡中的伊斯兰教徒对希腊人和拉丁人都一样进行掠夺。总督们所拥有的省份的教会从属于君士坦丁 454
堡大主教，其余地方的教会则从属于罗马大主教。那么多民族、那么多政府、那么多宗教混杂在一起，败坏了风尚习俗。居民没有迸射出一丝半点淳朴精神的火花。这个曾经产生贺拉斯和西塞罗、将要产生塔索的国家，已经面目全非了。这便是从加埃塔和加里昂直至奥特兰托的这块富饶的地方在 10 世纪和 11 世纪时的状况。

当时朝圣和骑士历险之风盛行。乱世产生过分的英雄主义，而在治政有方的时期，这种英雄主义的泛滥便会受到较多的约束。983 年，有五六十个法国人从诺曼底海边出发前往耶路撒冷。他们回来时，经过那不勒斯的海上，到达萨莱诺。此时该城正受伊斯兰教徒围攻，刚刚准备用银钱买得伊斯兰教徒撤围。他们发现萨莱诺人正在收集赎款，而胜利者则在军营中高枕无忧地寻欢作乐。这几十个外国人责备受包围者卑怯屈从，随即趁着黑夜，带着一些敢于追随他们的萨莱诺人，勇敢地冲进萨拉森人的军营。萨拉森人惊慌失措仓皇逃窜，不得不溃退到自己船上。就这样，这些外国人不仅使萨莱诺的钱财免遭损失，还给萨莱诺增添了一批战利品。

萨莱诺大公十分惊讶，要赠之厚礼，但他更为诧异的是这些人拒不收受。萨莱诺人长时间都把他们作为当之无愧的伟大的解放者来对待。人们央求他们答应再来。如此惊人的事件，由于这事件而得到的如此荣誉，很快便吸引其他诺曼人来到萨莱诺和贝内

文托。诺曼人于是又恢复了他们祖先渡海作战的习惯。他们时而为希腊皇帝出力，时而为当地的大公或教皇效劳。对他们来说，只
455 要能有所获，为谁卖命都没关系。那不勒斯有个公爵，曾经压制新生的共和国。这时他很幸运地得以同少数诺曼人联合起来反对贝内文托的一个公爵。(1030 年)诺曼人在〔那不勒斯和贝内文托〕两个地区之间建起了阿韦尔萨城，这是他们靠勇敢获得的第一块地盘。

不久，奥特维尔的丹克雷德①的 3 个儿子：纪尧姆(绰号无敌双臂)、德罗贡和汉弗鲁瓦从库汤斯地区来到这里。这简直与神话故事非常相似。这 3 兄弟和阿韦尔萨的诺曼人陪同省督进入西西里。无敌双臂纪尧姆杀死阿拉伯人的将军，使希腊人获得胜利。如果希腊人不是忘恩负义，西西里就将回到他们手中了。但是省督害怕这些保护着自己的法国人，对法国人不义，结果引起他们的报复。他们掉转武器反对他。三四百名诺曼人占据了几乎整个普伊(1041 年)。这件事似乎难以置信，不过当地的一些铤而走险的人加入了他们的行列，那些人在这样的主人率领下，都成了精兵。靠勇敢来发财的卡拉布里亚人也变成了诺曼人。纪尧姆没有征求皇帝、教皇或四邻领主的意见，自封为普伊伯爵，就像一切国家的第一个君王一样，只要士兵同意便可自立为王。每个诺曼人首领都分得一座城市或一个村庄。

(1046 年)无敌双臂纪尧姆死后，其弟德罗贡当选为普伊王。

① 奥特维尔的丹克雷德，诺曼人，其家族在 11—12 世纪征服那不勒斯和西西里以及十字军东征中十分著名。——译者

于是，罗伯特·吉斯卡[①]和他的两个兄弟也离开库汤斯前来分享如此庞大的财富。老丹克雷德惊奇地看到自己居然成为一个征服者家族之父。诺曼人这名称使普伊四邻的人甚至教皇胆战心惊。罗伯特和他的兄弟率领一批同乡，分成小队，装作赴罗马朝圣，拄着朝山手杖，终于无人知晓地来到了普伊。

(1047 年)〔神圣罗马帝国〕皇帝亨利三世当时的力量，用来统 456
治罗马还相当强大，但却不足以抵御这些征服者。他把被侵占的地方正式赐封给他们。于是这些征服者便拥有了整个普伊、阿韦尔萨伯爵领地和一半的贝内文托地区。

这样，丹克雷德家族不久就成为帝国的封臣、那不勒斯王国和西西里王国的建立者这么一个王侯家族了。当时教皇几乎不拥有任何土地，也不是罗马的主人，甚至在安科纳的马尔凯——据说奥托一世把这块地方给了他们——也没有人承认他们，帝国的这一部分怎么会这么早便脱离出来成为罗马主教们的采邑呢？这件事跟诺曼贵族的征服事业一样令人惊奇。解释是这样的：贝内文托城本属于被查理曼废黜的伦巴第王族，教皇利奥九世欲据为己有。(1053 年)皇帝亨利三世果然把这座根本不属于自己的城市给了教皇，以换取〔教皇在〕德国的邦贝格采邑。根据这一赠与，教皇们今天就成了贝内文托的主人。新的诺曼大公们是危险的邻人。不用极端不正当手段便无法略取土地，诺曼大公们就是采用了这样的手段；而皇帝本希望有一些不那么可怕的封臣，所以把贝内文托

① 罗伯特·吉斯卡(约 1015—1085)，11 世纪诺曼人入侵意大利南部时的军事首领，后成为普伊、卡拉布里亚和西西里的公爵。——译者

给了教皇。利奥九世对诺曼大公们施加绝罚，然后亲自率领一支由亨利三世提供的德国军队去攻打他们。史书没有说战利品应如何平分，只说这支军队人数众多，教皇还带上一些为了参加圣战应募而来的意大利军队，其统领中许多人是主教。从来以少胜多的诺曼人当时兵力只有教皇的 1/4，但他们惯于作战。罗伯特·吉斯卡、他的兄弟汉弗鲁瓦和阿韦尔萨伯爵理查各自率领一支久经战阵的队伍，击溃了德国军队，消灭了意大利军队。教皇逃往离战场不远的甲必丹纳特[1]地区的契维塔德。诺曼人跟踪而来，捉住了他，把他就押解到这座贝内文托城（1053 年），这场战事就是为了这座城而引起的。

457 人们把教皇利奥九世列为圣徒。大概他要为自己让那么多人鲜血白流并把那么多教士带去作战而悔罪。特别是当他看到战胜者们尽管对他毕恭毕敬、却又毫不通融地把他关押了整整一年，他一定会对自己的孟浪感到后悔的。战胜者把贝内文托还给伦巴第的大公们，只是在这个家族灭绝之后，教皇才终于拥有这座城市。

不难设想，诺曼大公们对提供一支强大军队的皇帝比对指挥这支军队的教皇更为气愤。他们身处两个帝国之间，因此必须永远打消这两个帝国的野心，或者说取消它们的权利。他们继续进行征服，夺取了卡拉布里亚和卡普亚，这时皇帝亨利四世[2]尚未成年，而希腊人的政府则比一个未成年的皇帝更为软弱。

征服卡拉布里亚的是奥特维尔的丹克雷德的儿子们，而征服

① 甲必丹纳特，古意大利南部地区，因受东罗马帝国派出的甲必丹（capitaine，首领）的管辖，故有此名。——译者

② 亨利四世（1050—1106），德国皇帝，1056—1106 年在位。——译者

卡普亚的则是当年〔萨莱诺的〕解放者的后代[①]。这两个征服者王朝没有发生过那种经常使胜利者分裂和削弱的争吵。为了借鉴历史，我要在这里稍事停留，说说另外的一些事。征服卡普亚的阿韦尔萨伯爵理查加冕时的祝圣和敷圣油的仪式跟查理曼的父亲、篡位者丕平加冕时的仪式一模一样。贝内文托的公爵们则从来都是这样祝圣的。阿韦尔萨的理查的继承者们也采用这样的仪式。这充分说明，风俗习惯从来都是按照每个人的选择而建立起来的。

普伊和卡拉布里亚的公爵罗伯特·吉斯卡和阿韦尔萨与卡普
亚的伯爵理查两人都靠刀剑取得这些地盘，而两人又都想独立于
皇帝之外，他们为了保持自己的地位，采取了许多人在这混乱和掠
夺的时代为保护自己的产业而采取的防范措施：以捐献的名义把
世袭财产献给教会，然后通过向教会缴纳微薄的租金而继续享有
这些产业。这便是在意大利的动荡不定的政治局势下弱者们的办
法。诺曼人虽然很强，也使用这种办法来对付可能变得更强的皇
帝。罗伯特·吉斯卡和卡普亚的理查被利奥九世处以绝罚之后，458
把利奥九世关押起来。但同样是这两个战胜者，在被尼古拉二
世[②]处以绝罚之后，却向他称臣纳贡。

(1059年)罗伯特·吉斯卡和卡普亚伯爵不仅把他们所已经攫取的一切，而且把他们可能攫取的一切，全都交到尼古拉二世手中，而置于教会的保护之下。罗伯特公爵甚至把尚未到手的西西里也献了。他宣布自己的全部城邦都是教廷所赐封的，并答应每

---

① 指阿韦尔萨伯爵理查。前面曾谈到，继萨莱诺的解放者之后，诺曼人在贝内文托与那不勒斯之间建立了阿韦尔萨城，后该城成为诺曼人的伯爵国。——译者

② 尼古拉二世(？—1061)，教皇，1058—1061年在位。——译者

张犁付12个德尼埃的租金，这是相当多的。这样的纳贡是一种政治性的忠诚举动，犹如英国付给罗马教廷圣彼得便士、葡萄牙最初的国王向教廷缴纳两个金利弗一样。总之，那么多王国向教廷表示自愿臣服都是采取这种方式。

但是按照欧洲的封建法律，这些大公们既是帝国的封臣，便不能另外选择封主。他们对皇帝犯下了不忠之罪，皇帝有权收回他们的城邦。但由于教会与帝国之间发生争吵，尤其是由于诺曼大公们本身有力量，使皇帝无法行使其权利。这些征服者一方面充当教皇的封臣，一方面却成为自己的新封主的保护者，而且往往是新封主的主人。罗伯特公爵接受了教皇的一面旗帜，于是从教廷的敌人一变而为教廷的将领。他跟他的弟弟罗哲尔[1]一道向西西里进军，从当时分占着西西里的希腊人和阿拉伯人手中夺取了这个岛屿。(1067年)伊斯兰教徒和希腊人屈服了，条件是保持原有的宗教和习俗。

他们还需要征服今天组成那不勒斯王国的所有地方。当时还剩下萨莱诺的大公们，即最初把诺曼人引来这个地方的那些人的后裔，诺曼人终于把他们赶走，罗伯特公爵夺取了他们的萨莱诺。他们藏匿于罗马乡间，受到格雷戈里七世这位使皇帝们颤抖的教
459 皇的保护。罗伯特——教廷的封臣和保护人——跟踪追击，格雷戈里七世于是对罗伯特施加绝罚，不过绝罚的结果却是罗伯特在伦巴第家族的最后一个贝内文托公爵死后，征服了整个贝内文托

① 罗哲尔一世(1031—1101)，奥特维尔的丹克雷德的儿子，征服西西里岛，并以大伯爵的头衔于1072—1101年统治该岛。——译者

地区。

格雷戈里七世——我们将看到，此人对待皇帝和国王是如此傲慢而可怕——对于被绝罚的罗伯特，除了讨好之外别无良策。(1077年)他宽免了罗伯特，并从其手中接受了贝内文托城。从此以后，贝内文托一直归教廷所有。

没有多久，在亨利四世和格雷戈里七世之间爆发了一场大争吵，此事我们在下文将要谈到。(1084年)亨利占领了罗马，并把教皇围困于圣昂热城堡中。于是，罗伯特从达尔马提亚——他在那里征服了一些新的地方——赶来，尽管德国人和罗马人联合起来抵抗，他还是解救了教皇，把教皇掌握在自己手中，并把他带到萨莱诺。这个废黜了那么多国王的教皇，最后作为一个诺曼贵族的俘虏和被保护人死于该地。

多少长篇小说向我们叙述一些游侠骑士因战功而成为大君主并进入帝王的家族，我们对此不应感到惊奇。罗伯特·吉斯卡的经历正是如此。这种情况我们在以后的十字军时代也将会不止一次看到。罗伯特把他的女儿嫁给君士坦丁堡皇帝米海尔·杜卡斯[①]的儿子君士坦丁。这门亲事并不幸福。他不久就要为他的女儿和女婿报仇，并决意在侮辱了西罗马帝国的皇帝[②]之后，又把东罗马帝国的皇帝废黜掉。

君士坦丁堡宫廷动乱频仍。米海尔·杜卡斯被尼基法拉斯[③]

① 米海尔·杜卡斯(1059—1078)，即东罗马帝国皇帝米海尔七世，1071—1078年在位。——译者

② 指神圣罗马帝国皇帝亨利四世。——译者

③ 即东罗马帝国皇帝尼基法拉斯三世，1078—1081年在位。——译者

赶下皇座。罗伯特的女婿君士坦丁被阉割。最后是对十字军十分不满的阿列克塞·科穆宁[①]登上了皇位。(1084年)在〔东罗马帝国〕宫廷内乱中,罗伯特已经从达尔马提亚和马其顿向前推进,把恐怖一直带到了君士坦丁堡。他的元配夫人的儿子、十字军中遐迩闻名的博埃蒙[②]随同他出征东罗马帝国。由此可见,阿列克塞·科穆宁害怕十字军是有道理的,因为博埃蒙一开始便要把他撵下皇座。

460 (1085年)罗伯特死于科孚岛[③],他的事业也因此告终。阿列克塞的女儿安娜·科穆宁公主曾经把这一部分历史写出来,她说罗伯特只不过是个强盗,并且对于他胆敢把女儿嫁给皇帝的儿子感到愤慨。她应当想到,〔她的〕帝国的历史本身,就不乏攫取更大财产的例子,世上一切都只能屈服于武力与权势。

① 即阿列克塞一世(1048—1118),东罗马帝国皇帝,1081—1118年在位。他极力维护帝国的完整,使拜占庭帝国一直延续到1204年。但他无法长久地制服十字军拉丁公国,也无力抵挡诺曼人的不断进攻。——译者

② 博埃蒙一世(?—1111),罗伯特·吉斯卡之子,曾两次攻打东罗马帝国皇帝阿列克塞·科穆宁。吉斯卡死后,与他弟弟罗哲尔·波尔萨为争夺王位,打了4年仗,后成为第一次十字军东征的首领之一。——译者

③ 科孚岛,希腊爱奥尼亚海中的岛屿,今称克基拉岛。——译者

第四十一章

西西里和西西里的教皇特使权

征服君士坦丁堡帝国的意图随着罗伯特的死亡而烟消云散， 461
但他的家族却在意大利确立了地位。他的兄弟罗哲尔伯爵仍为西西里的主人。他的儿子罗哲尔公爵一直拥有称为那不勒斯王国的几乎所有的地方。他的另一个儿子博埃蒙在企图平分其兄弟罗哲尔公爵的城邦未遂之后，便去征服安条克。

不论是西西里统治者罗哲尔伯爵本人，还是他的侄子普伊公爵罗哲尔，都没有从那时起就采用国王的称号，这是为什么呢？一切都需要时间。第一个征服者罗伯特·吉斯卡曾由教皇尼古拉二世封为公爵。弟弟罗哲尔又由兄长罗伯特·吉斯卡封为西西里伯爵。所有这些封号仅是给予贵族头衔而已，于权力并无任何增益。但是这个西西里伯爵享有一种长期保持的、为任何欧洲国王所没有的权利：他在他的岛上成为第二教皇。

教皇有权向所有基督教国家派遣代表，称为教皇特使。教皇特使对所有教会行使司法权，征收什一税，授予有俸圣职，并且只要时机适宜，国王的利益许可，便行使和扩大教皇的权力。世俗权因为总是与教权分不开，所以总是听命于教皇特使。一切民事案件，只要其中俗事与神事稍有关联，他们便都要干预：婚姻、遗嘱、誓约,均属其管辖范围。他们是基督教徒的教皇派到整个西方的462 总督。正因如此,罗马虽然始终软弱无力,一直动乱频仍,有时沦为德国人的奴隶,经历各种祸患,却始终是各民族的主人。也正因此,各民族的历史从来也就是罗马的历史。

罗哲尔伯爵刚从伊斯兰教徒和希腊人手中夺取了西西里,拉丁教会刚在岛上建立,乌尔班二世便派了教皇特使来到该岛。的确,在所有国家中,这个地方似乎最需要有个教皇特使,以便在半为伊斯兰教徒、半属希腊教会的人们中建立教阶制度。然而,这里却是永远废除了教皇特使权的唯一地方。拉丁教会的恩人罗哲尔伯爵把西西里交还给拉丁教会,但不甘忍受别人派遣一个名为教皇特使的国王到他所征服的国家来。

乌尔班教皇只是忙于组织十字军东征,同时也想笼络一个为这一伟大事业所需要的英雄家族,便在他在世的最后一年(1098年)向罗哲尔伯爵发了一道谕旨,召回他的特使,任命罗哲尔及其继承者为教廷派驻西西里的永世特使,授予他们以特使所享有的一切权利以及教会的和世俗的一切权力。这便是人们称为西西里君主制的这种有名的特权,即这个君主所特有的权利。以后教皇们总想废除它,而西西里的国王们则一直维护着这一权利。如果这种特权与基督教会的教阶制度不相容,那么很显然,乌尔班就不会授予;而如果这是教会不加谴责的治理之权,那么每个王国都有权拥有,这也是显而易见的。这种特权实际上只不过是君士坦丁和所有皇帝处理国家全部政法事务的权利而已;然而在整个天主教欧洲,就只有一个诺曼贵族懂得在与罗马近在咫尺的地方取得这一特权。

(1130年)罗哲尔伯爵的儿子[①]接受了其诺曼家族的全部遗
产。他举行了加冕和祝圣礼,成为西西里和普伊的国王。那不勒
斯当时是一座小城市,还不属于他所有,所以不能把王国称为那不 463
勒斯。这个城市一直保持共和制,受君士坦丁堡皇帝属下的一个
公爵统治,而这个公爵又一直通过馈赠,在征服者家族的虎视眈眈
下幸免侵夺。

这个第一任国王罗哲尔向罗马教廷称臣。当时有两个〔对立的〕教皇:一个是犹太人利奥的儿子,名叫阿纳克莱,圣贝尔纳[②]说他是希伯来种;另一个是英诺森二世[③]。国王罗哲尔承认阿纳克莱,因为皇帝罗退尔二世承认英诺森。罗哲尔就是向这个阿纳克莱名义上称臣的。

皇帝们只能把诺曼征服者看作篡权者。所以,参与各个教皇和各个国王一切事务的圣贝尔纳撰文反对罗哲尔,也反对靠出钱当选为教皇的犹太人之子。他写道:“一个篡夺了圣彼得的宗座,另一个篡夺了西西里。应当由恺撒来惩罚他们。”因此显而易见,当时那个教皇对这两个省份的宗主权也只不过是一种篡夺罢了。

国王罗哲尔支持阿纳克莱,罗马也一直承认他。罗退尔抓住这个机会,企图夺取诺曼人的地盘。他和英诺森二世一道向普伊地区进军。看来过去这些诺曼人不愿受皇帝的支配,并在帝国和

① 指罗哲尔二世(约1096—1154),1130年他将意大利南部地区并入西西里王国。——译者

② 圣贝尔纳(1091—1151),卢森堡克莱沃修道院长,极力鼓吹第二次十字军东征。——译者

③ 英诺森二世,教皇,1130—1143年在位。——译者

那不勒斯之间设置一道屏障，是做对了。罗哲尔刚当上国王不久，便几乎满盘皆输。当皇帝罗退尔向他进军时，他正在包围那不勒斯。他吃了几次败仗，几乎丧失了大陆上所有的省份。英诺森二世对他处以绝罚并追捕他。圣贝尔纳是同皇帝、教皇在一起的，他想居间调解，但无济于事。(1137 年)罗哲尔被打败，退回西西里。皇帝死了，一切顿然变样。国王罗哲尔和他的儿子重新夺回了他们的各个省份。教皇英诺森二世终于为罗马所承认，他是罗哲尔的不共戴天的仇敌，他同那些曾经从罗退尔那里得到这些省份的大公们联合起来，像利奥九世一样，率领着一支军队前去讨伐；也像利奥九世一样，被打败、被扣押(1139 年)。他能有什么办法？
464 他像他的前任们那样：宣布宽免和册封，同时他利用这个诺曼家族作为自己的保护者来反对帝国，而过去他是请求帝国援助他反对这个诺曼家族的。

不久之后，国王占领了那不勒斯和余下的一点地方，使王国从加埃塔到布林的西连成一片。于是形成了像现在这样的君主制度。那不勒斯成为王国宁静的首都，在这些美丽的省份里，艺术开始有所复兴。

在看了库汤斯的贵族们如何建立那不勒斯和西西里王国之后，还要看看法国的一个贵族、诺曼底公爵是如何征服英吉利的。从 4 世纪末开始，延续到 14 世纪初，直至十字军东征结束，这期间所发生历次入侵，历次迁徙，都是一些十分触目惊心的事件。欧洲所有民族都被卷入其中，而且几乎没有一个民族没有出现篡夺者。

第四十二章

诺曼底公爵纪尧姆征服英国

当奥特维尔的丹克雷德的子孙们在遥远的地方建立王国之 465
时，他们的公爵们却征服了一个比两西西里更大的王国。不列颠民族尽管自命不凡，却注定要受异族人的统治。自从阿尔弗烈德于 900 年去世以后，英国又陷入混乱和野蛮状态。英国的早期征服者盎格鲁—撒克逊人和新的统治者丹麦人一直为占有英国而你争我夺，而新的丹麦海盗还经常前来分享掠夺所得。这些海盗一直是如此可怕，而英国人又始终如此衰弱，以至于在约公元 1000 年时，英国人不得不向他们付出 48000 英镑的赎金。为筹集这笔钱，开征了一种捐税，这种捐税后来在英国存在很长时间，就像大部分其他捐税一样，到不再需要时仍照征不误。这笔丧权辱国的纳款称为“丹麦金”。

人们称之为大王、而其所作所为无非是累累暴行的丹麦国王克努特[①]，把丹麦和英国合并起来置于自己统治之下（1017 年）。英国本地人被当做奴隶对待。当时的作者们承认，一个英国人遇

① 克努特大王（约 995—1035），英格兰和丹麦国王，1028 年后兼任挪威国王。——译者

到一个丹麦人，要停步肃立，直至丹麦人走过。

(1041 年)克努特家族垮台后，王国各邦恢复了自由。他们先是把英国王位授予阿尔弗烈德二世，这个国王两年后被一叛徒暗杀，他们又立爱德华[①]为王。他是盎格鲁—撒克逊人，人们称他为
466 圣徒或忏悔者。爱德华的一个大错，或者说一大不幸，是跟他的妻子、王国最强大的领主的女儿伊迪丝没有子息。他以此为借口，仇视其妻，也仇视自己的母亲，把她们隔开。结婚不育有助于他被列为圣徒。据说他对神立誓不近女色。这个誓愿对一个丈夫来说是轻率的，对一个需要有继承者的国王来说则是荒谬的。如果真有此事，那就是给英国准备了新的桎梏。

此外，僧侣们写道，这个爱德华是欧洲第一个具有医治瘰疬本领的国王。他还使七八个盲人重见光明，后来有一个患瘰疬的穷苦女人来到他跟前。他给她画十字，使她霍然而愈，而且还治好了她的不育之症。从此英国的国王们便有这样的特权，不是医治盲人，而是触摸瘰疬，但他们并不能治好瘰疬。

法国的圣路易作为英国国王的封主，也触摸瘰疬；而他的继承者们也享有这种特权。威廉三世在英国放弃了这一特权，而在法国，由于理性开始有了进步，废除这种习惯的时代也将会来到的。

467 您始终看到，那个时代的习俗和风尚跟我们现在的截然不同。诺曼底公爵纪尧姆[②]虽然征服了英国，但如果权利是按出身赋予的，那么他不但对英国，甚至对诺曼底都没有任何权利。他的父亲

---

① 忏悔者爱德华(约 1004—1066)，1042—1066 年在位。——译者

② 纪尧姆(1027—1087)，诺曼底公爵，1066 年征服英国，1066—1087 年为英国国王，称征服者威廉一世。——译者

罗伯特[1]公爵终身未娶，而是跟法莱兹一个皮货商的女儿同居生了他。史书称这个女人为 harlot，这个词在英语中过去和现在都作姘妇或娼妇讲。姘居在整个东方和犹太人的法律中都是允许的；欧洲后来的法律禁止姘居，但当时的习俗却允许这种行为。人们对出生于这样的结合并不觉得难为情，所以纪尧姆在写信时经常签署“私生子纪尧姆”。现存的他给布列塔尼的阿兰[2]伯爵的一封信，就是这样签署的。私生子通常有继承权，因为在所有不是靠固定的、明文宣布的、公认的法律来治理的国家里，一个强有力的君主的意志就是唯一的法律。纪尧姆由他父亲和各等级的人物宣布为公爵领地的继承人，后来又靠他在与所有想夺取他的领地的人争斗时的机智勇敢维持住地位。他平安无事地统治着诺曼底，而布列塔尼则向他称臣，忏悔者爱德华死后，他企图统治英吉利王国。

当时似乎在欧洲任何国家均未确立继承法：德国的国王是选举产生的；西班牙由基督徒和穆斯林分治；伦巴第每天变换着主
人；加洛林家族在法国被废黜，表明了武力比血统权利更起作用。468
忏悔者爱德华登上王位，并非通过继承，爱德华的继承者哈罗德[3]并不属于爱德华家族，却有最无可争议的权利，因为由全国的选举产生。私生子纪尧姆既没有由选举而得到的权利，也没有继承的

[1] 罗伯特，指魔鬼罗伯特二世，1028—1035 年为诺曼底公爵，与阿黛尔生下纪尧姆。——译者

[2] 指布列塔尼公爵阿兰五世(1008—1040)。——译者

[3] 即哈罗德二世(约 1020—1066)，英国戈德温家族末代国王，1066 年登基。同年，在黑斯廷斯败于征服者纪尧姆，被杀。——译者

权利，甚至在英国没有拥护者。可是他硬说他从前有一次到这个岛国旅行时，国王爱德华曾经为他立了一份遗嘱，可这份遗嘱谁也没有见过。他还说他从前曾把哈罗德救出牢狱，哈罗德则把自己对英国的权利让给了他。支持他这些脆弱理由的就是一支强大的军队。

诺曼底的大贵族们在具有三级会议形式的大会上拒绝出钱支持他们的公爵远征，因为，如果他不成功，诺曼底将因此而一直陷于贫困；如果成功，诺曼底将成为英国的一个省。但是有些诺曼人一定要追随他们的公爵去碰碰运气。名叫菲茨·奥特本的领主一个人就出钱装备了 40 艘战船。纪尧姆公爵的岳父佛兰德伯爵资助他一笔钱。教皇亚历山大二世[1]支持他，把反对纪尧姆出征计划的人全部处以绝罚。这简直是以宗教为儿戏，然而人民对这种渎神行为已经习以为常，而王公大人们则加以利用。纪尧姆率领着一支庞大的船队从索姆河畔圣瓦莱里出发（1066 年 10 月 14 日）。我们不知道他有多少船只和多少士兵。他在苏塞克斯[2]沿海登陆，接着就在这个省进行了著名的黑斯廷斯[3]战役，仅此一战便决定了英国的命运。古代编年史告诉我们，诺曼军队中有一骑
469 士，名叫塔伊费尔，骑着一匹身披铠甲的战马，高唱《罗兰之歌》——一首法国人长期传诵但连片段都已散佚无存的歌曲。士兵们也跟着唱，然后这个骑士第一个冲入英军阵中，被杀死。国王哈罗德和诺曼底公爵下马徒步作战。战斗延续了 6 小时。当时其

① 亚历山大二世，教皇，1061—1076 年在位。——译者

② 苏塞克斯，古时英国伯爵领地，濒临英吉利海峡。——译者

③ 黑斯廷斯，苏塞克斯地区的城市。纪尧姆在此地战败哈罗德。——译者

他地方开始成为军队主力的精骑兵，在这一天的战斗中似乎没有用上。双方部队均由步兵组成。哈罗德及其两个兄弟在这次战役中被打死。胜利者向伦敦进发，队伍前高举着教皇送给纪尧姆的一面圣旗，这面圣旗使所有主教们纷纷归附，他们带着伦敦城防官来到城门口，向纪尧姆献上他无法拒绝接受的王冠。

某些作者把这样的加冕式称为自由选举，称为英国议会行使权力的行动。这种权力恰恰就是在战争中沦为奴隶的人把鞭打自己的权利交给主人的权力。

纪尧姆因为得到教皇为这次出征给他的一面圣旗，便把死于战场的国王哈罗德的旗帜，以及当时英国国王所能拥有的微薄财产的一小部分，送给教皇作为回敬。这在亚历山大二世看来，是一份厚礼，因为他还在跟霍诺留二世[①]争夺宝座，而且罗马经历长期内战，他已是穷困不堪。这样，一个蛮族人、妓女的儿子、杀害合法国王的凶手，跟另一个蛮族人平分了从这个国王手中夺得的战利品：因为如果把诺曼底公爵、英国国王、教皇这些头衔通通剥掉，这一切行为就等于一个诺曼底强盗把赃物交给一个伦巴第窝主。一切篡夺行为归根结蒂就是这么回事。

威廉一世〔即纪尧姆〕善于征服，也善于统治。他的突出的业绩就是扑灭了若干次叛乱，打退了丹麦人若干次的入侵，雷厉风行地执行严峻的法律。布列塔尼人、丹麦人、盎格鲁一撒克逊人，全
都混处于同样的奴隶地位。为他的胜利出了力的诺曼人，都按功 470

① 霍诺留二世（1009/1010—1072），意大利籍敌对教皇，1061—1072年在位。——译者

劳大小分得了战败者的土地。因此至今在英国仍然存在这些诺曼家族的后裔，或者至少是这些家族的名字。他对臣民不管何种性质的财产均作了准确的调查[①]。有人说他利用这一办法在英国获得 40 万英镑，约值 1.2 亿法国利弗。历史学家们在这一点上显然有误。今天包括苏格兰和爱尔兰在内的英国，如果扣除政府所欠旧债，收入也不会超过此数。确实无疑的是，威廉废除了英国的一切法律而采用了诺曼底的法律。他下令诉讼应使用诺曼语；从他开始直至爱德华三世[②]，一切文书均用诺曼语撰写。他想使胜利者的语言成为国家唯一语言。他在所有城市和乡镇建立了诺曼语学校。这种在法语中掺杂一些丹麦语的语言是一种不纯正的地方语言，较之当时英国所用的语言毫无优越之处。有人说他不仅严酷地对待被征服民族，而且还恣意行事、犹如暴君。他们举《熄火法》为例：每晚 8 时，听到钟响，家家户户必须熄火。其实这条法律根本谈不上暴虐，几乎所有北方城市都有这种公安措施，这种办法还长期保存于修道院中。因为房屋是用木料建造的，所以防火是保安的一项重要内容。

有人还责备他毁坏方圆 15 法里的村庄以营造森林，供他狩猎享用。这样的行动过于荒唐，不可能是真实的。史学家们没有注意到，一大片新的树苗至少需要 20 年方能成长为可供狩猎的森
471 林。人们说他在 1080 年种植了这片森林，那时他 63 岁。一个有

① 1086 年，威廉一世编制全国土地、财产、牲畜清册，旨在确定土地税和封臣的封建义务，加强农奴制度。——译者

② 爱德华三世（1312—1377），英国国王，1327—1377 年在位。征服苏格兰，跟法国开始百年战争。——译者

理性的人，这样的年纪，还把村庄毁掉，种上方圆15法里的树木，指望有朝一日能够在这里打猎，这是可能的么？

英国的征服者使法国国王菲利普一世惶恐不安。菲利普想把一个如此强大的封臣压下去，但已为时过晚。他向当时属于诺曼底的曼恩[①]进军。威廉于是渡海重占曼恩，迫使法国国王求和。

罗马教廷的野心在对待这位君主的态度上暴露无遗。教皇格雷戈里七世利用威廉跟法国打仗的时机，要求英吉利王国向教廷称臣纳贡，其根据是英国从前曾向罗马教廷交纳过圣彼得便士。这笔钱约合我们的钱币每户20苏。英国把它看做一种所费不赀的施舍，罗马则看做朝贡。征服者威廉使人告诉教皇，他完全可以继续施与；但是他不但不向教廷称臣，反而在英国禁止承认任何未经他同意的人为教皇。这么一来格雷戈里七世的建议由于大胆放肆，而变得荒唐可笑。就是这位教皇，因为要把圣职凌驾于帝国之上，致使整个欧洲乱作一团。但是，在谈论这场值得记忆的纷争以及这时期开始的十字军东征之前，还需要约略地看一看欧洲其他国家当时的情况。

① 曼恩，法国古省份名。1481年路易十一时并入王国版图。——译者

第四十三章

10世纪和11世纪欧洲的情况

472 10世纪末，莫斯科维亚，或者不如说基辅维亚，开始对基督教稍有所知。女人的使命是改变王国的宗教信仰。皇帝巴西尔和君士坦丁[1]的一个妹妹嫁给莫斯科维亚的一个名叫弗拉基米尔[2]的大公，她说服了她丈夫接受洗礼。莫斯科维亚人是奴隶，不过只是在以后才逐渐追随主人的榜样的，在这愚昧无知的时代，他们从希腊的宗教仪式中接受的东西，几乎就只有迷信行为。

莫斯科维亚的大公们当时还没有自称为沙皇；他们在成为喀山地区[3]的主人后才采用这一称号的：喀山国王称为“沙皇”，这是模仿波斯语的斯拉伏纳语[4]一个词。《圣经》的斯拉伏纳语译本中，大卫王便是译为大卫沙皇。

---

① 指东罗马帝国皇帝巴西尔二世和君士坦丁八世。两人为兄弟，960年一起加冕为共治皇帝。——译者

② 弗拉基米尔(978—1015)：基辅大公，他趁东罗马帝国与保加利亚作战失利，出兵东罗马帝国。拜占庭将公主嫁给弗拉基米尔为妻，并带去希腊教会神父，980年，弗拉基米尔受洗入教。——译者

③ 指1445年在伏尔加河中游建立的喀山汗国，1552年被俄罗斯征服。——译者

④ 斯拉伏纳语，中世纪正教斯拉夫人使用的宗教语言。——译者

大约就在这时代，一个女人也把波兰引向基督教。波兰公爵梅什科受他妻子、波希米亚公爵之妹的影响而改皈基督教。我已经指出，保加利亚人也是这样才接受基督教信仰的。皇帝亨利二世的妹妹吉塞尔在 11 世纪的第一年，也使其丈夫匈牙利国王成为基督徒。的的确确，欧洲有一半地方是由于女人而皈依了基督教。

瑞典从 9 世纪起传播基督教，但后来又恢复了偶像崇拜。波
希米亚和易北河以北的所有地方都不再信奉基督教(1013 年)。473
波罗的海东岸沿海地方的人都是异教徒。匈牙利人又恢复信仰异教(1047 年)。可见所有这些民族的文明程度还远不足以成为基督教徒。

瑞典可能由于过去长期向欧洲大量移民而人口稀少，在 8、9、10、11 世纪一直处于不开化的状态，与邻国没有战争，没有来往，也不参与任何重大事件，因此可能更为幸运。

波兰虽信基督教但却更野蛮得多，直至 13 世纪还保留古代萨尔马特人的一切习惯，如杀死发育不全的小孩和残废的老人。在这愚昧无知的时代被称为“伟人”的阿尔伯特①前往波兰，想根除这种延续到 13 世纪中叶的陋俗，但是经历了很长时间才有成效。北方其余地方还处在蒙昧的状态，即人类的本性尚未因受文化艺术的熏陶而有所改变的状态。

君士坦丁堡帝国比 9 世纪时没有缩小，也没有扩大。它在西面抗击着保加利亚人，在东面、北面和南面抵御着土耳其人和阿拉

① 阿尔伯特(1193—1280)，中世纪德意志经院哲学家、神学家，天主教多明我会修士。——译者

伯人。

意大利的情况我们已大致了解，从罗马到卡拉布里亚海岸，整个国家被大领主瓜分，诺曼人占有大部分地盘。佛罗伦萨、米兰、帕维亚由皇帝任命的伯爵或公爵属下的官员治理。波洛尼亚则比较自由。

摩里埃纳[①]家族——它的后代是撒丁国王、萨伏依公爵——开始形成(888 年)。它拥有作为帝国采邑的萨伏依和摩里埃纳世袭伯爵领地，这是他们的祖先贝尔托从勃艮第王国分出来的一小块地方。当时法国有成百个比萨伏依伯爵大得多的领主，但最后全都被占统治地位的领主势力所压服，相继让位于得到国王恩宠
474 的新兴家族。他们已不复有往昔的地位。摩里埃纳家族隐藏在山中，一个世纪一个世纪地发展壮大，终于变得可与最大的君主相匹敌。

瑞士人和格里松斯人组成了一个比萨伏依大 3 倍的国家，它跟萨伏依一样，也是从勃艮第分出来的。他们都服从皇帝任命的代理执法官。意大利两个滨海城市开始兴盛，但并不是靠突然入侵——这已成为我们眼前来去匆匆的几乎所有君主们的权利——而是靠勤劳智巧，但这种勤劳智巧，很快也蜕变为征略性了。这两个城市便是热那亚和威尼斯。热那亚在罗马人时代便已出名，查理曼被看做复兴该城的人。在哥特人毁坏该城后不久，这位皇帝便加以重建。在查理曼及其最初几位继承者的时代，热那亚由伯爵管理，10 世纪时被伊斯兰教徒洗劫，公民几尽被掳为奴。但因

① 摩里埃纳，法国阿尔卑斯山地区，现为萨瓦省的一部分。——译者

为这是个商港，居民很快又多起来。商业在过去曾使它繁荣，如今又使它恢复生机。这时它成为一个共和国。它从阿拉伯人手中夺取了科西嘉岛。教皇要求该岛进贡，不仅因为他们从前在此地拥有教产，而且因为他们认为自己是一切从异教徒手中夺回的王国的宗主。热那亚人在11世纪初有过这种进贡，但不久后在教皇卢西乌斯二世[①]时便免了。最后，随着财富的增加，野心也越来越大，他们想从商人变成征服者。

威尼斯虽然远没有热那亚那么古老，但却因获得自由较早而喜欢虚荣。同时由于力量强大，所以享有着牢固的荣誉。在5世纪初，当匈奴人和哥特人蹂躏意大利时，这里只不过是一些渔民和少数逃亡者藏身之地。整个城市只不过是里亚尔托河边的一些小屋。这时还没有威尼斯这个名称。里亚尔托[②]根本不是自由土地，它在30年中都隶属于帕多瓦城[③]的一个小镇，受帕多瓦派出的官员管理。由于世事变化无常，以后帕多瓦又受威尼斯统治。 475

没有任何证据表明在伦巴第国王治下，威尼斯的自由已得到承认。更为可能的是当地居民在沼泽中被人遗忘了。

里亚尔托及附近小岛居民到709年才有自己的官吏。此时他们不再受帕多瓦管，自称为共和国。

709年他们有了自己的第一个督治[④]，这是由村民选出的护民

① 卢西乌斯二世，教皇，1144—1145年在位。——译者

② 里亚尔托，亚得里亚海北端的小群岛，威尼斯就建在该群岛上。此处即指威尼斯。前面说的里亚尔托河是威尼斯的一条运河。——译者

③ 帕多瓦，意大利北部城市，在威尼斯之西。——译者

④ 督治，是中世纪威尼斯等共和国执政官。原意为“公爵”。——译者

官。几个参加过选举第一任督治的家族至今还在。他们是欧洲最古老的贵族,没有一家例外,这证明不必拥有城堡,不必从一个君主领受特权证,也可以成为贵族。

在第三任督治去世以前,这个共和国的最早的都城一直设在伊拉克利翁[1]。9 世纪末,当这些岛民退到他们的环礁湖中时,才把这一群构成一个城市的小岛名为威尼斯。当时人们称这些大海环抱的土地为威尼托罗姆陆地,威尼斯之名由此而来。这些沼泽居民以经商为业,需要是他们的强盛之本。不过并不能完全肯定说这个共和国当时便是独立的。(950 年)我们看到,一度被承认为意大利皇帝的贝伦加尔曾授予威尼斯督治以铸币特权。这些督治每年必须给皇帝们送去一件金丝织造的大氅作为年贡。998 年,奥托三世还要他们恢复这份小小的进贡。但是这种微不足道的臣属的表示,丝毫无损于威尼斯的真正强大,因为威尼斯人虽然送给皇帝一件金丝大氅,却靠他们的金钱和军队获得整个伊斯特拉省[2]以及达尔马提亚、斯帕拉托、拉古萨、纳朗札[3]的所有海岸。在 10 世纪中叶,他们的督治获得达尔马提亚公爵的封号。但是这些成就还不如商业对他们有利。在商业方面,威尼斯人超过热那
476 亚人,因为当德国和法国的大贵族们建造城堡和压迫人民时,威尼斯向他们供应东方的一切食物,赚走了他们的钱。地中海上布满威尼斯的商船,它还因北欧民族的无知和野蛮而发财致富。

① 伊拉克利翁,意大利古代卢卡尼亚的城市。——译者

② 伊斯特拉,亚得里亚海上的一个半岛。——译者

③ 斯帕拉托、拉古萨、纳朗札,均为亚得里亚海东岸港口。——译者

第四十四章

12世纪初叶以前的西班牙；西班牙王国的伊斯兰教徒

西班牙一直被伊斯兰教徒和基督教徒分占，但基督教徒所占 477
地方不到1/4，而且是最贫瘠的地区。阿斯土里亚斯（其大公拥有莱昂国王头衔）、旧卡斯蒂利亚的一部分（归伯爵们统治）、巴塞罗那、一半的加泰罗尼亚（也归一个伯爵统治）、那瓦尔（有一个国王）、阿拉冈的一部分（有一个时期与那瓦尔联合），这些就是基督徒的城邦。摩尔人拥有葡萄牙、穆尔西亚[①]、安达卢西亚、巴伦西亚、格拉纳达、托尔托萨[②]，并越过卡斯蒂利亚和萨拉戈萨的山脉延伸至半岛的中部。伊斯兰教国王的住地一直是科尔多瓦。他们在该城建造了一所巨大的清真寺，其拱穹用365根珍贵的大理石柱支撑，现在虽已改为大教堂，但基督徒仍然称之为清真寺。

西班牙文化艺术发达；摩尔国王宫廷上下，寻欢逐乐，争奢斗富，充满着风流逸事。骑士的比武、角斗，可能就是这些阿拉伯人

① 穆尔西亚，古西班牙王国，今为穆尔西亚和阿尔巴塞特两省。——译者
② 巴伦西亚、格拉纳达、托尔托萨均为西班牙城市。——译者

的发明。他们的表演和戏剧尽管很粗糙,却可令人看出其他民族还没有这些伊斯兰教徒文明。科尔多瓦是西方唯一从事几何学、天文学、化学、医学研究的地方。(956 年)莱昂国王胖子桑乔请科尔多瓦的一位阿拉伯名医治病,医生要国王亲自上门,桑乔也只得照办。

478 科尔多瓦是块乐土,瓜达尔基维尔河流贯其间,茂密的柠檬树、柑橘树、石榴树香飘四野,一切都令人沉醉。奢侈与逸乐终于腐蚀了穆斯林国王。他们统治的地区在 10 世纪时就像几乎所有的基督徒君主一样,分成许多小国。托莱多、穆尔西亚、巴伦西亚,甚至胡韦斯卡[①],都有自己的国王。这正是击败这个分崩离析的强国的好时机。然而西班牙的基督徒却更加分裂。他们彼此争战不休,今朝联合,明日叛离,而且经常与穆斯林沆瀣一气。莱昂国王阿尔丰沙五世[②]甚至把妹妹泰蕾丝嫁给托莱多国王阿卜杜拉苏丹(1010 年)。

小国王侯之间的嫉妒比大国君主之间的嫉妒会产生更多的罪恶。大国的命运只能靠战争来解决;然而在相邻的敌对者之间,更常用的是突然袭击、背信弃义、行刺、毒杀,因为他们野心勃勃,而实力不强,于是只好不择手段以补力量的不足。10 世纪末,卡斯蒂利亚伯爵加尔西亚毒死他的母亲,他的儿子堂·加尔西亚[③]在即将结婚时被国内 3 个领主用匕首刺死。

① 胡韦斯卡,西班牙阿拉冈地区的城市。——译者

② 阿尔丰沙五世,999—1028 年在位。——译者

③ 堂·加尔西亚,卡斯蒂利亚末代伯爵。17 岁当伯爵,与莱昂国王贝尔穆多三世之妹多拉·桑卡结婚,当天被韦拉伯爵的儿子杀死。——译者

(1035 年)最后,那瓦尔和阿拉冈国王堂·桑乔的儿子斐迪南[1]把旧卡斯蒂利亚和莱昂王国合并于自己的统治之下。斐迪南的家族由于堂·加尔西亚被暗杀而继承了旧卡斯蒂利亚,而他又在一次战斗中杀死其妻兄,才占夺了莱昂王国(1036 年)。

于是,卡斯蒂利亚成为一个王国,而莱昂则是王国的一个省份。这个斐迪南,杀死妻兄,占夺了莱昂王国犹嫌未足,在他与其胞兄的一次战役中又使人杀死胞兄,夺取了那瓦尔。就是这个斐迪南,西班牙人慷慨地送给他"大帝"的称号。人们对篡夺者滥称"大帝",显然是把这个称号糟蹋了。

斐迪南的父亲堂·桑乔因为自己继承了卡斯蒂利亚伯爵,一个儿子又娶了阿斯土里斯的公主为妻,所以宣布自己是皇帝,而且也被称为"大帝";接着堂·斐迪南也想使用皇帝这个头衔。可以 479
肯定,给君主们冠上的头衔,都只是或者只能是他们自己想要而习俗也给予他们的。皇帝这个称号,不论在哪里都指的是恺撒们的继承者和罗马帝国的主人,或者至少是希冀成为这种人的人。因此把皇帝这个称号作为只统治西班牙 1/4 地盘的一个地位并不巩固的大公特加的头衔,是不可能的。

皇帝亨利三世要求斐迪南把他的小邦作为帝国的采邑称臣效忠,以此来抑制卡斯蒂利亚的桀骜不驯。很难说究竟是德国皇帝的要求还是西班牙皇帝的要求最不合理。这些枉费心机的打算都没有任何效果,斐迪南的国家仍然是个自由的小王国。

---

① 即斐迪南一世(?—1065),1033 年起为卡斯蒂利亚国王,1037 年起为莱昂国王,1054 年为加利西亚国王。——译者

称为“熙德”的罗德里格[①]就是生活在斐迪南的时代。罗德里格以后真的娶了施曼娜，虽然他杀死了她的父亲。那些只是从上世纪那部著名的悲剧了解这一历史的人都以为国王堂·斐迪南拥有安达卢西亚。

熙德的功劳首先是帮助斐迪南的长子堂·桑乔抢走斐迪南留给他的兄弟姊妹的遗产。但是堂·桑乔在一次这样的非正义的出征中被人刺杀，他的兄弟们又返回他们的城邦（1073 年）。

那时，西班牙约有 20 个基督徒或是伊斯兰教徒的国王；除了这 20 个国王外，还有一大批不依属于任何人的穷领主。他们全副武装，带着几个盾牌手，骑马来为正在交战的大公和王妃们效劳。这一习俗遍及欧洲，但哪个地方都不及西班牙这么盛行。这些骑士所投靠的大公给他们挂上佩挂武器的肩带，赠给他们一把剑，用剑面轻敲一下他们的肩膀，这便是授予骑士称号的仪式。基督徒骑士除了这种剑面击肩礼外，还有别的一些仪式：他们要在前一天在圣母祭坛前击剑练武。穆斯林骑士则只要大公们给挂上一把弯
480 形大刀就行。当时的游侠骑士和那么多决斗便来源于此。最著名的决斗是在国王堂·桑乔于萨莫拉城围攻他的妹妹乌拉卡时被暗杀之后举行的一次。3 个骑士反对拉腊家族[②]的堂·狄哀格对乌拉卡公主的指责，认为这位公主实属无辜。他们在决斗场当着双

① 罗德里格·迪阿斯·德·比发尔（1043—1099），卡斯蒂利亚贵族，初为阿尔丰沙六世服务，1081 年被逐出卡斯蒂利亚，当了骑士。西班牙语“熙德”（Le Cid）源于阿拉伯语 sayyid，意为“主子”、“君主”。下文所说“著名的悲剧”，指法国 17 世纪古典主义作家高乃伊所著悲喜剧《熙德》，该剧描写罗德里格和施曼娜的爱情故事。——译者

② 拉腊家族，是卡斯蒂利亚最古老的家族之一。——译者

方任命的裁判的面，相继同狄哀格决斗。狄哀格打倒并杀死了公主的两个骑士，第三个骑士的马在缰绳被砍断后带着它的主人跳出栅栏，于是判定决斗不分胜负。

在这么多的骑士中，熙德因抗击穆斯林而最为出名。不少骑士集合在他的旗帜下，加上盾牌手和骑兵，组成了一支身披铠甲、骑着最好骏马的军队。熙德战胜了几个摩尔小国王，然后在阿尔卡萨城拥兵自立，在那里建立了自己的统治。

最后，他说服他的主人旧卡斯蒂利亚国王阿尔丰沙六世[①]出兵包围托莱多城，并提供自己所有的骑士以从事这一战斗。围攻托莱多的消息以及熙德的名声，把许多骑士和王侯从意大利和法国召来。图卢兹伯爵雷蒙[②]和两个法兰西王族血统的勃艮第家族的亲王前来参加这次围攻。穆斯林国王希阿雅是一个青史留名的最慷慨的君王的儿子。当阿尔丰沙国王受到他父亲桑乔[③]的迫害时，希阿雅的父亲马蒙曾经让他在托莱多避难。他们长时间生活在一起，并非泛泛之交；在桑乔死后，阿尔丰沙成了国王并因此令人怀有戒心时，马蒙不但没有扣留他，反而告诉他自己有多少财产；人们甚至说他们哭着分手。不少伊斯兰教徒骑士走出城门责备国王阿尔丰沙对他的恩人忘恩负义。在托莱多城下举行了不只

① 阿尔丰沙六世(1040—1109)，1065—1109 年为莱昂国王，1072—1109 年为卡斯蒂利亚和加利西亚国王。——译者

② 雷蒙，即雷蒙四世(？—1105)，曾参加第一次十字军东征，后为的黎波里伯国国王。——译者

③ 父亲桑乔疑为哥哥桑乔之误。阿尔丰沙六世是斐迪南一世的次子，当他为莱昂国王时，受到他哥哥卡斯蒂利亚国王桑乔的进攻，他战败，躲到托莱多，直至桑乔死后才当上卡斯蒂利亚国王。——译者

一次的单人对阵。

围攻延续了一年。托莱多终于投降，条件是要像穆斯林对待基督徒那样对待穆斯林，让他们保留自己的宗教和法律。开始还
481 履行诺言，以后就背弃了。接着整个新卡斯蒂利亚向熙德投降，熙德则以阿尔丰沙的名义加以占有。当时只不过是一个小小的要塞而以后成为西班牙首都的马德里，第一次处于基督徒的政权统治之下。

不少家族从法国移居托莱多。人们给予他们今天西班牙仍然称为 franchise(免税)的特权。阿尔丰沙国王立即召集了一次宗教会议。会议在没有人民支持——这种支持在从前是必需的——的情况下选举了一个名叫贝尔纳的神父为托莱多主教，而教皇乌尔班二世则根据国王的请求，授予他西班牙首席主教之职。征服所得几乎全都归了教会；然而首席主教鲁莽灭裂，滥用职权，违反了国王向摩尔人许诺的条件。大清真寺本应留给伊斯兰教徒，大主教趁国王不在，把它改为基督教堂，因而引起了一次暴动。阿尔丰沙返回托莱多，对主教的轻率行动感到恼怒。他把清真寺还给阿拉伯人，并威胁要惩罚大主教，从而平息了暴动。他与穆斯林商定，由他们自己向他请求宽恕这个基督教主教，于是穆斯林心满意足，俯首听命。

阿尔丰沙还通过联姻来扩大他靠熙德的刀剑得到的城邦。或者出于策略，或者出于喜爱，他娶了安达卢西亚摩尔人新国王巴纳达的女儿扎伊黛，得到了几个城市作为嫁妆。人们并没有说阿尔丰沙的这个妻子皈依了基督教。摩尔人仍然被视为优越的民族，人们以与摩尔人有关系为荣。罗德里格的外号熙德就是摩尔语。

正是由于这一缘故，人们把西班牙人称为马拉纳人[①]。

人们责备这个阿尔丰沙国王同他的岳父一起把非洲的其他伊斯兰教徒召来西班牙。难以相信他会犯下一个这样奇怪的违反策略的错误。但是国王们有时行为有悖常理，这也是可能的。不管怎样，一支摩尔人的军队从非洲向西班牙扑来，从而加剧了当时到处一片混乱的局面。当时统治摩洛哥的米拉莫兰派遣其将军阿贝纳达去援助安达卢西亚国王。这个将军不仅背叛了他受命援助的 482
国王，而且背叛了他所代表的米拉莫兰。最后，米拉莫兰勃然大怒，亲自前来攻打他的背信弃义的将军，因为这个将军打的是其他伊斯兰教徒。与此同时，基督徒之间也一样彼此分裂。

当熙德·罗德里格率领他的骑士征服了巴伦西亚王国时，西班牙就是这样被伊斯兰教徒和基督教徒搞得四分五裂。那时西班牙国内很少有比熙德更强大的国王，但他并没有称王，这或者是因为他更喜欢“熙德”这个头衔，或者是因为骑士精神使他忠于他的主人国王阿尔丰沙。但他以一个君主的权威统治巴伦西亚，接见外交使节，并受各国的尊敬。在所有不事篡夺、只靠自己的勇敢而崭露头角的人当中，没有一个享有跟熙德同样的权威和荣誉。

熙德死于 1096 年[②]。此后，卡斯蒂利亚和阿拉冈的国王们与摩尔人之间的战争从未间断，西班牙从未像这样兵连祸结，惨遭破坏。这是昔日奥帕斯大主教和朱利安伯爵那次密谋[③]的悲惨后

① 马拉纳人(les Maranes，西班牙语为 Marranos，意为“受诅咒的人”)，指表面上改皈基督教的人。——译者

② 应为 1099 年。——原编者

③ 指本书第 27 章所述奥帕斯与朱利安勾结，为报私仇，引摩尔人入西班牙一事。——译者

果，这一事件过后 400 年间，以及在以后很长时间里，一直给西班牙造成深重灾难。

熙德闻名于欧洲，是从 11 世纪中叶至末叶的事，这是骑士制度的光辉时代；但这段时间也是格雷戈里七世大胆妄为的时代，是德国和意大利多灾多难的时代，以及第一次十字军东征的时代。

第四十五章

10至11世纪时的宗教与迷信

异端邪说似乎是稍有科学知识和闲暇时间的产物。我们已经 483
看到，10世纪时教会的情况不太可能给人以闲暇，让人去学习。所有的人都拿起了武器，人们你争我夺，无非为了钱财。但是在法国国王罗伯尔的时代，有几个神父，其中一个名叫艾帝安，是王后康斯坦斯的告解司铎，被控有异端思想。人们称他们为摩尼教徒，只是为了使他们的名字更令人厌恶而已；因为不论是他们自己还是审判他们的法官，都不可能对波斯人摩尼[①]的哲学有多少了解。这些人可能是些追求过分完善的教义以驾驭人们思想的宗教狂热者。一切教派首领都有这个特点。有人说他们犯了可怕的罪行，抱有邪恶的观点，人们对奉行自己所不了解的教条的人，总是要这样说的。（1028年）他们在法官面前被控向魔鬼念咒祷告，然后灭灯，跟随便什么女人发生关系，把通奸所生第一个小孩烧死，吞食他的骨灰。这些差不多也都是人们责备早期基督徒的话。我现在

① 摩尼（约216—约276），传说中的摩尼教创始人。相传为波斯人。他吸取琐罗亚斯德教、基督教、佛教以及诺斯替教派的一些思想，宣传善恶二元论，自称为最后的先知。后受波斯王迫害，约276年被处死。——译者

所谈的这些异端分子，特别被指控为宣传耶稣基督并未来到世上，耶稣不可能是童贞女所生，耶稣既未死亡，也没有复活。如果他们真是这样说，他们就不是基督徒，那也就无所谓异端思想了；可见这类指责总是自相矛盾的。

那些被称为摩尼教徒的人，那些以后被人们叫做阿尔比教徒、韦尔登教徒[①]、罗拉德教徒[②]的人，以及那些以许许多多别的名称
484 出现的人，都是高卢早期基督徒的残余，他们仍然保持着许多已被罗马教廷改变了的古老习俗和某些已经随着时间而消失的模糊观点。例如，这些早期基督徒没见过圣像，人们最初也没有要求他们向神父单独秘密忏悔。不应认为在克洛维时代，以及在克洛维之前，在阿尔卑斯山区，人们便会完全认识变体论[③]和其他许多教义。我们看到在7世纪时，都灵大主教克洛德[④]接受了今天成为抗罗宗[⑤]的基本教义的大部分观点，而且主张这些观点就是早期教会的观点。在一大群信徒中，几乎从来都有小群的信徒分离出来，从11世纪初叶起，当这小群信徒企图大出风头时，他们不是被

① 韦尔登教徒，又称里昂穷人派。12世纪产生于法国南部，相传由法国里昂的韦尔登创立。宣传恢复早期基督教的习俗，主张赤贫，抨击天主教会搜刮财富。——译者

② 罗拉德教徒，中世纪西欧国家中反对正统天主教会的一个教派。他们反对封建制度及教会占有土地，主张社会平等、财产平等。——译者

③ 变体论是天主教基本教义之一。谓面饼和葡萄酒的本体经过神父祝圣后即变成耶稣的肉和血，原来的饼和酒仅留下五官所能感觉的外形。——译者

④ 都灵的克洛德（？—839），虔诚者路易时代的讲道者和圣经解释者，接受奥古斯丁的教义。820年为意大利都灵主教，反对供奉圣像和礼拜圣物十字架。——译者

⑤ 抗罗宗，即“新教”。泛指16世纪欧洲宗教改革运动中脱离罗马天主教教廷而独立的各个新教派，汉语意译为“抗罗宗”，与天主教、正教并称为基督教三大派别。在中国，常以基督教一词单指新教，有时也把新教称为耶稣教。——译者

驱散，便是被打死。

国王罗伯尔及其妻子康斯坦斯来到奥尔良，被称为摩尼教徒的那些人正在那里举行会议。主教们把 13 个不幸的人烧死。国王、王后亲临观看了这个与他们的尊严不相称的场面。在这之前，在法国，还从来没有一个人因为宣传自己所不理解的教条而被处以极刑的。诚然，5 世纪时，曾有普里西利安①及其 7 个弟子在特里尔被判处死刑；不过当时特里尔虽是高卢的城市，但自从查理曼家族式微以后，便已不属于法国了。值得注意的是，图尔的圣马丁不愿跟那些要求处死普里西利安的主教们来往；他公开说，因为一些人看法有错误便把他们处死，这是恶劣的行为。可是在罗伯尔国王的时代，已经找不到圣马丁这样的人了。

这时，关于圣体圣事问题出现了几片乌云，但还没有形成暴风雨。希腊基督徒想象力奔放，但过去并没有注意到这个只应敬而远之而闭口不谈的论战主题，很可能是他们忽略了，因为当时这个问题还丝毫没有引起玄学之争，而这种玄学是在教会经师们接受了柏拉图的观念之后才产生的。关于三位一体的解释，圣子与圣父的同性同体，二性二意并存②，最后，在关于堕落预定③等问题 485
上，教会经师们发现他们的哲学大有用武之地。至于面饼和酒是

① 普里西利安（约 340—385），阿维拉主教，古代基督教神学家。认为《福音书》之外尚有许多基督的言论应奉为教义，主张严格持守虔修，提倡独身，弃绝世俗荣华，受到 381 年萨拉戈萨宗教会议和 384 年波尔多宗教会议的谴责。385 年他被罗马帝国皇帝马克西默（383—388 年在位）判处火刑。——译者

② 二性二意指耶稣的神性和人性，神的意志和人的意志，这两种本性和两种意志之间的关系，是中世纪基督教神学争论内容之一。——译者

③ 堕落预定，亦称“绝对预定”，见前注。——译者

否变成三位一体中的第二位，因此变成上帝；人们究竟是真的还是仅仅出于信仰而认为是吃了喝了三位一体中的第二位，我认为这是另一类的问题，那个时代的哲学似乎并未加以研究。因此，在早期基督教中，人们只满足于晚上举行圣餐，而在我所谈论的这个时代，做弥撒时，可以用〔发酵的和无酵的〕两种面饼来领圣体。对于这种奇特的宗教仪式，人们并没有一成不变和坚定不移的看法。

似乎在许多教会中，尤其是在英国，人们认为只是在精神上吃上帝的肉，喝上帝的血。〔英国的〕博德利[①]图书馆中有一本10世纪的福音书，其中有这样的一段话：

> 这确实是在祝圣中经过祝圣转化的耶稣基督的身体和血，但这并非从形体上而是从精神上而言。耶稣基督受苦受难的身体和圣事中的身体是完全不同的。前者是由有理性的灵魂赋予生机的肉和骨所组成；而我们称为圣体的，则无血，无骨，无灵魂。因此我们对它应从精神的意义去理解。

约翰·司各脱——他因为是爱尔兰人而绰号为伊里吉纳[②]——在这很久之前，在秃头查理时代，就曾经提出大致相同的看法，而据他说，他是奉秃头查理之命这么说的。

在约翰·司各脱的时代，科尔比修士拉特拉纳[③]和其他一些

① 托马斯·博德利(1545—1613)，英国外交官，创立牛津图书馆，后世称该图书馆为博德利图书馆。——译者

② 爱尔兰古称伊兰(Erin)，伊里吉纳(Erigène)即伊兰人之意。——译者

③ 拉特拉纳(？—约684)，基督教神学家、司铎、修士。——译者

人关于这一奥义的说法，使人认为他们并不相信所谓实在论①。因为拉特拉纳在他送给皇帝秃头查理的著作中明白写道：

> 这是耶稣基督的身体，它不是通过有形的感官，而是通过信徒精神上的眼睛被看见、被吃掉的。

他还说：

> 显然，面饼和酒并无任何变化，因此，它们以前是什么，现在仍然是什么。

最后他引证了圣奥古斯丁的话：

> 把面饼说成是身体，把葡萄酒说成是血，这是一种比喻，这是一种宗教奥义。 486

拉特拉纳的另外一些段落意思模棱两可，有些与前引的话相矛盾，似乎是赞成实在论。但是，不管他是如何理解自己的话，或者人们是如何理解他的话，他受到人们撰文反驳。差不多同时代的另一个名叫帕夏兹·拉特贝尔②的本笃会修士被视为第一个以明确的语言发展了实在论观点的人。他说：

> 面饼是真正的身体，它出自圣母之身；葡萄酒是有水的，它是真正从耶稣肋间流出的血。这是真实的，不是比喻。

这场争论还引出了粪便派的观点，粪便派从物理学的角度考

① 在圣体问题上，认为面饼和酒的具体的感性的属性如形状、颜色等，是它的偶然属性，这种偶然属性不是实在的；面饼或酒的共相，虽不能直接感觉，却是具有实在性的实体。在弥撒礼中，就是面饼和酒的实体发生了转化。这种把事物的共相说成是独立于个别事物的客观实在的观点，称为实在论。这是天主教会的正统观点。相反，认为个别的事物才是真正的实在，共相只不过是个名字，这种理论称为唯名论。这两种观点，在欧洲中世纪曾长期进行争论。——译者

② 拉特贝尔（约785—860），本笃会修士，844年为科尔比修道院长。——译者

察信仰的对象，说经过祝圣的面饼和葡萄酒是要消化掉的，是要落得和普通食物一样的下场的。

因为这些问题是用拉丁文来讨论的，俗人当时所操心的唯有战争，对各教派的争执很少参与，所以这些争执没有引起骚乱，这是一大幸事。人们对大部分宗教奥义都只有一种笼统的模糊的看法，他们接受教条从来都像接受硬币一样，不去细察钱币的重量和成色。

昂热[①]的代理主教贝伦加尔终于在 1050 年通过文章和讲坛宣传耶稣基督的真身不是、也不可能是存在于面饼和葡萄酒的外形之中。

他说：吃得太多就会消化不良的东西，只能是一种食物；喝得太多就会醉的东西，是真正的烧酒；没有白的物体，就没有白色；没有圆的东西，就没有圆形；同一身体会同时存在于千百个地方，这从物理学来说是不可能的。由于贝伦加尔享有极大声誉，所以论敌也多，他的这些论调就更加引起人们群起而攻之。在攻击他的人中最著名的是兰弗朗克[②]，他是伦巴第人，生于帕维亚，来法国寻找机会。他要贬抑贝伦加尔的名望。请看他在《论天主圣体》这篇著作中是怎样批驳贝伦加尔的。

487 我们可以用事实来说明，圣体圣事中天主的身体与出自圣母的身体是一个东西而又不是一个东西。就本质而言，就真实的属性而言，彼此相同；而就面饼和酒［变体后的］形式而言，则不相同。因此，实质相同，而形式不同。

---

① 昂热，法国曼恩—卢瓦尔省会，古安茹首府。——译者

② 兰弗朗克（约 1005—1089），诺曼底贝克修道院学校校长，本笃会修士，后任坎特伯雷大主教，主张“实在论”。——译者

这个神学的裁决，一般来说便是教会的裁决。贝伦加尔只是作为哲学家来论证的。而争论的则是信仰的一个内容、一个宗教奥义问题，教会也承认这是不可理解的。他是教士，是由教会出钱供养的，因此，人们说他应当跟教会有同样的信仰，并跟教会一样使自己的理智服从于信仰。1050 年，他在巴黎宗教会议上受到谴责，1079 年在罗马再次受到谴责，他不得不宣布收回前言。但是这种被迫的取消前言，只不过是把自己的见解更深入地铭刻心中而已。他至死仍然保留自己的看法，不过那时既未引起分裂，也未发生内战。当时只有世俗权是圣职人员和修士们追求的大目标。另一个使人们鲜血横流的根源当时还没有出现。

在贝伦加尔引起争论和对贝伦加尔进行谴责之后，教会确定了〔在做弥撒时〕举起圣体饼的做法，以使人民在膜拜圣体饼的同时，不会对有人曾经加以反对的圣体饼的真实性表示怀疑。但这时这种宗教奥义还没有用上“变体”这个名词，这一术语是在 1215 年拉特兰公会议时才采用的。

司各脱、拉特拉纳、贝伦加尔的见解并未销声匿迹，它仍然存在于某些教士心中。我们以后会看到，这种见解传给了韦尔登教徒、阿尔比教徒、胡斯教徒和新教徒。

您可能已经注意到，自教会诞生以来，在基督教徒彼此之间一切争论中，罗马从来都执意支持那些最压抑人类思想、最扼杀理性精神的意见。我在这里只谈历史，而把不属于历史范围的教会的神的启示和教会的永远正确性放在一边。确实，把婚礼作为一件圣事，可以使夫妇间的忠诚成为一种更加神圣的义务，而通奸则成
为更加可耻的过失。由于相信上帝真正存在于圣体中，并进入领 488

圣体者的嘴和胃，领圣体者心中就会充满宗教的恐怖感。对于那些说一句话便可以把面饼变为上帝的人，尤其是对于作出这样一种奇迹的宗教首领，人们是无论怎样尊敬也不为过的！但是人类的纯朴的理性驳斥了这些宗教奥义，从而减弱了崇敬的程度。千千万万个神父，使奇迹变得过于司空见惯，这种奇迹也就在人民心目中不那么受尊敬了。

有一种在11世纪开始引进的习俗，我们不应略而不谈，这就是通过活人的布施和祷告来补赎死者的罪愆，使死者的灵魂脱离炼狱①，以及为这种虔诚的神事规定的一个庄严的节日。

关于炼狱的信念，就像关于地狱的信念一样，自古以来就有，但任何地方都没有维吉尔在他的史诗《伊尼德》第6卷中写得那么清楚，其中我们可以找到异教徒宗教的大部分奥义。

他们的灵魂因受到惩罚而痛苦，
他们接受苦刑
作为过去罪愆的报应。

这种看法逐渐为基督教所认可，人们甚至进一步认为可以通过祷告来减轻神明所作的判决，并使上帝宽宥被判在冥间受暂时罪罚的死者。

据枢机主教彼得·达米安——即说国王罗伯尔的妻子生下一只鹅的那个人——叙述，有一个从耶路撒冷朝圣回来的人，被风暴抛到一个岛上，一个善良的隐修士告诉他，这个岛是魔鬼所居，四

① 炼狱又称“涤罪所”。在天主教教义中说，善人生前如有罪愆尚未赎尽，则在死后升入天堂前须在炼狱中暂时受苦，以涤尽罪愆。——译者

周火焰熊熊，魔鬼常把死者的灵魂投入火中。这些魔鬼还不断喊叫，咒骂他们的死敌克吕尼修道院院长奥迪隆[①]。魔鬼说："这个奥迪隆的祷告，以及他的修道士的祷告，总是把我们手中的某个死 489
者的灵魂夺走。"

这些话传到了奥迪隆那里，他便在克吕尼修道院里规定了一个为死人祷告的死人节[②]。这个节日体现了人道与虔诚的感情，而这种感情可用来解释那位朝圣者的无稽之谈。教会不久便采用了这种仪式，并把它订为必须举行的节日仪式。在这一仪式中，人们除了给死者祷告外，还发给大量的赎罪券。如果就此而止，那也只不过是一种虔诚的表示。但虔诚很快变成了陋习，有人高价出售赎罪券，特别是托钵僧向人收取钱财来超度灵魂。他们喋喋不休地谈着死者的幽灵出现，谈着冤魂求告，谈着拒不救助的人的暴卒和永罚。随虚假的虔诚而来的是敲诈勒索，这便是以后使罗马教会失去半个欧洲的原因之一。

完全可以认为，那个时代的愚昧无知助长了民间的迷信行为。我现在举几个迷信的例子，人们长期对此都轻信不疑。据说皇帝奥托三世因为其妻阿拉冈的玛丽与人通奸，就把她杀了。一个残酷而又虔诚的君主——人们这样描绘奥托三世——把一个荒淫程度还不如他自己的妻子处死，这当然是很有可能的。但是后来有

① 克吕尼，法国索恩—卢瓦尔省地名。克吕尼修道院是 10 至 11 世纪天主教会内部一次僧侣运动——克吕尼运动的发源地。圣奥迪隆·德·梅科尔(962—1049)是克吕尼修道院长。——译者

② 据法国历史学家亨利·马丁说，死人节定在 11 月 2 日。节日中的祷告仪式起源于德洛伊祭司。——原编者

20个作者却这样描写，说是皇后勾引了一个年轻的意大利伯爵，伯爵品德优良，加以拒绝，她就向皇帝控告这个伯爵引诱她，结果伯爵被处死。伯爵的妻子捧着丈夫的头前来申冤，要证明她丈夫无罪。这个寡妇要求接受烙铁考验，她把一根烧得通红的铁棒拿在手里，要拿多久就拿多久，手没有烧坏。于是这个奇迹便作为判决的证据，皇后被判处活活烧死。对于这种说法，曼布尔跟着人云亦云，其他人又跟着曼布尔加以重述。

490 曼布尔应当想一想，这个神话是一些作者在奥托三世很久以后写的，他们连这个意大利伯爵和这个摆弄烧得通红的铁棒而安然无恙的寡妇的姓名都讳莫如深；甚至奥托三世有没有一个名叫阿拉冈的玛丽的妻子都十分可疑。最后，即使与奥托三世同时代的作者确实曾经介绍了这样一个事件，这些人也不比那些在法庭上说自己曾经参加巫魔夜会的巫师们更为可信。

这一桩铁棒奇闻应当使我们对那么多辞书和史册中叙述的皇后阿拉冈的玛丽服刑一事表示怀疑，这些书的每一页都是谎言与事实参半。

第二个事件也属于同一类。据说奥托三世的继承者亨利二世为考验其妻子居内贡德是否忠贞，令她在九块烧红的犁铧上赤足行走。对于这个在许多殉教者传记中都谈到的故事，只能得出跟奥托的妻子的故事完全一样的答案。

卡西诺山修道院长迪迪埃[①]和另外几个作家叙述了一件大致

① 迪迪埃，即德西德里奥(1027—1087)，1058年为卡西诺山修道院长，后继格雷戈里七世当选为教皇，称维克多三世(1086—1087年在位)。——译者

相似但更为著名的事。1063 年,佛罗伦萨的一些僧侣对他们的主
教不满,便在城乡到处叫嚷:“我们的主教是个私卖圣职者,是个恶
棍。”而且据说他们敢接受火烧考验,来证明他们的指控是对的。
于是举行这个仪式的日期定在封斋节第一个礼拜的礼拜三。人们
堆起了两堆柴火,每堆 10 古法尺长,5 古法尺宽,中间隔着一条小 491
路,1.5 古法尺宽,放满干木头。两堆柴火点燃之后,这块地全是
炭火,修士彼得·阿尔多布兰丁尼迈着稳重而均匀的步伐走过这
条小路,还转身回来从火焰中拣起他掉下来的司铎臂带。这就是
几个历史学家所说的除非推翻历史的全部基础才否定得了的东
西。但可以肯定,人们若不推翻理性的全部基础也不会相信有这
种事。

一个人从两堆柴火之间,甚至在炭火上很快地走过而没有完全烧坏,这是有可能做到的。但是以稳重的步伐走过去又回来拣他的臂带,这简直是今天有理性的人所不屑谈及的《圣徒列传》①中的一类奇遇了。

我要叙述的最后一个神意裁判,是 1085 年西班牙托莱多被攻克②以后,人们用来决定究竟应当背诵罗马日课经,还是背诵穆扎赖卜日课经③的一次考验。人们最初一致同意以决斗结束争吵。两个全副武装的决斗者按照骑士的一切规则进行决斗。拥护穆扎

① 《圣徒列传》,热那亚多明我会修士沃拉吉纳的雅各以拉丁文写成,1470 年在科隆出版,1476 年由让·巴塔列埃译成法语,书名为《天堂中一切男女圣徒的伟大列传》。——原编者

② 指熙德攻占托莱多城,见第 43 章。——译者

③ 穆扎赖卜日课经即阿拉伯文祈祷书。——译者

赖卜日课经的骑士堂·吕伊·德·马尔丹扎把对手打翻在地。而十分喜好罗马日课经的王后要火烧经书，听凭神意裁判。骑士制度的全部法律都是反对这样做的，但是人们仍把这两本日课经全都扔到火里，可能两本都烧掉了。国王为了不使任何一个人不高兴，便同意某些教堂按罗马经书祈祷，而别的教堂则保留穆扎赖卜日课经。

宗教中最庄重严肃的东西在几乎整个西方都被最荒诞可笑的习惯弄得面目全非。大部分教堂都有疯人节、驴子节[①]。在节日里，设置了狂人们的主教；让一头身披长袍、头戴方帽的驴走进教堂。人们膜拜这头驴子，以纪念耶稣基督所骑的驴子。

教堂中的舞蹈，祭坛上的筵席，放荡的行为，猥亵的笑剧，就是
492 节日的仪式。这种荒唐的习俗，在某些教区延续了大约 7 个世纪。要是只就我前面所叙述的风习来看，我们可能会以为看到了黑人和〔非洲〕霍屯督人的形象。必须承认，在许多方面，我们并不比他们优越。

罗马经常谴责这些野蛮的风习，也谴责决斗和神意裁判。罗马教会尽管发生各种内讧，有过各种丑事，但其礼拜仪式却从来都比别的地方更为庄重，更为严肃；而且人们会感到，当罗马教会享有自由、管理得当时，它在一切方面对其他教会必定会起模范作用。

---

① 疯人节、驴子节，参阅本书第八十二章。——译者

第四十六章

罗马帝国、意大利、皇帝亨利四世和教皇格雷戈里七世；11世纪时的罗马与帝国；马蒂尔达①女伯爵的赠礼；亨利四世和格雷戈里七世的悲惨结局

现在应当回到罗马的废墟上来，回到历代帝王的宝座这个阴 493
影上来，这个阴影正在德国重新出现。

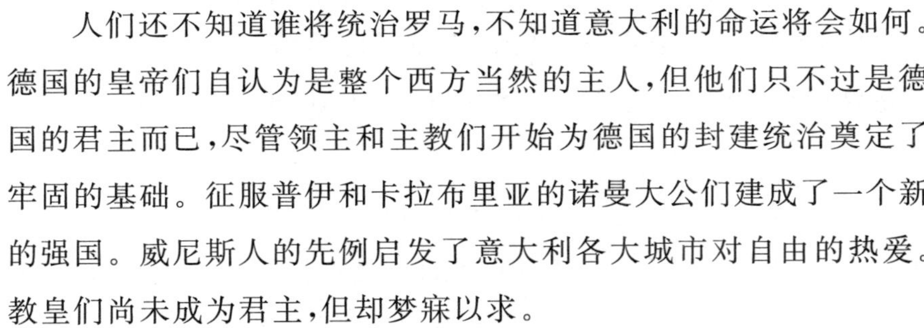

人们还不知道谁将统治罗马，不知道意大利的命运将会如何。德国的皇帝们自认为是整个西方当然的主人，但他们只不过是德国的君主而已，尽管领主和主教们开始为德国的封建统治奠定了牢固的基础。征服普伊和卡拉布里亚的诺曼大公们建成了一个新的强国。威尼斯人的先例启发了意大利各大城市对自由的热爱。教皇们尚未成为君主，但却梦寐以求。

皇帝任命教皇的权利开始巩固下来，但是人们清楚地感觉到，一旦条件有利，一切都将发生变化。(1056年)在亨利四世——他

① 《卡诺莎的》马蒂尔达(1046—1115)，托斯卡纳女伯爵，以其在教廷与神圣罗马帝国之间的冲突中所起的作用而闻名。这场斗争的顶峰，即皇帝亨利四世与教皇格雷戈里七世的对抗，就是在马蒂尔达的城堡发生的。——译者

父亲亨利三世在世时，便确定他为继承人——尚未成年时，这种有利条件很快就出现了。

从亨利三世时起，皇帝的权力在意大利已有所削弱。亨利三世的妹妹、托斯卡纳的女伯爵或女公爵，亦即教皇们的真正恩人、埃斯特家族[①]的马蒂尔达的母亲，比任何人都更为有力地煽动意大利人起来反对她的哥哥。她除了曼图亚公爵领地外，还拥有托
494 斯卡纳和一部分伦巴第。由于她冒失地来到德国宫廷，亨利三世把她抓起来关了很长时间。她的女儿马蒂尔达女伯爵继承了她的野心和她对皇室的仇恨。

在亨利四世未成年时，有几个教皇是靠阴谋、金钱和内战起家的。1054 年，人们不征求皇帝的意见便选了亚历山大二世〔为教皇〕。虽然朝廷任命了另一个教皇，但无济于事，因为他的支持者在意大利并非最强有力者。亚历山大二世的势力胜过这个竞争者，便把他赶出罗马。我们在前面已经看到，向篡夺英国王位的诺曼底私生子纪尧姆出售祝福[②]的人，就是这个亚历山大二世。

亨利四世成年后虽然当了意大利和德国的皇帝，却几乎是毫无权力。在自己国内，一部分世俗的和教会的王侯联合起来反对他。我们知道，他只有统领一支军队才能成为意大利的主人，可是他没有军队。他的权力微不足道，他勇气十足，而时运不佳。

---

① 意大利王公世家，在意大利历史上起过重要作用，其政治和军事影响仅次于萨伏伊家族。——译者

② 祝福，亦称“降福”，基督教在聚会、礼拜或弥撒结束前，由主礼人祈求上帝（天主）赐福给参加者所举行的简短仪式。——译者

(1073年)据某些作者叙述,亨利四世由于在维尔茨堡议会上被控企图派人暗杀施瓦本的公爵和克恩滕[①]的公爵,便提出要与控告者决斗。此人是一个普通的贵族。决斗日期已经确定,但控告者没有露面,这似乎证明了理在皇帝一边。

一旦某个君主失去权威,他的品行就总要遭到抨击。人们公开责备亨利四世有一些情妇,可是地位最低的僧侣也有情妇,却可以安然无事。他想跟他的妻子、一个弗拉拉[②]的公爵的女儿离婚,他说他跟她从来没有过过夫妻生活。他的少年意气举动进一步引起了人们的反感,这样他的行为便削弱了他的权力。

当时罗马有个克吕尼的修道士当了枢机主教,这个人不安于位,易于激动,敢作敢为,为了实现教会的野心,有时善于借宗教狂热施展阴谋诡计。这个胆大妄为的人名叫希尔德布兰德,他后来成为著名的格雷戈里七世。他生在托斯卡纳的索阿纳,长在罗马,父母姓氏不详,曾入奥迪隆修道院长属下的克吕尼修道院当修士,后被任命驻罗马代表为其修会效力。他曾受历届教皇派遣,从事 495
一切既需要灵活手段,又需要坚强意志的工作,在意大利以热情勇敢闻名。他管理教廷事务,公众认为他应当是亚历山大二世的继承人。许多画家为他画的肖像,有美化的,也有丑化的,但集中体现其野心的是那不勒斯一位画家的一幅画:格雷戈里一手拿着主教权杖,一手拿着鞭子,脚下踩着君主的权杖,身旁放着圣彼得的渔网和鱼。

① 克恩滕,奥地利南部地区。——译者

② 弗拉拉,意大利城市,在波河之滨。——译者

(1073年)格雷戈里撺掇教皇亚历山大采取了一项前所未闻的惊人之举：勒令年轻的亨利到教廷法院受审。这个做法是破天荒第一遭。而且这是在什么样的时候贸然做出此事？是在亨利四世的父亲亨利三世已使罗马完全习惯于按皇帝一声命令便接受主教的时候。格雷戈里所要挣脱的正是这种束缚；为了阻止皇帝对罗马发号施令，他提出要由教皇对皇帝下命令。这一大胆举动没有得逞。亚历山大二世仿佛是希尔德布兰德在与帝国正式开战前派去交锋的无望取胜的孩童。这初次较量后不久，亚历山大便去世了。

(1073年)希尔德布兰德由于颇有声望而被罗马人选为教皇，且不等皇帝批准便登上宝座。不久，他承诺忠于皇帝，因而获得批准。亨利四世接受了他的道歉。由一名驻意大利官员去罗马确认了教皇的选举。尽管所有廷臣都警告他要提防格雷戈里七世，亨利却公开声称这个教皇不会忘恩负义。但是格雷戈里刚刚坐稳教皇宝座，就宣布对所有从俗人手中接受圣职的教士和所有授予圣职的俗人处以绝罚。他早就有此意图，要剥夺所有有权授予圣职的俗人的这种权利。这就是使教会与一切国王为敌。同时，他以粗暴的态度向法国国王菲利普一世大兴问罪之师。事情是这样
496 的：几个意大利商人受到法国人的勒索。教皇给法国主教写了一封传阅信。他对他们说："你们的国王不是国王而是暴君，他的一生充满丑事与罪行。"而在这些揭老底的话之后，照例是以绝罚来威胁。

不久之后，当皇帝亨利正忙于跟萨克森人打内战时，教皇派了两个特使去命令他前来对指控他授予圣职一事作出答复，如敢违

令则行绝罚。这两个带着一道如此奇怪的命令的使者，发现皇帝已经战胜萨克森人，荣集一身，而且比预料的更加强大。可以设想，一个出征告捷、诸侯侧目的25岁的皇帝，会何等傲慢地接待这两个使者。不过他并没有对这两人施以儆戒性的惩罚，因为那时候的舆论不允许这样做。他只是形之于色地蔑视这种大胆行径，并让这两个冒失的教皇特使备受其宫廷侍仆的侮辱(1076年)。

差不多与此同时，教皇还对普伊和卡拉布里亚的诺曼大公们处以绝罚(前已述及)。在今天看来，同时对这么多人绝罚似乎荒唐之极。但是，应当想到，格雷戈里七世在威胁法国国王的同时，曾经向跟国王势均力敌的封臣阿基坦公爵发出教皇谕旨；当他向皇帝大发雷霆时，意大利的一部分、马蒂尔达女伯爵、罗马以及德国的一半地方都支持他。至于诺曼人，他们此时是他的公开敌人。因此格雷戈里的表现就不是失去理智，而是果敢的激烈行动。他感觉到，若使他的威严凌驾于皇帝和所有国王之上，他便会得到其他教会的支持，因为这些教会乐于做一个贬抑世俗权力的领袖的下属。他的企图不仅是要摆脱皇帝的桎梏，而且是要把罗马、皇帝和国王统统置于教皇的桎梏之下。他可能因此而丧生，他甚至要做好这样的准备。但是，要得到荣耀，就得冒险。

亨利四世由于在德国无法分身，不能前往意大利。开始时，他 497
不是以德国皇帝的身份而是像一个意大利领主那样来进行报复。他不是调兵遣将，而据说是利用一个以杀人越货著称的名叫琴齐乌斯的强盗，趁教皇在大圣马利亚教堂做日课时抓住他，让喽啰们打他一顿，打得他鲜血淋漓，然后把他带到琴齐乌斯占据的一座塔堡上，要他付出一大笔赎金。

(1076 年)亨利四世做得更加像个君主一些,他在沃尔姆斯[①]召开了一次由主教、修道院长和教会经师参加的宗教会议,提出要废黜教皇。除两票外,全体赞成。但是这个宗教会议的决定没有军队到罗马去执行。亨利致函教皇,通知他已被废黜,并晓谕罗马居民,禁止他们承认格雷戈里。这样做的结果只不过是有损自己的权威而已。

教皇一接到这些不起作用的信,便在罗马一次宗教会议上说:"我以全能的天主的名义,并根据我们的权利,禁止我们的亨利皇帝的儿子亨利统治条顿王国和意大利;我解除所有基督徒对亨利已立的和将立的誓言,并禁止任何人再把他奉为国王。"我们知道,这是一个教皇宣布剥夺一个君主的王位的首例。在这之前,我们曾看到一些主教废黜了温厚者路易,但他们至少还给这种犯上行为蒙上一层面纱。他们判处——当然只是做做样子而已——路易公开悔罪,而自从建立教会以来,还没有一个人敢于像格雷戈里七世这样说话。教皇的传阅信跟他的上述判决,内容是一个精神。他在信中好几次谈到主教地位高于国王,设置主教就是为了审判国王。话说得既巧妙又大胆,从而必然使全世界的高级教士都麇集于他的大纛之下。

很有可能,当格雷戈里用这样三言两语来废黜他的君主时,他完全清楚他将得到在德国重新掀起的如火如荼的内战的支持。乌得勒支[②]的一个主教曾经受命谴责格雷戈里。据说这位主教突然

① 沃尔姆斯,德国城市,位于莱茵河畔。——译者
② 乌得勒支,荷兰城市,乌特雷克省省会。——译者

暴卒，苦状万分，临死时对废黜教皇之举悔恨不已，宛如做了一桩 498
渎圣之事。这位主教的追悔，不管是真是假，也使人们产生内疚。此时已不是德国统一在奥托诸帝统治下的时代了。亨利四世在斯培伊尔[①]附近被由于教皇谕旨而声势大长的德国诸侯联军所包围。封建统治在当时也会引起这样的革命。那时德国的每个诸侯都对皇帝的势力眼红，就像法国的大贵族妒忌国王的势力一样。内战之火始终潜伏着，一道适时发出的教皇谕旨便会把它点燃。

联盟的诸侯是在下述条件下给予亨利四世以自由的：他应作为普通百姓和被绝罚者，既不从事基督徒的活动，也不履行国王的职责，住在斯培伊尔，等候教皇来到奥格斯堡[②]主持一次由诸侯和主教参加的会议对他进行审判。

有权选举皇帝的诸侯，似乎也有权废黜皇帝。但是要让教皇来主持这一审判，这便是承认教皇是皇帝和帝国的当然的审判者。这是格雷戈里七世和教廷的胜利。亨利四世落到如此地步，更大大扩大了这一胜利成果。

亨利四世想在决定命运的奥格斯堡审判之前抢先行动，于是作出了前所未有的决定，带着少数仆从，在蒂罗尔地区越过阿尔卑斯山，来请求教皇宽恕。这时格雷戈里七世正与马蒂尔达女伯爵住在亚平宁半岛上勒吉奥附近的卡诺莎城堡（该地古称卡努西奥姆，当时被视为难以攻占的堡垒）。因为打了几次胜仗而赫赫有名的这位皇帝来到城堡门口，没有卫士，没有扈从。人们把他挡在第

① 斯培伊尔，德国南部城市，在莱茵河畔。——译者

② 奥格斯堡，德国巴伐利亚的城市。——译者

二道围墙外，剥了他的衣服，给他穿上粗麻布作的悔罪衣，让他赤脚待在院里。这是 1077 年 1 月。人们把他饿了 3 天，还不让他亲吻教皇的脚，而教皇此时正跟马蒂尔达女伯爵闭户幽居，因为很久以来，他便是她的指导神父。他的敌人责备他跟马蒂尔达的这种
499 行为，这是不足为奇的。诚然，他年已六十有二，但是他是指导神父，而马蒂尔达是女人，年轻而又软弱。如果拿教皇写给公主的信中的殷勤话语跟他出于勃勃野心的激烈行为相比较，就会使人疑心宗教是用来掩饰他的一切欲望的假面具。但是从来没有任何事实、任何迹象可以令人相信这种猜疑。耽于酒色的伪善者既不会有如此持久的热情，也不会有如此执著的虔诚。格雷戈里被视为生活严肃的人，正因此，他是个危险的人物。

最后，皇帝获准跪在教皇脚下，教皇表示愿意宽恕他，叫他发誓等候教皇在奥格斯堡作出法律上的判决，并发誓在一切方面都完全服从教皇。支持亨利的某些德国主教和领主也同样表示服从于教皇。格雷戈里当时自命为世上王冠的主人，这并不是子虚乌有之事。他在好几封信中声称，他的任务就是贬抑国王。

仍然支持皇帝的伦巴第人对皇帝这种自甘作践的做法感到愤怒，以至于要把他抛弃掉。格雷戈里七世在伦巴第比在德国更受痛恨。这种对教皇粗暴行为的痛恨，超过了因皇帝的卑躬屈节所引起的愤怒。这对于皇帝来说是一件幸事，他利用了这种情绪，于是由于德国皇帝们的命运发生了新的变化，他虽被德国抛弃，却在意大利强大起来了。当格雷戈里七世煽动德国反对皇帝时，整个伦巴第都拿起武器反对教皇。

这样一方面是教皇暗中活动让德国人选出一个新的皇帝；另

一方面是亨利不遗余力地让意大利人选出一个新的教皇(1078年)。德国人选举了施瓦本公爵鲁道夫为皇帝,格雷戈里七世先是写信表示,他将在亨利和鲁道夫之间作出选择,把皇冠给予对他最恭顺的人。亨利相信他的军队胜于相信教皇,但他打了几次败仗。教皇更为骄傲,再次对亨利绝罚。他说:“我剥夺他的王冠,我把条顿王国赐给鲁道夫。”而为了使人相信他的确拥有赐予帝国之大 500
权,他赠给鲁道夫一顶金质皇冠,上面刻着这样的诗句:

磐石把皇冠给予彼得,
彼得把皇冠赐予鲁道夫。

这两句诗把幼稚的文字游戏[1]同自豪的情感结合在一起,两者同样都是时代精神的产物。

然而在德国,亨利一派的力量日益强大。亨利四世——他曾经身穿悔罪衣,光着双脚,等候3天,以求那个他认为是他臣民的人的宽恕——作出了两项大胆的决定:废黜教皇,打击竞争的对手。(1080年)他在蒂罗尔的布里克森召集20来个主教开会,他们带着伦巴第高级教士的委托书,以支持暴君、私售圣职、亵渎神明、施行巫术的罪名废黜格雷戈里并对他施以绝罚。会上选举腊万纳大主教吉贝尔[2]为教皇。当这位新教皇在伦巴第奔走煽动人民反对格雷戈里时,亨利四世率军攻打鲁道夫。究竟是由于过分

---

① 诗句原文为拉丁语。彼得(希腊文作 Petros)原名西门,据说耶稣给他另起此名,意为“磐石”(Petra)说“我要把我的教会建造在这磐石上”,并把“天国的钥匙”交给他。又据说彼得是天主教会第一任教皇。法语“彼得”与“磐石”为同一个词。——译者

② 吉贝尔(1023—1100),教皇,称克雷门三世,1080—1100年在位。——译者

的狂热,还是运用所谓出自好心的欺骗,格雷戈里七世预言亨利将在这场战争中被打败并被杀死?他在给支持他的德国主教的信中说:“这种情况如果不在圣彼得节[①]前发生,那我就不是教皇。”健全的理性告诉我们,凡是预言未来的人,若非骗子,便是狂人。让我们考察一下,支配着人们的思想的,是一些什么样的谬误。占星术从来就是学者们的迷信。人们责备格雷戈里相信占星术士,布里克森的废黜文告中说他参与猜梦、译梦;正是根据这一点,人们指控他施行巫术。由于他作了那样一个荒谬的、奇怪的预言,人们把他当骗子看待。其实他只是出于轻信、浮躁和有躁狂性精神病罢了。

但是他的预言却落在他一手扶植的鲁道夫身上。鲁道夫被打
501 败了。马蒂尔达女伯爵的侄子、那个以后征服耶路撒冷(1080 年)的布戎的戈德弗鲁瓦[②]在一场混战中杀死了教皇自夸由他任命的这个皇帝。有谁会想到,这时教皇不但没有去跟亨利媾和,反而写信给所有的德国主教,要他们另选一个新的君主,条件是此人必须作为附庸向教皇称臣效忠。这样的信证明,反对亨利的党徒在德国还有很强大的力量。

也就是在这时候,这个教皇命令法国的高级教士像在英国那样每年向每户征收一个德尼埃银子的贡税〔交给罗马〕。

他对待西班牙更为粗暴。他声称自己是西班牙封地与公地的领主,他在其第 16 封书信中写道:如西班牙不向罗马教廷誓忠称

① 圣彼得节是 6 月 29 日。——译者

② 布戎是比利时城市,布戎的戈德弗鲁瓦亦称勃艮第的戈德弗鲁瓦,下洛林公爵(1061—1100),第一次十字军的首领,后为耶路撒冷国王。——译者

臣，那还不如让它由萨拉森人占有。

他给刚刚成为基督教国家的匈牙利的国王萨洛蒙[①]写信说："你可从你国的老人那里知道，匈牙利王国属于罗马教会所有。"

不论这种行动看来多么鲁莽，它总是占支配地位的思想的产物。由于愚昧无知，肯定在当时许多人的头脑中都认为，既然教皇写信总是用这种口气，可见教会就是王国的主人。

他对亨利采取这种顽固态度也不是毫无根据的。他对马蒂尔达女伯爵的思想有如此大的影响，以至于她真的把自己的城邦赠送给教廷，自己只保留在世时享有用益权[②]。我们不知道这一让与是否立有证书或契约。按照习惯，当人们把自己的产业献给教会时，要将一块土块放在祭坛上，证人可以代替契约。据说马蒂尔达曾经两次把她的全部财产赠与教廷。

亨利四世对这个赠与的真实性没有怀疑，因为这是后来由赠与人的遗嘱证实了的。这是教皇们要求得到的最可靠的证书。但 502
是证书本身却成了争吵的新内容。马蒂尔达女伯爵拥有托斯卡纳、曼图亚、帕尔马、勒吉奥、皮尔琴察、弗拉拉、摩德纳、翁布里亚地区的一部区、斯波莱托公爵领地的一部分、维罗纳，以及几乎全部今天称为圣彼得遗产的从维特尔博到奥尔维耶托[③]的地方，还有安科纳的马尔凯地区的一部分。

① 萨洛蒙(1051—1090)，匈牙利的第6个国王，被其叔父贝拉一世赶走。贝拉死后，他在神圣罗马帝国皇帝亨利四世帮助下复位，直至1074年。——译者

② 用益权，即对一块所有权属于他人的土地享受其果实和收益的权利。——译者

③ 皮尔琴察、弗拉拉、摩德纳、维罗纳、奥尔维耶托，均意大利中部城市。——译者

亨利三世曾经把安科纳的马尔凯的用益权让给教皇，但这一让与无碍于马蒂尔达女伯爵的母亲把认为应该属于她的城市据为己有。似乎马蒂尔达想在她母亲死后弥补她母亲生前给教廷造成的损害。但是她不能把不许转让的采邑给予他人，而皇帝们认为她的全部遗产都是帝国的采邑。因此她这样做，就是把有待〔帝国〕收回的土地给予他人，从而在她身后留下了战争[①]。亨利四世作为财产继承者和采邑的封主，对于这样的赠与只能视为侵犯帝国的权利。但日子久了，还是只好把一部分城邦让给了教廷。

亨利四世继续进行报复，最后将教皇围困于罗马城中。他攻占该城台伯河西岸今称莱奥尼纳的这部分地方。他与公民们谈判，同时向教皇进行威胁。他用金钱收买罗马的重要人物。人们跪在格雷戈里面前，请求他向皇帝屈服以解围城之苦。教皇毫不动摇，回答说，皇帝如果想获得他的宽恕，必须再一次赎罪。

围城延续了很久。亨利四世时而亲自指挥围城战，时而又不得不去扑灭德国的叛乱，最后他夺取了罗马。说来奇怪，德国皇帝曾经多次攻下罗马，但却从来没有统治过罗马。现在剩下的是要捉拿格雷戈里。格雷戈里躲在圣昂热城堡，继续与战胜者对抗，并对他判处绝罚。

罗马由于其教皇的顽固不化而受到重重的惩罚。前已谈到的著名的诺曼人之一、普伊公爵罗伯特·吉斯卡趁皇帝不在，前来解

---

① 根据欧洲古代封建法，如果一个贵族把他的采邑转让给平民或教士，封主可以收回转让的土地。马蒂尔达的领地是采邑，故其赠与是无效的，因此引起争端。——译者

救教皇，但同时洗劫了罗马。罗马既受包围教皇的帝国军队的蹂 503
躏，又受前来解救教皇的那不勒斯人的荼毒。格雷戈里七世不久之后也在萨莱诺死了(1085 年 5 月 24 日)。他所留下的是在罗马僧侣看来可贵而又可敬的名声。这些僧侣们同教皇一样，对所有的皇帝、对任何一个关心因格雷戈里顽固的野心所造成的后果的善良公民，都抱着一种傲慢不逊的态度。格雷戈里是为教会复仇和为教会牺牲的人，因此，就像古代的民族把他们的保卫者奉为神明一样，教会把他列为圣徒，而智者贤人则把他归诸疯子一类。

马蒂尔达女伯爵在失去格雷戈里教皇之后不久便再嫁给巴伐利亚公爵格尔夫之子、年轻的格尔夫亲王[①]。由此可见她的赠与——如果是真的——是多么的轻率。她才 42 岁，还会有儿子，而她儿子所继承的可能是一场内战。

格雷戈里七世之死并未熄灭他所燃起的大火。他的继承者们都极力避免由皇帝来批准他们的选举。教会远没有向皇帝称臣，反而要求皇帝服从于教皇。而且被绝罚的皇帝是为人所不齿的。一名卡西诺山修道院长继僧侣希尔德布兰德之后当选为教皇[②]，但在位时间不长。然后是生于法国、出身不明的乌尔班二世，在位 11 年，他是皇帝的一个新的敌人。

---

① 格尔夫，德国一个家族的姓氏，格尔夫四世于 1070 年继承巴伐利亚公爵领地，在十字军东征中死于塞浦路斯岛。其子格尔夫五世于 1089 年与马蒂尔达结婚，但当他知道她把财产赠与罗马教会后，便与她离异。——译者

② 此人是卡西诺山的德西德里奥，1058 年为修道院长，被选为教皇，称维克多三世。——原编者

在我看来，争吵的实质是教皇和罗马人根本不要皇帝，这是很明显的。而其借口，他们要加以神圣化的借口，则是教皇乃受委托行使教会权力的人，他不能忍受由世俗君主以赐予权杖和指环的方式来任命主教[①]。主教既然是君主的臣民，又是靠君主而致富，就应当按他们得之于君主的土地交纳贡物，这也是很清楚的。皇帝和国王们并不冀求授予教权，但是他们要求教会为它所拥有的世俗权誓忠，因为这世俗权是他们授予的。权杖和指环是一种形式，是主要问题的附属物。但是，当时发生之事就像在一切争论中
504 都要发生的那样，人们忽略了实质问题，而对无关宏旨的仪式争论不休。

亨利四世一直受绝罚，他那时代的教皇一直以此为借口来迫害他，因此他经受了宗教战争和内战所能造成的一切不幸。乌尔班二世挑唆亨利四世的亲生儿子康拉德反对亨利四世，康拉德死后，康拉德的兄弟——后为皇帝亨利五世[②]——又受帕斯卡尔二世[③]的煽动而与他父亲交战。这是自从查理曼以来，教皇第二次帮助人们把武器交给儿子们来反对他们的父亲。您将会看到，这个乌尔班二世就是对法国的菲利普一世施加绝罚和下令举行第一次十字军东征的人。他不仅造成了亨利四世的不幸去世，而且造成了 200 多万人的死亡。

① 天主教主教级以上高级教士手上都戴一个大金戒指，让信徒亲吻。当授予主教以封地和职权时，通常要授给指环和权杖，前者象征教权，后者象征世俗权。——译者

② 亨利五世，德国国王和神圣罗马帝国皇帝，1106—1125 年在位。——译者

③ 帕斯卡尔二世，教皇，1099—1118 年在位。——译者

宗教竟能蛊惑人们犯下如许罪行！（卢克莱修）[①]

（1106年）亨利四世像温厚者路易为儿子所骗一样，也上了他儿子亨利的当，被囚禁在美因茨。两个教皇特使在该地宣布把他废黜。议会的两名代表受他儿子的派遣，取走了他的皇帝饰物。

不久之后（8月7日），他逃出监狱，一贫如洗，四处流浪，没有得到任何救援，最后死于列日，比格雷戈里七世死得更为悲惨。而且在这么长时间中使欧洲为他的辉煌胜利、他的伟大业绩、他的不幸遭遇、他的过失和他的德行惊奇赞叹之后，他的死更显得默默无闻。他临死时喊道："赏善罚恶的天主啊！惩罚这个弑君杀父的罪人吧！"人们根据想象，一向认为上帝会使垂死者的诅咒，尤其是父亲对儿子的诅咒如愿以偿。这种想法当然错误，但毕竟有益而值得尊重，因为它可以制止罪行。而在我们中间更为普遍的另一个
错误，就是认为被绝罚的人必定堕入地狱，永世不得翻身。亨利四 505
世的儿子大逆不道，却又伪装仁孝，他让人把埋葬在列日大教堂的他父亲的尸体挖掘出来，放到斯培伊尔的一个地窖里。这样，他的不近情理的伪善面目就更加暴露无遗了。

在这位比我们法国国王亨利四世更为不幸的著名的德国皇帝亨利四世的挖出来的尸体旁边，请您稍事停留。为什么一方如此备受凌辱，屡遭不幸，另一方如此大胆放肆；为什么有这么多丑恶

① 这是古罗马诗人卢克莱修的诗句，原文为拉丁文。德·古杜尔译成法文："迷信是如此的强有力，可以使人犯下最大的罪行！"——原编者

的事物被视为神圣，有这么多君主作了宗教的牺牲品？请您找一找原因，您会发现，唯一的根源在愚民之中，是他们使迷信盛行。正是由于德国的铁匠和樵夫，皇帝才赤足出现于罗马主教之前；正是那些成为迷信的奴隶的普通老百姓要求他们的主人也成为迷信的奴隶。只要你容忍你的臣民被宗教狂热弄得盲目轻信，那他们就要迫使你也跟他们一样狂热盲从。如果你去掉他们身上的、为他们所喜爱的枷锁，他们就要起来反抗。你曾以为宗教的锁链——它本应是柔软的——越是沉重、坚硬，你的臣民就会越发俯首听命，你错了，他们会用这锁链把你束缚在王座上，或者把你从王座上拉下来。

第四十七章

皇帝亨利五世和弗里德里希一世[1]以前的罗马

手持教皇谕旨把他父亲赶下皇位并挖出其尸体的亨利五世， 506
一旦成了主人，便继续行使亨利四世行使过的权利，与教会抗衡。

教皇们已经知道要争取法国国王成为自己反对皇帝的支持者。诚然，教皇的野心打击着一切君主，但是他却通过谈判来笼络在谕旨中受到侮辱的那些人。法国国王对罗马无所冀求；他们与皇帝是近邻，对企图支配所有国王的皇帝心怀疑忌，故他们是教皇的天然盟友。因此帕斯卡尔二世来到法国，请求国王菲利普一世帮助。他的继承者也经常使用这种办法。教廷所拥有的领地，他们根据所谓丕平赠礼和查理曼赠礼所索取的权利，加上马蒂尔达女伯爵的真正的赠礼，都还不足以使教皇们成为一个强大的统治者。这些土地，不是别人有异议，就是掌握在他人手中。皇帝不无道理地坚称，马蒂尔达的城邦，作为帝国的采邑，应当归还给他。因此，教皇既为教权而战，也为世俗权而战。（1107 年）帕斯卡尔

---

① 弗里德里希，又译腓特烈一世，绰号红胡子，德国皇帝，曾六次入侵意大利。——译者

二世从国王菲利普那里得到的只是允许在特鲁瓦召开一次宗教会议。法国力量薄弱,过于分散,无法向他提供军队。

亨利五世以缔结和约结束了对波兰的为期不长的战争之后,
507 又设法使帝国诸侯支持他的权利,以致曾经根据教皇谕旨帮助他废黜其父亲的这些诸侯,又同他联合起来要求罗马废除这些谕旨。

他带着一支军队经阿尔卑斯山向罗马进攻,这权杖和指环的争执使罗马再一次被鲜血染红。签订条约,背弃誓言,处以绝罚,凶杀谋害,迅速地相继发生。帕斯卡尔二世在手按圣经发誓,庄严地交出了主教叙任权①之后,又叫枢机主教们取消了他的誓言——这是一种新的违背诺言的方法。他宁愿让别人在宗教会议上说他是懦夫和渎职者,也要收回他交出的东西。于是皇帝再次闯入罗马;而这些皇帝们若不是为了同教会争吵——最大的争吵是加冕问题——是从来不到罗马去的。经过扶植教皇、废黜教皇、把他们赶走、又把他们召回这一连串的斗争,亨利五世由于跟他父亲一样屡次被处绝罚,并跟他父亲一样经常被他的德国大封臣们搞得不得安宁,最后只好结束了主教叙任权之争,放弃了那个权杖和指环。不仅如此,(1122 年)他还和法国国王一样,正式地放弃了皇帝们自封的任命主教的权利,或者说放弃了在他们绝对控制着的选举中所解释的有权任命主教的权利。

于是,在一次在罗马召开的公会议上,决定国王不再用一根顶端弯曲的权杖,而用一根小棍作为象征来向按宗教法律选出来的

① 中世纪西欧封建领主对其封臣授以封地的权力叫做叙任权。主教叙任权是授予天主教主教以封地和职权的一种特殊的权力。11 世纪末以前,主教叙任权实际上操于国王之手。教皇为争夺此项权力与神圣罗马帝国皇帝进行了长期斗争。——译者

圣职人员授职。皇帝在德国批准了这次公会议的决定，一场血腥的、乖谬的战争从此结束。但是公会议在决定应以何种棍子来向主教授职时，却避而不谈皇帝是否应对教皇的选举加以确认、教皇是否皇帝的封臣、马蒂尔达的一切财产究竟是属于教会还是属于帝国这些问题。似乎人们是要把进行一场新的战争的这些粮饷贮藏起来。

(1125 年)亨利五世死而无嗣。由于帝国一直采取选举制，10 个选帝侯便把帝国给予萨克森家族的一个亲王，这便是罗退尔二世[①]。当时为获得皇位而施展阴谋和制造不和的事比争夺教皇宝 508
座要少得多。因为虽然在 1059 年由尼古拉二世召集的一次宗教会议上曾经决定教皇由枢机主教选举，但在选举中并没有什么确定的形式和规则。这种在政治方面的重大缺陷来源于从前的一种可贵的风尚。早期的基督徒，彼此平等，大家都是默默无闻，出于畏惧官府的共同心理而结合在一起，因此，他们以服从多数的方式悄悄地管理着他们那贫穷的但是圣洁的团体。以后富裕取代了清贫，只剩下初期教会的那种有时流于放纵不羁的民间自由。组成教皇议事会的枢机主教、主教、神父和圣职人员在选举中占有重要地位。但其余僧侣要求享有其古老的权利，人民也认为他们参加投票是完全必要的。可是所有这些选票，对于教皇的定夺都丝毫不起作用。

(1130 年)一个很有钱的犹太人的孙子、莱昂的彼得[②]被一派

① 应为罗退尔三世，1125—1137 年在位。——译者

② 莱昂的彼得，即教皇阿纳克莱，1130—1138 年在位。——译者

人选为教皇，而另一派人则选举英诺森二世。这又是一场内战。犹太人的孙子最为富有，所以仍然是罗马的主人，并受到西西里国王罗哲尔的保护（我们在第四十一章已经谈到）；另一个则更为老练而幸运，得到法国和德国的承认。

这里有一个历史事实不应忽视。这个英诺森二世为取得皇帝的支持，于 1133 年 6 月 13 日立了一份证书把马蒂尔达女伯爵全部领地的用益权让给皇帝和他的儿子。被称为犹太人教皇的那个人在位 8 年之后去世，英诺森二世成了教皇宝座的和平占有者。此时，帝国与教皇之间有几年的休战。十字军东征的狂热当时正如火如荼，把人们的思想引向了他处。

但罗马并不平静。自古以来就有的对自由的热爱还不时生长出几个新根。若干意大利城市，如佛罗伦萨、锡耶纳、波洛尼亚、米兰、帕维亚，利用混乱局面建立了共和国。他们有热那亚、威尼斯、比萨的伟大先例，而罗马则还记得自己曾经是西庇阿家族所统治的城市。枢机主教们过去废除了元老院，人民便重新建立一个影
509 子元老院，设置了一个议政长，而不是以往的两个执政官。（1144 年）新元老院向教皇卢西乌斯二世指出，统治权在罗马人民，主教只应关心教会。

元老院的议员们退守〔罗马〕卡皮托尔，教皇卢西乌斯便亲自率众围攻他们，头部被石块击中，几天后死去。

这时有个名为布雷西亚的阿尔诺多[①]的人，是个有狂热情绪

① 布雷西亚是意大利伦巴第地区的城市。阿尔诺多（约 1100—1155）是意大利宗教改革者，他领导罗马人们建立罗马共和国，后为商人出卖，1155 年被皇帝弗里德里希一世逮捕，交教皇处死，焚尸后扬灰台伯河中。——译者

的、于人于己都带有危险性的人。他在各个城市鼓吹反对圣职人员太过富裕，生活豪奢。他来到罗马，发现这里的人愿意听他的宣传。他主张废除教皇，使罗马获得自由。尤金三世①原为锡托②和克累尔沃③的修道士，这时当了教皇。圣贝尔纳写信给他说："当心罗马人，他们在天上和地上都是可憎恶的人。他们不敬天主，互相残杀，妒忌邻居，虐待外人。他们不爱任何人，也不为任何人所爱。他们要使所有的人害怕自己，而自己又害怕所有的人，……"我们如果用贝尔纳这些反衬式的说法对照许多教皇的经历，就会理解，称为罗马人的人民为什么要力图摆脱任何主人了。

(1155 年)教皇尤金三世知道如何使这样的人民就范，他们对各种枷锁都已经习惯了。元老院还继续存在了若干年。但是阿尔诺多传道说教的结果，是自己被阿德里安四世④在罗马烧死，这是鲁莽有余而力量不足的宗教改革者通常的命运。

我认为有必要看看这个阿德里安四世，他是英国人，从最卑贱的地位爬到了煊赫权势的顶峰。他是乞丐的儿子，本身也是乞丐，四处流浪，然后在多菲内省被瓦朗斯⑤的修道士收容为仆役，最后成为教皇。

人们从来都只是热衷于眼前的功名，可是阿德里安因为出身贫贱，所以思想更为超脱。罗马教会一向有这个优点：按人的才能

---

① 尤金三世，教皇，1145—1153 年在位。——译者

② 锡托，法国科多尔省的一个小村落，圣贝尔纳于 1113 年在此布道，并改革了修会，后成为宗教改革运动的一个中心。——译者

③ 克累尔沃，卢森堡城市。——译者

④ 阿德里安四世，教皇，1154—1159 年在位。——译者

⑤ 瓦朗斯，法国城市，在罗讷河畔。——译者

授予在其他地方按人的出身授予的东西。我们甚至可以指出，教
510 皇中最为杰出的，正是出身最为微贱的人。今天在德国，有的修道
院只接收贵族。罗马的精神表现为伟大胜于虚荣。

第四十八章

关于红胡子弗里德里希；皇帝和教皇的加冕礼；意大利为争取自由而反抗德国的战争(续)；运用策略挫败皇帝、为人类造福的亚历山大三世的崇高行为

(1152)当时统治德国的是通常叫作红胡子的弗里德里希一 511

世。他是在他的叔父康拉德三世[1]死后当选为皇帝的，不仅德国的领主选他，伦巴第人这次也表示赞成。弗里德里希是一个堪与奥托和查理曼媲美的人。他必须到罗马去接受皇冠，教皇在授予皇冠时，既自豪又懊丧，因为他们的本意是要给一个封臣加冕，但来的却是一个主人。在教皇与皇帝、罗马人和意大利主要城市之间这种始终暧昧不明的关系，使得每一次皇帝加冕时都要流血。每当皇帝为接受加冕而临近罗马时，教皇便要加强戒备，人民武装起来，意大利如临大敌，这已成为习惯。皇帝许诺不伤害教皇、枢机主教和官员们的性命、身体、荣誉，教皇也同样向皇帝及其

① 康拉德三世(1093—1152)，德国皇帝，1138—1152 年在位。——译者

军官起誓。当时基督教西方世界是如此的乱糟糟,以至于这块小小地方的两个首脑人物——一个自称是恺撒的后继人,一个自称是耶稣基督的接替者,其中一个还要给另一个敷圣油——都不得
512 不发誓在典礼期间不会成为杀人凶手。一个全副武装的骑士代表皇帝向教皇阿德里安四世许下这样的诺言,教皇也向这个骑士发誓。

当时,教皇加冕或就任时,都伴随有同样奇特的、似乎简单而并不野蛮的仪式。人们让当选的教皇坐在一张称为"马桶座"[①]的有窟窿的椅子上。接着又让他坐在一个云斑石座位上,给他两把钥匙。然后他又坐到第三个座位上,接受12个彩色的盾形纹章。所有这些过去流传的习惯随着时间流逝都已经废除了。弗里德里希皇帝立誓之后,教皇阿德里安四世便到离罗马几〔罗马〕里[②]的地方去见皇帝。

罗马的礼仪规定,皇帝应跪在教皇跟前,亲吻教皇双足,为他扶镫执辔,牵着教皇的白色坐骑走九大步。教皇接待查理曼时并非如此。弗里德里希皇帝认为这种仪式有辱身份,拒不执行。于是所有的枢机主教都四散奔逃,似乎皇帝以这一渎圣行为发出了内战的信号。记录一切活动的罗马书记官向他指出,他的先辈都履行过这样的义务。我不知道,除了亨利五世的继承者罗退尔二世[③]外,有哪个皇帝曾为教皇执辔牵马。当时已成为习俗的吻足

① stercorariun,拉丁语,"屙屎"之意,此处译为"马桶座"。——译者

② 古罗马里等于1472.5米。——译者

③ 此处罗退尔二世应为罗退尔三世。因为亨利五世于1106—1125年为德国皇帝,罗退尔三世是1125—1137年在位。——译者

仪式并不伤害弗里德里希的自尊心，但扶镫执辔则使他恼怒，因为这项仪式看来是新订的。尽管他很高傲，他最后还是接受了这两种所谓的侮辱。他把这些只看做是出于基督徒的谦卑而作出的无实际意义的表示，然而罗马教廷则视为臣从的证据。自称为世界主人的人，却成了过去曾是要饭的叫化子的马夫了。

罗马人民的代表们由于意大利几乎所有城市都敲响了自由之钟而变得更为大胆，也想跟皇帝谈判。但是，他们刚开始致词说道：“伟大的国王，我们已经把您这样一个外国人当做公民和我们的国王”，皇帝由于到处都受到傲慢的对待而感到厌烦，便不让他们说下去，而对他们这样说：“罗马已经不是从前的罗马。并不是 513
你们把我召来，把我当做你们的国王；查理曼和奥托以他们的勇敢精神把你们征服了，我是你们的主人，因为我是合法的占有者。”他用这样的话把他们打发走，然后在城墙外由教皇将权杖和剑交到他手中，把皇冠戴在他头上，举行了即位仪式（1155 年 6 月 18 日）。

我们对于帝国的情况了解得非常之少，而各方的意向又是这么互相对立，一方面，罗马人民起来反抗，流了大量的血，因为教皇未经元老院和人民的同意便给皇帝加冕；另一方面，教皇阿德里安在他的所有信件中都说，他已经把罗马帝国的封地给予弗里德里希。他还在罗马公开展出一幅画，画中罗退尔二世[1]跪在英诺森二世膝前，双手合掌置于教皇的两手之间，这便是表示臣属的明显标志。画上题词为：

---

[1] 应为罗退尔三世。——译者

> 国王在门前发誓维护罗马的荣誉并成为教皇的臣仆，因为教皇赐给他王冠。

弗里德里希当时在贝桑松[①]——勃艮第王国的一部分，弗里德里希因为婚姻关系而拥有这个领地——，他得悉这种侵犯皇权的行为，大为不满。在场的一个红衣主教回答说："怎么！皇上究竟从谁手中得到帝国，难道不是从教皇手中吗？"帕拉丁伯爵[②]奥托差一点就要用握在手中的皇帝的宝剑把他刺死。枢机主教逃走了，教皇又进行谈判。当时德国人以刀剑解决一切问题，而罗马教廷则以模棱两可的话来捞取利益。

在西西里战胜穆斯林、又在那不勒斯王国战胜基督徒的罗哲尔通过亲吻他的俘虏教皇乌尔班二世的双脚，而从教皇那里得到了主教叙任权，并把年贡减少到 600 个斯基法特——一个斯基法
514 特约值今天法国的 10 个利弗。教皇阿德里安因被纪尧姆围困，便把教会所要求的东西让给了他（1156 年）。阿德里安同意，除非西西里国王要求，不向西西里派教皇特使，也不接受西西里人向教廷上诉。从此以后，在作为教皇的封臣的那些国王中，只有西西里国王自己又是这个岛上的教皇。这样受人崇敬而又这样受人虐待的罗马教皇，有点像印度人的偶像，印度人为了求神保佑，就使劲敲打神像。

阿德里安四世从有求于他的那些国王那里得到补偿。他写信

---

① 贝桑松，法国古代弗朗什—孔太的首府，今杜省省会，濒临杜河。——译者

② 帕拉丁伯爵，亦称帕拉丁选帝侯，古代日耳曼国王派往各诸侯驻地的"钦差"。1356 年前帕拉丁选帝侯称为莱茵帕拉丁伯爵。——译者

给英国国王亨利二世[1]："人们并不怀疑，你也明白，爱尔兰和所有接受基督教信仰的岛屿均属于罗马教会所有。如果你愿意进入该岛，驱除邪恶，使人遵守法律，并使每户每年交纳圣彼得便士，我们将乐于把该岛给你。"

如果允许我在这部有关世界史的论著中发表某些看法，则我认为人们统治这个世界的方式是很奇怪的。一个英国的乞丐，成为罗马主教之后，可以根据其权力把爱尔兰岛给予一个想夺取该岛的人。教皇们为取得这个以权杖和指环为象征的主教叙任权曾经屡次进行战争，而阿德里安四世则给英国国王亨利二世寄去一个指环，作为授予爱尔兰的标记。要是一个国王在授予圣职时给予一个指环，那就犯了渎神之罪了。

红胡子弗里德里希以他的大胆行动，好容易才制伏住不承认帝国的教皇和不服从管治的罗马以及所有要求自由的意大利城市。他同时还要镇压蠢蠢欲动的波希米亚和正在与他作战的波兰人。这些他全都如愿以偿。战败的波兰由他立为向帝国纳贡的藩属（1158 年）。他平定了已由亨利四世于 1086 年立为王国的波希米亚。据说丹麦国王也由他册封。他使异族人望而生畏，从而确保了帝国的诸侯对他的忠诚。然后他又奔赴意大利平乱，因为意大利的自由是在皇帝处境困难的情况下取得的。他发现意大利上
下一片混乱，不是由于那些城市在极力争取自由，而是由于激烈的 515
派别纷争扰乱了历次的教皇选举，这是您已经见到了的。

（1160 年）阿德里安四世死后，两派在一片喧嚣声中选出了叫

① 亨利二世，1154—1189 年在位。——译者

做维克多二世[①]和亚历山大三世的两个人。肯定是，皇帝的同盟者承认皇帝所承认的那个教皇，而妒忌皇帝的国王们则承认另一个。罗马的丑剧，必定又是欧洲分裂的信号。维克多二世是红胡子弗里德里希的教皇。德国、波希米亚、半个意大利赞成他。其余的则承认亚历山大。正是为了纪念这个亚历山大，皇帝的敌人米兰人才建造了亚历山大城[②]。弗里德里希的拥护者徒劳地想把此城称为恺撒里亚，但教皇的名字占了上风，结果命名为"稻草亚历山大"，这个绰号使人得以把这座小城跟从前为纪念真正的亚历山大而修建的其他亚历山大城[③]区别开来。

要是当时只不过产生这样的争吵，这个时代就是很幸福的了。但是德国人总想统治意大利，而意大利人则总想得到自由。当然他们要求自由的权利，比起一个德国人要做他们的主人的权利来，是更为合乎情理的。

米兰人做出了榜样。市民变成了士兵，他们在洛迪[④]附近袭击了皇帝的军队并打败了它。如果他们得到其他城市的支援，意大利便会改观了。但是弗里德里希重建了他的军队。(1162 年)他包围了米兰，他发布敕令处罚米兰公民从事劳役，拆毁城墙和房屋，在荒废的土地上撒上盐。但这样做正好说明教皇反对他是对

---

① 应为维克多四世(？—1164)，教皇，1159—1164 年在位。他是由弗里德里希扶植以与教皇亚历山大三世(1159—1181)对立的前后四代敌对教皇中的第一代。——译者

② 亚历山大城，意大利皮埃蒙特的城市，在塔纳诺河畔。——译者

③ 马其顿的亚历山大东征时，在亚非各地曾建立数十座城市，均以亚历山大命名，其中以埃及尼罗河三角洲的亚历山大城最有名。——译者

④ 意大利米兰地区的城市，在阿达河畔。——译者

的。布雷西亚、皮尔琴察被胜利者摧毁。其他曾经向往自由的城市也丧失了它们的特权。但是煽动所有这些城市闹事的教皇亚历山大,在他的对手死后又返回罗马,重新掀起内战。弗里德里希让人选出另一教皇,此人死后,又任命了一个。亚历山大三世逃往法国,法国是任何与皇帝为敌的教皇之自然的藏身处。但是他所点燃的战火仍然在熊熊燃烧。意大利各个城市联合起来维护自 516
由[①]。米兰人不顾皇帝的禁令重建了米兰。最后,教皇用谈判的方式取得了比皇帝用战争的方式取得的更有力的地位。红胡子弗里德里希不得不表示让步。由威尼斯出面调解(1177 年),皇帝、教皇、一群王侯和枢机主教来到这座已经控制着远洋航行、成为世界奇观之一的城市。皇帝承认了教皇,亲吻了他的双足,在海边牵着他的坐骑,在这里结束了争吵。教会赢得了一切。红胡子弗里德里希答应归还属于教会的东西,但马蒂尔达女伯爵的土地没有专门提及。皇帝与意大利城市停战了 6 年。重建的米兰、帕维亚、布里西亚以及其他许多城市感谢教皇把她们为之而战斗的珍贵的自由还给了他们。圣父心中洋溢着真诚的喜悦,喊道:"天主让一个老头、一个神父不战而打败了一个强大而可怕的皇帝。"

非常值得注意的是,在长期不睦中,教皇亚历山大三世虽然常常对皇帝处以绝罚,却从没有发展到废黜皇帝的地步。这种行为不但证明了这个教皇十分明智,而且也反映了人们对格雷戈里七世行为跋扈的一种普遍的指责。

---

① 指北意大利组成伦巴第联盟抗击德皇。1167 年弗里德里希一世侵入意大利,北部意大利以米兰为首的 22 个(一说 16 个)城市组成伦巴第联盟,在教皇支持下出兵抵抗,1176 年败弗里德里希一世于莱尼亚诺。——译者

(1190年)平定了意大利之后,红胡子弗里德里希出发进行十字军的战争。他因在西得努斯河[①]中洗澡而得病死去。从前亚历山大大帝因为浑身汗淋淋地跳入这条河中,也得了这种病,好不容易才治好。这种病可能是胸膜炎。

弗里德里希是所有皇帝中野心最大的一个。1158年,在波洛尼亚,他让法学博士作出决定:全世界都属于他的帝国,相反的意见都是异端邪说。比较真实的是,当他在罗马加冕时,元老院和人民向他誓忠,但当教皇亚历山大三世在威尼斯会议上战胜他时,这
517 个誓言便不起作用了。君士坦丁堡皇帝伊萨克·安吉尔[②]只给予亚历山大三世罗马教会辩护士的头衔,然而罗马却竭其所能来损害自己的辩护士。

至于教皇亚历山大,他备受罗马和意大利的敬重,在光荣的安谧中又活了4年。他在一次人数众多的宗教会议上确定,嗣后选举教皇要有2/3枢机主教的赞成才可以当选。但是这条规则并不能防止以后意大利语称为rabbia papale的教皇狂犬病所引起的分裂。长期以来,教皇选举总是伴随着内战。从尼禄的继承者到韦伯芗,罗马皇帝们的暴行只不过使意大利流血4年;而教皇狂犬病则使欧洲流血整整200年。

① 西得努斯河,古西里西亚的河流,今为土耳其的塔尔苏斯河。——译者

② 即伊萨克二世,东罗马帝国皇帝,1185年即位,1195年被其弟推翻。1203年十字军东征时复位,于1204年又被推翻。——译者

第四十九章

皇帝亨利六世和罗马

罗马与帝国的争执，或激烈或缓和，但一直存在。有人写道，在红胡子弗里德里希皇帝之子亨利六世[①]跪着从塞勒斯廷三世[②]手中接受了皇冠之后，这个 84 岁的教皇把皇冠从皇帝头上一脚踢掉，这话并不真实。但人们相信此事，足以表明教皇与皇帝之间怨恨之深。如果教皇这样做了，那么这种失礼举动只能是软弱的表现。 518

亨利六世的这次加冕礼是为了一个更大的目的和一些更大的利益：他企图统治两西西里王国。他虽然身为皇帝，但却屈从地接受教皇的赐封，目的是要得到原先曾经臣属于帝国、他自认为既是那里的封主又是那里的所有者的那些城邦。他请求成为效忠于教皇的封臣，但教皇拒不接受。罗马人不要亨利六世作邻居，那不勒斯不要他做主人。但不管他们愿不愿意，他还是成为他们的邻居和主人。

似乎有些民族生来就要受人奴役、等待随便哪一个外族来征

① 亨利六世(1165—1197)，德国皇帝，1190—1197 年在位。——译者

② 塞勒斯廷三世(约 1106—1198)，教皇，1191—1198 年在位。——译者

服它的。在诺曼征服者的合法后裔中，只剩下康斯坦斯公主，她是
519 西西里国王罗哲尔一世的女儿，嫁给亨利六世。丹克雷德是这个诺曼家族中的一个私生子，但是人民和教皇承认他为国王。谁将战胜谁？是由选举得到权利的丹克雷德？还是因妻子的关系而拥有权利的亨利？只有武力才能作出决定。丹克雷德死后，两西西里拥戴他的年轻的儿子为王（1193 年），但这也是枉然，占上风的还是亨利。

一个君主所能做的一件最卑劣的事，竟被利用来为他的征略事业服务。英勇的英国国王狮心理查[①]在我们将要谈到的一次十字军东征中回国时，船只于达尔马提亚附近失事，他经过一个奥地利公爵的领地回国。（1194 年）这个公爵违反受接待权[②]，把英国国王抓起来卖给皇帝亨利六世，就像阿拉伯人出售他们的奴隶一样。亨利以此勒索了一大笔赎金，然后用这笔钱去征服两西西里王国。他挖出国王丹克雷德的尸体，并且以残忍而无聊的野蛮方式，把尸体的头割下来。他剜掉丹克雷德的儿子、年轻的国王的眼睛，割掉他的睾丸，把他囚禁在格里松斯的库尔[③]的一所监狱里，把他的姊妹和母亲扣押在阿尔萨斯。这个不幸的家族的支持者，不管是大贵族还是主教，都受酷刑而死。他们的全部财产被掠夺一空，运至德国。

① 狮心理查，即理查一世（1157—1199），英国金雀花王朝国王，1189—1199 年在位。——译者

② 受接待权，古代西欧封建社会中，领主们在别人的领地取得保护和膳宿的权利。——译者

③ 库尔，瑞士格里松斯州首府。——译者

那不勒斯和西西里在被法国人征服之后，就这样又落入德国人之手。20个省份就这样处在离他们有300法里远的君主们的统治之下，这是造成长期不和的一个重要原因。这也证明了像撒利克法典这样一种法律是明智的，这种法律对小国可能比大国更为有用。这时亨利六世比红胡子弗里德里希强大得多。他在德国差不多是个独裁者，他是伦巴第、那不勒斯、西西里的君王，又是罗马的封主。所有的人在他的统治之下都战战兢兢。他的残暴使他自取灭亡：这个暴君的妻子康斯坦斯因为他杀了她的家属，就密谋反对他，最后据说把他毒死了。

(1198年)亨利六世死时，德国是分裂的，而法国没有发生分 520
裂，这是因为法国国王处理王位继承的次序相当谨慎，或者说相当幸运。德国拥有的帝国这一称号却要求继承皇位采取选举制。每个主教、每个大领主都有选举权。这种选举和被选举的权利迎合了诸侯的野心，不时给国家造成灾难。

(1198年)亨利六世的儿子小弗里德里希二世长大了，一派人选他为皇帝，而把罗马人的国王的头衔给他叔父菲利普[①]；另一派人则拥戴他的侄子布伦瑞克的奥托[②]为皇帝。教皇们从德国的分裂中得到了皇帝们从意大利的分裂中得不到的好处。

教皇英诺森三世是罗马附近的阿那尼的一个贵族的儿子。他

① 施瓦本的菲利普是红胡子弗里德里希最小的儿子，亨利六世的弟弟，1198—1208年为德意志国王，曾把波希米亚立为王国，1208年被维泰斯巴赫的一个领主暗杀。——译者

② 布伦瑞克，德国当时的一个公国。奥托即奥托四世，1209—1215年为神圣罗马帝国皇帝。——译者

终于利用他的先驱者们在400年中积累起来的材料，盖起了世俗权力的大厦。他判处菲利普绝罚，想废黜掉小弗里德里希，企图把教皇们所憎恶的施瓦本家族永远排除于德国和意大利王位之外，要充当国王们的审判者。这一切自从格雷戈里七世以来都已经司空见惯的了。但是英诺森三世并不只限于这一套。他抓住了千载难逢的时机，获得了称为圣彼得的教产的、长久以来一直有争议的东西，这便是著名的马蒂尔达女伯爵的一部分遗产。

罗玛尼阿、翁布里亚、安科纳的马尔凯、奥尔比特洛、维特尔博，这些省份都承认教皇为统治者。他事实上统治着从一个海到另一个海之间的地方。罗马共和国在最初的4个世纪中还没有征服这么多的地方，而且这些地方能使教皇得到罗马共和国所未曾得到的东西。英诺森三世甚至征服了罗马，新元老院向他屈服，成为教皇的元老院，而非罗马人的元老院。执政官的头衔已被取消。罗马教皇们事实上开始成为国王，而宗教又依不同情况使他们成为各国国王的主人。不过这个巨大的世俗权在意大利存在的时间并不长。

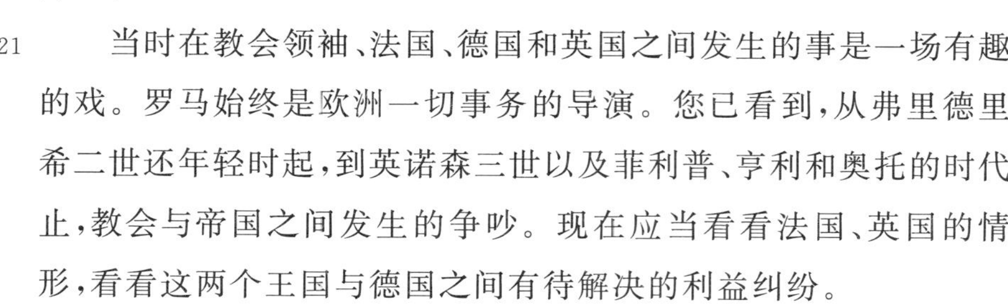

521 当时在教会领袖、法国、德国和英国之间发生的事是一场有趣的戏。罗马始终是欧洲一切事务的导演。您已看到，从弗里德里希二世还年轻时起，到英诺森三世以及菲利普、亨利和奥托的时代止，教会与帝国之间发生的争吵。现在应当看看法国、英国的情形，看看这两个王国与德国之间有待解决的利益纠纷。

第五十章

12世纪直至圣路易、失地王约翰和亨利三世时法国与英国的情况；英国和法国行政管理的巨大变化；坎特伯雷大主教托马斯·贝克特被害；英国成为属于罗马领地的国家；教皇英诺森三世玩弄法国和英国国王

几乎整个欧洲均已实行封建政治，骑士制度的法律则到处大 522
致相同。在德意志帝国、法国、英国、西班牙，都制定了采邑法，如果一个采邑的领主对向他效忠的人说："跟我来，我要跟我的领主国王打仗，因为他不接受我的申诉"，那么，效忠的人首先就得去找国王，问他是否真的拒不受理申诉。如果国王真的拒绝，效忠的人就要按规定的天数，为这个领主去跟国王作战，否则就要失去他的采邑。这样的一条规章可以名之为打内战的规章。

(1158年)红胡子弗里德里希废除了这条由习惯形成的法律。但在帝国，每当大封臣们强大得足以跟他们的领主作战时，仍按习惯使用这条法律。在法国，直至勃艮第家族灭亡之前，这条法律一直实行着。在英国，封建政治不久便让位给自由。而在西班牙，封

建政治则为专制政权所取代。

在雨格家族——因为国王绰号卡佩[①]而不恰当地称为卡佩家
523 族——统治初期，所有的小封臣都跟大封臣打仗，而国王则经常手执武器与法兰西公爵领地的大贵族作战。统治着诺曼底和英国的原丹麦海盗的家族总是助长这种动乱。这使得胖子路易[②]费很大气力才制服库西.科贝尔、蒙莱里、皮伊塞、博都安、夏托福尔等地的某个领主。我们甚至没见到他敢于或者能够把他的封臣处死。法国的情况已经大大改变了。

英国从亨利一世[③]时代起就是像法国那样进行治理的。在亨利一世的儿子艾蒂安[④]国王的时代，英国有 1000 个设防的城堡。像我们在前面已经看到的那样[⑤]，当时法国和英国的国王要是不得到这许许多多大贵族们的同意与支持就什么事也做不成，这是一个混乱局面。

(1152 年)法国国王青年路易因结婚而得到一块大领地，但又因离婚而失去它。他的妻子埃莱奥诺[⑥]——吉埃纳和普瓦

① “卡佩”(capet)，来自 capuce，意为“短斗篷”。“雨格 · 卡佩”即“披短斗篷的雨格”。——译者

② 胖子路易，即法国国王路易六世(1081—1137)，1108—1137 年在位。——译者

③ 亨利一世，威廉一世第四子，英国国王，1100—1135 年在位。——译者

④ 布卢瓦的艾蒂安(1105—1154)，威廉一世(纪尧姆)之孙，英国国王，1135—1154 年在位。——译者

⑤ 参阅本书第三十八章。——原编者

⑥ 吉埃纳的埃莱奥诺，或称阿基坦的埃莱奥诺(1122—1204)，阿基坦公爵纪尧姆十世之女，法国国王路易七世之妻。1146 年随路易七世参加十字军东征，与其叔父安条克的雷蒙一世有暧昧关系。路易七世回国后同她离婚，她又嫁给英国国王亨利二世。——译者

图[①]这两块领地的继承者——使他蒙受了一个丈夫所不能忍受的耻辱。她厌于陪同国王参加著名的、不幸的十字军东征。据她说，她从来都把这个国王当作修道士，所以她要把国王给她造成的寂寞无聊弥补起来。国王借口近亲关系而撕毁婚约。那些责备这个君主在休妻时没有把她陪嫁的东西留下来的人不想想，当时的法国国王还不够强大，无法做出这样一件不义之事。但是这次离婚是历史学家应当深入研究的民法重要内容之一。婚约是在博让西[②]召开的一次法国主教会议上废除的，借口是埃莱奥诺是路易的远房堂表妹，尽管这样，还得要两个加斯科涅领主发誓证明这一对夫妻是亲戚，好像只有发誓才能了解这样一个事实似的。根据这个愚昧无知的时代的迷信法律，这门亲事无效，那是毫无疑问的。如果婚姻无效，他们所生的两个公主便是私生儿，但她们却都是作为极其合法的女儿出嫁的。她们的母亲埃莱奥诺〔与路易〕的 524
婚事，尽管主教会议作出了决定，从来都被认为是有效的。所以这次主教会议不是宣布婚姻无效，而是宣布取消婚约，离婚；在这件离婚案中，国王极力避免控告他妻子与人通奸。这是在主教会议上以最无聊的理由提出的一次休妻。

剩下要了解的是，埃莱奥诺和路易怎么能够按照基督教的法律再婚。按马太和路加的说法[③]，男人在休妻后不能再娶，也不能

① 普瓦图，法国古省名，领主为阿基坦公爵。埃莱奥诺与亨利二世结婚后，此地归英国所有。1204 年为菲利普·奥古斯都收复。1360 年法国将普瓦图割让与英国，1375 年又夺回该地。——译者

② 博让西，法国卢瓦尔省地名，在卢瓦尔河畔。——译者

③ 见《圣经·马太福音》第 5 章和《路加福音》，第 16 章。——译者

娶被休的女人，这是大家都清楚的。这条法律明白无误地出自基督之口，但从未被遵守过。如果当时教皇们要干预他们现在屡屡干预的这种事情，那就会有不知多少次的绝罚、停圣事，引起了多少次内讧和战争了！

威廉一世的后裔，后来成为英国国王的亨利二世，当时已是诺曼底、曼恩、安茹、都兰的主人，他没有青年路易那么苛求，他认为可以娶一个风流女人而不以为耻，因为她给他带来了吉埃纳和普瓦图。不久之后，他成为英国国王，法国国王接受了他的称臣。本来，法国国王为了要得到这些地方是宁愿向英国国王称臣的。

法国、英国和德国的国王都同样不喜欢封建政体。这些国王几乎是以同样的方式、在同一时间采取行动，不靠其封臣而独立地拥有属于自己的军队。国王青年路易向他的领地内所有城市授予特许状，条件是每个堂区都在其教堂的主保圣人旗帜下组成军队，正如国王们在圣德尼的旗帜下作战一样[①]。不少农奴当时已经获得自由，成为公民，公民有权选举他们的市政官员、助理法官和市长。

525 恢复城市和乡镇政府的时期应该是1137至1138年。英国国王亨利二世也把特许状授予不少城市，以便从这些城市得到钱，用以招募军队。

(1166年)德国的皇帝们也采取了差不多相同的办法。例如，

---

① 主保圣人是专门保护某一个人、社会、教会或地方并为之代祷的圣徒。圣德尼是法兰西的主保圣人。——译者

斯培伊尔城不顾主教的反对，以银钱买得了选择市长的权利。人类天赋的自由，由于君主们需要钱而得以复活，但这种自由同当时建立共和国的意大利城市比起来，只不过是一种稍微减轻的奴役而已。

意大利境内按希腊的模式组织起来。这些自由的、联邦式的大城市，大部分应当会建成令人可敬的共和国的，但是很快就被大大小小的暴君摧毁了。

教皇们不得不同时跟每一个这样的城市，跟那不勒斯王国，跟德国、法国、英国和西班牙谈判。它们全都跟教皇有些纠葛，但从来总是教皇们占上风。

(1142 年)法国国王青年路易把他的臣民彼埃尔·拉夏特尔主教赶出布尔日[①]主教区。这位当选并得到罗马支持的主教于是禁止教区内所有国王领地举行宗教活动，结果引起了内战。后来经过谈判，〔国王〕承认主教，由教皇让主教解除禁令，这场内战才得以结束。

英国国王们跟教会还有许多其他纠纷。至今最受英国人尊敬的国王之一是 1100 年即位的亨利一世，他是威廉一世征服英国后的第三个国王。英国人感谢他废除了使人感到不方便的《熄火法》。他在英国制定了统一的度量衡制，一个贤明的立法者的这么一种建树，在英国很容易得到实行，但在法国一直没有行得通。他肯定了被他父亲威廉废除了的圣爱德华法律。最后，为了获得僧侣的支持，他放弃了向他提供空缺主教管区用益权的国王特权，而

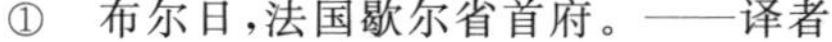

① 布尔日，法国歇尔省首府。——译者

法国国王们则保留了这一特权。

526 他还签署了一份特许状，给国家以一些特权。这是英国各种自由权利的渊源，以后这种自由又有所扩大。征服者威廉把英国人当奴隶对待，因为他不怕他们。亨利对他们这么照顾，是因为他需要他们。亨利是弟弟，他夺取了哥哥罗伯特的权杖（1103 年），这便是他如此宽厚的原因。但是，他尽管老练、能干，仍然无法阻止僧侣们和罗马为了主教叙任权而反对他。他不得不放弃这一权利，而满足于主教们在世俗权方面向他让步。

法国没有这些麻烦，法国不举行授予主教权杖的仪式，而且教廷也不能同时到处树敌。

英国的主教在他们的教区俨然就是世俗君主，至少国王的最大封臣在权势与财富上都不及他们。在亨利一世的继承者艾蒂安的时代，一个名叫罗哲尔的索尔兹伯里主教跟一个女人公开结了婚之后，同他的君主——英国国王作战。据说在被国王攻陷的一座城堡中，发现有 4 万马克银子。如果是马克（marcs），1 马克是半利弗，那就是很大一笔钱；如果是马卡（marcas），是埃居，在货币如此少的时代，也是相当可观的。

经过因内战而一片混乱的艾蒂安时代之后，英国在亨利二世时期面目一新。亨利二世把诺曼底、安茹、都兰、圣东日①、普瓦图、吉埃纳并入英国，只有康沃尔②地区尚未征服。英国各地平静无事。但好景不长，国王与托马斯·贝克特——人称坎特伯雷的

① 圣东日，法国古省名，1372 年由查理五世并入英国版图。——译者

② 康沃尔，英国古地区名。——译者

圣托马斯——之间又发生了一场大争吵。

托马斯·贝克特原为律师，被国王亨利一世擢升为司法大臣，最后又升为坎特伯雷大主教。当这个英国首席主教和教皇特使成为全国第二号人物后，便是第一号人物的敌人。有一个神父犯了凶杀罪。首席主教下令只革除该神父的圣职。国王愤而责备他：
一个俗人犯同样的罪便要处死，现在这样重罪轻判，便是怂恿教士 527
犯罪。大主教坚持任何教士不得被处死刑，同时退回司法大臣的委任书，以便完全独立行事。国王在议会上提议，不经国王准许，任何主教不能去罗马，任何臣民不得向教廷上诉，王室的任何大臣和官吏不得被处绝罚和停止职务。最后还有，僧侣犯法要由普通法官审理。贵族院所有世俗议员都赞成这个提议。托马斯·贝克特始而反对，终则赞成，并在这份完全正确的法令上签了字。但是他又在教皇跟前责备自己背叛了教会的权利，并答应以后不再这样随和。

在贵族院，他被控在当司法大臣时有贪赃枉法行为，但他借口他是大主教而拒不答复。他被教士议员和世俗议员以叛乱者的罪名判处监禁，但他逃奔法国，去找英国国王的天然敌人青年路易。他在法国时，对亨利的议院中大部分领主处以绝罚。他致函亨利：“诚然，你作为我的国王，我应向你表示尊敬；但你作为我教会之子，我应对你惩罚。”他在信中威胁亨利说亨利要像尼布甲尼撒一样变成畜牲，尽管从各个方面来说，尼布甲尼撒与亨利二世并没有什么共同之处。

英国国王竭力使大主教回心转意。在一次出行中，他请他的封主青年路易当仲裁。他对路易说：“如果大主教像他的前任中最贤明的人对待我的最不贤明的先王那样对待我，我也就心满意足了。”就这样在国王和主教之间出现了一种虚假的和平。贝克特回到英国，但他回去只是为了对所有反对他的教士、主教、议事司铎、本堂神父判处绝罚。（1170 年）对此，这些人向国王提出申诉，当时国王正在诺曼底。最后，亨利二世怒不可遏，喊道：“难道我的臣仆中竟会没有一个人替我惩罚这个混账教士！”

528 这话过于轻率，宛如是把匕首交给随便哪一个自以为只要把这个教士杀掉就是为君主效劳的人，而这个教士本只应由法律来惩处的。

（1170 年）4 名亨利的仆人来到坎特伯雷，用大棒把大主教打死在祭坛脚下。这样，一个本可以视为乱臣贼子的人却变成了殉道者，而国王则因这次暗杀而蒙受耻辱，被人憎恶。

历史没说对这 4 个凶手如何处罚，似乎只是处罚了国王。

我们已经看到，阿德里安四世允许亨利二世占有爱尔兰。继承阿德里安四世的教皇亚历山大三世确认了这一许诺，条件是国王起誓从来没有命令进行这次暗杀，并赤脚到大主教的坟墓上去接受议事司铎的鞭笞。如果亨利有权占有爱尔兰，而教皇有权加以支配，那么，赐予爱尔兰确实是伟大的行为；但是强令一个强大而有罪的国王为他的罪行请求原谅，则更是伟大之举。

（1172 年）于是国王便去征服爱尔兰。这是一个化外之地，一个彭布罗克[1]的伯爵仅用了 1200 人便占领了其中一部分。这个

① 彭布罗克，英国威尔士地区的港口。——译者

彭布罗克伯爵想保有他征服的地盘。亨利比他强大，而且有一纸教皇诏书在手，便轻而易举地抢走一切。这块地方一直处于英国的统治之下，但是这块地方荒芜贫瘠，毫无用处，直至 18 世纪，农业、手工业、艺术、科学才终于在那里发达起来。（1174 年）爱尔兰虽被征服，却成为欧洲最繁荣的省份之一。

亨利二世在征服爱尔兰之后，不顾其儿子们的反对，履行了悔罪仪式。他正式放弃了他所维护的、用以对付贝克特的君主制的一切权利。英国人谴责这种放弃权利的行为，甚至谴责他的悔罪。他确实不应当放弃他的权利，但他应当为谋害行为感到内疚。人类的利益要求有一种使君主有所克制、从而使人民的生命得到保 529
障的约束。我们曾指出，这种宗教的约束，通过某种举世一致的协议，本可以掌握在教皇手中的；而这些教皇们，如果他们干预世俗的争吵只是为了平息争吵；如果他们提醒国王和人民应尽的责任，对其罪行加以谴责；如果他们把绝罚只施于罪大恶极的行为，那么他们就会永远被视为天主在世上的代表。但是人类已经落到了只靠国家的法律和风尚来保卫自己的地步，而且法律常遭到蔑视，风尚则常遭到败坏。

在亨利二世的继承者、他的儿子狮心理查统治时，英国平静无事。他在我们即将谈到的十字军东征中身遭不幸，但他的国家不是这样。理查跟菲利普·奥古斯都进行了几场这种在一个封主和一个强大的封臣之间不可避免的战争，但这几场战争丝毫没有改变他们国家的命运。应当把基督徒君主之间一切类似的战争都看做发生瘟疫的时期，这期间虽然一些省份人口减少，但其边界、习俗与风尚并没有改变。在这些战争中更值得注意的是，据说理查抢走了菲利普·奥古斯都随身携带的证书册[①]，内有一份国王收入明细表、一份封臣名单、一份农奴和赎身者清册。有人还说，法国国王因此不得不重制一本新的证书册，其中他的权利不但没有减少，反而有所增加。出征时，把公文档案像军需品一样放在大车上带着，这是不太可能的。不过史学家们对我们说的不真实之事太多了！

(1194 年)另一桩值得注意的事是一个博韦的主教手执武器，
530 被国王理查擒获，成为俘虏。教皇塞勒斯廷三世要索回主教。他给理查致书说："把我的儿子还给我。"国王就把主教的护胸甲送给教皇并用约瑟故事[②]中的这句话作答："请认一认，是你儿子的外衣不是。"

关于这个武士主教，我们还应注意到，采邑法虽没有规定主教必须打仗，还是要求他们带着他们的仆从前往部队集合的地点。

菲利普·奥古斯都因为奥尔良和奥塞尔[③]的主教没有履行这一已成为义务的陋习而没收了他们的圣职收入。这些受处分的主教先是在整个王国停止圣事，但最终则请求宽恕。

(1199 年)继承理查王位的失地王约翰是个极大的土地所有主，因为他除了那些巨大的领地之外，还拥有布列塔尼。这个省份原是他的侄子亚瑟[④]亲王的母亲的遗产，却被他抢走了。但是他

① 古时法国国王的一切证书、文据并无固定存放地点，国王外出时随身携带。国王菲利普·奥古斯都二世(1180—1223 年在位)的掌玺官、桑利斯主教盖兰建立了证书保存库。——译者

② 见《圣经·创世记》第 37 章。——原编者

③ 奥塞尔，法国荣纳省首府，在荣纳河畔。——译者

④ 即亚瑟一世(1187—1203)，布列塔尼公爵。——译者

由于想夺取不属于他的东西，反而丧失了原有的一切，终于成为不好的国王引以为戒的榜样。他抢走他侄子亚瑟的布列塔尼，然后在一次战斗中，他抓住了亚瑟，把他囚禁在鲁昂的塔堡中。人们无法知道这个年轻亲王的下场，欧洲有理由指责国王约翰害死了他的侄子。

我们可以说，这第一次的罪行便是以后他所有的不幸的原因，是对一切国王的一个教训。封建法律虽然造成了许多混乱，但在这件事上表现出来的公正却令人难以忘怀。亚瑟的母亲、布列塔尼伯爵夫人向法国重臣法庭[①]呈递了一份由布列塔尼的大贵族签名的诉状。重臣们勒令英国国王出庭。传票由一些武装执达吏送到伦敦交给他。被告国王派一主教向菲利普·奥古斯都请发安全通行证。国王菲利普·奥古斯都说："叫他来吧，他可以安全通行。"主教问道："回去安全吗？"国王答道："安全，如果重臣们的判决允许的话。"(1203年)被告没有出庭。法国的重臣们判处他死 531
刑，宣布他在法国所有土地均归〔法国〕国王所有，由国王没收。但是判处一个英国国王死刑的这些重臣是什么人？不是教士，因为教士不得参加刑事审判。人们没听说当时在巴黎有个图卢兹伯爵，也从未见过由这些伯爵签署的任何文书。佛兰德伯爵博都安九世当时在君士坦丁堡，正急于取得东罗马帝国的残余土地。香槟伯爵已死，继承问题正争执不休。吉埃纳和诺曼底的公爵正是被告本人。重臣会议由直属国王的大贵族组成，这是很重要的一

① 13世纪时法国的重臣会议又称重臣法庭(或译御前会议、御前法庭)，在国王主持下，由12个重臣组成，其中6人是教士。它既议政又起法庭作用。——译者

点，我们的历史学家本应考察这个问题，而不应随心所欲地安排两军对垒和对某些现已不存在的城堡的围攻喋喋不休。

无可怀疑，判决英国国王的法国贵族重臣会议，就是当时为制订封建法律而在默伦[①]召开的那次会议。勃艮第公爵厄德在国王菲利普·奥古斯都领导下主持了这一会议。我们在这次会议的文书上还看到有讷韦尔伯爵埃尔韦、布洛涅伯爵勒诺、圣保罗伯爵戈歇、丹彼埃尔的居伊的名字，而值得注意的是，其中没有一个是国王的大官吏。

菲利普很快便当仁不让地去摘取他的封臣英国国王由于犯罪而呈献给他的果实。看来国王约翰属于天性暴虐而又怯懦的国王之流。他听任别人拿走诺曼底、吉埃纳、普瓦图，退缩到英国，受人痛恨和鄙视。他最初还从英国人那里得到一点钱财，因为他们出于自尊心对自己的国王在法国被判罪感到愤慨。但不久，英国的大贵族们便不愿再把钱给一个不知如何使用的国王。祸不单行，因为罗马不顾法律，擅权任命一个坎特伯雷大主教，约翰又跟罗马教廷闹翻。

532 在英诺森三世治下，罗马教廷变得令人生畏，他宣布禁止英国举行宗教活动，并禁止所有臣民服从约翰。教会的这个打击确实是可怕的，因为教皇是假手菲利普·奥古斯都来打击他的。如果菲利普·奥古斯都能夺取英吉利王国，教皇就把这个王国转让给他作为永久财产，并保证赦免他的一切罪过。教皇甚至为此给了他与前往圣地的人同样的赎罪券。法国国王这时不公开宣称王冠

① 默伦，法国塞纳－马恩省首府，在塞纳河畔。——译者

不应由教皇赐给了。他自己几年前因为想换个妻子，于 1199 年也是被这个英诺森三世判处绝罚的，他的王国也曾被禁止举行宗教活动。他当时宣称罗马的禁令蛮横无理，是滥用权力；他曾经没收一切服从教皇的坏法国人主教和神父的收入。但是，当他看到自己如今成为教皇诏书的执行者，而这一纸诏书将把整个英国都交给他时，他的想法就截然不同了。于是他与他的妻子复婚——过去跟她离婚使他遭到多次的绝罚处分——，并且一心只想着如何执行罗马的决定。他花了一年时间造了 1700 艘军舰（即 1700 条大帆船），组建了法国前所未有的最优良的军队。英国人对国王约翰的憎恨，对法国国王菲利普来说，等于自己又增添了一支军队。菲利普即将出发；约翰也做了最后努力来迎战。尽管他受到国内一部分人的憎恨，但是依靠英国人跟法国永无休止的竞争、对教皇行径的愤慨以及始终强有力的国王特权，他终于在几个星期中组成了一支近 6 万人的军队。他率领着这支军队前进直至多佛[①]来迎战那个曾在法国审判他而又将到英国来废黜他的人。

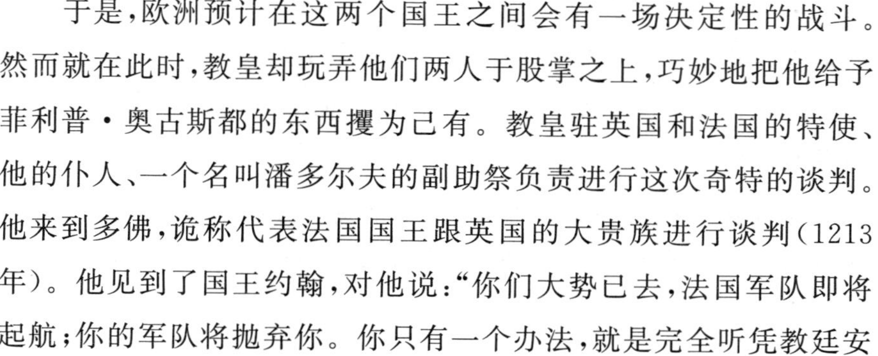

于是，欧洲预计在这两个国王之间会有一场决定性的战斗。533
然而就在此时，教皇却玩弄他们两人于股掌之上，巧妙地把他给予菲利普·奥古斯都的东西攫为己有。教皇驻英国和法国的特使、他的仆人、一个名叫潘多尔夫的副助祭负责进行这次奇特的谈判。他来到多佛，诡称代表法国国王跟英国的大贵族进行谈判（1213 年）。他见到了国王约翰，对他说：“你们大势已去，法国军队即将起航；你的军队将抛弃你。你只有一个办法，就是完全听凭教廷安

① 多佛，英国肯特郡的城市。——译者

排。"约翰同意,并且发了誓,16 个大贵族也按国王的心意立下了同样的誓言。这是个奇怪的誓言。根据这个誓言,他们必须干别人建议他们干而他们却一无所知的事。这个诡计多端的意大利人完全慑服了英国国王,而且巧妙地摆布了大贵族们,以至于最后在 1213 年 5 月 15 日,在多佛郊区的圣殿骑士团[1]的屋子里,国王跪在地上,双手置于教皇特使的手中,说了如下一些话:

> 我约翰,蒙天主隆恩,身为英国国王与希伯尼亚[2]领主,为补赎罪愆,出自赤诚,并按照我的贵族们的意见,谨将英吉利王国与爱尔兰王国及其一切权利献给罗马教会,献给英诺森教皇及其继任者,由我作为教皇之封臣而持有之;我将忠于天主,忠于罗马教会,忠于我之领主教皇陛下及其合法当选的继承者。我自愿每年缴付贡银 1000 马克,其中英吉利王国 700 马克,希伯尼亚 300 马克。

对一个当时银子很少且不铸造金币的国家来说,这是个很大的数目。

于是他把钱放到教皇特使手中,作为第一笔缴纳的贡银。他把王冠与权杖也交给特使,意大利人副助祭把银子踩在脚下,把王冠与权杖留了 5 天,然后还给国王,作为他们共同的主人教皇的一种恩典。

菲利普·奥古斯都在布洛涅只待教皇特使返回便扬帆渡海。
534 而特使归来却是为了告诉他不再允许他攻打已成为罗马教会采邑

[1] 圣殿骑士团,十字军东征时于 1119 年在巴勒斯坦建立的一种宗教军事组织,其首领直属罗马教皇。1312 年,教皇克雷门五世下令取消。——译者

[2] 希伯尼亚,爱尔兰的古称。——译者

的英国。这时国王约翰已处于罗马的保护之下了。

教皇原先当作礼物许诺赠给菲利普的英国土地,如今有可能成为菲利普的不祥之物。另一个被绝罚者、约翰国王的侄子,跟约翰联合起来反对法国(因为法国已经变得过于令人害怕了)。这个人便是皇帝奥托四世,他一方面跟亨利四世之子年轻的弗里德里希二世争夺帝国,一方面跟教皇争夺意大利。他是唯一亲自跟法国国王交战的德国皇帝。

第五十一章

13世纪时的奥托四世和菲利普·奥古斯都；布维纳战役；圣路易之父路易八世去世前的英国和法国；罗马教廷的奇特权力；路易八世的更为奇特的赎罪之举

535 虽然欧洲的均势是在最近方才有所发展，但似乎人们从来就
620 是尽可能联合起来反对势力最强的大国。当时德国、英国和荷兰联合进攻菲利普·奥古斯都，就像今天它们联合起来反对路易十四一样。佛兰德伯爵费朗[①]投靠皇帝奥托四世。他是菲利普的封臣，正因为如此，他跟布洛涅伯爵一样公开反对菲利普。这样，菲利普由于想接受教皇的礼物，却使自己处于四面受敌的境地。他靠幸运和勇敢脱离了险境，而且获得了一个法国国王所曾享有的最大的光荣。

在里尔[②]和图尔内[③]之间有一个小村镇，名为布维纳，奥托四

① 亦称葡萄牙的费朗，葡萄牙国王桑乔一世之子（？—1233），在布维纳战役中被俘。——译者

② 里尔，法国诺尔省首府，在法国与比利时边界。——译者

③ 图尔内，比利时地名。——译者

世率领一支号称 10 万人的军队在这附近攻击只有其一半兵力的国王(1214 年)。当时使用弩箭,这种武器是在 12 世纪末使用的。但是,决定胜负的是身披铁胄的骑兵。骑士的全副盔甲代表一种荣耀,是盾牌手不可企求的,盾牌手可能受到击伤。骑士则不然,骑士要担心的只是掀起头盔时伤及面部,或者被打倒又被掀 536
起锁子甲时因无护胸甲而伤了腰部,或者在抬起胳膊时,腋下受伤。

还有一些从村镇队伍中挑选的骑兵,装备不如骑士。至于步兵则随便拿一些防御性武器,进攻性武器是刀剑、弓箭、大棒、投石器。

指挥菲利普·奥古斯都的军队作战的是刚被任命为桑利斯[①]主教的盖兰[②]。被英国国王理查囚禁了很长时间的博韦主教也参加了这一战役,他在该战役中一直使用一根大棒,说是如果使人流血,便是不正当的做法。我们不知道皇帝和国王如何部署军队。菲利普在战斗前让士兵唱圣诗:“愿天主升起,敌人灭亡。”仿佛奥托是在跟天主打仗。而从前法国人打仗是唱着歌颂查理曼和罗兰的诗歌的。奥托的皇旗竖在四轮车上。一根长竿,上有一条油漆的木龙,木龙之上有一只金色木鹰。法国的王旗是一根金色的木杆,上挂一面绣着百合花的白绸旗。长期以来,这只是画家笔下想象之物,现在用来作为法国国王的徽章了。古代伦巴第国王的王

---

① 桑利斯,法国瓦兹省地名。——译者

② 盖兰(1157—1229),法国高级教士及政治家,菲利普·奥古斯都的掌玺官,1213 年为桑利斯主教。——译者

冠——穆拉托利[1]的书中有它的逼真的版画——上面有这样饰物,这饰物不是别的,就是一个用两片翘起的铁叶联起来的矛头,这是一种真正的三叉戟。

除了王旗外,菲利普·奥古斯都还带着圣德尼的主保圣人方旌。当国王有危急,便举起或放下这面或那面旗帜。每个骑士也都有自己的旗帜;大骑士带着另一种旗,称为军旗。而几乎完全由农奴组成的步兵的旗帜也采用军旗这个光荣的名称。法国人的口号是"圣德尼保卫国家",德国人的口号是:"上帝保佑我们。"

全副披挂的骑士除了坠马之外,几乎不会有什么危险,而且
537 只是在极其偶然的情况下才会受伤。证据是,国王菲利普·奥古斯都落马后,被敌人围住很久,受到各种武器的刺击而没流一滴血。

有人甚至说,他躺在地上,一个德国士兵用一支双钩标枪戳他的喉咙,但始终戳不进去。在战斗中,没有一个骑士死亡,只有隆尚〔修道院〕的纪尧姆被人从头盔的脸甲戳入眼睛,才不幸死去。

德国人方面有25个方旌骑士[2]和7个伯爵被俘,但没有一人受伤。

奥托皇帝吃了败仗。据说死了3万德国人,这个数字可能夸大了。我们没有看到法国国王在布维纳大捷之后占领德国的任何地方,不过他对自己的封臣有更大的权力了。

这次战役中损失最大的是英国的约翰,他本来是把奥托皇帝作

---

① 穆拉托利(1672—1750),意大利著名的考古学家和神父。——译者

② 方旌骑士,指能召集足够的封臣参战而有权举方形旌的骑士。——译者

为最后的指望的。(1218年)不久之后,这个皇帝便作为一个赎罪者而死去。据说,他让他的厨子踩踏他,让僧侣们鞭打他,因为,按照那时候君主们的看法,挨几下惩罚便可以抵偿千万人的性命了。

许多作者都写道,布维纳胜利的那一天,菲利普得到他儿子路易八世[①]在另一战役战胜约翰国王的消息,此说并非事实。相反,约翰在普瓦图的战事颇为得手,但因为得不到友军的援助,便与菲利普达成休战协议。他需要这样做,因为他自己的英国臣民变成了他最大的敌人。他为人所不齿,因为他甘为罗马的附庸。(1215年)大贵族们迫使他签署了著名的《英国自由大宪章》[②]。

这个宪章把最为合乎情理的权利给予英国臣民,在国王约翰
看来,这比他充当罗马的附庸受的损害更大。他怨恨这个大宪章, 538
认为这是对他的威严的最大侮辱。但是宪章中规定:一个伯爵死亡时,成年的儿子要想占有采邑,须向国王缴纳100马克银子,一个男爵缴纳100先令;国王的代理执法官要使用农民的马,必须每天每匹马付500苏,这对国王的权威有什么损害呢?综观整个宪章,我们只能发现人权并未得到充分保障;我们会看到,非贵族的庶民承受着最重的负担,从事最多的劳役,但在政府中毫无地位,而这个国家没有庶民就不可能繁荣。然而,约翰对这个宪章抱怨

① 路易八世,法国国王,1223—1226年在位,1216—1217年为英国国王,称狮王约翰八世。——译者

② 自由大宪章:英国贵族迫使英王约翰签署的文件,主要内容有:(1)保障教会选举神职人员的自由。(2)保护贵族和骑士的领地继承权;国王不得违例征收领地继承税。(3)未经贵族、教士、骑士组成的王国大会议同意,国王不得向直属附庸征派补助金和盾牌钱。(4)未经同级贵族的判决,国王不得任意逮捕或监禁任何自由人或没收他们的财产。等等。——译者

不迭，于是他向新主人罗马教皇提出申诉。

曾经对国王处以绝罚的教皇英诺森三世于是对英国的重臣们处以绝罚。被激怒的重臣们就干出了这位教皇曾经干过的事：把英国的王位献给法国。战胜了德国、占有了约翰在法国的几乎所有城邦的菲利普·奥古斯都被请到英吉利王国去，他以一个大政治家的姿态出现，要英国人请他儿子路易为国王。于是罗马教皇特使前来向他指出，约翰是教廷的封臣，但也无济于事。路易串通他的父亲，当着教皇特使的面对他父亲这样说：

> “先生，我虽因您给予我法国采邑而成为您的效忠者，但英吉利王国的事务不应由您来决定；倘您这样做，我将向我的重臣们提出申诉。”①

这样说了之后，他便动身前往英国。他父亲表面上公开阻止，而在暗地则给以人力和财力支持。英诺森三世对他们父子处以绝罚(1216 年)亦属枉然。法国的主教们宣布对菲利普的绝罚无效。但必须注意，他们不敢撤销对路易的绝罚，这就是说，他们承认教
539 皇有权对君主施加这种处分。他们无法对教皇的这个权利表示异议，因为他们自己也窃取了这一权利，但是他们还保留就教皇所判处的绝罚是否正确作出裁决的权利。君主们当时是相当不幸的，在自己的国家或是在罗马，时时都有被绝罚的危险。但是人民则更为不幸，绝罚的处分总是落到他们头上，而战争则剥夺掉他们的一切。

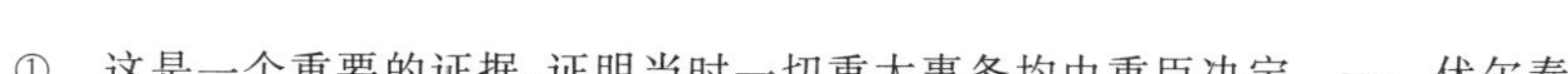

① 这是一个重要的证据，证明当时一切重大事务均由重臣决定。——伏尔泰

菲利普·奥古斯都的儿子〔路易〕[①]在伦敦被庄严地承认为国王。他不断派出使节去教皇那里为自己辩护。这个教皇拥有从前罗马元老院所享有的充当国王的审判者的荣誉，可是他还没作出最后的判决便死了(1216 年)。

失地王约翰在自己国家里从一个城市流浪到另一城市，众叛亲离，结果在同一年死于诺福克[②]的一个小镇。从前法国的一个贵族曾经征服英国，并且保有它，而如今一个法国国王却保不住。

英吉利的约翰死后，路易八世在菲利普·奥古斯都还健在之时，就不得不离开这个请他当国王的国家。他不是去保卫征服的土地，而是参加十字军去攻打阿尔比教徒，因为当时人们执行罗马的判决，正在屠杀这些教徒。

路易在英国只当了一年国王，英国人便迫使他把王位还给他们的国王亨利三世[③]。因为他们对亨利三世尚未感到不满，他们反对的是亨利三世的父亲约翰，路易不过是他们为了报复而使用的工具而已。罗马教皇特使当时正在伦敦，他以主人身份对路易离开英国的条件作出决定。这个教皇特使过去曾因路易竟然无视教皇命令在伦敦登上王位，对他施加绝罚，如今要他向罗马缴纳两年收入的 1/10 作为赎罪金，他的官员则缴纳 1/20，所有陪同他去伦敦的宫廷教堂神父都须到罗马去请罪。他们去了。教廷又命令他们，每逢四大节日[④]到巴黎大教堂门前，赤着双脚，着悔罪衣，手 540

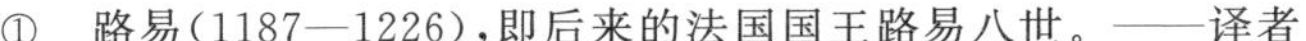

① 路易(1187—1226)，即后来的法国国王路易八世。——译者

② 诺福克，英国濒临北海的一个郡。——译者

③ 亨利三世(1207—1272)，英格兰国王(1216—1272)。——译者

④ 四大节日，即圣诞节、耶稣受难节、复活节、圣灵降临节。——译者

拿笞鞭，让议事司铎鞭打他们。据说这些赎罪行动已经部分地实行了。

然而这种令人难以置信的现象却是发生在精明勇敢的国王菲利普的眼前，他忍受了他的儿子和他的国家受到的凌辱。这个布维纳战役的胜利者并没有光荣地结束他声名煊赫的一生。(1225年)他的王国版图增加了诺曼底、曼恩、普瓦图；其余属于英国的财产仍然由许多领主保有。

在路易八世时代，吉埃纳的一部分属于法国，另一部分是英国的。这时期没有发生什么大事或有决定性的事。

只有路易八世的遗嘱值得稍加注意。(1225 年)他给王国的2000 所麻风病院每所留下 100 苏。基督徒参加十字军东征的结果，只是带回麻风。想必是人民很少穿内衣和不干净，麻风病人才数目大增。并不是什么医院都叫做麻风病院的；因为我们从同一遗嘱中看到国王给 200 所市立医院留下了 100 个计账利弗。路易八世给他的妻子、有名的卡斯蒂利亚的布朗施[①] 3 万利弗，相当于今天的 54 万利弗，一次付清。我常常强调钱币的价值，因为在我看来，这是一个国家的脉搏，是了解一国实力的相当可靠的尺度。例如，菲利普・奥古斯都显然是他那时代最强大的君主，因为如果把他留下的珠宝除外，他的遗嘱中载明的钱币数额高达 90 万银马克，每马克重 8 盎司，按每马克细纹银合 54 利弗 19 苏计，约值我们的货币的 4900 万利弗。但是在这遗嘱中必定有计算的错误，因

① 布朗施(1185—1252)，卡斯蒂利亚国王阿尔丰沙四世之女，路易八世之妻，路易九世之母，曾两次摄政，对法国领土的统一作出很大贡献。——译者

为一个法国国王，除了私人领地外，没有其他收入，不可能留下这么大的一笔钱。当时欧洲所有君主的势力在于有大量封臣供其驱使，而不在于拥有相当多的金银财宝用以控制其封臣。

有一个我们的所有历史学家都谈到的奇怪故事应在这里提一 541
下。据说，路易八世病危时，医生们断定，除了用女人，没有别的药。于是他们把一个少女放在他床上；但是国王把她撵走，这些历史学家说，国王宁死也不愿犯下这样一个大罪。达尼埃尔神父在其所著《法国史》一书中，把这个故事作为这个君主最大的美德刻了一幅画，刊在《路易八世生平》一章的前面。

这样的故事在谈到别的几个君主时也有过。它像那个时代的其他无稽之谈一样，只不过是愚昧无知的产物。但我们今天应当知道，享受一个女子的肉体，对于病人来说，根本不是一帖药；而且，如果路易八世只有采取这种办法才能免死，那么他还有美丽的妻子布朗施能救他一命。于是耶稣会教士达尼埃尔只好说路易八世是不要满足天性的要求，抵制异端，而光荣地死去。确实无误的是，他在去世之前曾到朗格多克去抢夺了图卢兹伯爵领地的一部分地方，这是篡夺者的儿子蒙福尔[1]伯爵、年轻的阿莫里卖给他的。但是从一个不拥有这块地方的人买得一块地方，这算得是为信仰而战么？一个正直的人在读史时几乎总是要驳斥这一类的无稽之谈。

① 蒙福尔，法国布列塔尼省地名。——译者

第五十二章

皇帝弗里德里希二世；他与教皇的争执；德意志帝国；对弗里德里希二世的指责；关于《论三个骗子》一书；关于里昂公会议

542 13世纪初，即在菲利普·奥古斯都仍然在位、失地王约翰被路易八世夺了王位以及被赶出英国的路易八世于约翰和菲利普·奥古斯都死后在法国执政而把英国让给亨利三世这个期间，十字军东征以及对阿尔比教徒的迫害，一直把欧洲弄得精疲力竭。皇帝弗里德里希二世使德国和意大利没有愈合的伤口流血不止。皇冠和罗马主教冠的纠纷，格尔夫派和吉伯林派①的争吵，德国人和意大利人的仇恨，比以往任何时候都更为强烈。就在这时亨利六世之子、菲利普皇帝之侄弗里德里希二世登上了他的竞争者奥托四世死前放弃的皇位。

当时皇帝比法国国王强大得多，弗里德里希除拥有在德国的

---

① 格尔夫派是德国的拥护教皇派，反对德意志霍亨斯陶芬王朝的弗里德里希一世、二世皇帝。吉伯林派即拥护皇帝派。——译者

施瓦本及其他大片土地外，还继承了那不勒斯和西西里。伦巴第历来就是属于皇帝。但是，意大利城市当时崇尚自由，并不尊重德国皇帝的占有权。在德国，这时是一个混乱和掠夺的时期，而且为时甚久。当时掠夺盛行，领主们在他们领地的通衢大道进行抢劫、铸造假币，都成了他们的一种权利。（1219 年）弗里德里希二世在埃格拉议会上迫使他们立誓不再行使这样的权利。为了作出示 543
范，他放弃了其先帝们在主教去世后夺走其全部遗物的权利。掠夺在当时到处都是允许的，在英国也是如此。

当时有一些最荒唐、最野蛮的习俗。领主们发明了一种特权，名为初夜权，或称破瓜权、先占权，即与庶民的新娘睡第一夜的权利。一些主教、修道院长也以大贵族的身份享有这种权利。甚至到上个世纪，某些领主放弃这个权利时还要他们的臣民出钱。这种奇怪的权利遍及苏格兰、伦巴第、德国以及法国各省。这便是十字军东征时期的风尚。

意大利没有这么野蛮，但却同样不幸。帝国与教会的争执产生了格尔夫派与吉伯林派，使城市、家庭陷于分裂。

米兰、布雷西亚、曼图亚、维琴察、帕多瓦、特雷维索[①]、弗拉拉，以及罗玛尼阿地区的几乎所有城市，在教皇的保护下，都联合起来反对皇帝。

支持皇帝的有克雷莫纳、贝尔加莫[②]、摩德纳、帕尔马、勒吉

① 维琴察、特雷维索以及后面提到的特兰托，均为意大利威尼斯地区的城市。——译者

② 贝尔加莫，意大利伦巴第地区的城市。——译者

奥、特兰托。其他许多城市则是格尔夫派与吉伯林派平分秋色。意大利已经不止是一次内战的舞台而是上百次内战的舞台了，这些内战激发了人的智谋和胆量，同时也使那些新的意大利统治者对谋害、毒杀等行为习以为常了。

弗里德里希二世生于意大利。他喜爱这个地方的宜人气候，而不习惯他整整15年没有居住过的德国的风土人情。他的宏图大略显然是要在意大利建立新的皇帝宝座。仅此一端便有可能改变欧洲的面貌。这是他与教皇们之间一切争吵的秘密症结所在。
544 他轮番使用软硬手段，教廷也用同样的武器对待他。

教皇霍诺留三世和格雷戈里九世起初只有采取使他离开，即派他去圣地〔耶路撒冷〕作战的办法来抵抗他[①]。当时的宗教偏见就是这样，以至皇帝不能不为十字军的事业效力，唯恐人民不把他当作基督徒。他出于策略而立下了誓愿，但同样出于策略而迟迟不肯出发。

格雷戈里九世按照惯例对他处以绝罚。弗里德里希启程了。正当他参加十字军远征耶路撒冷之时，教皇在罗马也对他进行了一场十字军讨伐。弗里德里希经过与苏丹们谈判之后，回来同教廷作战。他在卡普亚地区与他自己的岳父、耶路撒冷名义国王约翰·德·布里埃纳[②]交战。约翰率领的教皇的士兵，肩章上有两个钥匙的符号，而皇帝的吉伯林派则有十字架的符号，十字架很快便把钥匙打得四处逃窜。

---

① 参阅第56章《十字军东征》。——伏尔泰

② 约翰·德·布里埃纳（1148—1237），耶路撒冷国王，后为东罗马帝国皇帝。——译者

格雷戈里九世这时只有像格雷戈里七世、乌尔班二世和帕斯卡尔二世武装亨利四世的儿子们那样，煽动弗里德里希二世的儿子、罗马人的国王亨利起来反对他的父亲，除此以外，别无良策。(1235 年)但是弗里德里希比亨利四世幸运，他生擒了叛逆的儿子，在著名的美因茨议会上把他废黜，并判处他终身囚禁。

弗里德里希二世使德国议会惩处他的儿子，要比向这个议会要求出钱出兵征服意大利容易。他始终有足够的力量血洗意大利，但却从来没有足够的力量加以奴役。格尔夫派拥护教皇，更拥护自由，他们总是与拥护皇帝的吉伯林派势均力敌。

撒丁岛是帝国与教会之间发生战争的又一个题目，因而也是绝罚处分的一个理由。(1328 年)皇帝占领了几乎整个岛屿。于是格雷戈里九世公开指控弗里德里希二世不信仰宗教。他在 545
1239 年 7 月 1 日的通报中说：

> 我们掌握有证据，表明他曾公然声称全世界被摩西、耶稣基督和穆罕默德三个骗子所蒙骗。但他把耶稣基督置于其余二人之下；他说那两个人一生中充满光荣，而另一人则出身微贱，只能向他同类的人传教。他还说，皇帝认为一个唯一存在的、创造万物的基督不可能是一个女人所生，尤其不可能是一个童贞女所生。

根据教皇格雷戈里九世的这份通报，人们从这时起认为有一部名为《论三个骗子》的书；人们一个世纪又一个世纪寻找此书，但从未找到[①]。

① 现在有人写了同样书名的书。——伏尔泰

尽管有这些与撒丁岛毫不相干的指控，皇帝仍然保有该岛。弗里德里希与教廷之间的分裂从来不是出于宗教的原因。然而，教皇们判处他绝罚，宣布对他进行十字军讨伐，并把他废黜。一个名叫雅克·德·维特里[1]的枢机主教——他是巴勒斯坦托勒玛依斯[2]的主教——把这位格雷戈里教皇的几封信带到法国来交给年轻的路易九世。这些信中写道，教皇陛下在废黜了弗里德里希二世之后，决意把帝国转让给法国年轻国王的兄弟、阿图瓦[3]伯爵罗伯尔[4]。这是选错了时机。当时法国与英国正在交战；在路易少年时期飞扬跋扈的法国大贵族们，在路易弱冠时期，势力依然强大。据说他们回答说："一个法国国王的兄弟不需要一个帝国，而教皇对宗教的信仰还不如弗里德里希二世虔诚。"这样的回答是根本不可能的，所以不会真有其事。

与教皇的这一请求有关的一些事情，可以让人再好不过地了解当时的风尚和习俗。

教皇从锡托的修道士那里获悉圣路易将跟他的母亲一道前往
546 朝圣。他写信给教士会议：

> 你们应祈求国王保护教皇，反对撒旦之子弗里德里希；必须请国王在他的王国中接待我，就像接待受弗里德里希一世

[1] 雅克·德·维特里(约 1180—1240)，法国红衣主教及历史学家，鼓吹对阿尔比教徒进行十字军讨伐。著有《东罗马帝国史》。——译者

[2] 托勒玛依斯，即今阿克城。《圣经》汉译本译为"多利买"。——译者

[3] 阿图瓦，法国古省份，在菲利普·奥古斯都时属国王所有。——译者

[4] 罗伯尔一世(1216—1250)，阿图瓦伯爵，圣路易之弟，在曼苏拉被杀。——译者

迫害的亚历山大三世和受英国国王亨利二世迫害的坎特伯雷的圣托玛斯一样。

国王果然前往锡托，有 500 名修道士迎接他，把他请到教士会议会场。全体向他下跪，合拿祈求他让教皇到法国来。路易也向修道士下跪，答应保卫教会；但他对他们明确地说：“没有王国大贵族们的同意，他不能接待教皇，因为法国国王应遵从大贵族们的意见。”格雷戈里死了，但罗马的精神长在。英诺森四世在他当枢机主教时是弗里德里希的朋友，一旦成为教皇，必然成为敌人。他必须不惜任何代价削弱皇帝在意大利的势力，同时弥补从前约翰十二请德国人来罗马的错误。

英诺森四世经多次谈判没有结果之后，召开了著名的里昂公会议。现在梵蒂冈图书馆还保存有这样的纪录：“第十三次普世公会议，即第一次里昂会议，宣布弗里德里希二世为教会之敌，剥夺其皇帝。”

在帝国的一个城市里废黜皇帝，这似乎是胆大妄为。但里昂是在法国保护之下，而法国的大主教已取得了授予圣职的特权，所以弗里德里希二世不敢掉以轻心，也派使节到这次将使他受到谴责的公会议来为他辩护。

教皇既要主持会议做审判员，又要充当自己的辩护人。他在大力强调教廷对那不勒斯和西西里的世俗权利以及对马蒂尔达女伯爵遗产的权利之后，就指控弗里德里希与伊斯兰教徒媾和，与伊斯兰教女人姘居，不信耶稣基督，是个异端分子。一个人怎能同时是异端分子又不信教呢？在这个时代，人们怎么能够如此经常地 547
提出这种控告呢？教皇约翰十二、斯提芬八世和皇帝弗里德里希一世、弗里德里希二世、首相德维尼[①]、那不勒斯摄政王曼富瓦[②]以及其他许多人都受到这种责难。皇帝的使节坚定地为皇帝辩护，同时也指控教皇进行掠夺和高利盘剥。在这次公会议上，有法国和英国的使者出席。这些人就像教皇抱怨皇帝那样抱怨历任教皇。他们说：

> 你们通过你们的意大利人每年从英吉利王国取得6万多马克银子；最后你们又给我们派来一个特使，他把所有带俸圣职都给予意大利人。他向所有信徒征收苛捐杂税，谁对他表示不满，他就对谁施加绝罚。你们赶快纠正吧！我们不能长期忍受这种公然的侮辱。

教皇面红耳赤，无言以对，但依然宣布废黜皇帝。很值得注意的是，他说他的这个判决不须得到会议的赞同，而只要在会议上宣布。当教皇宣判时，所有的神甫手持点燃的大蜡烛，然后将蜡烛熄灭。一部分人在判决书上签字，另一部分人则叹一口气离开。

不要忘记，在这次公会议上，教皇要求所有教士缴纳一种特别税，大家缄默不语。没有一个人发言表示赞成或者反对，只有一个名叫梅斯芬的英国人——他是林肯[③]教务会议长老——敢于说，教皇太会向教会要钱了。于是教皇独断专行地将他解职，教士们都默不作声。英诺森四世这样以教会统治者身份说话行事，人们

① 彼得，德维尼（12世纪末—1249），意大利人，弗里德里希二世的首相。——译者

② 曼富瓦，亦称曼弗雷迪（1232—1266），弗里德里希二世的私生子，后为西西里国王。——译者

③ 林肯，古英国林肯伯爵领地的一个城市。——译者

都忍受着。

弗里德里希二世无法忍受罗马主教以国王们的君主身份行事。皇帝这时正在都灵,都灵当时还不属于萨伏依家族,而是帝国的一个采邑,由苏兹公爵统治着。皇帝叫人把一个小箱子拿来,从中取出皇冠。他说:“这个教皇和这个公会议还没有把我这顶皇冠
夺走,在他们剥夺我的皇位之前,还要流好多血哩!”他先让他的首 548
相、著名的彼得·德维尼,即被控撰写《论三个骗子》一书的人,执笔致函德国诸侯和欧洲各国君主。信中说:

> 我并不是第一个受僧侣侮辱的人,也不会是最后一个。你们深知这些伪善者具有极大野心,可是你们屈从于他们,所以造成了这样的后果。只要你们注意,你们就会发现罗马教廷有多少令人引以为耻的卑鄙行为!他们沉湎于世俗事务,醉心于逸乐,过多的财富窒息了他们的宗教感情。使他们摆脱这些压在他们身上的有害的财富,实在是一桩善举,而这正是你们大家应当同我一道努力以赴的事。

教皇在宣布帝位出缺之后,同时也给7个诸侯和主教写了信,他们是巴伐利亚公爵、萨克森公爵、奥地利公爵、布拉邦特公爵和萨尔茨堡[①]、科隆、美因茨的大主教。这样一来,就使人以为当时七个选帝侯制已经正式确定。但是其他诸侯和其他主教认为他们也应享有同样的权利。

皇帝和教皇就是这样力图互相废黜。他们的主要政策就是挑起内战。

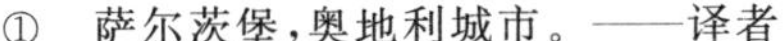

① 萨尔茨堡,奥地利城市。——译者

在德国，人们已经选举了弗里德里希二世之子康拉德为罗马人的国王。但是为了取悦于教皇，应当再选择一个皇帝。这个新的皇帝不是由萨克森、布拉邦特、巴伐利亚、奥地利的公爵们来选出，也不是由帝国的任何诸侯来选出，而是由斯特拉斯堡主教、维尔茨堡主教、斯培伊尔主教、梅斯主教，以及美因茨主教、科伦主教和特里尔主教共同选举的。他们所选择的是一个图林根[①]地区的王侯，人们都称他为神甫们的国王。

一个德国王侯从本国几个主教之手接受皇冠，这是个多么奇特的罗马式的皇帝！教皇再次对弗里德里希进行十字军讨伐。这支十字军是由布道兄弟会（我们称为多明我会）和小兄弟会（我们
549 称为束腰会或方济各会）发起成立的。教皇的这支新的义勇军开始在欧洲建立[②]。教皇并不局限于这些措施，他还密谋暗害一个与公会议、僧侣及十字军对抗的皇帝。至少，皇帝曾控诉教皇唆使别人暗害他，但教皇置之不理。

擅自制造出一个皇帝的这些高级教士在他们的图林根人死后，又制造了一个皇帝，这回是一个荷兰伯爵。德国对罗马帝国所抱之野心，其结果从来都是分裂帝国；但这些选举皇帝的主教们彼此之间也是分裂的，他们的荷兰伯爵在这场内战中也被杀死了。

（1249）从西西里到德国的每个地方，弗里德里希二世都要与教皇抗争。有人说他在普伊时发现他的医生被英诺森四世收买，

① 图林根，德国中部地区。——译者

② 参阅本书第一三九章：“关于修会。”——伏尔泰

企图毒死他。我认为此说可疑。不过这个时代的历史中令人感到可疑之事,只不过是罪行或大或小而已。

弗里德里希恐慌地看到他已经不可能把性命托付给基督教徒,不得不雇用伊斯兰教徒做自己的卫士。有人断言,这些伊斯兰教徒并没有能保护他免遭他的私生子曼富瓦的毒手,说他在最后一次生病时被曼富瓦掐死。我看这并非事实。这个伟大的但是不幸的皇帝,在襁褓时期便是西西里国王,当了 22 年徒有其名的耶路撒冷国王和 54 年的皇帝(他在 1196 年被宣布为罗马人的国王),57 岁时死于那不勒斯王国(1250 年),他死时的世界同他生时一样动荡不安。但是尽管战乱频仍,由于他的惨淡经营,那不勒斯和西西里王国得到教化,臻于文明。他在这里建造城市,设立学校,发展文学艺术。这时意大利语开始形成,它是罗曼语和拉丁语的混合。我们现在可以看到弗里德里希二世用这种语言写的诗。550
但是他所遭受的挫折损害了科学的进步,也破坏了他的计划的实现。

从弗里德里希二世去世直至 1268 年,德意志没有首领,它同希腊、古高卢,古日耳曼以及被罗马人征服以前的意大利都不一样。德国不是一个共和国,也不是一个被几个君主瓜分的国家,而是一个无头的躯体,其四肢自相摧残。

这对于教皇们来说是个良机,但他们并未加以利用。人们夺走了他们的布雷西亚、克雷莫纳、曼图亚,以及许多小城市。要收复这些地方,需有一个能征惯战的教皇,但是很少有一个教皇具有这种特长。事实上,他们是以他们的诏书打乱世界;他们用羊皮纸文书授予王位。哈坎本来是私生子,教皇英诺森四世擅自承认他是合法的儿子，然后宣布他为挪威国王[①]（1247 年）。教皇的一个特使为这个哈坎国王加冕，然后从他手中收受了 15000 马克银子作为贡金，又从挪威教会得到 500 马克。在一个如此不富足的国家，这可能占了流通现款的一半。

还是这个英诺森四世教皇，把一个名叫曼多格的人立为一个隶属于罗马的立陶宛国王。他在 1251 年 7 月 15 日的诏书中说：

> “我们接受立陶宛新王国作为圣彼得之权益和产业，而将你们、你们的妻子及你们的子女置于我们的保护之下。”

这在某种程度上是模仿古罗马元老院授予国王头衔和四分帝[②]称号的那种妄自尊大的做法。但是，立陶宛并非一个王国，它甚至是在 100 多年之后才成为基督教国家的。

教皇们是以世界主人的身份说话的，然而他们在自己的国家里却成不了主人。他们只要花费一些羊皮纸就可以像这样赐予国家；但是要收复曼图亚和费拉拉的一座村庄，他们却非要靠耍阴谋诡计不可。

欧洲事务的情况便是如此：德国和意大利四分五裂；法国依然
551 贫弱不堪；西班牙被基督徒和穆斯林分占；穆斯林完全被赶出意大利；英国开始向本国国王争取自由；封建政体到处建立；骑士之风盛行；教士成为君主和武士。当时的政治几乎在一切方面与今日欧洲不同。似乎属于罗马教会的各国是一个大共和国，皇帝与教皇都想充当共和国的首领，这个共和国尽管分崩离析，但在十字军

① 哈坎即哈坎那森（1204—1263），挪威国王。——译者

② 古罗马帝国时，皇帝戴克里先把帝国分为四部分，两个正帝（他自己是其中之一）和两个副帝共同管辖。——译者

东征的谋划方面却彼此长期协调一致。十字军东征进行如此大规模、如此卑劣的军事行动，建立了新的王国，新的制度，造成了新的灾难和比荣誉多得多的不幸。这些，我们都已经指出过。现在应当把十字军东征的战争狂热描绘一番了。

图书在版编目(CIP)数据

风俗论:论各民族的精神与风俗以及自查理曼至路易十三的历史.上册/(法)伏尔泰著;梁守锵译.—北京:商务印书馆,2017
(汉译世界学术名著丛书:120年纪念版:珍藏本)
ISBN 978-7-100-14263-2

Ⅰ.①风… Ⅱ.①伏… ②梁… Ⅲ.①世界史—研究 Ⅳ.①K107

中国版本图书馆CIP数据核字(2017)第139553号

汉译世界学术名著丛书
(120年纪念版·珍藏本)
风 俗 论
上册
〔法〕伏尔泰 著
梁守锵 译

商 务 印 书 馆 出 版
(北京王府井大街36号 邮政编码100710)
商 务 印 书 馆 发 行
北京通州皇家印刷厂印刷
ISBN 978-7-100-14263-2

2017年12月第1版　　开本710×1000 1/16
2017年12月北京第1次印刷　　印张41
定价:290.00元